2022

红谷滩年鉴

《红谷滩年鉴》编辑委员会 编

方志出版社
Publishing House of Local Records

图书在版编目（CIP）数据

红谷滩年鉴．2022 /《红谷滩年鉴》编辑委员会编．—北京：方志出版社，2022.11
ISBN 978-7-5144-5404-8

Ⅰ．①红… Ⅱ．①红… Ⅲ．①区（城市）—南昌—2022—年鉴 Ⅳ．① Z525.64

中国版本图书馆 CIP 数据核字 (2022) 第 238925 号

责任编辑：刘方圆
责任校对：刘玉霞
责任印制：梅中英
出 版 者：方志出版社
地　　址：北京市朝阳区潘家园东里 9 号（国家方志馆 4 层）
邮　　编：100021
网　　址：http://www.zgfzcb.cn
发　　行：方志出版社图书营销中心（010-67110500）
印　　刷：江西龙莹印务有限公司
开　　本：889 毫米 ×1194 毫米 1/16
印　　张：22.75
字　　数：860 千字
版　　次：2022 年 11 月第 1 版
印　　次：2022 年 11 月第 1 次印刷
定　　价：268.00 元

▲ 2021 年，南昌西站鸟瞰图

南昌西站综合服务中心　供图

绿地集团
中信银行
CHINA CITIC BANK

2021年10月15日，广州增城区与南昌红谷滩区“侨梦苑”战略合作协议签约仪式在红谷滩区政府举行

区商务局　供图

2021 年 10 月 20 日，在江西省会议中心举办的“2021 年南昌 VR 科创城全球招商推介会”上，区委副书记、区长刘光荣作 VR 科创城招商推介

区政府办　供图

2021年11月1日,红谷滩区政府与中国电建集团华中区域总部举行战略合作框架协议签约仪式

区委宣传部　供图

2021 年 12 月 13 日,红谷滩区与丰城市就推进大南昌都市圈县(市、区)结对联系对接工作签订战略合作框架协议

区委宣传部　供图

2021 年 12 月 18 日，由泰康保险集团打造的高品质养老社区——泰康之家·赣园正式开园

区民政局　供图

2021 年 12 月 29 日，南昌大学新闻与传播学院与中共红谷滩区委宣传部战略合作协议签约仪式举行

区委宣传部　供图

2021 年 10 月 16 日，“红谷飞跃 · 数智未来”论坛暨南昌 · 一亿中流上市加速器开园仪式举行

区金融办　供图

2021 年 12 月 13 日，德勤华永会计师事务所（特殊普通合伙）正式落户红谷滩区

区金融办　供图

▼ 2021 年 12 月 28 日，红谷滩区现代服务产业园项目正式开工建设

区委宣传部　供图

目　　录

特　　载

特　　辑

大事记

区情概览

中国人民政治协商会议
红谷滩区委员会

中国共产党红谷滩区纪律检查委员会 红谷滩区监察委员会

民主党派·工商联

军　　事

经济管理与服务

产业发展

房地产业

城乡建设与管理

重大重点工程建设

改革开放创新

教育　体育

卫生健康

文　化

镇 街道(管理处)

人　　物

重要文献

索　　引

特 载

拉升标杆勇争先　砥砺奋进新征程
为全面建设社会主义现代化红谷滩而努力奋斗

——在中共南昌市红谷滩区第一次代表大会上的讲话

中共红谷滩区委书记　吴江辉

（2021 年 9 月 7 日）

红谷滩自 2002 年成立管委会以来，走过了十九年的辉煌历程。十九年来，历届班子团结带领广大干部群众，呕心沥血、奋发图强，荒滩筑城、开拓新城，开创了全市“一江两岸”“双城拥江”新格局。十九年来，我们坚持“敢为人先、开拓创新”，推动“三次跨越”行稳致远，城市功能全面拓展，城乡面貌日新月异，综合服务能力显著增强，赣江西岸发生历史性巨变，一座时尚魅力现代新城迅速崛起。十九年来，我们经济社会跨越发展，改革创新纵深推进，社会事业长足进步，人民生活显著改善，成为全省现代化建设的缩影和展示窗口。

如今，我们迎来了“行政区”新时代，开启了红谷滩全面建设社会主义现代化新征程。今天，我们在这里隆重召开中国共产党南昌市红谷滩区第一次代表大会，这是我们站在“两个一百年”历史交汇点，在“十四五”开局之年召开的一次承前启后、继往开来的大会。

这次大会的主题是：高举习近平新时代中国特色社会主义思想伟大旗帜，深入学习党的十九大和十九届二中、三中、四中、五中全会精神，坚决贯彻习近平总书记“七一”重要讲话、视察江西重要讲话精神，全面落实省委、市委全会精神，总结过去五年工作，部署今后五年任务，动员全区上下弘扬伟大建党精神，奋进“十四五”、逐梦新征程，满怀信心再出发，担当实干勇争先，为“全面建设社会主义现代化红谷滩”而努力奋斗！

下面，我代表中国共产党红谷滩区委员会，向大会报告工作，请予审议。

一、过去五年的主要成就和基本经验

过去五年，是红谷滩应对重大挑战、经受重大考验、克服重大困难的五年，是红谷滩综合实力提升最快、城乡面貌变化最大、人民群众得到实惠最多的五年，是红谷滩历史上极不平凡、成效显著的五年。“十三五”以来，我们坚持以习近平新时代中国特色社会主义思想为引领，在党中央、省委、市委的坚强领导下，团结带领全区广大干部群众，解放思想、抢抓机遇、革故鼎新，推动全省“五个中心”基本成型，圆满完成了“十三五”规划目标，为“十四五”良好开局奠定了坚实基础。

——五年拼搏，我们突出项目引领，凝心聚力攻坚克难，实现了经济实力新跨越。坚持把抓项目、促投资作为稳增长、调结构的重要抓手，有力克服新冠疫情和经济下行双重压力，推动全区经济保持平稳较快发展，经济总量在全省位次持续前移。坚持把招商引资作为发展的“一号改革工程”，五年共引进项目 264 个，入统签约项目总投资 3055 亿元。牢牢牵住项目建设这个“牛鼻子”，2020 年实施省、市、区重大重点项目 118 个，完成投资 235 亿元。2020 年全区地区生产总值完成 665 亿元，是 2015 年的 2.8 倍，增速全市县（区）第 1；财政总收入迈上 100 亿元台阶，主要经济指标稳居全省“第一方阵”。

——五年拼搏,我们准确把握大势,统筹全局科学谋划,绘就了产业发展新蓝图。坚持以新发展理念为引领,不断深化供给侧结构性改革,实现产业发展质量和效益双提升。率先打响全球城市级 VR 产业发展“第一枪”,成功举办三届世界 VR 产业大会并成为永久会址。落户数字经济企业 160 家,建成 VR 产业公共服务平台 16 个,江西 VR+5G 创新展示中心、国家职业教育虚拟仿真示范实训基地正式运营,数字经济营收(全口径)突破 100 亿元。全省金融商务区入驻各类金融机构和企业 1169 家,贡献各类税收超百亿元,金融增加值稳居全省各县(区)第 1,省域金融中心基本建成,金融聚集度、贡献度、创新度走在全省前列。打造了“五大商圈”“十大商业综合体”“四大夜经济特色街区”,服务全省、辐射中部的商务服务示范中心初见雏形。建成商务商业楼宇 251 幢(其中,税收超亿元楼 21 幢、超 10 亿元楼 2 幢),是全省企业总部、楼宇经济最为集中、最为发达的中央商务区。省“三馆”落户运营,绿地中心 303 观光厅、融创文化旅游城成功创建 AAAA 级旅游景区,承办全省 50%以上会展业务,具有较高影响力与辐射力的文旅中心初步形成。

——五年拼搏,我们坚持做精做美,提升品位塑造形象,呈现了魅力都市新格局。统筹推进城市扩容和品质提升,城市功能大幅完善。大力推进九龙湖片区开发,九龙湖城市副中心格局已然形成。持续加强城市精细化管理,实施了凤凰洲市民公园、九龙湖公园等景观绿化工程,“城市客厅”“形象窗口”名片更加突出。加快推进交通路网建设,“七横六纵”的城市交通格局初步形成。率先推进智慧城市和海绵城市建设,获评国家智慧城市建设示范区。广泛开展城乡环境综合整治,全市唯一获评全省城乡环境综合整治先进单位。深入践行“绿水青山就是金山银山”理念,坚决打好污染防治攻坚战,大力推进水系生态治理,加大“四尘三烟三气两禁”整治力度,城镇生活污水无害化处理率达 95%,空气质量优良率达 92.8%。

——五年拼搏,我们深化改革创新,奋勇争先开拓进取,打造了创新创业新高地。坚持创新驱动发展战略,打造众创空间 12 个、孵化器 6 个、国家级创业孵化示范基地 2 家,落户赵沁平院士虚拟现实飞行模拟基地。组建江西金融发展研究院,是全省唯一国家级博士后工作站和省级博士后创新实践中心金融智库类研究机构。2020 年专利授权量突破 1000 件,每万人发明专利拥有量达到 64 件,连续 5 年居全市第 1。深入推进国企改革,全面提升市场运营能力。按照“一门、一窗、一次”改革思路,打造全新智能化集约式办事大厅,深化审批服务便民化改革,不断推进政务服务高效化、便民化、舒适化。截至 2020 年底,全区各类市场主体总量达 4.6 万户,企业注册数 2.5 万余户,总量和增量均位居全省第 1。

——五年拼搏,我们牢记初心使命,以人为本共建共享,谱写了和谐幸福新篇章。坚持民生为先、和谐为本,聚焦群众关注的热点、难点问题,累计投入民生工程资金 161 亿元,年均民生支出占公共财政预算支出 45%以上,连续 5 年保持 30%以上的高位增长。城镇居民和农村居民人均可支配收入分别达 48600 元、20859 元,城镇贫困人员参保实现全覆盖。建设和引进师大附中、南昌二中等中小学、幼儿园 112 所,投入使用南大二附院等三甲医院 5 家,实现建成区每个片区均有一所三甲医院和一个社区卫生服务中心。打造社区邻里中心、居家养老服务中心等基层服务阵地 87 个,打通服务群众、服务基层“最后一公里”。严格落实常态化疫情防控各项措施,切实守护“一方”人民群众生命健康。统筹发展和安全,全力打好防范化解重大风险攻坚战,深入开展扫黑除恶、政法队伍教育整顿、“疑难突出信访问题”专项治理行动等工作,推广建设智慧平安小区 70 个,群众获得感、幸福感、安全感持续提升。有效防范打击非法集资活动,聚力开展互联网借贷等重点风险案件风险排查、稳控化解,构建了 P2P 平台风险化解处置“红谷滩模式”。

——五年拼搏,我们强化政治引领,激浊扬清担当作为,开创了党的建设新局面。深入学习贯彻习近平总书记系列重要讲话精神,高质量开展“不忘初心、牢记使命”主题教育和党史学习教育等主题教育活动,感党恩、听党话、跟党走的政治自觉不断增强。始终坚持党管舆论要求,牢牢把握意识形态工作主动权。扎实推进基层党建“三化六好”建设,精心打造普贤社区邻里中心、VR 党群服务中心等一批党建品牌阵地。率先推进村级集体经济发展,33 个村集体经济收入全部超 10 万元,其中超 500 万元的 5 个。深入推进全面从严治党,不断压实管党治党政治责任,扎实开展政治谈话和政治家访监督,常态化开展“四必谈”和“四大专项行动”;坚决落实中央八项规定精神及其实施细则,深入整治“怕慢假庸散”等作风顽疾。全区纪检监察机关共立案 219 件,党纪政务处分 208 人,全区党风政风和社会风气持续好转。

此外,我们发挥区委统揽全局、协调各方的领导核心作用,支持人大、政府、政协、法院、检察院依法、独立开展工作。高度重视各民主党派、无党派人士参政议政、民主监督,发挥工会、共青团、妇联等人民团体和社会组织作用。坚持守正创新,围绕中心服务大局,新时代统一战线法宝作用更加彰显。全面加强国防动员和后备力量建设,推动对台、老干部、退役军人、安全生产、红十字会、残疾人、侨务等各项工作迈上新台阶。

这些成绩的取得,是习近平新时代中国特色社会主义思想伟大真理指引的结果,是上级党委政府坚强领导、正确指导的结果,是历届班子顽强拼搏、接续奋斗的结果,是全区广大干部群众共同努力、齐心协力的结果。在此，我谨代表中共红谷滩区委员会，向全区各条战线、各个岗位的广大群众和党员干部，向老干部、老同志，向各民主党派、工商联、无党派人士、各人民团体，向驻区现役官兵、公安民警，向所有关心和支持红谷滩发展的社会各界人士，表示衷心的感谢和崇高的敬意！

成就抒写历史，经验启迪未来。我们在一步一个脚印、一年一个台阶把红谷滩建设好、发展好的同时，积累了克难制胜的几点宝贵经验：

——站位决定方位，五年的实践证明，我们必须把高举旗帜摆在首要位置。五年来，我们始终坚持以习近平新时代中国特色社会主义思想为指导，以更高站位贯彻落实习近平总书记对江西工作重要指示要求，保证了干部群众思想“不抛锚”、行动“不偏航”，确保各项工作始终沿着习近平总书记指引的正确方向阔步前行。实践证明，只要我们高举伟大旗帜，坚决维护核心、紧跟核心、捍卫核心，就一定能不断推动红谷滩的宏伟事业沿着正确的方向奋勇前进。

——实干决定实效，五年的实践证明，我们必须把加快发展作为第一要务。五年来，我们始终把跨越发展作为红谷滩最激越的旋律，立足全局谋发展、集思广益抓发展，坚持发展决心不动摇、担当意志不减弱，跑出了“三次开发”的“红谷滩速度”。实践证明，只要我们坚持既定思路不动摇、一心一意谋发展、持之以恒抓落实，就一定能推动红谷滩高质量跨越式发展再上新台阶。

——思路决定出路，五年的实践证明，我们必须把开放创新作为传家法宝。五年来，我们坚持站高一步、想深一步、看远一步，传承“荒滩筑新城”和“敢闯敢试、敢为人先”的改革精神，解放思想、大胆创新，走出了一条产城融合的新路子。坚持以宽广的视野、开放的胸襟，主动融入江西内陆开放型经济试验区建设，围绕主导产业开展补链、强链、延链招商，形成“招一个、引一串、带一片”的“乘法效应”。实践证明，只要我们坚持改革创新、扩大开放，就一定能破解瓶颈、激发活力、跨越赶超，为高质量发展注入更强动力。

——民生决定民心，五年的实践证明，我们必须把改善民生作为执着追求。五年来，我们坚持以人民为中心的发展思想，坚持量力而行、尽力而为，不断补齐短板、完善配套、促进就业，取得了人气兴旺、财气聚集的可喜局面。广大人民群众支持党委政府抗疫情、战洪水，营造了万众一心、众志成城的良好氛围。实践证明，只要我们心中装着群众，凡事依靠群众，一切为了群众，就一定能赢得人民群众的信任和拥护，就一定能以更加坚实的基础、更加强大的底气推动工作。

——作风决定作为，五年的实践证明，我们必须把党的建设作为根本保障。五年来，我们坚持党要管党、从严治党，大力推进党的思想、组织、作风、制度和反腐倡廉建设，造就了一支敢于担当、勤勉务实、干净干事、团结奋进的干部队伍，进一步营造了政通人和、风清气顺的政治生态。实践证明，只要我们坚持党的领导，不断加强党的建设，就一定能广泛调动各方面积极性，肩负好红谷滩新一轮发展的历史重任。

二、今后五年的指导思想和奋斗目标

“十四五”时期是红谷滩区在如期与全国全省全市同步实现全面建成小康社会的基础上、乘势而上向全面建设社会主义现代化迈进的第一个五年。站在“两个一百年”奋斗目标的历史交汇点上，我们必须认清时代大势，审视自身发展，把握机遇挑战，在危机中育先机、于变局中开新局。

我们必须抢抓机遇，在把握大势中增添信心。从国家层面看，当今世界正经历百年未有之大变局，党中央提出构建“双循环”新发展格局，有利于红谷滩区实现由“内陆腹地”到“开放前沿”的转变；中共十九届五中全会提出“坚持创新在全局中的核心地位”，把创新驱动摆在了更加突出位置，为红谷滩区创新发展带来了新的战略机遇。从省市层面看，省委坚定支持南昌提升发展首位度，有利于增强南昌核心主导功能和辐射带动能级。省委坚定不移实施数字经济“一号工程”，提出打造 VR 产业“江西高地”，为我们发展数字经济提供了坚实政策支撑。市委将红谷滩全省金融商务区作为打造区域现代金融中心的核心载体，提出要提升红谷滩中央商务区能级，增强了我们深入推进金融商务区和中央商务区建设的坚定信心。从我区自身看，我区处在中部地区高质量发展、长江经济带、粤港澳大湾区、江西内陆开放型经济试验区等国家战略政策的叠加区域，随着“一江两岸”格局基本形成，红谷滩作为区域性中心城区的地位更加突出。我区高等院校、总部企业、金融机构、现代商圈已成聚集效应，数字经济产业已然起势，全省“五个中心”基本成型，为我们实施产城融合战略提供了更加坚实的基础。

我们必须直面挑战，在认清形势中保持定力。在肯定成绩、总结经验的同时，我们更要增强忧患意识，时刻保持清醒，看到发展中存在的问题和不足。我区仍处于产业链群打造的攻坚期，数字经济产业承接项目层次还不高，虚拟现实产业尚处于孕育阶段，经济转型、产业升级、产城融合任重道远；创新驱动能力还不够强，高新技术产业集聚程度、高端程度还不凸显；后续发展的储备项目不足，经济保持高位增长、继续跨越赶超的压力不小；我区公共服务供给不够完善、城市建管不够精细，与行政区的功能定位还不相匹配；面对对标中部省会城市中心城区、对标沿海发达地区先进城区的更高要求定位，我们的干部队伍勇争第一、突破发展的意识还不够强、决心还不够大。与发达地区相比，营商环境有待提升，人才配套、开放程度还有差距。面对这些问题，我们必须高度重视,以科学的态度、有力的措施,切实加以解决。

面对挑战不容退却,面对机遇不容错失。当前的红谷滩,总体处于历史机遇最为集中的爆发期、各种优势最能有效释放的窗口期、新发展动能培育最快的成长期、实现跨越崛起最为有利的关键期。全区上下必须站在"两个大局"的战略高度,深刻认识国际国内环境变化带来的新矛盾新挑战,深刻认识我国社会主要矛盾变化带来的新特征新要求,因势而谋、顺势而为,敢涉险滩、敢攻堡垒,化优势为胜势、变机遇为现实,努力把红谷滩区打造成提升南昌发展首位度、彰显省会担当的"排头兵"。

今后五年发展的指导思想是:坚持以习近平新时代中国特色社会主义思想为指导,弘扬伟大建党精神,全面贯彻落实党中央、省委、市委各项决策部署,统筹推进"五位一体"总体布局,协调推进"四个全面"战略布局,立足新发展阶段,贯彻新发展理念,服务新发展格局,坚持稳中求进工作总基调,立足"提升发展首位度、彰显省会担当"和"对标中部省会城市中心城区、对标沿海发达城市先进城区"的更高要求,按照"全省示范领先、中部比肩赶超、全国进位争先"目标,大力实施产业强区、品质提升、创新驱动、内外开放、要素保障、共建共享"六大战略",全力打造高端产业集聚区、省会形象展示区、改革创新引领区、扩大开放示范区、优质功能承载区、幸福生活优享区,实现经济行稳致远,社会安定和谐,文明蔚然成风,奋力开启全面建设社会主义现代化新征程,谱写新时代红谷滩高质量跨越式发展新篇章。

今后五年的奋斗目标是:现代化产业体系基本建立,创新对经济发展驱动力明显增强,现代服务业、数字经济成为经济增长主动力。综合实力持续增强,地区生产总值年均增长7.5%以上,力争突破1000亿元;500万元以上固投年均增长8.0%;社会消费品零售总额年均增长8.0%,达到380亿元;主要经济指标继续保持全省"第一方阵",在全省的"排头兵"地位更加巩固突出。城市功能和品质明显提升,全省"五个中心"建设取得更大成效,大南昌都市圈核心引领区地位更加凸显。社会主义核心价值观更加入脑入心,文化事业、社会文明达到新高度。生态环境持续提升,市域社会治理走在全省前列,人民日益增长的美好生活需要得到更好满足。

为完成好工作目标任务,我们要切实做到"三个坚持":

一是坚持解放思想。思想是总开关、总闸门,没有思想上的破冰,就没有行动上的突围。红谷滩要加快发展的步伐,跟上日新月异的发展节奏,首当其冲就是思想要解放、再解放。我们必须破除"新办法不会用、老办法不管用、硬办法不敢用"问题,打破常规、突破藩篱,来一场思想大洗礼、观念大变革。要跳出"一亩三分地"的想法,将红谷滩发展融入国家"双循环"格局,融入省委、市委决策部署中来谋划,以开拓奋进的姿态,提高应对复杂局面的能力。

二是坚持实干为先。干部干部,干是当头的。要想干敢干。把想干事作为第一追求,凡是对红谷滩发展有利的事情,都要抢着干、比着干、赛着干、争着干;要敢于担当,树立敢碰"烫手山芋"的气魄,提升破解难题的胆识,在攻坚克难中彰显担当,在为民服务中强化责任。要大干快干。继承和发扬红谷滩人拓荒创业精神,树立"逢山开路、遇河架桥"的进取精神,上下一心、积极作为;要强化时间观念,立足于早、着眼于快,以时不我待、只争朝夕的紧迫感,以雷厉风行、效率至上的作风,对待事情马上就办、紧抓快办。要实干巧干。坚持实实在在、真抓实干,一步一个脚印把蓝图变为现实。要做到既要有超人的胆识,又要有科学的思路,学会以新思路分析问题、以新方法解决问题,做到干事讲章法、讲套路,不断提高工作效率。

三是坚持勇争一流。"取乎其上,得乎其中;取乎其中,得乎其下"。高目标决定高追求,高追求才能快发展。作为全省经济社会发展的"排头兵",我们必须始终保持有冠必夺、有先必争、有旗必扛的精气神,对标对表中部省会城市中心城区和沿海发达城市先进城区,主动抬高定位、自我加压,努力在各个条线、各个板块取得更多第一,确保红谷滩继续"在全省作示范、在中部勇争先、在全国再进位"。

三、今后五年的主要任务

新目标开启新征程,新使命召唤新作为。为落实上述指导思想、实现预期奋斗目标,今后五年全区经济社会发展的主要任务,是实施"六大"战略:

第一,大力实施"产业强区"战略,打造"高端产业集聚区"。产业是立区之本,产业强则经济强,产业兴则百业兴。我们要在全国实现进位赶超,必须坚持走产业主导、产城融合的发展道路,加快构建以数字经济为引领、现代服务业为主导,具有红谷滩特色的现代产业体系。

一是数字经济向规模化提速。积极抢抓数字经济发展机遇,深入实施数字经济"一号工程",着力培育壮大数字产业,打造具有重要影响力的数字产业集群。围绕建设数字经济江西总部和VR产业中国总部目标定位,全面构建"一城九园多点"的产业布局;加快推进南昌VR科创城转型升级,全力争创省级高新技术产业园区;加快推动VR"四大中心""四大平台"提档升级,全力争创国家级虚拟现实创新中心、国家虚拟仿真实训基地两张"国字号王牌"。用好世界VR产业大会品牌,着力引进一批产业链链主及其上下游企业,全力推进VR产业集群发展。加快互联网、大数据、物联网、软件和信息服务、数字创意、电子商务等数字经济发展,推动数字产业化、产业数字化。

二是现代服务业向集聚化发展。加快金融产业、总部经济、商贸文旅会展等产业向专业化和价值链高端延伸,推动现代服务业加快聚集、提质升级。聚力金融产业,深化实施“招大引强、补链强链”工程,优化和完善金融产业链,不断提升金融商务区影响力和带动力。积极打造江西(红谷滩)金融科技产业园,加快引进各类优质金融科技企业,促进科技与金融深度融合。充分发挥“一亿中流上市加速器”孵化功能,着力引进、培育一批优质上市后备企业。深耕总部经济,围绕打造总部基地城市品牌,加快推进南昌西站央企总部基地规划建设,积极引进跨国公司、央企和大型民企设立区域总部机构。有效盘活空置楼宇,着力引进一批大型企业总部或分支机构入驻,推动总部经济持续、健康、快速发展。提升文旅会展产业,抢抓南昌入选国家文化和旅游消费试点城市有利契机,探索“文化+”“旅游+”发展模式,推进全域旅游创建,促进文化旅游深度融合,提升城市文化魅力。提高承接各类会展活动综合能力,谋划建设会展产业园(楼宇),利用一切场地大力举办各类会展活动,提升办展“软服务”,打造南昌会展“集聚地”。

三是传统产业向高端化迈进。紧抓“双循环”背景下扩大内需的战略机遇,依托红谷滩全省唯一 CBD 的优势,充分发挥时尚消费商圈引领作用,加快推进一批城市地标性商圈、商贸综合体、特色商业街繁荣发展,增强消费对经济发展的基础性作用。规划建设进口商品交易中心,打造一批“国际采购—进口—经销代理”一体化平台,推动传统商贸向高端化、智能化、绿色化转型升级。实施商业配套精品工程,培育新型消费,打造全省首店、名店集合地,打造中部城市消费目的地。牢牢把握都市现代农业的发展方向,大力发展都市生态旅游、休闲农业,打造一批高效经济作物标准示范园。

第二,大力实施“品质提升”战略,打造“省会形象展示区”。紧扣“城市让生活更美好”目标定位,深入贯彻“四精”理念,优化空间布局,推进城市更新改造,提升城市功能品质,建设高颜值、现代化、国际化的时尚都市、智慧之城,打造省会南昌形象展示的窗口。

一是规划设计突出特色。坚持适度超前原则,以开放的眼光、先进的理念规划设计城市,围绕构建“两轴两廊五区”的空间发展格局,积极构建高质量发展的国土空间布局和支撑体系。对照一流滨水城市,高标准规划“一江两岸”城市设计,彰显最美赣江风光带魅力。高标准规划设计九龙湖新城西部组团,打造全省产城融合的标杆区域。加快生米片区生态保护、有序规划开发,建设集都市农业、旅游度假、休闲居住为一体的特色小镇。

二是基础设施提升成色。着眼长远、科学规划、合理布局,有序建设市政基础设施,实现“面子”和“里子”同步提升。加快推进南昌 VR 科创城基础设施、九龙湖科创城市政道路建设,不断拉开城市构架,大力推进海绵城市建设,力争五年内全面完成九龙湖新城昌樟线以东片区市政基础设施建设。深入实施“断头路”畅通工程、“瓶颈路”拓宽工程,构筑快速、通达的路网体系。积极配合九龙大桥建设,加速跨江联动发展。加大停车场、充电桩、市民公园、垃圾中转处理站等设施建设,提升城市综合承载能力。

三是城市管理擦亮本色。坚持以法治化管理城市,加快构建“权责明晰、服务为先、管理优化、执法规范、安全有序”的城市管理新体制。常态化开展文明城市、卫生城市创建,广泛开展城乡环境综合整治,重点加强背街小巷环境治理,积极做好垃圾分类工作,推动红谷滩从“大建大美”向“精建精美”转变。加快推进“城市大脑”平台建设,推广建设共享单车“电子围栏”,持续提升城市管理精细化、科学化、智慧化水平。

四是生态保护体现绿色。深入践行习近平生态文明思想,主动融入国家生态文明试验区建设,持续打好“蓝天、碧水、净土”保卫战。扎实推进雨污混接整治三年行动计划,深入开展乌沙河、前湖等综合整治和红角洲水渠等排口溯源整治,全面提升辖区水域水质。全面实施九龙湖西部组团生态修复工程,坚决做好中央第二轮环保督察交办信访件办理工作。落实碳排放达峰行动,制定实施 2030 年前碳排放达峰行动计划,鼓励重点领域碳排放尽早达峰。将新污染物治理纳入生态环境质量全生命周期管理,科学化、精准化、系统化治理新污染物。

第三,大力实施“创新驱动”战略,打造“改革创新引领区”。坚持向深化改革要动力,向科技创新要活力,向培育提升要潜力,坚定不移推进改革开放,深入实施创新驱动战略,增强改革、创新、开放对经济发展的驱动力、拉升力。

一是保持改革韧劲。以行政区划调整为契机,深化行政体制改革,完善各项制度流程,形成“权责一致、分工合理、执行顺畅”的管理体制。加快转变政府职能,构建服务型政府。深化供给侧结构性改革,破除妨碍生产要素市场化配置和商品服务流通的体制机制障碍。深化财税体制和国资国企改革,加快完善现代企业制度,建立健全国有资本投资运营管理体系,做大做强做优国有资本和国有企业。

二是激发创新活力。坚持创新在现代化建设全局中的核心地位,深入实施科技创新基础大提升三年行动,全力争取国家原创探索项目,着力打造原始创新策源和关键技术应用基地。强化企业创新主体地位,加强共性技术平台建设,深入推进产学研用深度融合,促进各类创新要素向企业集聚,构建顺畅的科技成果转化体系。加大科研投入,健全政府投入为主、社会多渠道投入机制,强化对基础前沿研究的支撑。围绕产业发展方向,设立产业引导基金,引导社会资本积极参与培育新兴产业,壮大主导产业。充分发挥高校资源密集的优势,积极探索建立校地合作机制,加强与高校在科技转化、创新创业等方面的合作,推动科技创新成果落地。

三是夯实载体支撑。高起点谋划前湖科创园建设,深化与大院大所、龙头企业的战略合作,打造科创大走廊"新地标"。整合发展资源,构建国家级创新产业集群地产业加速平台。建设一批科技企业孵化器、留学人员创业园等孵化载体,构建"孵化+创投"的创业模式,打造一批创客空间、创新创业中心和新兴产业"双创"示范基地,形成"一城引领、多园支撑、点面结合、全域推进"的创新格局。

第四,大力实施"内外开放"战略,打造"扩大开放示范区"。深度对接融入"一带一路"倡议及粤港澳大湾区、长三角一体化发展建设等,积极抢抓江西内陆开放型经济试验区建设的重大机遇,引领共建大南昌都市圈。

一是更宽领域对外开放。坚持实施更大范围、更宽领域、更深层次对外开放,促进对外合作,实现互利共赢。大力实施强链延链补链行动,依托五大招商分局,紧盯世界500强、国内500强、大型央企、龙头旗舰型企业等,完善"招商地图",充分利用中博会、赣商大会等平台,着力推动更多更优秀的企业入区落户。深化实施"走出去"战略,用好用足用活国家和省市系列优惠政策,加快推动龙头企业"走出去",开创红谷滩开放型经济新局面。

二是多措并举优化环境。持续深化"放管服"改革,打造"全国一流、全省最佳"营商环境示范区。加快推进信用体系、政务服务体系、数字政府建设,推动数字技术在政务服务领域应用。高效推进"六多合一""三大超简"审批等改革,构建"一枚印章管审批""一套清单定权力""一个平台做服务"的工作体制。打破数据烟囱和信息孤岛,全面提升政务服务效能。正确处理政府和市场的关系,严格执行各项减税降费政策和市场准入负面清单,推动有效市场和有为政府更好结合。加大知识产权保护,打通知识产权创造、运用、保护、管理、服务全链条。

三是不拘一格引人才。贯彻尊重劳动、尊重知识、尊重人才、尊重创造的方针,加快实施"人才特区"战略。主动对接国家及省市重大人才工程,持续推动"人才10条""红谷VR智汇"等政策落实落细,加快推进人才公寓建设。依托江西金融发展研究院,培养输送高端金融人才,设立"江西金融人才服务中心",打造对接粤港澳湾等区域金融人才服务平台。

第五,大力实施"要素保障"战略,打造"优质功能承载区"。积极构建科学的工作机制,加大力度破解土地、资金等要素制约,为加快高质量跨越式发展创造有利空间。

一是优化土地利用。主动适应国家土地利用计划改革要求,严格有序出让土地。积极盘活存量土地资源,加大对批而未供、闲置土地的处置和已批土地的供应力度,有效提高土地利用率。合理布局产业发展用地,全面保障科技创新、新兴产业等重大项目用地需求。合理利用好村集体产业用地,积极探索村集体经济发展新路径。

二是破解融资难题。发挥财政资金引领作用,扩大政府科技引导资金池,大力引进创投、风投基金等,引导创投资本更多投向种子期、初创期科技型企业。聚焦民营和小微企业"融资难""融资贵"问题,鼓励和引导区内金融机构和企业,利用多种信贷工具,加大对重点产业、重点项目及小微企业的信贷投放。鼓励、吸引社会资本参与城市建设,千方百计化解城建资金难题。牢固树立"过紧日子"理念,按照"厉行节约、实用为主、提高效益"的原则,从严从紧控制政府性投资项目预算。

三是加快项目建设。牢固树立"项目为王"理念,深入开展"项目大会战",落实项目专班制度,一线调度、现场解决问题,强化项目服务,确保招商项目早开工、在建项目早建成、投产项目早运营,努力形成签约一批、落地一批、建成一批、投产一批、储备一批的良性发展格局,跑出经济发展"加速度"。

第六,大力实施"共建共享"战略,打造"幸福生活优享区"。坚持以人民为中心的发展思想,千方百计富民、惠民、利民、安民,实现"学有优教、病有所医、老有颐养、住有宜居、弱有众扶",不断增强人民群众幸福感、获得感和安全感。

一是构建优质高效的公共服务体系。坚持教育优先发展,大力发展托幼服务、学前教育,着力破解中小学"大班额""择校热"等问题,扎实开展"双减"行动,努力办好人民满意的教育。坚持"引品牌"与"引名师"双向发力,不断打响"学在红谷滩"教育品牌。统筹推进常态化疫情防控和经济社会发展,加强公共卫生经济体系建设。加快推进区级合作性医院建设,探索建立省、市、区医疗卫生共建机制,深化紧密型医联体建设,推进镇(街、处)、社区医疗卫生力量整合,有效提升医疗卫生水平。实施"健康红谷滩"行动,规划建设"一中心、两基地",打造特色体育赛事活动品牌。坚守"房住不炒"定位,加快推进岭口路租赁住房试点项目,加大安置房建设投入,持续深入实施老旧小区改造三年行动计划,全面提升住房保障水平。

二是构建均衡普惠的社会保障体系。健全覆盖全民、统筹城乡、公平统一、可持续的多层次社会保障体系,促进社会保障事业高质量可持续发展。加强下岗失业人员、高校毕业生、退役军人等重点人群就业服务,完善困难人群就业帮扶机制,健全企业稳岗扶持政策体系;加大创业担保贷款贴息支持力度,促进创业带动就业。健全最低生活保障、特困人员供养等社会救助体系。严格落实"四个不减"要求,建立健全返贫监测预警和动态帮扶机制，巩固城镇贫困群众脱贫解困成果。统筹推进社会福利事业发展，加快推进区综合康养中心建设。支持残疾人事业发展，完善退役军人服务保障体系，积极开展双拥共建工作，争创省级双拥模范县区。

三是构建和谐有序的社会治理体系。加强和创新基层社会治理，办好发展安全两件大事，坚决打赢防范化解重大风险攻坚战，努力建设更高水平"平安红谷滩"。推动扫黑除恶专项斗争常态化全面提升，加强预防和处置突发公共事件能力建设，加快"雪亮工程"建设联网应用，推广智慧平安小区建设。坚持和发展新时代"枫桥经验"，深化信访举报"最多访一次"成果，全面推进综治中心实体化建设，完善"多网合一"的社会治理网络。持续保持严厉打击非法集资的高压态势，坚决守住不发生区域性、系统性金融风险底线。弘扬宪法精神，加强普法学法，深化政法领域改革，全面推进严格执法、公正司法、全民守法。全面贯彻落实总体国家安全观，促进国防建设和经济建设同步提升，坚决筑牢国家安全屏障。严格落实安全生产责任，坚决遏制重特大安全事故发生。健全完善自然灾害预防体系、应急物资保障体系、救援队伍体系等，全面提高防灾减灾抗灾救灾能力。

四、推动党的建设迈上新台阶

作为新"红谷滩区"的"首任干部"，必须树立"首任就要扛旗、开局就要发力、起步就要冲刺"的担当意识，自觉加强党的建设，弘扬优良作风，深化反腐倡廉，为"全面建设社会主义现代化红谷滩"提供强大的队伍和作风保障。

第一，加强思想政治建设，打牢忠诚可靠的思想根基。坚持把思想建设作为首要任务，以习近平新时代中国特色社会主义思想武装头脑，引导党员干部始终不忘初心、砥砺前行。一是把稳思想之舵。深入推进党史学习教育，学深悟透习近平新时代中国特色社会主义思想、习近平总书记"七一"重要讲话精神等，教育党员干部弘扬伟大建党精神，不断提高政治判断力、政治领悟力、政治执行力，始终在政治立场、政治方向、政治原则、政治道路上同以习近平同志为核心的党中央保持高度一致。坚持"大团结、大联合"，广泛凝聚共识，引导统一战线沿着习近平总书记指引的道路坚定前行。二是铸牢忠诚之魂。坚持把忠诚融入血液中，做人民群众的守护者、实干担当的带头者、美好生活的建设者。坚持当老实人、办老实事，对党中央、省委、市委的决策部署和区委的工作要求，不讲条件、不打折扣执行到位、落实到位。三是练就金刚之身。坚决抵御腐朽思想、错误观念、不良风气的侵蚀，始终保持政治上的清醒，在大是大非面前旗帜鲜明，在风浪考验面前无所畏惧，在各种诱惑面前立场坚定。

第二，加强基层组织建设，构筑坚强有力的战斗堡垒。全面贯彻新时代党的组织路线，不断加强基层服务型党组织建设。一是夯实组织力。继续打造一批基层党建"三化六好"示范点，以点扩面、广泛铺开红色服务点位建设，抓实非公有制经济组织和社会组织、国有企业、教育、卫生等领域党建工作，推动全区基层党建工作全面从严、全面过硬。二是增强引领力。推动基层党组织进工地、进项目、进新经济业态，促进党建工作和经济发展融合共进、互补双赢。充分发挥广大党员先锋模范作用，以党建引领基层社会治理、乡村振兴、产业发展、网格治理等各项工作。牢牢把握意识形态工作领导权、管理权、话语权，坚决守好意识形态主阵地。积极推动传统媒体和新兴媒体融合发展，传播红谷滩好声音。三是锤炼凝聚力。开展"最美社区工作者"评选，不断提升社区干部的获得感和归属感。以选优、训强、管好基层党组织书记为重点，继续做好从优秀村（社区）党组织书记中遴选镇（街、处）领导班子成员和事业编制干部工作，拓宽基层党组织书记晋升渠道。开展先进基层党组织评选、表彰工作，选树典型、宣传模范。四是提升服务力。以强化基层党组织服务功能为核心，健全区直单位与村（社区）党组织结对共建机制，推动形成社区党组织、社区居委会、业委会、物业公司和居民代表"五位一体"协商议事机制，扎实推进机关在职党员进社区报到服务，持续深化基层党组织服务举措。

第三，加强干部队伍建设，树立任人唯贤的鲜明导向。红谷滩的发展，关键在人，核心在干部。要以正确选人用人导向为引领，以严格管理监督为手段，打造一支干事创业、清正廉洁的干部队伍。一是严把"选拔关"。坚持把政治标准放在首位，树立"注重品德、注重一线、注重实绩"的选人用人导向，在产业招商、项目建设、重大任务中比武选才，真正让敢于担当、能办成事、干净干事的干部有舞台、有奔头。二是严把"培养关"。牢固树立"能力本位"观念，探索开展分层、分类教育培训模式，拓宽干部能力提升途径。坚持把一线历练作为主阵地，加大干部轮岗交流力度，合理安排机关干部到基层一线岗位上轮值锻炼，增强干部实战本领。三是严把"考评关"。健全完善综合考核评价机制，不断强化日常考核、分类考核、近距离考核，既注重干部的一贯表现，又考察其在完成急难险重任务中的担当表现，全面掌握干部实干实绩、担当作为表现。

第四，加强干部作风建设，锻造堪当重任的干事铁军。坚持严明工作纪律，转变工作作风，全面提升干部队伍"精气神"。一是刹歪风。抓好中央八项规定精神及其实施细则的贯彻落实，紧盯重要节点、薄弱环节，对违规吃喝、违规收送礼品礼金、违规发放津补贴等问题，从严从重从速进行处理。二是纠"四风"。对"四风"隐形变异新动向露头就打、锤锤用力，坚决防止反弹回潮，不断挤压"四风"滋生蔓延空间。大力整治"怕慢假庸散"作风顽疾，着力解决机关干部推诿扯皮、效率不高、形象不佳等问题。三是树新风。大力弘扬说干就干、干就干好的工作作风，号召广大党员干部在履责担当、争创一流中大胆干事、善于成事、勇于扛事。深入开展“大学习、深调研、追标杆、争一流”活动,提升干部抬高定位、奋勇争先的意识。

第五,加强党风廉政建设,营造清明清朗的政治环境。坚持无禁区全覆盖零容忍,纵深推进反腐败斗争,培育红谷滩“清廉土壤”。一是筑牢思想防线。持续用好“廉文化主题公园”“廉洁文明家风馆”等教育阵地,深入推进廉洁文化建设,加强警示教育,筑牢反腐思想防线。二是不越纪律红线。深入开展政治谈话和政治家访,切实加强对“一把手”和领导班子的监督。注重运用好监督执纪“四种形态”特别是第一种形态,及时咬耳扯袖、谈话提醒和批评教育,让“红红脸、出出汗”成为常态。三是守住廉洁底线。聚焦“十四五”规划中政策支持力度大、开发强度大、资金投入大的领域和环节,坚决查处基础设施建设、项目审批、项目资金等方面的腐败问题。紧盯群众身边腐败和作风问题,深入整治民生领域“微腐败”,努力让人民群众的获得感成色更足、幸福感更可持续、安全感更有保障。

区委常委会作为推动全区各项事业发展的领导核心,将自觉在政治过硬上做示范、在担当作为上当表率、在廉洁自律上树标杆,全面加强区委常委会自身建设,带头贯彻民主集中制,严格按程序办事、按制度办事,推进科学决策、民主决策、依法决策。充分发挥区委总揽全局、协调各方作用,全力支持人大及其常委会依法履职,全力支持人民政协协商议政、建言献策,全力支持法院、检察院维护司法权威、促进司法公正。

各位代表,同志们,昨天的辉煌已经载入史册,明天的伟业要靠我们共同创造。让我们更加紧密地团结在以习近平同志为核心的党中央周围,在省委、省政府和市委、市政府的坚强领导下,以大气开放的胸襟、拼搏奋进的斗志、求真务实的作风,铆足干劲、务实进取,为“全面建设社会主义现代化红谷滩”而努力奋斗!

2021年9月7日,中共南昌市红谷滩区第一次代表大会召开　(区委宣传部供图)

政府工作报告

——在南昌市红谷滩区第一届人民代表大会第二次会议上的讲话

红谷滩区人民政府区长 刘光荣

（2022年1月12日）

一、2021年工作回顾

刚刚过去的2021年，是党和国家历史上具有里程碑意义的一年，我们隆重庆祝中国共产党成立一百周年，实现第一个百年奋斗目标，开启向第二个百年奋斗目标进军新征程；是红谷滩历史上具有里程碑意义的一年，我们顺利选举首届区领导班子，实现管委会向行政区无缝衔接和整体重塑，开启行政区发展新纪元。

区政府在省委、省政府，市委、市政府和区委的坚强领导下，在区人大、区政协的监督支持下，高举习近平新时代中国特色社会主义思想伟大旗帜，全面贯彻党的十九大和十九届历次全会精神，深入贯彻习近平总书记视察江西重要讲话精神，统筹推进疫情防控和经济社会发展，深入落实"产业强区、品质提升、创新驱动、内外开放、要素保障、共建共享"六大战略，统筹做好稳增长、促改革、调结构、惠民生、防风险、保稳定各项工作，较好完成了全年各项目标任务，获评全省唯一的全国投资竞争力百强区、全省"五型"政府建设示范县（市、区），实现了"十四五"和首届政府良好开局，凝聚了高质量跨越式发展的强大合力。

一年来，我们坚定不移挖潜能、蓄动能，高质量发展增添新动力。坚持稳中求进工作总基调，经济运行延续稳中向好、进中提质态势。2021年，财政总收入104.87亿元，同比增长2.76%；一般公共预算收入34.21亿元，同口径增长4.66%。预计地区生产总值增长9.5%左右；固定资产投资增长14%以上；社会消费品零售总额增长17%左右；实际利用外资增长8.17%左右；外贸出口增长25.6%左右；城镇和农村居民人均可支配收入分别增长8%左右和8.5%左右。

一是项目投资提速增效。全力推进总投资2146.7亿元的152个重大重点项目建设，完成年度投资336.4亿元，省市重大重点项目、省大中型项目年度计划投资完成率均提前一个月实现100%，投资100亿元的平安金融中心、投资50亿元的江南温泉城商业体等一批龙头性项目相继开工。五条招商战线引进入统亿元以上项目65个，总投资额610亿元，其中投资10亿元以上项目19个，"152"[①]项目8个，创下历史新高。

二是科技创新提档扩容。研究出台《科技创新基础大提升三年行动方案》，全社会R&D经费[②]投入强度1.25%，引进浙江大学南昌研究院、中国移动虚拟现实产业创新中心2家头部技术创新平台，总数达到17家。认定潜在瞪羚企业[③]4家、瞪羚企业1家，实现零突破。新增高新技术企业33家，总数达到173家。科技型中小企业认定总数达到255家，位列全市第3。引进省"双千计划"[④]人才项目2个、市高层次人才7名。技术合同交易金额8.7亿元，同比增长70.6%。万人有效发明专利拥有量37.15件，位列全市第2。全面与南昌大学、江西财经大学、华东交通大学、南昌航空大学共4所高校签订《校地战略合作框架协议》。

三是产业发展提质升级。三次产业结构比调整为0.2 ：11.3 ：88.5，一套表调查单位净增94家，同比增长276%，总数达到508家。数字经济蓬勃发展。高质量举办第四届世界VR产业大会，现场总签约项目25个，签约总金额242亿元，占大会签约总金额的1/3。腾讯安审中心、天美游戏南昌制作中心等项目陆续运营，上海乐相科技、深圳瑞立视多媒体科技、广州玖的数码科技3家中国VR 50强企业签约落户。全国首个国家职业教育虚拟仿真示范实训基地正式挂牌运营，得到国务院副总理孙春兰等中央和省市领导充分肯定。开通5G基站467个，达到1490个，总数居全市第1。新增数字经济企业838家，总数达到4002家，新增和总数均居全市第1，全口径营业收入突破150亿元。新增规模以上数字经济企业7家，总数达到25家，营业收入达到52.79亿元，同比增长24.5%。现代金融高位突破。新引进金融机构和企业119家，总数达到1233家。德勤华永会计师事务所成功落地，成为首家在江西落户的全球四大会计师事务所。一亿中流企业上市加速器顺利开园，引进17家企业，入驻率超80%，实现总产值近5亿元。出台企业上市扶持政策，奖励金额最高超2000万元。新争各类资金191.4亿元，超争资目标的3.8倍。金融业增加值预计达到258.2亿元，贡献税收24.95亿元。商贸文旅齐头并进。投入1100万元举办5场"乐购红谷，悦享生活"时尚购物节系列活动，带动消费10亿元。地铁·万科广场对外运营，全省首家盒马鲜生盛大开业。打造了江西米粉一条街等一批特色商业街，持续丰富"夜游""夜赏""夜品"

“夜购”“夜习”“夜健”等“六夜”经济。安排3000万元专项资金支持会展业发展,举办了中国畜牧业博览会、中国卫星导航年会、中国绿色食品博览会等47场大型会展活动。南昌绿地国际博览中心成为全省首个荣获UFI[⑤]认证的会展中心,迈入国际化展馆行列。安排700万元专项资金支持文化产业发展,获评全省文化产业重点县(市、区)。总部经济茁壮成长。总投资50亿元的紫光智慧教育全国总部、26亿元的台商总部经济大楼、20亿元的中盛金融中心相继落地,中国电建江西总部、中建三局江西总部、中铁广州局江西总部、中铁建工江西总部等6家全国性建筑业区域总部签约落户。

一年来,我们坚定不移应变局、开新局,高效能服务激发新活力。主动顺应功能区向行政区转变的发展要求,以更坚定的决心、更有力的举措、更务实的作风,持续创新了一批体制机制,深化了一批改革举措,化解了一批历史遗留问题,全社会创新创造活力竞相迸发。

一是体制机制更加顺畅。建立健全经济运行、产业发展、城市建管、社会事业等一批工作机制,不断提升了政府运行的科学化、民主化、规范化、制度化水平。聚焦提升政府工作运转效率,建立《社会综合治税实施意见》《构建新招商引资格局完善项目全生命周期服务工作机制》等系列工作运行机制。聚焦优化政府投资项目建设,建立《政府投资管理办法(试行)》《政府投资项目建设控制标准(试行)》等系列项目机制。聚焦增强政府应急处突能力,建立《突发事件应急预案》《生产安全事故综合应急预案》《自然灾害救助应急预案》等系列应急机制。

二是破难步伐更加坚定。8天剥除D4、D6地块征迁“胡子工程”,化解了4年想解决而未解决的顽疾。强有力关停54处违法“三站一场”[⑥],规范了全区“三站一场”经营秩序。全面推进安置房清理、建设、分配工作,清退759套违规占用房屋,交付14.27万平方米房屋,分配3708套房屋,安置2497户居民,安置工作迈出了关键又坚实的一步。全面实施违章拆除五年行动计划,共拆除新增违法建设336处13521.4平方米、存量违法建设148处4004.5平方米,形成了强大威慑。妥善及时处置了新力房地产项目风险,保持了房地产市场稳定。大力推动全省最大P2P平台——“博金贷”平台有序退出,守住了不发生区域性系统性金融风险底线。

三是营商环境更加优化。在全省率先实现企业开办“四枚印章”[⑦]免费送,为5757户企业节约资金188万元。全省率先在政务服务大厅设置个人信用报告自助查询机,半分钟查报告。实现“一枚印章管审批”,审批效率提高50%以上。全省率先上线“赣服通”县区分厅4.0版,红谷滩分厅新增上线事项及服务260项。“一次不跑”达到73.3%,“最多跑一次”达到93.6%。实现“惠企政策一窗受理”,设立3000万元动态资金池,兑现惠企资金4447.36万元。开设“办不成事”反映专窗,得到新闻联播、人民网、《江西日报》等中央省市各级媒体和广大企业、群众点赞。组织1000余名机关干部走访服务50517户市场主体。新增减税降费2.62亿元,为35家企业放贷“财园信贷通”1.63亿元,有效缓解了中小企业融资难问题。市场主体新增14792家,总数达到56807家,企业年度新增和总数位列全省第1,全省营商环境评价升至45名。

四是国企改革更加深入。出台支持国有平台发展的21条意见,毫不动摇做实做强做优做大区城投公司。支持区城投公司参与建设政府项目22个,总投资金额118.5亿元。推进区城投公司4.46万平方米历史遗留问题房屋办理不动产登记。全面化解区城投公司政府隐性债务。在全省率先发行10亿元的区县级平台中期票据、7亿元的CMBN[⑧]资产证券化产品。区城投公司实现营业收入103.02亿元,总资产规模达到440亿元,同比增长88%,净资产达到136亿元,同比增长64%。

一年来,我们坚定不移补短板、优长板,高能级城市绽放新魅力。大力实施城市建管十大提升行动,不断深化城乡环境整治,补齐城市功能短板,探索城市治理机制,打造高品质宜居宜业城市。

一是城市空间持续扩容。路网建设加快推进,新建成绵峰路等21条道路,新打通贸院路、新维瀚路、飞虹路、凤蝶路4条断头路。南昌地铁4号线顺利开通,我区进入地铁三线换乘时代。“拆墙透绿”成效显著,拆除泰耐克酒店、闽江路、春晖路、劝学路、庐山南大道5处久围不建的围墙围挡,建成绿地面积15公顷,做到还路于民、还景于民。国土空间优化增效,拆迁房屋13.4万平方米,征收土地1579.87公顷,消化批而未用土地2646.6公顷、批而未供土地2327.54公顷,处置闲置用地464.12公顷,获批建设用地8个批次共3728.13公顷,为项目落地和城市发展提供了强大要素保障。

二是城市功能持续健全。高效推进赣江市民公园四期等公园绿地建设,新增绿化面积23公顷,绿化总面积达8050公顷,绿化覆盖率达46%。投入2800万元推进垃圾分类工作,设置小区四分类集中投放点160余处,完成撤桶并点小区40余个,建成全省首座垃圾分类科普体验馆,打造联泰尚城小区等一批垃圾分类示范小区。积极开展“三合一”养护[⑨]市场化工作,打造名门世家门前综合提升改造示范点。实现“马路本色”全覆盖,冲洗、机扫覆盖率达100%,主次干道、背街小巷达到“四净、四无”[⑩]标准。全面推进6个老旧小区提升改造,新增214个新能源汽车充电车位、2633个公共停车泊位,新建18座城市公厕,整改51处积水点,完成11个铁路沿线环境重点点位整治工程。

三是城市生态持续改善。全力整顿工地扬尘、秸秆焚烧、餐饮油烟、黑烟车等问题,PM2.5平均浓度32微克/立方米,空气优良率达到93.2%。全力落实河湖长制,清淤污水管道890千米,整治水系岸线护坡4.8千米,实现乌沙河、云溪花园内部水系、云溪水渠全部清淤疏浚,完成前湖周边7所高校雨污管网混接整改,赣江干流7个断面达到地表水Ⅱ类标准,主要饮用水水源地水质优良率达100%。全力启动中心城区雨污管网混接整改计划,完成46处中心城区雨污管网混接点位整改。全力完成325件中央和省环保督察历次交办问题及信访件销号,销号率达到85.5%。

一年来,我们坚定不移保民生、惠民生,高品质生活焕发新引力。坚持增进民生福祉,注重幸福指数,第七次全国人口普查公布常住人口555755人,十年增长152.34%,增速全市最高。民生投入29.72亿元,占一般公共预算支出的83.45%。

一是民生保障务实有效。全面稳就业促就业,积极策应10万人才来昌留昌创业就业行动,举办28场校园招聘,4183名应届毕业生达成求职意向,城镇新增就业4873人,发放创业担保贷款6668万元。新设劳动人事争议仲裁院。为6523名农民工追回欠薪1.14亿元。全面推进民生项目,办结62件民生实事,投入8075万元提升改造了12个农贸市场,打造了4个星级农贸市场。完成20台既有住宅加装电梯任务,超计划4台。启动建设岭口路集租房项目。全力推进民生兜底,完成1600公顷水稻种植面积,落实各类惠民补助499.38万元。城镇企业职工养老保险参保44579人,城乡居民养老保险参保12597人。医疗救助结算费用451.05万元。统筹41.5万元临时救助325人次。出资25.6万元为2325名困难群众购买防贫险。

二是公共服务均衡有质。坚持教育优先发展,云溪学校(二期)、新龙学校、博雅学校、生米中心小学4所学校交付使用,站西花园幼儿园、富力华庭幼儿园、百树卢塞恩幼儿园、博隆幼儿园等10所小区配套幼儿园顺利开园,学前三年毛入园率、公办幼儿占比率、普惠性覆盖率分别达85.45%、61.89%、99.09%,全区适龄儿童义务教育入学率保持100%。全面落实"双减"[11]任务,推动"5+2"课后服务全覆盖,开设课内外特色课程200余种,校外学科类培训机构压减80%,"营转非"全部完成。坚持建设健康红谷滩,全面实现婚姻登记全市通办,新建各类托育机构9家,总数达到45个,可提供托位近2000个。江西儿童医院红谷滩院区正式营业,建成3个社区卫生服务站、15个健康小屋,普通人群家庭医生签约率达44.9%。新增12个"1+5+X"社区邻里中心[12],总数达到34个,实现15分钟生活圈全覆盖。新增2家养老机构、6个社区嵌入式养老院、14个老年人助餐试点,家庭适老化改造160户,发放高龄老人生活补贴3412人、465.8万元。省级老年友善医疗机构创建项目——南昌天同医养院通过省市验收,可提供医养结合床位560个。卫东街道鹿璟名居社区荣获"全国示范性老年友好型社区"。泰康之家赣园正式营业,成为全省首个大规模、全功能、国际化的高品质医养社区。坚持发展文体事业,配齐111个村(社区)文化活动中心,最美书屋"钟书阁"抢滩入驻,云端书院顺利落户,红书屋阅览室、未来空间·未时图书馆2个城市书房正式开放,第二届全国小幅漆画展成功举办。南昌市"滕王阁杯"青少年体育联赛、南昌市首届社区运动会精彩纷呈。投资415万元建成17处全民健身设施,赣江市民公园智慧跑道惊艳亮相。

三是社会治理精细有为。扎实推进法治红谷滩、平安红谷滩建设,新建成智慧平安小区40个,打造南航附小"四个一"工程[13]建设全省示范点,实现生米镇18个行政村、93个自然村"雪亮工程"[14]全覆盖,得到中央验收评估组高度肯定。凤凰洲管理处获评全省普法工作先进单位,凤凰洲管理处凤凰花园社区、沙井街道飞虹社区分别获评全国、全省"民主法治示范村(社区)"。扎实推进基层治理,招聘了92名社区工作者。扎实推进信访稳定工作,深入开展"上访变下访"活动,积极化解82件信访积案。扎实推进常态化疫情防控工作,实现677天无新增本地确诊病例,累计接种新冠病毒疫苗107万剂次,接种人数47.4万人,18岁以上全程接种完成率99.5%。扎实推进安全生产工作,区消防救援大队获评全省消防监督管理工作先进单位,凤凰洲管理处牛行社区获评全省综合减灾示范社区。

与此同时,各项事业全面进步。扫黑除恶专项斗争取得阶段性成效。国防教育、国防动员和后备力量建设、拥军优属持续加强,退役军人服务保障体系全面建成,九龙湖管理处退役军人服务站获评全省红色百家退役军人服务站。工会、青少年、妇女、儿童、老龄、残疾人、红十字、慈善志愿等事业健康发展。监察、审计、统计、普法宣传、国家安全、人民防空、减灾防灾、科学普及、民族宗教、外事侨务、对台、档案史志、食品药品监管等各项工作取得长足进步。

一年来,我们扎实开展党史学习教育,深入推进"五型政府"建设,高效完成29件"我为群众办实事"项目,创新组织政府投资项目成本优化工作,持续整治"怕慢假庸散"等作风顽疾,"问政江西""12345"热线办结率达到100%,认真办结市区人大代表建议66件、市区政协委员提案118件,满意率达100%。政务公开力度不断加大,政府作风效能持续优化。

各位代表!艰难方显勇毅,磨砺始得玉成。过去一年取得的成绩,是习近平新时代中国特色社会主义思想,特别是习近平总书记视察江西重要讲话精神科学指引的结果,是党中央、国务院,省委、省政府,市委、市政府和区委坚强领导的结果,是区人大及其常委会、区政协监督支持的结果,是全区人民勠力同心、艰苦奋斗的结果。

在此,我谨代表区人民政府,向在各行各业、各条战线辛勤工作的广大干部群众,向给予政府工作大力支持的人大代表、政协委员、各民主党派、工商联、无党派人士、人民团体和社会各界人士,向所有关心、支持、参与红谷滩区建设和发展的各级驻区单位、驻区部队、武警官兵、政法干警、消防救援队伍指战员,以及老领导、老同志,表示衷心的感谢!

特别是向奋战在服务一线的医务工作者、社区工作者、新闻工作者、志愿者等广大干部群众,致以崇高的敬意!

在充分肯定成绩的同时,我们也要清醒认识到,对标中部省会城市中心城区、对标沿海发达城市先进城区,我区经济社会发展中还存在不少困难和问题,主要是:发展质量还不高,经济总量还不大,产业结构还不优,城市建管还不精,乡村振兴还有较大差距,社会事业还有不少短板。以上问题事关全局,我们将在今后工作中认真研究解决。

二、2022 年工作安排

各位代表!今年是党的二十大召开之年,做好全年工作至关重要。当前,在世纪疫情冲击下,百年变局加速演进,外部环境更趋复杂严峻和不确定,经济发展面临三重压力。但随着“一带一路”倡议及长江经济带、推动中部地区高质量发展等国家战略的深度实施,大南昌都市圈、“一枢纽四中心”等省市战略的加快推进,红谷滩迎来了大有可为的战略机遇期和政策叠加期。我们必须倍加珍惜供给侧结构性改革的时间窗口,奋力抢抓南延西拓的政策窗口,坚定信心和决心,保持定力和韧劲,主动引领改革创新,积极应对风险挑战,奋力开创红谷滩高质量跨越式发展新局面。

今年政府工作的总体要求是:坚持以习近平新时代中国特色社会主义思想为指导,全面贯彻党的十九大和十九届历次全会以及中央经济工作会议精神,深入贯彻习近平总书记视察江西重要讲话精神,认真落实省第十五次党代会、省委经济工作会议、市第十二次党代会、市委十二届三次全会、区第一次党代会、区委一届三次全会精神,大力弘扬伟大建党精神,坚持稳字当头、稳中求进,完整、准确、全面贯彻新发展理念,持续深化供给侧结构性改革,统筹发展和安全,继续做好“六稳”“六保”工作,扎实推进改革开放创新,持续保障和改善民生,全力保持社会大局和谐稳定,坚决稳住经济发展基本盘,努力开创高质量发展新局面,保持领先领跑姿态,彰显首府首区作为,携手书写全面建设社会主义现代化红谷滩的精彩华章,以优异成绩迎接党的二十大胜利召开。

经济社会发展的主要预期目标是:地区生产总值增长 9%以上;一般公共预算收入增长 7%左右;固定资产投资增长 9%左右;社会消费品零售总额增长 10%以上;实际利用外资增长 6.5%左右;外贸出口增长 5%左右;城镇居民人均可支配收入增长 8%;农村居民人均可支配收入增长 8.5%。

围绕上述目标,我们将重点抓好以下工作:

(一)突出强链赋能,建设现代产业集聚区

坚持以现代服务业为主体,智能制造、现代农业突破发展的现代产业体系发展方向,持续做大做强做优虚拟现实、科技创新、现代金融、高品质服务业等优势产业集群,率先打造世界级 VR 中心、区域科创中心、区域金融中心、高品质服务业集聚发展中心,在建设现代产业集聚区中作示范、勇争先。

一是率先打造世界级 VR 中心。加快创建省级高新技术产业园,全面优化 VR 科创城发展定位,大力推进 VR 科创城二期规划,加快创建国家级 VR 制造业创新中心,加快推进 VR 展示中心、VR 体验中心、华为软件中心、阿里云创新中心等项目建设,积极推进华为江西区域总部、软通动力虚拟现实创新应用研发总部、世纪华通 XR 游戏总部等一批龙头企业落地投产,力争新引进 30 家 VR 领域龙头企业,加快推动布局新型工业用地,积极发展软件信息服务业、科技服务、工业设计等服务业态,实现智能制造项目落地零的突破,全力争创省级高新技术产业园。加快建设九龙大道数字经济产业园,深入推进数字经济“一号工程”,全面优化九龙大道产业发展规划,错落有致布局以 VR、元宇宙、新文旅为主导的产业项目,扎实推进数字产业化、产业数字化,打造城市最强产业线、最美天际线。

二是率先打造区域科创中心。全面深化校企地合作,启动编制前湖大学科技城发展规划和配套政策,建立专家智库体系,共建创新创业基地、基础教育基地、技术研发成果转化基地,推进决策咨询、资源共享、成果转化、产品转换、人才交流、创业就业等方面深度合作。全面培育科技企业,深入实施“科技型中小企业—高新技术企业—创新型领军企业”梯次培育计划,力争新增市级新型研发机构 1 家,高新技术企业突破 230 家。全面推进创新创业,启动“人才特区”建设,大力引育 2 名高层次科技创新人才、4 个高层次科技创新团队,积极引进 4 名“四带”[15]高层次科技创业人才和 3 名国内外顶尖人才、领军人才。积极引导高通影创联合创新中心、浙江大学南昌研究院关键技术就地转换转化。

三是率先打造区域金融中心。加快构建金融决策体系,全力支持中央驻赣金融监管机构落户,大力引进全球性会计事务所、粤开证券江西分公司、光大永明人寿保险江西分公司等重点机构,力争各类金融机构和企业突破 1300 家。积极联合省内外高校设立江西产业金融发展研究院。全力争创国家级产业金融改革试验区。加快构建要素市场体系,深入推进企业上市“映山红”行动,拓展一亿中流企业上市加速器空间布局,积极跟进中国瑞林、江西盐业等企业上市进程,力争新增境内外上市公司 1 家、新三板挂牌企业 1 家、股改企业 2 家。推动设立总规模 30 亿元的 VR 科创产业母基金,谋划设立总规模不低于 10 亿元的数字经济及金融科技产业基金。加快构建科技金融体系，探索设立科技金融风险补偿基金，逐步建立数字经济产业全生命周期的融资模式。稳步推进金融科技产业园建设，大力引进和设立一批优质金融科技企业和基础设施平台。加快构建普惠金融体系，积极引进省内外知名大数据征信公司，全面提升普惠金融服务中心融资服务功能，鼓励银行、保险等金融机构拓展普惠金融业务，着力解决企业融资难、融资贵问题。

四是率先打造高品质服务业集聚发展中心。扩大有效投资，坚持树立“项目为王”理念，强化“四级调度”机制[16]，大力推进总投资1600亿元的165个重大重点项目建设，力争全年完成投资350亿元。释放消费潜力，投入不少于1000万元，持续举办“乐购红谷，悦享生活”等系列惠民促销活动。全力支持平安金融中心、华夏艺术谷、台商总部经济大楼、商联中心、中唯商业中心等项目建设，着力打造滨江秀美天际线、轮廓线。全力推进保利文化艺术城、华润万象城、天虹地铁大厦店等高端商业综合体建设，促进银泰新零售、盒马X会员店等精品商超签约落地，推动煌上煌总部大楼、华宏总部大厦、蓝城五星级酒店等引领性项目摘地落户。全力推进联泰滨江农贸市场、江报路农贸市场打造成全市星级农贸市场。全力发展文化经济、会展经济、旅游经济、流量经济、夜间经济，加快创建省级全域旅游示范区，持续办好大型会展，重点打造万达金街、铜锣湾T16、赣江新天地、卢塞恩小镇等4条夜间经济街区。全力发展总部经济、楼宇经济，构建全区楼宇经济综合服务平台，探索建立“楼管家”服务机制。深化升规入统，研究出台转企升规实施方案和配套政策，力争净增规模以上服务企业60家、限额以上批零住餐单位100家，一套表调查单位突破700家。

（二）突出破题超越，建设新时代深化改革开放示范区

坚持按照对标一流、争创一流、超越一流要求，着力深化体制机制改革，着力化解各种历史遗留问题，着力突破各种“中梗阻”，边破边立，以点带面，在建设新时代深化改革开放示范区中作示范、勇争先。

一是深化重点领域改革。健全体制机制，加快印发《镇(街道、管理处)财政管理体制调整方案》。加快研究出台企业服务、项目招投标、征迁安置、财政投资评审、还建房小区管理、城市综合治理等一批新机制。攻坚破解难题，推进成立历史遗留问题化解领导小组，本着尊重历史、尊重事实、促进发展、解决问题的原则，妥善加快破解一批历史遗留问题。推进国资改革，全面摸清区级行政事业单位资产，促进国有资产保值增值。研究出台国有企业负责人薪酬制度，支持区城投公司发展壮大，实现区城投公司资产总规模突破500亿元，净资产达155亿元，大步向“千亿企业”和“AAA”信用评级目标迈进。

二是深化对外交流合作。坚持办好大会，高标准办好世界VR·元宇宙产业大会，力争大会签约金额超300亿元，落户项目超10个。坚持精准选商，研究制定开放型经济工作考核办法，聚焦链主企业、头部企业开展招商选商，加快推进华润万象天地、平安产业园、金地科技产业园等项目落地，力争新引进项目超65个，总投资额突破650亿元。坚持扩大开放，加快推进与中部省会城市中心城区、沿海发达城市先进城区的交流合作，积极参与粤港澳对接会、赣商大会、上海会、中博会等招商推介，全面深化落实与广东省七市战略合作。

三是深化营商环境建设。坚持把优化营商环境作为“一号改革工程”，深入推进“放管服”改革，组建政务服务数据管理局，持续完善“赣服通4.0”红谷滩分厅、政务服务网络红谷滩分厅功能，完成四级平台系统配置。加快推进省“好差评”系统乡镇延伸项目。全面推行“一窗受理、一网通办、一门办结”的审批模式，建成全区统一政务服务智能导航，确保今年便民惠企事项网办率达到90%以上。力争新增市场主体16800家，市场主体总数突破66000家，营商环境评价进入全省前十。

（三）突出功能品质，建设南昌形象展示核心区

坚持按照精心规划、精致建设、精细管理、精明增长要求，全面推进城市更新行动，高品质打造省市的城市客厅、形象窗口，在建设南昌形象展示核心区中作示范、勇争先。

一是抓紧交通基础设施建设。主动融入全市综合交通枢纽，向东大力支持九龙大桥、洪州大桥建设，全力推进抚州大街、萍乡大街东延工程。向西推进上饶大街、龙兴大街西延工程。向南谋划三清山对接丰厚一级公路工程。向北打通赣江北下穿京九铁路通道。积极对接推进枫生快速路互通立交工程。畅通内部交通大动脉，加快启动潼溪大道、明月山大道南延工程，推进南斯友好路、赣江南大道、320国道、祥云大道等6条道路提升改造工程，打通江报路、圭峰大道、花园南路、华南大道、熙凤路等8条断头路，全力拔除新龙岗大道(圭峰大道)下穿向莆铁路、富乡街等一批“胡子工程”。改善片区交通微循环，加快推进VR科创城路网25条道路、九龙湖路网四期27条道路、九龙湖加密33条道路建设。

二是抓好城市环境综合整治。全面启动城市环境十大提升行动。大力开展洁城行动，亮出城市高颜值。大力开展拆墙透绿行动，全面规范围挡、工棚、闲置用地、街头绿地管理，新改造20个公园绿地。大力开展燃气整治行动，规范燃气点管理，建设燃气管理一张图。大力开展照明井具行动，实现全区范围灯亮路明。大力开展供电家具行动，实现中心城区环网柜提升增亮全覆盖。大力开展美丽街区行动，加快推进背街小巷整改提升，建成1个国际化的美丽街区范例。大力开展垃圾分类行动，加快推进凤凰洲、九龙湖、生米镇垃圾中转站建设，实现居民参与率达95%以上。大力开展物管城市[17]行动，开展5个以上物管城市试点。大力开展拆违控违行动，坚决拆除新增违法建设，力争拆除1.35万平方米存量违法建设。大力开展智慧

城管行动,完成智慧城管(二期)建设,重点强化智慧公园、智慧环保、智慧综合执法等工作。

三是抓实生态环境质量改善。全面确保中央和省环保督察历次交办问题及信访件在2022年6月底前全部销号。全面推进水环境综合治理,全方位排查市政雨污管网,完成凤凰片区8平方千米雨污管网整治,实现121个住宅小区雨污分流改造全覆盖。加快推进前湖水系综合治理,确保前湖水质达到地表水Ⅳ类标准。启动实施乌沙河流域水环境综合提升工程。全面推进"海绵城市"建设,加快推进九龙湖新城综合管廊一期工程。全面推进大气污染防治,启动编制和实施碳达峰行动方案,强化重点领域节能降碳工作,持续开展秸秆禁烧常态化管理。全面推进土壤污染防治,有效改善农业农村面源污染。全面加强生态文明宣传教育,推动形成节约适度、绿色低碳、文明健康的生活方式。

(四)突出融合共建,建设大南昌都市圈引领区

坚持深入推进区域融合发展,加快推进重点片区综合开发,全面推进乡村振兴和农业农村现代化,不断强化发展的辐射力、带动力、集聚力,在建设大南昌都市圈引领区中作示范、勇争先。

一是全面推进空间利用。积极对接"三区三线"划定工作,科学谋划城市开发边界,全面推进九龙湖西部组团概念总体规划、控制性规划编制工作,加快启动征地拆迁、产业招商、路网建设工作,全力支持高教园区建设,力争快速拉开发展框架。积极推进10公顷的现代服务产业园、3.07公顷的数字经济(互联网)产业园建设,打造新业态示范园区。加快消化批而未用、批而未供土地,积极盘活闲置用地,超额完成出让53.33公顷经营性用地目标。

二是全面推进区域融合。加快推进南延西拓融合发展。全面深化与丰城市交流合作,推动签订产业飞地、人才交流、会展、商贸、校地、物流、农业等合作子协议。加快实现两地数据共享、电子证照和"五险"[18]互认,搭建生态环境信息共享平台、农副产品展示销售平台、农业机械信息互通平台,启动建设飞地产业园,推进两地人才交流合作,促进与丰城产业对接、协同发展,率先实现一体化进程,打造成大南昌都市圈的核心区、示范区、引领区。

三是全面推进乡村振兴。高起点编制乡村总体规划、产业规划,加快促进城乡融合发展,统筹改善农村基础设施和基本公共服务供给。高标准推进乡村建设,全面启动村庄环境整治提升三年行动,实施农村行政村"七改三网三化"[19]工程,推进农村自然村改厕、改环境、亮化工作,着力消除农村公路安全隐患,重点打造胜利村湖头自然村、铁路村水库吴家自然村、南星村谢家垅自然村3个农村人居环境示范点,确保农村具备基本现代生活条件。高质量发展乡村产业,引导发展设施农业、休闲农业、都市农业、生态农业、绿色农业、有机农业,深入推进农村一、二、三产业融合。严格落实耕地保护责任,推进建设一批高标准农田,改善一批农田水利基础设施,鼓励水稻种植。全面深化农村集体产权制度改革,推进生米镇郡塘村等农村集体土地综合开发,实现行政村集体经济收入全部突破35万元,力争推动3个行政村创建全省实施乡村振兴战略示范村,让农民更多分享产业增值收益。

(五)突出均衡优质,建设共同富裕先行区

牢固树立以人民为中心的发展思想,坚持尽力而为、量力而行,用心用情用力解决就业岗位、托幼园位、上学座位、医疗床位、养老点位、停车车位、如厕厕位等人民群众急难愁盼问题,让群众拥有更真切的获得感幸福感,在建设共同富裕先行区中作示范、勇争先。

一是注重民生实事。根据区委《关于实施政府民生实事项目人大代表票决制的意见》,经广泛征集、层层筛选,遴选出12件民生实事候选项目。(1)5所普惠性幼儿园建设项目;(2)凤凰俊彩小学建设项目;(3)奥林匹克体育公园建设项目;(4)打通7条断头路项目;(5)生米镇农贸市场提质改造项目;(6)70个平安小区智能安防建设项目;(7)物管城市大提升项目;(8)雨阳公园建设项目;(9)2条生米镇村级道路新建扩宽项目;(10)3个老旧小区改造项目;(11)卫东街办社区卫生服务中心建设项目;(12)红谷滩区综合康养中心建设项目。

上述12件民生实事项目,将提交各位代表审议。区政府将坚决抓好本次大会审议确定的民生实事项目,确保如期向全区人民交上满意答卷。

在确保完成上述民生实事项目的同时,加快完善城市公共设施,力争建成公共停车泊位2000个、新能源充电车位300个、装配式公厕16座。完成乡企城提升改造工程、龙王庙等小区一户一表改造工程。启动生米城中村改造工程。启动建设铁路村拆迁安置房、南路村二期拆迁安置房、曾港花园拆迁安置房,加快建设朱岗村拆迁安置房、朱岗村二期拆迁安置房、南路村拆迁安置房、生米花园二期拆迁安置房、九龙湖C06地块拆迁安置房、生米丰都B02地块安置房,交付东城大道安置小区,确保已建成交付安置房全部完成分配。

二是注重社会事业。深入推进教育强区,加快建设西客站地区HJZ701—A04地块九年一贯制学校,启动建设红谷南大道学校、阁皂山大道学校、石钟山路学校、科创大街北学校4所九年一贯制学校。全面落实"双减"政策,实现并保持学科类培训机构80%压减、无证办学机构100%关停。持续规范集团化办学和合作办学行为,切实提高办学质量。加快建立"政府主导、企业服务、师生使用"的智慧教育新模式,积极打造"全国智慧教育示范区"。深入推进健康强区,加快建设区"五位一体"公共卫生服务中心,启动建设区妇幼保健院,积极打造绿地悦城、省综合安置区等3个社区卫生服务中心。全力推动生米镇中心卫生院与洪都中医院紧密型医联体建设,推

进红角洲社区卫生服务中心与南大二附院院地共建试点。大力支持中山大学附属南昌医院、南昌大学附属口腔医院、南昌大学附属眼科医院九龙湖分院建设。深入开展爱国卫生运动，大力倡导文明健康生活方式，积极申报“全国基层中医药工作先进单位”。深入推进文化强区，加快建设村（社区）文化活动室、社区文化中心、农家书屋等便民文化设施，持续丰富文化服务站功能内涵，不断完善三级公共文化服务网络。

三是注重兜底保障。进一步扩大就业服务，积极策应十万大学生来昌留昌创业就业行动，持续开展“百场校招”活动专场招聘会，大力组织职业技能培训，高标准打造区劳动监察执法中心、区就业创业服务中心，切实维护农民工合法权益，全力提供1.4万个就业岗位，力争新增留区就业大学生5000人、城镇就业人口7000人。进一步强化保障措施，研究细化支持生育措施，持续完善母婴设施建设，探索建设区属公办婴幼儿照护服务机构。积极应对人口老龄化，新打造3个标准化老年食堂，全力普及居家养老站点第三方专业机构运营模式，逐步形成覆盖全区的居家养老服务网。持续巩固解困脱困成果，稳步提高社会救助、抚恤优待等标准，加强对困难群众和特殊群体的关爱帮扶，强化残疾人康复服务，推进无障碍设施全覆盖，积极发展专业化志愿者服务队伍，持续构建“政府主导、社会参与、制度健全、政策衔接、兜底有力”的社会综合救助体系。进一步强化社会治理，深入开展“八五”普法，不断深化法治政府建设，加快打造中央法务区。持续深化市域社会治理现代化，常态化开展扫黑除恶工作，严厉打击电信网络诈骗，不断提高社区工作者待遇和社区管理服务水平。持续推广“尊崇工作法”[20]，全面推进社会化拥军优属。持续推进生米镇公益性墓地建设。持续加强食品药品安全监管，积极创建国家食品安全示范城市。大力支持工会、共青团、妇联、红十字会等群团组织工作，积极推动外事、侨务、对台、档案等工作稳步发展。

（六）突出规范高效，建设“五型”政府标杆区

坚持用好党史学习教育成果，深入贯彻落实党的十九届六中全会精神，持续深化“五型”政府建设，全面推进“大抓落实年”活动，注重立规矩、正作风、重实绩、提效率、明奖惩、树形象，打造让党放心、人民满意的模范机关，在建设“五型”政府标杆区中作示范、勇争先。

一是强化政治本领。坚守理想信念，坚决捍卫“两个确立”，增强“四个意识”、坚定“四个自信”、做到“两个维护”。牢固树立正确的权力观、地位观、利益观，严格落实中央八项规定及其实施细则精神和省市区若干措施，做到依法用权、秉公用权、廉洁用权。坚决履行全面从严治党主体责任，坚持以上率下，做到真管真严、敢管敢严、长管长严。坚持从严治家，做到爱家有度、治家有方、管家有力。坚持纵深推进党风廉政建设和反腐败工作，驰而不息纠治“四风”，大力整治“怕慢假庸散”作风顽疾，构建更加风清气正、健康向上的良好政治生态。

二是强化争先本领。坚决扛起“首府首区首位首先”的责任担当，树立全球眼光、全国视野，放大“坐标系”、找准“参照物”，敢于向优者学、与快者比、跟强者争、朝高者攀，瞄准一流目标，对标一流标准，全力以赴争人才、争资金、争平台、争项目、争政策，全力以赴争“平安中国建设示范区、全国文明城市”等金牌，全力以赴争“全国综合实力百强区、全国营商环境百强区”等金榜。大力发扬“敢为天下先”的精神，敢破旧藩篱、敢立新规矩，敢打第一枪、敢树新标杆，切实以新理念、新思路、新机制、新举措，加快推进经济社会高质量跨越式发展，努力实现在全国县（市、区）的排名持续进位、创先争优，真正做到有特色、有地位、有影响，持续唱响“红谷滩”品牌、做实“红谷滩”地位。

三是强化落实本领。全面扛起“首任首责”的历史使命，以“功成不必在我”的胸襟和“建功必须有我”的情怀，从正在做的事情干起，从需要做的事情干起，从不好做的事情干起，充分发扬钉钉子精神，一步一个脚印，努力在优化产业结构、提升发展质量、培育新的经济增长点上求突破，在强化城市精细化管理、补齐生态短板、推动乡村振兴上求突破，在提高工作实效、优化营商环境、破解历史顽疾上求突破，力争干出几件提振发展信心、增强发展后劲、增进民生福祉的实事，甘当铺路石、登高梯，切实挑最重的担子、啃最硬的骨头、接最烫的山芋。全面践行“脚上有土，心中有谱”的工作作风，坚持深入一线、深入基层、深入群众，坚持把民之所盼作为政之所为，知群众所需、集群众之智、让群众满意，做到发展为了人民、发展依靠人民、发展成果由人民共享。

四是强化防控本领。坚持树牢以人民为中心的发展思想，全面统筹好安全与发展，增强忧患意识，树立底线思维。坚持慎始如终，毫不放松抓好疫情防控工作，严格落实常态化防控举措，持续加大疫苗接种力度，科学有效处置突发事件，坚决守护人民生命健康。坚持多措并举，毫不放松推进房地产市场风险防范化解工作，坚决保持房地产市场平稳健康发展。坚持强化监管，毫不放松推进重大金融风险防范化解工作，大力整治非法集资、“套路贷”等非法放贷，坚决守住不发生区域性系统性金融风险的底线。坚持人民至上、生命至上，全心全意做好信访维稳工作，久久为功抓好安全生产工作，持续深化安全生产专项整治三年行动，加快建立统一指挥、专常兼备、全域覆盖、灵活机动、上下联动的应急管理体系，坚定扛起“保一方平安、促一方发展”的重任，做到守土有责、守土负责、守土尽责，努力创造经得起历史和实践检验的业绩。

各位代表！道阻且长，行则将至；行而不辍，未来可期。让我们更加紧密地团结在以习近平同志为核心的党中央周围，在省委、省政府，市委、市政府和区委的坚强领

导下,解放思想,凝心聚力,大干快干,真抓实干,保持领先领跑姿态,彰显首府首区作为,携手书写全面建设社会主义现代化红谷滩的精彩华章,以优异成绩迎接党的二十大胜利召开!

名词解释:

1.“152”项目:100亿元、50亿元、20亿元产业大项目。

2. R&D经费:全社会研究与试验发展经费。

3. 瞪羚企业:指跨越死亡谷、进入高速成长期的创新创业企业,也被称为高成长企业。认定需同时满足增长率与创新能力条件。

4. 省“双千计划”:江西省计划用5年左右的时间,面向省外和国(境)外,重点支持引进1000名左右高层次人才和100个左右高层次创新创业团队,面向省内重点培养1000名左右高层次人才。

5. UFI:国际展览联盟的英文简称。

6.“三站一场”:预拌混凝土(砂浆)搅拌站、沥青站、水稳站、砂场。

7.“四枚印章”:公司章、法人代表章、财务专用章、发票专用章。

8. CMBN:商业抵押贷款支持票据的英文简称。

9.“三合一”养护:环卫保洁、绿化养护、雨水篦子清掏(现为市政维修)三项城市管理工作由一家单位或企业负责,全面处理,合理分配的养护模式。

10.“四净、四无”:路面净、路沿净、门前净、墙根净;无垃圾堆、无砖石瓦块、无杂草树叶、无污泥积水。

11.“双减”:有效减轻义务教育阶段学生过重作业负担和校外培训负担。

12.“1+5+X”社区邻里中心:依托社区单位,建立1套综合保障体系,配置社区邻里中心幼儿园、居家和社区养老服务中心、基层医疗卫生服务点、社区便利店(含净菜配送)、综合性文化服务中心5类便民服务功能,拓展X个其他功能于一体的新型集聚区。

13.“四个一”工程:在校园门卫室增设或完善建设“一个安检门、一键报警器、一组存储柜、一间会客室”。

14.“雪亮工程”:以县、乡、村三级综治中心为指挥平台、以综治信息化为支撑、以网格化管理为基础、以公共安全视频监控联网应用为重点的“群众性治安防控工程”。

15.“四带”:带项目、带技术、带资金、带团队。

16.“四级调度”机制:责任单位日调度、行业部门(属地)周调度、分管(点)区领导半月调度、区主要领导月调度、重大问题随时调度。

17. 物管城市:以街道为范围,将环卫、绿化等所有城市管理业务“统一发包”给专业物业管理企业。

18.“五险”:养老保险、医疗保险、工伤保险、失业保险、生育保险。

19.“七改三网三化”:“七改”指改路、改水、改厕、改房、改沟、改塘、改环境;“三网”指电网建设、广电网络建设、电信网络建设;“三化”指绿化、美化、亮化。

20.“尊崇工作法”:主要内容包括打造“一域一队伍”、建立“一人一台账”、落实“一家一对接”、组织“一周一活动”、开展“一月一堂课”、实施“一季一走访”、举办“一年一评选”。

2022年1月12日,南昌市红谷滩区第一届人民代表大会第二次会议开幕

(区委宣传部供图)

特　辑

红谷滩区庆祝中国共产党成立100周年系列活动纪略

2021年是中国共产党成立100周年。根据党中央、省委和市委统一安排部署，红谷滩区以饱满的政治热情、扎实的工作作风、有力的工作举措，围绕建党百年主题，集中组织开展系列庆祝活动，在全区大力唱响共产党好、社会主义好、改革开放好、伟大祖国好、各族人民好的时代主旋律。

一、精心谋划部署，统筹推进落实

1. 方案早谋划。为及早谋划全区庆祝建党百年活动，2021年1月初，按照市委宣传部统一部署，区委宣传部牵头收集拟定《红谷滩区庆祝共产党成立100周年重点活动安排》，并报送至市委宣传部。6月5日，市委印发全市庆祝活动总体方案，区委宣传部对照此方案牵头启动全区庆祝活动总体方案的统筹、策划和起草工作，对标对表、修改完善，并于6月10日组织在全区范围广泛收集庆祝活动项目。6月11日，区委宣传部组织召开相关工作研讨会，会上下发《红谷滩区庆祝中国共产党成立100周年活动总体方案(征求意见稿)》，现场征求各相关部门意见并于会后初步草拟形成全区庆祝活动总体方案送审稿。6月16日，《红谷滩区庆祝中国共产党成立100周年活动总体方案(送审稿)》经区委常委会讨论通过。6月23日，市庆祝活动领导小组正式审核批复红谷滩区庆祝活动总体方案。根据市委批复意见，区委宣传部对庆祝活动总体方案再次进行调整完善，并最终提请区委印发。

2. 统筹强推动。参照全省、全市庆祝活动领导机制，区委成立庆祝活动领导小组，负责指导做好全区庆祝活动组织实施及相关保障等各项工作。区委多次研究审议全区建党百年庆祝活动总体方案，区委领导多次对庆祝活动作出指示批示并亲自指挥、亲自调度，统筹推进各项庆祝活动。6月23日，区委召开全区庆祝中国共产党成立100周年活动专题调度会，进行全面部署和统筹推进，确保全区庆祝活动高标准实施、高效率推进、高质量落实。6月24日，区委印发《红谷滩区庆祝中国共产党成立100周年活动总体方案》，在全区安排收听收看中央、省委庆祝活动实况，功勋荣誉表彰，走访慰问，理论征文活动等13个方面近40项重点活动。

3. 纪律严要求。庆祝建党百年政治性、政策性强。严格将党中央、省委和市委对庆祝活动工作要求融入全区总体方案，为全区庆祝活动框定范围。确保庆祝活动坚持正确导向不偏移，严守有关要求不逾线。

二、突出群众主体，推动群众广泛参与

为庆祝中国共产党成立100周年，根据党中央、省委和市委部署，在全区上下广泛组织开展“永远跟党走”群众性主题宣传教育活动。

1. 基层工作热起来。结合“我为群众办实事”“志愿服务学雷锋”“让党旗在基层一线高高飘扬”等主题党日，推动全区各级党组织建立党支部联系点，组织28名县级党员领导干部深入联系点60余次，解决基层存在的困难问题76个；推动168个机关和企事业单位与社区结对共建、共驻共建，共组织7000余名在职党员到社区报到并开展志愿服务活动。在全区范围内开展“人人讲 人人学”活动，联合“青年讲师团”“赣鄱红色娘子军”“银发宣讲团”等各类宣讲队伍，深入基层广泛开展宣传宣讲，共计100余场。

2. 重点人群热起来。在全区青少年范围中积极开展“学党史·颂党恩·红土地上的坚守与传承”系列活动。举办“VR红色故事汇”创意征集和评选活动，制作3个党史故事VR影片、2个党史故事动画片，并在全区范围内刊播；举办红谷滩区“红心向未来·百名少年诵经典”征集评选活动，征集100个党史故事诵读视频作品，在红谷滩区部分展馆和党建点位播出；举办红谷滩区“峥嵘岁月·百年风云——征文话经典”活动,品读红色经典,书写精彩人生,围绕江西红土地上的100个经典革命故事,面向全社会征集优秀文学作品,全年征集100余篇文稿。

3. 特色资源热起来。充分利用红谷滩区数字经济优势,在牛行车站展示馆率先引进党史VR模拟体验项目——“5G红色展馆+VR互动”,使用AR望远镜、AR换装等科技元素,让参观者全方位、互动式、沉浸式地融入历史环境,实时感受党史百年峥嵘;在VR基地党群服务中心打造“VR+学习教育的模式”,打造“VR+党史”“VR+党建馆”“VR+红色旅游”三种模式,配备50余个革命场馆、30余个革命旧址,通过场景切换,实现“云游”党建馆,用科技手段让党史学习教育“活起来”。

三、坚持以史为鉴,“四史”宣传教育全面覆盖

为庆祝中国共产党成立100周年,根据党中央、省委和市委安排,在全区组织开展党史、新中国史、改革开放史、社会主义发展史宣传教育。

1. 学习宣讲体验。将党史学习教育指定学习材料纳入学习计划,作为全区各级党委(党组)理论学习中心组学习、“三会一课”、主题党日的重要内容,作为区委党校的重要参考材料,实现党员干部学习全覆盖。组织中小学生代表共赴区内红色场馆开展红色研学活动,引导少年学员从革命历史汲取精神的力量。组建党史学习教育区委宣讲团、党建知识宣讲小分队等宣讲队伍,依托112个新时代文明实践中心(所、站),开展专题宣讲、微宣讲超过500场次,覆盖超8000人次,让党的创新理论“飞入寻常百姓家”。推进“纪录小康工程”展示平台的整体搭建,收集大事记、新闻报道、典型人物、统计数据等五大类1000余件图文音视频数据信息,为全区广大干部群众提供学习体验平台。

2. 学习先进致敬先烈。召开全区“七一”表彰大会,表彰全区优秀共产党员、优秀党务工作者和先进基层党组织;举办“光荣在党50年”纪念章颁发仪式及座谈会。开展“光荣在党50年”纪念章颁发仪式,颁发纪念章500余枚;开展“青春心向党　奋斗新征程”五四运动102周年纪念活动暨先进基层团组织(个人)表彰大会,对2020年度“两红两优”名单予以表彰;组织开展“老兵永远跟党走 把党的关爱送到老兵心中”系列走访慰问活动,走访“最美退役军人”党员夏玉伟、烈士遗属李学蓉等人;开展网上祭扫,3500余人次参与。

3. 开展群众性活动。紧扣清明、端午、中秋、烈士纪念日、国庆等节日,让群众性活动“燃”起来。举办“唱支山歌给党听 感念幸福引路人”合唱比赛,全区机关16支代表队伍共1000余人参加比赛;“七一”前后,开展“我对党说心里话”活动,全区8000余名党员开展“我对党说心里话”活动,并通过精选1000余名党员代表对党的深情告白,在“红谷滩发布”进行分期播放;国庆期间,开展“迎国庆,一起互动学党史”中小学生线上党史知识竞赛活动,全区参与答题的中小学生近5万人次;开展“百站万人同唱一首歌”活动,全区109个新时代文明实践站(所)同唱歌曲《歌唱祖国》,抒发深沉的爱国情怀,放声歌唱伟大祖国。全区群众通过快闪、快板、合唱、歌舞等形式,120余场活动抒发对伟大祖国的热爱。

四、浓厚舆论氛围,唱响建党100周年主旋律

坚持把营造庆祝中国共产党成立100周年浓厚氛围作为一项重点任务,全方位立体化做好舆论宣传工作,发出红谷滩“好声音”。

1. 新闻简报浓墨重彩。全区推动媒体融合向纵深发展,建立涵盖全区180余个单位(企业、学校、园区)的全方位融媒体矩阵,立体讲好红谷滩区党史学习教育的特色做法。至年底,典型经验和亮点工作在中央、省、市主流媒体上稿量达269条(篇),省级简报采用14条(篇),市级简报采用51条(篇),简报上稿在全市县区排名第一,不断地讲好党史学习教育中红谷滩的好故事。

2. 网络宣传形式新颖。围绕庆祝建党100周年,积极组织属地网络媒体和新媒体强化议题设置,开设“党史故事汇”和“足迹——庆祝建党100周年”等专栏,发布相关信息1500余条,组织“建党百年初心之路”“足迹”“网络媒体老区行”“了不起的新征途”等主题线下采访活动4场,刊发新闻报道300余篇。协调指导南昌日报社、南昌广电台、新浪江西等制作H5、微视频等新媒体作品30余个。其中,建党百年庆祝大会当天,推出“我是共产党我承诺”H5,接力超10万人次。参与“百年故事”“奋斗百年路 启航新征程”等10个话题讨论,“百年党史中的江西足迹”话题阅读量达1亿人次。

3. 社会宣传全域覆盖。组织开展庆祝建党百年暨党史学习教育社会宣传,组织刊播一批主题宣传内容,充分利用全区电子大屏、走字屏、电梯电视(LED电子大屏75个、电子走字屏300余个、电梯电视1039台)等电子类载体,刊播主题宣传海报和标语,各级共制作近500个景观小品(大型户外形象宣传)、插地广告字、围挡广告、宣传栏、广告牌等实体类宣传,布置在全区城乡大街小巷、公园广场、社区小区等场所之间,在全区营造了浓厚的社会氛围。

庆祝活动隆重热烈、精彩纷呈,充分彰显了红谷滩风格、红谷滩气派、红谷滩风采,切实起到了统一思想、凝聚力量、振奋人心、鼓舞士气的作用,为红谷滩率先“做示范、勇争先”、充分彰显省会担当凝聚了强大精神力量。

(李敏俊)

以党史之光照亮奋进之路

——红谷滩区扎实开展党史学习教育综述

2021年，党史学习教育开展以来，红谷滩区紧跟中央、省委、市委部署，精心策划、上下联动、因地制宜、全面铺开，在全区迅速形成学党史、悟思想、办实事、开新局的生动局面。按照学史明理、学史增信、学史崇德、学史力行的总要求，加强统筹谋划，抓住关键节点，创新方式方法，强化指导督导，持续在学党史、悟思想、办实事、开新局上下功夫，不断推动党史学习教育走深走实。

一、至真至诚“学党史”，党史学习教育高起点开局

紧紧围绕党史学习教育总体要求和工作安排，周密部署、精心组织，呈现出全面启动、全面铺开、全面升温的良好局面。一是加强组织领导。区委成立党史学习教育领导小组和办公室，统筹领导、协调指导全区党史学习教育。先后20余次召开区委常委会会议、领导小组会议和领导小组办公室会议，听取情况汇报，研究重点工作。各地各单位都成立专门领导机构，建立常态化调度机制，形成上下贯通、部门联动、有效衔接的学习教育组织体系。二是精心部署安排。对标对表上级要求，立足红谷滩实际，制定党史学习教育总体实施方案，指导各地各部门研究制订具体工作方案，积极探索有利于调动党员积极性、提升学习教育效果的有效措施，增强党史学习教育的感染力和渗透力。三是压紧压实责任。区委切实担负起主体责任，自觉把学习教育抓在手中、落到实处。“一把手”示范带头，做到先学一步、学深一层，一级抓一级，层层抓落实。组建巡回指导组，加强分类指导，注重靶向施策，聚焦重点任务，充分发挥“督”的功能、“导”的作用，推动各地各行业学习教育全面覆盖、梯次开展、取得实效。

二、笃信笃行“悟思想”，党的创新理论入脑入心

聚焦学好百年党史、感悟思想伟力，深入开展学习宣讲，推动各级党组织和广大党员干部增强捍卫“两个确立”、做到“两个维护”的政治自觉。一是广泛群体“悟思想”，让思想伟力激荡人心。在学习内容上，牢牢抓住习近平总书记在党史学习教育动员大会上的重要讲话和《论中国共产党历史》这个“纲”，将习近平总书记“七一”重要讲话和中共十九届六中全会精神作为核心内容，区委理论学习中心组集中学习研讨14次。在学习对象上，做到分类化、分众化、互动化，面向党员，开展“四个专题”学习；面向农村群众，开展送红色电影下乡，红色戏曲下乡等活动；面向青少年群体，开展“青春心向党，奋斗新征程”活动；面向职工，开展“立足岗位建新功”主题活动；特别是对流动党员、非公有制经济组织和“两新”（新经济组织和新社会组织）组织党员、离退休党员，做到“送学上门”，创新开设空中课堂。二是宣讲宣传“悟思想”，让学习教育深入基层。通过组建区委宣讲团、党员县级干部宣讲团、青年宣讲团、巾帼宣讲团等各类宣讲队伍，创新推广“人人讲，人人学”特色做法，开展专题宣讲、微宣讲超过500场（次），为广大党员干部群众送去党的创新理论和鲜活党史故事。同时，通过建立涵盖全区180余个单位（企业、学校、园区）的全方位融媒体矩阵，立体化讲好党的方针政策和全区党史学习教育的特色做法。至年底，红谷滩区在中央、省、市主流媒体推介典型经验和亮点工作270余条（篇），省级简报上稿数在各县区排名全省第二、全市第一。三是创新形式“悟思想”，让红色精神熠熠生辉。开展“节日里的党史学习教育”系列活动，围绕庆祝中国共产党成立100周年主线，在国庆节等重要节点，开展“百站万人同唱一首歌”等百余场活动，推动党史学习教育聚人气、有活力、接地气。打造“牛行车站与南昌起义展示馆—建军雕塑广场—南昌舰主题园”红色旅游路线，让红色旅游为传承红色基因提供“新路径”。充分利用数字产业的优势，打造“VR+学习教育的模式”，让党史学习教育“活起来”。开展红色景点AR实景扫描与党史知识答题融合，吸引超过2万人次参与打卡答题。

三、用心用情“办实事”，彰显为民办实事担当

坚持把“我为群众办实事”贯穿学习教育始终，切实解决一批群众反映强烈的问题，得到群众普遍点赞。一是精准摸排，细列清单。把察民情访民意作为“我为群众办实事”的第一步，将老百姓的烦心事作为改革的突破点，坚持开门纳谏、广听箴言。一方面线上听民声。区级融媒体平台发布“我为群众办实事”意见建议征集专栏，依托网上征集专栏、政府网站领导信箱、“12345”政府服务热线平台，受理群众诉求。另一方面线下解民忧。全区党员干部开展“民呼我应用心唤心”专项活动，结合“转作风优环境”及文明城市创建宣讲，开展企业“大宣传、大走访”活动，零距离倾听民意，走访服务企业4.6万余家，收集意见建议3100余条，为区级层面“我为群众办实事”实践活动项目清单制定打下基础。二是靶向发力，群众点赞。把学习教育成果转化成为群众办实事的实际行动。建立《红谷滩区“我为群众办实事”民生重点攻坚项目清单进展表》,确定30项区级重点民生项目,实施区四套班子领导领衔推进机制。区级层面民生项目六大类95件民生实事已全部完成销号,在“三评”中满意率为100%。开展“党旗在一线飘扬、党徽在一线闪耀”“万名党员进社区、志愿服务我先行”等活动,全区共产党员开展志愿服务2万余次。各地各单位积极探索,打造“难事直通车”“个十百千万”等备受好评的为民品牌。三是常态长效,建章立制。把“我为群众办实事”作为“实践课题”常抓不懈,创新推出“红谷连心会”活动,架起干群联系的新桥梁。全年11批次县级领导下沉到社区(村)开展“红谷连心会”活动,征集各类意见建议60条。活动中对群众提出的问题、建议,及时转办、限时解决、限期反馈,进一步推动了红谷滩区各级各部门创新管理理念、健全管理机制、补齐管理短板、优化管理举措。着眼长远,建章立制,制定出台《红谷滩区全域推进新时代文明实践中心(所、站)建设工作方案》等10余项服务群体广泛、可操作性强、务实管用的工作机制,形成一批务实管用的民生实事制度性成果。

四、唯干唯实“开新局”,谱写高质量发展华章

坚持“两手抓、两手硬、两促进”,推动党史学习教育与中心工作同频共振,把学习教育成果转化为巩固提升发展首位度、充分彰显省会担当的实际成效。一是经济发展量质齐升。统筹推进常态化疫情防控和经济社会发展,扎实做好“六稳”(稳就业、稳金融、稳外贸、稳外资、稳投资、稳预期)工作、全面落实“六保”(保居民就业、保基本民生、保市场主体、保粮食能源安全、保产业链供应链稳定、保基层运转任务)任务,深入抓好各项工作落实,推动高质量跨越式发展取得新成效。全年完成地区生产总值730.25亿元,同比增长8%。财政总收入104.87亿元,增长2.8%;一般公共预算收入34.2亿元;固定资产投资增长13.5%;社会消费品零售总额增长19.5%。二是发展动能持续迸发。深入推进“放管服”改革,推动政府部门机构调整,理顺管理体制机制,加快数字政府建设,推动政务服务事项“网上办、就近办,不见面、不求人”。促进数字经济蓬勃发展,高质量举办第四届世界VR产业大会,现场总签约项目25个,签约总金额242亿元,占大会签约总金额的1/3。全国首个国家职业教育虚拟仿真示范实训基地正式挂牌运营,得到副总理孙春兰等中央和省市领导充分肯定。开通5G基站467个,达到1490个,总数居全市第1。新增数字经济企业838家,总数达到4002家,新增和总数均居全市第1,全口径营业收入突破150亿元。新增规模以上数字经济企业7家,总数达25家,营业收入达52.79亿元,同比增长24.5%。三是城市品质提档升级。大力实施城市建管十大提升行动,不断深化城乡环境整治,补齐城市功能短板,探索城市治理机制,打造高品质宜居宜业城市。路网建设加快推进,新建成绵峰路等21条道路,新打通贸院路等4条断头路。“拆墙透绿”成效显著,建成绿地面积15公顷,做到还路于民、还景于民。城市功能持续健全,全面推进6个老旧小区提升改造,新增214个新能源汽车充电车位、2600余个公共停车泊位。

光辉党史映初心,砥砺奋进正当时。红谷滩区持续掀起学习宣传贯彻中共十九届六中全会精神热潮。红谷滩强化担当作为,坚持围绕中心、服务大局,把“开新局”作为党史学习教育的落脚点,把学习教育成果转化为加强党的建设、破解经济社会发展难题的实招、硬招。全区各级党组织和广大党员干部将把党史学习教育与传承发展“勇立鸿鹄之志,彰显首区担当”融会贯通起来,不断巩固拓展党史学习教育成果,奋力开创红谷滩高质量发展新局面,以优异成绩迎接中共二十大胜利召开。

(李敏俊)

2021年,全国首个国家职业教育虚拟仿真示范实训基地投入运营

(区委宣传部供图)

大事记

1 月

1 日 开展元旦期间文化市场安全生产及疫情防控专项督查行动。

4 日 一台崭新的征信自助查询机在南昌红谷滩区市民中心正式投入使用，这也是南昌市首台入驻政务服务大厅的个人信用报告自助查询机。个人信用报告自助查询机是通过身份证读取技术和“人像识别”技术对查询人进行身份验证，群众只需持本人二代身份证原件，按照系统语音提示操作，2—3 分钟即可完成对本人征信情况的查询和打印。

6 日 推进综合防控儿童青少年近视工作部署会召开。会议传达《关于开展 2019 年度南昌市综合防控儿童青少年近视工作评议考核的通知》文件精神，部署相关工作，解读《南昌市红谷滩区综合防控儿童青少年近视实施方案》《南昌市红谷滩区综合防控儿童青少年近视工作评议考核办法(试行)》。

7 日 区委办、区政府办发出《区委办公室、区政府办公室印发〈关于认真做好全区村(社区)党组织和第十一届村(居)民委员会选举工作的实施方案〉的通知》。

11 日 九龙湖公园主入口建设完成，标志着九龙湖公园二期北岸的建设全面完工，即将面向市民正式开放。九龙湖公园二期建设总面积约 86 万平方米，包括主入口、缤纷园、真趣园和运动公园，其中缤纷园和真趣园已于 2020 年开放，运动公园正进行基础建设。

12 日 发布《关于计划生育特殊家庭就医享受绿色通道的公告》。贯彻落实《国家卫生计生委办公厅关于进一步做好计划生育特殊家庭优先便利医疗服务工作的通知》，按照江西省卫健委《关于推进计划生育特殊家庭就医绿色通道全覆盖的通知》要求，红谷滩辖区内省、市公立医院均已开通就医绿色通道。

14 日 发布《南昌市红谷滩区综合防控儿童青少年近视实施方案》。调动学校、医疗卫生机构、家庭、学生等社会各方，力争 2030 年，实现全区儿童青少年总体近视率在 2018 年的基础上每年降低 0.5 个百分点以上，全区儿童青少年新发近视率明显下降，视力健康整体水平显著提升，6 岁儿童近视率控制在 3%左右，小学生近视率控制在 38%以下，初中生近视率控制在 60%以下，国家学生体质健康标准达标优秀率达 25%以上。

15 日 市人大常委会副主任沈杰率省人大代表视察组成员一行到红谷滩区，视察市人大代表履职服务中心、九龙湖公园、VR 科创城、VR 产业基地相关情况。

△ 全市首家政务服务大厅自助征信查询代理点揭牌暨红谷滩信用园区建设座谈会在红谷滩区市民中心举行。中国人民银行南昌中心支行副行长王地宁，江西银行行长罗焱，红谷滩区委常委、区政府常务副区长提名人选刘光荣出席活动并致辞。红谷滩区是全省金融商务区，集聚全省 80%以上的金融类机构、80%以上的存款余额、80%以上的贷款余额。中国人民银行南昌中心支行、江西银行率先在红谷滩区市民中心，布局自助征信查询代理点，广大群众实现 2—3 分钟自助查询、打印征信情况，是兼顾个人信用安全与便民的创新之举，是完善市民中心政务服务与普惠金融功能的务实之举。

26 日 红谷滩区与浙江一亿中流信息科技有限公司正式签署“南昌市红谷滩区一亿中流企业上市加速器”项目合作协议，标志着江西省首个以推进企业上市加速为目标的上市孵化园区正式落地红谷滩区。

27 日 省委宣传部常务副部长郭建晖到沙井片区，走访慰问辖区特困人员魏抬妹、优抚军人万美军，并检查指导冬春季防疫工作。

△ 由红谷滩区打造的廉文化馆——红书屋阅览室和九龙湖公园未来空间 · 未时图书馆已正式对外

开放,开放时间均为每日 9:00—17:00。红书屋阅览室位于廉文化展馆二楼,总占地面积 380 平方米,藏书量达 1.3 万余册,室内引入电子阅读机、智能借还书机和智能办证机等智能化设备,给市民提供全程自助的图书服务。红书屋内还包含摄影作品展览区、廉文化书法展示区等。未来空间 · 未时图书馆总建筑面积约 1200 平方米,一楼为“智 · 生活”空间,包含智能咖啡区、智慧阅读区、智育儿童区三大板块;二楼是“享 · 生活”空间,里面放置许多年轻人喜欢的娱乐共享项目,如 DIY 手作、镜面迷宫、主题换装等。馆内格调高雅、功能多元、书香浓郁,陈列文书达 1 万余册。

2 月

2 日 副省长胡强到区考察沁园农贸市场春节前生活物资供应情况和疫情防控工作情况。

3 日 红谷滩区在多个停车场引入高性能充电桩设备,让市民出行更便捷、“绿色体验”更优化。此次新增的充电桩设备包括丽景路停车场的直流电 120 千瓦快速充电桩 12 台,可供 24 辆车同时充电;闽江路停车场的直流电 120 千瓦快速充电桩 10 台,可供 20 辆车同时充电。新安装的充电桩操作简单、使用快捷,车主通过手机扫码支付费用后即可进行充电。为更好地服务广大车主,积极推广绿色出行,充电桩费用为每千瓦时 0.69 元。同时,为确保车主安全正确使用充电桩、有效避免安全隐患,红谷滩区城投集团联合充电桩运营单位,安排专人按时对充电桩控制柜、动力柜等相关设备开展巡查。

4 日 2021 年“春风行动暨就业援助月”活动正式拉开序幕。该活动共收集 73 家企业 1325 个岗位,包括南昌杉杉奥特莱斯购物广场有限公司、中铁建设集团有限公司等大型企业,涵盖物业、餐饮、销售、娱乐及信息技术等多个行业。

8 日 副省长孙菊生,省市场监督管理局党组书记、局长王福平,副市长李松殿一行到区调研考察春节期间疫情防控及保质稳价情况。

△ 市委常委、市委政法委书记胡晓海到区走访慰问沙井司法所。

23 日 红谷滩城投集团分别与均和集团、中瑞集团展开合作并迈入实质运营阶段。此次大宗贸易业务的成功“起锚”,标志着集团公司在大宗贸易领域实现破冰性进展,转型升级成效显著,开辟了集团公司市场多元化发展的新渠道,对下一步深入拓展直接融资工作具有里程碑意义。

3 月

5 日 上海市杨浦区副区长李雅平一行考察调研沙井街道普贤社区邻里中心。

8 日 区“定心丸”“强心剂”“暖心汤”“紧箍咒”四大举措护航春运圆满收官。在确保疫情防控、运输保障顺畅、旅客服务到位、运行安全平稳的情况下,春运期间(1 月28 日至 3 月 8 日),全区共发送旅客 140.4 万人次,其中南昌长途汽车西站 3.8 万人次,南昌高铁西站 136.6 万人次。

△ 区委办、区政府办发出《关于印发〈红谷滩区优化营商环境三年行动实施方案(2021—2023 年)〉的通知》。

10 日 2021 年招商引资工作暨数字经济产业推进会召开。新区工委书记、区委书记周亮出席会议并讲话。新区工委副书记、管委会主任、区委副书记、区长提名人选任海斌主持会议。会议传达 2021 年南昌市招商引资工作要点精神,通报 2020 年区招商引资工作情况,部署全区招商引资重点工作;传达南昌市数字经济产业推进大会会议精神,并部署 2021 年全区数字经济工作。各相关部门、企业负责人代表就推动落实招商工作,促进经济发展进行发言。区委、区人大常委会、区政府、区政协班子相关成员,各镇(街道、管理处)党政主要负责人和招商工作分管领导,区委各部门、区直各单位、驻区各单位主要负责人和招商工作分管领导,及企业家代表 110 余人出席会议。

△ 新区工委书记、区委书记周亮在区政府会议室与三峡区域智慧能源产业基金筹备组负责人翟育红、三峡建信基金管理公司投资总监罗迅一行进行座谈。双方就三峡区域智慧能源产业基金以及三峡区域智慧能源产业发展公司落户事宜进行深入沟通。

11 日 全面启动“百日攻坚百吨王”货车违法超限超载专项整治行动。严厉打击“百吨王”严重违法超限超载运输行为,保护道路桥梁设施和人民群众生命财产安全。

12 日 红谷滩区政法队伍教育整顿动员部署会议召开。新区工委书记、区委书记、区政法队伍教育整顿领导小组组长周亮作动员部署讲话。他强调,要坚持以习近平新时代中国特色社会主义思想为指导,深入贯彻落实习近平总书记关于加强政法队伍建设的重要指示和重要训词精神以及中央全面依法治国工作会议、省委全面依法治省工作会议精神,主动对标全国、全省、全市政法队伍教育整顿动员部署会要求,对全区政法队伍教育整顿活动进行再动员、再部署、再落实,统一思想、迅速行动、强势推进,坚决打好刀刃向内、正风肃纪攻坚战,确保全区政法队伍绝对忠诚、绝对纯洁、绝对可靠。

13 日 2021 年“春风行动”暨第七届诚信用工企业人才招聘会召开。本次招聘活动共吸引 153 家企业参加，包括蒙牛乳业、香格里拉等，提供岗位8700余个，吸引3000余人进场求职，现场达成初步就业意向1052人。

15日 区纪委区监委召开“转作风优环境”活动年作风建设监督问责专项行动工作部署会。区委常委、区纪委书记帅志出席并讲话。帅志指出，要坚持对标对表、扛牢政治责任，以精准的政治判断力领会开展专项行动的重要性。全区纪检监察机关务必高度重视、扛起责任、全力推进，强政治自觉思想自觉，深刻领会开展好“转作风优环境”活动年作风建设监督问责专项行动的重要意义，这是贯彻上级重大决策部署的具体体现，是加快红谷滩区发展速度，回应企业、群众诉求的现实需要，也是推动全面从严治党向纵深发展的内在要求。

16日 全区党史学习教育动员大会暨区委理论学习中心组党史专题报告会召开。江西省委党校中共党史和党的建设教研部讲师张志芳作党史专题报告。新区工委书记、区委书记周亮出席并讲话，新区工委副书记、管委会主任、区委副书记、区长提名人选任海斌主持会议，区委、区人大常委会、区政府、区政协在家班子成员出席会议。各镇(街道、管理处)党政主要负责人，区委各部门、区直各单位、各人民团体，驻区有关单位主要负责人参加。

17日 全区做大经济总量工作部署会召开。解读《关于做大全区经济总量三年行动实施方案》，并提出下一步工作意见。沙井街道、生米镇、区金融服务中心、区自然资源分局主要负责人分别作表态发言。区领导周亮、任海斌、刘光荣、邓越峰出席，各镇(街道、管理处)党政主要负责人，区直各单位、驻区有关单位主要负责人参加。

△ 《红谷滩区推动企业利用资本市场加快发展的若干扶持政策》出台。进一步完善对企业上市的奖励政策，覆盖各类资本市场，最高奖励超2000万元，推动更多优质企业登陆资本市场，打造资本市场“红谷滩板块”。该政策有效期可往前追溯至2020年，有效期6年，即自2020年1月1日起施行，截至2025年12月31日。

23日 深化事业单位改革试点工作动员部署会议召开。传达市委编委《关于红谷滩区深化事业单位改革试点工作方案的批复》《关于红谷滩区组建部分科级事业单位的批复》主要精神。区领导周亮、任海斌、万晓娟、刘光荣、刘昌华出席。区委各部门、区直各单位、各人民团体相关负责人参加。

24日 民政部信息中心副主任张建民、民政部信息中心系统管理部主任张彤、省民政厅二级巡视员刘石呈、省民政厅办公室主任李晖一行调研考察沙井街道普贤社区邻里中心。

27日 虚拟现实产业推进大会召开。传达学习全省虚拟现实产业链工作推进会议精神及3月15日省委常委、市委书记吴晓军关于VR科创城专题调度会议精神，听取红谷滩区VR产业发展情况汇报，安排部署全区VR产业推进工作。

28日 重庆市北碚区委常委、区政府党组成员、蔡家智慧新城党委书记、管委会主任邓美涛一行6人到区调研南昌VR基地。

△ 南昌市创建“诚信示范街区”启动仪式在红谷滩万达金街举行，全市“诚信示范街区”创建工作正式拉开帷幕。万达金街成为全市第一个诚信示范街区试点单位。

29日 区委发出《印发〈关于在全区开展党史学习教育的实施方案〉的通知》。

△ 区政府办发出《关于印发〈红谷滩区彰显省会担当唱响“南昌品牌”城市建管十大提升行动实施方案〉的通知》。

30日 城市功能与品质提升暨城市建管十大提升行动推进会召开。解读《红谷滩新区彰显省会担当唱响“南昌品牌”城市建管十大提升行动实施方案》。红谷滩区十大提升行动细化为31项具体工作任务，121个项目，总投资约290亿元。其中，市级任务72项，总投资约26.5亿元；区级任务49项，总投资约为263亿元。与市里同步增加城中村改造、既有住宅加装电梯、市容环卫设施提升三个类别。项目更加注重提升城市品质、贴近民生。新区工委书记、区委书记周亮出席并讲话，新区工委副书记、管委会主任、区委副书记、区长提名人选任海斌主持会议。区委、区人大常委会、区政府、区政协相关领导出席。区委各部门、区直各单位、各镇(街道、管理处)党政主要负责人参加。

4 月

1日 区委发出《中共红谷滩区委关于制定全区国民经济和社会发展第十四个五年规划和二〇三五年远景目标纲要》。

7日 是日起，新设立企业免费提供印章1套。采取政府购买社会服务方式，通过依法依规公开招投标，引进公章刊刻企业，为辖区新设立企业免费刻制首套印章4枚(企业法人公章1枚、财务专用章1枚、发票专用章1枚和法定代表人私章1枚)服务，实现企业开办“零费用”。

9日 红谷滩城市投资集团有限公司2021年非公开发行公司债券(面向专业投资者)(第一期)成功发行。公司债券发行规模为10亿元，期限为“3+2”年，全场认购倍数为3.52倍，票面利率4.40%。

15—16日 日本驻上海总领事馆副总领事福田高干一行3人，在区考察调研VR基地、泰康赣园养老项目。

16日 紫光智慧教育全国总部落户仪式在红谷滩区举行。市委副书记、市长万广明，市委常委、副市长肖云,新区工委书记、区委书记周亮,新区工委副书记、管委会主任,区委副书记、区长提名人选任海斌,紫光集团全球执行副总裁、紫光股份总裁王竑弢、新华三集团江西代表处总经理刘盾出席活动并共同推杆启动紫光智慧教育全国总部落户仪式。

△ 为期半个月的区城管执法局共享电单车专项整治行动正式启动。行动期间,该局每天组织城管队员对停放在非机动车道泊位线外的车辆进行拖离和规范摆放,重点对商业中心、农贸市场、地铁口、学校、医院等人流量大的地方加大巡查整治力度,及时发现,及时处置。至23日,区整治共享电单车乱投放、乱停放见成效。区执法局对万达广场、秋水广场等地进行治理,共出动城管人员961人次,暂扣共享电单车396辆,规范摆放共享电单车2999辆,督促共享电单车企业回收共享电单车1622辆。

17日 区疾控部门在南昌市率先推出从业人员电子健康证明信息系统。该系统实现行业数据共享,用"数据跑"代替"群众跑",解决了群众办证难问题。

19日 省政法队伍教育整顿第一驻点指导组组长陈日武一行到区察看社区矫正大队,走访沙井派出所、红谷滩法庭。

21日 省高级人民法院党组书记、院长葛晓燕一行在红谷滩区法院视察督导政法队伍教育整顿工作。

22日 超额完成早稻生产任务。以5020亩(334.67公顷)早稻生产面积超额完成省市下达的5000亩(333.33公顷)早稻生产任务。

23日 陆军步兵学院职业教育中心主任马龙生大校一行60余人,到VR科创城、VR基地参观见学。

25日 红谷滩区召开组织宣传统战工作会议,对全区2020年"组宣统"工作进行总结,并对2021年相关工作进行部署。

2021年4月25日,红谷滩区召开组织、宣传、统战工作会议

(区委宣传部供图)

26日 "一枚印章管审批"启动仪式在区市民中心举行,红谷滩区正式开始实行"一枚印章管审批"。在启动仪式上,颁发首张区行政审批局用印企业证照;红谷滩区13个部门的行政审批专用章被封存,"南昌市红谷滩区行政审批局行政审批专用章"同时启用。通过"一枚印章管审批"改革,红谷滩区将辖区内13个部门的112项行政审批服务事项划转至区行政审批局实施,涉及行政许可事项、公共服务事项、其他行政权力事项等领域,真正实现"让数据多跑路、让群众少跑腿"。

28日 2021年世界VR产业大会前期预热活动——2021中国南昌"VR+文旅"应用场景路演推介会在红谷滩区绿地铂瑞酒店举行。活动由省工信厅、省科技厅指导,市政府主办,市工信局、红谷滩区政府等承办,以"VR让世界更精彩——天下英雄城,智慧文旅放异彩"为主题。

△ 红谷滩区总工会召开2021年"职工心向党、建功新时代"职工演讲比赛暨"最美职工"表彰大会。区委副书记万晓娟,市总工会党组成员、副主席张小芳,区人大常委会党组成员、副主任提名人选、区总工会党组书记、主席提名人选王瑞芳等出席。演讲比赛中,来自全区各机关单位、各企事业单位工会共20名优秀选手展开激烈角逐,通过围绕歌颂党、歌颂祖国的演讲主题,讴歌党的丰功伟绩,传递强大的正能量。最终,区教育工会刘雨婷荣获特等奖,区教育工会雷慧娟、区税务局工会委员会欧阳文静荣获一等奖,另外17名参赛选手分别荣获二、三等奖和优秀奖。

29日 亚洲国家驻华使节团一行23人,到区考察调研VR基地。市区领导肖云、邓越峰陪同

5 月

1日 区首条"智慧跑道"正式向市民开放。赣江市民公园智慧健身跑道项目(南昌大桥—摩天轮段)总长约800米。跑道安装智慧屏幕、亮化系统、人脸识别、智能存取包柜等智慧设备,可实现随时刷脸打卡,查看走路步数、速度以及消耗热量等功能。

6日 湖南省委书记、省人大常委会主任许达哲,省委副书记、省长毛伟明带领湖南省党政代表团一行69人,到VR科创城展示中心考察。省委书记、省人大常委会主任刘奇,省委副书记、省长易炼红等省、市、

区领导陪同。

7日 区商务局发布《关于鼓励互联网流量经济发展的扶持政策(试行)》。本政策由区外经贸局负责解释,自发布之日起实施,试行期3年。

8日 省人大常委会副主任、党组成员张小平,省人大常委会选任联工委副主任谭筱刚一行到区走访调研。

9日 长沙市委常委、宣传部部长陈刚一行15人,到VR科创城展示中心考察。区领导周亮、邓越峰陪同。

11日 南斯友好路综合改造工程全面启动。该工程西起长堎立交,东至南昌大桥西桥头,本次改造除主线2.4千米外,还包括相交道路的路口段改造以及新建地面辅道、匝道、碟子湖大道和金融大街南延工程等,道路总长5.7千米,总投资约10亿元。

12日 省委书记、省人大常委会主任刘奇,省人大常委会党组书记、副主任赵力平,省工信厅党组书记、厅长杨贵平,省卫健委党组成员、一级巡视员曾传美一行到省人民医院红谷滩分院、南昌航空大学前湖校区医院走访调研。市区领导郭毅、龙国英、周亮、陈敏陪同。

△ 省政协副主席、工商联主席雷元江一行到区调研社区居家养老体系建设与城市养老服务高质量发展。

△ 红谷滩区"5·12"全国防灾减灾日宣传周启动仪式在绿地双子塔中央广场举行。省应急管理厅党委委员、政治部主任刘闯,市应急管理局党委书记、局长陈曙参加。新区工委委员、管委会副主任,区委副书记万晓娟致辞,区委常委、常务副区长提名人选刘光荣主持。活动现场设置10个咨询台、5块宣传展板,发放各类宣传单页6000余份,宣传礼品2000余份,展示液压破拆工具、移动水炮、金属切割机、排烟机等应急救援工具。工作人员详细讲解应急自救、灾害来临前的准备工作等防灾减灾救灾知识。同时,区红十字会工作人员教授应急自救知识,和市民展开互动、体验式教学。共有6个镇、街、处,各减灾委成员单位及周边的群众,共300余人参加。

13日 区纪委第一届机关委员会第一次党员大会召开。区委常委、区纪委书记、区监委主任提名人选帅志出席会议并讲话,区纪委常委、区监委委员提名人选邓爱民主持会议。会议认真贯彻落实《中国共产党基层组织选举工作条例》,在充分酝酿的基础上,发扬党内民主,差额选举产生区纪委区监委第一届机关委员会委员和区纪委区监委机关纪律检查委员会委员。毛文全、邓爱民、刘大兰、安吴维、苏丽、李萍萍、梁丹7人当选区纪委区监委第一届机关委员会委员,刘大兰、安吴维、苏丽、聂寒冰、傅嘉鹏5人当选区纪委区监委机关纪律检查委员会委员。

△ 省政府与中国移动通信集团有限公司战略合作协议签订暨中国移动虚拟现实创新中心揭牌仪式在前湖迎馆举行。签约后,江西省将与中国移动全面深化交流合作,围绕5G、VR、移动物联网、大数据、区块链等重点领域,加大项目建设、科技研发、应用推广力度,全力推进"03专项"成功转移转化试点示范工作。省委副书记、省长易炼红,副省长罗小云等省市区领导出席。

14日 副省长孙菊生一行到区小苹果、新东方等培训机构走访调研。

△ 发放首批农村房地一体"身份证"。按照"应确尽确、应登尽登、整村推进"的原则,以村小组为单位,逐级完成"村级、乡级、区级"三级确认工作,逐户填写登记发证信息,最后按批次送至不动产登记部门印发产权证,逐批按村发放。红谷滩区第一批72户农村房屋不动产权证发放至村民手中,标志着红谷滩区农村不动产统一确权登记改革任务落地见效。

16日 红谷滩区公安分局举行联勤联战便民服务中心成立暨揭牌仪式。副市长、市公安局局长万秀奇等参加。区领导周亮、任海斌、熊锋陪同。

18日 在景德镇召开的2021年全省旅游产业发展大会上,新区工委副书记、管委会主任,区委副书记、区长提名人选任海斌与保利发展江西公司总经理何智韬现场签约"保利大剧院"项目。该项目定位为综合性大型甲等剧院,总投资约12亿元,为省内最大规模剧场。建成后,将成为市一处地标性文化建筑,弥补南昌市在高端演出场所的空白。

△ 市政协党组成员、副主席黄耀华率课题组,到区慧谷创意产业园,就"数字经济与实体经济深度融合""坚决打好经济总量与质量大提升战役"课题进行调研。

△ 省政法队伍教育整顿第一驻点指导组成员、省公安厅交通管理局车辆管理局三级高级警长赖蓓一行到区参加政法委队伍教育整顿专题民主生活会。

△ 区公安分局与美团安全管理部签署警企合作协议。签约后,双方将在打击违法犯罪、加强社会治理等方面深化合作,推动建立安全防范合作大数据"实验室",提升公安打击犯罪、服务民生等的能力和水平。

19日 在由省台办、省商务厅主办的2021年东莞(江西)招商引资推介会上。副区长提名人选邬春华与江西台夏实业有限公司总经理李文夏现场成功签约台商总部经济大楼项目。

20日 省儿童医院红谷滩分院部分门诊试运行。此次试运行涵括专科门诊、普通门诊、急诊及部分普通住院病房,市民可通过省儿童医院微信公众号,提前预约红谷滩分院各专科门诊。

25日 副省长吴浩一行到区凤凰电排站调研分散式污水处理设施情况。

26日 省委副书记、省长易炼红一行到区沙井社区卫生服务中心、绿地康养居酒店,调研基层医疗机构疫情常态化防控工作情况、集中医学隔离观察点管理情况。

△ 主题为“时空数据,赋能未来”的第十二届中国卫星导航年会在南昌红谷滩绿地国际博览中心开幕。本届年会设置高峰论坛、学术交流、成就博览、高端论坛和科学普及五大板块,并颁发“北斗奖”年会最佳论文奖——北斗卫星导航应用推进贡献奖和科普类等多项奖励。

26—28日 第十二届中国卫星导航年会在南昌绿地国际博览中心召开。

27日 省司法厅党组书记张强到区沙井司法所走访调研基层司法所建设工作情况。

△ 市委党史学习教育第九巡回指导组组长、市文广新旅局二级巡视员赵刚平一行到区普贤社区邻里中心、丰和苑小区调研并进行座谈。

28日 江西广播电视台综合新闻广播《党风政风热线》直播节目走进红谷滩区。区领导任海斌、万晓娟、刘光荣、帅志、杨雨晨、陈敏、熊锋、邬春华、钱赛走进直播现场,倾听群众心声,并就红谷滩区党风廉政建设、经济发展、道路安全、教育医疗、城市管理、商业配套等惠及民生方面的诸多问题,与广大听众及直播间网友进行互动交流。

△ 红角洲岭北七路正式开工建设。该道路由三条支路组成,分别与卧龙路、赣江南大道、国体中心相连,道路总长1.82千米,总投资1.09亿元。建成后,将改善地块内部交通微循环。

30日 全国政法队伍教育整顿第八督导组组长蒋卓庆,到区绿地双子塔调研城市建设、经济发展情况。万广明、胡晓海、宋铀等领导陪同。

31日 区社会保险事业服务中心、区就业创业服务中心正式挂牌。区社会保险事业服务中心、区就业创业服务中心为区人力资源和社会保障局管理的公益一类事业单位,机构规格均为副科级。区社会保险事业服务中心主要承担全区基本养老保险、工伤保险、机关事业单位职业年金征缴计划及待遇支付工作。区就业创业服务中心主要承担全区公共就业服务、创业指导、创业贷款担保及失业保险工作。

6 月

3日 由中国美术家协会、红谷滩区政府共同举办的“魅力红谷——第二届全国小幅漆画展”在南昌市开幕。本届展览自启动征稿以来,得到全国各地漆画作者的广泛关注和积极参与,共收到投稿作品1756件,是近年来参与度最高的漆画展览活动之一。经过评委们初评、复评的认真评选,最终评出入选作品261件,其中入会资格作品57件。

△ 红角洲新维瀚路建成通车。该项目西起凤凰南大道,东至丰和南大道,总投资约920万元,全长725米,路幅宽15米,设计时速30千米。

4日 省委政研室副主任、省委改革办专职副主任张晓勇一行到区VR产业基地调研营商环境工作情况。

△ 市委副秘书长、市“转作风优环境”活动年办公室执行副主任吴志强一行到区行政审批局调研“转作风优环境”工作情况。

5日 市委副书记、组织部部长李镇发一行到区沙井街道绿地中心楼宇党群服务中心调研基层党建“三化六好”建设情况。

6日 省委副书记叶建春一行在南昌二中红谷滩校区高中部高考考点调研考前准备工作情况。

8日 省委政研室副主任李卫东一行到区考察江西美翻科技有限公司、江西裕民银行、江西省供销冷链科技有限公司,调研区经济社会发展总体情况。

10日 国家自然资源督察南京局督察三室主任李灿刚一行到九龙湖片区调研。

11日 市教育整顿考核组第三小组组长、市公安局二级高级警长张惠庆一行到区实地调研教育整顿查纠整改情况。区委常委、政法委书记仇海泉陪同。

11—15日 “第一届中国米粉节”在绿地国际博览中心举办。本次活动主设米粉文化展示馆和粉面食材、粉面餐饮、特色美食饮品、乡村振兴、调味品及端午美食六大展区。活动主会场展览面积3万余平方米,其中主展区2.5万平方米,规划标准展位750余个,展览展示面积创全国米粉行业同类活动之最。融创文旅城分会场结合端午佳节,推出端午啤酒电音节、文化DIY体验、快闪米粉小铺大篷车美食巡游等特色活动。

12日 市委副书记、市长万广明一行到区视察第一届中国米粉节融创文旅城分会场情况。

15日 区城投公司成功发行2021年度第一期定向资产支持票据,发行规模7亿元。其中,优先A档评级AAA,规模4亿元,票面利率为4.3%;优先B档评级AA+,规模2.65亿元,票面利率为4.8%。为江西省首单CMBN(银行间市场的商业地产抵押贷款支持票据)。

16日 市人大常委会党组书记、主任吴伟柱一行到区视察市场监管工作情况。

18日 副省长、民建江西省委主委孙菊生一行到区融创乐园等处实地调研特种设备安全生产情况。

△ 省人大常委会党组书记、副主任赵力平一行到区走访慰问老党员并开展人大代表工作调研。

△ 举办"光荣在党50年"纪念章颁发仪式及座谈会,30名老党员代表受邀参加。"七一"前,全区向539名老党员颁发纪念章。

△ "数字孪生·南昌"全球首发仪式在红谷滩区举行。省科学技术厅副厅长陈金桥,原省政协常委、经济委员会副主任、省社科院院长汪玉奇,区委常委、宣传部部长邓越峰等出席活动,就数字经济和VR产业工作情况进行交流。

20日 共青团青海省委书记董玉毅一行到区VR产业基地实地调研。

21日 "一路芬芳·红色江西"全媒体基层妇联行活动采访团走进红谷滩。全国妇联宣传部副部长綦淑娟、中央网信办网络社会工作局副局长苏翠芳带领记者、网络知名人士、直播平台主播等采访团成员,深入世纪中央城社区、秋水广场等地,实地采访社区妇联组织和妇女群众代表。

△ 省委教育工委副书记、省教育厅厅长郭杰忠一行到区九龙新城第一小学(南师附小九龙湖校区)等处调研。

△ 省人大常委会副主任张小平一行到区顺丰速运公司南昌万达营业部开展法治调研。

23日 团中央"跟着主播看中国"庆祝建党百年主题直播活动走进红谷滩,在中国(南昌)VR产业基地开展"科技看江西"直播拍摄。

24日 红谷滩区直机关举办党史知识竞赛决赛。此次党史知识竞赛题目内容丰富、知识覆盖面广,设置必答题、抢答题、风险题等多个环节,多维度检验党史学习教育成果。经过前期的预赛选拔,8个代表队从40支代表队中脱颖而出,登上决赛舞台同台竞技。经过一个半小时的激烈角逐,区财政局机关党支部代表队荣获一等奖,区纪委机关党委代表队、新区金融服务中心、区金融办机关联合党支部代表队、区税务局机关党委代表队荣获二等奖,区检察院机关党总支代表队、区人大常委会机关党支部代表队、区法院机关党总支代表队、区委统战部、区工商联、区侨联机关联合党支部代表队荣获三等奖。

25日 "麒麟遨天破界共赢"——国之重器"银河麒麟V10"产业生态大会暨麒麟软件(江西)有限公司、麒麟软件有限公司江西适配中心成立仪式在红谷滩区举行。

△ 省商务厅副厅长梁小康一行到区铜锣湾广场、中石化丰和加油站、红谷滩万达广场等地,实地调研商贸流通领域安全生产和疫情防控情况。

26日 省首届数字经济高峰论坛暨物联网产业发展大会在南昌绿地铂瑞酒店举行。会上,红谷滩区宣传推介数字经济产业和惠企政策,并进行数字经济项目签约,签约总金额约3亿元。

27日 陕西省政协原副主席、中央党史学习教育第六指导组组长陈强一行到区实地察看普贤社区邻里中心。省委常委、宣传部部长施小琳等陪同。

△ 省总工会党组书记、常务副主席候选人邹绍辉,市人大常委会一级巡视员、市总工会党组书记、主席李福如一行到区参加2021年江西省虚拟现实(VR)职工职业技能竞赛启动仪式。

28日 市委副书记、市长万广明到区走访慰问退役军人企业家党员代表。

29日 区委办、区政府办发出《区委办公室区政府办公室关于印发〈红谷滩区科技创新基础大提升三年行动方案(2021—2023年)〉的通知》。

30日 区新冠疫苗接种启用线上预约模式。

7 月

2日 市人大常委会党组书记、主任吴伟柱一行赴区督导卫东街道全国文明城市创建工作并进行座谈。

△ 市委常委、统战部部长乐文红一行赴区调研统战工作情况。

7日 省总工会党组书记、常务副主席邹绍辉一行赴区用友产业园实地走访调研。

△ 市委副秘书长、市"转作风优环境"活动年办公室执行副主任吴志强一行赴区实地调研企业长效管理服务机制情况。

9日 市委副书记、市长万广明一行赴区九龙湖公园、华为南昌研究所、中航信托等地,调研经济社会发展情况并座谈。

△ 中国社会科学院工业经济研究所副研究员张航燕率全省营商环境"第三方评"工作组一行赴区政务服务大厅、华为南昌研究中心、阿里巴巴、裕民银行等地,调研营商环境建设情况。

12日 省委副书记、省长易炼红一行赴区市民中心、税务局,调研优化营商环境工作情况。

13日 市委副书记、市委组织部部长李镇发一行赴区九龙湖新琚花园小区,调研市级人才公寓建设情况;赴区市民中心、联泰香域滨江社区、滨江农贸市场,调研优化营商环境工作情况,并现场督导文明创建工作开展情况。

16日 市人大常委会主任吴伟柱一行赴区卫东街道,调研视察深化全国文明城市创建整改工作情况。

△ 住房城乡建设部城市建设司副司长韩煜一行赴区丽景路排口、乌沙河,调研生活污水直排问题整改情况并座谈。

19日 增设沙井社区卫生服

务中心、普贤接种点2个夜间新冠疫苗接种点，接种时间为每日18:00—20:30。

20日 公安部防控办负责人谢培江一行赴区悦城警务室，指导社会治安防控体系建设工作。

21日 建军雕塑广场停车场项目顺利建成。该项目由集团公司全资子公司红力建设公司于4月正式启动。仅用3个月时间，建成占地8110平方米，拥有360个停车位的大型智能停车场。进一步改善了滨江核心区的交通环境，提升了凤凰洲江岸景点周边公共停车服务能力。

23日 市委副书记、组织部部长李镇发一行赴区市民中心，调研文明城市创建工作情况。

25日 全省纪检监察系统信访举报宣传周暨“我为群众办实事”实践活动在红谷滩区正式启动，活动主场设在区沁园农贸市场，标志着区纪检监察系统信访举报宣传周暨“我为群众办实事”实践活动正式拉开帷幕。省纪委、省监委领导潘东军、何刚、饶利萍、罗贤忠，市纪委市监委领导董立新、朱斌、刘峥、樊彦洲，区纪委区监委领导帅志等出席活动。

27日 南昌VR科创城与武汉梦幻乐园就打造南昌VR梦幻乐园项目举行签约仪式。项目将结合南昌VR科创城整体定位，打造全国知名的VR体验文娱综合体，构建全国最“嗨”的室内航天主题研学基地。

△ 开展全员核酸检测应急演练活动。

28日 省委常委、省委宣传部部长施小琳一行赴区虚拟现实VR产业基地现场调研。

29日 全国人大常委会副委员长、全国妇联主席沈跃跃一行赴区世纪中央城调研基层妇联工作情况。省、市、区领导刘奇、李红军、周亮、万晓娟陪同。

△ 市人大常委会副主任王敏带领市人大执法检查组一行赴区香域尚城社区邻里中心居家养老服务站、长云社区邻里中心居家养老服务站，开展《南昌市居家养老服务条例》执法检查。

30日 市人大常委会党组书记、主任吴伟柱一行赴区生活垃圾分类科普体验馆、香域尚城社区、名门世家社区调研垃圾分类情况。

8 月

1日 全区领导干部大会召开。会议宣布省委、市委关于区委、区政府主要领导的任职决定：吴江辉任中共南昌市红谷滩区委书记；周亮不再担任南昌市红谷滩区委书记；提名刘光荣为南昌市红谷滩区人民政府区长候选人；任海斌不再提名为南昌市红谷滩区人民政府区长候选人。

△ 市委常委、副市长肖云一行赴区印象城检查消防安全、疫情防控工作。

2日 归侨侨眷代表人士一行赴区VR产业基地参观考察并举行推介会。

△ 发出《关于进一步加强2021年暑期疫情防控工作的通知》。通知从压实疫情防控主体责任、严格执行常态化疫情防控措施、切实做好师生健康防护教育、规范学校各级各类聚集性活动、推进新冠病毒疫苗接种工作、持续强化校外培训机构防控措施、时刻做好防控应急准备7个方面作出具体要求，并强调：要严格落实暑期校园“封闭式”管理，无关人员一律不得进入校园；全体教职员工、学生即日起原则上非必要不出省、不离昌，确定离昌学生须向班主任第一时间报备，中高风险地区返昌人员需立即向所在社区报备，已离昌的教职员工、学生必须在8月10日前返昌；8月中旬将启动15—17周岁学生(高中生)疫苗接种，9月中旬将启动12—14周岁学生(初中生)疫苗接种，10月底基本完成12—17周岁学生疫苗接种。

4日 市政协副主席万敏一行赴区凤凰家园社区调研智慧平安小区工作。

△ 中组部督导组一行赴区VR产业基地参观考察。

5日 发出《关于进一步强化疫情防控工作的通告》。通告指出，2021年8月5日24时起，红谷滩全区范围内的麻将馆、棋牌室，茶楼、宾馆、台球室、网吧、店铺、居民楼、出租房等场所兼营的麻将室(房)一律暂停营业。

9日 副市长李松殿一行赴区红谷八路调研药店、小宾馆疫情防控落实情况。

10日 市委副书记、市长万广明一行赴区VR科创城展示中心调研。

△ 2021年南昌市城区农贸市场测评第四期考核结果“出炉”，区红角洲管理处香域滨江农贸市场、沙井街道沁园路农贸市场分别以93.8分、92.8分，排全市第一、第二。2个农贸市场考核测评位列全市前两名。

11日 省科技厅党组书记、厅长，省虚拟现实产业链办公室主任犹瓘一行赴区VR产业基地调研。

△ 建军雕塑广场停车场正式运营。项目位于凤凰洲建军雕塑广场对面，总占地8110平方米；该停车场使用“智慧停管”管理体系，采用无人值守道闸系统，建设320余个小型机动车、大型客运车停车泊位。

12日 市人大常委会副主任沈杰带领市人大常委会第一调研组成员赴区世纪中央城社区、红谷凯旋社区、红谷世纪花园社区，调研区人大选举工作情况。

△ 市科技局局长李淑英一行赴区调研VR科创城创评省级高新技术产业园相关情况。

△ 区行政审批局、区公安分局经侦大队荣获2019—2020年度

“江西省青年文明号”称号。

17日 省委书记刘奇一行赴区新冠病毒疫苗方舱式接种点、沙井社区卫生服务中心调研慰问。省市区领导吴浩、李红军、吴江辉陪同。

18日 省委学教办指导督导组副组长、省委组织部干教处一级调研员郭剑斌一行赴区机关大楼、九龙湖管理处调研区、乡镇街道人事调整后的党史学习教育开展情况。

21日 在全区范围内开展禁燃禁烧集中整治行动。中元节期间，区民政、公安、市场监管、城管等部门多方联动，通过宣传、巡查、整治等多种形式，倡导市民摒弃燃放鞭炮、焚烧冥币等祭扫陋习，营造平安、文明、绿色的祭扫环境。

23日 区消防救援大队获“全国青年文明号”荣誉称号。

24日 省委常委、市委书记李红军一行赴区云溪花园、红谷滩污水处理厂现场调研。

26日 党史学习教育省委第一巡回指导组组长李青华一行赴区行政审批局、VR科创城、沙井街道二六六大队、芳华路停车场、卫东街道红谷春天社区实地调研党史学习教育工作并座谈。

△ 省人大常委会副主任张小平一行赴区中国铁塔有限公司江西省分公司实地查看秸秆禁烧高空瞭望监控系统工作情况及成效。

△ 红谷滩区荣获2020年度全省开放型经济考核综合先进单位称号。

30日 红谷滩区绿地悦城、鹿璟名居、卫东花园、阳光枫情等社区，布设12台消费扶贫专柜。

9 月

1日 省高级人民法院党组书记、院长葛晓燕一行赴区人民法院开展第二批队伍教育整顿“开门纳谏”活动。

2日 副市长提名人选肖铁军一行赴区江西广电滨江豪园幼儿园、南师附小新龙校区和九龙湖派出所实地调研“新型警力护校园”工作情况。

3日 创建全国文明城市再动员部署会召开。区委书记吴江辉出席会议并讲话，区委副书记、区长提名人选刘光荣主持。区委副书记万晓娟传达南昌市创建例会有关精神并进行具体部署。区四套班子在职副县级以上领导，各镇、街办、管理处党政主要领导，区委各部门、区直各单位、各群众团体、驻区有关单位主要领导及分管领导参加。

4日 省公安厅党委委员万秀奇、副市长提名人选肖铁军一行赴区外国语学校初中部、青岚小学实地调研“新型警力护校园”工作情况。

6日 国务院督导组一行赴区江西省虚拟现实创新中心、华为VR/AR软件中心调研VR产业情况。

7日 省委宣传部副部长、省政府新闻办公室主任傅云，人民日报社、新华社、中央电视台等部分中央驻赣媒体团一行30余人，赴区观摩采访“新型警力护校园行动”及校园安防建设工作。

7—9日 中国共产党南昌市红谷滩区第一次代表大会在前湖迎宾馆举行。大会选举产生中共南昌市红谷滩区第一届委员会委员和候补委员、中共南昌市红谷滩区第一届纪律检查委员会委员，及红谷滩区出席中国共产党南昌市第十二次代表大会代表。大会通过《中国共产党南昌市红谷滩区第一次代表大会关于中共红谷滩区委员会工作报告的决议》《中国共产党南昌市红谷滩区第一次代表大会关于中共红谷滩区纪律检查委员会工作报告的决议》。

8日 奥地利/香港出口咨询公司执行董事、奥地利格拉茨市长代表伯恩德·彼得·利布曼博士，奥地利CKM工业集团有限公司董事局主席、欧洲赣商联合会—欧洲江西同乡会会长习国燕，意大利时代（集团）公司董事长、奥地利华人商会执行会长曾一立一行赴区就加强中奥合作、在南昌设立中奥科技产业园等合作事宜进行座谈。

13日 2021年度全市民族团结进步宣传月活动启动仪式在区普贤邻里中心举行。

15日 省委副书记叶建春、省委秘书长方向军、省委教育工委书记叶仁荪一行赴区国家职业教育虚拟仿真示范实训基地调研。

16日 全国政协副主席、民进中央常务副主席、民进中央长江生态环境保护民主监督工作领导小组副组长刘新成一行赴区污水处理厂、丽景路口雨水排口等处实地调研。

17日 新华社副社长刘思扬一行赴区VR产业基地调研。

△ 市委党史学习教育第三巡回指导组组长、市人防办二级巡视员李克荣一行赴区调研智慧平安小区建设情况。

△ 市关工委第一副主任周关，常务副主任熊晓武、朱志群一行赴区红岭花园调研“普及实施‘两法’教育基地”情况。

△ 南昌仲裁委员会红谷滩分会成立大会召开，并举行授牌仪式。

20日 省委副书记叶建春一行赴区南昌西站调研疫情防控和应急处置等工作。

23日 腾讯天美南昌内容制作中心项目签约仪式暨2021年王者荣耀甲级职业联赛秋季赛落地南昌发布仪式活动在红谷滩区举行。

24日 南昌市2021年第三季度重大项目集中开工活动主会场在红谷滩区举行。省委常委、市委书记李红军讲话并下达开工令，市长万广明讲话。在红谷滩区主会场上，共有南昌平安金融中心、江南温泉城商业综合体项目、VR科创城体验中心、熙之峰商务总部大楼、江西慧谷—用友南昌产业园三期5个项目集中开工。

28 日 省委书记刘奇,省委常委、省委秘书长吴浩一行赴区南昌西站、南昌长途汽车站西站调研站区常态化疫情防控、安全生产和“十一”长假服务保障工作。市区领导宋铀、万晓娟陪同。

29 日 省司法厅党组成员、副厅长龚河兴一行赴区实地调研行政复议工作情况。

△ 景德镇市珠山区委书记高翔,区委副书记、区政府代区长徐华一行赴区江西省虚拟现实创新中心、华为 VR/AR 软件中心等处考察调研。

△ 市委常委、副市长王万征一行赴区国家职业教育虚拟仿真示范实训基地、VR 科创城展示中心、VR 产业基地,调研项目进展情况并座谈。

△ 区“企业创业百宝箱”启动仪式在区市民中心举行。在启动仪式上,为 3 家新设立企业赠送精心设计的“企业创业百宝箱”。“企业创业百宝箱”中有文创工艺品、营业执照正副本 1 套、免费企业印章 1 套(包括公章、财务专用章、发票专用章、法人印章各 1 枚)、免费税务 U-Key、政策服务卡和党章。启动仪式对进一步简化企业开办流程,为初创企业提供“一站式服务”,实现企业“拎包入驻”有着重大现实意义和深远历史意义。

30 日 省委常委、市委书记李红军,副市长李松殿一行赴区凤凰商贸城集贸市场、卫东花园三期等处,督导调研环境综合整治八大行动和文明创建工作情况。

10 月

1 日 国家发展和改革委员会原司长马最良,省商务厅党组书记、厅长谢一平一行赴区南昌绿地国际博览中心,参加第三届中国(江西)动漫文化产业博览会暨艾妮动漫游戏展开幕式。区委常委、宣传部部长邓越峰陪同。

△ 市委副书记、市长万广明一行赴区国家职业教育虚拟仿真示范实训基地、南昌 VR 科创城展示中心等处,调研 2021 世界 VR 产业大会云峰会筹备工作情况。

△ 市交管局局长汪勇一行赴区秋水广场安防管控中心,现场指挥调度国庆节期间秋水广场的安全生产、疫情防控工作。

6 日 省委常委、市委书记李红军一行赴区华为南昌研究所、国家职业教育虚拟仿真示范实训基地、南昌 VR 科创城展示中心等处,实地调研世界 VR 产业大会会议筹备情况。

7—10 日 政协南昌市红谷滩区第一届委员会第一次会议召开,主会场设在红谷滩会议中心。大会审议并通过《政协南昌市红谷滩区第一届委员会第一次会议选举办法(草案)》《政协南昌市红谷滩区第一届委员会第一次会议决议》《政协南昌市红谷滩区第一届委员会第一次会议提案初步审查情况的报告》,选举产生政协南昌市红谷滩区第一届委员会主席、副主席、秘书长、常务委员。

8 日 省委书记刘奇一行赴区南昌大学前湖校区、国家职业教育虚拟仿真示范实训基地、南昌 VR 科创城等处,调研大赛筹备、项目建设、产业发展等情况。省、市、区领导吴浩、李红军、刘光荣陪同。

8—11 日 红谷滩区第一届人民代表大会第一次会议在前湖迎宾馆举行。大会表决通过《关于政府筹备工作报告的决议》《关于红谷滩区国民经济和社会发展第十四个五年规划和二〇三五年远景目标纲要的决议》《关于红谷滩区第一届人民代表大会筹备组工作报告的决议》《关于红谷滩区人民法院筹备工作报告的决议》《关于红谷滩区人民检察院筹备工作报告的决议》。选举产生红谷滩区第一届人民代表大会常务委员会主任、副主任、委员,红谷滩区人民政府区长、副区长,区监察委员会主任、区人民法院院长、区人民检察院检察长,以及 39 名红谷滩区出席南昌市第十六届人民代表大会代表。

9 日 市委常委、统战部部长饶绍清一行赴区红谷清真大寺调研宗教活动场所“爱党爱国爱社会主义”教育活动等工作情况。

△ 市委常委、组织部部长余正琨一行赴区江报路第一街区、飞虹路停车场、红谷春天社区等处,督导环境综合整治八大行动和文明创建工作情况。

12 日 团省委副书记罗华一行赴区南大附小红谷滩分校,参加“请党放心强国有我”纪念少先队建队 72 周年主题队日省级示范活动。

△ 省公安厅党委委员、副市长提名人选、市公安局局长肖铁军一行赴区凤凰家园调研智慧平安小区建设情况。

15 日 广州增城区“侨梦苑”与南昌红谷滩区“侨梦苑”战略合作协议签约仪式在红谷滩区机关大楼举行。省、市、区领导张震、吕璠、陈敏、熊飞,增城区委统战部副部长陈笑弟等出席。

△ 市委副书记钱昀一行赴区红谷中大道、闽江路停车场、卫东花园二期等处,督导环境综合整治八大行动和文明创建工作。

15—16 日 中共中央政治局委员、国务院副总理孙春兰在江西调研并出席第七届中国国际“互联网+”大学生创新创业大赛有关活动。国务院副秘书长彭树杰,教育部党组成员、副部长钟登华随同。调研期间,孙春兰赴红谷滩区 VR 科创城,考察国家职业教育虚拟仿真示范实训基地;赴南昌大学前湖校区,考察新工科教育实践基地建设情况。国家有关部委领导,省领导刘奇、易炼红、叶建春、尹建业、吴浩、李红军、马志武、孙菊生、罗小云、任珠峰、汤建人出席相关活动。

16日 “红谷飞跃·数智未来”论坛暨南昌·一亿中流上市加速器开园仪式在市人社大厦举行。区委书记吴江辉,市金融办副主任许小兵,区委常委、常务副区长仇海泉,浙江清华长三角研究院杭州分院副院长尹海鹏,一亿中流集团董事长刘海峰等出席。

17日 省委副秘书长樊增强一行赴区万达美华酒店、康养居酒店,实地调研新冠肺炎集中隔离点情况。

△ 中华全国供销合作总社理事会主任、党组副书记梁惠玲一行赴区江西供销冷链大数据中心、沁园路农贸市场等处调研考察并座谈。

18日 红谷滩区T16购物中心裸眼3D巨幕亮屏仪式举行。巨幕总面积约1400平方米。

18—19日 应急部安全生产综合协调司原一级巡视员韩泓带队住房和城乡建设部第五实地检查组一行赴区凤凰村、生米村、感里村,实地督查农村房屋安全隐患排查整治工作。

19日 主题为“VR让世界更精彩——融合发展创新应用”的2021世界VR产业大会云峰会,在南昌绿地国际博览中心召开。区委书记吴江辉,区委副书记、区长刘光荣出席。

△ 沙井街道鹿璟名居社区获评“2021年全国示范性老年友好型社区”。

20日 2021年南昌VR科创城全球招商推介会在江西省行政中心会议中心举行。红谷滩区现场总签约项目25个,签约总金额242亿元。区领导吴江辉、刘光荣、仇海泉、邓越峰、熊飞出席。

23日 中国关工委常务副主任任茂东等3人,以及34个地市关工委主任一行180余人,赴区红岭花园社区,视察指导“两法”主题示范点工作情况。省关工委常务副主任李贤书、市关工委第一副主任周关等领导陪同。

24日 区委书记吴江辉一行赴广州市参加“广东省七市与南昌市战略合作框架协议签约仪式”。会上同步签署了一批开放平台、产业链、产业合作项目。其中,3个涉及金融、VR、商业等领域项目将落户红谷滩区。

25日 省公安厅党委委员、副市长、市公安局局长肖铁军,赴区前湖迎宾馆、前湖酒店,督导南昌市第十六届人民代表大会第一次会议安保工作。

28日 省农业农村厅党组成员吴国昌一行赴区生米镇调研江西农业工程职业学院选址事宜。

29日 红谷滩区红十字会第一次会员代表大会举行,全区91名红十字会员代表参加会议。市红十字会党组书记、常务副会长潘凌,区委副书记万晓娟等领导出席开幕式。会议选举产生红谷滩区红十字会第一届理事会、红谷滩区红十字会第一届监事会。

△ 市委办公室正县级督查专员赖继红一行赴用友产业园、VR科创城体验中心等处,督查2021年第三季度集中开工重大项目建设情况。

30日 市委副书记、市长万广明一行赴区新力东园售楼部,调研新力东园复工情况。

11 月

1日 红谷滩区政府与中国电建集团华中区域总部举行战略合作框架协议签约仪式。区领导吴江辉、刘光荣、张莲波,中国电建华中区域总部、华中投资公司董事长周孝武、总经理蹇尚友出席签约仪式,并为中国电建江西总部揭牌。根据协议,双方将共同推进城市更新、片区综合开发、水资源与环境综合治理、大型基础设施等领域的合作。

△ 市委副书记、市长万广明一行赴区前湖水库大坝开展巡湖工作,并现场督导工作落实情况。

2日 省委常委、市委书记李红军,市委副书记、市长万广明一行赴上饶大街与明月山大道交叉口等处,调研道路建设、九龙湖路网连通情况,及学校选址相关事宜。

4日 南昌绿地国际博览中心正式成为国际展览联盟UFI成员,系江西省首个获UFI认证的会展中心。

8日 省公安厅党委委员,副市长、市公安局局长、督察长肖铁军一行赴红谷滩派出所、生米派出所检查督导派出所工作。

9日 省人大常委会委员、财经委副主任委员周山印一行赴万达星城、梵顿公馆、联泰天禧等处,实地调研住宅项目情况。

11日 市委副书记钱昀一行赴红谷滩市民中心、普贤社区邻里中心、百嘉喜宴主题宴会酒店等处,考察调研行政审批、社区管理、经济发展等事项。

12日 “赣服通”红谷滩分厅4.0版正式上线运行。红谷滩区坚持以引导企业遵规守信、履约践诺为宗旨,以“区块链+数据+模型+场景”为支撑,通过线上线下的数据深化应用、融合服务,完成“赣服通”红谷滩分厅整体功能和架构的迭代升级。此次建设内容有效整合人社、教育、医保等高频政务服务事项和水、电、气、公交等社会公共服务,开发信用办、主动办、帮代办、不见面审批、惠企政策兑现等功能模块。新增上线事项及服务260项。“赣服通”红谷滩分厅4.0版在服务和应用上有了全面的优化及提升。

15日 省民宗局二级巡视员马徽江一行赴区银都社区、普贤社区邻里中心,调研民族工作情况。

16日 省鄱湖办副主任邱啟旻一行赴区调研指导飞地经济情况并座谈。

23日 赛迪顾问城市经济研究

中心正式发布“赛迪投资竞争力百强区(2021)”,红谷滩区位列第88名。

△ 省委政法委二级巡视员王飞、市综治中心主任徐宏一行赴区洪城比华利小区、红谷三小、沙井派出所等处,调研平安建设工作情况。

△ 市人大常委会党组书记、主任李镇发一行赴区卫东村龙王庙小区、沁园路西段、万达星城小区等处,调研视察文明城市创建工作情况。

25日 高安市委常委、常务副市长邱军一行赴区行政审批局调研政务服务大厅建设运行情况。

△ 省委网信办网管处处长皮藤江、市委网信办主任熊中高一行赴区世纪中央城社区,参加“互联网违法和不良信息举报工作”线下宣传活动。

△ 市人大常委会副主任、市总工会党组书记、提名市总工会主席人选刘德辉等一行赴区江西慧谷产业园、江西用友(南昌)产业园等处,调研基层工会工作情况。

29日 南昌市引进优秀大学生北京高校专场网络宣讲会在红谷滩区举行。红谷滩区联合清华大学、中国人民大学、北京航空航天大学、北京理工大学、北京科技大学、北京化工大学、北京工业大学、中国政法大学8所高校,举办南昌市引进优秀大学生北京高校专场网络宣讲会,宣传南昌区位发展优势。市委副书记钱昀出席并宣传推介南昌经济社会发展情况,解读人才政策。区委书记吴江辉,区委常委、组织部部长胡军参加。

12 月

1日 红谷滩区科学技术协会第一次代表大会召开。市科协党组书记、一级调研员孙群力到会指导并讲话。区领导吴江辉、万晓娟、刘琴、熊飞、邓万清等出席会议。

2日 省卫健委家发处处长朱琏、市卫健委四级调研员姚敏一行赴区凤凰城上海外国语幼儿园、鸿玺社区邻里中心、绿地悦城优加宝贝托育中心等处,调研指导托育服务工作。

△ 全市2021年度“文明交通先进单位”“文明交通先进个人”“南昌市文明交通示范学校”“南昌市文明交通示范街办(乡镇)、文明交通示范社区(村)”评选活动举行。区生米镇获评“文明交通示范街办(乡镇)”,卫东街道鹿璟名居社区、沙井街道风华社区获评“文明交通示范社区(村)”,南昌京师实验学校、江西广电滨江幼儿园、生米镇中心小学、九龙湖初级中学获评“文明交通示范学校”。

3日 省委常委、市委书记李红军一行赴区前湖入水口、前湖祥云大道补水口、华南渠整治段等处,调研前湖水系治理情况。

△ 省财政厅社保处副处长黄望彦一行到区佳诺国际婴幼中心、卡密拉国际婴幼中心,调研托育机构运行成本及普惠补贴情况。

△ 红谷滩区第一次妇女代表大会召开。区委书记吴江辉看望慰问与会代表并合影。市妇联党组书记、主席胡斎,市妇联党组成员、副主席陈姝,区委副书记万晓娟,区人大常委会副主任刘琴,区政协副主席刘国平参加合影并出席开幕式。

4日 南昌市2021年国家宪法宣传周暨“12·4”国家宪法日宣传咨询活动在南昌市法治文化公园启动。市人大常委会主任李镇发出席并宣布启动。市人大常委会副主任宋铀、谭绍木、王强、万昱原、张湘赣、孙毅,市人大常委会秘书长汪军伟,区领导吴韶宸出席。

7日 红谷滩区残疾人联合会第一次代表大会召开。市残联理事长余颖,市残联副理事长邓林和,区人大常委会副主任刘琴,区委书记吴江辉,区委副书记万晓娟,区政协副主席邓万清出席并合影。大会选举产生红谷滩区残疾人联合会第一届主席团委员38名。随后,召开第一届主席团第一次全体会议。会上,选举产生第一届主席团主席和副主席,推举产生第一届执行理事会。贺学风当选第一届执行理事会理事长。

8日 省委宣讲团成员、省委宣传部常务副部长郭建晖,赴区世纪中央城社区,开展中共十九届六中全会精神宣讲活动。

9日 上海市公安局副局长周海建一行赴区公安分局参观考察。

△ 市委副书记钱昀、市委副秘书长熊绍群一行赴区前湖水库大坝、华南渠等处,开展前湖水系巡河活动。

△ 市人大常委会副主任万昱原一行赴区博鸿社区、万达悦华酒店等处,实地调研人大代表联络室选址打造等情况。

13日 区委书记吴江辉,区委副书记、区长刘光荣,区委副书记万晓娟率队赴丰城市开展学习考察并座谈。丰城市委书记徐结强,市委副书记、市长张书基,宜春丰城国家高新区党工委书记胡振群,市委常委、常务副市长熊震宇,市委常委、副市长孙万荣出席座谈。会上,红谷滩区与丰城市就推进大南昌都市圈县(市、区)对接签订战略合作框架协议。根据协议,双方将在基础设施互联互通、产业发展融合互补、科技创新协同攻关、公共服务放开共享、生态环境协同治理等八个方面深度联结,形成相互促进,合作共赢。

14日 省委常委、市委书记李红军一行赴区青少年足球基地、商联中心、平安金融中心等处,督导调研全区重大重点项目建设情况。

△ 省卫健委基层卫生健康处处长刘晓辉一行赴区南昌大学医院,调研基本公共卫生服务、疫情防控等工作情况。

△ 副市长彭开先、市政府副

秘书长王小文一行赴区英雄大桥旁岸线，实地调研生态停车场建设和市民体育锻炼场地有关工作情况。

△ 发布《红谷滩区做大文旅产业经济总量三年行动实施方案》。方案立足红谷滩区产业发展基础，深化文旅融合，丰富产品供给，推动文化旅游产业转型升级，释放文旅综合效应，促使文旅产业成为推动红谷滩区经济社会发展的重要新引擎。

16日 红谷滩区通过“云直播+云招聘”双平台开展“百场校招”之北京航空航天大学、北京理工大学专场线上招聘会。此次招聘突显红谷滩区数字经济产业优势，汇聚了一大批数字经济龙头企业，其中有北京航空航天大学江西研究院、江西虚拟现实实业有限公司、中至数据集团股份有限公司等企业。本次活动共54家企业提供优质岗位247个，1.6万人次参与，收到简历358份，直接达成就业意向55人。

△ 副市长、市公安局局长肖铁军一行赴区公安分局调研公安工作情况。

17日 省委常委、省委政法委书记张鸿星一行赴区红谷春天社区实地调研智慧平安小区建设情况。

18日 江西省政府党组副书记、副省长殷美根一行赴区参加“长寿时代共话享老论坛”暨泰康之家·赣园享老新生活启航仪式。

20日 省公安厅党委委员、特勤局局长王越飞赴区凤凰洲派出所，调研“转作风、下基层、促落实”工作情况。

21日 省公安厅党委委员、副厅长涂建生一行赴区红角洲派出所，实地调研校园安防“四个一”工程建设工作。

22日 国务院国资委党委书记、主任郝鹏一行赴区VR科创城考察调研。

△ 省公安厅党委委员、副市长、市公安局局长肖铁军一行赴区怡园社区、红角洲派出所，参加“人大代表进站联系群众活动”并调研公安基础工作情况。

△ 红谷滩区召开2021年文明委第一次会议暨红谷滩区拓展新时代文明实践中心建设工作会议，会议解读《红谷滩区精神文明建设指导委员会工作制度》等3个文件，并通报全区志愿服务五个“十佳”表彰并对五个“十佳”的获奖代表进行颁奖，区委书记、区新时代文明实践志愿服务总队队长吴江辉为行业性志愿服务队代表授旗。

23日 市老年大学校长卢晓健、副校长侯捷一行赴区鹿璟名居社区老年学校和区老年大学，调研老年教育工作情况。

△ 副市长、市公安局局长肖铁军赴区九龙湖派出所、龙蟠街派出所等处，调研“八个一”机制落实情况。

24日 省公安厅党委委员万秀奇一行赴区红谷凯旋警务室，调研公安工作。

27日 市委政法委副书记、市考评组组长慈海波率考评组一行10人，赴红谷滩区开展年度平安建设考评并座谈。

△ 市委副书记钱昀、市委副秘书长熊绍群一行赴区南师附小红谷滩校区一部、南昌外国语学校九龙湖高中校区等地，调研教育工作情况。

28日 南昌市举行2021年第四季度重大项目集中开工活动，红谷滩区在现代服务产业园项目现场视频连线主会场。区委书记吴江辉在南昌市主会场参加集中开工活动，区委副书记、区长刘光荣在红谷滩区项目现场视频连线主会场参加活动。

29日 市委常委、统战部部长饶绍清一行赴区生米镇五显庙、慧谷产业园等地，调研民族宗教工作和侨梦苑建设情况。

△ 南昌大学新闻与传播学院·中共红谷滩区委宣传部战略合作协议签约仪式在南昌大学新闻与传播学院举行，南昌大学新闻与传播学院实习实践基地、红谷滩区委宣传部培训基地顺利揭牌。在此次合作中，学院将在该实践基地，为相关专业大学生提供实习实践岗位，实现校园课堂与社会实践的有机结合，有利于大学生增长见识、增强专业实践能力和专业型、实践型人才培养。

31日 市第十六次县区机关党建工作交流会在红谷滩区召开。区委副书记万晓娟出席会议并致辞。会前，与会人员参观红谷滩区西站综合服务中心、红谷滩区行政审批局、VR基地党建工作。

△ 连日来，由红谷滩区委宣传部、红谷滩区文广新旅局主办的“戏曲进校园、国粹润万家”活动，先后走进红谷滩区第二小学、南昌市昌北小学、南昌大学附属中学红谷滩分校等地，为广大的中小学生，带来一场场“戏曲之旅”

△ 红谷滩区红角洲管理处云溪花园社区荣获“全市生活垃圾分类十佳社区”称号。

（程可欣　揭淑琴）

区情概览

综　述

红谷滩区是南昌市为拓展城市规模,构建“一江两岸”城市发展格局而设立的城市新区,地处南昌市西北部、赣江下游西岸,是江西省、南昌市行政中心所在地,是全省的“五个中心”(省行政中心、金融中心、商务中心、文化旅游中心、创新中心)。辖1个镇(生米)、2个街道(沙井、卫东)、3个管理处(红角洲、凤凰洲、九龙湖),总面积175平方千米。2021年,常住人口59.42万人,户籍总人口33.57万人。全区地区生产总值730.26亿元,财政总收入104.87亿元,全区经济发展再上新台阶。辖区属于亚热带季风气候,气候湿润温和、雨热充足,年均气温17℃,年降雨量1600—1700毫米,为农业生产提供了有利气象条件。

红谷滩中心区(沙井街道办事处)为集商贸金融、行政办公、信息、文化、居住等多功能为一体的现代化新型城市中心区。规划3.89平方千米的中央商务区,该区域正在高标准建设全省金融商务区。凤凰洲片区(凤凰洲管理处)为重要的江岸景观区,是以旅游、居住为主的城市生活新区。红角洲片区(红角洲管理处)为集高教、科研、旅游、体育和高级商住为一体的生态新城,也是南昌打造山水都城、南昌水城的精华示范区。九龙湖新城片区(生米镇、九龙湖管理处)生米镇是2012年由新建县成建制划入,九龙湖新城片区定位为智慧型城市副中心、区域性商务会展中心、省级文化艺术中心、生态型低碳示范新城。红谷滩区是一座正在崛起的新城,已经成为助推南昌打造“富裕美丽幸福江西南昌样板”和实现新跨越目标的强劲引擎。红谷滩区将继续以奋发有为的精神,以从严从实的作风,开拓进取,扎实工作,加快红谷滩“三次开发”,推进全省“五大中心”建设,打造全省乃至全国建设典范,全力展现红谷滩区在新时代的新作为。

(肖　琴)

地　理

【地理位置】　红谷滩区位于江西省中北部、南昌市西北部,赣江下游西岸、鄱阳湖南岸,北接青山湖区、昌北经济技术开发区,东临东湖区、西湖区,西南靠新建区,北纬28°55′10″—28°74′50″、东经115°55′—115°70′。区内交通便利,105国道、320国道、昌樟高速公路、南流公路、南昌西外环线等公路线路过境,南昌地铁1号线、2号线穿区而过。辖区内设有南昌西站,昌九城际铁路在此始发。

(段建坤)

【地形地貌】　区境狭长,呈南北走向,南北约23千米,东西最宽处约5千米,总面积175平方千米。辖区常态地貌以冲积平原、滨湖为主。傍依约20千米赣江沿线,拥有前湖、九龙湖、黄家湖、碟子湖等湖泊;多条水渠、池塘散布全区。

【江河湖泊】　辖区内有赣江、乌沙河、前湖。其中,东临赣江,辖区沿赣江向南北两端蔓延;另有乌沙河北段流经红谷滩区。湖泊有前湖、碟子湖。

自然资源

【土地资源】　辖区总面积175平方千米,以丘陵地貌为主,土壤主要是赣江的冲积平原土壤,可开发利用的丘陵、山岗地较多。

【水资源】　辖区年降水量充沛,地表水、地下水资源丰富。境内现有外河2条(赣江、乌沙河),内河3条(流湖河、夹河、青山河),湖泊2座(前湖、九龙湖),水系4条(石埠水系、华南城水系、云溪水系、红角洲水系),小(1)型水库3座(霞源坊水库、潼溪水库、铁路水库)。境内河流总长66.2千米。水系长45.8千米,湖泊岸线长30千米。

【森林资源】 红谷滩区全区森林面积1773.93公顷,森林覆盖率16.25%,活立木蓄积11.58公顷,林木资源以松树、樟树、榕树等乔木为主。

历史文化

【概况】 红谷滩地处昌北赣江之滨,与昌南中心城隔江相望。古称鸿鹄滩,因是水鸟栖息之地而得名,后取谐音演化为红谷滩地沿用至今。

【历史沿革】 20世纪,红谷滩地绝大部分为沙滩、滩涂。1998—2000年,市委、市政府按照"一江两岸"城市格局,对红谷滩地经过酝酿、决策并实施抽沙造地。2000年2月,市委、市政府下发《关于全面开发建设红谷滩新区的初步实施方案》,成立红谷滩新区开发建设总指挥部,下设综合办公室。2000年7月11日,正式启动红谷滩中心区4.28平方千米的开发建设。2001年底,南昌市行政中心竣工,市委、市人大、市政府、市政协、市纪委等部分党政机关迁入红谷滩办公。2002年4月9日,南昌市委、市政府正式批复成立红谷滩新区管委会,并于5月15日挂牌运行,将红谷滩新区区域面积扩大到50平方千米。2002年5月15日,红谷滩新区管委会设立建设指挥部,推进基础设施建设,建立公共服务配套设施,新区建设逐步拉开城市框架。新区面积由4.28平方千米,逐步扩大到57平方千米。其中,凤凰洲、中心区、红角洲区域经过第一轮开发建设,基本建成。2009年,江西省编办批准红谷滩新区管委会为副厅级建制。2012年,省级行政中心决定搬迁红谷滩新区,拉开了新区第二轮开发建设序幕。省委、省政府提出,九龙湖新城开发"515"目标,即用5年时间基本形成100平方千米左右的九龙湖新城框架,把红谷滩新区打造成为现代大都市的标志性区域。按照这一目标要求,新区工委、管委会采取"大征迁推动、大兵团作战、大项目带动、大配套跟进"的思路,先行启动35平方千米核心区的建设。在省、市大力支持下,九龙湖新城建设得到快速推进,特别是随着融创文化新城(原万达文化旅游城)、绿地国际博览城等项目建成运营,九龙湖新城崛起之势已经显现。2016年9月,市第十一次党代会提出,今后5年,南昌将努力打造"秀外慧中""时尚动感"城市,推动红谷滩新区"三次开发"。新区工委、管委会抓住机遇,以推进产业发展为主线,大规模、有选择地开展产业项目大招商,实施优质教育、优质医疗卫生、优质惠民文化和平安网络"四大覆盖"工程,加速人气聚集,高质量推进"五个中心"(省行政中心、金融中心、商务中心、文化旅游中心、创新中心)建设,实现新区向行政区的历史性跨越。2019年11月,国务院批复江西省人民政府:设立红谷滩区,以东湖区沙井街道、卫东街道和新建区生米镇的行政区域为红谷滩区的行政区域。2020年6月28日,南昌市举行红谷滩区挂牌仪式,红谷滩区正式成为南昌的市辖区。南昌市东湖沙井街道、卫东街道和新建区生米镇划归红谷滩区管辖,成为红谷滩区的行政区域。

(肖　琴)

城区环境

【概况】 2021年,红谷滩区生态环境局继续打好"蓝天、碧水、净土"三大保卫战,巩固提升生态环境质量,加快生态文明制度创新。加强扬尘管理及餐饮油烟污染专项整治,巩固和改善全区空气环境质量。加大饮用水水源保护力度,分类推进入河排污口规范整治;严格危险废物管理计划的备案审核,加强危险废物监督管理。

【空气环境质量】 2021年,全区PM2.5平均浓度为每立方米32微克,同比下降8.6%,在全市12个县区中排名第8;PM10平均浓度为每立方米64微克,上升1.6%,优良率为93.2%,上升2.5%。国控点PM2.5平均浓度为每立方米30微克,下降11.8%,在全市8个国控点中排名第二;PM10平均浓度为每立方米68微克,上升4.6%,优良率为92%,上升2.7%。

【水环境质量】 2021年,红谷隧道断面、朝阳水厂断面、西湖生米桥断面、生米断面、经开风顺码头、八一桥断面、红谷滩胜利村断面平均达到地表水Ⅱ类标准,主要饮用水水源地水质优良率达100%。

【土壤环境质量】 2021年,土壤环境质量总体良好,未发生因耕地土壤污染导致农产品质量超标且造成不良社会影响的事件,未发生因疑似污染地块或污染地块再开发利用不当且造成不良社会影响的事件。

(张翼曼)

行政区划

【概况】 2021年,红谷滩区是南昌市委、市政府为拓展城市规模,构建"一江两岸"城市发展格局而设立的城市新区,是全省的"五个中心"(行政中心、金融中心、商务中心、文化旅游中心、创新中心)。红谷滩区东临赣江,西靠枫生快速路和西外环高速,北接英雄大桥,南与新建区接壤。行政区划为1个镇(生米镇)、2个街道办事处(沙井街道办事处、卫东街道办事处)、3个管理处(凤凰洲管理处、红角洲管理处、九龙湖管理处)。区域面积175平方千米,常住人口59.42万人,户籍总人口33.57万人。区政府驻沙井街道绿茵路669号。全区设91个社区居民委员会、33个行政村、3个管理站、1个农场、3个筹备处(组)。

【生米镇】 生米镇位于生米大桥西桥头,东临赣江,西至新建区长埈镇外商投资工业区,北连九龙湖,南与新建区厚田沙漠风景区为邻,是红谷滩区九龙湖片区的重要组成部分。下辖18个行政村(生米村、东城村、长岗村、朱岗村、南路村、曾港村、中堡村、山图村、胜利村、夏宇村、南星村、相里村、摄溪村、感里村、铁路村、青岚村、郡塘村、文青村)、7个社区居民委员会(同乐社区、为民社区、同泽社区、同悦社区、生米花园社区、礼庄山社区、璜源山社区)、1个社区筹备组(九溪嘉园社区筹备组)。全镇区域总面积97平方千米,常住人口8.7万人,户籍人口6.7万人。

【沙井街道办事处】 沙井街道地处红谷滩中心,是南昌市政治中心。南起世贸路,北至庐山南大道,东临赣江,西靠昌九高速公路和乌沙河。下辖1个行政村(沙井村)、13个社区居民委员会(红谷世纪花园社区、绿茵社区、丰和花园社区、丰和社区、飞虹社区、芳华社区、齐云社区、风华社区、红谷雅苑社区、昌北社区、春晖社区、红谷凯旋社区、沙井社区)、2个社区筹备处(庐南筹备处、芳菲筹备处)。总面积6.78平方千米,常住人口约8万人。

【卫东街道办事处】 卫东街道办事处位于红谷滩区中心区域南部,管辖范围为世贸路以南、南斯友好路以北、枫生快速路以东、赣江以西围合区域。下辖1个行政村(卫东村)、16个社区居民委员会(卫东社区、普贤社区、沁园社区、万达西区社区、万达星城社区、汇海社区、滨江豪园社区、翠林社区、翠苑社区、红谷春天社区、银都社区、怡园社区、世纪中央城社区、鹿璟名居社区、江信花园社区、丽景社区)。总面积约6.8平方千米,辖区总人口10.1万人(户籍人口5.58万人)。

【凤凰洲管理处】 凤凰洲地处红谷滩区最北端,是红谷滩连接赣江新区和经开区的“桥头堡”,红谷滩“北端重邑”。东临赣江,南、西至庐山南大道,北至孔目湖大道和英雄大桥西连接线。下辖1个行政村(凤凰村)、1个农场(昌北农场)、17个社区居民委员会(凤凰花园社区、凤凰城社区、凤翔苑社区、老北站社区、天赐良园社区、凤凰家园社区、丰和新城社区、黄河路社区、海德堡社区、珠江路社区、长江路社区、碟子湖社区、凤西社区、牛行社区、上滩社区、星火社区、星科社区)。区域面积12.1平方千米,人口5万余人。

【九龙湖管理处】 九龙湖管理处位于九龙湖新城核心区域,东至赣江,西至枫生快速路,南至北龙蟠街,北至西站大街。下辖4个行政村(安丰村、富乡村、斗门村、渔业村)、2个管理站(源岗管理站、下堡管理站)、12个社区居民委员会(悦城东社区、悦城西社区、安丰花园社区、富源花园社区、广源南社区、广源北社区、明珠社区、博鸿社区、博玺社区、博海社区、新琚花园社区、西站瑞都社区)。区域面积22.32平方千米,户籍人口2.6万余人。

【红角洲管理处】 红角洲管理处辖区东临赣江,西至昌西大道和武功山大道,南至西站大街,北至南斯友好路。下辖8个行政村(玲口村、云塘村、润溪村、黄佩村、长埇村、玲北村、渔业村、双溪村)、1个管理站(龙岗渔业管理站)、26个社区居民委员会(绿湖豪城社区、香域滨江社区、地中海社区、汇景社区、紫金园社区、琴江社区、盛世经典社区、龙岗花园社区、绿地香颂社区、阿尔法社区、红岭东社区、祥荣社区、红岭花园社区、云溪花园社区、香域尚城社区、海域香廷社区、长云社区、桥郡社区、九龙馨苑社区、梧桐庄园社区、站西花园社区、枫湖社区、香榭社区、茶园街社区、瑞城社区、天悦社区)。规划面积约30平方千米,片区总人口已接近20万人,其中原籍村民2.5万人。

(吴让秋)

人口发展

【概况】 至2021年11月末,全区户籍总人口335724人,比上年末增加24692人。其中,男性167704人,女性168020人;城镇人口279689人,比上年末增加29084人;乡村人口56035人,比上年末减少4392人;户籍人口城镇化率为83.31%,同比增长2.81%。全年全区出生人数4456人,出生率为13.3‰;死亡人口239人,死亡率0.7‰。

【全区人口分布】 2021年,从人口的年龄分布看,全区常住人口主要年龄段人数分别为:0—17周岁人数为102887人,占户籍人口总量的30.64%;18—34周岁人数为78814人,占户籍人口总量的23.48%;35—59周岁人数为120080人,占户籍人口总量的35.77%;60岁及以上人数为33943人,占户籍人口总量的10.11%。

2021 年红谷滩区人口及其变动情况一览表

表 1

公安单位	年末总户数(户)	年末总人口(人)									本年度人口变动(人)									
		合计	城镇人口	乡村人口	性别		年龄				出生			死亡			迁入		迁出	
					男	女	0—17 岁	18—34 岁	35—59 岁	60 岁及以上	合计	男	女	合计	男	女	省内迁入	省外迁入	迁往省内	迁往省外
合计	114238	335724	279689	56035	167704	168020	102887	78814	120080	33943	4456	2427	2029	239	145	94	24653	2868	4876	2154
凤凰洲派出所	13300	41241	41241	0	20375	20866	12133	7960	16820	4328	451	259	192	31	20	11	3132	242	851	259
红谷滩派出所	14440	47558	47558	0	23898	23660	12215	9916	18664	6763	441	232	209	54	34	20	2847	371	1104	379
红角洲派出所	23469	72365	72365	0	36322	36043	24515	16767	25375	5708	954	534	420	31	14	17	4324	655	1005	660
生米派出所	19269	50935	3284	47651	25866	25069	15075	15019	15101	5740	870	471	399	47	30	17	1714	190	246	111
九龙湖派出所	17379	47179	43647	3532	23399	23780	15916	12059	15500	3704	880	473	407	32	20	12	7410	410	438	206
卧龙派出所	15	332	332	0	223	109	61	166	87	18	3	1	2	0	0	0	95	31	12	1
沙井派出所	17992	55089	55089	0	27257	27832	15534	11467	22013	6075	546	297	249	33	22	11	3148	804	1015	456
龙蟠街派出所	8374	21025	16173	4852	10364	10661	7438	5460	6520	1607	311	160	151	11	5	6	1983	165	205	82

南昌市红谷滩公安分局

（罗　砾）

风景名胜

【概况】 红谷滩区各类人文、生态景观 20 余处，有绿地中心 303 观光厅、融创主题乐园 2 个国家 AAAA 级旅游景区，南昌工学院工艺美术博览园、融创海洋馆、南昌舰凤凰园景区 3 个国家 AAA 级旅游景区；1 个省级旅游度假区——融创文化旅游城、1 个省级旅游风情小镇——绿地卢塞恩小镇；1 条红色旅游线路，包括南昌军事装备展示中心、南昌瓷板画艺术博物馆、廉文化展馆、建军雕塑广场、牛行车站、南昌舰等，其中 1927 年八一南昌起义部队从牛行车站进入南昌；还有传说中的许真君得道成仙之地——千年古镇生米镇。赣江西岸，从南到北的各大景点串联成一条 16.6 千米的滨江生态长廊，让繁华都市徜徉在“山、江、湖”的自然风光中，尽显生态底色，锻造出一张张闪亮的旅游名片。

【秋水广场】 位于赣江中大道沿江，是一座以音乐喷泉为主题，集旅游、观光为一体的大型休闲广场，于 2004 年 1 月 1 日对外开放。广场倚江而立，总体平面呈月牙形，长 1100 米，宽 110 米，总面积 10 万平方米，其中水池面积 1.2 万平方米，长 450 米。音乐喷泉分布于水池之中，使之成为亚洲最大的音乐喷泉群。喷泉水景运用当今世界先进的球面数码多维旋转技术、数控气爆技术、超高喷技术、变频技术，通过 498 套多种泵喷、20 套高压气爆、1 套激光水幕设备，形成“腾蛟起凤”“繁华锦绣”等 14 种水型，诠释了“一江之水，汇聚古今”的主题。通过气爆表演、灯光表演、激光表演等多种表演方式，将音乐、喷泉、灯光通过高科技的组合，使声、光、电等各种元素交相辉映、变幻万千，使之成为国内一流的音乐喷泉。

【建军雕塑广场】 位于红谷滩区凤

2021 年，建军雕塑广场

（市史志办供图）

凰洲市民公园内,广场整体面积为1.6万平方米(南北向92米,东西向82.8米)。中心雕塑矗立圆心,通过19级同心圆台阶,高2.7米。与五角星大门8.1米正好对应了1927年8月1日南昌起义。建军雕塑广场东西轴线上将设置3组雕塑,以“集结、渡江、起义”为重点和主体,突出八一南昌起义的鲜明特色;南北两侧设置6组雕塑,分别展示土地革命时期、抗日战争时期、解放战争时期、社会主义建设时期、改革开放时期以及强军兴军新时期六个不同阶段的人民军队形象,既简明又系统地反映了人民军队90年的光辉发展历程。2017年7月31日,南昌建军雕塑广场正式对外开放。

【牛行车站】 “牛行车站”即“南昌车站”位于南昌市红谷滩区凤凰洲,是江西第一条客运铁路——南浔铁路通车初期在南昌的终点站。1927年,八一南昌起义部队从牛行车站进入南昌。依托牛行车站旧址建成的牛行车站与南昌起义展示馆主要展览内容为牛行车站、南浔铁路、八一南昌起义等相关的历史。展示馆大门处有一组表现起义军抵达牛行车站的大型雕塑,雕塑中的火车头造型,在多媒体演示设备的辅助下,冒出一股股白烟。从左边进入展示馆内部,按照时间脉络展示“南浔铁路,百年沧桑”“起义部队,挺进南昌”“南昌起义,牛行战斗”“红衣军团,八一示威”4个单元的展览内容。此外,展示馆内还设置体感互动游戏和知识问答游戏。2017年7月30日,牛行车站与南昌起义展示馆开放。

【南昌军装备展示中心】 位于红谷滩区生米镇,是南昌军事主题公园项目建设的先导板块。该项目已批准用地面积20.13公顷,一期建成约11.33公顷,已于2017年8月1日正式对社会免费开放。项目一期设置轻武器馆、空军区和陆军区,空军及陆军户外展区陈列中央军委捐赠的退役重型武器共49件,分类展示了包括反坦克炮1门、加榴炮10门、火箭炮6门、高射炮4门、履带自行火炮2门、坦克7辆、装甲车6辆,以及飞机13架等在内的多类武器装备。另外,轻武器馆作为园区的标志性建筑,外部幕墙由8100块形状各异的铝板拼接而成,动感地展现了一幅波澜壮阔的革命英雄画卷,馆内共展出中央军委捐赠的1552件退役轻武器。园区坚持“传承红色基因,推进强国强军”主题概念,通过武器装备为载体,积极致力于将园区打造为集国防和爱国主义教育、“红色”主题教育、青少年研学社会实践、军事文化培训以及装备模拟体验等为一体的示范基地和“红色旅游”景点。

【南昌舰主题公园】 位于红谷滩区凤凰洲。南昌舰是国产第一代导弹驱逐舰。1977年12月28日,广州造船厂开工制造;1979年12月22日,下水;1982年11月15日,服役于南海舰队;2004年6月25日,转隶北海舰队;2016年9月8日,在旅顺军港退役降旗后正式移交南昌市人民政府。南昌市人民政府以南昌舰为主体,建成军事主题公园,作为国防教育和爱国主义教育基地。南昌舰共有大小相似约240个舱室,满编时舰上可容纳300余名官兵,为迎接南昌的开放,部分住宿舱室进行复原,为全面展示南昌舰辉煌历史,南昌舰上的展板图文并茂地介绍南昌舰辉煌历史。

【南昌VR主题园】 位于红谷滩区九龙湖片区南昌VR(虚拟现实)产业基地,是红谷滩区着力打造的文旅+科技融合发展的新业态,是一扇面向全球的VR旅游体验的窗口,主要包括南昌VR/AR(增强现实)科技馆、南昌VR主题乐园两大室内场馆。南昌VR/AR科技馆建筑面积达1.7万平方米,是全国首个具备VR/AR展示的科技馆,全国唯一的VR/AR专业科普基地,全国最大的VR/AR用户体验数据采集中心;南昌VR/AR科技馆主要以参观展示为主,通过VR/AR/MR多重虚拟现实技术,展示VR前沿科技,展现江西VR产业建设成果。南昌VR主题乐园规划面积1.3万平方米,是国内首个将VR前沿技术与文化、旅游、娱乐、休闲体验相结合的VR体验馆,也是世界上最大的室内VR体验馆,乐园结合南昌本土元素,放眼全球,引进国际顶级VR游乐设备,给体验者带来全新感受,完美呈现虚拟与现实零误差游乐环境。

【南昌融创文化旅游城】 坐落于红谷滩区九龙湖畔,占地160公顷。该项目于2013年6月动工建设,2016年5月28日正式开业,拥有大型室外主题乐园、国内顶级海世界、电影世界、融创茂、国际度假酒店群、滨湖酒吧街六大业态,是省级旅游度假区。南昌融创乐园(国家AAAA级旅游景区)是江西最大规模赣鄱文化主题乐园。项目占地面积80余公顷,致力于打造世界级主题乐园。园区以赣鄱文化为主题,规划世外桃源、竹海秘境、云霄仙阁、鄱阳渔家、仙女奇缘、五彩瓷都六大主题区域,建有世界最高、最快、最长的三大过山车,以及35项世界顶级游乐设施。南昌融创茂总建筑面积20万平方米,由26个青花瓷建筑组成,既拥有大气鲜明的雕塑感造型,又兼具青花瓷传统的丰富意蕴和审美,是世界最大青花瓷建筑商业体。南昌融创海世界(国家AAA级旅游景区)占地3.6万平方米,拥有300余种海洋生物,2.8万尾鱼,拥有蒙特利湾、海洋剧场、冷水海洋、水母馆、热带雨林、360°球幕电影等主题展区。南昌融创酒店群由5家酒店组成,有近2000间客房、5000平方米多功能宴会厅、10万平方米草坪花园,是江西唯一六星级领衔酒店集群。南昌融创电影世界是以“飞越江西”为核心内容，浓缩江西文人地理精华江西唯一的仿真实景飞行影院。

【九龙湖公园】 位于红谷滩区九龙湖新城。九龙湖公园是九龙湖综合整治工程的二期工程，是九龙湖新城的重要配套工程。九龙湖综合整治工程总占地面积约280公顷，其中水体面积约173.33公顷，景观绿化（即九龙湖公园）面积约106.67公顷。九龙湖公园在设计上遵循生态、低碳、智慧的理念，突出滨湖特色，彰显新城魅力，形成“缤纷的浪漫主题，探幽的童趣主题，休闲的运动主题，商务的时尚主题”四大主题总体规划布局，打造南昌最璀璨的滨水公园。全园分布多处特色景点：主入口区有主题雕塑、3D水秀，缤纷园有五色花海、深情玫瑰园、婚庆广场，真趣园有彩虹沙滩、多主题儿童游乐场地、阳光大草坪，运动园有森林湿地及适合各年龄层次的运动休闲场地，还打造了拥有多项休闲服务功能的未来空间·未时图书馆。

【绿地卢塞恩小镇】 位于红谷滩区九龙湖北，秉承欧洲瑞士卢塞恩小镇的建筑风格，融合九龙湖公园的原生态自然景观，围绕“以文带旅，以旅兴商，以商成文”的打造思路，集文化、旅游、商业、花园办公于一体，涵盖零售、餐饮、儿童体验、休闲娱乐、文化、酒店等业态，形成全业态、全时段、全客层的品质生活目的地。绿地卢塞恩小镇已创建江西省旅游度假区，是一张南昌休闲旅游名片。

【绿地303观光厅】 设于绿地中央广场双子塔A1栋60层，是国家AAAA级旅游景区。绿地中央广场双子塔高达303米，是中部地区最高双塔地标。303观光厅被誉为南昌“城市观光厅”，集智能、观光、文化、娱乐、展示功能五位一体，360度无死角游览南昌美景，感受“会当凌绝顶，一览众山小”的意境。

【凤凰洲市民公园】 位于南昌市红谷滩区凤凰洲片区。该公园南起八一大桥，北至赣江大桥，全长3.7千米。规划总面积约34.5公顷，总投资约1.6亿元。绿化种植面积约21万平方米，设计种植桂花、樟树、朴树、樱花等乔灌木76种，共5800株，矮灌木总面积约3.3万平方米。广场铺装面积约9万平方米。设计公厕4座，小火车仓库、咖啡厅等配套设施面积约660平方米。在规划设计上，按照结合地域特点，彰显地方文化特色，打造魅力滨江景观的思路，形成三横四纵总体规划布局，可概括为“三条脉络，三大节点”。

三条脉络：第一条脉络即以流动的公共空间为特色的绿脉，强化滨河地区界限特色，创造改善周边市民活动的公共空间。第二条脉络即以流动的火车轨道为特色的动脉。以凤凰洲原有的南昌牛行车站为设计灵感，修建了一条全长3.5千米的观光火车铁轨，以此珠串起南昌发展的历史。火车从赣江大桥出发，沿途经过春夏秋冬四季分明的景观带，小火车慢慢地开往流动的、观赏多元化的文化景观。第三条脉络即以沿江滨水慢步道为特色的河脉，强化滨河地区景观特色，创造滨河连续景观与参观专用道，形成有序的滨水景观带。

三大节点：第一大节点——牛行车站。以八一南昌起义发生在牛行车站的历史故事为背景，形成以红色文化为特色的接受革命传统教育的基地。第二大节点——亲水广场。充分发挥该节点场地较为开阔，便于集散的特点，形成以市民休闲娱乐广场，四季特色鲜明的花坛为主题的滨水景观节点。第三大节点——沿江绿地。因地制宜，将该狭长的景观带打造成为一流线型带状绿地空间，形成沿岸绿带中树木林立、景观错落、林荫步道蜿蜒其中的滨水景观节点。在河滩地建设栽种近4万平方米的滨江湿地公园。

【厚田沙漠景区】 位于南昌市红谷滩区厚田乡丰厚收费站旁，是国家AAA级旅游景区。景区是沙山沙地，是亚热带最大的风沙化土地，景区东临奔流不息的赣江，西临锦江，金沙、碧水、蓝天、草原，独特景观全国仅此一处，在这里既能感受北方大漠的粗犷、奔放，又能领略江南水乡的温婉、细腻，是名副其实的“绿洲中的沙漠”“江南第一大漠”。景区内有20余个休闲游乐项目。

【南昌工学院工艺美术博览园（南昌市中国工艺美术大师博物馆）】 坐落于南昌工学院，是国家AAA级景区，创建于2016年，占地1.8万平方米。是中国唯一由532位国家评定的、中国工艺美术大师专门建造的特色博物馆，已将532位中国工艺美术大师的精品力作尽揽囊中。由7个展馆组成，分别为雕塑工艺馆、陶瓷工艺馆、织绣印染工艺馆、金属工艺馆、漆器工艺馆、综合工艺馆、第七届大师专题馆，各展馆的展示内容融科学性、文化性、体验性、知识性于一体，是集传承中华优秀传统文化与应用型人才培养为一体的重要基地。博物馆正致力于打造成中国工艺美术大师的精品展示基地、绝技传授基地、学术交流基地、教学观摩基地和大师跨界交谊基地。

【江西省文化中心】 位于红谷滩区凤凰洲，由省博物馆、省图书馆、省科技馆组成，总占地面积13.29万平方米，建设总规模24.75万平方米，是一座全省投资最多、规模最大、档次最高、功能最强、内容最丰富的公共文化设施。从场馆建设来看，新省博物馆位居全国第五（总面积8.6万平方米，由8个常设展览和3个临时展厅构成，全图景展现江西大历史格局和文化特色）、省图书馆位居全国第三（总面积9.6万平方米，藏书量1000万册，阅览座位6000个，日接待读者

2万人次)、省科技馆位居全国第六(总面积8万平方米,设有全新的儿童科学乐园、特效影院、科普剧场、常设展厅、科学教育活动室、临时展厅),实现了江西文化硬件建设的跨越式发展。省文化中心作为赣江两岸文化生态轴线的核心节点,使赣江西岸的景观通廊更为丰满,并与对岸的滕王阁等文化建筑群隔江呼应。省博物馆、省图书馆、省科技馆由北向南排列开来,分别隐喻历史、现在与未来,描绘出文化发展、探索知识的故事与旅程。

(钟　鹤)

经济运行概述

【概况】 2021年,面对经济下行压力的严峻考验,全区紧扣高质量发展主题,落实新发展理念,围绕推动经济持续平稳健康增长,保持战略定力,坚持精准施策,经济发展稳中向好,质量效益不断提升。经初步核定,全年全区实现地区生产总值730.26亿元,同比增长9.8%。

【经济运行稳健提升】 2021年,全区财政总收入104.87亿元,同比增长2.76%;一般公共预算收入34.21亿元,同口径增长4.66%,同比下降3.01%;固定资产投资增长13.5%;社会消费品零售总额增长19.5%;实际利用外资增长9.81%;外贸出口增长31.79%。城镇居民可支配收入增长7.83%;农村居民可支配收入同比增长9.33%。全年新增市场主体14792家,总数达56807家。

【项目推进提速增效】 2021年,全区扎实开展"项目大会战"活动,全区项目建设稳步推进。全区152个重大重点项目,总投资2146.7亿元,完成年度投资336.4亿元。VR科创城等6个省重大重点项目,华润万象城、南昌澳世汇文化艺术博览园等12个省大中型建设项目,中唯商业中心、莱蒙都会购物中心等56个市重大重点项目,均提前完成全年投资。南昌市第三季度重大项目集中开工仪式主会场设在红谷滩区南昌平安金融中心。现代服务产业园、用友南昌产业园三期等一批龙头性项目相继开工。国家职业教育虚拟仿真示范实训基地一期、地铁·万科广场、泰康之家赣园一期、启华学校等一批项目建成并投入使用。项目招商引资成效显著。全区五个招商战线聚焦"数字经济、现代金融、商贸文旅、总部经济"四大产业,引进入统亿元以上项目65个,总投资额约610亿元,其中"152"项目创历史新高,投资100亿元的南昌平安金融中心、投资50亿元的和昌熙梦城、投资20亿元的绿地会展之窗等8个龙头性项目相继落户。投资10亿元以上项目19个。项目要素保障有力。始终坚持"项目为王"理念,健全和完善"项目责任人日调度、部门属地负责人周调度、分管领导半月调度、主要领导月调度、重大问题随时调度"四级调度机制,推行"六个一"工作法,践行"脚上有土、心中有谱"的工作作风,全力做好项目要素保障工作。出台《红谷滩区政府投资管理办法(试行)》《红谷滩区政府投资项目建设控制标准(试行)》等项目管理办法,从项目建库、管理、推进、协调、调度、考核等方面对全区项目工作进行规范和完善。组织项目专题调度会和现场调度75次,216个问题得到有效解决,确保项目早开工、早建设、早投产。

【市场活力持续上升】 2021年,全区大力提升经济质量效益和核心竞争力,奋力跑出产业发展"加速度",三次产业结构比调整为0.2∶10.3∶89.5。新增市场主体14792家,总数达56807家,企业年度新增和总数位列全省第一。全区一套表调查单位达508家,省级龙头企业13家,市级龙头企业11家,省级集聚区5个,市级集聚区6个,省级双创示范基地3个。数字经济强劲有力。2021世界VR产业大会在红谷滩区成功举办,3家中国VR 50强企业入区,新增数字经济企业838家,总数达4002家。积极推动华为公司江西区域总部、腾讯天美南昌游戏内容制作中心、世纪华通XR游戏总部等21个区域或业务总部项目落地投产,"一城九园"数字产业规模不断壮大。现代金融朝气蓬勃。引进金融机构和企业119家,总数达1233家,实现金融业增加值255.28亿元,全市排名第一,贡献税收21.77亿元。全省首个企业上市加速器——亿中流上市加速器成功开园,并落户17家企业。全区形成了传统金融业为主体,新兴金融业延伸拓展,区域性资本交易平台、金融中介服务机构为支撑的金融业发展格局。商贸文旅各相竞艳。作为唯一县区代表在2021年江西文化强省建设推进大会上发言,并获批全省文化产业重点县(市、区)。总投资约12亿元的保利大剧院项目成功签约。社会消费品零售总额预计完成297.3亿元,增长16.5%。大型商超销售收入突破70亿元。投入1100万元举办"乐购红谷 悦享生活"时尚购物节活动,撬动消费10亿元。全年举办47场会展活动,观展人次超百万,红谷滩会展品牌越来越响。总部经济蹄疾步稳。紫光智慧教育全国总部、中盛金融中心、台商总部经济大楼、煌上煌集团新零售总部大楼落地建设,中国电建江西总部、中建三局江西总部、中铁广州局江西总部等6家建筑业央企的区域性总部落户红谷滩,总部经济的"盘子"越做越大,总部集聚效应不断凸显。

【改革开放顺利推进】 2021年,全区平稳有序推进重点领域改革,完善优化机制体制。国家级改革试点岭口路集租房项目顺利开建,村级产业得到盘活;国家级居家和社区养老服务改革试点工作持续推进,形成政府、市场、社区三位一体的"公建民营"居家养老服务新模式。同时,坚持"条块结合""上下联动",进一步完善招商引资工作机制体制,加大各属地部门对项目招商引资和服务保障的力度;坚持扩大招商引资线索范围,营造全民招商浓厚氛围,构建新招商引资格局。坚持世界眼光、国际标准,依托世界VR产业大会平台,全力引进大企业、大集团、大项目,达成投资合作项目25个,金额约240.5亿元。坚持"请进来"与"走出去"并重,积极参加广交会、中国国际进口博览会和省市重大重点招商活动,累计完成项目签约30个,金额约436亿元。全年引进50亿元以上项目3个、20亿元以上项目5个。全面深化与中部省会城市、沿海发达城市的交流合作,加快对接粤港澳大湾区,深化与广东省七市战略合作,积极争取广州、东莞、佛山等地市在产业转移方面向红谷滩区倾斜。发挥大南昌都市圈核心引领作用,按照与丰城市签署的《战略合作框架协议》,深入推进结对联系;强化与丰樟高"一体化"发展,积极拓展"朋友圈"。与南昌大学等4所高校签订《校地战略合作框架协议》,推动校地融合落地落实,实现优势互补、共建共享。

【营商环境持续提升】 2021年,全区深入开展"降成本优环境"行动,围绕打造"四最"营商环境,努力为企业提供"妈妈式""保姆式""店小二"服务。持续推进"放管服"改革,全省率先上线"赣服通"县区分厅4.0版,打造"免证办理"政务服务大厅,482个进厅事项实现全覆盖。全省率先在政务服务大厅设置个人信用报告自助查询机,半分钟查报告。全省率先实现企业开办"四枚印章"免费送,为5757户企业节约资金188万元。全市率先设立"办不成事"反映专窗,破解"疑难杂症"17件。实现"惠企政策一窗受理",设立3000万元动态资金池,兑现惠企资金4447.36万元。出台支持国有平台发展的"21条意见",做实做强做优做大区城投公司。出台红谷滩区综合治税实施意见,调整镇(街道、管理处)财政管理体制,成功上线并运行预算管理一体化系统。加快推进社会信用体系建设,成功举办全区"诚信建设万里行主题宣传活动"。营商环境得到进一步提升,入选"赛迪全国投资竞争力百强区(2021)",位居全国投资竞争力百强区第88位,为江西省唯一进入榜单的市辖区。

(肖　琴)

城乡居民生活水平

【概况】 2021年,城镇居民人均可支配收入52406元,增长7.83%;农村居民人均可支配收入22805元,增长9.33%。城镇居民年人均生活消费支出32127元,增长12.2%;农村居民年人均生活消费支出16929元,增长15.2%。

【城镇居民收入特点】 2021年,全区城镇居民人均家庭总收入53906元,其中可支配收入52406元。工资性收入29984元;财产性收入17800元;转移性收入6118元。

【城镇居民消费特点】 2021年,全区城镇居民人均总支出37744元。其中,转移性支出1344元,购置资产及非经常性转移支出2681元,借贷性支出1346元;消费性支出32127元。在消费性支出中,食品烟酒消费支出9200元,衣着消费支出2392元,居住消费支出11020元,生活用品及服务消费支出2184元,交通和通信消费支出2102元,文化教育和娱乐用品及服务消费支出3793元,医疗保健消费支出711元,其他商品和服务消费支出973元。

【农村居民收入特点】 2021年,全区农村收入呈现以下特点:工资性收入快速增长。其中,农村人均工资性收入为21104元,同比增长16.6%;农村人均转移性收入为1673元,下降37.6%。

【农村居民消费特点】 2021年,全区农村居民人均总支出19075元。其中,转移性支出117元,购置资产及非经常性转移支出1800元,借贷性支出229元。农村人均生活消费支出平稳增长。农村人均生活消费支出16929元,增长15.2%。其中,食品烟酒消费支出3516元,下降20.8%;衣着消费支出418元,增长3.8%;居住消费支出10593元,增长50.2%;生活用品及服务支出314元,下降16%;交通和通信消费支出330元,下降49.1%;文化教育和娱乐消费支出1186元,下降26%;医疗保健消费支出538元,增长341.1%;其他商品和服务消费支出34元,下降37.9%。

(谭　迪)

中国共产党红谷滩区委员会

综　述

红谷滩区地处赣江西岸，现为江西省委、省政府，南昌市委、市政府所在地。2002年设立红谷滩新区管委会，2020年正式成为行政区。2021年，区域面积193.41平方千米（含赣江水域），下辖91个社区居民委员会、33个村民委员会、3个管理站、1个农场、3个筹备处（组）。常住人口59.42万人，户籍总人口33.57万人。获评全省唯一的全国投资竞争力百强区、全省“五型”政府建设示范县（市、区），实现“十四五”规划和首届政府良好开局，凝聚高质量跨越式发展的强大合力。

经济运行。红谷滩区委、区政府按照市委、市政府提出的“率先‘作示范、勇争先’”的要求，统筹推进疫情防控和经济社会发展，坚定不移走高质量发展之路，扎实做好“六稳”工作、全面落实“六保”任务。项目投资提速增效，在总投资2146.7亿元的152个重大重点项目建设中，完成年度投资336.4亿元，VR科创城等74个省市重大重点项目，均提前一个月完成全年投资。五条招商战线引进入统亿元以上项目65个，总投资额610亿元，其中投资10亿元以上项目19个，“152”项目8个，创下历史新高；并以世界VR产业大会为契机，成功签约25个项目；投资100亿元的平安金融中心、投资50亿元的江南温泉城商业体等一批龙头性项目相继开工，为红谷滩积聚再出发的动力、打实争一流的基础。营商环境更加优化，全省率先上线“赣服通”县区分厅4.0版，红谷滩分厅新增上线事项及服务260项；在南昌市率先开设“办不成事”反映专窗，得到中央电视台《新闻联播》、人民网、《江西日报》等中央、省、市各级媒体和广大企业、群众点赞。新增减税降费2.62亿元，为35家企业放贷“财园信贷通”1.63亿元，有效缓解中小企业融资难问题。市场主体新增14792家，总数达到56807家，企业年度新增和总数位列全省第一，全省营商环境评价升至45名。全年地区生产总值完成730.26亿元，同比增长8%，在全省县（市、区）中排名第三。社会消费品零售总额305.04亿元，增长19.5%；城镇居民人均可支配收入52406元，增长7.83%；农村居民人均可支配收入22805元，增长9.33%；规模以上服务业营业收入205.25亿元，增长16%；500万元以上固定资产投资708.45亿元，增长13.5%；一般公共预算收入34.2亿元，同口径增长4.66%；实际利用外资2.42亿美元，增长9.8%。拥有全省唯一金融商务区，聚集各类金融机构1237家，年度税收贡献超百亿元，全年实现区本级金融业增加值255.28亿元，全市排名第一。

社会发展。区划调整顺利起步，迎来新的发展空间。强化周边县区衔接，破除发展瓶颈，提高城市承载能力。累计开通5G基站1490个，排名全市第一；新增新能源汽车充电车位214个、公共停车泊位2633个；建设赣江市民公园（四期）、九龙湖公园、绿地雨阳公园等重点项目，已开工面积57万平方米；快速推进总投资210亿元的城市建设重大重点项目17个，完成茶山路等6条道路建设、学府大道等11条道路改造，新建21条总长25.6千米的道路，打通断头路4条，推进红角洲、九龙湖路网施工建设，协调推进赣江北大道下穿京九铁路通道工程。推进6个老旧小区提升改造，新建18座城市公厕。完成全区雨污水管网清淤排查检测890千米，整治雨污混接点位630余处。完成325件中央和省环保督察历次交办的问题及信访件销号。启动生米南防洪排涝水系整治工程，开展前湖及上下游水系整治，清理水系水渠淤泥39万立方米，整治岸线护坡4.8千米。全力整顿工地扬尘、秸秆焚烧等问题，PM2.5平均浓度每立方米32微克，空气优良率达到93.2%。城市管理十大课题全面铺开，拆墙透绿进展顺利，拆除闽江路等5处久围不建的围墙围挡，“门前三包”试点效果明显，共享单车停放进一步得到规范，城市秩序更加井然,得到市委主要领导肯定批示。3个月关停54家非法“三站一场”,8天内完成D4、D6地块征收扫尾工作,城区品质得到提升,被市委主要领导要求全市县区学习借鉴。“马路本色”行动实现全覆盖,文明创建常态长效,环卫改革深入推进,城市管理“三合一”养护市场化考核不断规范;投入2800万元推进垃圾分类工作,建成全省首座垃圾分类科普体验馆,完成名门世家、联泰尚城小区全程分类,打造一批垃圾分类示范小区,城市环境愈发洁净。

社会稳定。落实涉稳信息每日研判调度机制;落实突出信访案事件“会诊”机制;落实矛盾纠纷“三个一”机制(每日一排查、每半月一调度、每月一交账),全年共排查矛盾纠纷3505件,化解3394件,化解率96.83%,矛盾纠纷排查调处工作得到市委政法委的通报表扬。对照“三年试点两年基本达标”的目标要求和工作任务清单,扎实开展市域社会治理现代化试点工作。至10月31日,区本级53项工作指标已完成35项,基本完成5项,正在推进13项,完成率75.47%。常态化开展扫黑除恶专项斗争,审结2件涉黑恶案件,对27名被执行人财产进行全面查控,执行到位金额2162万元,做到“颗粒归仓”。聚焦六大重点行业领域整治,紧盯重点岗位、关键环节,加强日常监管,完善市场准入、备案管理等机制,提高监管实效,堵塞监管漏洞。区社会治理数据平台接入辖区516家单位,实现全区指挥调度功能;建成智慧平安小区100个,建成率46.73%。9月,中央电视台《新闻联播》报道红谷滩区凤凰家园“智慧平安小区”运用智能报警系统的成效。扎实推进区、镇、村三级综治中心规范化建设,加强对全区796名网格员的培训和管理,全区网格员共处理民安民生问题3864件。在全市各县区中第一个实现公共安全视频在社会治理领域的功能预警和共享应用。针对红谷滩区社会体制改革所涉13项政法领域改革任务,实行项目式、清单化推进,在全市政法“十大暖心举措”和“十大创新举措”评选活动中,红谷滩区获得这双项殊荣。牵头抓好为期4个多月的全区政法队伍教育整顿,共受理案件线索84件,办结率100%;排查顽瘴痼疾问题1433个,整改率100%;运用监督执纪四种形态处分违纪干警108人,制定务实管用制度52项。通过教育整顿,全区政法队伍政治生态进一步优化、纪律作风进一步好转、能力素质进一步提高、执法公信力进一步提升。

民生工程。红谷滩区委、区政府深入践行以人民为中心的发展思想,矢志不渝增进民生福祉,八项民生支出占地方一般预算支出83.45%。投入8075万元提升改造12个农贸市场,打造4个星级农贸市场;完成20台既有住宅加装电梯任务。城镇企业职工养老保险参保人数41742人,城乡居民养老保险参保人数12663人。城乡居民医保普通门诊统筹签约达到142622人,签约率达90%。建设完成云溪学校(二期)、新龙学校、博雅学校、生米中心小学,新增10所幼儿园,提供中小学幼儿园公办学位超8700个。扎实开展“双减”行动,学科类培训机构压减率达80%。扎实推进常态化疫情防控,省儿童医院红谷滩院区正式运营,生米镇、九龙湖、凤凰洲3个社区卫生服务中心中医馆项目基本建成。大力推动基本公共卫生和家庭医生签约服务,完成电子健康档案32.4万份,建档率96.6%。全区67个居家养老服务站点与社区卫生服务机构签订医养合作协议,签约服务率达到100%。扎实推进市域社会治理现代化试点工作,完成平安建设精品工程、智防提升工程等“十大工程”项目34个。建成全国首个城区级数字孪生地图,超前完成40个“智慧平安小区”建设任务,现有“智慧平安小区”100个,各项指标均名列全省前茅。认真落实县级领导包案制度,深化“公安+信访”“劝返+化解”机制,推动信访维稳形势持续好转。P2P平台风险化解处置形成“红谷滩模式”,获省市高度评价。

政治建设。聚焦区域发展、疫情防控、VR产业、营商环境等重点工作,在中央、省、市媒体上稿1200余条,其中省级以上媒体上稿281条。打造“红色物业”、楼宇党建、“零工”经济等一批党建品牌阵地,及VR党群服务中心、数字党建馆、“红色政务大厅”等品牌。重点推进2个“红色驿站”、12个“1+5+X”社区邻里中心、7个农村颐养之家建设,凤凰村获评“省级红色名村”。全区选树表彰“两优一先”典型119人、党组织30个,发展党员302名,为544名老党员颁发“光荣在党50年”纪念章。发挥区委理论学习中心组示范引领作用,全年组织集体学习14场,其中研讨交流9场,并结合“红谷连心会”活动,带头在基层开展中共十九届六中全会精神宣讲,带头在支部讲党课。区委常委班子领导积极开展“对党说句心里话”寄语祝福等活动,有力推进党史学习教育走深走实、见行见效。“人人讲,人人学”“红谷连心会”等特色亮点做法得到中央、省、市巡回指导组肯定。坚持把学习党史落到办实事、开新局上,“我为群众办实事”民生项目95个,其中四套班子领导挂点重点项目30个,切实解决群众急难愁盼问题。

(程可欣)

区委常委会工作

【概况】 2021年,是红谷滩以行政区完整运行的第一年。中共红谷滩区委常务委员会在习近平新时代中国特色社会主义思想的引领下,在省委、市委的坚强领导下,带领全区上下积极应对错综复杂的宏观环境、艰巨繁重的转型任务,办成了一系列喜事、大事、实事、难事、要事,交出了一份市委放心、群众满意的优异答卷。

【加强干部队伍建设】 2021年,坚定不移用习近平新时代中国特色社会主义思想武装头脑、指导实践、推动工作,坚持用习近平总书记视察江西重要讲话精神统一思想、统揽全局、统领发展。坚持提高政治站位,把讲好习近平新时代中国特色社会主义思想,学通习近平总书记等系列重要讲话精神,悟透中共十九届六中全会精神,弄懂易炼红在南昌调研时讲话精神和省、市党代会精神,作为全区最重要的政治任务来抓,做习近平新时代中国特色社会主义思想的忠诚信奉者和坚定实践者。及时跟进学习习近平总书记最新重要讲话精神,并纳入区委常委会第一议题、区委中心组学习的重要内容。坚持配强干部队伍,把牢把稳换届操作程序关、人选资格条件关、工作纪律关,在全市率先完成117个村(社区)“两委”集中换届选举工作,选举产生村(社区)“两委”干部916人,100%实现村(社区)书记、主任“一肩挑”、村“两委”成员交叉任职,区镇村三级换届圆满完成。坚持筑牢初心使命,组建区委宣讲团、巾帼宣讲团等各类宣讲队伍,创新推广“人人讲 人人学”特色做法,开展各类宣讲800余场次,开展“情暖红谷滩 点亮微心愿”等主题活动2000余场,宣传服务干部群众3万余人次。深入开展“转作风 优环境”行动,共收集问题线索1465条,全部办结。深入开展“红谷连心会”等活动,区委主要领导带头了解群众所思所想、调查清楚实际民生民需、合力解决急难愁盼问题。

【推动经济持续平稳增长】 2021年,面对经济下行压力的严峻考验,红谷滩区紧扣高质量发展主题,落实新发展理念,围绕推动经济持续平稳健康增长,保持战略定力,坚持精准施策,经济发展稳中向好,质量效益不断提升。经济运行稳健提升,地区生产总值完成730.26亿元,同比增长8%,占全市的比重为11%;财政总收入完成104.87亿元,同比增长2.8%;地方一般公共预算收入34.21亿元,同口径增长4.7%。奋勇争先抢抓项目,健全和完善项目建设四级调度机制、项目建设服务机制,抓项目、推项目、上项目、争项目成为红谷滩主旋律。全年推进总投资2146.7亿元的重大重点项目152个,完成年度投资336.4亿元。全市第三季度重大项目集中开工仪式主会场设在红谷滩区。产业发展不断提质,数字经济强劲有力,2021世界VR产业大会在红谷滩区成功举办,3家中国VR 50强企业入区,新增数字经济企业838家,总数达4002家,积极推动腾讯天美南昌游戏内容制作中心、世纪华通XR游戏总部等21个区域或业务总部项目落地投产,“一城九园”数字产业规模不断壮大。现代金融朝气蓬勃,全省首个企业上市加速器——一亿中流上市加速器成功开园并落户17家企业。全区形成了传统金融业为主体,新兴金融业延伸拓展,区域性资本交易平台、金融中介服务机构为支撑的金融业发展格局。商贸文旅各相竞艳。社会消费品零售总额完成305.04亿元,同比增长19.5%,大型商超销售收入突破70亿元。成功签约总投资约12亿元的保利大剧院项目。全年举办47场会展活动,观展超百万人次,红谷滩会展品牌越来越响。总部经济发展快中求稳。紫光智慧教育全国总部、中盛金融中心、台商总部经济大楼、煌上煌集团新零售总部大楼、中国电建集团江西总部、中建三局江西总部、中铁广州局江西总部6家建筑业央企的区域性总部落户红谷滩,总部经济的“盘子”越做越大,总部集聚效应不断凸显。

【构建多元化开放发展格局】 2021年,坚持谋改革创新之策、走全面开放之路,着力破除制约经济社会高质量跨越式发展的体制机制障碍,构建便利化、多元化开放发展格局,实现改革与开放互动并进、同向发力。科技创新释放生机活力,深入实施科技创新基础大提升三年行动,加快创新平台建设,打造市级以上重点实验室和工程研究中心95个(国家级2个)。深化与大院大所交流合作,浙江大学南昌研究院成功进驻。启动前湖科创园、大学生创新创业基地等项目的规划建设。岭口路集租房国家级改革试点项目顺利开建,村级产业得到盘活;国家级居家和社区养老服务改革试点工作持续推进,形成政府、市场、社区三位一体的“公建民营”居家养老服务新模式。持续推进“放管服”改革,全省率先上线“赣服通”县区分厅4.0版,在全市率先设立“办不成事”专窗,入选“赛迪全国投资竞争力百强区(2021)”,是江西省唯一进入榜单的市辖区。依托世界VR产业大会平台,积极参加广交会、中国国际进口博览会和省市重大重点招商活动,全力引进大企业、大集团、大项目。全面深化与中部省会城市、沿海发达城市的交流合作,加快对接粤港澳大湾区,深化与广东省七市的战略合作。发挥大南昌都市圈核心引领作用,按照与丰城市签署的《战略合作框架协议》,深入推进结对联系,强化与丰樟高“一体化”发展。与南昌大学等4所高校签订《校地战略合作框架协议》,推动校地融合落地落实,实现优势互补、共建共享。

【改善人居环境和城市面貌】 2021年,坚持高起点规划、高标准建设、高水平管理,着力提升城市功能品质,大力改善人居环境和城市面貌,“南昌形象展示核心区”名片更加出彩。城市管理更加精细,城市管理十大课题全面铺开,拆墙透绿进展顺利,拆除闽江路等5处久围不建的围墙围挡,“门前三包”试点效果明显,共享单车停放进一步得到规范,城市秩序更加井然,得到市委主要领导肯定批示。关停54家非法“三站一场”,完成D4、D6地块征收扫尾工作,城区品质得到提升,被市委主要领导要求全市县区学习借鉴。“马路本色”行动实现全覆盖,文明创建常态长效,环卫改革深入推进,城市管理“三合一”养护市场化考核不断规范。建成全省首座垃圾分类科普体验馆,打造一批垃圾分类示范小区,城市环境愈发洁净。城市能级得到提升,累计开通5G基站1490个,排名全市第一;新增新能源汽车充电车位214个、公共停车泊位2633个;建设赣江市民公园(四期)、九龙湖公园、绿地雨阳公园等重点项目,快速推进总投资210亿元的城市建设重大重点项目17个,推进6个老旧小区提升改造。城市生态持续优化,完成325件中央和省环保督察历次交办的问题及信访件整改销号工作。启动生米南防洪排涝水系整治工程,开展前湖及上下游水系整治,全力整顿工地扬尘、秸秆焚烧等问题,空气优良率达到93.2%。

【持续增进民生福祉】 2021年,深入践行以人民为中心的发展思想,增进民生福祉。全区城镇、农村常住居民人均可支配收入预计分别完成52488元、22632元,同比分别增长8%、8.5%。不遗余力增强群众的获得感。八项民生支出占地方一般预算支出83.45%;62件年度民生实事全部办结;投入8075万元提升改造12个农贸市场,打造4个星级农贸市场;完成20台既有住宅加装电梯任务。优先发展教育事业。建设中小学校4所,新增幼儿园10所,提供中小学幼儿园公办学位超8700个。落实“双减”任务,学科类培训机构压减率达80%。切实加强群众健康服务。省儿童医院红谷滩院区正式运营。生米镇、九龙湖、凤凰洲3个社区卫生服务中心中医馆项目基本建成。大力推动基本公共卫生和家庭医生签约服务,全区67个居家养老服务站点与社区卫生服务机构签订医养合作协议,签约服务率达到100%。全面提升社会保障水平。实施城乡社会救助制度统筹,为2325名困难群众购买防贫险,临时救助352人次。办结290件欠薪投诉件,涉及人数2770人、金额1.04亿元。全区退役军人服务保障体系全面完成。增强群众的安全感。扎实推进市域社会治理现代化试点工作,完成平安建设精品工程、智防提升工程等“十大工程”项目34个。实现辖区主要街面和93个自然村“雪亮工程”全覆盖,建成全国首个城区级数字孪生地图。超前完成40个“智慧平安小区”建设任务。认真落实县级领导包案制度,深化“公安+信访”“劝返+化解”机制,推动信访维稳形势持续好转。P2P平台风险化解处置形成“红谷滩模式”,获省市高度评价。

【深化全面从严治党】 2021年,坚决贯彻落实党中央、省委和市委的部署,始终坚定政治方向,保持政治定力,做到态度不变、决心不减、尺度不松,努力交出全面从严治党的高分答卷。扎实做好党建工作。扎实推进“三化六好”(标准化、信息化、规范化,自身建设好、组织管理好、思想引领好、纪律执行好、群团工作好、发挥作用好)建设,精心打造“红色物业”、楼宇党建、“零工”经济等一批党建品牌阵地,打造VR党群服务中心、数字党建馆、“红色政务大厅”等品牌。高标准推进基层党组织阵地建设,重点推进2个“红色驿站”、12个“1+5+X”社区邻里中心、7个农村颐养之家建设,凤凰村成功获评“省级红色名村”。全区选树表彰“两优一先”典型119人、党组织30个,为544名老党员颁发“光荣在党50年”纪念章。分级分批组织村(社区)“两委”干部进行集中任职培训1100余人次,全面提升村(社区)干部履职能力和水平。做实做细政治监督。持续强化政治监督,全年累计开展各类监督200余次,发现问题120余个,查处问题18起,批评教育帮助和处理46人次。着力深化清廉单元建设,推进“四责协同”(党委的主体责任、纪委的监督责任、党委书记的第一责任、班子成员的一岗双责责任),出台“两约谈两承诺一备案”“廉情抄告回告”“一把手”和区委、区政府班子成员同级监督等制度,扎实开展政治谈话,全年累计开展政治谈话289人次。开展县乡党委书记现场办公81次,研究解决问题100个。查处落实“两个责任”不力问题19起,问责党组织2个,问责领导干部22人次。持续推进正风肃纪。不断巩固拓展中央八项规定精神成果,持续整治隐形变异“四风”问题,严格落实中央、省、市纪委系列典型问题通报要求,督促学习传达到位。严肃查处违反中央八项规定精神和形式主义、官僚主义等突出问题。制定规范政商交往“正负面清单”,着力构建亲清政商关系,督促有关部门查摆问题85个,查处涉营商环境问题61起,批评教育帮助和处理125人次。启动一届区委第一轮巡察工作,对3个单位党组织开展巡察。查处群众身边不正之风和腐败问题67起,批评教育帮助和处理105人次,给予党纪政务处分25人次。全年处置问题线索260件,立案105件,给予党纪政务处分89人次。

(帅　嵩)

区委常委会会议

【概况】 2021年,中共红谷滩区委共召开43次常委会(扩大)会议。第1—18次区委常委会由新区工委书记、区委书记周亮主持,第19—29次区委常委会由区委书记吴江辉主持。中共红谷滩区第一届委员会共召开14次常委会,区委书记吴江辉主持。会议传达贯彻有关会议精神,听取并审议区委各部门有关工作情况报告、汇报,研究讨论有关工作意见、办法、计划规划、方案、预案,部署落实区委各项工作等。

【区委第1次常委会会议】 2021年1月9日,区委第1次常委会会议召开。会议传达学习中共中央政治局民主生活会会议精神、中央全面深化改革委员会第十七次会议精神、习近平总书记在中央农村工作会上的讲话精神及《中国共产党党员权利保障条例》《中国共产党地方组织选举工作条例》;审议区政府党组提交的《关于参与认购生物医药基金事项相关情况的汇报》《关于参与竞拍DAEJ2020040地块相关情况的汇报》《关于审议“中盛金融中心项目”投资合作协议的请示》《关于审定“文旅产业总部基地项目”合作协议书的请示》《关于审议“腾讯安审南昌子公司”项目投资合作协议的请示》,审议区委宣传部提交的《红谷滩区全国文明城市创建常态长效体制机制相关方案》《关于成立红谷滩区创建全国文明城市指挥部的请示》《2021年红谷滩区创建全国文明城市指挥调度工作机制(试行)》《2021年红谷滩区创建全国文明城市线片联创共建实施方案(试行)》《2021年红谷滩区创建全国文明城市考核办法(试行)》),区委组织部提交的《关于建立区领导直接联系人才制度的请示》《关于调整部分党组织设置的有关事项》,及有关人事议题。新区工委书记、区委书记周亮主持。区委副书记任海斌、万晓娟,区委常委邱胜、刘光荣、刘昌华、仇海泉、邓越峰、帅志出席。区人大常委会主任提名人选吴韶宸,区政协主席提名人选陶国强,区人大常委会副主任提名人选、区委办公室牵头负责人王瑞芳,副区长提名人选杨雨晨、陈敏、熊锋、邬春华、钱赛列席。

【区委第2次常委会会议】 2021年1月22日,区委第2次常委会会议召开。会议传达学习中共中央政治局常务委员会会议精神、习近平总书记在省部级主要领导干部学习贯彻中共十九届五中全会精神专题研讨班开班式上的讲话精神、南昌市委经济工作会议精神、全国宣传部长会议精神;审议区考核办、党群部、财政局提交的《关于申请分配2019年度南昌市高质量发展目标管理考核奖励资金的请示》,区纪委区监委提交的有关事项,区政府党组提交的《华为江西区域总部项目投资协议》;审议2020年度区委常委班子民主生活会筹备工作有关事项。新区工委书记、区委书记周亮主持。区委副书记任海斌、万晓娟,区委常委邱胜、刘光荣、刘昌华、仇海泉、邓越峰、帅志出席。区人大常委会主任提名人选吴韶宸,区政协主席提名人选陶国强,区人大常委会副主任提名人选、区委办公室牵头负责人王瑞芳,副区长提名人选邬春华列席。

【区委第3次常委会会议】 2021年2月6日,区委第3次常委会会议召开。会议传达学习习近平总书记在中共中央政治局第二十七次集体学习时的讲话精神、中共中央政治局1月28日会议精神、《中共中央关于加强巡视巡察上下联动的意见》精神、全国统战部长会议精神、《中国共产党统一战线工作条例》精神;审议区委统战部提交的《关于协助做好2021年红谷滩区各民主党派基层组织成立和换届工作方案(讨论稿)》;传达学习中央纪委十九届五次全会、省纪委十四届六次全会、市纪委十一届六次全会精神,研究区贯彻落实意见;传达学习江西省十三届人大五次会议精神;审议区政府党组提交的《红谷滩区推动企业利用资本市场加快发展的若干扶持政策的请示》《关于收购江西银行H股股份事项相关情况的汇报》;审议区委宣传部提交的《关于表彰创建“全国文明城市”工作先进单位、先进个人和文明市民的决定(审议稿)》《2021年全区深入推进“全国文明城市创建为民系列行动”工作方案(审议稿)》。新区工委书记、区委书记周亮主持。区委副书记任海斌、万晓娟,区委常委邱胜、刘光荣、刘昌华、仇海泉、邓越峰、帅志、徐咏出席。区人大常委会主任提名人选吴韶宸,区政协主席提名人选陶国强,区人大常委会副主任提名人选、区委办公室牵头负责人王瑞芳,副区长提名人选、区政府办公室牵头负责人邬春华列席。

【区委第4次常委会会议】 2021年2月24日,区委第4次常委会会议召开。会议传达学习习近平总书记在贵州考察调研时的讲话精神,中央全面深化改革委员会第十八次会议精神,习近平总书记在党史学习教育动员大会的讲话精神,中央全面依法治国工作会议和省委全面依法治省工作会议精神,中央、省委政法工作会议精神,平安江西建设暨市域社会治理现代化试点工作推进会议精神,江西省政协十二届四次会议精神,全省宣传部长会议和2021年全市宣传思想暨文化旅游产业推进工作会议精神;审议研究2021年红谷滩区宣传思想文化教育工作要点;审议区委组织部提交的《关于巩固深化“不忘初心、牢记使命”主题教育成果的工作安排》《全省、全市“两优一先”推荐对象名单》,区政府党组提交的《关于与南昌大学第一附属医院开展地块合作事项相关情况的汇报》《2021年红谷滩区重大重点项目投资计划(送审稿)》《红谷滩区人民政府与软通动力信息技术(集团)股份有限公司投资合作协议书》《紫光智慧教育全国总部项目协议书》《关于红谷滩区

B-23-1-②地块土地公开出让设置业态条件的请示》，区委编办提交的《南昌市红谷滩区深化事业单位改革试点工作方案》《关于组建事业单位的请示》。新区工委书记、区委书记周亮主持。区委副书记任海斌，区委常委邱胜、刘光荣、刘昌华、仇海泉、邓越峰、帅志、徐咏出席。区人大常委会主任提名人选吴韶宸，区政协主席提名人选陶国强，区人大常委会副主任提名人选、区委办公室牵头负责人王瑞芳，副区长提名人选、区政府办公室牵头负责人邬春华列席。

【区委第 5 次常委会会议】 2021 年 3 月 7 日，区委第 5 次常委会会议召开。会议审议区金融服务中心提交的《关于投资裕民银行推荐项目第二期事项相关情况的汇报》，区委办公室提交的《中共红谷滩区委关于转作风优环境的意见（讨论稿）》《红谷滩区 2021"转作风优环境"活动年方案（讨论稿）》《红谷滩区优化营商环境三年行动实施方案（2021—2023 年）》《关于成立红谷滩区优化营商环境工作领导小组的通知》。新区工委书记、区委书记周亮主持。区委副书记任海斌、万晓娟，区委常委邱胜、刘光荣、刘昌华、仇海泉、邓越峰、帅志、徐咏出席。区人大常委会主任提名人选吴韶宸，区政协主席提名人选陶国强，区人大常委会副主任提名人选、区委办公室牵头负责人王瑞芳，副区长提名人选、区政府办公室牵头负责人邬春华列席。

【区委第 6 次常委会会议】 2021 年 3 月 20 日，区委第 6 次常委会会议召开。会议传达学习习近平总书记在全国脱贫攻坚总结表彰大会上的讲话精神、习近平总书记在中央党校中青年干部培训班开班式上的讲话精神，中央全面依法治国、省委全面依法治省、市委全面依法治市工作精神，全国、全省、全市政法队伍教育整顿动员部署会精神；传达学习省委中央巡视反馈意见整改工作动员部署会精神，研究部署区委落实中央巡视反馈意见整改工作；传达学习市十五届人大七次精神、市政协十四届六次精神、市委政法工作精神；审议区委政法委提交的《红谷滩区政法队伍教育整顿工作领导小组及办公室组成人员名单》《红谷滩区政法队伍教育整顿工作方案》《关于提请审议 2021 年全区政法工作要点的请示》《关于提请审议红谷滩区落实平安江西建设暨市域社会治理现代化试点工作推进会精神任务清单、红谷滩区 2021 年推进市域社会治理现代化试点工作任务指标分解清单的请示》《关于提请审议〈关于进一步加强全区平安建设基层基础规范化工作的通知〉的请示》《关于成立红谷滩区国家安全人民防线建设领导小组的通知》《关于提请审议 2021 年度平安建设目标管理责任书（讨论稿）的请示》《关于表彰 2020 年度全区平安建设（综治工作）先进个人的请示》，区委办公室提交的《中共红谷滩区委关于制定全区国民经济和社会发展第十四个五年规划和二〇三五年远景目标的建议（讨论稿）》，区委宣传部提交的《关于调整红谷滩区文化和旅游产业链链长的请示》《关于在全区开展党史学习教育的实施方案（讨论稿）》《区委党史学习教育领导小组建议名单（讨论稿）》《区委党史学习教育领导小组办公室工作职责及人员建议名单（讨论稿）》，区政府党组提交的《关于审议红谷滩区养老服务体系建设发展三年行动计划（2020 年—2022 年）的请示》《关于支持红谷滩区国有企业做大做强的办法》，区委编办提交的《南昌市红谷滩区深化事业单位改革试点实施方案》；研究有关人事议题。新区工委书记、区委书记周亮主持。区委副书记任海斌、万晓娟，区委常委邱胜、刘光荣、刘昌华、仇海泉、邓越峰、帅志、徐咏出席。区人大常委会主任提名人选吴韶宸，区政协主席提名人选陶国强，区人大常委会副主任提名人选、区委办公室牵头负责人王瑞芳，副区长提名人选杨雨晨、陈敏、熊锋、邬春华、钱赛列席。

【区委第 7 次常委会会议】 2021 年 3 月 23 日，区委第 7 次常委会会议召开。会议审议区政府党组提交的《关于审定"探测制导与控制技术协同创新中心投资合作协议"的请示》《关于西客站片区 HJZ702-002 地块（部分用地）设置土地出让业态条件的请示》《关于审议西客站北广场 HJZ702-N03 地块设置土地出让业态条件的请示》《关于审议红谷滩区 HJZ705-F02 地块设置出让业态条件的请示》，区委组织部提交的《红谷滩区机关事业单位借用人员管理办法》。新区工委书记、区委书记周亮主持。区委副书记任海斌、万晓娟，区委常委邱胜、刘光荣、刘昌华、仇海泉、邓越峰、帅志、徐咏出席，区人大常委会主任提名人选吴韶宸，区政协主席提名人选陶国强，区人大常委会副主任提名人选、区委办公室牵头负责人王瑞芳，副区长提名人选陈敏、邬春华列席。

【区委第 8 次常委会会议】 2021 年 4 月 2 日，区委第 8 次常委会会议召开。会议听取区委整改办关于中央第五巡视组反馈意见整改工作相关情况的汇报，研究部署红谷滩区落实中央第五巡视组反馈意见整改工作；传达学习《省纪委机关、省委组织部、省监察委员会关于严肃换届纪律加强换届风气监督切实营造风清气正换届环境的通知》《市纪委机关、市委组织部、市监察委员会关于贯彻落实切实加强换届风气监督有关文件精神的通知》《省委巡视办关于十四届省委第十轮巡视"回头看"发现倾向性问题的通报》文件精神；审议区委组织部提交的《关于城投公司增加领导职数的请示》；研究有关人事议题。新区工委书记、区委书记周亮主持。区委副书记任海斌、万晓娟，区委常委邱胜、刘光荣、刘昌华、仇海泉、邓越峰、帅志、徐咏出席。区人大常委会主任提名人选吴韶宸,区政协主席提名人选陶国强,区人大常委会副主任提名人选、区委办公室牵头负责人王瑞芳列席。

【区委第9次常委会会议】 2021年4月17日 区委第9次常委会会议召开。会议传达学习中共中央政治局3月30日会议精神、习近平总书记在福建考察时的讲话精神,刘奇、易炼红率江西省党政代表团赴上海、安徽考察时的讲话精神,全国政协十三届四次会议主要精神,中共江西省委巡视工作领导小组《关于加强省委巡视反馈工作的意见》文件精神,全省和全市组织部长会议精神、全省公务员工作推进会议精神;会议审议区委统战部提交的《中共红谷滩区委统战部2021年工作要点(讨论稿)》《中共红谷滩区委2021年度政党协商计划(讨论稿)》《关于成立中共南昌市红谷滩区委统一战线工作领导小组的通知(讨论稿)》,区委组织部提交的《关于做好全区“两优一先”推荐表彰工作的方案》《关于成立南昌市红谷滩区领导班子换届工作领导小组的请示》,区政府党组提交的《关于呈请审定红谷滩区国民经济和社会发展第十四个五年规划和二〇三五年远景目标纲要(讨论稿)的请示》。新区工委书记、区委书记周亮主持。区委副书记任海斌、万晓娟,区委常委邱胜、刘光荣、仇海泉、邓越峰、帅志出席。区人大常委会主任提名人选吴韶宸,区政协主席提名人选陶国强,新区机关党委专职副书记、区委办主任余铭列席。

【区委第10次常委会会议】 2021年5月13日,区委第10次常委会会议召开。会议传达学习国家主席习近平在领导人气候峰会上的讲话精神、习近平总书记在广西考察时的讲话精神、习近平总书记关于统计工作的重要指示批示精神和《防范和惩治统计造假弄虚作假重要文件选编》,全国、全省、全市政法队伍教育整顿工作推进会精神,省委书记刘奇在南昌市暗访时指示精神,市、区领导关于贯彻落实省委书记刘奇指示精神的批示及红谷滩区关于进一步加强值班值守工作的有关要求;审议区政府党组提交的《关于呈请审定红谷滩区科技创新基础大提升三年行动方案(2021—2023年)的请示》《关于呈请审定2021年红谷滩区迎接“国家卫生城市”复审实施方案(送审稿)》《关于恳请购买耕地占补平衡指标的请示(讨论稿)》《关于审议红角洲片区HJZ402-A08地块设置土地出让业态条件的请示》,区委组织部提交的《关于认真做好镇领导班子换届工作的通知》《关于规范股级干部职务任免的管理办法》。新区工委书记、区委书记周亮主持。区委副书记任海斌、万晓娟,区委常委邱胜、刘光荣、刘昌华、仇海泉、邓越峰、帅志、徐咏出席。区人大常委会主任提名人选吴韶宸,区政协主席提名人选陶国强,副区长提名人选杨雨晨、陈敏、熊锋、邬春华、钱赛,区委办主任余铭列席。

【区委第11次常委会会议】 2021年5月29日,区委第11次常委会会议召开。会议传达学习习近平总书记在中央政治局会议和第二十九次集体学习时的讲话精神、习近平总书记在河南调研时的讲话精神、习近平总书记在中央全面深化改革委员会第十九次会议上的讲话精神、2021年全国巡视工作会议暨十九届中央第七轮巡视动员部署会和全省巡视巡察工作会暨十四届省委第十一轮巡视动员部署会精神,刘奇在省委理论学习中心组集体学习会上的讲话精神;审议区政府党组提交的《关于2021年全区主要经济指标预期目标的建议(送审稿)》,区委组织部提交的《关于召开中国共产党红谷滩区生米镇第一次代表大会的请示》。新区工委书记、区委书记周亮主持。区委副书记万晓娟,区委常委邱胜、刘光荣、刘昌华、仇海泉、帅志、徐咏出席。副区长提名人选邬春华,区委办主任余铭列席。

【区委第12次常委会会议】 2021年6月7日,区委第12次常委会会议召开。会议传达学习《中国共产党组织工作条例》、习近平总书记在中共中央政治局第三十次集体学习时的讲话精神,习近平总书记在中国科学院第二十次院士大会、中国工程院第十五次院士大会、中国科协第十次全国代表大会上的讲话精神,刘奇在全省数字经济创新发展大会上的讲话精神;审议并原则同意区政府党组提交的《关于南昌市虚拟现实科创城建设有限公司对外融资事项相关情况的请示》《关于参与设立合伙企业进行投资事项相关情况的请示》,区委政法委提交的《关于〈红谷滩区参选南昌市扫黑除恶表彰名额分配初步方案〉的请示》。新区工委书记、区委书记周亮主持。区委副书记万晓娟,区委常委刘光荣、刘昌华、仇海泉、邓越峰、帅志、徐咏出席。区人大常委会主任提名人选吴韶宸,区政协主席提名人选陶国强,副区长提名人选陈敏列席。

【区委第13次常委会会议】 2021年6月19日,区委第13次常委会会议召开。会议传达学习习近平总书记在青海考察时的讲话精神,习近平总书记、李克强总理关于湖北省十堰市燃气爆炸事故的批示指示精神及《习近平关于网络强国论述摘编》精神;审议并原则同意区委组织部提交的《中共红谷滩区委组织部2021年组织工作要点》,区政府党组提交的《关于提请审议红谷滩区2021年事业单位工作人员公开选调工作实施方案(送审稿)的请示》《关于购买吉成大厦商铺事项相关情况的请示》。新区工委书记、区委书记周亮主持。区委副书记任海斌，区委常委邱胜、刘光荣、刘昌华、仇海泉、邓越峰、帅志、徐咏出席。区人大常委会主任提名人选吴韶宸，区政协主席提名人选陶国强，副区长提名人选杨雨晨、陈敏、熊锋、邬春华列席。

【区委第 14 次常委会会议】 2021 年 6 月 25 日，区委第 14 次常委会会议召开。会议传达学习习近平总书记在参观"'不忘初心、牢记使命'中国共产党历史展览"时的重要讲话精神、刘奇在井冈山新党员代表集中入党宣誓活动上的讲话精神，市纪委机关、市委组织部、市监委《关于转发省纪委机关、省委组织部、省监委〈转发鹰潭市关于朱英福案所涉 4 名领导干部跑官要官、买官卖官典型案例的通报〉的通知》精神；审议并原则同意区委政法委报送的《关于提请审议〈关于 2020 年度全区平安建设(综治工作)考评结果的通报〉〈关于进一步明确区综治责任单位的通知〉的请示》，区委宣传部报送的《红谷滩区庆祝中国共产党成立 100 周年广泛开展"永远跟党走"群众性主题宣传教育活动方案》《关于在全区开展党史、新中国史、改革开放史、社会主义发展史宣传教育的实施方案(密件)》，区委组织部报送的《中共红谷滩区委关于表彰全区优秀共产党员、优秀党务工作者和先进基层党组织的决定》《关于召开中国共产党红谷滩区第一次代表大会的请示》；研究有关人事议题。新区工委书记、区委书记周亮主持。区委副书记任海斌、万晓娟，区委常委邱胜、刘光荣、刘昌华、仇海泉、帅志、徐咏出席。区人大常委会主任提名人选吴韶宸，区政协主席提名人选陶国强，副区长提名人选陈敏列席。

【区委第 15 次常委会会议】 2021 年 7 月 7 日，区委第 15 次常委会会议召开。会议传达学习刘奇在江西省庆祝中国共产党成立 100 周年大会上的讲话精神；审议并原则同意区人大常委会党组提交的《中共红谷滩区委关于加强新时代人大工作的意见》《中共南昌市红谷滩区人大常委会党组关于做好全区区镇两级人民代表大会选举工作的意见》《关于设立"红谷滩区区镇两级选举委员会，街道、管理处选举指导组"的请示》《关于设立"红谷滩区第一届人民代表大会代表资格审查委员会"的请示》《关于以区委名义召开全区区镇两级人大选举工作会议的请示》，区委宣传部提交的《红谷滩区新闻发布工作实施办法》，区委政法委提交的《关于表彰"红谷滩区政法英模人物"的请示》，区委组织部提交的《关于成立中国共产党红谷滩区第一次代表大会筹备工作领导小组的通知》；研究有关人事议题。新区工委书记、区委书记周亮主持。区委副书记任海斌、万晓娟，区委常委邱胜、刘光荣、刘昌华、仇海泉、邓越峰、帅志、徐咏出席。区人大常委会主任提名人选吴韶宸，区政协主席提名人选陶国强列席。

【区委第 16 次常委会会议】 2021 年 7 月 17 日，区委第 16 次常委会会议召开。会议传达学习中共中央总书记、国家主席习近平在中国共产党与世界政党领导人峰会上的讲话精神、刘奇在省委理论学习中心组集体学习时的讲话精神、易炼红在红谷滩区调研优化营商环境工作时的讲话精神、万广明在红谷滩区调研时的讲话精神，传达学习省委国安委第五次全体会议暨省防范化解重大风险工作领导小组会议、省委国安办重点领域国家安全工作协调机制任务部署推进会暨设区市国安办主任会议、市委国安委全体会议暨市防范化解重大风险工作领导小组会议精神；审议并原则同意区委国安办提交的《国家安全委员会组成人员》《国家安全委员会 2021 年工作要点》《国家安全委员会办公室工作细则》《国家安全委员会办公室情报工作规范》，区委统战部提交的《红谷滩区工商联(总商会)组建工作方案》《红谷滩区工商联(总商会)组建人事安排工作意见》《关于审议红谷滩加强新时代民营经济统战工作十大提升行动实施方案》，区侨联提交的《红谷滩区归国华侨联合会成立大会暨第一次归侨侨眷代表大会工作方案》，区政府党组提交的《红谷滩区 2021 年防汛工作方案(讨论稿)》《关于区城投公司为南昌红悦联房地产开发有限公司对外融资提供担保事项相关情况的汇报》《红谷滩区关于精准实施数字经济"一号工程"推动数字产业跨越式发展的实施方案》《红谷滩区关于推进数字经济产业发展的扶持政策》《红谷滩区推动数字产业跨越式发展 2021 年工作要点》《红谷滩区惠企政策兑现窗口组建运行工作方案》。新区工委书记、区委书记周亮主持。区委副书记任海斌、万晓娟，区委常委邱胜、刘光荣、刘昌华、仇海泉、帅志、徐咏出席。区人大常委会主任提名人选吴韶宸，区政协主席提名人选陶国强，副区长提名人选熊锋、邬春华列席。

【区委第 17 次常委会会议】 2021 年 7 月 25 日，区委第 17 次常委会会议召开。会议传达学习省委十四届十三次全会精神、刘奇在南昌市领导干部大会上的讲话精神、李红军在部署当前重点工作时的讲话精神，传达学习《关于转发省纪委办公厅关于督促加强对招商引资项目和并购上市公司股份审核把关的工作提示》精神；审议并原则同意区委办公室提交的《关于办理机要密码干部录用手续的请示》，区委组织部提交的《中国共产党红谷滩区第一次代表大会代表选举工作的通知》《红谷滩区区属国有企业领导人员管理规定》《关于中国共产党红谷滩区生米镇第一届委员会和纪律检查委员会委员候选人预备人选的请示》，区纪委区监委提交的《关于给予何旭东同志严重警告、撤职处分的请示》;研究有关人事议题。新区工委书记、区委书记周亮主持。区委副书记任海斌、万晓娟,区委常委邱胜、刘光荣、刘昌华、仇海泉、邓越峰、帅志出席。区人大常委会主任提名人选吴韶宸,区政协主席提名人选陶国强列席。

【区委第18次常委会会议】 2021年7月31日,区委第18次常委会会议召开。会议传达学习全国疫情防控工作电视电话会议精神、李红军在全市安全生产工作视频会议上的讲话精神;审议并原则同意区政府党组提交的《关于恳请同意凤凰洲片区HGT106-A08地块设置出让条件的请示》《关于恳请审定西客站北广场HJZ702-002(剩余地块)设置土地出让业态条件的请示》。新区工委书记、区委书记周亮主持。区委副书记任海斌,区委常委刘光荣、刘昌华、仇海泉、邓越峰、帅志出席。区人大常委会主任提名人选吴韶宸,区政协主席提名人选陶国强,副区长提名人选邬春华列席。

【区委第19次常委会会议】 2021年8月7日,区委第19次常委会会议召开。会议传达学习7月30日中共中央政治局会议精神、7月30日省委常委会会议精神,全国第一次扫黑除恶常态化暨四大行业领域整治推进会、全省扫黑除恶常态化暨重点行业领域推进会精神;传达《关于我省2起影响高质量发展典型问题的通报》;审议区委统战部提交的《关于提请审议各民主党派红谷滩区基层组织第一届委员会组成人员建议人选的建议》;专题传达学习市委十一届十二次会议精神。区委书记吴江辉主持。区委常委、区长提名人选刘光荣,区委副书记万晓娟,区委常委邱胜、刘昌华、仇海泉、邓越峰、帅志出席。区人大常委会主任提名人选吴韶宸,区政协主席提名人选陶国强,副区长提名人选杨雨晨、陈敏、邬春华列席。

【区委第21次常委会会议】 2021年8月18日,区委第21次常委会会议召开。会议传达学习中央财经委第十次会议精神、8月10日市委重点工作部署会议精神、全市扫黑除恶专项斗争总结大会精神;听取区委宣传部提交的《红谷滩区委2021年上半年度落实意识形态工作责任制情况汇报》;审议区委宣传部提交的《关于成立推进校地合作领导小组和工作专班的请示》;听取区教育体育局提交的《"双减"工作情况汇报》。区委书记吴江辉主持。区委常委、区长提名人选刘光荣,区委副书记万晓娟,区委常委刘昌华、仇海泉、邓越峰、帅志出席。区人大常委会主任提名人选吴韶宸,区政协主席提名人选陶国强,副区长提名人选杨雨晨、陈敏、熊锋、邬春华列席。

【区委第22次常委会会议】 2021年8月21日,区委第22次常委会会议召开。会议传达学习全省县(市、区)委书记座谈会议精神、省市宗教整治专项工作会议精神;会议听取区委统战部相关工作汇报(密件);传达学习《关于印发〈市纪委市监委贯彻落实赣纪办发〔2021〕17号文件精神 深化专项治理严防吃喝送礼歪风变异回潮工作任务清单〉的通知》;审议区委组织部提交的《红谷滩第一次党代会代表候选人预备人选名单》。区委书记吴江辉主持。区委常委、区长提名人选刘光荣,区委副书记万晓娟,区委常委邱胜、刘昌华、仇海泉、邓越峰、帅志出席。区人大常委会主任提名人选吴韶宸,区政协主席提名人选陶国强,副区长提名人选陈敏列席。

【区委第23次常委会会议】 2021年8月26日,区委第23次常委会会议召开。会议审议并原则同意区委组织部提交的《区党代会代表区委提名候选人参加基层单位选举安排》《区出席市第十二次党代会代表候选人初步人选》《邀请列席中共红谷滩区第一次代表大会开幕式建议人员》《区委常委(扩大)会参会人员名单》;研究有关人事议题。区委书记吴江辉主持。区委常委、区长提名人选刘光荣,区委副书记万晓娟,区委常委仇海泉、邓越峰、帅志、胡军、陈敏、唐武出席。区人大常委会主任提名人选吴韶宸,区政协主席提名人选陶国强列席。

【区委第24次常委会会议】 2021年8月28日,区委第24次常委会会议召开。会议学习传达省纪委通报文件精神;研究有关人事议题。区委书记吴江辉主持。区委常委、区长提名人选刘光荣,区委副书记万晓娟,区委常委仇海泉、邓越峰、帅志、胡军、陈敏、唐武出席。区人大常委会主任提名人选吴韶宸,区政协主席提名人选陶国强列席。

【区委第25次常委会会议】 2021年8月31日,区委第25次常委会会议召开。会议审议并原则同意中共红谷滩区委关于区委书记、副书记及常委的分工;研究有关人事议题。区委书记吴江辉主持。区委常委、区长提名人选刘光荣,区委副书记万晓娟,区委常委仇海泉、邓越峰、帅志、胡军、陈敏、唐武、沈平出席。区人大常委会主任提名人选吴韶宸,区政协主席提名人选陶国强列席。

【区委第26次常委会(扩大)会议】 2021年9月2日,区委第26次常委会(扩大)会议召开。会议传达学习全市影响社会稳定突出矛盾化解工作专题会议精神;审议并原则同意区委组织部提交的《出席市党代会代表候选人预备人选圈选办法》,区纪委区监委提交的《中国共产党南昌市红谷滩区纪律检查委员会向中国共产党南昌市红谷滩区第一次代表大会的工作报告》,区委办提交的《中国共产党南昌市红谷滩区委员会在中国共产党南昌市红谷滩区第一次代表大会上的工作报告》《关于召开中国共产党南昌市红谷滩区第一次代表大会的通知》。区委书记吴江辉主持。区委常委、区长提名人选刘光荣,区委副书记万晓娟,区委常委仇海泉、邓越峰、帅志、胡军、陈敏、唐武、沈平出席。区人大常委会主任提名人选吴韶宸,区政协主席提名人选陶国强列席。

【区委第27次常委会会议】 2021年9月2日,区委第27次常委会会议召开。会议传达学习8月31日新一届市人大代表推荐工作会议精神;审议并原则同意区委组织部提交的《出席中国共产党红谷滩区第一次代表大会代表正式人选》《红谷滩区出席南昌市第十二次党代会代表候选人预备人选》《红谷滩区第一次党代会代表团分团情况》《中国共产党红谷滩区第一次代表大会代表资格审查委员会关于代表资格审查的报告》《关于全区党费收缴、使用和管理情况的报告》,区委办提交的《中国共产党南昌市红谷滩区第一次代表大会会议日程》《中国共产党南昌市红谷滩区第一次代表大会秘书处工作任务和机构设置》,区政协党组、区委组织部、区委统战部提交的《中国人民政治协商会议南昌市红谷滩区第一届委员会组建工作方案(草案)》,区人大党组提交的《红谷滩区第一届人民代表大会代表初步候选人建议人选名单》《关于借调钮佳伟等同志的请示》,区政协党组提交的《关于借调工作人员的请示》。区委书记吴江辉主持。区委常委、区长提名人选刘光荣,区委副书记万晓娟,区委常委仇海泉、邓越峰、帅志、胡军、陈敏、唐武、沈平出席。区人大常委会主任提名人选吴韶宸,区政协主席提名人选陶国强列席。

【区委第28次常委会会议】 2021年9月4日,区委第28次常委会会议召开。会议传达学习省委常委、市委书记李红军关于信访工作的指示精神以及专题研究当前集体访专项治理工作;审议并原则同意区委办提交的《关于调整区领导挂点联系指导镇(街道、管理处)有关工作安排的通知》《中共红谷滩区第一次代表大会筹备工作情况汇报》《中共红谷滩区一届一次全会预案》《在中共红谷滩区一届一次全会上的讲话》《关于中共红谷滩区委员会工作报告的决议》,区纪委区监委提交的《关于中共红谷滩区纪律检查委员会工作报告的决议(审议稿)》《中国共产党南昌市红谷滩区第一届纪律检查委员会第一次全体会议预案(审议稿)》《中国共产党南昌市红谷滩区第一届纪律检查委员会第一次全体会议选举办法(审议稿)》,区委组织部提交的《关于区委领导在常委(扩大)会上关于"两委"委员候选人预备人选产生情况说明》《关于提交常委(扩大)会审议的"两委"候选人预备人选名单》《关于党代会主席团成员、常务委员会成员、秘书长、副秘书长、代表资格审查委员会成员等名单》;研究有关人事议题。区委书记吴江辉主持。区委常委、区长提名人选刘光荣,区委副书记万晓娟,区委常委仇海泉、帅志、胡军、陈敏、唐武、沈平出席。区人大常委会主任提名人选吴韶宸列席。

【区委第29次常委会(扩大)会议】 2021年9月4日,区委第29次常委会(扩大)会议召开。会议审议并原则同意区委组织部提交的《关于"两委"委员候选人预备人选产生情况说明并审议"两委"候选人预备人选名单》《关于出席中国共产党红谷滩区第一次代表大会代表产生的情况报告并审议区第一次党代会代表名单》。区委书记吴江辉主持。区委常委、区长提名人选刘光荣,区委副书记万晓娟,区委常委仇海泉、帅志、胡军、陈敏、唐武、沈平出席。区人大常委会主任提名人选吴韶宸列席。

【第一届区委第1次常委会会议】 2021年9月12日,第一届区委第1次常委会会议召开。会议传达学习习近平总书记在中央党校(国家行政学院)中青年干部培训班开班式上的讲话精神、习近平主席在金砖国家领导人第十三次会晤上的讲话精神、中央民族工作会议精神;审议并原则同意区委办提交的《关于在全区机关开展转作风提效率树形象专项整治的实施方案》《红谷滩区委关于中央及省委巡视整改自查报告(送审稿)》。区委书记吴江辉主持。区委常委、区长提名人选刘光荣,区委副书记万晓娟,区委常委仇海泉、邓越峰、帅志、胡军、陈敏、唐武、沈平出席。区人大常委会主任提名人选吴韶宸,区政协主席提名人选陶国强列席。

【第一届区委第2次常委会会议】 2021年9月24日,第一届区委第2次常委会会议召开。会议传达学习习近平总书记在陕西考察时的讲话精神、李红军在市委党校2021年秋季学期主体班开学典礼上的讲话精神;审议并原则同意区委办提交的《关于区级议事协调机构调整情况汇报》《关于区级层面会议需区主要领导出席的情况汇报》,区委党史学习教育小组提交的《关于听取〈红谷滩区"我为群众办实事"重点民生实事攻坚项目汇报〉》,区人大常委会党组提交的《关于举行红谷滩区第一届人民代表大会第一次会议的请示》《南昌市红谷滩区第一届人民代表大会第一次会议筹备工作方案

(草案)》《关于红谷滩区第一届人民代表大会代表选举情况的报告》,区人大常委会党组、区委组织部提交的《关于红谷滩区出席南昌市第十六届人民代表大会代表推荐人选事宜》,区政协委员会党组提交的《关于举行政协红谷滩区第一届委员会第一次会议的请示》《红谷滩区政协第一届委员会第一次会议筹备工作方案(草案)》。区委书记吴江辉主持。区委常委、区长提名人选刘光荣,区委副书记万晓娟,区委常委仇海泉、邓越峰、帅志、胡军、陈敏、唐武、沈平出席。区人大常委会主任提名人选吴韶宸,区政协主席提名人选陶国强,副区长提名人选杨雨晨、张莲波,区法院院长提名人选姜卫民,区检察院检察长提名人选杜迎春列席。

【第一届区委第3次常委会会议】2021年9月29日,第一届区委第3次常委会(扩大)会议召开。会议传达学习中共南昌市第十二次代表大会会议精神,中办、国办《关于建立健全审计查出问题整改长效机制的意见》,省委副书记、省长易炼红在国庆假期商贸旅游消费调度会上的讲话精神;会议审议并原则同意区委办公室提交的《关于近期省委、市委重要工作会议决策部署贯彻落实情况的报告》,区人大党组提交的《红谷滩区第一届人民代表大会筹备组工作报告(征求意见稿)》《红谷滩区第一届人民代表大会第一次会议主席团和秘书长、副秘书长、常务主席、执行主席、总监票人名单(草案)》《红谷滩区第一届人民代表大会第一次会议宣传工作方案(草案)》《红谷滩区第一届人民代表大会第一次会议关于红谷滩区人民代表大会专门委员会组成人员人选办法(草案)》《红谷滩区第一届人民代表大会第一次会议选举办法(草案)》《红谷滩区第一届人民代表大会第一次会议列席人员名单(草案)》《红谷滩区第一届人民代表大会第一次会议表决议案办法(草案)》《红谷滩区第一届人民代表大会各专门委员会委员建议名单(草案)》《红谷滩区第一届人民代表大会第一次会议案审查委员会名单(草案)》,区委组织部提交的《关于成立区“两会”临时党委、临时党支部的请示》,区政府党组提交的《关于呈请审定〈政府筹备组工作报告(送审稿)〉的请示》,区政协党组提交的《政协红谷滩区第一届委员会第一次会议主席团和秘书长、副秘书长、常务主席、执行主席、提案审查委员会、总监票人名单(草案)》《政协南昌市红谷滩区第一届委员会筹备委员会工作报告(草案)》《政协南昌市红谷滩区第一届委员会第一次会议特邀人员和列席人员名单(草案)》,区委统战部提交的《红谷滩区推荐政协南昌市第十五届委员会委员人选名单(审议稿)》《中国人民政治协商会议南昌市红谷滩区第一届委员会第一次会议选举办法(审议稿)》,区委组织部、区委统战部提交的《政协南昌市红谷滩区第一届委员会委员建议人选名单(审议稿)》,区委组织部提交的《南昌市红谷滩区人民代表大会第一届常务委员会委员候选人初步人选名单》《政协红谷滩区第一届委员会常务委员会组成人员初步人选名单》,区委组织部提交的区总工会、团区委、区妇联、区残联、区科协、区红十字会6个群团单位召开第一次代表大会相关情况,区委组织部提交的《区侨联第一届委员会主席、副主席候选人名单》。区委书记吴江辉主持。区委常委、区长提名人选刘光荣,区委副书记万晓娟,区委常委仇海泉、邓越峰、帅志、胡军、陈敏、唐武、沈平出席。区人大常委会主任提名人选吴韶宸,区政协主席提名人选陶国强,区人大常委会副主任提名人选吉丽、汤长才、威珊茹,副区长提名人选杨雨晨、张莲波、熊飞、吴梅萍、熊锋,区政协熊健峰,区法院院长提名人选姜卫民,区检察院检察长提名人选杜迎春列席。

【第一届区委第4次常委会会议】2021年9月30日,第一届区委第4次常委会会议召开。会议传达学习中央人才工作会议精神、全省抓党建促乡村振兴电视电话会议精神;审议并原则同意区人大常委会党组、区委组织部提交的《关于红谷滩区出席南昌市第十六届市人大代表正式候选人的报告》,区法院提交的《南昌市红谷滩区人民法院筹备组工作报告(草案)》,区检察院提交的《南昌市红谷滩区人民检察院筹备组工作报告(草案)》,区委组织部提交的《研究审议红谷滩区第一届人大常委会副主任差额人选和副区长差额人选》。区委书记吴江辉主持。区委常委、区长提名人选刘光荣,区委副书记万晓娟,区委常委仇海泉、邓越峰、帅志、胡军、陈敏、唐武、沈平出席。区人大常委会主任提名人选吴韶宸,区政协主席提名人选陶国强,区法院院长提名人选姜卫民,区检察院检察长提名人选杜迎春列席。

【第一届区委第5次常委会会议】2021年10月21日,第一届区委第5次常委会会议召开。会议传达学习习近平总书记在纪念辛亥革命110周年大会上的讲话精神及《关于贯彻落实涉稳问题分类归口处理机制》《知识产权强国建设纲要(2021—2035)文件精神》《中共江西省委巡视工作领导小组〈关于十四届省委巡视开发区发现问题的通报〉文件精神》《马森述同志在南昌小蓝经开区调研座谈会上的讲话精神》《南昌市警示教育大会精神及区贯彻落实意见的汇报》;审议区纪委监委提交的《关于制定红谷滩区廉情抄告回告工作实施办法的有关说明》,区人武部提交的《关于增设基层人民武装部有关事宜》，区委组织部提交的《关于调整部分单位党组织设置的方案》；审议有关人事议题。区委书记吴江辉主持。区委副书记、区长刘光荣，区委副书记万晓娟，区委常委仇海泉、邓越峰、帅志、胡军、陈敏、唐武、沈平出席。区人大常委会主任吴韶宸，区政协主席陶国强，副区长杨雨晨、张莲波、熊锋、熊飞、吴梅萍列席。

【第一届区委第6次常委会会议】

2021年10月31日，第一届区委第6次常委会会议召开。会议传达学习习近平在参加中央政治局第三十四次集体学习时的讲话精神、省委书记易炼红在全省高质量发展综合绩效考核评价先进单位表彰暨“项目大会战”推进会议上的讲话精神、中央人大工作会议精神、南昌市十六届人大一次会议精神和中国人民政治协商会议南昌市第十五届委员会第一次会议精神；审议并原则同意区委宣传部提交的《听取区网信办2021年网络安全和信息化工作汇报及召开区委网信委第一次会议的请示》《关于呈请审定区文明委工作制度、区新时代文明实践联席会议制度、区新时代文明实践中心建设工作方案的请示》，区政府党组提交的《关于九龙湖西部组团片区开发事宜的情况汇报》《关于赴广东三地考察学习城市管理工作的汇报总结》，区委组织部提交的《关于贯彻落实干部荣誉退休制度的实施细则》；听取区纪委区监委摩天轮北侧地块违章搭建有关问题的处置情况汇报；审议区纪委区监委有关议题。区委书记吴江辉主持。区委副书记、区长刘光荣，区委副书记万晓娟，区委常委仇海泉、邓越峰、帅志、胡军、陈敏、唐武出席。区人大常委会主任吴韶宸，区政协主席陶国强，副区长杨雨晨、张莲波、熊锋、熊飞、吴梅萍列席。

【第一届区委第8次常委会会议】

2021年11月8日，第一届区委第8次常委会会议召开。会议传达学习易炼红在南昌调研时的讲话精神；听取区委信访局提交的《关于全市信访工作联席会议全体(扩大)会议主要精神及区贯彻落实意见的汇报》；审议并原则同意区人大常委会提交的《南昌市红谷滩区人民代表大会常务委员会听取和审议区“一府两院”专项工作报告的实施办法》《红谷滩区民生实事项目人大代表票决制工作实施方案(草案)》《关于实施民生实事项目人大代表票决制工作的意见(试行)》《南昌市红谷滩区人民代表大会常务委员会人事任免暂行办法(草案)》《南昌市红谷滩区人民代表大会常务委员会关于代表建议、批评和意见办理的规定(草案)》《红谷滩区人民代表大会常务委员会关于对区人民政府审计工作及审计查出问题整改情况的监督办法(草案)》。区委书记吴江辉主持。区委副书记、区长刘光荣，区委副书记万晓娟，区委常委仇海泉、邓越峰、帅志、陈敏、沈平出席。区人大常委会主任吴韶宸，区政协主席陶国强，区人大常委会副主任吉丽、王瑞芳、威珊茹，副区长杨雨晨、熊锋、张莲波、熊飞、吴梅萍，区法院院长姜卫民，区检察院检察长杜迎春列席。

【第一届区委第9次常委会会议】

2021年11月21日，第一届区委第9次常委会会议召开。会议传达学习中共十九届六中全会精神、全省文化强省建设推进大会会议精神、省委组织部《转发〈陈希同志在全国加强换届风气监督工作电视电话会议上的讲话〉和中央组织部〈关于查处四川省自贡市自流井区严重违反换届纪律问题的通报〉的通知》、李红军在市委党校(市行政学院)秋季主体班中青年干部座谈会上的讲话精神；审议区纪委区监委提交的《关于制定加强区纪委区监委对区委、区政府及其班子成员同级监督的实施办法》《关于制定加强区管“一把手”监督实施意见》，区政府党组提交的《南昌市红谷滩区政府投资管理办法(试行)》《红谷滩区政府投资项目建设控制标准(试行)》《〈红谷滩区重大重点项目管理办法〉〈红谷滩区重大重点项目推进协调调度办法〉〈红谷滩区重大重点项目推进考核办法〉〈关于成立红谷滩区重大重点项目协调推进工作领导小组的通知〉(试行)》《关于“南昌市红谷滩区人民政府 浙江大学共建浙江大学南昌研究院”合作协议的请示》《南昌市红谷滩区商务局与中国移动通信集团江西有限公司投资合作协议书的请示》，区委办公室提交的《关于开展“红谷连心会”活动的通知》；审议区委组织部有关人事议题。区委书记吴江辉主持。区委副书记、区长刘光荣，区委副书记万晓娟，区委常委仇海泉、邓越峰、帅志、胡军、陈敏、唐武、沈平出席。区人大常委会主任吴韶宸，区政协主席陶国强，副区长熊飞列席。

【第一届区委第10次常委会会议】

2021年12月3日，第一届区委第10次常委会会议召开。会议传达学习中央全面深化改革委员会第二十二次会议精神、省第十五次党代会会议精神；审议并原则同意区政府党组提交的《关于提请审议红谷滩区生米镇撤镇设街道的请示》《关于提请审议将新建区厚田乡划归红谷滩区管辖的请示》，区委办提交的《关于成立区委行政区划调整工作领导小组的通知(审议稿)》；审议有关人事议题。区委书记吴江辉主持。区委副书记万晓娟，区委常委仇海泉、邓越峰、帅志、胡军、陈敏、唐武、沈平出席。区人大常委会主任吴韶宸，区政协主席陶国强，副区长杨雨晨、张莲波、吴梅萍列席。

【第一届区委第11次常委会会议】

2021年12月9日，第一届区委

第 11 次常委会会议召开。会议传达学习全国宗教工作会议精神,《关于新建区中医院违反中央八项规定精神典型问题的通报》《关于我市 4 起落实市委巡察整改不力典型问题的通报》《关于我市 4 起违规出国(境)典型问题的通报》《关于我市 6 起公职人员违规经商办企业、违规借贷谋利典型问题的通报》《关于我市 4 起党员干部酒驾醉驾典型问题的通报》;审议区政府党组提交的《红谷滩区规范公务员工资津贴补贴实施方案》,区纪委区监委提交的《2021 年度政治谈话工作方案》;审议区纪委区监委提交的有关事项。区委书记吴江辉主持。区委副书记、区长刘光荣,区委副书记万晓娟,区委常委仇海泉、邓越峰、帅志、胡军、陈敏、唐武、沈平出席。区人大常委会主任吴韶宸,区政协主席陶国强,副区长杨雨晨、熊锋、张莲波、熊飞、吴梅萍列席。

【第一届区委第 12 次常委会会议】 2021 年 12 月 15 日,第一届区委第 12 次常委会会议召开。会议传达学习中央经济工作会议精神、李红军在全市安全生产工作会议上的讲话精神、《拓展新时代文明实践中心建设工作电视电话会议精神》,听取区委宣传部关于考察广州市黄埔区相关工作情况汇报;传达学习《〈中华人民共和国著作权法〉(2020 年新修订版)的重大意义和主要内容》《关于加强全市党内法规工作有关精神》,听取区党内法规工作情况汇报;听取区“红谷连心会”活动联席办《关于“红谷连心会”活动开展情况的汇报》;审议区委宣传部提交的《2021 年度红谷滩区落实意识形态工作责任制情况汇报(审议稿)》《红谷滩区意识形态工作问责办法(审议稿)》《关于加强红谷滩区宣传文化队伍建设的实施办法》《关于 2021 年度红谷滩区党委(党组、党工委)落实意识形态工作责任制的通报》,区政府党组提交的《红谷滩区社区工作者管理办法》《红谷滩区 2021 年“扫黄打非”工作情况以及下一步计划的报告》《红谷滩区促进文化产业发展扶持办法(送审稿)》《关于成立红谷滩区军民融合发展委员会的通知(送审稿)》,区委办提交的《省委巡视整改抽查反馈意见整改情况汇报》,区政协党组提交的《关于新时代加强和改进人民政协工作的实施意见》《关于进一步加强和改进人民政协民主监督工作的实施意见》,区考核办提交的《红谷滩区 2020 年度高质量发展目标管理考核实施办法》,区政府党组提交的《红谷滩区 2020 年度绩效管理工作方案》《关于恳请兑现阿里巴巴南昌客户体验中心项目投资合作协议 2020 年度税收奖励的请示》《南昌市红谷滩区人民政府与煌上煌集团有限公司项目投资合作协议》《关于恳请审议〈西客站北广场 HJZ702-M03 地块土地出让拟设置的业态条件〉的请示》。区委书记吴江辉主持。区委副书记、区长刘光荣,区委副书记万晓娟,区委常委仇海泉、邓越峰、胡军、陈敏、沈平出席。区政协主席陶国强,副区长杨雨晨、张莲波、熊飞、吴梅萍列席。

【第一届区委第 13 次常委会会议】 2021 年 12 月 22 日,第一届区委第 13 次常委会会议召开。会议审议区人大党组提交的《关于召开红谷滩区第一届人民代表大会第二次会议的请示》,区政协党组提交的《关于召开政协南昌市红谷滩区第一届委员会第二次会议的请示》。区委书记吴江辉主持。区委副书记万晓娟,区委常委仇海泉、邓越峰、帅志、唐武出席。区人大常委会主任吴韶宸,区政协主席陶国强列席。

【第一届区委第 14 次常委会会议】 2021 年 12 月 31 日,第一届区委第 1 4 次常委会会议召开。会议传达学习中央深化改革委员会第二十三次会议精神、江西省委全面依法治省委员会第四次会议精神,听取红谷滩区 2021 年全面依法治区工作汇报,传达学习《〈地方党政领导干部食品安全责任制规定〉文件精神》《市委组织部〈关于加强和规范我市新时代党的组织生活的意见〉的通知》;审议区委组织部提交的《红谷滩区关于进一步规范村“两委”干部报酬待遇的实施方案(试行)》,区委办提交的《中共红谷滩区委第一届委员会常务委员会工作规则》《红谷滩区 9 个重点领域国家安全工作协调机制工作规则(试行)》。区政府党组提交的《关于中央商务区 B-23-1-①地块土地出让拟设置的业态条件的请示》《关于红谷滩区九龙湖片区 JLH502-B03 部分地块土地出让拟设置的业态条件的请示》《关于审议红角洲片区 A-13-2 地块土地出让拟设置的业态条件的请示》《红谷滩区构建新招商引资格局完善项目全生命周期服务工作机制(送审稿)》;审议有关人事议题。区委书记吴江辉主持。区委副书记、区长刘光荣,区委副书记万晓娟,区委常委仇海泉、邓越峰、帅志、陈敏、唐武出席。区人大常委会主任吴韶宸,区政协主席陶国强,副区长杨雨晨、熊锋、熊飞列席。

(彭　俊)

区委会议

【概况】 2021 年,中共红谷滩区委高举习近平新时代中国特色社会主义思想伟大旗帜,全面贯彻中共十九大和十九届历次全会精神,深入贯彻习近平总书记视察江西重要讲话精神,统筹推进疫情防控和经济社会发展,深入落实“产业强区、品质提升、创新驱动、内外开放、要素保障、共建共享”六大战略,统筹做好稳增长、促改革、调结构、惠民生、防风险、保稳定各项工作,坚持稳中求进工作总基调,全面贯彻新发展理念,较好地完成了全年各项目标任务。

【中共南昌市红谷滩区第一次代表大会】 2021年9月7—9日,中共南昌市红谷滩区第一次代表大会在前湖迎宾馆会议中心召开。本次大会是红谷滩区站在“两个一百年”历史交汇点,在“十四五”规划开局之年召开的一次承前启后、继往开来的大会。区委书记吴江辉代表红谷滩区委向大会作题为《拉升标杆勇争先 砥砺奋进新征程 为全面建设社会主义现代化红谷滩而努力奋斗》的工作报告。报告实事求是地总结了红谷滩区过去五年来的主要工作成就,深入分析了红谷滩区发展面临的形势与挑战,并科学提出了未来五年红谷滩区经济社会发展目标任务,对全面建设社会主义现代化红谷滩作出了全面部署。会上,中共红谷滩区纪律检查委员会书面作了题为《忠诚履职担当 笃行奋进开新局 为全面建设社会主义现代化红谷滩提供坚强保障》的工作报告。出席会议的代表人数符合党章有关规定。梅峰代表市委在大会开幕式上致辞。会议选举产生中共红谷滩区第一届委员会和中共红谷滩区第一届纪律检查委员会。审议通过《中共红谷滩区委员会工作报告》《中共红谷滩区纪律检查委员工作报告》。

【中共红谷滩区第一届委员会第一次全体会议】 2021年9月9日,中共红谷滩区第一届委员会第一次全体会议在区机关二楼大会议室召开。区委书记吴江辉受中共红谷滩区第一次大会主席团委托,主持会议并作讲话。市县区党代表大会换届选举工作督导组到会指导。会议以举手表决的方式通过《中国共产党南昌市红谷滩区第一届委员会第一次全体会议选举办法》;通过监票人名单;现场以无记名投票的方式选举吴江辉、刘光荣、万晓娟、仇海泉、邓越峰、帅志、胡军、陈敏、唐武、沈平等11人为中共红谷滩区第一届委员会常务委员会委员。选举吴江辉为中共红谷滩区第一届委员会书记,刘光荣、万晓娟为中共红谷滩区第一届委员会副书记。会议还通过中共红谷滩区纪律检查委员会第一次全体会议选举结果的报告。出席全会的区委委员、候补委员人数符合党章有关规定。

【中共红谷滩区第一届委员会第二次全体会议】 2021年11月29日,中共红谷滩区第一届委员会第二次全体会议在区机关二楼大会议室召开。区委副书记、区长刘光荣受区委常委会委托,宣读《关于提请审议将新建区厚田乡划归红谷滩区管辖的请示》《关于提请审议红谷滩区生米镇撤镇设街道的请示》。经过认真审议并表决通过,全会一致同意将新建区厚田乡划入红谷滩区管辖,管辖范围和驻地不变。撤销生米镇,设立生米街道,管辖范围和驻地不变。本次会议应到区委委员39名、区委候补委员7名,因事因病请假委员5名,符合法定人数。

(胡天鹏　燕晶晶)

区委重要决策

【概况】 2021年,红谷滩区常务委员会认真学习贯彻习近平总书记系列重要讲话精神和治国理政新理念新思路新战略,特别是对江西和南昌工作的重要要求,坚持稳中求进工作总基调,紧贴红谷滩区经济社会发展实际,充分发挥集体的智慧和力量,始终坚持和发扬民主集中制,就村(居)民委员会换届、转作风优环境、政法队伍教育整顿等方面进行讨论研究,作出重要决策,推动全区各项事业更好、更快发展。

【严明村(居)民委员会换届纪律】 2021年1月7日,经区委、区政府同意,区委办公室、区政府办公室印发《关于认真做好全区村(社区)党组织和第十一届村(居)民委员会选举工作的实施方案》的通知。要求坚持党的领导、发扬民主、依法办事有机统一,强化各级党组织的领导和把关作用,把党的领导作为一条红线贯穿换届工作始终;广泛发动群众,扩大有序政治参与,保证正确行使民主权利;严格依法依规办事,确保换届在政策框架和法律法规范围内健康有序进行;严肃政治纪律和组织纪律,严明换届纪律,确保换届风清气正。原则上1月底前完成村(社区)党组织换届选举,3月底前完成村(居)民委员会换届选举,同步完成村(居)务监督委员会推选工作,健全村(社区)团组织、妇女组织等配套组织。

【转作风优环境】 2021年3月8日,区委印发《关于转作风优环境的意见》。要求全区各级党组织坚持以习近平新时代中国特色社会主义思想为指导,全面落实中共十九大和十九届二中、三中、四中、五中全会精神,紧紧围绕习近平总书记对江西“作示范、勇争先”目标定位、省委对南昌“彰显省会担当”更高要求、市委对红谷滩“勇挑重担、走在前列”的要求,以转作风优环境为主抓手,以基层群众满意、市场主体满意为主标尺,遵循市场化、法治化、国际化原则,对标国际国内先进水平,着力实施一批突破性、引领性改革发展举措,为市场主体投资兴业营造“一等一”的营商环境,奋力进入全市营商环境前三,力争挺进全省营商环境十强县(市、区),为打造全省“五个中心”和大南昌都市圈核心引领区提供坚强保障。

【优化营商环境】 2021年3月8日,经区委、区政府同意,区委办公室、区政府办公室印发《红谷滩区优化营商环境三年行动实施方案(2021—2023年)》的通知。要求全区各单位紧紧围绕习近平总书记对江西“作示范、勇争先”目标定位、省委“彰显省会担当”更高要求、市委对红谷滩提出的“五个再下功夫”的要求,坚持专项治理和常态管理并联,坚持智慧赋能与改革创新并举,坚持诚信建设与法治建设并重,坚持对标一流与争先进位并行,做到一年大提升、两年立标杆、三年树品牌,全面营造“一等一”的营商环境,在全市建设全国内陆高水平双向开放新高地、区域性营商环境新标杆中走前列,奋力进入全市营商环境前三,力争挺进全省营商环境十强县(市、区)。

【政法队伍教育整顿】 2021年3月11日,区委印发《红谷滩区政法队伍教育整顿工作实施方案》的通知。要求全区各单位坚持以习近平新时代中国特色社会主义思想为指导,认真贯彻落实习近平总书记关于政法工作和政法队伍建设的一系列重要指示精神,坚持全面从严管党治警,围绕“五个过硬”(信念过硬、政治过硬、责任过硬、能力过硬、作风过硬)的要求,发扬自我革命精神,突出筑牢政治忠诚、清除害群之马、整治顽瘴痼疾、弘扬英模精神“四项任务”,抓好学习教育、查纠整改、总结提升“三个环节”,全面推进正风肃纪、反腐强警,努力打造一支党和人民信得过、靠得住、能放心的政法铁军,为建设更高水平“平安红谷滩、法治红谷滩”提供坚强保障,以优异成绩庆祝中国共产党成立100周年。

【开展党史学习教育】 2021年3月23日,区委印发《关于在全区开展党史学习教育的实施方案》的通知。要求全区各级党组织按照党中央部署安排,开展党史学习教育,把党史学习教育贯穿2021年全年,突出学党史、悟思想、办实事、开新局,注重融入日常、抓在经常,面向全体党员,以科级领导干部为重点开展学习教育实践,紧紧围绕学懂弄通做实党的创新理论,坚持学习党史与学习新中国史、改革开放史、社会主义发展史相贯通,通过开展专题学习、深化宣讲阐释、组织专题培训、弘扬红色文化、开展实践活动、召开专题组织生活会,做到学史明理、学史增信、学史崇德、学史力行,引导全区广大党员干部学好百年党史,传承红色基因,凝聚奋进力量,努力推动党史学习教育务求实效走在前列,进一步增强“四个意识”、坚定“四个自信”、做到“两个维护”,不断提高政治判断力、政治领悟力、政治执行力,切实把红谷滩打造成最讲政治、最讲党性、最讲忠诚的地方,为全面建设社会主义现代化新红谷滩而不懈奋斗。

【完善平安建设基层基础工作制度】 2021年3月31日,区委、区政府印发《关于进一步加强红谷滩区平安建设基层基础规范化工作的通知》,围绕“规范设置平安建设机构”“巩固提升基层综治中心运行水平”“做细做实平安建设重点基础工程”“着力完善平安建设基层基础工作制度”4个方面提出18条措施,进一步夯实全区平安建设基层基础。

【开展“红谷连心会”活动】 2021年11月29日,经区委同意,区委办印发《关于开展“红谷连心会”活动的通知》。要求全区副县级以上领导干部结合自身分管和挂点工作,每半月深入各镇(街道、管理处)的村、社区,开展一次“红谷连心会”活动,主动了解民情、听取民意、联系群众、解决问题。紧密围绕“全面建设社会主义现代化红谷滩”的奋斗目标,坚持“以人民为中心”思想,以“我为群众办实事”实践活动和“转作风 提效率 树形象”专项整治为契机,深入践行“一线工作法”,忠实履行“为民解难、为党分忧”的政治责任,涵养将心比心、以心换心的真挚百姓情怀,通过“红谷连心会”平台,真正做到问政于民、问计于民、问需于民、问效于民。

【推进清廉红谷滩建设】 2021年12月5日,区委印发《关于加强区纪委区监委对区委、区政府及其班子成员同级监督的实施办法》的通知。明确加强区纪委区监委对区委、区政府及其班子成员同级监督工作,切实发挥好纪委监委同级监督作用,有效规范党委、政府权力运行,压紧压实全面从严治党主体责任,深入推进清廉红谷滩建设。

【强化对“一把手”监督】 2021年12月5日,区委印发《关于加强区管“一把手”监督的实施意见》的通知。要求各级党组织深入贯彻新时代党的建设总要求,坚持党要管党、从严治党,按照“从严从实、权责一致、依纪依法、抓早抓小、实事求是”的原则,充分发挥部门职能监督和纪委监委专责监督作用,有效规范“一把手”权力运行,让“一把手”有权必有责、有责要担当、用权受监督、失责必追究,形成干事创业的良好氛围,为红谷滩区在提升发展首位度、彰显省会担当中走在前列提供坚强的政治保障。

(肖　琴)

重大活动

【概况】 2021年,红谷滩区统筹推进疫情防控和经济社会发展,深入落实“产业强区、品质提升、创新驱动、内外开放、要素保障、共建共享”六大战略,统筹做好稳增长、促改革、调结构、惠民生、防风险、保稳定各项工作,较好地完成全年各项目标任务。

【紫光智慧教育全国总部成功落户】 2021年4月16日,紫光智慧教育全国总部落户仪式在红谷滩区举行，南昌市委副书记、市长万广明，市委常委、副市长肖云，新区工委书记、区委书记周亮，新区工委副书记、管委会主任，区委副书记、区长提名人选任海斌，紫光集团全球执行副总裁、紫光股份总裁王竑弢，新华三集团江西代表处总经理刘盾出席活动并共同推杆启动紫光智慧教育全国总部落户仪式，区委常委、宣传部部长邓越峰，副区长提名人选陈敏，县区教育主管部门负责人，红谷滩区属学校负责人参加活动。

【保利大剧院项目成功签约】 2021年5月17—19日，2021年全省旅游产业发展大会在景德镇召开。5月18日晚，红谷滩新区工委副书记、管委会主任，区委副书记、区长提名人选任海斌与保利发展江西公司总经理何智韬现场成功签约保利大剧院项目。保利大剧院项目总投资约12亿元，拟打造以大剧院为核心，集艺术风情商业街于一体的艺术综合体项目，定位为综合性大型甲等剧院，为省内最大规模剧场。建成后大剧院可容纳1700人同时观演，每年可组织演出不少于120场次，预计每年观演约12万人次。该项目建成后将成为红谷滩区一处地标性文化建筑，对于塑造城市形象，提升城市文化品位，完善城市功能，增强城市吸引力和辐射力等具有十分重要的意义，同时也将弥补南昌市在高端演出场所的空白，推进文演产业发展，成为红谷滩建设全省文化旅游中心的重要支撑。

【台商总部经济大楼项目签约】 2021年5月19日，由江西省台办、省商务厅主办的2021年东莞（江西）招商引资推介会在广东东莞召开。红谷滩区副区长提名人选邬春华与江西台夏实业有限公司总经理李文夏现场成功签约台商总部经济大楼项目。台商总部经济大楼项目将成为台资企业落户红谷滩区的主要平台，计划引进多家世界500强企业，创办两岸青年创业基地。项目建成后，将带来超3亿元年产值，年纳税额超5000万元。在东莞期间，副区长提名人选邬春华率红谷滩区招商小分队走访东莞当地重点企业，先后考察中天集团旗下联科总部基地、南城软件和信息技术服务业试点产业园项目展厅、清华东莞创新中心。

【国之重器“银河麒麟V10”产业生态大会举行】 2021年6月25日，“麒麟遨天 破界共赢”——国之重器“银河麒麟V10”产业生态大会暨麒麟软件（江西）有限公司、麒麟软件有限公司江西适配中心成立仪式在红谷滩区举行。省国资委副主任袁紫忠、省委办公厅二级巡视员陶亮贵、省工信厅二级巡视员陈军、市委保密局副局长张达光等省市领导出席，区委常委、统战部部长邱胜致辞并共同见证麒麟软件（江西）有限公司、麒麟软件有限公司江西适配中心成立仪式。麒麟软件有限公司是中国电子信息产业集团有限公司旗下的以安全可信操作系统技术为核心的高新技术企业，主要服务于国家网络空间安全战略。麒麟软件旗下拥有“银河麒麟”“中标麒麟”两大产品品牌，面向通用和专用领域打造安全创新操作系统产品和相应解决方案，已形成服务器操作系统、桌面操作系统、嵌入式操作系统、麒麟云等产品，企业坚持开放合作打造产业生态，为客户提供完整的国产化解决方案。2020年10月，麒麟软件（江西）有限公司落户红谷滩区，麒麟软件作为中国基础操作系统的“国家队”，将发挥产业协同效应，吸引更多的上下游优秀配套企业到红谷滩区发展，为推动全区数字信创产业发展奠定扎实的基础。

【省首届数字经济高峰论坛暨物联网产业发展大会举办】 2021年6月26日，江西省首届数字经济高峰论坛暨物联网产业发展大会在南昌市召开。此次大会由省发改委、省科技厅、省工信厅、省科协主办，来自南昌大学、华东交大等高校专家、学者和数字经济领域优秀企业家代表300余人参加。此次大会以“数字驱动新经济 物联江西新时代”为主题，旨在为全省优质数字经济企业构筑互通桥梁，加快推进物联网行业与数字经济产业形成“双向联动”，引进一批具有代表性的物联网重点企业落户江西。会上，红谷滩区作为大会承办单位，进行数字经济产业和惠企政策宣讲推介，并进行数字经济项目签约，签约总金额约3亿元。

【第三届中国（江西）动漫文化产业博览会暨艾妮动漫游戏展开幕】 2021年10月1日，第三届中国（江西）动漫文化产业博览会暨艾妮动漫游戏展在南昌绿地国际博览中心开幕。国家发展和改革委员会原司长马最良，江西省商务厅副厅长饶芝新，共青团江西省委副书记胡振燕，江西文演集团党委副书记、常务副总经理练红梅，共青团江西省委宣传部副部长卞新华，红谷滩区委常委、宣传部部长邓越峰，红谷滩区文化广电新闻出版旅游局局长钱好，中国通信工业协会虚拟现实专业委员会会长端木林，广东鸿威集团董事长王照云等人出席开幕式。江西文演集团党委副书记、常务副总经理练红梅，广东鸿威集团董事长王照云分别在开幕式上致辞。此次博览会由江西文演集团联合广东鸿威国际会展集团共同主办，江西文演数字文化产业有限公司与江西鸿威数字会展有限公司共同承办。此次博览会展出面积约3万平方米，展会为期3天，设有动漫文化馆、国风潮流馆和游戏＆音乐馆三大主题场馆；邀请猫之城、雾山五行、食之契约等200余家知名动漫机构；萧忆情Alex、四维、月黑、山河等多名国内外知名行业嘉宾、漫画家及泛娱乐艺人亲临现场，活动开幕首日吸引1.2万余人次动漫爱好者参与。

同时,原神、明日方舟等10余家动漫游戏展商通过展览展示、专题活动、现场表演、平台互动直播、电子游戏竞技等项目,丰富游戏迷的逛展体验。

【"滕王阁杯"2021年南昌市青少年体育联赛总决赛暨南昌市中小学生运动会启动】 2021年10月16日,"滕王阁杯"2021年南昌市青少年体育联赛总决赛暨南昌市中小学生运动会启动仪式在红谷滩奥林匹克足球公园顺利举行。市体育局局长杨春、市教育局二级调研员李智良、市体育局副局长许慧、副区长吴梅萍、区教体局负责人汪海燕等领导出席启动仪式。"滕王阁杯"青少年体育联赛是南昌市政府重点打造的与全省青少年学生体育系列赛相匹配的市本级青少年学生体育联赛,旨在促进青少年学生健康发展,为广大青少年学生的体育活动提供一个展示、交流的平台。本次总决赛有足球、篮球、排球、田径、乒乓球、羽毛球、网球、游泳共8个项目,由全市12个县区近3000人参加。其中,足球比赛由红谷滩区负责承办,比赛时间为10月16—17日、10月23—24日、10月31日,共5天。

【T16购物中心千平裸眼3D巨幕亮屏】 2021年10月18日,南昌红谷滩T16购物中心千平裸眼3D巨幕亮屏仪式隆重举行。区委副书记、区长刘光荣,市商务局副局长石浩,副区长熊飞,区科工局局长王强,区商务局副局长洪姗出席亮屏仪式。南昌T16购物中心地处红滩区黄金路段,临近"八一"大桥西桥头堡,是大南昌都市圈商业新地标,裸眼3D巨幕位于丰和北大道与庐山南大道两条主干道交汇处,总面积1354平方米,采用P8户外屏,国芯金线封装灯珠,可满足市民朋友不借助任何设备,裸眼就能真切感受到高清震撼的3D视觉效果。亮屏仪式现场播放以"中国宇航员探索火星空间站"为主题的视频,多个场景营造出震撼视觉效果与互动体验。裸眼3D巨幕亮屏仪式选择在2021世界VR产业大会前夕亮相,既是为世界VR产业大会的精彩奠基,更是红谷滩商业与VR产业深度融合、推动城市科技生态发展的例证。

【2021南昌正当红"抖in南昌·正狂欢"城市美好生活节正式启动】 2021年10月23日,2021南昌正当红"抖in南昌·正狂欢"城市美好生活节在铜锣湾T16购物中心外广场正式启动。区委常委、宣传部部长邓越峰出席并致辞,区委宣传部、区商务局有关人员参加启动仪式。2021抖in City城市美好生活节是红谷滩区"乐购红谷 悦享生活"时尚购物节系列活动在新场景、新业态下的延续与发展。此次"抖in City"——南昌站项目通过发掘城市当红文化、生活、风光、智慧等新兴IP元素,集结城市中有影响力的品牌代表,让品牌与城市破圈联动,共同打造一场顶级消费盛典,从而激活城市活力,重新唤醒英雄城狂欢和消费的激情,有利助推城市文化和经济消费的发展。2021南昌正当红"抖in南昌·这YOUNG很燃"城市美好生活节开幕式当天,吸引百亿级抖音潮流浪潮,引燃南昌城市"当红时刻",成为新晋网红、流量达人、潮玩人群打卡的新地标,开启一场线上+线下消费嘉年华。

【南昌应用技术师范学院线下专场招聘活动举行】 2021年12月17日,为继续做好毕业生和用人单位的就业服务,区人社局举办南昌10万人才来昌留昌创业就业"百场校招"——南昌应用技术师范学院线下专场招聘活动。此次招聘会参会企业20家,包含南昌香格里拉大酒店、南昌亚马逊房地产、江西泛亚信息技术、东莞证券等红谷滩知名企业,提供财务、管培生、新媒体、营销、编辑等600余个岗位,吸引近千名大学生进场咨询,收到简历数102份,达成意向65人。红谷滩区通过"百场校招"活动搭建就业引才双向渠道,进一步提升用人单位岗位需求与应聘者的意向匹配率,吸引更多大学毕业生和技能人才爱上南昌、建设南昌。

【南昌市2021年第四季度重大项目集中开工活动举行】 2021年12月28日,南昌市举行2021年第四季度重大项目集中开工活动,红谷滩区在现代服务产业园项目现场视频连线主会场。区委书记吴江辉在南昌市主会场参加集中开工活动,区委副书记、区长刘光荣在红谷滩区项目现场视频连线主会场参加活动。红谷滩区共4个项目纳入第四季度全市集中开工,总投资42.3亿元,分别是现代服务产业园、百汇中心总部项目、生米镇生米花园二期拆迁安置房建设项目和九龙湖JLH503-C06地块拆迁安置房建设项目。

(徐 卓 程可欣)

区委中心组理论学习

【概况】 2021年1月22日,红谷滩区四套班子领导干部,新区党工委、管委会领导注重政治理论学习,组织14次理论学习中心组学习会,深入学习领会习近平新时代中国特色社会主义思想、中共十九届五中全会精神、《习近平谈治国理政》第三卷,书面传达学习习近平总书记在全国抗击新冠肺炎疫情表彰大会、纪念中国人民志愿军抗美援朝出国作战70周年大会上的重要讲话精神及《中共中央关于加强党的政治建设的意见》《党委(党组)落实全面从严治党主体责任规定》《关于巩固深化"不忘初心、牢记使命"主题教育成果的意见》等。区委常委领导依次围绕主题进行中心发言。

【全区党史学习教育动员大会召开】 2021年3月16日，红谷滩区召开全区党史学习教育动员大会暨区委理论学习中心组党史专题报告会。区四套班子成员，各镇(街道、管理处)党政主要负责人，区委各部门、区直各单位、各人民团体，驻区有关单位主要负责人参加。会议邀请省委党校中共党史和党的建设教研部讲师张志芳作党史专题报告。书面传达中央、全省、全市党史学习教育动员会议精神。区党工委书记周亮指出全区广大党员干部要切实提高政治站位，深刻认识开展党史学习教育的极端重要性，要充分认识开展党史学习教育是牢记初心使命的“必修课”，是坚定理想信念的“营养源”，是党的自我提升的“奠基石”。要切实增强修好党史这门必修课的思想自觉、政治自觉、行动自觉，在学思践悟中提高政治判断力、政治领悟力、政治执行力，不断增强“四个意识”、坚定“四个自信”、做到“两个维护”。并强调抓好党史学习教育必须明确主题要求，全力抓好党史学习教育的重点任务。

【开展党史学习教育“红色走读”活动】 2021年3月23日，组织红谷滩区领导赴牛行车站展示馆和建军雕塑广场开展党史学习教育“红色走读”暨区委理论学习中心组活动。区四套班子成员、区副县级以上领导干部参加了活动。在牛行车站展示馆，大家观看展示的图片和资料，真切体会到牛行车站与八一南昌起义密不可分的联系，感受到“追求真理、坚定信念，勇于拼搏、不怕牺牲，敢为人先、开拓创新”的八一精神。在建军雕塑广场，新区工委副书记、管委会主任，区委副书记、区长提名人选任海斌带领党员领导干部面向党旗举起右拳，一起庄严宣誓，重温入党誓词。

【专题学习新民主主义革命时期历史】 2021年4月29日，红谷滩区召开党史学习教育市委宣讲团专题宣讲会暨区委中心组专题学习新民主主义革命时期历史会议，市委宣讲团成员、南昌新四军军部旧址陈列馆党支部书记、馆长刘松涛作专题宣讲报告。区四套班子成员，区副县级以上领导干部，区委各部门、区直各单位、各人民群众团体，各镇(街道、管理处)党(工)委班子成员，党史学习教育区委宣讲团成员、村(社区)党支部书记代表、学校校长代表共180余人参加。部分区领导作了交流发言。刘松涛以《“铁军”的诞生和“铁军”精神的传承》为题，围绕“‘铁军’的诞生”“‘铁军’对抗日战争的贡献”“‘铁军’精神的传承”三个方面进行深入浅出的讲解，带领大家重温学习新四军的“铁军”精神，以“铁军”精神为党史学习教育赋能铸魂，引导广大党员干部学史明理、学史增信、学史崇德、学史力行。周亮强调，党史学习教育要在学思悟上更进一步。全区上下要认真落实党史学习教育的工作要求，广大党员干部不管处在哪个层次和岗位，都要全身心投入，做到学有所思、学有所悟、学有所得。

【学习习近平总书记关于网络强国的相关内容】 2021年5月12日，召开区委理论学习中心组集体学习会议，专题学习习近平总书记关于网络强国的重要思想及网络意识形态相关内容。邀请市委网信办副主任刘力授课。书面学习《习近平关于网络强国论述摘编》《互联网信息内容管理与处罚依据参考》等。区四套领导班子成员，区法院、区检察院主要负责人，其他副县级以上领导；区委各部门、区直各单位、各人民团体主要负责人及分管网信工作的负责人；各镇、街道、管理处党(工)委主要负责人，分管网信工作负责人和宣传工作联络员；全区网络通讯员队伍中的负责人参加。中共十八大以来，以习近平同志为核心的党中央从具有许多新的历史特点的伟大斗争出发，重视互联网、发展互联网、治理互联网，统筹协调涉及政治、经济、文化、社会、军事等领域网络安全和信息化重大问题，作出一系列重大决策、实施一系列重大举措，推动中国网信事业取得历史性成就，走出一条中国特色治网之道。习近平总书记围绕网络强国建设发表一系列重要论述，提出一系列新思想新观点新论断，为新时代网信事业发展提供了根本遵循。认真学习习近平总书记关于网络强国的重要论述，对做好网络安全和信息化各项工作、推进网络强国建设、开启全面建设社会主义现代化国家新征程、实现中华民族伟大复兴的中国梦具有十分重要的意义。

【赴于都开展“红色走读”】 2021年5月22日，红谷滩区四套班子领导及区副县级以上领导干部前往赣州于都开展“红色走读”暨区委党史学习教育专题学习会，专题学习社会主义革命和建设时期历史。

【区委党史学习教育专题学习会召开】 2021年5月26日，红谷滩区委理论学习中心组专题读书班暨区委党史学习教育专题学习会召开，区四套班子领导参加会议。会议传达学习习近平总书记2019年视察江西时的重要讲话精神和习近平总书记在庆祝改革开放40周年大会上的讲话精神，部分区领导进行研讨交流。会前，区四套班子领导利用两天半时间开展了读书班自学，重点学习习近平《论中国共产党历史》《毛泽东 邓小平 江泽民 胡锦涛关于中国共产党历史论述摘编》《习近平新时代中国特色社会主义思想学习问答》《中国共产党简史》和“两个决议”。

【专题学习中共十八大以来的历史】 2021年6月17日，红谷滩区委理论学习中心组召开学习会议专题学习中共十八大以来的历史,会议在VR科创城召开。全区县级领导参加,市委党史学习教育第九巡回指导组副组长、市统计局四级调研员胡林发到会指导,区委办、区人大办、区政府办、区政协办有关负责人列席。此次学习会共分为两个阶段:第一阶段,全体学习成员实地参观VR科创城,深刻感受到中共十八大以来红谷滩区数字经济和VR产业的发展,是落实习近平总书记视察江西重要讲话精神、深入贯彻新发展理念的重大实践。第二阶段,开展集中学习,与会人员学习习近平总书记向2018世界VR产业大会的致贺信和《党史学习教育资料汇编》。部分区领导围绕学习主题作交流发言。现场,召开"我为群众办实事"意见建议征求会,征求VR企业关于数字经济产业发展的意见建议。会前,区委理论学习中心组成员开展指定书目学习,重点学习《中国共产党简史》(第十章关于党的十八大以来的历史)。

【学习习近平总书记庆祝中国共产党成立100周年重要讲话精神等】

2021年7月7日,红谷滩区委理论学习中心组(扩大)学习会举行。市委党史学习教育第九巡回指导组成员、东湖区委党校副校长张凡到会指导。会上组织学习习近平总书记在庆祝中国共产党成立100周年大会上的重要讲话精神和习近平总书记在"七一勋章"颁授仪式上的讲话精神,传达学习省委书记刘奇在全省庆祝中国共产党成立100周年大会上的讲话精神。观看《生命重于泰山——学习习近平总书记关于安全生产重要论述》电视专题片。部分区领导进行交流发言。区四套领导班子成员,区法院、区检察院主要负责人,其他副县级以上领导;区委各部门、区直各单位、各人民团体主要负责人;各镇、街道、管理处党(工)委主要负责人等参加。

【学习习近平总书记关于坚持和完善人民代表大会制度重要思想】

2021年7月29日,红谷滩区委理论学习中心组(扩大)学习会举行,学习习近平总书记关于坚持和完善人民代表大会制度重要思想,深入学习领会江西省委十四届十三次全体(扩大)会议精神和南昌市领导干部大会精神。省人大常委会选任联工委原副主任李元生作人大制度辅导报告。李元生在授课中围绕"人民代表大会制度的概念""人民代表大会制度的内涵""人民代表大会制度的特点"三个方面,结合自身多年从事人大工作实践经验,就做好新时代人大工作作了深入的讲解和分析。会上,观看《警钟长鸣》警示教育片。区四套领导班子成员,区法院、区检察院主要负责人,其他副县级以上领导;区委各部门、区直各单位、各人民团体主要负责人;各镇、街道、管理处党(工)委主要负责人及负责人大工作的人大代表;区人大常委会机关副科级以上干部等参加。

【学习党章和习近平总书记伟大建党精神等】 2021年9月3日,红谷滩区委理论学习中心组(扩大)学习会议召开,集体学习党章,深入学习习近平总书记"七一"重要讲话精神和伟大建党精神,深入学习习近平总书记系列重要讲话精神,切实增强"四个意识"、坚定"四个自信"、做到"两个维护",为区第一次党代会顺利召开提供坚强的思想保障。邀请江西财经大学马克思主义学院教授、副院长刘晓根围绕"伟大建党精神"作辅导授课。刘晓根围绕"伟大建党精神提出背景、主要内容、与精神谱系的关系"三个方面,回顾中国共产党一百年的光辉历程和取得的伟大成就,对伟大建党精神进行系统详细地阐述。区四套领导班子成员,区法院、区检察院主要负责人,其他副县级以上领导;区委各部门、区直各单位、各人民团体主要负责人;各镇、街道、管理处党(工)委主要负责人参加。

【学习习近平总书记"七一"重要讲话精神等】 2021年10月23日,红谷滩区委理论学习中心组(扩大)学习会举行,深入学习习近平总书记"七一"重要讲话精神、习近平总书记视察江西重要讲话精神、习近平总书记关于力戒形式主义官僚主义重要论述、习近平法治思想、习近平生态文明思想、习近平总书记关于乡村振兴重要论述、《中国共产党统一战线工作条例》和2021年度新出台的党内法规,认真学习省委常委会会议精神和市第十二次党代会精神。部分区领导围绕学习主题,就进一步办实事、开新局、求实效作研讨发言。会前,区委理论学习中心组成员利用2天时间开展自学。区四套领导班子成员,区法院、区检察院主要负责人,其他副县级以上领导;区委各部门、区直各单位、各人民团体主要负责人;各镇、街道、管理处党(工)委主要负责人参加。

【专题学习中共十九届六中全会精神】 2021年11月17日,红谷滩区委理论学习中心组(扩大)学习会议召开,专题学习中共十九届六中全会精神。传达学习中共十九届六中全会精神,省委常委会(扩大)会议、全省领导干部会议和全市领导干部会议精神,及中宣部、全省和全市宣传思想文化战线学习宣传贯彻中共十九届六中全会精神会议精神。自觉用全会精神武装头脑,推动全会精神深入人心,激励全区广大党员干部把思想和行动统一到全会精神上来,更加紧密地团结在以习近平同志为核心的党中央周围,大力弘扬伟大建党精神,在"作示范勇争先"中贡献红谷滩力量。区四套领导班子成员,区法院、区检察院主要负责人,其他副县级以上领导;区委各部门、区直各单位、各人民团体主要负责人;各镇、街道、管理处党(工)委主要负责人参加。

【学习中共十九届六中全会精神和最新党内法规】 2021年12月28日，红谷滩区委理论学习中心组（扩大）学习会议召开，深入学习中共十九届六中全会精神、《中华人民共和国监察法实施条例》和最新党内法规。省纪委省监委党风政风监督室副主任甄晓伟围绕“落实中央八项规定精神”作专题授课。甄晓伟围绕“查处违反中央八项规定精神数据统计口径、形式主义官僚主义问题主要特点和表现、享乐主义奢靡之风常见问题分析”三个方面，结合自身多年纪检监察工作实践经验，就落实中央八项规定精神作深入的讲解和分析。区四套领导班子成员，区纪委区监委班子成员，区委各部门、区直各单位、各人民团体、驻区各单位、区城投公司主要负责人；各镇、街道、管理处党政主要负责人和纪（工）委书记以及区城投公司纪委书记参加。部分街道、区直单位负责人作交流发言。

（李敏俊）

区委主要领导调研活动

【概况】 2021年，为统筹推进疫情防控和经济社会发展，深入落实“产业强区、品质提升、创新驱动、内外开放、要素保障、共建共享”六大战略，统筹做好稳增长、促改革、调结构、惠民生、防风险、保稳定各项工作，区委主要领导到各地开展调研活动。察看了解有关工作情况，听取相关工作汇报，发现存在的问题和难题，并组织协调解决。两次赴外地开展招商活动，推动红谷滩区大发展、大提升、大跨越。区委、区政府及相关单位负责人陪同视察调研。

【政法队伍教育整顿调研】 2021年4月1日，新区工委书记、区委书记、区教育整顿领导小组组长周亮一行，到区人民法院开展政法队伍教育整顿大调研大走访活动，区委常委、政法委书记、区教育整顿领导小组常务副组长仇海泉随同调研。周亮一行先后参观区法院诉讼服务中心、特邀调解室、审判法庭、党建文化长廊、执行指挥中心等场所，详细了解区法院在诉讼服务中心建设、一站式多元解纷、党建品牌创建等方面工作情况。在随后召开的座谈会上，周亮听取法院院长提名人选姜卫民关于政法队伍教育整顿及有关工作情况汇报，周亮指出，区法院在正式运转不到3个月的时间里，克服了人员紧缺等困难，迅速投入到依法履职和司法为民的工作当中，审判执行等各项工作高速有效运行，政法队伍教育整顿“我为群众办实事”申请执行无须提交生效证明等创新举措，为群众提供了更优质的法律服务，区法院勇于担当、积极作为的精神值得肯定。周亮强调，区法院要在区委的正确领导和上级法院具体的指导下，勇于担当作为，锐意改革创新，努力打造案件质效最好、政治生态最好、专业水准最高、群众满意度最高的“四最”法院，为红谷滩经济发展、社会和谐稳定作出新的更大的贡献。要坚定正确政治方向，锻造忠诚过硬“新队伍”；要始终把政治建设放在首位，坚持党对法院工作的绝对领导，切实做到听党指挥、忠诚履职，积极主动将区委的重大决策部署，转化为服务发展、维护稳定的实际成效；要精准服务高质量发展，聚力强区跨越“新征程”。要坚持不懈贯彻新发展理念，按照“十四五”规划的目标要求，对标最高标准、最高水平，做好“六稳”“六保”工作，为红谷滩建设一流的法治化营商环境提供精准司法服务，为红谷滩经济提质扩量、行稳致远保驾护航；要全力维护公平正义，争创审执工作“新业绩”；要针对当前全区一些现实情况，认真研究，忠实履行法律职责，完善“一站式”多元解纷机制，不断提升诉讼服务品质，不断优化办案质效，努力让人民群众在每一个司法案件中感受到公平正义；要强化党风廉政建设，营造风清气正“新氛围”；要完善与司法责任制相适应的廉政风险防控机制，持之以恒正风肃纪，确保司法公正廉洁；要扎实开展教育整顿，展现政法铁军“新气象”；要提高政治站位，深刻领会开展政法队伍教育整顿的重大意义，切实增强开展教育整顿工作思想和行动的自觉性、主动性，高质量完成学习教育，以更高的标准开展查纠整改，在清除害群之马、整治顽瘴痼疾上再发力，扎实推动教育整顿工作高质量开展。要把党史学习教育与队伍教育整顿相结合，确保队伍教育整顿、党史学习教育取得实效。

【视察高校新冠疫苗接种工作】 2021年5月12日，新区工委书记、区委书记周亮一行前往南昌大学视察新冠疫苗接种工作推进情况并看望一线医护人员。周亮一行在南昌大学方舱式集中接种点，现场全程察看信息认证、知情告知、信息登记、接种疫苗、留观处置等各个环节，对南昌大学疫苗接种各项工作推进情况给予了高度评价和充分肯定，并要求南昌大学要用心用情、精心细致地做好后续工作。周亮强调，疫苗接种是当前常态化疫情防控的重大政治任务，区直相关部门和单位要充分认识疫苗接种工作的重要性、紧迫性，抓紧抓抢当前有利时机，全力以赴，全速、高效、优质做好高校大范围接种的研判、调度、协调和指导工作，确保如期完成接种任务；要全方位、多渠道宣传疫苗（特别是国产疫苗）的安全性、可靠性，消除接种顾虑，让学生放心接种、方便接种、安全接种，迅速构筑高校人群免疫屏障；各相关部门和单位，要把疫苗接种作为当前疫情防控头等大事来抓，要坚持守土有责、有土尽责，工作主动靠前，指导到点到位，服务提速提质，确保疫苗接种工作落细落实见效。

【调研政务服务工作】 2021年8月2日,区委书记吴江辉、区长提名人选刘光荣深入区行政审批局,调研指导工作。区行政审批局从改革的深度、审批的速度、服务的温度三个维度汇报了红谷滩区政务服务工作情况及下步工作重点。吴江辉、刘光荣一行重点了解"放管服"改革和政务服务工作情况,要求区行政审批局要立足现实,以问题导向为出发点,主动对标杭州等国内先进地区,查找不足和差距,为"优"无止境的营商环境贡献政务服务力量。

【调研信访工作】 2021年8月5日,区委书记吴江辉到区委信访局调研信访工作,区委常委、政法委书记仇海泉,区委办主任余铭陪同调研。在区人民来访接待中心,吴江辉亲切看望慰问信访局全体干部职工,勉励大家要坚决扛起"为民解难、为党分忧"政治责任,继续发扬"任劳任怨、无私奉献"的精神,当好党同人民群众沟通联系的桥梁纽带,真正把送上门来的群众工作做好做实。随后,他认真听取区委信访局关于上半年全区信访工作汇报,对全区信访工作举措及成效表示肯定。在听取部分责任单位关于突出信访事项办理情况汇报后,要求各责任单位一定要按照"三到位一处理"原则,把群众的合理诉求依法依规尽快解决到位。最后,他对全区信访工作提出三点明确要求:要充分压紧压实部门和属地信访工作责任,进一步加大信访事项督查督办力度,对工作中推诿扯皮,对群众合理诉求不及时解决的责任单位,依据相关规定严肃问责;要充分调动各方资源,发挥协调联动作用,强化信息沟通,形成强大工作合力;要充分运用法治思维和法治方式,依法依规维护好人民群众的合法权益,保障正常的信访秩序,对严重违法上访行为要坚决予以打击。

【调研九龙湖管理处经济社会发展现状及存在的问题】 2021年8月11日,区委书记吴江辉赴九龙湖管理处调研,深入了解九龙湖管理处经济社会发展现状以及当前存在的问题。吴江辉一行先后走访VR基地党群服务中心、新琚花园邻里中心、平安金融中心项目现场、铁路沿线环境整治现场,并在九龙湖管理处四楼会议室与管理处党政班子进行座谈。座谈会上,吴江辉认真听取管理处工作情况汇报,对九龙湖近年来经济社会发展表示肯定,认为管理处各项工作亮点纷呈,并就管理处提出的有关意见建议分别进行回复。吴江辉指出,要梳理好九龙湖管理处开发建设和服务管理过程中的经验做法,进一步找准自身问题、找清发展定位、围绕奋进目标和努力方向,勤于思考、善于作为、敢于创新,打造出九龙湖新的特色亮点;要立足九龙湖经济社会长远发展,进一步系统梳理辖区重点项目,在保障重点项目顺利落地的同时,紧密跟踪项目的运营发展,在九龙湖创造一流的营商环境,打造一流的服务品牌;要在用好用活村级产业用地上下功夫,创新思路举措推动村级产业发展;管理处各级干部要发扬务实干事的优良作风精神,在集中精力做好安全生产、疫情防控、社会稳定等当前重点工作基础上,抓好民生和经济发展、抓实干部作风,推动管理处各项事业再上新台阶。

【调研沙井街道邻里中心功能建设等工作情况】 2021年8月12日,区委书记吴江辉先后到沙井街道普贤邻里中心、楼宇党群服务中心、丰和苑小区实地调研,详细了解邻里中心功能建设、绿地中心片区楼宇党建"三化"建设、老旧小区改造等工作情况,并与街道班子进行座谈。座谈会上,沙井街道党工委书记魏小根汇报街道整体工作开展情况、下一步工作思路、存在的问题及意见建议。吴江辉对街道各项工作给予肯定。吴江辉指出,沙井街道是红谷滩一次开发的主阵地,红谷滩从无到有,从小到大,从一片滩涂到CBD中央商务区的华丽蜕变,凝结着历任干部职工的心血和努力,充分诠释了红谷滩人的拓荒精神,并对街道后续工作寄予两点希望,提出一点要求:希望街道发挥党建引领作用,在党建"+"上下功夫。无论当前疫情、防汛,还是安全生产等工作,各级基层党组织都发挥着巨大作用,要真正把党建引领融入经济社会发展、社会治理、服务保障等方方面面,推动工作的全面发展。希望街道传承好拓荒精神,在"革新"上下功夫。身处新的阶段,要切实转换思路,聚焦重点时期、重点领域,强本固基。既要挖掘红谷滩初期建设者的拓荒故事,提炼和传承拓荒精神,也要有新发展理念,在"革新"上下功夫。发展是第一要务,稳定压倒一切,发展要建立在稳定的基础之上。沙井街道作为全区、全市,乃至全省重要对外形象展示窗口,要在各方面有中心城区、中心街道的意识,要肩负起红谷滩"形象代言人"的角色,在安全生产、疫情防控、社会治理、城市管理等重点领域查不足、下功夫、做表率。

【调研区部分重大重点项目】 2021年8月22日,红谷滩区委书记吴江辉率队赴红谷滩区部分重大重点项目调研。吴江辉一行先后深入商联中心、中唯商业中心、莱蒙都会(B8)商业中心、翰林启城、滨湖人文休闲商务示范区项目、融创文化旅游城(在建五星级酒店及文化馆项目)等重点项目现场,每到一处,都详细了解项目的基本情况、招商情况及建设进展情况,并就项目存在的问题逐一进行现场调度。吴江辉强调,要为企业提供优质服务,要为项目建设排忧解难,要抢进度,力促项目投产达效。

【调研疫情防控、疫苗接种工作】 2021年8月29日，区委书记吴江辉一行到沙井街道丰和社区调研疫情防控、疫苗接种工作，沙井街道党工委书记魏小根、主任卢鑫陪同。吴江辉一行先后到丰和社区管辖区丰和一区、丰和都会小区实地查看疫情防控工作，详细了解小区昌通码、“二码”联查等情况，对社区工作给予肯定。吴江辉指出疫情防控工作重于泰山，并要求：要坚决杜绝麻痹松懈思想和侥幸心理，从严从细落实扫码测温等各项防控措施，持续巩固来之不易的防控成果；要坚持精准排查，深化“网格化”管理，把工作细化到每一天，确保摸清底数、掌握实情；要加强宣传引导，多方式、多渠道、全方位做好疫苗接种的科普宣传，强化服务意识，提高工作主动性；要本着对人民生命健康负责的态度，积极引导未接种群众主动接种疫苗，坚持以人为本，充分考虑特殊群体实际困难，发挥新冠疫苗接种流动服务车作用，社区工作人员要提前计划、安排与流动车对接的时间，优化服务举措，快速高效筑牢疫情防控坚强屏障。

【调研教育“双减”工作】 2021年8月30日，区委书记吴江辉一行到沙井街道丰和社区治乾教育科技有限公司调研教育“双减”工作，沙井街道办事处主任卢鑫、副主任雷明陪同。吴江辉在治乾教育详细了解校外培训机构“双减”工作落实情况、当前运行状态和校外教育机构转型及学校阵地建设情况，对机构的教学工作与办学规模给予肯定。吴江辉强调，“双减”工作必须严格落实到位，不得利用节假日、周末进行补课，上课时间不能超过晚上八点半。治乾教育机构负责人表示，坚决拥护党中央、国务院工作部署，深刻领悟“双减”工作的重要意义，已将周末课程转为周中，推出多种艺术、素质类课程供家长选择，促进学生的全面健康发展。在参观校大厅时，吴江辉对企业经营情况、员工福利进行仔细询问，对机构转型进行了解。鼓励治乾要做大做强，及时调整，做好校内教育的有益补充。

【赴杭州、南京开展招商工作】 2021年11月4—6日，区委书记吴江辉带队赴杭州、南京开展招商工作，副区长熊飞，原区委常委、统战部部长邱胜，区科工局、区自然资源分局主要负责人等陪同。吴江辉先后到浙大网新控股集团、南京睿悦信息技术有限公司、南京星河WORLD产业园、江苏计世高科信息产业发展有限公司调研座谈，就浙江大学南昌研究院项目落地协议洽谈，舜宇光学XR业务总部、睿悦南昌分公司项目合作，城市产业空间建设、数字经济产业发展等领域相关合作进行深入沟通交流。吴江辉介绍红谷滩区发展机遇、区位优势、城市建设、经济发展等情况。吴江辉强调，红谷滩区将按照南昌市部署，贯彻新发展理念，紧紧围绕“作示范、勇争先”目标定位，大力实施招商引资“一号工程”，竭尽全力营造良好的发展环境，实现互利共赢。吴江辉真诚邀请各公司团队到红谷滩区考察投资，进一步汇聚加快高质量发展的强大力量。

【赴深圳、广州开展招商活动】 2021年12月16—17日，为紧抓江西省与粤港澳大湾区电子信息产业投资合作对接的契机，区委书记吴江辉带队赴深圳、广州开展招商活动，副区长熊飞、区科工局主要负责人陪同。16日，吴江辉走访华润置地总部、明源云科技有限公司、深圳乐信控股集团。17日，吴江辉一行前往广州，先后考察平安（增城）科技硅谷、腾讯酷狗公司、百度YY直播总部。各企业对吴江辉一行的到来表示欢迎，并期待与红谷滩区深入交流，开展广泛合作。吴江辉表示，红谷滩区将持续打造良好的营商环境，结合红谷滩区虚拟现实产业的优势，深入推进数字经济产业稳定发展，并诚挚欢迎各企业到红谷滩区考察投资。

（揭淑琴）

督查与信息

【概况】 2021年，红谷滩区委办公室坚持以习近平新时代中国特色社会主义思想为指导，深刻理解把握“三新一高”（“三新”：新发展阶段、新发展理念、新发展格局；“一高”：高质量）要求，围绕落实“勇立鸿鹄之志、彰显首区担当”具体要求，紧扣“前哨后院”定位，以服务“五个中心建设”（全省行政中心、商务中心、金融中心、文化中心、创新中心）为主线，靠前服务、高效运转，较好地完成各项任务。

【开展督查督办工作】 2021年，区委督查室始终把抓落实作为一切工作的“生命线”，突出在抓落实中彰显首区担当，扎实开展督查督办工作，努力推动中央和省、市、区重大决策部署落实到位，督查“助推器”作用不断显现。聚焦中心工作抓落实。重点围绕城市建管十大提升行动、产业高质量发展十大提升行动、拆迁安置等重大决策部署开展重点实地督查并形成督查专报；对区委书记专题会议明确需落实的重大事项、区委书记批示指示事项逐条逐项建立督查台账，并以专报等形式向区委报告有关工作进展及落实情况，得到区委主要领导的批示和充分肯定。全年共办理市委督函35件。其中，涉及中央和省委领导批示指示事项18件；涉及市委主要领导批示指示事项17件。完成市委督查室口头交办事项13件。办理答复民声通道问题302件。其中，平台办件268件，省直办件及市直（含市转省直）办件34件。办理答复人民网区委书记留言230条。区委新班子到位以来,区委督查室建账督办区委书记批示指示事项累计245件(其中交办事项66件),极大地推动了工作的落实。

(杨　娟)

【编报党委信息】 2021年,区委办公室围绕区委中心工作及重点难点问题,及时、全面、准确采编信息,不断提高信息质量和水平。全年累计编发《红谷滩每周要情》33期,上报省委办公厅、市委办公厅党委信息353条,完成省委办公厅、市委办公室信息约稿及上报问题建议类信息46篇。其中,2篇稿件被中央办公厅采用,35条稿件被省委办公厅采用,79条稿件被市委办公室采用;1篇稿件被省领导批示,2篇稿件被市领导批示。全年红谷滩区党委信息报送总得分2320分,同比增加1590分。

(徐　卓)

全面深化改革

【概况】 2021年,红谷滩区委全面深化改革委员会坚持以习近平新时代中国特色社会主义思想为指导,深入学习中共十九大和十九届二中、三中、四中、五中、六中全会精神及习近平总书记视察江西重要讲话精神,坚决贯彻习近平总书记关于全面深化改革重要论述和中央、省委、市委关于全面深化改革的决策部署。聚焦重点抓改革、创新方式抓改革、注重落实抓改革,研究部署98项改革举措、17项重点改革举措,坚定不移推动新时代改革开放。以重点领域改革的深层次突破,清除制约高质量跨越式发展的体制机制障碍,为全面建设社会主义现代化红谷滩提供强有力保障。荣获全市全面深化改革工作先进单位称号。

【召开区委全面深化改革委员会第二次全体会议】 2021年10月18日,区委书记、区委深改委主任吴江辉主持召开区委全面深化改革委员会第二次全体会议,区委全面深化改革委员会副主任、委员,各专项小组组长、副组长出席会议,七个专项小组联络员参加会议。会议书面传达学习中央全面深化改革委员会第二十次、二十一次会议,省委全面深化改革委员会第十六次、十七次会议精神,审议通过区委改革办报送的《区委全面深化改革委员会2021年工作要点》《区委全面深化改革委员会2021年重点改革举措》和七个专项小组报送的《2021年工作计划》,部署全区当前和今后一个时期的全面深化改革工作。会议强调,要切实提高政治站位,深刻认识做好全面深化改革工作的极端重要性和现实紧迫性,强化推进全面深化改革的思想自觉、政治自觉、行动自觉,推动全区改革工作向更大范围、更宽领域、更深层次发展。要细化举措、压实责任、全力推进,全区树立"一把手"抓改革的鲜明导向,确保改革事项事事有人管、件件有落实,确保每一项改革举措都有力有序推进、落细落实落到位。要强化大局意识,牢固树立"一盘棋"思想,加强与市对口业务部门的沟通对接,始终做到步调一致、同频共振。要密切配合、优势互补,变"单兵作战"为"协同联动",有效凝聚改革合力。要进一步加大全面深化改革宣传报道力度,更好地唱响主旋律、凝聚正能量,为推动改革工作向纵深发展营造良好舆论氛围、提供有力舆论支持。

【召开区委全面深化改革委员会第三次全体会议】 2021年12月29日,区委书记、区委深改委主任吴江辉主持召开中共红谷滩区委全面深化改革委员会第三次全体会议,区领导刘光荣、万晓娟、仇海泉及区委全面深化改革委员会委员、七个专项小组组长出席会议,七个专项小组联络员参加会议。会议书面传达学习中央全面深化改革委员会第二十三次会议,省委全面深化改革委员会第十八次、十九次会议,市委全面深化改革委员会第五次、第六次会议精神,听取七个专项小组关于2021年全面深化改革工作总结和2022年工作打算汇报,研究红谷滩区参与全市2021年典型案例评选情况和拟报送2022年重点改革举措。会议强调,各专项小组要立足自身领域,围绕创新、挖掘特色,推动新机制、打造新模式、出台新制度。要围绕理念性、内容性、效果性、评价性、比较性,选出具有代表性和竞争力的典型案例。要切实谋划思考红谷滩区2022年改革要点、改革计划,力争在全国、全省叫得响,同时要善于总结与宣传,不断提升红谷滩区改革工作创造力、影响力。

【推进经济体制和生态文明体制改革】 2021年,以"映山红行动"为契机,重点围绕全省"2+6+N"产业,挖掘、培育、包装一批优质企业上市项目,新增四板挂牌展示企业17家。新增科技型中小企业255家、数字经济规上企业18家,均排名全市前列。引进、设立金融机构和企业112家,区本级实现金融业增加值204.59亿元,体量和占比均居全省各县区首位。打造文化旅游商贸深度融合经济区,台商总部经济大楼等一批总部项目落地建设。持续推进"放管服"(简政放权、放管结合、优化服务)改革,全省率先上线"赣服通"县区分厅4.0版,新增上线事项及服务260项。全市率先设立"办不成事"专窗,破解"疑难杂症"17件。在全省营商环境测评中名次前移54名,成功入选"赛迪全国投资竞争力百强区(2021)",位居全国投资竞争力百强区第88位,是全省唯一进入榜单的市辖区。

【推进民主法治领域改革】 2021年,制定《南昌市红谷滩区进一步深化行政复议体制改革实施意见》,整合行政复议职责。积极建设法治阵地,凤凰洲管理处凤凰花园社区荣获“全国民主法治示范村(社区)”称号。推动建立涉企法律咨询服务体系,公共法律服务工作中心(站)实现律师坐班服务全覆盖。培养“法律明白人”近1.3万人。强化人民调解委员会建设,全区共有调委会127个。

【推进文化体制改革】 2021年,运用VR技术再现革命场景等,打造牛行车站与南昌起义数字展示馆。“人人讲,人人学”“VR让党史活起来”“红谷连心会”等特色亮点做法得到中央、省、市巡回指导组肯定。积极融入“高铁旅游圈”,打造全省旅游集散中心。举办全国性、全省性会展活动20余场,慧谷创意产业园等文化创意基地多点开花。开展“送文化进基层活动”和“五大群众文化活动”,实现“社区周周有活动,街道月月有集会,全区季季有大赛”。打造全区“十大文化”(4个旅游区、2个街区、2个品牌活动、1个全域游计划、1个博物馆计划)重点工程,推出“红谷十景”(红谷星河、灵境智谷、秋水长天、生米古韵、弄潮九龙、三馆鼎秀、军威红谷、双塔凌云、赣江之星、滨江画廊)品牌,成功获评全省文化产业重点县(市、区)。

【推进社会体制改革】 2021年,扎实推进市域社会治理现代化试点工作,完成平安建设精品工程、智防提升工程等“十大工程”项目34个。建设“智慧平安小区”100个,名列全省前茅。落实“三级包案”“一案一策”,一举化解信访积案75件。P2P平台风险化解处置形成“红谷滩模式”,获省市高度评价。扎实开展十万大学生来昌留昌就业创业“百场校招”活动,先后举办17场招聘会,发放创业担保贷款6528万元。办结290件欠薪投诉件,涉及金额1.04亿元。

【推进党的建设制度改革】 2021年,高质量开展党史学习教育,打造VR党群服务中心、数字党建馆、“红色政务大厅”等品牌。精心打造“红色物业”、楼宇党建、“零工”经济等一批党建品牌阵地,凤凰村获评“省级红色名村”。率先完成117个村(社区)换届任务,实现村(社区)书记、主任“一肩挑”。实施“党建引领+网格+警格”一体化建设,努力实现“一网管全街,小事不出网格,大事不出街道”。

【推进纪律检查体制改革】 2021年,创新出台《廉情抄告回告工作实施办法》《两约谈两承诺一报告》等制度,认真开展“政治画像”,累计开展政治谈话629人次,开展县、乡党委书记现场办公74次。创新开展保障发展护航、清廉单元建设等“七大行动”,开展政治监督260余次,查处问题18起。制定规范政商交往“正面清单”和“负面清单”,推动构建亲清政商关系。推行“五个一线”工作法和“最多访一次”工作机制,查处党员干部39人次,立案29人次。

【推进农业和农村体制改革】 2021年,率先推进村级集体经济发展,构建“强村带弱村”机制,提升农村集体制度改革成果,发展壮大农村集体经济,33个村集体经济经营性收入全部超30万元,其中超1000万元的3个。规范农村“三资”管理,探索乡村道德激励机制措施等方法,推进乡村治理现代化;在凤凰洲管理处凤凰村、红角洲管理处润溪村,开展市级乡村治理示范点示范工作。

【强化改革工作宣传】 2021年,积极总结提炼全区改革工作推进过程中的好经验、好做法,积极向市委改革办、省委改革办和新闻媒体推介,在省委改革办《江西改革》微信公众号上稿《红谷滩区制定政商交往“正负面清单”》等改革信息11篇,位列全市第一;在市委改革办《南昌改革》专刊上稿《红谷滩激发招商活力绽放发展新篇》等改革专报3篇,位列全市第一方阵;在省级以上新闻媒体上稿120余篇,全力唱响红谷滩改革最强音。

(李龙龙)

组织工作

【概况】 2021年,全区组织系统深入贯彻新时代党的组织路线,庆祝“建党百年”,大力弘扬伟大建党精神,聚焦政治建设,抓基层打基础、选干部强队伍、建机制聚人才,主动服务全区发展大局,较好地发挥了组织部门的政治优势、组织优势、干部优势和人才优势,思想政治建设、基层党组织建设、干部队伍建设和自身建设取得新成效。

【主动服务大局】 2021年,动员组织全区各级党组织和广大党员、干部奋战在服务发展、数字经济、文明创建第一线、最前沿,让党旗飘扬在急难险重工作一线。深入推进机关在职党员进社区报到服务8000余人次,推进544个基层党组织服务群众项目落地见效。推动新凤凰大酒店、卫东农贸市场、南昌启华双语学校等一批重点村集体产业项目建成落地。搭建强村联系弱村平台,统筹集体经济收入,7个强村联系7个弱村,一一结对,33个村全面实现集体经济经营性收入超30万元目标。其中,超100万元的村19个,占比57.6%;超1000万元的村3个,占比9%。印发《红谷滩区“红色驿站”管理暂行办法》,高规格推进打造一批“红色驿站”、社区邻里中心、农村颐养之家等“红色”点位。依托牛行车站、建军雕塑广场等红色资源,深挖历史文化底蕴,将凤凰村打造成省级红色名村。

【推动基层党建“三化”建设提质增效】 2021年,抓牢党建“一号工程”,对标省、市委要求,以“三化六好”(标准化、规范化、信息化,领导班子好、党员队伍好、发展思路好、制度机制好、工作业绩好、群众反映好)为重点,全力推动基层党建提质增效。组织设置标准化,结合区划调整和机关单位组建,建立12个区直区管党(工)委、2个机关党委、3个党总支、67个党支部。高质量打造绿地片区楼宇综合党委、丛一楼装饰公司党支部、慧谷运营公司党支部等党建示范点,获得市领导较高评价。先行试点红角洲管理处长云社区党建+智慧村社共建、沙井街道莱蒙物业公司“红色物业”建设、江西仟得文化公司零工经济党建等,在卫东街道探索“邻里智汇”社区治理模式,化解物业公司与业委会矛盾,党建引领基层治理取得新突破,基层党组织和党员面貌展现新风貌。

【加强社区工作者职业化体系建设】 2021年,为加强城乡社区治理,建设专业化、职业化社区工作者队伍,推动社区工作者职业体系建设,将社区工作者队伍建设纳入全区干部人才队伍建设总体规划,明确准入门槛、严格资格认证、规范退出机制,在规范社区工作者“出入口”上下功夫,按照35周岁以下、大专及以上学历招聘要求,全年新进社区干部92人、基层专干57人。配齐“全科网格员”796人,明确村“两委”报酬待遇,村党组织书记平均年薪达到7万元。推动社区专职工作者通过依法选举进入社区“两委”班子。加大从优秀社区工作者中培养发展党员的力度,推荐符合条件的优秀社区工作者担任各级党代表、人大代表、政协委员和劳动模范,表彰和奖励一批工作成绩突出、群众满意的社区工作者。

【领导班子和干部队伍建设】 2021年,以区划调整为契机,结合换届工作及年轻干部配备要求,按照人岗相适、优化搭配,统筹交流、强化融合的原则,围绕机构组建、乡镇换届、群团换届做好全区各级领导班子配备工作,全面提高领导班子建设科学化水平,优化了各级班子的年龄结构、专业结构和经历结构,让班子更有凝聚力和战斗力。充分运用《职务与职级并行规定》,做好170余人次的职级晋升工作,提升各级别干部工作积极性,体现职务与职级并行“双通道”的正面激励作用。出台《关于激励干部新时代新担当新作为的实施意见》,树立重实干重实绩用人导向,引导广大干部把心思和精力凝聚到干事创业上来。坚持“公开、平等、竞争、择优”原则,严格执行公务员招考程序,从强化工作能力的角度出发,充分发挥职能作用,科学编制招录计划,把招录重点放在基层等紧缺岗位,优化基层公务员队伍的专业素质与年龄结构,推动了基层干部队伍建设。

【干部教育培训】 2021年,按照《2018—2022年江西省干部教育培训规划》要求,加强理想信念和党性教育,完善培训内容、改进培训方式、整合培训资源,将理论武装与实践锻炼相结合。充分依托“学习强国”“江西网络学院”在线学习平台等多种手段开展线上教育,将全区公务员(参公人员)、事业编制人员及区属企业中层以上干部800余人纳入学员范围,率先完成全年学习任务。首次举办一期50余人的中青年干部政治理论主体培训班,采取课堂授课、分组讨论与现场教学相结合的模式,进一步提升干部政治理论水平和专业素养。全面摸底区内教育资源,指导红谷滩长天廉文化主题公园打造课程、拍摄视频,该园成功被列入南昌市第三批干部教育培训现场教学基地。积极选派6名干部参与市委组织部组织的“四个一线”实践锻炼和金融机构、省市机关跟班学习,主动提供干部增长见识、提升能力的平台和机会。

【干部监督管理】 2021年,为进一步规范领导班子和干部队伍建设,参照省市有关规定,研究制定《关于规范股级干部职务任免的管理办法》《退出领导岗位干部管理办法》《红谷滩区区属国有企业领导人员管理规定(试行)》《关于加强和规范区属公办中小学校领导人员管理的实施办法(试行)》等多项管理规定。按照省市要求持续推进“在企业和社团兼职”“违规出国(境)”等问题整治工作,核实清理9名干部兼任的42家企业职务,办理因私出国(境)新增登记备案217人次,变更登记备案123人次,撤销登记备案18人次,统一保管新收缴的109本因私出国(境)证件。积极按照上级要求推行公务员平时考核,不断健全考核机制,加大平时考核与年度考核相结合力度。对2020年度考核“优秀”的93人给予嘉奖,14人记三等功,进一步在全区营造了比学赶超、奋勇争先的浓厚氛围。

【庆祝中国共产党成立100周年】 2021年,以多种形式庆祝中国共产党成立100周年。“七一”前夕,全区范围内评选表彰89名“优秀共产党员”、30名“优秀党务工作者”及30个“先进基层党组织”。首次以党中央名义向全区544名老党员颁发“光荣在党50年”纪念章。组织全区240余名新党员入党宣誓,区委书记周亮参加并领誓,增强党员的荣誉感、归属感、使命感。集中走访慰问老党员、困难党员100余名,因公殉职党员家属2名,下拨走访慰问金10余万元。开展“党员一元互助行动”,全区收集党员捐款12.87万元,设立区“红色基金”,加大对党员的关怀帮扶力度,对全区4个需重点帮扶的困难党员给予每位5000元的资助。

【做好区镇第一次党代表选举工作】 2021年，严格按照省、市、区委相关工作要求，严格把好区、镇两级第一次党代会党代表产生关，选举产生红谷滩区第一次党代会党代表290名、红谷滩区出席市第十二次党代会代表17名及南昌市出席省第十五次党代会代表3名，指导生米镇选举产生镇第一次党代会党代表100名，完成红谷滩区第一次党代会、生米镇第一次党代会各项选举工作。

【抓好党员日常教育管理工作】 2021年，全区共发展党员302名，超额完成市组下发的年度发展党员指导性计划。结合“三会一课”、主题党日等活动，抓好党员日常教育管理。组织开展“三级书记讲党课”活动，区委书记带头讲党课，筛选上报10个精品党课视频，参与全市党课视频作品评选活动，7个党课视频获奖，其中精品奖2个、优秀奖5个，获奖数在全市各县区中排名第一。举办3期党员发展对象培训班、7期党员骨干党史学习教育专题培训班，培训280余名党员发展对象及300余名党员骨干。

（黄小清）

宣传思想

【概况】 2021年，红谷滩区委宣传部深入学习贯彻习近平总书记关于宣传思想工作的重要论述和视察江西重要讲话精神，聚焦“作示范、勇争先”目标定位和“彰显省会担当”新要求，增强“四个意识”、坚定“四个自信”、做到“两个维护”，自觉承担起举旗帜、聚民心、育新人、兴文化、展形象的使命任务，按照省、市、区党代会精神，牢牢把握新发展格局战略导向和实践要求，突出重中之重，聚焦主题主线，突出服务中心大局基本职责，庆祝中国共产党成立100周年，用习近平新时代中国特色社会主义思想武装全党、教育人民，提高了社会文明程度，增强了文化软实力，唱响了爱党爱国爱社会主义的时代主旋律。

【守好意识形态建设主阵地】 2021年，强化理论武装，坚持把党的创新理论武装全党、教育人民作为首要政治任务，推动理论武装走深走实，努力让新思想成为时代最强音。抓好龙头环节，发挥区委在理论学习中心组示范带动作用。全年开展中心组学习14次，其中开展研讨交流9次，内容涵盖习近平新时代中国特色社会主义思想、中共十九届五中和六中全会精神、中国共产党历史以及习近平总书记视察江西重要讲话精神等。抓好基础环节，广泛开展面向基层群众的理论宣传宣讲。健全开展对象化、分众化、互动化理论宣讲工作体系，组建党史学习教育区委宣讲团，赴全区10个地方和单位开展集中宣讲。突出领导带头作用，区四套班子成员前往挂点镇（街道、管理处）或分管领域开展党史宣讲。各地各单位组建“红色宣讲团”“银发宣讲团”“巾帼宣讲队”“青年宣讲队”等基层宣讲队伍，开展专题宣讲、微宣讲超过800场（次），不断把党史学习教育引向深入。抓好提升环节，让创新理论转化为红谷滩的生动实践。围绕习近平新时代中国特色社会主义思想，结合全区经济社会发展重大主题、“转作风优环境”活动和“我为群众办实事”实践活动，区四套班子领导成员围绕重大项目、营商环境、民生实事等重点工作，深入基层一线调查研究，形成一批高质量的调研成果，在《决策参考》《江西日报》《南昌日报》等媒体刊发，为红谷滩区经济社会高质量发展提供了参考。

【把握党对意识形态工作的领导权】 2021年，坚持重在建设、立破并举，坚持守正创新、正本清源，坚持敢于斗争、善于斗争，加强分析研判，守好平台阵地，推动落实属地管理和主管主办责任，牢牢掌握意识形态工作领导权，切实维护意识形态安全，抓牢责任落实。贯彻落实《中国共产党宣传工作条例》《党委（党组）落实意识形态工作责任制实施办法》，扎实开展意识形态工作巡察检查、专项督查和年度考核，完善“巡察检查发现问题—专项督查督促整改—年度考核跟踪问效”的工作闭环，及时发现意识形态领域存在的问题，督促整改落实，推动全区各级党委（党组）切实担负起意识形态的全面领导责任。抓实研判处置。落实意识形态工作的专题研究、报告、通报等要求，定期分析研判意识形态领域情况，健全重大舆情和突发事件通报机制，有效防范化解意识形态领域风险。完善社会舆情信息工作机制，建立健全舆情信息工作网络，加强舆情信息员队伍建设。做好意识形态领域风险预警研判和处置。敢于斗争、善于斗争，旗帜鲜明批驳历史虚无主义等错误思潮。坚决杜绝“低级红”“高级黑”，讲究工作艺术，把握“时、度、效”，做好涉房地产、资本市场、国企改革、民营经济、反垄断等热点问题的宣传报道，防范经济社会热点问题向意识形态领域传导的风险。抓细阵地管理。加强对全区社科研究机构和哲学社会科学报告会、研讨会、讲座、论坛等管理。严格管理各类演艺场所、文化市场、对外文化交流活动场所以及图书馆、纪念馆、博物馆等。规范新闻媒体采编放管流程，落实“三审三校”制度。

【加快网络安全保障体系建设】 2021年，开展网络安全专项治理。贯彻落实中央、省委、市委关于网络安全工作决策部署，成立网信工作专班，落实《红谷滩区党委（党组）网络安全工作责任制实施细则》有关工作情况，建立健全网络安全工作责任制，开展网络安全工作监督检查,切实维护全区网络意识形态安全。加快提升技术治网能力。运用先进技术手段提升互联网信息内容深度分析能力,强化落实属地管理责任和网站主体责任;提高互联网新闻信息服务行政许可管理规范化、科学化水平,推进网络执法证申请工作;深入开展自媒体账号整顿、僵尸平台清理、空壳及备案信息虚假网站清理等系列专项行动,切实构建虚假信息、恶意传播常态化、机制化治理体系,配合市委网信办依法严厉打击各类涉网违法违规行为,引导互联网企业行业自律。实施网络内容建设工程,加强网络综合治理体系建设。加强各类媒体平台管理,对融媒体中心、政务"两微一端"等开展专项督查,排查化解了风险隐患。

【提高对外宣传意识】 2021年,围绕宣传贯彻中共十九大和十九届四中、五中全会精神及习近平新时代中国特色社会主义思想,宣传贯彻省、市、区重要会议精神,做好中国共产党成立100周年、党史学习教育、"我为群众办实事"实践活动、战疫情、抗洪水、世界VR产业大会、"转作风 优环境"活动年、数字经济发展、文明创建等重大主题,一系列涉及经济、民生等方面的新闻报道被《人民日报》《经济日报》《光明日报》《新闻联播》《江西日报》等中央、省、市媒体采用。全年红谷滩区在中央传统媒体上稿43条,省级媒体上稿207条,市级媒体上稿832条;掌上红谷滩App发稿4735条,微信公众号发稿2203条,对外唱响了红谷滩"好声音"。

【推动媒体融合发展】 2021年,立足媒体融合,中心运行规范有序。明确职责分工。建立区融媒体中心工作专班,明确记者、编辑等岗位工作职责,提高工作效率。明确平台定位。根据微信公众号、微博公众号、App、抖音等平台的不同特点,发布政务新闻、民生新闻等不同类别的新闻稿件,提升新闻稿件传播效果。稿件精准推送。积极整合辖区街道社区、中小学校、高校等资源,建立受众微信矩阵群,及时、精准推送新闻稿件,提高稿件阅读量和影响力,让每一个生活、工作、学习在红谷滩区的市民了解红谷滩、热爱红谷滩。

【红谷滩App平台活跃度逐月递升】 2021年,以掌上红谷滩App(智能手机的第三方应用程序)为平台,开展文创设计大赛投票、党史答题竞赛线上答题等特色互动活动,全省评比排名有质的飞跃。掌上红谷滩App在江西省县级融媒体中心App排行榜活跃度榜单的排名逐月递升,从6月第104名上升至7月第29名、8月第28名、9月第3名、10月第3名,App生产传播力榜单从第102名上升至10月第19名。9月,掌上红谷滩App下载量新增近3万人次,App下载总量位居全省县级融媒体中心第二名。

【构建深度交流协作机制】 2021年,红谷滩与南昌县融媒体中心共建。双方共同制订南昌县、红谷滩区融媒体中心"1+1"协作实施方案,并成立南昌县(红谷滩区)融媒体中心协作发展领导小组,构建深度交流协作机制。与南昌大学新闻传播学院开展共建。8月起,红谷滩区委宣传部积极与南昌大学新闻与传播学院沟通对接并达成合作协议,双方将共建南昌大学校外实践教育基地,共同培养高素质人才。

【完善新时代文明实践工作体制机制】 2021年,印发《红谷滩区新时代文明实践工作联席会议制度》和《红谷滩区全域推进新时代文明实践中心建设工作方案》。建成1个中心、6个所、110个站,中心、所、站各自成立了文明实践志愿服务队,同时成立了区级文明实践志愿服务总队、27支区级行业性文明实践志愿服务分队、145支文明实践志愿服务队,围绕党史学习教育"我为群众办实事""疫情防控、文明创建进社区""情暖红谷滩 点亮微心愿"等主题,各队伍开展活动总计超过2000场,宣传服务干部群众3万余人次。在全区范围内开展2021年红谷滩区最佳志愿服务组织、最佳志愿服务项目、最美志愿服务社区、最美志愿者、最美小小志愿者推选活动,每个类别各评选出10个先进典型。

【开展"我们的节日"和重大纪念日主题系列活动】 2021年,印发《关于开展"我们的节日"和重大纪念日主题活动的通知》,以庆祝中国共产党成立100周年为主线,以春节、清明节、端午节等传统节日为重点,深入开展传统节日文化活动:春节期间开展"挥毫泼墨写春联 翰墨飘香迎新春""移风易俗进万家"等主题活动;清明节前夕在"红谷滩发布"微信公众号上发布《清明文明祭祀:致市民的一封信》,组织开展"网络中国节·清明"——"守护·2021清明祭英烈"线上祭扫活动。端午节开展"浓浓端午情 团圆家万兴""喜迎端午·礼赞百年建党"等端午节包粽子比赛活动。以"三八""五一""五四""七一"等重大纪念日为重点,深入开展重大纪念日庆祝活动;"三八"妇女节期间开展"学雷锋关爱女性健康"志愿服务活动,区城投公司为女神们推出"南昌之星摩天轮专属大礼";"五四"期间召开"青春心向党 奋斗新征程"——红谷滩区纪念五四运动102周年暨先进基层团组织(个人)表彰大会;"七一"前后广泛开展庆祝中国共产党成立百年相关活动,召开红谷滩区优秀共产党员、优秀党务工作者和先进基层党组织表彰大会。

【开展先进典型帮扶、推荐和宣传工作】 2021年,配合市文明办对红谷滩区李香仔等先进典型开展慰问帮扶活动,张敏、赵建军2人被评为南昌市第七届道德模范。邀请中国好人、道德模范胡剑峰,新时代好少年谭泽坤、付梓霆,辖区退役军人丁跎子等利用微博晒出家里的红色印记,讲述身边的红色故事。联合区教体局开展2021年度"新时代好少年"活动,评出区级"新时代好少年"40名,其中4名学生被评为市级"新时代好少年"。红谷滩区推荐的邹佳呈被评为2020年度江西省"新时代好少年",郭力振被评为2020年度10—12月"江西好人",成沛锦被评为2021年6月"中国好人"。

【推进文明城市、村镇、单位、家庭、校园创建工作】 2021年,推进文明城市创建工作。调整原有的两办九组十二部机制,成立区创建全国文明城市指挥部,组建区创建办,构建上下贯通、指令畅通的指挥体系;召开全区创建全国文明城市常态长效工作部署会、指挥部调度会、工作专线调度会、业务培训会等各类会议20余次。按照《全国文明城市测评体系》进行红谷滩区级资料分工工作,督促、指导做好各单位上报资料的收集、归档工作。推进文明村镇创建工作。红角洲管理处润溪村入围第七届江西省文明村镇候选名单。推进文明单位创建工作。做好市级文明单位动态管理系统初审工作,指导各单位开展资料上传工作。红谷滩新区沙井街道办事处等58个单位入围第十六届江西省文明单位候选名单。推进文明家庭创建工作。红谷滩区的涂伟玮家庭、淦丽珍家庭2个家庭被评为南昌市第二届文明家庭。推进文明校园创建工作。配合省文明办组织红谷滩区的南昌二中、红谷一小和凤凰城上海外国语学校开展江西省百场辅导进百校活动。红谷滩区7所学校被评为"创建江西省文明校园先进学校"。组织育新学校九龙湖新城分校承办南昌市文明校园动态管理系统操作培训会、红谷一小承办2021年度南昌市"新时代好少年"典型事迹发布会。

【推动文化产业高质量发展】 2021年,持续推动全区深化文化体制改革和文化产业发展走向深入,召开深化文化体制改革暨文化与旅游产业链链长制工作会,对深化文化改革和推进文旅产业发展进行详细部署。实施重大项目带动战略,瞄准头部企业,引进一批文旅行业重点企业。促成项目总投资约12亿元的保利大剧院项目成功签约,已落地抓紧建设中。抓紧引进重点项目,如洲际假日酒店、文旅产业总部大厦、大都汇等项目的早日开工;推动在建项目,如南昌澳世汇文化艺术博览园、华章天地等重点项目的早日投产。完成末时图书馆、廉文化馆"红书屋"精品图书馆建设,着力打造有温度的阅读城市。结合党史学习教育,推出"南昌舰"主题公园、建军雕塑广场、牛行车站与南昌起义展示馆"三点一线"的红色文化经典路线,着力打造红谷滩"红色"城市名片。开展招商推介活动:9月23日,江西"样式雷"——紫禁城太和殿木结构模型在第十七届深圳文化产业博览交易会上惊艳亮相;11月24日,组织相关人员赴广东省广州市黄埔区考察学习、招商推介,举办红谷滩区文化和旅游产业专题招商推介会。红谷滩区获批全省文化产业重点县(市、区),作为先进代表在全省文化强省大会上交流发言。南昌广播电视发展有限公司、江西仟得文化传播有限公司、南昌融创主题文化旅游管理有限公司获评江西省文化企业20强。

【举办红谷滩区首届文创产品设计大赛】 2021年,为喜迎中国共产党成立100周年,将红谷滩区的创新活力发展文化转化成百姓喜闻乐见、生动活泼的文化创意产品,不断提升红谷滩区的形象和活力。红谷滩区委宣传部组织开展红谷滩区首届文创产品设计大赛,面向社会征集优秀文化创意设计作品,内容涉及城市宣传口号、文化创意产品设计。经过作品征集、大众投票、专家评选等环节,最终从数千条投稿作品中,选出16件文创设计类作品和16条宣传口号类作品,呈现了一个更加人文、创新、活力的红谷滩形象。

【做好"学习强国"学习平台推广运用工作】 2021年,充分发挥融媒体中心、新时代文明实践中心与"学习强国"学习平台线上相融、资源相通的独特优势,通过建立联动机制,把各个层面的资源、渠道整合起来,打通宣传群众、服务群众的"最后一公里"。持续做好"学习强国"学习平台推广工作,"学习强国"频现红谷滩元素当中。第一时间确定各级组织分管领导和联络员,建立管理员队伍,搭建好学习平台组织构架,畅通了"学习强国"供稿途径,建立了每周供稿机制。全年红谷滩区向中央、省、市级"学习强国"学习平台供稿281篇,其中上稿133篇。供稿质量和供稿数量有较大提高。全区"学习强国"学习平台注册人数达3.35万人,实现了全区党员干部学习全覆盖,达到本地户籍人口的11.13%,学员平均日活率为49.98%。全面联动宣传成效显著。

(杨文涛)

网络安全和信息化

【概况】 2021年是中国共产党成立100周年,是"十四五"规划的开局之年。红谷滩区委网信办以习近平新时代中国特色社会主义思想特别是习近平总书记关于网络强国的重要思想为指导,深入贯彻落实省委、市委网信办工作要求,着力提高网络内容建设与管理、网络安全和信息化工作水平,以可靠的网络安全保障和有力的信息化支撑,为全面建设社会主义现代化红谷滩提供思想保证和精神力量。

【对网络安全管理和防护措施进行指导监督】 2021年,贯彻落实中央、省委、市委关于网络安全工作的决策部署,对全区网络安全管理和防护措施进行指导,做好属地网站、重要系统和平台的网络安全加固和应急处置工作,规范和加强公共互联网络安全监测预警和信息通报工作,防范和化解网络安全风险。5月,参加南昌市网信办组织的网络安全应急演练,针对红谷滩区志愿服务云平台页面遭到篡改的情况,第一时间启动网络应急响应,在规定时间内找到漏洞,并恢复框架,率先完成演练任务。10月,举办红谷滩区网络安全事件应急演练和业务培训,演练采用桌面演练和模拟演练相结合、视频展示和现场讲解相结合的方式,模拟辖区2家单位网站遭受DDOS攻击(分布式拒绝服务攻击)和网页篡改事件,进一步提升全区各单位的网络安全意识和辖区重要信息系统等网络安全防护能力。

【做好新形势下网络安全和信息化工作】 2021年,邀请市委网信办副主任刘力开展以"意识形态工作、互联网趋势及舆情处置"为主题的培训,对做好新形势下网络安全和信息化工作进行深入浅出地讲解和分析;邀请网络安全应急处置专家就攻防对抗视角下网络安全防护对策进行讲解,为妥善应对网络安全突发事件,营造安全、稳定的网络环境提供了宝贵经验;开展网络安全信息法律法规学习暨落实网站IPv6升级改造会议,会议就网络安全、数据安全、信息保护等方面进行法律法规培训,解读全省网站IPv6升级改造文件精神,并对全区网站IPv6升级改造的要求及落地方案进行培训;配合做好省、市各类业务培训,组织人员参加省、市网络培训42次。

【开展形式多样的"国家网络安全宣传周"活动】 2021年,围绕"网络安全为人民,网络安全靠人民"主题,开展形式多样的"国家网络安全宣传周"活动,开展网络安全事件应急演练和业务培训,在网红店、影院售检票口向顾客发放宣传资料1000余份,在电影放映前播放宣传视频300余次,在全区电子显示屏播放宣传标语和视频1000余条,在商场门口设点宣传,向群众普及网络安全法规知识,发放宣传折页3000余份。在"两微一端一抖"及中央、省、市网络新闻媒体上开展相关活动及推广工作。配合市委网信办开展"足迹"——庆祝中国共产党成立100周年网络主题宣传活动,邀请中央和省、市新闻网站、商业平台等网络新闻平台,挖掘牛行车站背后具有感染力、传播力的红色革命故事,以"线下采访+融媒体报道"等形式,开展主题宣传活动,推出一批深度报道和短视频,让广大网民重温革命历史。9月,举办"江西是个好地方 天下英雄城"网络媒体名人行采访活动,新华网客户端总网首页刊发《江西是个好地方　南昌九龙湖湿地公园:赏景读书两相宜》,阅读量达25.5万余次;同时,结合红谷滩区精心制作拍摄的10个视频《红谷十景》,全方位多角度地展现红谷滩区打造的多个网红"打卡"地。

【构建高效网络安全风险发现、报告等机制】 2021年,按照中央网信办《关于推进地市级网信办应急指挥中心规范化建设有关事项的通知》,对标"四个有"的要求,全面推进区网络应急指挥中心规范化建设,建立完善网络安全事件应急协调指挥机制,建立统一高效的网络安全风险报告机制、信息共享机制、研判处置机制,形成领导有力、指挥顺畅、行动高效的网络应急指挥工作格局。设立独立的应急值守场所,配备应急值守所需设施设备,安装专网,提升全区网络安全水平。对辖区7家单位的网站和关键基础设施开展网络安全现场检查,督促整改网络安全隐患问题。

【有效应对突发事件网络舆情】 2021年,加强对全区经济社会民生热点问题的解析,慎重稳妥做好涉赣涉昌涉区重大、突发、重点舆情的应对工作。在大江网理论版块发表《做足"三个功夫"深入推进网络强国战略》等时评文章9篇。

【开展网络安全检查】】 2021年5月19—21日,为加强辖区公共场所LED屏网络安全管理工作,红谷滩公安分局网安大队梳理辖区重点LED屏,连续三天组织专门警力对辖区绿地双子塔、印象城、万达广场、和昌熙梦里、绿地缤纷城等10余家LED大屏控制系统开展网络安全检查。按照《中华人民共和国网络安全法》的要求,逐条逐项地对公司网络安全保护管理制度和安全保护技术措施进行过筛式检查,重点检查内容发布审核制度是否落实,准确查找出存在的问题和漏洞,现场开具限期责令整改通知书,督促企业及时整改、查漏补缺,确保不出现网络安全案事件。

【开展清朗·互联网用户账号运营乱象专项整治行动】 2021年,制定《2021年红谷滩区"清朗"专项行动工作方案》,开展"清朗"行动6次。更新辖区内网站清单,成立专班每月对辖区网站进行违规信息巡查,持续加强对属地"妆点网""圈圈网"等重点网站的监管与联系。至年底,报送各类有害信息2900余条。

【排查属地网站和信息系统】 2021年,调整红谷滩区网络安全事件应急预案,确保网络信息基础设施和重要信息系统安全稳定运行。对机关部分单位机房及网站进行网络安全检查,包括网络安全管理情况、网络安全技术防护工作情况、网络安全应急工作等;加强全区非涉密计算机监管平台系统 Redis 数据库存在被控风险等情况的监测;对双城智店 App 等平台信息安全和技术安全问题进行抽查与协调处理;履行好属地监管责任,对属地网站和信息系统进行有效排查,对辖区企业 OA(一站式办公管理平台)存在 SOL(结构化查询语言)注入漏洞等网络安全事件下发整改通知;同时,配合市委网信办对"妆点网"进行行政执法等。

【开展网络安全知识宣传工作】 2021 年,联合省委网信办、市委网信办、市公安局、市市场监管局等部门开展线下互联网违法和不良信息举报宣讲活动,扩大网络举报工作公众知晓度,提升网民对有害信息的辨识能力,鼓励网民积极参与网络举报监督;"国家网络安全宣传周"活动期间,开展网络安全应急演练和业务知识培训,对辖区 7 家单位的网站和机房进行安全检查,督导全区各部门、各单位开展网络安全知识宣传工作。

(黄　芳)

统一战线

【概况】 2021 年,红谷滩区统战工作在区委的坚强领导下,在市委统战部的精心指导和深切关怀下,认真贯彻落实中央、省委、市委和区委关于统战工作的决策部署,在服务区委、区政府"全面建设社会主义现代化红谷滩"中彰显作为,在履行统战工作职责中体现担当,为红谷滩区经济社会高质量发展贡献了统战智慧和力量。获评全省统战工作高质量发展综合绩效考核评价先进县(区)委统战部,红谷滩区民宗局获评全省民宗系统信息工作先进集体。

【构建大统战工作机制】 2021 年,成立区委统战工作领导小组,出台《统战工作领导小组成员单位职责》《统战工作领导小组工作规则》《统战工作领导小组办公室工作细则》,进一步规范区委统一战线工作领导小组的运行,构建区委统一领导、统战部门牵头协调、有关方面各负其责的大统战工作格局。区委常委会专题传达学习全国统战部长会议精神、《中国共产党统一战线工作条例》,研究区政协拟推荐人选等 5 个统一战线重大问题,部署重要工作。

【政党协商工作规范有序开展】 2021 年,研究制定《中共红谷滩区委 2021 年度政党协商计划》,并按计划要求稳步实施。先后召开红谷滩区"十四五"规划建议征求党外人士意见座谈会、民主党派和党外知识分子工作协商座谈会、红谷滩区政府筹备工作报告征求意见会、学习中共十九届六中全会精神座谈会、VR 产业发展情况通报会、党风廉政建设和反腐败工作情况通报会、优化营商环境通报会、党外人士谈心会等。印发《2021 年度红谷滩区"党委出题、党派调研、政府采纳、部门落实"活动方案》,着力推动民主党派开展专题调研。形成调研成果 7 篇,涉及科技、金融、法律、旅游等诸多领域。

【支持各民主党派红谷滩区基层组织成立(换届)】 2021 年 8 月 18—20 日,民革、民盟、民建、民进、农工党、九三学社红谷滩区基层组织相继召开成立(换届)大会,为各民主党派充分发挥人才荟萃、智力密集、联系广泛的优势,进一步调动成员的积极性和创造性,履行参政议政、民主监督职能,为积极开展社会服务活动提供更好的平台,开启红谷滩区多党合作事业新篇章,为全面建设社会主义现代化红谷滩凝聚人心和力量。

【推动统一战线组织成立】 2021 年 5 月 11 日,在区委的领导下,红谷滩区新的社会阶层人士联谊会正式成立。坚持以选好配强工商联(总商会)班子为重点,以建设一支听党话、跟党走的高素质民营经济代表人士队伍为目标,将招商引资的理念融入区工商联的组建全过程,9 月 23 日,圆满完成红谷滩区工商联(总商会)组建。10 月 15 日,红谷滩区第一次归侨侨眷代表大会在南昌召开,78 名归侨侨眷代表,按照侨联章程规定,选举产生红谷滩区侨联第一届委员会,标志着红谷滩区侨联正式成立。11 月 18 日,红谷滩区新生代企业家商会成立大会暨第一次会员大会顺利召开。本次大会创新形式,全程采取线上互动的形式召开,区新生代企业家商会会员共计 54 人全程线上参会。区知联会、区行业商会、区留联会和区(各镇、街办、管理处)侨胞侨属联谊会的成立工作正统筹谋划,积极推进。

【建立完善民宗工作机制】 2021 年 3 月 23 日,红谷滩区民族宗教事务服务中心成立。该中心为副科级全额拨款公益一类事业单位,由区委统战部管理,主要职责是协助区委统战部依法管理民族宗教事务。建立健全联合依法打击非法宗教传教、民宗工作督查、群众参与激励和网格排查问责四项工作机制,扎实推进区级不定期巡查、镇(街、处)一月一巡查、村(社区)一周一巡查工作。探索试行《红谷滩区群众参与制止打击违法违规宗教活动奖励办法(试行)》和《红谷滩区(镇街处)、社区(村)网格员巡查涉民族宗教矛盾纠纷问题问责办法(试行)》,全力防范化解民宗领域隐患,维护社会和谐稳定。

【擦亮“侨梦苑”品牌】 2021年,结合“侨企服务年”活动、按照制订一个总体规划、出台一套惠企政策、打造一批示范点、依托一个招商平台、培育一批优秀企业家、呈现一批发展成果的“六个一” 工作要求,服务华人华侨和海外高层次人才创新创业。10月21日,在全国推进“侨梦苑”建设发展工作交流会上,江西南昌红谷滩“侨梦苑”代表交流了工作经验。10月27日,全国人大常委会副委员长白玛赤林调研“侨梦苑”工作,给予了高度评价。

【持续推进港澳台工作】 2021年6月16日,为庆祝中国共产党成立100周年,进一步加强与港澳台代表人士的联系,加深对红谷滩区经济发展的了解与认识,激发港澳台人士爱国热情、凝聚起共同奋斗合力,区委统战部组织红谷滩区的港澳台代表人士在江西省博物馆开展联谊活动。区委常委、统战部部长邱胜,区委统战部副部长周则河参加活动。7月7日,推动成立了香港南昌红谷滩区同乡会,并持续开展走访港澳台同胞活动。

【打造区新联会“五大基地”】 2021年,组建红谷滩区新阶层人士联谊会,初步形成全区新阶层人士创新服务基地、金融服务基地、法律服务基地、营商服务基地、文旅服务基地五大基地。区委领导走访列名联系的新阶层代表人士,多形式为新阶层人士健康成长、事业发展创造有利条件。

【唱响“红谷情·民族亲”民族工作品牌】 2021年,营造各民族共居共学共事共乐的社会条件,促进全区各民族交往交流交融。建立区、镇(街处)两级少数民族“6+1”服务管理中心(站)、1支“红石榴”志愿服务队、普贤社区邻里中心和银都社区2个铸牢中华民族共同体意识实践中心,协助解决了38名少数民族流动人口子女入学问题。同时,不定期举行国家通用语言培训和各民族青少年科普手工制作等联谊活动,有效地促进了各族群众交往交流交融。

【“统战大讲堂”开讲】 2021年,坚持学以致用,不断提升自身能力和素质,把学习的成效体现在工作中。定期举办“统战大讲堂”,面向全区统战干部和统战成员宣讲习近平新时代中国特色社会主义思想、中共十九届六中全会精神和习近平总书记关于加强和改进统一战线工作重要论述、《中国共产党统一战线工作条例》等统战知识。

【设立新联会鸿鹄读书会】 2021年,新联会鸿鹄读书会按照“一周一学习、一月一研讨、一季一活动、一年一考核”的运行机制,积极开展形式多样的研学教育活动,突出学习特色、打造学习品牌,助推建设学习型新联会。

【合力加强党外人士队伍建设】 2021年,建好党外知识分子人才库、党外干部人才库、各界统战成员人才库。政协红谷滩区第一届委员会安排党外人士107人,在红谷滩区第一届人民代表大会294名正式代表候选人中,党外候选人为121人。3名党外科级干部(梁文杰、胡志娟、李家强)提拔为副县级领导。

【着力搭建政企沟通平台】 2021年,结合全市“转作风优环境”活动年要求,与非公有制企业家“面对面”“肩并肩”“一对一”座谈,了解企业诉求,采取约谈相关部门负责人、走访调研有关部门、营商环境问题个案剖析整改、部门服务承诺方式,已全部办结企业反映的1465条问题线索,促进非公有制经济“两个健康”发展。拓宽营商监督渠道,聘请42名企业家为营商环境特约监督员,为红谷滩区优化营商环境献计出力。

(曾 欣)

对台工作

【概况】 2021年,红谷滩区对台工作在区委的坚强领导和市委台办的精心指导下,认真贯彻落实中央对台工作方针政策,围绕中心、服务大局,聚焦重点、主动作为,推动对台招商、对台交流、对台服务、对台宣传持续健康发展,充分发挥经济促统、文化促统、思想促统、感情促统四个抓手的重要作用,顺利完成了各项工作任务,社会影响力进一步增强。

【开展对台经贸活动】 2021年,立足区位、资源、政策优势,多渠道搜集台商投资信息,积极开展对台经贸活动。5月19日,参加由江西省台办、省商务厅主办的2021年东莞(江西)招商引资推介会。红谷滩区副区长提名人选邬春华与江西台夏实业有限公司总经理李文夏现场成功签约台商总部经济大楼项目。7月15日,台湾永丰银行(中国)有限公司南京分行行长程皓森一行莅临红谷滩区金融服务中心参访。双方对未来良好发展合作态势进行展望,下一步将持续加强沟通对接,深入合作,共享机遇,共谋发展。

【持续深化对台交流合作】 2021年7月12日,全国台企联第十一期台青菁英特训营40余名台湾青年参访红谷滩区VR产业园及基地的台企——南昌威爱信息科技有限公司,让台湾青年深切感受到祖国大陆的发展变化。7月20日,区委台办联合台企武汉顶益食品有限公司南昌分公司,走访慰问坚守在酷暑高温一线的交通干警,并送去冰红茶、矿泉水、方便面等物资,区委副书记万晓娟参加。同时,积极参加南昌市台资企业协会的各种活动,彼此加深了了解,增进了友谊,促进了交流。积极组织台胞台属参政议政，成功推荐辖区台胞台属担任市、区政协委员。

【强化对台服务意识】 2021年，出真招服务台企。扎实开展2021年"办实事精准服务台企月"主题活动，建立"一对一"台企服务专员联系机制，将中央惠台26条、江西省惠台60条、南昌市惠台40条等政策文件发至辖区台企并做好详细讲解工作，了解企业发展情况，收集企业生产经营中的各类问题。协调解决了武汉顶益食品有限公司南昌分公司残保金、滞纳金有关问题；为解决安植雅口腔医院医用锅炉问题，积极协调相关部门。真情服务台胞。协调卫健部门，在当时疫苗紧张情况下组织了全市台胞专场和台资企业员工专场的疫苗接种，切实解决了台胞、台企急难愁盼问题。精心组织走访慰问台属台企。春节前夕，区委台办走访慰问台资企业——南昌市馥郁餐饮管理有限公司、安植雅口腔医院、禧悦丽尊酒店。区委副书记万晓娟陪同省台办主任邓保生走访南昌五中校长章跃进等省重点台属及台属企业。

【加强涉台联络服务宣传工作】 2021年7月，对全区台胞、台属基本情况进行全面调查摸底。进一步加强对台胞台属的联络服务工作，充分挖掘涉台资源，积极搭建台胞台属关心家乡、提供信息、招商引资、招才引智的平台。借助调查摸底工作契机，同步开展涉台宣传教育进台企、进社区、进村落、进学校活动，通过发放对台知识宣传抽纸、环保袋等方式，向台胞、村民、居民、青少年学生宣传国家对台方针。

（符　强）

政策研究

【概况】 2021年，区委办政研股坚持以习近平新时代中国特色社会主义思想为指导，聚焦全面建设社会主义现代化红谷滩奋斗目标，紧扣区委决策部署，自觉加强习近平总书记"七一"重要讲话精神的学习，不断提高理论素养，积极当好"参谋助手"，为促进全区政治、经济、社会、文化、生态文明和党的建设等高质量发展发挥决策服务作用。围绕全区中心工作、重点领域，高质量完成一批文稿起草、方案拟制、纪要撰写等工作。

【重要文稿起草】 2021年，按照职责分工，区委办政研股承担区委书记、区委副书记的重大文稿起草工作。面对人员少、任务重、时间紧、要求高等实际困难，全股室干部合理分工、相互配合、通力协作，高标准完成了区第一次党代会报告、市委书记到区调研汇报、全区"转作风优环境"动员大会讲话、全区审议大会讲话、区委一届二次全会讲话、务虚会讲话、区委书记党课等重要文稿的起草工作，充分发挥了以文辅政的作用。特别是在承担区第一次党代会报告起草任务时，全股室干部冲锋在前、加班加点，连续奋战20余天，广泛学习外地好的经验做法，有效弥补经验不足、实践不够的难题，从提纲的搭建，到内容的充实，从工作成绩的总结，到下步工作的部署，先后十二易其稿，最终完成起草任务，得到领导的一致肯定。全年全股室共完成重要文稿180余篇、120余万字，其中《鸿鹄争先立潮头 扬帆启航新征程 为"扛起省会责任"贡献红谷滩力量》被市委党刊《决策参考》刊发，《换出新气象，谱好新篇章，持续抓好领导班子"五个建设"》被市委组织部在南昌党建网上刊发。

【会议纪要撰写】 2021年，根据职责分工，区委办政研股全程旁听区委书记主持召开的各类会议，记录会议内容，整理、撰写，并下发赣江南大道交通优化工作部署会、拆迁安置工作部署会、经济运行分析会、D4和D6地块攻坚调度会、政府投资项目调度会等会议纪要30余份，助力全区各项重点工作的有序开展。同时，围绕市委的决策部署和全区中心工作，撰写《红谷滩区政府性投资项目优化整改情况报告》《红谷滩区VR产业发展情况汇报》等工作专报13份，并向市委主要领导呈送。《红谷滩区数字经济工作》获时任省委常委、市委书记吴晓军肯定性批示；《红谷滩区会展经济工作》《红谷滩区九龙大道成片开发项目推进情况报告》等5篇专报获省委常委、市委书记李红军肯定性批示。

【重大活动参与】 2021年，根据领导统筹安排，区委办政研股积极参与全市"作示范 勇争先"现场会的各项准备工作，牵头起草全区经济社会发展情况汇报，联合各参评点位负责单位，修改完善展板内容、展板样式等，为在全市"作示范 勇争先"现场会取得第二名的好成绩作出了贡献。同时，坚持"以人民为中心"思想，以"我为群众办实事"实践活动和"转作风 提效率 树形象"专项整治为契机，深入践行"一线工作法"，牵头起草"红谷连心会"活动实施方案，收集"连心"活动选题，梳理汇总"连心"活动工作台账、问题台账，督促各单位按照规定时间节点整改到位。

（李龙龙）

老干部服务（关心下一代工作）

【概况】 2021年，红谷滩区老干部工作在市委老干部局的有力指导和区委的坚强领导下，坚持以习近平新时代中国特色社会主义思想为指导,围绕庆祝中国共产党成立100周年,落实老干部政治和生活待遇,丰富离退休干部精神文化生活,抓好离退休党建、服务管理、作用发挥、信息化建设、老年教育和关心下一代工作,在市级“两优一先”表彰中,1名老干部被评为全市优秀共产党员、1名老干部被评为全市优秀党务工作者、1名老干部被评为2021年度全省关心下一代工作先进个人。区政协离退休党支部获评全市离退休干部“示范党支部”。区老年大学报送的《北京有个金太阳》节目入选全国老年大学元宵晚会。

【加强思想政治建设】 2021年,紧扣“庆祝中国共产党成立100周年”主题,组织离退休干部、老年学员开展党史学习教育,举办多场专题宣讲活动,开展“走读学党史”、喜迎建党百年文艺会演、书画摄影展、“党在我心中”征文比赛、参观红色纪念馆等系列庆祝学习活动。坚持为老干部订阅《老友》《中办通讯》等多种报纸杂志。拓宽老干部线上学习渠道,充分利用“银耀赣鄱”平台,了解时事资讯、学习党的最新理论知识、交流学习心得体会。在机关事业单位成立9个离退休干部党支部。积极探索“三联”工作机制,组织联建、活动联办、服务联动,引导离退休党组织进社区共建共治共享,积极“带好三个头”——带头增强政治意识、带头联系服务群众、带头参与社区中心工作,实现同频共振。组织引导老干部围绕全区中心工作,积极开展调查研究和建言献策活动,为领导决策提供参考,推动全区经济高质量发展。组织老干部赴南昌建军雕塑广场开展“我看建党百年新成就”调研活动;组织镇(街道、管理处)老干部志愿服务队开展疫情防控、文明劝导、垃圾分类、环境治理等各类志愿服务活动60余次,900余人次参与志愿服务活动。

【提升老干部服务效能】 2021年,全力落实“两费”,离休费按时足额发放,医药费按规定及时报销,并做好确因抢救或病情需要使用目录外药品报销工作,切实为离休干部提供高效便捷、优质细化的医疗服务保障。区委组织部联合区医保局、区财政局出台《红谷滩区离休干部医药费单独统筹管理实施细则》。认真落实《全区离退休干部慰问办法》和离休干部“一对一”结对联系服务制度。经常性通过电话、短信、微信等方式,关心慰问老同志,重大节假日上门走访,了解离退休干部身体和生活情况,帮助解决实际困难。

【区老年大学建设】 2021年,租赁区城投公司1596.03平方米(绿茵路799号红谷世纪花园B10、B11公建),投资400万元用于改造装修和设备采购,打造区本级老年大学,有效解决红谷滩区老干部服务中心、老年大学办公和老年大学教学场所。全区老年大学基层社区教学点80个,覆盖社区46个,涵盖9个专业,基层学员2800余名,共拨付教育经费76万元。参加南昌市委老干部局举办的“回望百年路,永远跟党走”文艺会演活动,时装秀《永远跟党走》、合唱《中国进入新时代》分别获二等奖、三等奖。借助省市老年文化艺术节等平台,抓住“庆祝建党100周年”契机,充分发挥自身优势,组建民乐队、器乐队、舞蹈队、模特队等,进一步巩固优质老年教育成果。

【关心下一代工作】 2021年,全区“双百工程”结对帮扶共7179对(比上年增加近1倍),其中扶贫助学1915对,帮教帮学5264对;投入帮扶资金170万元,其中区级财政40万元,镇(处)、街道级财政18万元,村(居)级财政112万元;帮扶贫困学生448名。积极开展“五老”“一对一”关爱帮扶活动,在青少年中广泛开展“四史”学习教育,“学党史、感党恩、跟党走”宣讲,“两法教育”宣讲等活动,组建青少年法律维权服务队17支,累计报告298场,服务青少年2.5万余人次。

(朱　燕)

机构编制

【概况】 2021年,红谷滩区委机构编制委员会办公室(以下简称区委编办)在区委、区政府和区委编委的正确领导下,在市委编办的关心指导下,以务实创新为导向,立足本职,服务大局,平稳开展行政区划调整机构改革工作,扎实推进镇(街道)机构改革工作,积极做好事业单位改革试点工作,建立健全机构编制管理机制,展现红谷滩区委编办干部的担当作为。各项工作取得阶段性成效,机构编制管理得到进一步规范和加强。

【开展行政区划调整机构改革工作】 2021年,为理顺区划调整工作思路,尽量少走弯路,把好事办好,区领导带队学习考察,学习区划调整所涉各项工作,尤其是机构设置和人员配备的规定流程和宝贵经验。按照省市行政区划调整的总体意见要求,结合红谷滩区实际,区委编办精心梳理、认真谋划,根据市委编办的指导意见,结合红谷滩区职能调整改革实际,坚持以职能为导向,严格按照2019年省市机构改革最新精神,科学设置红谷滩区党政群机构工作,严格规范制定“三定”规定,正式印发党政群各部门“三定”方案。

【推进镇(街道)机构改革工作】 2021年,红谷滩区涉改单位为一镇两街,分别为生米镇、沙井街道和卫东街道。区委编办严格按照省市推进基层整合审批服务执法力量精神,完成镇(街道)“三定”设置,其中生米镇职能机构8个、沙井和卫东街道职能机构5个;整合镇(街道)

行政审批和公共服务职责、机构和人员，组建公共服务办公室（便民服务中心），积极推广大厅内“前台+后台”快捷办公模式，为审批服务提供支持和保障，逐步实现“一站式服务”“一门式办理”；整合原有站所的执法力量和资源，组建行政执法办公室（综合行政执法队），开展各类执法工作，从体制机构上改善镇（街道）多头执法、执法力量薄弱等问题，实现一支队伍管执法。

【做好事业单位改革试点工作】 2021年，准确把握改革精神，及时掌握改革动向，结合红谷滩区行政区划调整及工作实际，制订《红谷滩区事业单位改革试点工作方案》。为解决红谷滩区事业单位机构和编制资源“先天不足”问题，区委编办积极沟通、大力争取红谷滩区事业单位改革“瘦身”与“健身”相结合，共设立56个区直事业单位和党政群机构下属事业单位，做到有减有增，既求平衡又有突破。

【开展涉改单位人员转隶划转工作】 2021年，根据市委、市政府《关于南昌市部分行政区划调整工作的实施意见》，为积极稳妥推进红谷滩区行政区划调整，确保新组建党政部门尽早实现高效运转，确保各项工作有序衔接，由区委编办牵头组织开展红谷滩新区工作人员和原湾里区机关行政人员划转的前期准备工作，就全体干部职工情况进行梳理，严格遵循人随事走、身份不变、平稳推进、承接有序的原则完成1094名人员划转，其中区管干部298名、一般干部及其他工作人员796名。

【建立健全机构编制管理机制】 2021年，积极做好机构编制核查工作。按照《第二次全省机构编制核查实施方案》要求，开展机构编制核查，通过业务培训、规范信息采集、数据分析汇总、实地核查等方式，按时完成核查工作，确保全区机构编制数据的真实性、准确性和全面性。同时，建立红谷滩区委编委议事规则和工作流程。成立区委编委，召开编委会，并多次组织学习《中国共产党机构编制工作条例》《机构编制监督检查工作办法》《全国机构编制核查暂行办法》等有关规定，切实加强党对机构编制工作的集中统一领导。

【落实部分机构调整工作】 2021年，根据市委编办关于对部分机构进行调整的工作部署，区委编办积极推进，抓紧落实。整合组建区政务服务数据管理局，不再保留区行政审批局；区大数据中心（智慧红谷滩服务中心、区科技创新事务中心）更名为区科技创新事务中心，撤销区行政审批服务保障中心，设立区政务服务中心，为区政务服务数据管理局下属事业单位。设立区中小企业服务局、区中小企业服务中心。区城市管理局更名为区城市管理和综合执法局。粮食行政管理职能从区农业农村局划转至区发改委。

（肖红红）

保密工作

【概况】 2021年，红谷滩区认真贯彻落实保密工作责任制，抓紧保密日常管理，抓好保密宣传教育，抓牢保密技术装配，顺利完成全年工作任务。全区未发生重大失泄密事件。

【区委领导重视保密工作】 2021年，先后在第13次、第17次区委常委会会议上学习《2020年全国窃密泄密通报》《部分机关、单位微信泄密案例的通报》，区委主要领导听取相关工作报告，并对做好全区保密工作进行强调部署；区委分管领导多次对落实好上级保密工作精神作出批示，在加强保密宣教、严格日常管理等具体工作上提出具体要求。

【开展“4·15”全民国家安全教育日活动】 2021年，将普及保密知识、提升保密意识作为2021年全民国家安全教育日系列活动的重要内容，指导有关单位、各属地通过拉横幅、播放电子标语、宣教视频、发放宣传资料等方式同步开展保密宣传教育；积极配合“第六个全民国家安全教育日主题展览”，制作并现场发放保密宣传手册300份，在机关食堂滚动播放保密专题视频，营造浓厚宣传氛围。

【开展保密法治宣传月活动】 2021年，以承办“全市基层保密示范点参观活动”为契机，在生米街道打造保密示范工作室，在硬件上配备“三铁一器”、涉密专用电脑、打复印机、碎纸机等设备，在软件上注重制度完善，建立涉密载体、涉密计算机、涉密人员等工作台账；结合保密工作重点，精心制作并展示宣传展板11块，发放保密宣传折页200份、保密法规手册50份、宣传品420余份。

【开展保密实地督查】 2021年，对6家重点单位开展保密工作实地检查，重点查看计算机、文件日常保密管理及保密各项工作制度和台账情况，做好上级文件精神的传达、保密知识的宣传普及以及经验做法的沟通交流。

【加强保密指导提醒】 2021年，针对部分区直单位办公场所搬迁实际，及时印发《关于做好办公场所搬迁期间保密工作的通知》，督促、提醒相关单位提前统筹谋划，对涉密载体分门别类建立台账，明确专人负责涉密载体的搬迁转运和妥善安置，确保全流程安全可控。

【加强技术平台监督】 2021年，坚持对苗头性问题早发现、早处理，定期对非涉密计算机监管平台信息进行审核研判，每月上报审核情况；全年共筛查信息17万余条，下发书面整改通知书3份，口头督促、反馈问题清单14次。

【聚焦社交平台保密管理】 2021年,印发《关于规范机关、单位微信、QQ工作群等社交媒体平台保密管理的通知》,督促各单位对建立、管理的微信工作群、QQ工作群、微信公众号、短视频公众号等平台进行摸底清理,建立清查台账,明确管理人,全区共摸排工作群420个、公众号32个、官方微博4个。

(罗 静)

区直机关党的建设

【概况】 2021年,红谷滩区直机关坚持以党的政治建设为统领,以习近平新时代中国特色社会主义思想为指导,深入贯彻落实中共十九届五中、六中全会精神和新时代党的建设总要求,按照"整体推进、重点培育、全面提升"的工作思路,以凝心聚力为抓手,全方位助推机关党建工作,提升基层党组织整体活力,为红谷滩区打造创新发展高地提供坚强组织保证。

【思想政治建设】 2021年,加强党史学习教育。以支部为单位,强化思想政治根基,注重在"学""实""严"上下功夫,引导区直机关900余名党员干部转思想、提素质,强引领、抓落实,促进党史学习教育常态化。69个机关党支部均制定"党员党史学习计划表",为党员推出"主题式"菜单,列出学习内容,指明学习方向,梳理学习要点,党员大会专题学习676次,党委(党组)领导班子成员讲党课158次,支部讲党课218次,其中书记讲党课74次。通过知识竞赛、演讲比赛、征文比赛等形式让党员听进去、学起来、做到位。开展"双周大讲堂"。41个区直机关单位围绕习近平总书记提出的"八大本领"(学习本领、政治领导本领、改革创新本领、科学发展本领、依法执政本领、群众工作本领、狠抓落实本领、驾驭风险本领)和"七种能力"(政治能力、调查研究能力、科学决策能力、改革攻坚能力、应急处突能力、群众工作能力、抓落实能力),以集中授课、专题研讨、实地观摩、技能竞赛等形式,结合中心组学习、"三会一课"、主题党日、组织生活会,每期讲堂根据不同主题着力提高党员领导干部政治能力和业务本领。围绕"我为群众办实事"实践活动,结合"党员干在一线"行动,认真开展"三联三亮三服务"(通过省、市、区联动联创联建,引领党员干部亮身份、基层群众亮需求、服务对象亮评分,推动机关党员干部在服务基层、服务群众、服务企业中弘扬务实作风)活动。组织和引导700余名机关在职党员每月到居住地和机关结对社区进行"一对一"帮扶,"一对一"问候。共计参加社区志愿服务6403人次,与社区干部进行座谈263次,开展社区调研161次,认领"微心愿"739个。

【机关党组织建设】 2021年,优化党组织设置。区划调整以来,新设机关党委2个、党总支3个、党支部69个,确定机关党组织书记均由单位主要党员负责人或分管组织人事的党员领导干部担任。组织41个区直机关党组织书记述职述廉,总结区机关党建经验做法。严肃党内政治生活。召开民主生活会和组织生活会,发扬党内民主,加强党内监督,按照要求每月落实"支部主题党日"制度,从时间安排、参加范围、活动方式、活动内容、活动制度、活动地点等方面进行全面加强和规范。区直各单位积极以建设"六好"(班子建设好、组织设置好、服务队伍好、服务能力好、服务机制好、服务业绩好)党组织为目标,以基层党建"三化"(标准化、规范化、信息化)为抓手,以"示范争先"的高度自觉和实际行动,把"规范"理念和"标准"要求融入机关支部建设各方面。强化党务培训。针对新成立的机关党组织党务干部更换频繁、素质不高、业务不熟的问题,在南昌八一学院成功举办一期50余人的机关党组织履职能力提升培训班,激发和释放了党务干部队伍活力。

【党员队伍建设】 2021年10月,向区直机关党组织和党员干部发出"转作风树形象,我是党员我先行"倡议书千余份,同步成立红谷滩区作风办,认真落实区委书记吴江辉提出的"在工作中、生活上不错位、不越位,不犯规、不违规,不触'雷区'、不越'红线'、不破'底线'"的要求,动员广大党员做转变作风的带头者、严守纪律的践行者、文明礼仪的宣传者。开展"清廉机关建设"。按照分步分批实施推进的安排,至年底,首批创建3个示范点,力争到2023年底达到目标覆盖百分百。通过以点带面,示范带动,全面增强党员干部队伍廉洁自律意识,增强党组织管党治党责任意识,促进区直机关全面从严治党、党风廉政建设和反腐败斗争向纵深发展、向基层延伸、向每一位党员干部覆盖。

(徐俊君)

史志编研

【概况】 2021年5月,红谷滩区档案馆(红谷滩区委史志研究室)正式组建。区档案馆(史志研究室)坚持"党史姓党"、依法治志工作原则,按照省、市史志工作部署,结合区情实际,积极推进史志资料征集、编纂研究、宣传教育等工作,全区史志工作取得一定成效。

【开展全面记录小康工程大事记编纂工作】 2021年,按照省、市工作要求,围绕乡村建设、禁捕退捕、精神文明建设、脱贫攻坚等方面内容,扎实开展《红谷滩区区级小康大事记(2020)》编纂工作,及时做好大事记资料征集、整理及省级数据库上传工作。7月15日,为提高编纂水平,区委办、区委宣传部组织召开全面记录小康工程大事记编纂培训会。会议邀请省地方志研究院指导处副处长熊军培训授课,区委常委、宣传部部长邓越峰出席会议并讲话,区委办、区委宣传部主要负责人,各镇(街道、管理处)宣传工作分管领导、史志工作分管领导、史志工作业务骨干及全区各社区(村、场、站)负责大事记编纂的工作人员参加培训会。

【编纂《红谷滩大事记》】 2021年,根据全区每月工作实际情况,对月度大事记栏目进行调整和修改,围绕全区工作重点,增加"工作动态"栏目。不断巩固全区大事记工作网络,加强对大事记编辑工作的督促和指导,每月征集全区各单位月度大事记编辑资料,逐月编辑12期全区月度大事记,共10万余字,真实记载全区发生的大事、要事、特事。在上年度全市月度大事记基础上,按照时间先后顺序重新编排、补充,开展2020年《南昌大事记》编纂工作。

【编辑《红谷滩年鉴(2020)》】 2021年,根据全区经济社会发展实际及特色情况,编辑《红谷滩年鉴(2020)》。该书为红谷滩的第一部年鉴,设立特辑、大事记、区情概况、中共红谷滩区委员会、红谷滩区人民代表大会、红谷滩区人民政府等类目。3月5日,为提高编辑水平,区政府办采取以会代训的方式,组织召开区级年鉴编辑培训会,邀请市史志办年鉴科负责人喻学辉现场培训年鉴撰稿编辑实务。抓好年鉴编辑工作,落实责任,明确任务,强化督促和指导,精心编辑、修改、校核,努力提高编辑质量和效率。

【扎实推进史志宣教工作】 2021年,围绕加强宣传思想文化工作总体目标,结合党史学习教育,通过示范引领、丰富形式、创新载体,扎实推进史志宣教工作。举办党史专题报告会和读书班,组织县级领导赴牛行车站、建军广场、赣州于都中央红军长征出发纪念馆等地开展"红色走读"活动、在VR科创城开展学习中共十八大以来的历史专题研讨活动,深入挂点镇(街道、管理处)或村(社区)上党史学习教育专题党课,带领广大干部群众从党史学习教育中汲取精神力量。推广"人人讲 人人学"特色做法,组织道德模范、优秀党员、退役军人、抗疫英雄等先进群体,深入群众,进行党史宣讲,推动"接地气"的党史学习教育和红色故事深入群众、深入基层、深入人心。利用红谷滩数字科技优势,在牛行车站展示馆率先引进党史VR模拟体验项目——"5G红色展馆+VR互动",使用AR望远镜、AR换装等科技元素,让参观者全方位、互动式、沉浸式地融入历史环境,实时感受党史百年峥嵘。6月,全区在牛行车站、南昌起义展示馆、建军雕塑广场、长天廉文化广场、南昌军事主题公园和南昌舰等红色景点开展为期一个月的"AR看城市,互动学党史"活动,市民群众可进行现场扫描互动答题,在虚实结合中,以互动的方法,提升党史学习教育的有效性、趣味性。同时,在VR基地党群服务中心和VR科技馆打造"VR+学习教育的模式",打造"VR+党史""VR+党建馆""VR+红色旅游"3种模式,配备50余个革命场馆、30余个革命旧址,通过场景切换,实现"云游"党建馆,用科技手段让党史学习教育"活起来"。

(徐 卓)

档案编研

【概况】 2021年5月,红谷滩区档案馆正式组建。区档案馆围绕区委中心工作和全年目标任务,突出重点、夯实基础、规范管理,积极推进档案利用服务体系、档案安全体系、档案管理体系建设,不断提升档案管理水平和服务能力。

【推进综合档案室规范化建设】 2021年,对照档案规范管理要求,在机关办公用房较紧张的情况下,安排120平方米办公用房作为区综合档案室用房,并配备防盗门、空调、消防灭火器、温湿度计等设施,保证了档案室的防火、防虫、防盗、防鼠、防潮、防强光要求,保障了档案安全。制定《档案安全工作突发事件应急预案》,进一步提高风险防范和安全保障能力。同时,结合工作实际,制定《档案管理办法》《综合档案室岗位责任制》《档案借阅查阅制度》等办法措施,建立健全档案收集、整理、利用工作机制,保证档案管理工作规范有序。

【接收保管档案】 2021年,对2002年以来的文书档案按标准进行归档整理,并对其他门类和载体档案分别按照各门类档案规范要求进行整理归档。同时,不断加大档案接收力度,切实做好各单位档案接收工作。全年共接收档案2973件、永久档案1976件,共形成档案近6.08万件。对区直各单位档案工作进行前期规范性指导。根据实际需要,更换一批档案灭火设备,保障库房安全和档案鉴定、档案扫描期间档案保管安全。及时做好档案调卷、还卷及清点核查工作。

【档案利用服务】 2021年,为提升查档利用满意度,档案馆工作人员在日常查阅接待中做到"热情接待、文明用语、依法查档、规范办理、安全利用、廉洁自律、勤俭节约",为档案利用查询者提供优质服务。全年共接待利用18人(次),利用档案32件(卷),复印、打印、复制档案文件200余张。将档案查询服务纳入“赣服通红谷滩分厅”,建立网上办服务制度,变被动服务为主动服务。

【推进档案电子信息化建设】 2021年,加快推进档案信息化建设,配备专用电脑,使用专业档案管理软件,对历年来形成的文书档案建立电子数据库。至年底,共形成电子档案近6.08万件、64.47万画幅,为全区档案工作提供高效、快捷、安全的服务。同时,根据上年馆藏档案数字化项目要求,积极开展档案数字化工作。

【开展档案宣传教育】 2021年,组织全区各单位认真学习《江西省档案局转发〈国家局关于认真学习贯彻习近平总书记重要批示的通知〉的通知》,贯彻落实相关文件精神。11月,组织参加国家档案局档案干部教育中心与政策法规研究司、人事司共同在线举办的“十四五”全国档案事业发展规划“公益大讲堂”培训,进一步深化了思想认识,提升了业务水平,夯实了档案工作理论基础。

(程书玉)

党校教育

【概况】 2021年,红谷滩区委党校(区行政学院)聚焦主责主业,坚持党校姓党、从严治校的工作准则,在区划调整的关键时期,始终做到围绕大局、服务中心,全面落实教育培训、科研创新等重点工作。全年共举办、承办各类轮训培训班次6期,培训学员556人次。扎实有效地完成了区委、区政府交办的各项中心工作,较好地完成了年初既定的目标任务。

【干部培训工作】 2021年,紧密结合工作实际和当前形势,以培训目标、培训效果为导向,因时因势有条不紊开展各类干部培训,培训中注重采用现场教学、红色走读、讨论教学等多种方式,邀请市委组织部、市委党校等领导、专家授课,保障培训质量,取得良好培训效果。承办两期全区党员发展对象培训班及一期全区党员发展对象暨区直机关工委入党积极分子培训班,大力提升党员发展对象及入党积极分子的理论功底和党性修养。与区委组织部、区民政局联合主办红谷滩区村(社区)党组织书记、主任履职能力提升培训班,安排党史学习教育、基层党建、意识形态、党风廉政、乡村振兴、村级经济等学习内容,做到学用结合。承办红谷滩区组工信息宣传业务培训班等,圆满完成了培训工作的既定目标。

【首次主办全区中青年干部政治理论培训班】 2021年11月1—26日,主办区划调整以来红谷滩区首次中青年干部政治理论培训班,区委书记吴江辉作开班动员讲话及专题辅导,全区52名中青年干部参加培训。此次培训分为习近平新时代中国特色社会主义思想,习近平总书记“七一”重要讲话精神与“四史”学习教育,马克思主义基本原理与经典著作,强产业、兴城市、重党建与南昌发展,领导力与人文素养提升5个学习单位,在课程设置上,采取专家授课、现场教学、远程教学、双讲式情景教学、班级讨论、实地调研等形式进行,学员分为4组,围绕贯彻落实习近平总书记“七一”重要讲话精神及中共十九届六中全会精神分别进行分组讨论,学、思、践、悟,为全面建设社会主义现代化红谷滩建言献策,增强培训实效。

【教学教研工作】 2021年,紧紧抓牢教学质量生命线,始终坚持以学习习近平新时代中国特色社会主义思想为中心内容和首要任务,着眼于提高党政领导干部的政治觉悟、政治能力和执政本领。在2021年全市党校精品课比赛中,区委党校选送的《胸怀理想信念,恰是百年芳华》课程荣获二等奖。依托红谷滩区牛行车站与南昌起义展示馆,开展“坚定信念,坚守初心——从牛行车站看南昌起义”现场教学课程,坚持学以致用、学用结合,把学习成果转化为推动工作的思路和方法。认真开展理论研究,组织党员教师开展理论学习研讨,选送3篇论文参加全市党校(行政学院)系统庆祝中国共产党成立100周年理论研讨会,其中《中国共产党百年奋斗历程视域下中国特色社会主义文化自信的价值探析》一文荣获三等奖。发挥专业优势,积极参与区委宣讲团的宣讲活动,开展中共十九届五中、六中全会精神及“七一”重要讲话精神宣讲8次,宣讲涵盖450余人。

【推动党史学习教育与主责主业相结合】 2021年,以高度的政治站位和责任担当,开展党史学习教育,做到党员教师先学一步,学深一层,力争将党史学习教育内化于心、外化于行,真正做到学史明理、学史增信、学史崇德、学史力行。充分发挥阵地作用,配合区委党史学习教育领导小组,组织全区开展党史学习教育,开展综合协调、简报编送、主题活动等工作;精心备课,面向基层开展党史学习教育专题授课共计15次,覆盖700余人次。充分发挥自身专业优势,按照通俗易懂、深入浅出的原则,结合“我为群众办实事”活动,制作党史知识宣传册2000余份,在“红色驿站”及村、社区进行实地宣传投放;广泛宣传党史知识,面向党员干部群众开展“微宣讲”活动20余次,宣讲对象达180余人次,推动党史学习教育深入群众、深入基层、深入人心。

(李　莹)

精神文明建设

【概况】 2021年,红谷滩区精神文

明建设工作在区委、区政府的坚强领导下，坚持政治思想引领与精神文明创建同步，以习近平新时代中国特色社会主义思想为指导，认真贯彻落实中共十九大和历届全会精神，增强“四个意识”、坚定“四个自信”、做到“两个维护”，坚持“两手抓、两手都要硬”的战略方针，不忘初心、牢记使命，统筹规划，精心组织，广泛开展群众性精神文明建设活动，为全区高质量跨越式发展提供了强大的精神动力。

【培育文明和谐新风尚】 2021年，树立典范弘扬正能量，培育文明和谐新风尚。红谷滩区获评中国好人1人、南昌市道德模范2人、全国文明校园1个(南昌二中)；创建全国文明校园先进学校2个(南昌市红谷滩区第一小学、豫章师范学院)、省级文明校园5个、市级文明校园26个；创建市级文明校园先进学校2个、区级文明校园22个；获评市级新时代好少年4人、区级新时代好少年40人。结合“我们的节日”、道德模范三巡、身边好人推荐、“新时代好少年”典型事迹学习宣传等工作，依托新时代文明实践中心(所、站)等平台，每月组织一场向先进典型学习进机关、进社区、进企业、进学校活动，树立典范弘扬“正能量”，进一步丰富文明内涵。

【提高未成年人文明素质】 2021年，组织红谷滩区未成年人开展文明实践活动，丰富未成年人生活，提高综合素质和文明水平。开展红谷滩区“新时代好少年”典型事迹学习宣传活动、在红谷滩区级媒体定期推送“红心向未来·百名少年诵经典”系列活动，4期优秀视频在学习强国平台展播，同步在平台上进行微信投票展示，浏览量达50万人次，有效推进学党史悟思想入脑入心。开展红谷滩区“童心向党小手拉大手共创文明城”全城征集令活动，精心组织全区教师、学生和家长积极参与。通过层层选拔、择优推荐，在“千幅作品、千个家庭齐展创思创想”(作品展)中，14个选送作品获奖；在“万名师生万个家庭共话文明新风”(作品展)中，80个选送作品获奖；在“百名亲子百米画卷共绘英雄城”活动中，参与的19个家庭获奖。形成人人争做文明老师、文明家长、文明学生的良好势头。

【打造新时代文明实践阵地】 2021年，打造红谷滩区新时代文明实践阵地，开展活动，不断夯实思想道德基础。按照新时代文明实践阵地有场地、有机构、有队伍、有制度、有标识、有菜单、有计划、有教材、有记录、有成效“十有”标准，以红谷滩区新时代文明实践中心为核心，各所、站为支点，连点成片，形成合力。全区共建成新时代文明实践中心1个、所7个、站135个，基本实现新时代文明实践阵地、人员全覆盖，为全区开展文明实践活动打下良好的基础。以习近平新时代中国特色社会主义思想、习近平总书记“七一”重要讲话精神、理想信念、民主法治、思想道德、家训家风、团结和谐等为主要内容，结合春节、元宵、清明节、端午节、七夕节、中秋节、重阳节等传统节日，开展各类新时代文明实践活动1200余次，宣传服务干部群众3.6万余人次，在潜移默化中教育引导广大市民更加自觉地维护民族团结和社会稳定。

【深化文明城市创建】 2021年，持续深化文明城市创建，建立常态长效机制。成立以区委书记担任总负责，区委副书记、区长担任总指挥，区委副书记担任常务副总指挥的区创建全国文明城市指挥部，配备11人专职队伍，在区机关大楼10楼设立3间办公场所，全年共投入创建经费3516万元，形成人员、资金、场所全保障的立体指挥体系。建立三级调度以及四级督查机制，制定全区线片联创共建实施方案，按照“职责分线、区域分片、领导挂帅、全员联动”总原则，划分22条工作线、6个创建片区，实现“全区覆盖+重点帮扶”。

(邓　文)

信访工作

【概况】 2021年，全区信访工作围绕中央、省、市对信访工作的决策部署，深入学习贯彻习近平总书记关于加强和改进人民信访工作的重要思想，坚持以人民为中心、以依法及时就地解决群众合理诉求为目标，切实履行信访工作责任，深入推进信访工作制度改革，扎实开展领导干部接访下访，全力推进治理重复信访、化解信访积案专项工作，有效维护社会大局和谐。全年全区群众上访总量1140批4231人次。其中，赴省访86批238人次，到市访333批1626人次，来区访662批2292人次。

【群众来访反映问题】 2021年，群众通过来访反映的信访问题主要集中在拆迁安置、劳动保障、房地产维权、城市管理、涉法涉诉、教育6个领域，占来访总量的93.56%。拆迁安置类问题占来访总量的30.92%，主要集中在房屋安置不到位、过渡费逾期未发放、安置房权属不明晰等方面。劳动保障类问题占来访总量的24.02%，主要集中在拖欠农民工工资、市政项目拖欠工程款等方面。房地产维权类问题占来访总量的22.07%，主要集中在开发商虚假宣传、延期交房、违规收费、房屋质量、办理产证、物业管理等方面。城市管理类问题占来访总量的8.24%，主要集中在违章搭建、环境卫生、市政设施等方面。涉法涉诉类问题占来访总量的4.73%，主要集中在有案不立、暴力执法、不服法院判决等方面。教育类问题占来访总量的3.58%，主要集中在学区划分等教育资源配置、教育统筹管理等方面。

【领导重视信访工作】 2021年,区委常委会、区政府常务会6次听取信访工作汇报、研究部署信访工作。区委书记吴江辉多次主持召开信访工作专题调度会,并带头接访和包案化解疑难突出信访问题。区委副书记、区长刘光荣采取深入基层现场调度、上门走访信访群众等方式,积极推动解决信访突出问题。其他区领导坚持"一岗双责",根据领导分工,协调化解一大批分管领域信访事项。全年全区县级领导干部值班接访261次,到岗率100%,协调调度信访事项101件次。

【健全信访工作制度】 2021年,为进一步压紧压实责任,健全信访工作体系,区委审议出台《红谷滩区信访工作责任制实施细则》《红谷滩区信访工作联席会议工作制度》等10项规章制度,对信访工作联席调度、考核问责、领导包案、来访接待、驻京值班、信息预警等各方面作出详细规定,推动全区信访工作步入法治化、规范化轨道。

【规范信访办理程序】 2021年,区信访工作联席办印发《关于规范信访事项办理程序的通知》,以信访业务规范化建设推动信访问题化解。6月,举办全区信访工作业务培训班,邀请市委信访局业务科室负责人就如何做好新形势下的信访工作及信访网上办理操作等知识进行辅导授课,提升了基层一线信访干部实践能力与水平,取得了"来访会接、网访能回"的良好效果。全年信访事项及时受理率99.95%、按期办结率99.91%、群众满意率76.75%,网上信访占比达75.56%,网上信访成为群众反映诉求的主渠道。

【处理重复信访】 2021年,根据中央、省、市信访工作联席会议决策部署要求,全区深入推进处理重复信访、化解信访积案专项工作,全面落实县级领导包案、提级包案制度,按照"三到位一处理"(群众诉求合理的解决问题到位;诉求无理的思想教育到位;生活困难的帮扶救助到位;行为违法的依法处理)原则,积极践行"三不限三重新"(不限原调查结论、不限原处理意见、不限原领导表态,重新听取上访人申诉、重新调查复议、重新研究处理)工作思路,专题研究分析,找准问题症结,因地因事制宜,采取针对性、实效性强的化解措施,逐案分类化解,做到诉求合理的解决问题到位、诉求无理的思想教育到位,生活困难的帮扶救助到位、行为违法的依法处理到位。通过一系列扎实有效的工作和举措,一大批长期悬而未决的信访事项得到化解。国家信访局第一批交办的82件重复信访事项全部化解,化解率100%,化解质量和进度在全市排第一方阵。

【治理集体上访】 2021年,为全力解决一批重点领域、行业群体反映强烈的合理诉求,探索建立一套高位推动、常态长效的信访突出问题化解机制,9月1日起,用时2个月在全区开展集体访专项治理行动。区信访工作联席会议审议下发《关于落实部门和属地责任解决信访突出问题的工作方案》,分行业、分领域成立八大信访工作专班,压紧压实行业主管部门和属地解决信访突出问题的主体责任。主持召开信访工作专题研判会,从体制机制上查找造成信访问题的短板与弱项,健全完善了一批房地产、农民工工资、虚假宣传等领域源头预防工作机制。至年底,专项工作排查梳理集体访43件,直至专项行动结束,化解40件,化解率93%。

【来访接待场所提升改造】 2021年,对照"人民满意窗口"标准,区委区政府投入专项资金对区人民来访接待中心进行提升改造,实现功能设施完备、工作制度健全、宣传引导到位、渠道便利畅通、服务环境整洁的规范要求,满足办公、接访、调度、调处的需要,为做好群众来访接待工作夯实了硬件基础。

(毛　青)

区委巡察

【概况】 2021年5月,红谷滩区设立区巡察工作联络中心,为区委巡察办管理的正股级事业单位,核定全额拨款事业编制5名。全年红谷滩区委共开展1轮巡察,组建3个巡察组对2个区直单位和1个国有企业党组织开展常规巡察加专项监督检查。(2020年10月,因区划调整,原湾里区部分机关干部转隶至红谷滩区,经红谷滩区委批复,巡察机构正式成立。按照"一办三组"的组织框架,核定区委巡察办行政编制3名,设主任1名,副主任1名;设置3个巡察组,核定行政编制9名,每个巡察组设组长1名、副组长1名、巡察专员1名。)

【制定《区委巡察工作责任清单》】 2021年2月4日,制定出台《区委巡察工作责任清单》,明确区委、区委巡察工作领导小组、区委巡察工作领导小组办公室和区委巡察组具体职责,分别列出区委履行巡察工作主体责任清单、区委书记履行巡察工作第一责任人责任清单、党委班子其他成员履行巡察工作职责清单、巡察工作领导小组履行组织实施责任清单、巡察工作领导小组组长主要职责清单、巡察工作领导小组副组长主要职责清单、联系巡察工作的纪委副书记责任清单、联系巡察工作的党委组织部副部长责任清单、巡察工作领导小组办公室主要职责清单、巡察工作领导小组办公室主任主要职责清单、巡察组主要职责清单、巡察组组长主要职责清单、巡察组副组长主要职责清单、巡察组联络员主要职责清单等14个责任清单,为压实责任、提升巡察质效提供制度保障。

【印发《红谷滩区政治巡察深化提质行动工作方案》】 2021年4月16日,印发《红谷滩区政治巡察深化提质行动工作方案》,通过岗位练兵常态化、机制建设标准化、上下联动一体化、监督融合高效化、政治巡察精细化,推动工作能力和水平整体提升。

【制定巡察监督与纪检监察协作配合相关文件】 2021年6月30日,印发《关于加强派驻监督与巡察监督协作配合的意见》,就加强信息沟通、开展协作联动、推动整改落实等做规定。印发《关于加强执纪监督与巡察监督协作配合的意见》,明确总体要求、加强信息沟通、开展协作联动、推动整改落实等方面内容。

【一届区委第一次巡察工作领导小组会议召开】 2021年11月12日,召开第一届区委第一次巡察工作领导小组会议。区委书记、区委巡察工作领导小组组长吴江辉主持会议并讲话。区委常委、区纪委书记、区监委主任、区委巡察工作领导小组常务副组长帅志,区委常委、组织部部长、区委巡察工作领导小组副组长胡军出席。会议学习传达市委巡察办《关于开展城市绿化领域专项监督检查(巡察)的工作方案》及相关工作提示精神,审议《中共红谷滩区委巡察工作实施细则(试行)》《红谷滩区被巡察党组织配合区委巡察工作的实施办法》《一届区委首轮巡察工作方案》,并对下一步落实巡察工作进行研究部署。

【一届区委第一轮巡察工作动员部署会召开】 2021年11月16日,召开第一届区委第一轮巡察工作动员部署会。区委常委、区纪委书记、区监委主任、区委巡察工作领导小组常务副组长帅志出席并讲话,区委常委、组织部部长、区委巡察工作领导小组副组长胡军出席并宣布本轮巡察工作的任务分工。会上,传达学习习近平总书记关于巡视巡察工作的重要论述,以及中央、省委、市委关于深化政治巡视巡察工作的部署要求;传达区委书记吴江辉关于巡察工作指示精神。被巡察党组织负责人和区委第三巡察组组长分别作表态发言。

【制定出台区委巡察工作实施细则、实施办法】 2021年11月16日,制定出台《中共红谷滩区委巡察工作实施细则(试行)》,全文共8章67条,包含总则、组织领导和机构人员、巡察范围和内容、工作方式和权限、工作程序、整改落实和督查、纪律与责任、附则等方面内容。同日,制定出台《红谷滩区被巡察党组织配合区委巡察工作的实施办法》,全文共5章25条,包含总则、协调配合、整改落实、纪律与监督、附则等方面内容。

【印发《一届区委第一轮巡察工作方案》】 2021年11月17日,印发《一届区委第一轮巡察工作方案》,包含目标任务、组织领导、巡察对象、巡察组构成、巡察时间、巡察内容、巡察方式、工作步骤等方面内容。

【提请区委常委会开展巡视巡察相关精神学习并部署相关工作】 2021,提请区委常委会开展巡视巡察相关精神学习并部署研究巡察相关工作6次。先后学习传达《关于加强巡视巡察上下联动的意见》文件精神、中共江西省委办公厅《省委巡视关于十四届省委第十轮巡视“回头看”发现倾向性问题的通报》文件精神、中共江西省委巡视工作领导小组《关于加强省委巡视反馈工作的意见》文件精神、2021年全国巡视工作会议暨十九届中央第七轮巡视动员部署会精神和全省巡视巡察工作会议暨十四届省委第十一轮巡视动员部署会精神、中共江西省委巡视工作领导小组《关于十四届省委巡视开发区发现问题的通报》文件精神。

(仇莉萍)

2021 年中国共产党红谷滩区委颁发文件选目一览表

表 2

文号	文件标题
红谷发〔2021〕1 号	区委发出《中共红谷滩区委关于调整部分党组织设置的通知》
红谷发〔2021〕3 号	区委、区政府发出《中共红谷滩区委　红谷滩区人民政府关于调整区领导挂点联系指导镇(街道、管理处)有关工作安排的通知》
红谷发〔2021〕5 号	区委发出《中共红谷滩区委关于转作风优环境的意见》
红谷发〔2021〕6 号	区委发出《中共红谷滩区委印发〈红谷滩区政法队伍教育整顿工作实施方案〉的通知》
红谷发〔2021〕7 号	区委发出《红谷滩区政法队伍教育整顿领导小组及办公室组成人员名单》
红谷发〔2021〕8 号	区委发出《中共红谷滩区委印发〈关于在全区开展党史学习教育的实施方案〉的通知》
红谷发〔2021〕9 号	区委、区政府发出《中共红谷滩区委　红谷滩区人民政府关于进一步加强红谷滩区平安建设基层基础规范化工作的通知》
红谷发〔2021〕11 号	区委发出《中共红谷滩区委关于制定全区国民经济和社会发展第十四个五年规划和二〇三五年远景目标的建议》
红谷发〔2021〕12 号	区委发出《中共红谷滩区委关于成立南昌市红谷滩区领导班子换届工作领导小组的通知》
红谷发〔2021〕13 号	区委发出《中共红谷滩区委关于成立中共红谷滩区委统一战线工作领导小组的通知》
红谷发〔2021〕16 号	区委发出《中共红谷滩区委关于表彰全区优秀共产党员、优秀党务工作者和先进基层党组织的决定》
红谷发〔2021〕17 号	区委发出《中共红谷滩区委关于表扬"红谷滩区政法英模人物"的决定》
红谷发〔2021〕19 号	区委发出《中共红谷滩区委关于加强新时代人大工作的意见》
红谷发〔2021〕20 号	区委发出《中共红谷滩区委关于成立中国共产党红谷滩区第一次代表大会筹备工作领导小组的通知》
红谷发〔2021〕21 号	区委发出《中共红谷滩区委关于中国共产党红谷滩区第一次代表大会代表选举工作的通知》
红谷发〔2021〕22 号	区委发出《中共红谷滩区委关于印发〈红谷滩区归国华侨联合会成立大会暨第一次归侨侨眷代表大会工作方案〉的通知》
红谷发〔2021〕23 号	区委发出《中共红谷滩区委关于增加〈中国共产党红谷滩区第一次代表大会筹备工作领导小组〉有关工作组人员的通知》
红谷发〔2021〕24 号	区委、区政府发出《中共红谷滩区委 红谷滩区人民政府关于表扬全区扫黑除恶专项斗争优秀集体和优秀个人的通报》
红谷发〔2021〕25 号	区委发出《中共红谷滩区委关于调整南昌市红谷滩区领导班子换届工作领导小组组成人员的通知》
红谷发〔2021〕26 号	区委发出《中共红谷滩区委关于印发〈中国人民政治协商会议南昌市红谷滩区第一届委员会组建工作方案〉的通知》
红谷发〔2021〕27 号	区委发出《中共红谷滩区委关于区委书记、副书记及常委分工的通知》
红谷发〔2021〕28 号	区委、区政府发出《中共红谷滩区委 红谷滩区人民政府关于调整区领导挂点联系指导镇(街道、管理处)有关工作安排的通知》
红谷发〔2021〕29 号	区委发出《中共红谷滩区委关于成立政协红谷滩区第一届委员会第一次会议临时党委和各讨论组成立临时党支部的决定》
红谷发〔2021〕30 号	区委发出《中共红谷滩区委关于成立红谷滩区第一届人民代表大会第一次会议临时党委和各代表团临时党支部的决定》
红谷发〔2021〕31 号	区委发出《中共红谷滩区委关于认真学习宣传贯彻市第十二次党代会精神的通知》
红谷发〔2021〕32 号	区委、区政府发出《中共红谷滩区委　红谷滩区人民政府关于调整区委全面深化改革委员会等部分议事协调机构及相关组成人员的通知》
红谷发〔2021〕33 号	区委发出《中共红谷滩区委关于调整部分单位党组织设置的通知》
红谷发〔2021〕34 号	区委发出《中共红谷滩区委关于实施民生实事项目人大代表票决制工作的意见(试行)》
红谷发〔2021〕35 号	区委发出《中共红谷滩区委印发〈关于加强区纪委区监委对区委、区政府及其班子成员同级监督的实施办法〉的通知》
红谷发〔2021〕36 号	区委发出《中共红谷滩区委印发〈关于加强区管"一把手"监督的实施意见〉的通知》
红谷发〔2021〕37 号	区委发出《中共红谷滩区委关于认真做好省委巡视整改抽查反馈问题整改工作的通知》
红谷发〔2021〕38 号	区委发出《中共红谷滩区委关于进一步加强和改进人民政协民主监督工作的实施意见》
红谷发〔2021〕39 号	区委发出《中共红谷滩区委关于新时代加强和改进人民政协工作的实施意见》

(程可欣)

红谷滩区人民代表大会

综　　述

2021年，红谷滩区人大在区委的坚强领导和上级人大的科学指导下，区人大筹备组和区人大常委会有序过渡、无缝衔接，紧紧抓住事关人大工作全局、事关红谷滩长远发展的若干重点工作，着力扣好"第一粒扣子"、走稳第一步征程，在全面建设社会主义现代化红谷滩新征程中体现人大作为、展现人大担当。

持续强化理论武装，深刻领会习近平总书记关于坚持和完善人民代表大会制度的重要论述精神。不断加强党的全面领导，做到与区委在政治上同向、思想上同心、工作上同步。扎实开展党史学习教育，把学习成果转化为做好新时代人大工作的生动实践；组织全区干部群众参与中华苏维埃代表大会制度史专题网络知识竞赛，总得分及参与人次名列全省100个县区首位。

精细组织选举代表，在全区110个选区选举产生区第一届人民代表大会代表184名。精心谋划人大会议，成立红谷滩区第一届人民代表大会第一次会议筹备工作领导小组，依法依规完成大会各项议程。精准落实工作要求，10月9日，区第一届人民代表大会第一次会议开幕，184名区人大代表履行职责，选举和审议各项报告。

决定重大事项，批准《红谷滩区国民经济和社会发展第十四个五年规划和二〇三五年远景目标纲要》。规范人事任免，依法选举和任命国家机关工作人员。加强法治建设，印发《关于加强规范性文件报备工作的通知》，向市人大常委会报备区第一届人大第一次会议材料10件，备案审查区人民政府、生米镇第一届人大主席团会议材料5件。配合推动市级民生实事票决项目落地，推进区、镇两级民生实事项目人大代表票决制工作制度化、规范化、常态化。

开展视察监督，组织人大代表对长云社区养老服务中心、普贤社区邻里中心和庐山南大道266大队老旧小区改造等民生项目开展首次代表视察。积极开展调查研究，深入区政府相关部门、区法院、区检察院和各基层单位开展工作调研，形成区文化旅游、学校建设、城市管理等5项调研报告。扎实推进执法检查，配合省、市人大常委会执法检查组开展《中华人民共和国固体废物污染环境防治法》《江西省旅游者权益保护条例》等法律法规贯彻落实情况的执法检查。统筹谋划宪法宣传。贯彻落实干部

2021年5月13日，区人大代表调研生米镇人大代表选举工作

（区人大供图）

任前法律知识考试和宪法宣誓制度，增强国家机关工作人员的宪法意识和法治观念；开展“国家宪法日”和“宪法宣传周”进校园、进社区系列宣教活动。

深入基层倾听民意，区人大常委会领导定期到区委信访值班室接访，深入挂点的基层单位调研基层党建、安全生产等工作。开展“转作风、优环境”大走访活动，深入140家企业，为企业送政策、问需求、解难题。走进社区服务民生。积极开展“我为群众办实事”活动，组织省、市、区人大代表认真听取群众代表提出的意见与建议。区第一届人大第一次会议以来，已开展区人大代表进社区服务活动18次，参与代表达230余人次。努力推动解决民忧，结合“红谷连心会”等形式走访选民、收集民意、解决问题。

搭建履职平台，建立健全区、镇人大机构，成立区人大代表履职服务中心，规划部署区级人大代表之家、镇（街、处）人大代表工作联络站、村（社区）人大代表工作联络室三级履职平台的建设。加大交流培训力度，组织基层人大工作主要负责人，赴市代表履职服务中心及兄弟县区代表联络工作站和工作室，学习好经验、好做法。组织新当选市、区人大代表参加初任培训，提高代表的履职能力和工作水平。认真督办代表建议，建立健全代表建议督办机制，对人大代表建议逐一确定“路线图”、绘好“时间表”、制定“任务书”，努力让代表建议件件有着落，事事有回应。

推进制度建设，审议通过《南昌市红谷滩区人民代表大会常务委员会议事规则》等20余项制度，着力推动人大工作规范化、制度化。推进基础建设，区人大筹备组顺利完成机构组建和人员转隶后，及时加强各镇、街道人大机构建设，在生米镇设立人大主席团，在沙井街道、卫东街道设立人大工委。各管理处确立由党工委书记负总责，党工委副书记、党工委委员协管的人大工作机制。推进作风建设，深入开展“转作风、提效率、树形象”专项整治，始终以中央八项规定精神为警戒线，以清廉人大建设为抓手，毫不松懈地抓好党风廉政建设，自觉增强廉政意识，自觉抵制腐败。

（梁玉祥）

重要会议

【概况】 2021年，红谷滩区第一届人民代表大会筹备组共召开9次筹备组会议。区人大常委会共召开1次人民代表大会、3次常务委员会会议、6次主任会议，传达学习贯彻中央和省、市、区有关会议精神，听取和审议有关单位工作情况报告，讨论和决定全市政治、经济、文化等各方面重大工作事项，审议并通过全区有关情况议案，认真研究部署人大各项工作，切实履行工作职责。

【区第一届人民代表大会筹备组会议】 2021年5月17日，区第一届人大筹备组召开第一次会议。会议审议红谷滩区第一届人民代表大会筹备组关于《红谷滩区生米镇人民代表大会代表名额的决定（草案）》、中共红谷滩区人大常委会党组关于要求设立“区镇两级选举委员会、街道、管理处选举指导组”的请示（草案）、红谷滩区第一届人民代表大会筹备组关于设立“红谷滩区第一届人民代表大会筹备组代表资格审查委员会”的决定（草案）。7月22日，区第一届人民代表大会筹备组召开第二次会议。会议审议选任联工委《关于红谷滩区人民代表大会选举的决定（草案）》《关于设立“红谷滩区区镇两级选举委员会，街道、管理处选举指导组”的决定（草案）》《关于设立“红谷滩区第一届人民代表大会代表资格审查委员会”的决定（草案）》；观看警示片《警钟长鸣》。8月9日，区第一届人民代表大会筹备组召开第三次会议。会议审议《红谷滩区人大筹备组关于红谷滩区人民代表大会代表名额初步分配方案的决定（草案）》；通报《红谷滩区人大筹备组关于红谷滩区人民代表大会代表名额初步分配方案的决定》；审议《关于开展区镇人大选举工作督导的通知》。8月23日，区第一届人民代表大会筹备组召开第四次会议。会议确定选举日；审定《红谷滩区区镇两级人民代表大会选举工作实施方案（草案）》；研究讨论《红谷滩区人大选举期间突发性事件应急处置工作预案》。8月27日，区第一届人民代表大会筹备组召开第五次会议。会议审议代表初步候选人名单。9月2日，区第一届人民代表大会筹备组召开第六次会议。会议研究区一届人大代表初步候选人名单。9月9日，区第一届人民代表大会筹备组召开第七次会议。会议审议《红谷滩区第一届人大代表正式代表候选人名单（草案）》《红谷滩区第一届人大代表选举办法（草案）》《区人大代表候选人与选民见面会暂行办法（草案）》；研究关于原则上接受选举委员会部分人员的辞职申请；研究关于进一步加强选举投票准备工作的督导安排。9月23日，区第一届人民代表大会筹备组召开第八次会议。会议审议《区人大筹备组红谷滩区第一届人民代表大会代表选举情况的报告（草案）》；传达学习《关于市转作风提效率树形象专项整治督查组督查发现2起干部作风问题的通报》；研究《召开生米镇第一届人民代表大会的请示》。9月30日，区第一届人民代表大会筹备组召开第九次会议。会议审议关于提请设立“红谷滩区第一届人民代表大会第一次会议财政经济审查委员会”的情况说明（草案）、关于设立“红谷滩区第一届人民代表大会第一次会议财政经济审查委员会”的决定（草案）。

【红谷滩区第一届人民代表大会第一次会议】 2021年10月9—11日，红谷滩区第一届人民代表大会第一次会议在前湖迎宾馆召开。会期两天半。会议选举吴韶宸为区人大常委会主任，吉丽、刘琴、汤长才、王瑞芳、威珊茹、余小标为区人大常委会副主任，刘光荣为区人民政府区长，仇海泉、杨雨晨、吴梅萍、张莲波、熊飞、熊锋为区人民政府副区长，帅志为区监察委员会主任，姜卫民为区人民法院院长，杜迎春为区人民检察院检察长（须报经南昌市人民检察院检察长提请南昌市人大常委会批准）；表决通过南昌市红谷滩人民代表大会法制委员会、财政经济委员会、社会建设委员会组成人员；表决通过关于政府筹备工作报告的决议，关于红谷滩区国民经济和社会发展第十四个五年规划和二〇三五年远景目标纲要的决议，关于区第一届人民代表大会筹备组工作报告的决议，关于区人民法院筹备工作报告的决议，关于区人民检察院筹备工作报告的决议。区委书记吴江辉在闭幕大会上讲话。

2021年11月8日，红谷滩区人大常委会召开第一次会议

（区人大供图）

【区第一届人大常委会第一次会议】 2021年11月8日，红谷滩区第一届人大常委会召开第一次会议。会议传达学习中央人大工作会议精神、南昌市十六届人大一次会议精神；审议《南昌市红谷滩区人民代表大会常务委员会议事规则（草案）》《南昌市红谷滩区人民代表大会常务委员会听取和审议区“一府两院”专项工作报告的实施办法（草案）》《南昌市红谷滩区人民代表大会常务委员会关于代表建议、批评和意见办理的规定（草案）》《南昌市红谷滩区人民代表大会常务委员会人事任免暂行办法（草案）》《红谷滩区实施宪法宣誓制度组织办法（草案）》《南昌市红谷滩区人民代表大会常务委员会关于对区人民政府审计工作及审计查出问题整改情况的监督办法（草案）》《南昌市红谷滩区人民代表大会常务委员会组成人员守则（草案）》《南昌市红谷滩区人民代表大会常务委员会会议列席人员列席规定（草案）》《南昌市红谷滩区人民代表大会常务委员会关于开展执法检查的实施办法（草案）》《南昌市红谷滩区人民代表大会常务委员会组成人员联系区人大代表和区人大代表联系人民群众暂行办法（草案）》《南昌市红谷滩区人民代表大会常务委员会关于代表列席常委会会议的规定（草案）》；审议、表决《关于提请任命夏贤平等职务的议案》。

【区第一届人大常委会第二次会议】 2021年12月2日，红谷滩区人大常委会召开第二次会议。会议审议《关于提请审议将新建区厚田乡划归红谷滩区管辖的议案》《关于提请审议将新建区流湖镇划归红谷滩区管辖的议案》《关于提请审议红谷滩区生米镇撤镇设街道的议案》《红谷滩区人民代表大会代表小组活动工作制度（审议稿）》《红谷滩区人民代表大会常务委员会对拟任人员进行任前宪法法律知识考试办法（审议稿）》。

【区第一届人大常委会第三次会议】 2021年12月23日，红谷滩区人大常委会召开第三次会议。会议听取和审议区人民政府《关于提请王云华等职务任免的议案》《关于提请汪海燕等职务任免的议案》，区监委《关于提请陈勇等职务任免的议案》；听取和审议《关于红谷滩区2021年1—11月财政预算运行情况和2022年财政预算初步安排情况的报告》《关于召开红谷滩区第一届人民代表大会第二次会议的决定（草案）》《南昌市红谷滩区人民代表大会代表履职管理办法（草案）》《红谷滩区人民代表大会代表约见国家机关负责人办法（草案）》《关于设立“红谷滩区第一届人民代表大会常务委员会代表资格审查委员会”的决定（草案）》。

【区第一届人大常委会第一次主任会议】 2021年10月23日，区第一届人大常委会召开第一次主任会议。会议传达学习《中央人大工作会议精神》《南昌市警示教育大会精神》；学习关于团结的相关文件并交流学习心得；审议《南昌市红谷滩区人民代表大会常务委员会主任会议议事规则(草案)》《南昌市红谷滩区人民代表大会常务委员会议事规则(草案)》《南昌市红谷滩区人民代表大会常务委员会专题询问暂行办法(草案)》《南昌市红谷滩区人民代表大会常务委员会关于开展执法检查的实施办法(草案)》《南昌市红谷滩区人民代表大会常务委员会听取和审议区“一府两院”专项工作报告的实施办法(草案)》《南昌市红谷滩区人民代表大会常务委员会组成人员守则(草案)》《红谷滩区民生实事项目人大代表票决制工作实施方案(草案)》《关于实施民生实事项目人大代表票决制工作的意见(试行)》《南昌市红谷滩区人民代表大会常务委员会关于代表建议、批评和意见办理的规定(草案)》《南昌市红谷滩区人民代表大会常务委员会关于先进代表小组和区人大代表积极分子评选及表彰暂行办法(草案)》《南昌市红谷滩区人民代表大会常务委员会关于代表好建议评选及表彰暂行办法(草案)》《南昌市红谷滩区人民代表大会常务委员会组成人员联系区人大代表和区人大代表联系人民群众暂行办法(草案)》《南昌市红谷滩区人民代表大会常务委员会人事任免暂行办法(草案)》《南昌市红谷滩区人民代表大会常务委员会关于代表列席常委会会议的规定(草案)》《红谷滩区实施宪法宣誓制度组织办法(草案)》《关于提请任命夏贤平等职务的议案(草案)》《南昌市红谷滩区人民代表大会常务委员会关于对区人民政府审计工作及审计查出问题整改情况的监督办法(草案)》《中共红谷滩区委关于建立区人民政府向区人大常委会报告国有资产管理情况制度的意见(代拟稿)》《关于预算审查前听取人大代表和社会各界意见建议的实施意见》《南昌市红谷滩区人大常委会预算工作委员会预算审查监督咨询专家库管理办法(草案)》。

【区第一届人大常委会第二次主任会议】 2021年11月15日,区第一届人大常委会召开第二次主任会议。会议研究各工委近期调研、视察工作计划;审议《红谷滩区人民代表大会代表小组活动工作方案(草案)》《红谷滩区人民代表大会代表小组组长和联络员工作职责(草案)》《红谷滩区人民代表大会常务委员会对拟任人员进行任前宪法法律知识考试的办法(草案)》《关于红谷滩区国家机关工作人员任前法律知识考试情况的备案报告》。

【区第一届人大常委会第三次主任会议】 2021年12月2日,区第一届人大常委会召开第三次主任会议。会议审议《关于提请审议将新建区厚田乡划归红谷滩区管辖的议案》《关于提请审议将新建区流湖镇划归红谷滩区管辖的议案》《关于提请审议红谷滩区生米镇撤镇设街道的议案》。

【区第一届人大常委会第四次主任会议】 2021年12月17日,区第一届人大常委会召开第四次主任会议。会议听取和审议红谷滩区2021年1—11月全区财政运行情况和2022年全区财政预算初步安排情况报告的工作方案(草案);审议南昌市红谷滩区人民代表大会常务委员会关于在区人民代表大会闭会期间向区人大代表通报工作的实施办法(草案)、南昌市红谷滩区人民代表大会常务委员会关于实行代表履职登记管理的暂行办法(草案)、关于设立“红谷滩区第一届人民代表大会常务委员会代表资格审查委员会”的决定(草案)、南昌市红谷滩区人民代表大会代表履职管理办法(草案)、红谷滩区人民代表大会代表约见国家机关负责人办法(草案)、关于召开红谷滩区第一届人民代表大会常务委员会第三次会议的请示(草案)、关于红谷滩区国家机关工作人员任前法律知识考试情况的备案报告(草案)。

【区第一届人大常委会第五次主任会议】 2021年12月22日,区第一届人大常委会召开第五次主任会议。会议审议关于红谷滩区国家机关工作人员任前法律知识考试情况的备案报告(草案)、关于召开红谷滩区第一届人民代表大会第二次会议的请示(草案)。

【区第一届人大常委会第六次主任会议】 2021年12月28日,区第一届人大常委会召开第六次主任会议。会议审议《红谷滩区人大常委会2021年工作回顾及2022年工作计划》;研究讨论《南昌市红谷滩第一届人民代表大会第二次会议筹备工作方案》;审议《红谷滩区人大常委会机关2022年预算报告》《红谷滩区第一届人民代表大会第二次会议预算报告》《关于要求刻录一届人大一次会议影像光盘的请示》《关于区人大预算审查联网监督平台建设情况汇报及平台建设进行上网招标的请示》。

(梁玉祥)

重要活动

【概况】 区人大常委会始终坚持党的领导、人民当家做主、依法治国有机统一,紧扣省、市、区决策部署,依法履职,积极作为,开展一系列卓有成效的活动。

【开展党史学习教育】 2021年,区人大常委会从百年党史中汲取赓续奋斗的磅礴伟力,把学习成果转化为做好新时代人大工作的生动实践。组织全区党员干部群众参与中华苏维埃代表大会制度史专题网络知识竞赛,总得分及参与人次名列全省100个县区首位。

2021年2月22日，区人大代表视察沙井街道人大联络工作站

（区人大供图）

【开展代表视察活动】 2021年，区人大常委会党组书记、主任吴韶宸一行视察养老服务中心、社区邻里中心和老旧小区改造项目建设情况，并在红角洲管理处会议室举行视察工作座谈会。相关单位主要负责人参加活动。

【开展人大代表履职服务学习调研】 2021年，区人大常委会组织全区各镇、街道、管理处人大工作主要负责人，赴南昌市代表履职服务中心、新建区代表之家、青云谱区社区代表联络工作站和工作室，学习代表履职平台建设、运行方面的好经验、好做法。

【召开人大选举工作推进会】 2021年，区人大常委会通报选举工作、前期准备工作、宣传工作、选民登记工作进展情况，并对下一阶段的工作进行安排，各镇（街道、管理处）汇报当前人大选举工作情况并作表态。区委书记吴江辉讲话。

【举办区镇两级人大代表选举工作培训】 2021年，邀请江西省人大常委会选举任免联络工委原巡视员李元生担任授课嘉宾。李元生为全体学员作题为《如何做好区镇两级人大代表选举工作》的授课，主要从区镇两级人大代表选举和区镇国家机关领导人员的选举任免两个方面进行授课。

【参加南昌市第十六届人民代表大会一次会议】 2021年10月26日，南昌市第十六届人大一次会议在前湖迎宾馆国际会议中心开幕。红谷滩区代表团38名代表，肩负着人民的期盼与重托，满怀激情参加南昌市十六届人民代表大会第一次会议。代表们踊跃发言，共提出各类代表意见建议62条，提交大会提案3条。

（梁玉祥）

人事任免

【概况】 2021年，区人大常委会坚持党管干部和依法任免干部相统一原则，认真执行干部任前审查、法律考试、投票表决和宪法宣誓等制度，全面贯彻组织意图，共任免地方国家机关工作人员36人次。

【人事任免名单】 2021年，区第一届人大常委会第一次会议通过，决定任命：夏贤平为区人大常委会办公室主任；熊墨强为区人大常委会选举任免和代表联络工作委员会主任；樊万良为区人大常委会监察司法和教育科技文化卫生工作委员会主任；熊琼珺为区人大常委会监察司法和教育科技文化卫生工作委员会副主任；熊卫东为区人大常委会农业和城乡建设环境保护工作委员会主任；杨俊雄为区人大常委会沙井街道人大工作委员会主任；胡月辉为区人大常委会卫东街道人大工作委员会主任。

区第一届人大常委会第三次会议通过，决定任命：王云华为区人民政府办公室主任；詹红跃为区发展和改革委员会主任；王强为区科技和工业信息化局局长；周东亮为区司法局局长；刘红霞为区人力资源和社会保障局局长；钱妤为区文化广电新闻出版旅游局局长；付平平为区退役军人事务局局长；单小健为区应急管理局局长；彭晓辉为区政府金融工作办公室主任；黄同佑为区统计局局长；陈丹为区医疗保障局局长；汪海燕为区教育体育局局长；熊林为区民政局局长；刘峰为区财政局局长；丁菠为区住房和城乡建设局局长；李伟杰为区城市管理局局长；杨楼勇为区农业农村局局长；洪姗为区商务局局长；兰瑞强为区卫生健康委员会主任；李媛为区审计局局长；邓必红为区市场监督管理局局长；邵华为区行政审批局局长；陈勇为区监察委员会副主任；姜昌松子为区监察委员会副主任；刘林峰为区监察委员会委员；邓爱民为区监察委员会委员；吕海为区监察委员会委员；聂寒冰为区监察委员会委员；陈佐为区监察委员会委员。

（梁玉祥）

红谷滩区人民政府

综　述

2021年，是红谷滩历史上具有里程碑意义的一年，顺利选举首届区领导班子，实现管委会向行政区无缝衔接和整体重塑，开启行政区发展新纪元。区政府深入贯彻落实习近平总书记视察江西重要讲话精神，统筹推进疫情防控和经济社会发展，较好地完成了全年各项目标任务，获评全省唯一的全国投资竞争力百强区、全省“五型”政府建设示范县（市、区），实现了“十四五”和首届政府良好开局，凝聚了高质量跨越式发展的强大合力。财政总收入104.87亿元，同比增长2.76%；一般公共预算收入34.21亿元，同口径增长4.66%。预计地区生产总值增长9.5%左右；固定资产投资增长14%以上；社会消费品零售总额增长17%左右；实际利用外资增长8.17%左右；外贸出口增长25.6%左右；城镇和农村居民人均可支配收入分别增长8%左右和8.5%左右。

产业发展提质升级。三次产业结构比调整为0.2∶11.3∶88.5，一套表调查单位净增94家，同比增长276%，总数达508家。数字经济蓬勃发展。高质量举办第四届世界VR产业大会，现场总签约项目25个，签约总金额242亿元，占大会签约总金额的1/3。腾讯安审中心、天美游戏南昌制作中心等项目陆续运营，上海乐相科技、深圳瑞立视多媒体科技、广州玖的数码科技3家中国VR 50强企业签约落户。全国首个国家职业教育虚拟仿真示范实训基地正式挂牌运营，得到副总理孙春兰等中央和省市领导充分肯定。开通5G基站467个，达1490个，总数居全市第一。新增数字经济企业838家，总数达4002家，新增和总数均居全市第一，全口径营业收入突破150亿元。新增规模以上数字经济企业7家，总数达25家，营业收入达52.79亿元，同比增长24.5%。现代金融高位突破。新引进金融机构和企业119家，总数达1233家。德勤华永会计师事务所成功落地，成为首家在江西落户的全球四大会计师事务所。一亿中流企业上市加速器顺利开园，引进17家企业，入驻率超80%，实现总产值近5亿元。出台企业上市扶持政策，奖励金额最高超2000万元。新争取各类资金191.4亿元，超争资目标的3.8倍。金融业增加值预计达258.2亿元，贡献税收24.95亿元。商贸文旅齐头并进。投入1100万元举办5场“乐购红谷，悦享生活”时尚购物节系列活动，带动消费10亿元。地铁·万科广场对外运营，全省首家盒马鲜生盛大开业。打造江西米粉一条街等一批特色商业街，“夜游洪城”“夜赏文创”“夜品佳肴”“夜购潮货”“夜习科普”“夜健体魄”组成的“六夜”经济蓬勃发展。安排3000万元专项资金支持会展业发展，举办中国畜牧业博览会、中国卫星导航年会、中国绿色食品博览会等47场大型会展活动。南昌绿地国际博览中心成为全省首个荣获UFI（国际展览联盟）认证的会展中心，迈入国际化展馆行列。安排700万元专项资金支持文化产业发展，获评全省文化产业重点县（市、区）。总部经济稳步成长。总投资50亿元的紫光智慧教育全国总部、26亿元的台商总部经济大楼、20亿元的中盛金融中心相继落地，中国电建江西总部、中建三局江西总部、中铁广州局江西总部、中铁建工江西总部等6家全国性建筑业区域总部签约落户。

城市品质显著提升。路网建设加快推进，新建成绵峰路等21条道路，新打通贸院路、新维瀚路、飞虹路、凤蝶路4条断头路。南昌地铁4号线顺利开通，进入地铁三线换乘时代。“拆墙透绿”成效显著，拆除泰耐克酒店、闽江路、春晖路、劝学路、庐山南大道5处久围不建的围墙围挡，建成绿地面积15公顷，做到还路于民、还景于民。国土空间优化增效，拆迁房屋13.4万平方米，征收土地105.32公顷，消化批而未用土地176.44公顷、批而未供土地

155.17公顷,处置闲置用地30.94公顷,获批建设用地8个批次共248.54公顷,为项目落地和城市发展提供了强大要素保障。高效推进赣江市民公园四期等公园绿地建设,新增绿化面积23公顷,绿化总面积达8221.5公顷,绿化覆盖率达46%。投入2800万元推进垃圾分类工作,设置小区四分类集中投放点160余处,完成撤桶并点小区40余个,建成全省首座垃圾分类科普体验馆,打造联泰尚城小区等一批垃圾分类示范小区。积极开展“三合一”养护市场化工作,打造名门世家门前综合提升改造示范点。实现“马路本色”全覆盖,冲洗、机扫覆盖率达100%,主次干道、背街小巷达到“四净、四无”标准。全面推进6个老旧小区提升改造,新增214个新能源汽车充电车位、2633个公共停车泊位,新建18座城市公厕,整改51处积水点,完成11个铁路沿线环境重点点位整治工程。城市生态持续改善。全力整顿工地扬尘、秸秆焚烧、餐饮油烟、黑烟车等问题,PM2.5平均浓度为每立方米32微克,空气优良率达93.2%。全力落实河湖长制,清淤污水管道890千米,整治水系岸线护坡4.8千米,实现乌沙河、云溪花园内部水系、云溪水渠全部清淤疏浚,完成前湖周边7所高校雨污管网混接整改,赣江干流7个断面达到地表水Ⅱ类标准,主要饮用水水源地水质优良率达100%。全力启动中心城区雨污管网混接整改计划,完成46处中心城区雨污管网混接点位整改。全力完成325件中央和省环保督察历次交办问题及信访件销号,销号率达85.5%。

民生福祉不断改善。第七次全国人口普查公布常住人口55.58万人,10年增长152.34%,增速全市最高。民生投入29.72亿元,占一般公共预算支出的83.45%。民生保障务实有效。全面稳就业促就业,积极策应10万人才来昌留昌创业就业行动,举办28场校园招聘,4183名应届毕业生达成求职意向,城镇新增就业4873人,发放创业担保贷款6668万元。新设劳动人事争议仲裁院。为6523名农民工追回欠薪1.14亿元。全面推进民生项目,办结62件民生实事,投入8075万元提升改造12个农贸市场,打造了4个星级农贸市场。完成20台既有住宅加装电梯任务,超计划4台。启动建设岭口路集租房项目。全力推进民生兜底,完成1600公顷水稻种植面积,落实各类惠民补助499.38万元。城镇企业职工养老保险参保4.46万人,城乡居民养老保险参保1.26万人。医疗救助结算费用451.05万元。统筹41.5万元临时救助325人次。出资25.6万元为2325名困难群众购买防贫险。公共服务均衡有质。坚持教育优先发展,云溪学校(二期)、新龙学校、博雅学校、生米中心小学4所学校交付使用,站西花园幼儿园、富力华庭幼儿园、百树卢塞恩幼儿园、博隆幼儿园等10所小区配套幼儿园顺利开园,学前三年毛入园率、公办幼儿占比率、普惠性覆盖率分别达85.45%、61.89%、99.09%,全区适龄儿童义务教育入学率保持100%。全面落实“双减”任务,推动“5+2”课后服务全覆盖,开设课内外特色课程200余种,校外学科类培训机构压减80%,“营转非”全部完成。坚持建设健康红谷滩,全面实现婚姻登记全市通办,新建各类托育机构9家,总数达45个,可提供托位近2000个。江西儿童医院红谷滩院区正式营业,建成3个社区卫生服务站、15个健康小屋,普通人群家庭医生签约率达44.9%。新增12个“1+5+X”社区邻里中心,总数达34个,实现15分钟生活圈全覆盖。新增2家养老机构、6个社区嵌入式养老院、14个老年人助餐试点,家庭适老化改造160户,发放高龄老人生活补贴3412人、465.8万元。省级老年友善医疗机构创建项目——南昌天同医养院通过省市验收,可提供医养结合床位560个。卫东街道鹿璟名居社区荣获“全国示范性老年友好型社区”称号。泰康之家·赣园正式营业,成为全省首个大规模、全功能、国际化的高品质医养社区。坚持发展文体事业,配齐111个村(社区)文化活动中心,最美书屋“钟书阁”抢滩入驻,云端书院顺利落户,红书屋阅览室、未来空间·未时图书馆2个城市书房正式开放,第二届全国小幅漆画展成功举办。南昌市“滕王阁杯”青少年体育联赛、南昌市首届社区运动会精彩纷呈。投资415万元建成17处全民健身设施,赣江市民公园智慧跑道惊艳亮相。

社会治理精细有为。扎实推进法治红谷滩、平安红谷滩建设,新建成智慧平安小区40个,打造南航附小“四个一”工程建设全省示范点,实现生米镇18个行政村、93个自然村“雪亮工程”全覆盖,得到中央验收评估组高度肯定。凤凰洲管理处获评全省普法工作先进单位,凤凰洲管理处凤凰花园社区、沙井街道飞虹社区分别获评全国、全省“民主法治示范村(社区)”。扎实推进基层治理,招聘92名社区工作者。扎实推进信访工作,深入开展“上访变下访”活动,化解82件信访积案。扎实推进常态化疫情防控工作,实现677天无新增本地确诊病例,累计接种新冠病毒疫苗107万剂次,接种人数47.4万人,18岁以上全程接种完成率99.5%。扎实推进安全生产工作,区消防救援大队获评全省消防监督管理工作先进单位,凤凰洲管理处牛行社区获评全省综合减灾示范社区。

(胡玲玲)

区政府党组(扩大)会议

【概况】 2021年,区政府共召开18次区政府党组(扩大)会议。会议传达学习中共十九届六中全会精神、省委常委会扩大会议、省委十四届十三次全体(扩大)会议精神、市委十一届十二次全体(扩大)会议精神,要求全区政府系统各单位将会议精神融合到具体工作中,努力推动全区经济社会发展取得新成效。会议主持人分别为区政府党组书记、区长提名人选任海斌,区政府党组书记、区长刘光荣。区政府党组成员、区政府组成人员及有关部门主要负责人出席。

【区政府党组第1次(扩大)会议】2021年1月30日,区政府党组第1次(扩大)会议召开。会议传达学习习近平总书记在北京2022年冬奥会和冬残奥会筹办工作汇报会上的讲话精神、1月22日在中国共产党第十九届中央纪律检查委员会第五次全体会议上的讲话精神、1月11日在2021年省部级主要领导干部学习贯彻中共十九届五中全会精神专题研讨班开班式上的讲话精神。审议并原则同意区政府办提交的《关于区政府党组2020年度民主生活会准备工作情况汇报》《关于征求对区政府党组班子及其成员意见建议的情况汇报》《关于区政府党组班子2020年度民主生活会对照检查材料起草情况说明》《红谷滩新区工委领导班子"不忘初心、牢记使命"暨省委巡视整改专题民主生活会整改落实情况》。

【区政府党组第2次(扩大)会议】2021年2月8日,区政府党组第2次(扩大)会议召开。会议传达学习习近平总书记2月1日向党外人士的新春致辞、1月28日在中共中央政治局第二十七次集体学习会上的重要讲话精神、1月25日在世界经济论坛"达沃斯议程"对话会上的特别致辞。审议并原则同意区政府办提交的《中共南昌市红谷滩区政府党组班子2020年度民主生活会召开情况报告》《中共南昌市红谷滩区政府党组2020年度工作汇报(送审稿)》,由区政府办负责,根据会议意见,对该工作汇报作进一步修改完善,履行审签程序后,提请区委常委会审议。

【区政府党组第3次(扩大)会议】2021年2月27日,区政府党组第3次(扩大)会议召开。会议传达学习习近平总书记在中央全面深化改革委员会第十八次会议上的重要讲话精神、春节前夕赴贵州考察调研时的讲话精神、在2月20日党史学习教育动员大会上的重要讲话精神。会议传达学习市长万广明在2月9日市政府办公室全体干部职工会议上的讲话。会议指出,市长万广明的讲话精神,为区政府系统做好当前乃至今后的工作、推动经济社会高质量发展提出了更高要求,明确了工作目标,明晰了发展路径和奋斗方向。会议强调,各部门、各单位要认真学习、深刻领会,坚决抓好贯彻落实。政治上要绝对忠诚,创新上要敢为人先,担当上要争当表率,服务上要优质高效,规矩上要作好表率。

【区政府党组第4次(扩大)会议】2021年3月2日,区政府党组第4次(扩大)会议召开。会议传达学习习近平总书记3月1日在中央党校(国家行政学院)中青年干部培训班开班式上的重要讲话精神。传达学习2月26日省委召开中央巡视反馈意见整改工作动员部署会精神、3月1日全省和全市党史学习教育动员部署会议精神、2021年省市县三级联动推进重大项目开工暨"项目大会战"动员大会精神、做大全市经济总量专题工作会议及全市经济工作运行分析会精神、2月25日全市"转作风优环境"活动年动员大会精神、2月25日全市招商引资工作推进会精神、2月25日全市数字经济产业推进会及省市虚拟现实产业链工作推进会精神、2月27日全市"城市大脑"提质扩面工作推进会精神、2月28日全市企业上市"映山红行动"推进会精神。

【区政府党组第5次(扩大)会议】2021年3月26日,区政府党组第5次(扩大)会议召开。会议传达学习习近平总书记3月15日在中央财经委员会第九次会议上的讲话精神、《关于进一步解决形式主义问题做好2021年为基层减负工作主要措施及分工方案》、3月18日全省市厅级主要领导干部学习贯彻中共十九届五中全会精神专题研讨班开班仪式上的讲话精神。审议并原则同意区政府办提交的《中共南昌市红谷滩区政府党组关于开展党史学习教育的实施方案(送审稿)》,由区政府办负责,根据会议意见,对该工作方案作进一步修改完善,履行审签程序后印发执行。

【区政府党组第6次(扩大)会议】2021年4月10日,区政府党组第6次(扩大)会议召开。会议传达学习习近平总书记3月22日至25日在福建考察时重要讲话精神、3月30日中共中央政治局会议精神、李克强总理3月25日至26日在江苏省考察及在南京主持召开部分地方政府主要负责人视频座谈会精神、4月2日省委常委会扩大会议精神,坚决拥护党中央关于史文清案处理决定,持续巩固发展风清气正的良好政治生态。

【区政府党组第7次(扩大)会议】2021年4月25日,区政府党组第7次(扩大)会议召开。会议传达学习习近平总书记在博鳌亚洲论坛2021年年会开幕式上的主旨演讲精神、4月19日习近平总书记到清华大学考察的重要讲话精神、习近平总书记对职业教育工作的重要指示精神。审议并原则同意区人社局提交的《关于李夏青等同志职务任免的请示》《关于雷明等81名同志职务任免的请示》,由区人社局会同区政府办,依法依规办理。

【区政府党组第 8 次(扩大)会议】
2021 年 5 月 11 日,区政府党组第 8 次(扩大)会议召开。会议传达学习习近平总书记向首届中国国际消费品博览会致贺信的重要指示精神、刘奇书记在县(市、区)委书记座谈会上的讲话精神。审议并原则同意区政府办提交的《2020 年度红谷滩区政府领导班子工作总结(送审稿)》,由区政府办负责,根据会议意见,作进一步修改完善后,报区委组织部。

【区政府党组第 9 次(扩大)会议】
2021 年 5 月 14 日,区政府党组第 9 次(扩大)会议召开。会议传达学习习近平总书记在中共中央政治局第二十九次集体学习重要讲话精神、4 月 25 日至 27 日在广西考察时重要讲话精神。会议强调,各部门各单位要认真学习习近平总书记 4 月 25 日至 27 日在广西考察时重要讲话精神,结合工作实际,抓好贯彻落实。坚定不移守住疫情防控底线,坚定不移推动高质量发展,坚定不移推动改革开放走深走实,坚定不移推动绿色发展,坚定不移抓好民生实事。

【区政府党组第 10 次(扩大)会议】
2021 年 5 月 30 日,区政府党组第 10 次(扩大)会议召开。会议传达学习 5 月 21 日习近平总书记在全球健康峰会上的重要讲话精神、5 月 21 日习近平总书记主持召开中央全面深化改革委员会第十九次会议的重要讲话精神、习近平总书记在两院院士大会中国科协第十次全国代表大会上的重要讲话精神,传达学习全市中央环保督察典型案例曝光问题立行立改整改工作调度会议精神并部署区立行立改工作。

【区政府党组第 11 次(扩大)会议】
2021 年 6 月 10 日,区政府党组第 11 次(扩大)会议召开。会议传达学习习近平总书记《用好红色资源,传承好红色基因,把红色江山世世代代传下去》重要文章精神、5 月 27 日习近平总书记致世界马克思主义政党理论研讨会的贺信精神、5 月 31 日习近平总书记在中共中央政治局会议及中共中央政治局第三十次集体学习上的重要讲话精神、习近平总书记向第二届中国—中东欧国家博览会致贺信的重要指示精神。

【区政府党组第 12 次(扩大)会议】
2021 年 6 月 29 日,区政府党组第 12 次(扩大)会议召开。会议传达学习 6 月 7—9 日习近平总书记在青海省考察时的重要讲话精神、习近平总书记《以史为镜、以史明志、知史爱党、知史爱国》重要文章精神、6 月 18 日习近平总书记在参观"'不忘初心、牢记使命'中国共产党历史展览"时的重要讲话精神、6 月 25 日习近平总书记在中共中央政治局第三十一次集体学习时的重要指示精神、《中国共产党组织工作条例》。会议指出,《中国共产党组织工作条例》是中国共产党历史上第一部关于组织工作的统领性、综合性基础主干法规,是做好新时代党的组织工作、加强党的组织建设的基本遵循。会议强调,各部门各单位要认真学习《中国共产党组织工作条例》,掌握核心内涵,坚决抓好贯彻落实。一是提高站位,深化认识条例重大意义。二是学深悟透,深刻把握条例内涵实质。三是强化宣传,全面落实条例各项要求。

【区政府党组第 13 次(扩大)会议】
2021 年 7 月 3 日,区政府党组第 13 次(扩大)会议召开。会议传达学习习近平总书记在庆祝中国共产党成立 100 周年大会上的重要讲话精神。会议指出,习近平总书记在庆祝中国共产党成立 100 周年大会上的重要讲话,高屋建瓴、思想深刻、内涵丰富,具有很强的政治性、思想性和指导性,是一篇马克思主义的纲领性文献,充分体现了深远的战略思维、强烈的历史担当、真挚的为民情怀,为全党全国各族人民向第二个百年奋斗目标迈进指明了前进方向、提供了根本遵循、注入了强大动力。会议强调,全区上下要认真学习习近平总书记在庆祝中国共产党成立 100 周年大会上的重要讲话精神,牢记初心使命,坚定理想信念,践行党的宗旨,不断开创红谷滩区全面建设社会主义现代化事业新局面。一要迅速传达学习,凝聚思想共识。二要坚持党的领导,做到紧紧跟随。三要深化改革开放,构建发展格局。四要坚守为民情怀,全力保障民生。五要加强党的建设,改进工作作风。

【区政府党组第 14 次(扩大)会议】
2021 年 7 月 23 日,区政府党组第 14 次(扩大)会议召开。会议传达学习习近平总书记在中国共产党与世界政党领导人峰会上的重要讲话精神、在亚太经合组织领导人非正式会议上的重要讲话精神、在中央全面深化改革委员会第二十次会议上的重要讲话精神、中共中央办公厅《关于加强中央和国家机关部门机关纪委建设的意见》的文件精神、省委十四届十三次全体(扩大)会议精神、设区市市委书记座谈会会议精神、省委审计委员会第六次会议精神、全市领导干部大会会议精神、李红军在部署当前有关工作时的讲话精神、省纪委办公厅《关于深化专项治理严防吃喝送礼歪风变异回潮的通知》的文件精神、省纪委办公厅《关于督促加强对招商引资项目和并购上市公司股份审核把关的工作提示》的文件精神。

【区政府党组第 15 次(扩大)会议】
2021 年 8 月 5 日,区政府党组第 15 次(扩大)会议召开。会议审议《南昌市红谷滩区人民政府领导分工安排》,会议确定:鉴于人事安排调整,确保过渡期间各项工作顺利推进，原则同意区政府办提交的《南昌市红谷滩区人民政府领导分工安排》，由区政府办负责，根据会议意见作进一步修改完善，以区政府党组名义报区委备案。由各副区长负责，严格按照最新职责分工，抓实抓细分管领域各项工作，确保政府系统各项工作落实落地。

2021 年 11 月 14 日，区政府党组第 16 次（扩大）会议召开
（区政府办供图）

【区政府党组第 16 次（扩大）会议】 2021 年 11 月 14 日，区政府党组第 16 次（扩大）会议召开。会议传达学习中共十九届六中全会精神。会议强调，全区上下要把学习好、宣传好、贯彻好中共十九届六中全会精神，作为当前和今后一个时期的重大政治任务，迅速把思想和行动统一到习近平总书记重要讲话精神和党中央的决策部署上来，切实增强贯彻落实中共十九届六中全会精神的思想自觉、政治自觉、行动自觉。会议要求，第一，准确把握精神，深刻领会中共十九届六中全会的重大意义。中共十九届六中全会是在党成立一百周年的重要历史时刻，在党和人民胜利实现第一个百年奋斗目标、全面建成小康社会，正在向着全面建成社会主义现代化强国的第二个百年奋斗目标迈进的重大历史关头，召开的一次全面总结党的百年奋斗重大成就和历史经验的历史性、战略性重要会议，对推动全党进一步统一思想、统一意志、统一行动，团结带领全国各族人民夺取新时代中国特色社会主义新的伟大胜利，具有重大现实意义和深远历史意义。全区上下要深入学习领悟《中共中央关于党的百年奋斗重大成就和历史经验的决议》，深刻理解和坚决拥护“确立习近平同志党中央的核心、全党的核心地位，确立习近平新时代中国特色社会主义思想的指导地位”，深刻认识和全面掌握“十个坚持”（坚持党的领导，坚持人民至上，坚持理论创新，坚持独立自主，坚持中国道路，坚持胸怀天下，坚持开拓创新，坚持敢于斗争，坚持统一战线，坚持自我革命）的党百年奋斗的历史经验。第二，全面组织宣传，迅速掀起学习宣传贯彻中共十九届六中全会精神的热潮。区政府领导班子、各部门各属地主要负责人要以身作则，先学一步、深学一层，系统深入学习领会全会精神的丰富内涵与核心要义，学深悟透、入脑入心、见行见效。各部门各属地要迅速组织开展班子会议、中心组学习研讨会议，迅速组织各级党组织和广大党员干部学习，广泛通过学习宣讲、专题讲座、微信等各种“线上线下”方式，让中共十九届六中全会精神走进千家万户，做到深入人心、家喻户晓。第三，强化主责主业，以优异成绩推动中共十九届六中全会精神落地生根。各部门各属地要把推进具体工作与学习宣传贯彻全会精神有机结合，以强烈的政治责任感和使命担当，全面做好经济运行、产业发展、项目建设、招商引资、城市建管、片区谋划、改革开放、民生保障、疫情防控、防范风险等各项工作，高质高效完成全年目标任务，精准精细谋划明年工作计划，奋力争取“今年最好结果、明年强劲开局”，以优异成绩迎接中共二十大召开。

【区政府党组第 17 次（扩大）会议】 2021 年 12 月 4 日，区政府党组第 17 次（扩大）会议召开。会议审议并原则同意区人社局提交的《关于提请邓必红等同志职务任免的请示》。会议确定，根据中共红谷滩区委（红谷干字〔2021〕32 号、红谷干字〔2021〕36 号）文件要求，同意区人社局提交的《关于提请邓必红等同志职务任免的请示》，由区人社局会同区政府办，依法依规办理。

【区政府党组第 18 次（扩大）会议】 2021 年 12 月 10 日，区政府党组第 18 次（扩大）会议召开。会议审议并原则同意区人社局提交的《关于提请汪海燕等同志职务任免的请示》。会议确定，根据中共红谷滩区委相关文件要求，同意区人社局提交的《关于提请汪海燕等同志职务任免的请示》，由区人社局会同区政府办，依法依规办理。

（彭依玲）

区政府常务会议

【概况】 2021 年，区政府共召开 28 次常务会议。1—7 月，第 1—14

次区政府常务会由区政府党组书记、区长提名人选任海斌主持。7—12月,第15—28次区政府常务会由区政府党组书记、区长刘光荣主持。会议学习习近平总书记系列重要讲话和批示精神,传达贯彻全国、省、市有关会议精神,听取和审议区政府各部门有关工作情况报告、汇报,研究讨论有关工作意见、办法、计划、规划、方案、预案、请示等,部署落实政府各项工作要求,作出相应各项决定。区政府组成人员出席。区委、区政府、区纪委监委职能部门主要负责人,镇、街道、管理处等主要负责人及区政府法律顾问列席。

【区政府第1次常务会议】 1月17日,区政府第1次常务会议召开。传达学习2020年12月24日至25日中央政治局民主生活会会议精神、2020年12月30日中央全面深化改革委员会第十七次会议精神、国家主席习近平发表二〇二一年新年贺词精神、2021年1月7日中共中央政治局常务委员会精神、2020年12月28日至29日中央农村工作会议精神、2021年1月6日全省推进交通强省建设动员大会精神、中共江西省纪委《关于我省6起违反中央八项规定精神典型问题的通报》、市委经济工作会议精神。审议并原则同意区住建局提交的《关于红谷滩区既有住宅加装电梯工作实施方案的请示(送审稿)》、区财政局提交的《关于"财园信贷通"放贷企业名单及额度的请示》、区金融服务中心提交的《关于红谷滩区企业上市加速器项目合作协议的请示》、区外经局提交的《关于红谷滩区人民政府与华为技术有限公司投资合作协议书的请示》《关于红谷滩区人民政府与软通动力信息技术(集团)股份有限公司投资合作协议书请示》《关于申请已付款项产业招商资金奖励的请示》、区土储分中心提交的《关于九龙湖汽车西站(沃华)停车场地上附着物补偿方案的请示》、生米镇提交的《关于九龙湖隧道配套办公用房(含龙潘派出所)装修改造工程预算事宜》、区城投公司提交的《关于新琚花园E4-02号人才公寓装修项目立项、招标方式及招标方案的请示》《关于生米镇曾港花园拆迁安置房项目立项的请示》《关于生米镇南路村二期拆迁安置房项目立项的请示》《关于收购江西银行H股股份的请示》、区城环局提交的《关于九龙湖大道中央设置花箱隔离带采购项目设计变更并入结算的请示》《关于红谷滩区灯光增亮工程的请示》。

【区政府第2次常务会议】 1月30日,区政府第2次常务会议召开。会议传达学习李克强总理对安全生产工作作出的重要批示及国务院1月23日召开的全国安全生产电视电话会议精神、江西省第十三届人民代表大会第五次会议及政协江西省第十二届委员会第四次会议精神,传达学习省委常委、市委书记吴晓军在2021年1月5日全市旅游产业发展大会讲话精神、《南昌市"三线一单"生态环境分区管控方案》文件精神。审议并原则同意区城环局提交的《关于红谷滩区生活垃圾分类工作推进方案的请示》、区经发局提交的《关于红谷滩区新冠肺炎疫情防控指挥部通告的请示》《关于红谷滩区2021年重大重点项目投资计划(送审稿)的请示》、区住建局提交的《关于红谷滩区农村房屋安全隐患排查整治实施方案的请示》、区财政局提交的《关于红谷滩区国有企业做大做强工作方案的请示》、生米镇提交的《关于暂借拆迁资金至生米镇人民政府事宜的请示》、区委组织部提交的《关于红谷滩区离退休干部慰问办法的请示》《关于"红谷VR智汇"奖励政策兑现的请示》、区后勤中心提交的《关于购置两辆实物保障车辆的请示》、区城投公司提交的《关于红谷世纪花园项目历史遗留问题房屋办理不动产登记工作的请示》《关于红谷滩区流量经济(互联网)产业园项目设计、采购、施工EPC总承包工程招标方案的请示》《关于红城投·禧悦项目(JLH1204-C01地块)设计、采购、施工EPC总承包工程招标方案的请示》《关于与南昌大学第一附属医院开展地块合作的请示》、区文化局提交的《关于红谷滩区鼓励科技创新奖励办法兑现工作的请示》、区外经局提交的《关于华东交大创新研究中心投资合作协议的请示》、区住建局提交的《关于九昌樟成品油管道南昌段改线工程相关事宜的请示》。

【区政府第3次常务会议】 2月8日,区政府第3次常务会议召开。会议审议并原则同意区交通局提交的《关于红谷滩区深化重点水域禁捕退捕工作实施方案的请示》、区社发局提交的《关于红谷滩区养老服务体系建设发展三年行动计划(2020—2022年)的请示》《关于红谷滩区深化新时代教育督导体制机制改革实施办法的请示》、凤凰洲管理处提交的《关于恳请同意驻区单位和部门暂借安置房源临时过渡和作备勤保障办公用房的请示》、区城环局提交的《关于政府公开采购红谷滩区智慧城管门前三包项目的请示》、区外经局提交的《关于探测制导与控制技术协同创新中心投资合作协议的请示》《关于紫光智慧教育全国总部项目协议合作书的请示》《关于31会议智慧会展创新平台项目合作协议书的请示》《关于江西日报社(江西报业传媒集团)媒体融合发展聚集区项目申请审批立项的请示》、区行政审批局提交的《关于红谷滩区政务服务大厅2021—2023年度行政审批前端综合事务服务外包方案的请示》、区住建局《关于九龙湖新力配套路网工程总承包(EPC)招标方案的请示》《关于九龙湖市政基础设施四期工程(二至五标段)工程总承包(EPC)招标方案的请示》。

【区政府第4次常务会议】 2月27日,区政府第4次常务会议召开。会议传达学习省委全面依法治省工作会议精神、《江西省市域社会治理现代化试点工作督导工作实施办法(试行)》文件精神、中国共产党江西省第十四届纪律检查委员会第六次全体会议精神、中国共产党南昌市第十一届纪律检查委员会第六次全体会议精神、中共南昌市纪委《关于我市5起违反中央八项规定精神典型问题的通报》文件精神。审议并原则同意区住建局提交的《关于红谷滩区推进人民防空高质量发展三年行动方案(2020—2022年)的请示》、区交通局提交的《关于红谷滩区推进2021年早稻生产工作激励方案的请示》、区城投公司提交的《关于投资裕民银行推荐项目第二期的请示》《关于签订祥云公园“综合”养护协议及一次性进场开办物资协议的请示》、区医保局提交的《关于红谷滩区离休干部医药费单独统筹管理实施细则(征求意见稿)的请示》、区社发局提交的《关于申请购置一辆疫苗冷链运输车的请示》、区市场监管局提交的《关于申请购置7台特种专业技术车辆的请示》《关于报废赣A1976G车辆及更新购置车辆的请示》、区人武部提交的《关于红谷滩区人武部面向社会招聘工作人员的请示》、区城环局提交的《关于北龙蟠街与赣江南大道临时停车场立项及采用抽球方式公开抽取施工单位的请示》、区外经局提交的《关于赞助2020年(第四届)土木工程赣江学术论坛的请示》、区公安分局提交的《关于解决区公安分局警务辅助人员有关经费的请示》。

【区政府第5次常务会议】 3月13日,区政府第5次常务会议召开。会议传达学习全国“两会”精神和全省领导干部会议精神、3月8日全市环境空气质量汇报会会议精神,听取全区扫黑除恶专项斗争工作开展情况汇报、全区安全生产工作情况汇报。审议并原则同意区经发局提交的《关于成立红谷滩区经济发展工作领导小组和工作专班(送审稿)的请示》《关于做大全区经济总量三年行动实施方案(送审稿)的请示》、区外经局提交的《关于招聘28名虚拟现实专业人才的请示》、区审计办提交的《关于红谷滩区2021年审计项目计划(送审稿)的请示》、区社发局提交的《关于落实全区退役军人服务保障体系建设的请示》《关于启动科创大街北学校项目建设的请示》《关于启动“多位一体”新型现代化公共卫生服务中心项目建设的请示》、区外经局提交的《红谷滩区重大招商引资项目推进工作机制》的请示。

【区政府第6次常务会议】 3月27日,区政府第6次常务会议召开。会议传达学习全国、全省、全市政法队伍教育整顿动员部署会议精神,2021年省委、市委农村工作会议精神,3月12日召开的2021年省工业强省建设工作领导小组第一次会议精神,《南昌市生活垃圾分类管理条例》。审议并原则同意区城环局提交的《红谷滩区彰显省会担当 唱响“南昌品牌”城市建管十大提升行动实施方案(送审稿)》、区政府办提交的《红谷滩区2021年江西省〈政府工作报告〉工作任务责任分工(送审稿)》《红谷滩区2021年南昌市〈政府工作报告〉工作任务责任分工(送审稿)》、区经发局提交的《红谷滩区国民经济和社会发展第十四个五年规划和二〇三五年远景目标纲要(送审稿)》、生米镇提交的《关于解决东方雷华电子实业有限公司有线电视网络设备拆迁补偿资金的请示》、区委宣传部提交的《关于恳请同意采购MR眼镜鸿鹄的请示》,区委政法委、区人武部提交的《关于加强政法机关、区人武部建设和保障有关事宜的请示》、区委政法委提交的《关于恳请以政府采购方式购买红谷滩区域社会治理VR基础地图的请示》、区外经局提交的《关于〈南昌市红谷滩新区管理委员会与江西格灵如科科技有限公司的项目合作协议书〉第二笔奖励资金的兑现事宜》《关于恳请以政府采购方式购买智慧城市云资源及云备份服务的请示》《关于省直机关公务人员周转住房、江西省文印中心和前湖小区二期项目由红谷滩区进行招标监管的请示》、区城环局提交的《关于红谷滩区九龙湖污水处理厂污泥处置相关事项的请示》、区自然资源分局提交的《关于恳请同意红谷滩区建设用地报批服务外包及落实经费的请示》。

【区政府第7次常务会议】 4月10日,区政府第7次常务会议召开。会议传达学习《政府督查工作条例》、3月29日全国扫黑除恶专项斗争总结表彰大会精神、4月6日全省建立城市体检评估机制推进城市高质量发展示范省建设暨城市功能与品质提升工作部署视频会议精神、4月2日全省、全市防汛抗旱工作电视电话会议精神、市政府常务会议《新一轮中央环境保护督察工作机制及我市迎检工作有关情况汇报》精神及区迎检工作有关情况汇报。审议并原则同意区科工局提交的《关于红谷滩区科技创新基础大提升三年行动方案(2021—2023)的请示》、区卫健委提交的《关于2021年红谷滩区迎接“国家卫生城市”复审实施方案的请示》、生米镇提交的《关于购买公车的请示》、区商务局提交的《关于海康威视南昌科技园项目兑现2020年奖励的请示》、区城投公司提交的《关于讯飞总部与软通动力办公场地装修项目立项的请示》《关于参与设立合伙企业收购上海博万兰韵投资有限公司股权的请示》《关于生米镇东城花园二期拆迁安置房项目立项的请示》、区住建局提交的《关于启动龙兴大街道路和配套市政设施相关建设工作的请示》。

【区政府第8次常务会议】 4月25日,区政府第8次常务会议召开。传达学习习近平总书记关于统计工作的重要讲话指示批示精神和《防范和惩治统计造假弄虚作假重要文件选编》,李克强总理对防汛抗旱工作作出的重要批示精神,全国、全省、全市政法队伍教育整顿工作推进会精神,江西省党政代表团4月12日到上海学习考察合作交流座谈会及4月14日到安徽考察交流合作座谈会精神,4月17日省委书记刘奇在南昌市暗访时指示精神及市委副书记、市长万广明贯彻刘奇书记的指示精神的批示件精神,市政府主要领导有关招商引资工作批示精神。审议并原则同意区应急管理局提交的《关于2021年安全生产工作要点的请示》《红谷滩区防汛抗旱应急预案》、区政府办提交的《红谷滩区政府信息管理制度、公开监督考核制度、依申请公开制度等七项制度(送审稿)》、区统计局提交的《红谷滩区贯彻落实国家统计督察反馈意见整改工作方案(审议稿)》、卫东街办提交的《关于租赁办公楼相关事宜的请示》、区自然资源分局提交的《关于购买耕地占补平衡指标的请示》、区发改委提交的《关于2021年全区主要经济指标预期目标建议的请示》《关于南昌大学附属口腔医院红谷滩新院公共区域装修及室外配套工程在红谷滩区实施监管的请示》、区政府办提交的《关于调整红谷滩区人民政府领导分工的请示》《关于李夏青等同志职务任免的请示》《关于雷鸣等81名同志职务任免的请示》。

【区政府第9次常务会议】 5月14日,区政府第9次常务会议召开。会议传达学习湖南省党政代表团5月6日至7日在江西考察合作交流座谈会精神。审议并原则同意区司法局提交的《全面推行行政执法公示制度执法全过程记录制度重大执法决定法制审核制度实施方案》《全面推行行政规范性文件合法性审核机制实施方案》、区征兵办提交的《红谷滩区鼓励大学毕业生参军入伍措施办法(试行)》、区行政审批局提交的《关于建立红谷滩区行政审批与监管衔接机制的请示》、区政府办提交的《关于〈2021年红谷滩区民生实事工程安排意见〉的请示》、生米镇提交的《关于生米镇铁路沿线环境提升整治项目的请示》、九龙湖管理处提交的《关于九龙湖管理处铁路沿线环境提升整治项目的请示》、凤凰洲管理处提交的《解决征迁历史遗留问题所涉住房困难户申购安置农房的实施方案》、区住建局提交的《关于装饰装修工程遗留问题办理施工许可及消防审批手续的请示》、区商务局提交的《关于与江西省建工集团有限责任公司开展合作的请示》《关于物联网产业创新中心项目服务费用拨付的请示》、区城投公司提交的《关于购买吉成大厦商铺的请示》、区总工会提交的《关于招聘工会协理员的请示》、区城管局提交的《关于中国·南昌城市雕塑艺术节活动项目签订补充协议的请示》、区文广新旅局提交的《关于批复红谷滩区文化产业发展专项资金使用管理办法的请示》、沙井街办提交的《关于对剩余房源未清理户进行销号及依法清理侵占户的请示》。

【区政府第10次常务会议】 5月30日,区政府第10次常务会议召开。会议传达学习《中华人民共和国退役军人保障法》,全国、全省打击治理电信网络新型违法犯罪工作电视电话会议精神及贯彻意见的报告,全国、全省、全市禁毒工作电视电话会议精神,全国"大棚房"问题专项清理整治行动"回头看"视频会议精神,2021年全省旅游发展产业大会会议精神并贯彻落实工作举措。审议并原则同意卫东街办提交的《关于明确实际管辖范围的请示》《关于解决开办经费的请示》、区农业农村局提交的《关于启动乌沙河丰和联圩(红谷滩段)应急除险加固工程建设的请示》、区委宣传部提交的《关于发放2020年江西省文明单位奖金的请示》、区机关后勤服务中心提交的《关于发放2020年南昌市公共机构节能奖金的请示》、区VR推进中心提交的《关于兑现微软云暨移动应用孵化平台项目运营公司第三年加速服务补贴的请示》、区商务局提交的《关于兑现南昌前海国信电子科技有限公司2020年度出口创汇奖励资金的请示》、区城投公司提交的《关于红谷滩区公共卫生服务中心建设项目招标方式的请示》《关于南昌VR产业基地江西讯飞总部、软通动力办公用房提升改造项目招标方式及招标方案的请示》《关于南昌市虚拟现实科创城建设有限公司对外融资相关事项的请示》《关于慧谷创意产业园二期5号、6号公寓楼装修项目施工采用综合评估法及招标方案的请示》、区教体局提交的《关于2021年区教育系统学校提升改造项目的请示》《关于2021年区教育系统设备采购的请示》、区发改委提交的《关于开展红谷滩区区域性评估工作的请示》、区城管局提交的《关于采购18座移动公厕的请示》、区城投公司提交的《关于参与设立合伙企业进行投资的请示》。

【区政府第11次常务会议】 6月10日,区政府第11次常务会议召开。会议传达学习5月30日李克强总理在第二届全球绿色目标伙伴2030峰会的致辞精神、省委书记刘奇在2021年6月1日全省数字经济创新发展大会上的讲话精神、市委"三个规定"大宣传讲话精神、市纪委机关市委组织部市监委转发《省纪委机关省委组织部省监委转发〈鹰潭市纪委机关鹰潭市委组织部鹰潭市监委《关于朱英福案所涉及4名领导干部跑官要官、买官卖官典型案例的通报》的通知〉的通知》文件精神、市纪委《关于我市4起干部作风典型问题的通报》文件精神。审议并原则同意区司法局提交的《关于明确红谷滩区法律顾问全覆盖购买服务方式的请示》《关于红谷滩区区本级行政执法主体资格发布公告的请示》、区行政审批局提交的《关于公布红谷滩区实施全省统一权力清单的请示》、区人社局提交的《关于红谷滩区 2021 年事业单位人员公开选调工作实施方案》《关于红谷滩区劳动人事争议仲裁院招聘区聘工作人员的请示》、卫东街办提交的《关于招聘 10 名编外工作人员的请示》、区商务局提交的《关于华东交通大学智慧建造研究中心合作项目协议的请示》《关于兑现紫光摩度教育科技有限公司落户扶持奖金的请示》、区土储分中心提交的《关于豫章师范学院扩建项目和强电下地工程地上苗圃补偿相关事宜的请示》《关于新建大道红谷滩段涉及国有土地收购相关事宜的请示》、区财政局提交的《关于"财园信贷通"放贷企业名单及额度的请示》、区住建局提交的《关于恳请对九龙湖新城加密路网工程总投资进行调整的请示》、区教体局提交的《关于投资建设南昌市红谷滩区育兰高级中学项目用地选址的请示》《关于采购南昌市民生实事人大票决项目——打造城市 15 分钟体育健身圈设施的请示》、区公安分局提交的《关于报废 4 辆执法执勤车辆及购置 4 辆执法执勤用车的请示》、区卫健委提交的《关于红谷滩区新冠病毒疫苗方舱式临时接种点所需资金的请示》、区人社局提交的《关于红谷滩区编外人员管理办法》。

【区政府第 12 次常务会议】 6 月 29 日晚上,区政府第 12 次常务会议召开。会议传达学习习近平总书记在推动长江经济带发展座谈会上的讲话精神、习近平总书记关于安全生产的重要论述及习近平总书记和李克强总理对湖北十堰市张湾区艳湖社区集贸市场燃气爆炸事故的重要指示批示精神、省委书记刘奇在全省城乡环境综合整治工作电视电话会议精神、"央视《对话》栏目专访合肥市委书记虞爱华——解密为何投资蔚来"的报道精神、《中共江西省委办公厅江西省人民政府办公厅印发关于防范和惩治统计造假弄虚作假的具体措施的通知》《市委办公室 市政府办公室关于印发南昌市防范和惩治统计造假、弄虚作假责任制实施办法的通知》的文件精神。审议并原则同意区应急管理局提交的《红谷滩区 2021 年防汛工作方案(送审稿)》、区科工局提交的《关于红谷滩区推进数字经济产业发展的扶持政策(送审稿)的请示》《关于红谷滩区精准实施数字经济"一号工程"推动数字产业跨越式发展实施方案(送审稿)的请示》《关于红谷滩区推动数字产业跨越式发展 2021 年工作要点(送审稿)的请示》、区委政法委提交的《关于发放 2020 年度全区综治目标管理奖励的请示》、区统计局提交的《红谷滩区第七次全国人口普查公报(送审稿)》、区征收办提交的《关于红谷滩区农房异地安置方案的请示》、区城投公司提交的《关于第二批区属历史遗留问题房屋项目办理不动产登记工作的请示》《关于红谷滩羽毛球馆及赣江沿线 15 处配套公建按区属历史遗留问题房屋办理不动产登记工作的请示》、生米镇提交的《关于对生米镇为民路提升改造工程进行立项的请示》《关于对生米镇农贸市场提升改造工程进行立项的请示》、区法院提交的《关于建立南昌市红谷滩区企业破产处置府院联动工作机制的请示》《关于红谷滩区人民法院报废一辆执法执勤车、购买两辆执法执勤车的请示》、区应急管理局提交的《关于对行政罚没款按 50% 返还的请示》、区金融办提交的《关于招聘 6 名金融领域专业人才的请示》、区行政审批局提交的《关于招聘 5 名区聘工作人员的请示》、区 VR 推进中心提交的《关于红谷滩区人民政府麒麟软件生态发展基地签订项目协议书的请示》、区商务局提交的《关于红谷滩区人民政府 华宏汽车集团总部签订项目协议书的请示》、区住建局提交的《关于批准红谷滩中心片区道路及周边环境提升改造一期、二期工程相关事宜的请示》、区市场监管局提交的《关于拨付区进口冷链集中监管仓建设运营经费的请示》、区后勤服务中心提交的《关于组织实施 2021—2023 年度机关食堂包厨服务项目的请示》、区城投公司提交的《关于红谷滩区现代服务产业园项目设计、采购、施工 EPC 总承包工程招标方案的请示》《关于红谷滩区文化艺术中心建设项目设计、采购、施工 EPC 总承包工程招标方案的请示》《关于生米镇铁路村拆迁安置房项目设计、采购、施工 EPC 总承包工程招标方案的请示》《关于为南昌红悦联房地产开发有限公司对外融资提供担保的请示》《关于区城投公司与南大一附院合作项目公司所占股权比例的请示》。

【区政府第 13 次常务会议】 7 月 13 日,区政府第 13 次常务会议召开。会议传达学习国务院《防范和处置非法集资条例》精神,省委书记刘奇在全省生态文明建设先进表彰暨建立健全生态产品价值实现机制推进大会上的会议精神,市委副书记、市长万广明在区调研时的讲话精神。审议并原则同意区金融办提交的《关于明确区政府金融工作办公室为全区防范和处置非法集资工作机制牵头部门的请示》《关于调整红谷滩区建设全省金融商务区工作领导小组的请示》、区司法局提交的《关于南昌市红谷滩区人民政府行政复议委员会组建工作方案的请示》、区民政局提交的《关于红谷滩区 2021 年面向社会公开招聘社区工作者的请示》、区行政审批局《关于红谷滩区惠企政策兑现窗口组建运行工作方案的请示》、区纪委区监委提交的《关于购买公车的请示》、区后勤服务中心提交的《关于组织实施 2021—2023 年度机关大楼物业服务项目的请示》《关于组织实施 2021—2022 年度区公务用车服务项目的请示》、区住建局提交的《关于批准九龙湖新城东城大道安置房周边路网工程相关事宜的请示》、区商务局提交的《关于兑现红谷滩区2020年度外贸事业发展专项资金的请示》。

【区政府第14次常务会议】 7月23日，区政府第14次常务会议召开。会议传达学习2021年全国医改工作电视电话会会议精神、中央第四生态环境保护督察组督察江西省情况反馈会会议精神及听取红谷滩区中央生态环境保护督察问题整改情况汇报、全省安全风险防范工作会议暨安全生产防汛救灾表彰大会会议精神、省长易炼红在红谷滩区调研优化营商环境工作时的讲话精神，听取区卫健委草拟的《红谷滩区疫情防控和疫苗接种专项工作汇报》、区农业农村局草拟的《红谷滩区“大棚房”问题专项清理整治行动“回头看”工作情况报告》。审议并原则同意区统计局提交的《红谷滩区加强统计基层基础建设的政策措施（送审稿）》、区应急管理局提交的《红谷滩区2021年度安全生产责任书（送审稿）》、区商务局提交的《红谷滩区2021年“乐购红谷悦享生活”时尚购物节系列活动方案（送审稿）》、区住建局提交的《2021年红谷滩区既有住宅加装电梯实施细则（送审稿）》、卫东街办提交的《红谷滩汽配城搬迁拆除工作方案（送审稿）》、区应急管理局提交的《关于招聘8名劳务派遣工作人员的请示》、区商务局提交的《关于拨付物联网产业创新中心项目服务费用的请示》《关于兑现南昌市红谷滩新区管理委员会与江西格灵如科技有限公司项目合作协议书第三笔奖励资金的请示》、区教体局提交的《红谷滩区人民政府与南昌二中合作办学协议（送审稿）》、区城投公司提交的《阁皂山大道学校设计、采购、施工EPC总承包招标方案（送审稿）》《红谷南大道学校设计、采购、施工EPC总承包招标方案（送审稿）》《石钟山路学校设计、采购、施工EPC总承包招标方案（送审稿）》《摩天轮乐园以南段整体提升改造项目招标方案（送审稿）》、区行政审批局提交的《关于明确“赣服通”4.0版建设有关事项的请示》、区金融办提交的《关于兑现江西高速集团财务公司等20家金融机构（企业）优惠政策的请示》、区人社局提交的《2020年度红谷滩区事业单位人员（含机关工勤人员）年度考核情况（送审稿）》《红谷滩区其他事业单位绩效工资实施方案（送审稿）》。

【区政府第15次常务会议】 8月12日晚上，区政府第15次常务会议召开。会议传达学习2021年7月30日中共中央政治局分析研究当前经济形势和经济工作会议精神、《习近平总书记在中共中央政治局第三十二次集体学习时的重要讲话精神》《全省“满怀忠诚讲尊崇 千行百业共拥军”活动推进会会议精神》《全市“八一”军地座谈会暨双拥工作推进会会议精神》，传达学习全国第一次扫黑除恶常态化暨四大行业领域整治推进会、全省扫黑除恶常态化暨重点行业领域推进会精神、南昌市委十一届十二次全体（扩大）会议精神、市委书记李红军关于安全生产工作的讲话精神。审议并原则同意区卫健委提交的《关于落实健康南昌行动推进健康红谷滩建设的实施意见的请示（送审稿）》、区科工局提交的《红谷滩区2021年数字经济产业链链长制工作方案（送审稿）》、凤凰洲管理处提交的《关于凤凰花园三期还建房小区电梯采购项目的请示（送审稿）》《关于凤凰花园四期还建房小区外墙脱落及楼顶渗漏维修改造一期工程的请示（送审稿）》、生米镇提交的《关于绿色公墓项目有关事项的请示（送审稿）》、区土储分中心提交的《关于九龙湖新城综合管廊一期项目（龙虎山大道管廊段）及生米花园二期项目地上苗圃补偿相关事宜的请示（送审稿）》、区住建局提交的《红谷滩区电网发展战略合作协议书》、区VR推进中心提交的《南昌市红谷滩区人民政府 浙江大学共建浙江大学南昌研究院合作协议书》、区商务局提交的《南昌市红谷滩区人民政府 江西省高速资产经营有限责任公司投资合作协议书》《南昌市红谷滩区人民政府 江西仟得文化传播有限公司流量引擎产业园合作项目补充协议书》《关于兑现紫光摩度教育科技有限公司落户扶持资金的请示》、区交警大队提交的《关于对2019—2021年度红谷滩区交通设施维护项目签订延期补充协议的请示（送审稿）》、区城管局提交的《关于同意采购2021年生态文明建设专项生态文明试验区服务的请示》《关于同意采购2021年第一批重点区域垃圾分类服务的请示》。

【区政府第16次常务会议】 8月25日，区政府第16次常务会议召开。会议传达学习中央财经委员会第十次会议精神、县（市、区）委书记座谈会会议精神，听取区卫健委草拟的《全区当前疫情防控工作情况汇报》、区应急管理局草拟的《全区消防通道集中整治工作开展情况》。审议并原则同意区VR推进中心提交的《南昌市红谷滩区人民政府与中国移动通信集团江西有限公司投资合作协议书（送审稿）》、区商务局提交的《关于红谷滩区中国米粉时尚第一街建设奖补方案的请示（送审稿）》、红角洲管理处提交的《关于人均住房面积不足30平方米拆迁户安置房申购方案的请示（送审稿）》、区城投公司提交的《关于与土储分中心签订省三馆土方应急外运工程施工合同的请示》。

【区政府第17次常务会议】 9月1日，区政府第17次常务会议召开。会议传达学习省政府办公厅、市政府办公室关于国务院第八次大督查实地督查工作部署会议精神，全市影响社会稳定突出矛盾化解工作专题会议精神暨部署全区影响社会稳定突出矛盾化解工作。审议并原则同意区城管局提交的《关于2021年城市建管十大提升行动暨红谷滩区城市综合管理考核工作方案的请示(送审稿)》《关于采取政府采购公开招标方式实施红谷滩区2021年迎检及大型会议宣传灯杆道旗公益广告的请示(送审稿)》、区金融办提交的《南昌市红谷滩区人民政府与蓝奥控股集团有限公司金融科技产业园项目合作协议书(送审稿)》、区城投公司提交的《关于南昌VR科创城展示中心提升改造的请示(送审稿)》、区文广新旅局提交的《红谷滩区关于促进会展业发展的奖励政策(试行)》、区教体局提交的《关于同意建设南大附小红谷滩分校临时办公用房的请示》、区人社局提交的《关于审议红谷滩区2021年事业单位公开选调人员名单(第一批)的请示》。

【区政府第18次常务会议】 9月16日晚上,区政府第18次常务会议召开。传达学习省纪委《关于我省4起违反中央八项规定精神典型问题的通报》和市纪委《关于我市2起违反中央八项规定精神典型问题的通报》《关于我市3起违规设立和使用"小金库"典型问题的通报》文件精神、《关于在全市机关开展转作风提效率树形象专项整治的实施方案》文件精神、中国共产党南昌市红谷滩区第一次代表大会会议精神。审议并原则同意区司法局提交的《关于红谷滩区推行仲裁法律制度实施意见的请示(送审稿)》、区应急管理局提交的《红谷滩区消防通道集中整治工作方案》、区住建局提交的《关于恳请同意为红谷滩区保障性住房加装电梯的请示(送审稿)》《关于区城投公司建设项目所涉及高压线路迁改工程相关事宜的请示(送审稿)》、生米镇提交的《关于生米镇村级道路新建扩宽工程立项的请示(送审稿)》、区土储分中心提交的《关于支付棚改贷款融资服务费的请示(送审稿)》。

【区政府第19次常务会议】 9月28日晚上,区政府第19次常务会议召开。传达学习《中华人民共和国长江保护法》,省委副书记、省长易炼红在国庆假期商贸旅游消费调度会上的讲话精神,中国共产党南昌市第十二次代表大会会议精神。审议并原则同意区政府办提交的《政府筹备组工作报告(送审稿)》、区科工局提交的《红谷滩区政务信息化项目集约化建设管理办法(送审稿)》、区农业农村局提交的《红谷滩区"大棚房"问题专项清理整改行动"回头看"工作情况报告(送审稿)》、区生态环境局提交的《南昌市第二轮中央生态环境保护督察交办信访件涉及红谷滩区整改任务情况报告(送审稿)》、区人武部提交的《关于增设基层人民武装部的请示(送审稿)》、区农业农村局提交的《红谷滩区农作物秸秆综合利用五年行动计划(2021—2025年)(送审稿)》、区应急管理局提交的《红谷滩区第一次全国自然灾害综合风险普查工作经费预算(送审稿)》《关于购置城市内涝救险车的请示(送审稿)》、区住建局提交的《关于恳请同意江西省儿童医院(红谷滩院区)西侧怡康路提升改造工程立项的请示(送审稿)》《关于南昌绿地申博置业有限公司220千伏九龙湖输变电工程代建费用支付相关事宜的请示(送审稿)》。

【区政府第20次常务会议】 10月21日晚上,区政府第20次常务会议召开。会议传达学习中共中央总书记习近平在2021年10月18日中央政治局第三十四次集体学习会上的讲话精神、全省商贸消费工作调度会议精神、南昌市警示教育大会会议精神。审议并原则同意区政府办提交的《关于〈政府筹备工作报告〉工作任务责任分工的请示(送审稿)》、区科工局提交的《关于2021世界VR产业大会成果情况汇报(送审稿)》、区生态环境局提交的《关于红谷滩区中央及省级环保督察问题整改进展情况汇报(送审稿)》、区城管局提交的《关于赴广东三地考察学习城市管理工作汇报(送审稿)》《关于缴纳九龙湖运动园、雨阳公园、赣江市民公园四期景观绿化工程违法用地罚款的请示》、区住建局提交的《关于九龙湖西部组团片区开发事宜的情况汇报(送审稿)》、区城投公司提交的《关于提请审议向南昌诚政控建设实业合伙企业(有限合伙)增资的请示(送审稿)》、区纪委区监委提交的《关于建设"清廉红谷滩"监督执纪一体化平台的请示》、区商务局提交的《关于恳请兑现阿里巴巴南昌客户体验中心项目投资合作协议2020年度税收奖励的请示》、区科工局提交的《关于恳请同意"红谷VR精英杯"2021虚拟现实产业创新大赛有关事项的请示》、红角洲管理处提交的《关于恳请拨付豫章师范学院扩建工程及强电下地项目范围内树木移植费用的请示》。

【区政府第21次常务会议】 11月6日晚上,区政府第21次常务会议召开。会议传达学习《中华人民共和国安全生产法》第三次修改内容、南昌市十六届人民代表大会一次会议和政协南昌市十五届一次会议精神,听取区卫健委草拟的《红谷滩区疫情防控专项工作汇报》。审议并原则同意区发改委提交的《红谷滩区政府投资管理办法(试行)》《红谷滩区政府投资项目建设控制标准(试行)》《〈红谷滩区重大重点项目管理办法〉〈红谷滩区重大重点项目推进协调调度办法〉〈红谷滩区重大重点项目推进考核办法〉〈关于成立红谷滩区重大重点项目协调推进工作领导小组的通知〉》、区应急管理局提交的《红谷滩区突发事件总体应急预案(送审稿)》、区文广新旅局提交的《红谷滩区做大文旅产业经济总量三年行动实施方案（送审稿）》《红谷滩区促进文化产业发展扶持办法（送审稿）》、区城管局提交的《红谷滩区深化农村公路管理养护体制改革实施方案（送审稿）》《红谷滩区农村公路“路长制”工作实施方案（送审稿）》、区生态环境局提交的《关于恳请同意购买红谷滩区露天禁烧高空瞭望监控服务的请示（送审稿）》、西站综合服务中心提交的《关于进一步明确红谷滩西客站片区 HJZ703-D03 地块西客站综合服务楼回购合同的请示（送审稿）》、区住建局提交的《关于恳请同意红谷滩区赣江北大道下穿既有京九铁路工程相关事宜的请示（送审稿）》、区发改委提交的《关于完善红谷滩区政府投资优化项目建设流程的请示（送审稿）》。

【区政府第 22 次常务会议】 11 月 14 日晚上，区政府第 22 次常务会议召开。会议传达学习《中华人民共和国著作权法（2020 年新修订版）》、省委书记易炼红在南昌调研时的讲话精神、市委平安建设领导小组《关于贯彻落实涉稳问题分类归口处理机制的通知》，听取区文广新旅局草拟的《2021 年红谷滩区“打黄扫非”工作情况以及下一步计划（送审稿）》。审议并原则同意区应急管理局提交的《红谷滩区森林火灾应急预案（送审稿）》、区民政局提交的《关于申请打造红谷滩区 12 家居家养老服务中心（站）的请示（送审稿）》、区城管局提交的《关于申请拨付八大整治行动工作经费的请示（送审稿）》、区自然资源分局提交的《关于红谷滩区统筹划定“三区三线”试点工作方案的请示（送审稿）》、区城投公司提交的《关于购买新琚花园安置房首次拟支付购房款的请示（送审稿）》、区文广新旅局提交的《关于开展第七届“红谷戏剧暨全国优秀剧目展演季”的请示（送审稿）》、区后勤服务中心提交的《关于报废和购置两辆公务用车的请示（送审稿）》、区科工局提交的《关于明确国家职业教育仿真示范实训基地项目专项债相关工作的请示（送审稿）》、区发改委提交的《关于完善红谷滩区政府投资优化项目建设流程等相关事宜的请示（送审稿）》。

【区政府第 23 次常务会议】 11 月 24 日，区政府第 23 次常务会议召开。会议传达学习《中华人民共和国行政处罚法》《中共江西省委办公厅 江西省人民政府办公厅 关于进一步加强新形势下值班工作的通知》《江西省消防安全责任制实施办法》，听取区司法局草拟的《2021 年 1—10 月份南昌市红谷滩区法治政府工作情况报告》。审议并原则同意区市场监管局提交的《关于红谷滩区 2021 年食品安全重点工作安排的请示（送审稿）》、区城管局提交的《红谷滩区 2021 年“三合一”市场化监管管理绩效考核暂行办法（送审稿）》《关于申请实施赣江南大道提升改造工程项目的报告（送审稿）》《关于实施红谷滩会议中心生态停车场项目的请示（送审稿）》《关于实施市行政中心屋面提升改造工程项目的请示（送审稿）》、区财政局提交的《关于红谷滩区加强社会综合治税工作的实施意见（试行）》《红谷滩区镇（街道、管理处）财政管理体制调整方案（试行）》《红谷滩区区级行政事业单位资产清查摸底工作方案（送审稿）》、红角洲管理处提交的《关于实施劝学路市政设施改造项目的请示（送审稿）》、区委政法委提交的《关于红谷滩区矛盾纠纷多元调解中心重新选址的请示（送审稿）》、区农业农村局提交的《关于申请实施红谷滩区堤圩、水库蚁害治理项目的请示（送审稿）》、区禁毒委员会提交的《南昌市红谷滩区毒品违法犯罪举报奖励办法（送审稿）》、区商务局提交的《关于恳请同意签订罗普特（南昌）产业研究院项目合作协议》《关于恳请兑现仟得流量引擎产业园项目 2020 年度扶持资金的请示》。

【区政府第 24 次常务会议】 11 月 24 日，区政府第 24 次常务会议召开。会议审议并原则同意区民政局提交的《关于新建区厚田乡划归红谷滩区管辖的意见》《关于红谷滩区生米镇撤镇设街道的意见》。

【区政府第 25 次常务会议】 12 月 4 日，区政府第 25 次常务会议召开。会议传达学习自然资源部办公厅《耕地卫片监督方案（试行）》，学习《红谷滩区关于推行仲裁法律制度的实施意见》。审议并原则同意区民政局提交的《红谷滩区社区工作者管理办法（送审稿）》、区住建局提交的《关于明确同意赣江北大道下穿京九铁路通道工程由南昌铁路局代建并由其采用邀请招标确定施工单位、监理单位的请示（送审稿）》《红谷滩区房屋建筑和市政基础设施工程招标投标评定分离实施细则（试行）》《关于恳请同意南昌市九龙湖新城抚州大街工程（明月山大道—三清山大道）相关事宜的请示（送审稿）》《关于恳请同意南昌市九龙湖新城上饶大街涉枫生快速路立交及配套改造工程相关事宜的请示》、区公安分局提交的《关于红谷滩公安分局报废 10 辆、更新 4 辆一般执法执勤车辆的请示》《关于红谷滩公安分局报废更新 1 辆特种执法执勤车辆的请示》、区商务局提交的《关于恳请同意海康威视南昌科技园项目在红谷滩区开展招标并监管的请示（送审稿）》《关于恳请同意签订文旅产业总部基地项目补充协议书的请示（送审稿）》《关于恳请同意签订华宏汽车总部项目补充协议书的请示（送审稿）》《关于恳请同意签订煌上煌集团有限公司项目投资合作协议的请示（送审稿）》《关于恳请同意签订 T16 购物中心裸眼 3D 巨幕屏项目补贴协议的请示（送审稿）》《关于恳请审议中央商务区 B-23-1-①地块土地出让拟设置的业态条件的请示》《关于恳请审议西客站北广场 HJZ702-M03 地块土地出让拟设置的业态条件的请示》。

【区政府第 26 次常务会议】 12 月 18 日,区政府第 26 次常务会议召开。会议传达学习中央经济工作会议精神、《法治政府建设实施纲要(2021—2025 年)》、市纪委《关于新建区中医院违反中央八项规定精神典型问题的通报》《关于我市 4 起落实市委巡察整改不力典型问题的通报》《关于我市 4 起违规出国(境)典型问题的通报》《关于我市 6 起公职人员违规经商办企业、违规借贷谋利典型问题的通报》《关于我市 4 起党员干部酒驾醉驾典型问题的通报》文件精神。审议并原则同意区住建局提交的《红谷滩区预拌混凝土、预拌砂浆、砂场、沥青综合整治行动实施方案(送审稿)》、区城管局提交的《红谷滩区城镇燃气用户加装安全装置工作实施方案(送审稿)》、区应急管理局提交的《红谷滩区安全生产"打非治违"百日行动工作方案(送审稿)》、区行政审批局提交的《红谷滩区"一次不跑"和"只跑一次"政务服务事项调整目录清单(送审稿)》、区总工会提交的《关于购置红谷滩区工人文化宫场地的请示(送审稿)》、区教体局提交的《关于恳请同意红谷滩区 6 所小区配套幼儿园装修立项的请示(送审稿)》《关于区教体局与南昌大学附属学校合作办学的请示(送审稿)》《关于恳请同意签订红谷滩新区育新学校九龙湖分校、绿地国际博览城学校建设项目建设工程 EPC 总承包补充协议的请示(送审稿)》《关于审议龙岗学校、云溪学校二期项目回购协议的请示(送审稿)》、区委组织部提交的《红谷滩区关于进一步规范村"两委"干部报酬待遇的实施方案(送审稿)》、区退役军人事务局提交的《关于红谷滩区 2021 年度军队转业干部安置工作的请示(送审稿)》《关于红谷滩区 2021 年度退役士兵安置工作的请示(送审稿)》、区城投公司提交的《关于审议化解区城投公司所涉政府隐性债务的请示(送审稿)》《关于审议回购生米镇长岗村拆迁安置房的请示(送审稿)》《关于审议江西华天虚拟仿真示范基地有限公司增加项目资本金的请示(送审稿)》、区金融办提交的《关于恳请同意签订〈红谷滩区人民政府与德勤华永会计师事务所(特殊普通合伙)的合作协议〉的请示(送审稿)》《红谷滩区人民政府与交通银行江西省分行签订〈深化政银合作促进红谷滩区高质量跨越式发展战略合作协议〉(送审稿)》、区委政法委提交的《关于申请实施红谷滩区矛盾纠纷多元调解中心项目的请示(送审稿)》、区商务局提交的《关于恳请审议〈紫光智慧教育全国总部项目补充协议书〉的请示(送审稿)》、区科工局提交的《关于恳请同意移交"技术合同登记行政确认权"的请示(送审稿)》《关于红谷滩区兑现两级 2020 年度 VR/AR 产业政策的请示(送审稿)》、区医保局提交的《关于调整区直机关、事业单位人员医保缴费基数组成的请示(送审稿)》、区城管局提交的《关于恳请批准政府采购红谷滩区 2022 年网格巡查服务的请示(送审稿)》《关于申请实施 2022 年春节彩灯展布项目的报告(送审稿)》、区自然资源分局提交的《关于审议红谷滩区购买耕地占补平衡指标的请示(送审稿)》、区财政局提交的《关于红谷滩区 2021 年 1—11 月财政预算运行情况和 2022 年财政预算初步安排情况的报告(送审稿)》。

【区政府第 27 次常务会议】 12 月 22 日晚上,区政府第 27 次常务会议召开。会议审议并原则同意区城投公司提交的《关于南昌 VR 科创城 JLH1702-D01 地块建筑物回购相关事项的请示(送审稿)》,区法院、区检察院提交的《关于恳请解决办案场所租赁和装修资金有关问题的报告(送审稿)》、区商务局提交的《关于恳请审议〈红谷滩区构建新招商引资格局完善项目全生命周期服务工作机制〉的请示(送审稿)》《关于恳请审议红谷滩区商务局与玉山县蓝城置业有限公司签订〈项目合作协议书〉的请示(送审稿)》《关于审议红谷滩区九龙湖片区 JLH502-B03 部分地块土地拟设置业态条件的请示(送审稿)》《关于恳请同意签订数字江西总部项目补充协议书的请示(送审稿)》。

【区政府第 28 次常务会议】 12 月 30 日晚上,区政府第 28 次常务会议召开。传达学习省委书记易炼红在全省领导干部专题研讨班上的讲话精神、《江西省"十四五"科技创新规划》文件精神,听取区科协草拟的《关于红谷滩区 2021 年度科普和科学素质建设情况汇报(送审稿)》。审议并原则同意区应急管理局提交的《关于提请区政府审议〈红谷滩区自然灾害救助应急预案〉〈红谷滩区地震应急预案〉〈红谷滩区安全生产事故综合应急预案〉〈红谷滩区危险化学品安全生产事故应急预案〉的请示(送审稿)》、区校地合作专班提交的《关于红谷滩区与南昌大学等四所高校签订〈战略合作框架协议〉的请示(送审稿)》、区发改委提交的《关于提请审议〈2022 年红谷滩区人民政府人大票决民生实事候选项目(审议稿)〉的请示(送审稿)》、生米镇提交的《关于恳请拨付生米镇 2021 年度下半年拆迁资金的请示(送审稿)》、区城投公司提交的《关于提请审议 JLH702-A06 地块补偿方案的请示(送审稿)》、区科工局提交的《关于红谷滩区科工局与浙江世纪华通集团股份有限公司投资合作协议(送审稿)》《关于红谷滩区科工局与乐竞文化传媒(上海)有限公司合作协议(送审稿)》、区商务局提交的《关于审议华宏汽车总部项目业态条件的请示(送审稿)》《红谷滩区中国米粉时尚和一街建设奖补方案(送审稿)》、区财政局提交的《关于红谷滩区 2020 年全区财政预算执行情况和2021年全区财政总预算(草案)的报告(送审稿)》。

区长办公会议

【概况】 2021年,区政府共召开3次区长办公会议。区政府党组书记、区长刘光荣主持。区政府组成人员出席。有关部门负责人列席。

【第1次区长办公会议】 8月25日召开。会议审议并原则同意沙井街办、卫东街办提交的《关于恳请同意沙井街道、卫东街道对城市综合管理工作进行服务外包的请示》、区土储分中心提交的《关于现代服务产业园项目红线及周边范围内苗圃补偿方案的请示》、区城投公司提交的《关于化解区城投公司所涉政府隐性债务的请示》、区住建局提交的《关于红谷滩区江报路延伸段道路排水工程相关事宜的请示》。

【第2次区长办公会议】 9月23日晚上召开。会议审议并原则同意区发改委提交的《关于2022年红谷滩区人民政府人大票决民生实事候选项目的请示(审议稿)》、区政府办提交的《区政府工作报告(征求意见稿)》。

【第3次区长办公会议】 11月16日晚上召开。会议审议并原则同意区生态环境局提交的《红谷滩区生态环境保护重点问题整改方案(审议稿)》。

(姜　松)

区政府主要领导调研、督导活动

【概况】 2021年,区政府主要领导围绕统筹推进稳增长、促改革、调结构、防风险、保稳定,多次开展调查研究,察看了解有关工作情况,听取相关工作汇报,发现存在的问题和难题,并组织协调解决。开展招商引资,努力实现全区招商引资工作的新突破。区政府分管领导及相关单位负责人陪同视察调研。

【调研红谷滩交通·消防·市政应急综合指挥中心等项目】 1月5日,新区工委副书记、管委会主任,区委副书记、区长提名人选任海斌率队赴红谷滩区部分重大重点项目现场调研。任海斌一行先后深入红谷滩交通·消防·市政应急综合指挥中心、世茂APM三期商业中心、恒天时尚中心二期、海康威视南昌产业园、JLH703-B02地块项目、红谷瑞仕城际广场二期商业中心等项目现场,详细听取责任单位对项目基本情况和进展现状的汇报,就下步加快推进有针对性地进行指导,对项目面临的困难及问题进行现场调度。强调各项目单位要加快前期相关手续办理,加大投资力度;责任单位要抓好日常调度,推动项目建设;区直相关部门要为项目建设做好协调服务,要想方设法为项目建设解难题、破瓶颈,对进展缓慢的项目要加强监管,督促倒排工期,抢抓时机,有力有序推进建设,各方形成合力,全力推动项目早开工、快推进、早见效。

【调研云溪学校二期等项目】 2月19日,新区工委副书记、管委会主任,区委副书记、区长提名人选任海斌率队赴部分重大重点项目现场调研。任海斌一行先后深入云溪学校二期、朱岗花园、生米花园、赣江市民公园四期、华润万象城、清远路水环境整治工程等项目现场,详细了解项目进展情况,指导项目单位在确保疫情防控前提下,做好节后复工复产,对项目推进中遇到的困难及问题进行了现场调度。强调,各项目单位一方面要做好疫情防控,科学组织工人返工,加快复工、抢抓进度、大干快上,另一方面要抓好安全生产,保证施工质量;各责任单位要强化日常调度,要经常深入一线解决问题,大力推动项目建设进度;区直相关部门要为项目建设做好协调服务,想方设法为项目单位排忧解难;属地要加快征迁、交地等问题的落实力度,要不断克服困难,敢于较真碰硬。各级各部门要牢固树立“抓项目就是抓发展”和“项目为王”的理念,按照“项目大会战”任务要求,上下联动、形成合力,全区一盘棋抓项目,为推动红谷滩区高质量发展提供源源不断的动力。

【调研指导政务服务工作】 2月20日,新区工委副书记、管委会主任,区委副书记、区长提名人选任海斌到红谷滩区市民中心调研指导政务服务工作。任海斌一行先后对市民中心大楼建设及周边公共服务配套情况、政务大厅运行情况、办税大厅服务情况和市场监管指挥中心建设情况进行实地察看,听取区市场局、区税务局、区行政服务中心有关情况汇报。任海斌强调,市民中心是展示区委、区政府的“窗口”,代表的是党委、政府的形象,各进驻单位务必认识再提升,坚持以人民为中心思想,坚持企业群众需求导向,坚持政务服务问题导向,创新服务体制机制,优化审批流程,简化审批程序,缩短审批时限,不断提升政务服务效能。为红谷滩区深入推进“放管服”改革、优化营商环境贡献力量。

【调研红谷滩区九龙湖片区西部组团开发建设情况】 2月22日,新区工委副书记、管委会主任,区委副书记、区长提名人选任海斌率队调研红谷滩区九龙湖片区西部组团开发建设情况。任海斌一行先后深入翰林启城等项目现场察看,听取相关部门对九龙湖片区西部组团开发建设情况的介绍。任海斌强调,各相关部门要对标规划、分类梳理,按照控制性详细规划做好功能布局;要突出产业,配套先行,围绕全区产业发展定位提前布局;要加快谋划,储备和引进一批大项目、好项目,同时加快已落地项目的推进速度,为红谷滩区高质量发展提供后劲。

【调研保利文化艺术城、VR科创城一期等项目】 3月24日,新区工委副书记、管委会主任,区委副书记、区长提名人选任海斌率队赴保利文化艺术城、VR科创城一期等重大重点项目现场调研,并召开现场调度会。区直相关部门、驻区有关单位、属地负责人陪同调研。任海斌强调,要进一步提高思想认识,全力服务好项目建设,加快项目推进,特别是VR科创城和虚拟现实仿真实训基地项目作为2021年第四届世界VR产业大会必看亮点,要高标准建设好;要进一步抓好问题落实,尽快组建工作专班到VR科创城项目现场办公,加强问题调度;就项目所涉问题做好对接协调,跟踪督促落实;要进一步加快产业聚集,进一步加快产业布局,加大招商引资力度,紧盯VR产业重点企业向科创城集聚,同时要做好展示中心和体验中心的形象提升、业态导入等工作。

【任海斌调研区部分重大重点项目】 6月17日,新区工委副书记、管委会主任,区委副书记、区长提名人选任海斌率队赴红谷滩区部分重大重点项目现场调研。任海斌一行先后深入中唯商业中心、世茂APM三期商业中心、澳世汇文化艺术博览中心、赣商总部基地、平安国际金融中心、红谷滩综合福利院、保利文化艺术城等项目现场,详细了解项目进展情况,对项目推进中遇到的困难及问题进行现场调度。任海斌强调,各级各部门要加快进度,强化服务,狠抓落实,要牢固树立"抓项目就是抓发展"和"项目为王"的理念,按照"项目大会战"方案和"项目链条图"任务要求,上下联动、形成合力,全力以赴推进重大重点项目建设。

【督导文明城市创建工作】 7月13日,新区工委副书记、管委会主任,区委副书记、区长提名人选任海斌带队深入沙井街道督导文明城市创建工作。任海斌一行首先到沙井街道办事处,听取街道党工委书记魏小根有关文明城市创建工作情况汇报,区直部门分别对存在的问题做了相应的回应,区领导帅志、邬春华、胡明清、田艳分别根据各自前期实地挂点情况提出有针对性的意见和要求。任海斌肯定街道当前文明创建工作成效,并从两个方面提出要求:要认真对照2021年测评体系,围绕创建目标,对照测评标准,全面补齐短板不足,全力推进专项督查,促进文明创建工作落实到位;全力整治文明创建工作中存在的管线整治难、电动车充电桩增设经费不足、沿街店面与人行道乱停放机动车等各类痛点难点问题,并要求相关区直部门配合街道推进问题整改落实。随后任海斌一行到红谷世纪花园社区、陶家村进行实地督查。在红谷世纪花园,任海斌查看小区路面卫生、水系治理、车辆停放情况,要求区城投公司拿出有效措施迅速修补路面破损道板、清理水面漂浮物、清理杂草,特别是要在广泛协商的基础上做好停车位增设工作,解决居民最关注的热点问题。在陶家村,任海斌对沙井村环境卫生整治、路面秩序治理、楼道清理成效表示肯定,对街道提出的空中网线治理难题,要求区直部门制定专项整改方案,对空中网线进行集中整治,降低安全隐患,提升市容市貌。

【调研既有住宅加装电梯工作】 7月21日,新区工委副书记、管委会主任,区委副书记、区长提名人选任海斌带队调研既有住宅加装电梯工作。任海斌一行先后到南昌航空大学、万达星城西区,实地查看电梯安装进展情况,现场走访听取群众意见,了解电梯品牌、安装工序,并嘱咐施工期间一定要注意安全生产。任海斌在区513会议室召开既有住宅加装电梯工作调度会,就下一阶段既有住宅加装电梯工作,强调:要按照省、市任务要求,把加装电梯工作当作一项政治任务,确保高质高效按时完成加装任务;要根据分配的具体任务,以目标、差距、短板、弱项为导向,制订工作计划,拿出有力措施和办法;要因地制宜,靶向攻坚,着力解决老旧小区、廉租房小区、还建房小区、学校、企事业单位宿舍楼居民加装电梯的诉求,补足民生短板,将加装电梯这项民生工程落到实处;要成立加装电梯领导工作小组,形成"主要领导主抓,分管领导具体抓,行业属地一起抓"的工作机制,合力攻坚;要压紧压实属地的主体责任和行业部门的管理责任,推动形成"业主主体、社区主导、政府引导、各方支持"的加装电梯工作格局。

【督导检查安全生产、消防通道等工作】 8月3日,区长提名人选刘光荣率队深入红谷世纪花园A、B区,羽毛球馆停车场、翠苑路住宅小区督导检查安全生产、消防通道等工作。在红谷世纪花园A、B区详细察看小区停车占用消防通道问题,并提出解决办法。强调,要从严从紧从实从细抓好各项工作,守牢安全生产红线,确保人民群众生命财产安全。在翠苑路住宅小区,刘光荣实地察看消防疏散通道、车辆停放等安全措施落实情况。强调,要压实责任抓整治,围绕消防安全开展排查,压实安全主体责任,着力提升安全意识。要提高认识。各级各部门必须把安全生产放在首位,切实克服侥幸心理、麻痹思想和应付心态,把安全生产工作抓紧、抓实。要抓好整治。消防、住建、城管及属地要严格对照标准,加大对消防通道等问题的整治力度,全力推进各项安全工作落地落实。要以严肃态度、严格标准、严厉措施，狠抓安全隐患排查整治。要落实责任。重点是落实主体责任，提高安全意识，确保发现问题能及时妥善处置。

【刘光荣调研区部分重大重点项目】 8月16日，区长提名人选刘光荣率队赴红谷滩区部分重大重点项目现场调研。刘光荣一行先后深入红谷瑞仕城际广场二期商业中心、大都汇项目、江南温泉城二期综合体、恒天时尚中心二期、华为江西区域总部项目、凤凰集贸市场综合体等重点项目，详细察看项目进展情况，并就项目存在的问题逐一进行现场调度。刘光荣强调，一要诚信履约。各项目单位要严格按照土地出让合同（协议）的约定诚信履约，加快项目建设速度。二要加快推进。各相关责任单位、职能部门、属地要及时到一线了解项目实际情况，及时掌握项目推进中存在的问题与困难，加以研究解决。三要强化服务。各级各部门要强化项目意识，主动担当、密切配合、积极作为，以优质、高效的服务，及时解决项目建设中的突出问题，推动项目提速、发展提质。

【调研南昌VR产业基地重点企业】 8月17日，区委副书记、区长提名人选刘光荣赴南昌VR产业基地调研重点企业运营及重点项目建设情况。刘光荣一行先后到华为南昌研究所、江西倬云数字产业集团有限公司、南昌海康威视数字技术有限公司等重点企业，认真听取企业的发展现状、研发投入情况和下一步发展规划。在听到江西倬云数字产业集团有限公司2020年营业收入达到3.3亿元，南昌海康威视数字技术有限公司营业收入短短几年从300余万元到将突破7亿元时，刘光荣给予充分肯定。刘光荣强调，区VR推进中心要深入贯彻落实市委十一届十二次全体（扩大）会议精神和区政府全体（扩大）会议精神，在创新驱动发展上持续发力，以更高的标准、更严的要求、更优的作风全力做好南昌VR产业基地企业服务工作。随后，刘光荣一行分别察看科大讯飞江西区域总部、软通动力虚拟现实创新应用研发总部项目建设现场，详细了解项目进展情况，现场协调解决项目推进过程中遇到的困难和问题。刘光荣指出，各有关单位要全力保障9月拟集中开工的重点项目顺利实施，加快推进在建重点项目的实施进度，促进已建成项目尽早投产运营。

【督导乡企城提升改造和水环境治理工作】 9月2日，区委副书记、区长提名人选刘光荣实地督导乡企城提升改造和水环境治理工作。刘光荣首先到乡企城，详细了解乡企城历史沿革、现状面貌和提升改造进展情况，现场协调解决实际问题和困难。他指出，乡企城面临的问题是客观存在的，乡企城提升改造工程是迫切需要的，卫东街办、全区各部门要立足当前、着眼长远，梳理问题、明确目标、细化举措、紧盯节点，花大力气、下大功夫，彻底改善乡企城发展面貌，充分展现现代都市良好形象。刘光荣随后实地察看前湖、龙岗花园、名门世家、龙兴大街、春晖路等地的雨污管网、内涝积水、污水泵站情况。刘光荣指出，加快推进全区水环境综合治理，既是落实中央环保督察反馈问题整改工作的具体举措，更是践行以人民为中心的发展思想和推进高质量跨越式发展的应有之义。全区各级各部门，特别是区城管局、区住建局等职能部门，要切实增强政治判断力、政治领悟力、政治执行力，以坐不住的紧迫感、慢不得的危机感、等不起的责任感，加快推进全区雨污管网排查整改、前湖和乌沙河水环境治理、城市重点内涝点治理等工作，列出计划、落实举措、明确节点、压实责任，坚决打好打赢水环境综合治理攻坚战，加快形成更加科学、更加全面、更加顺畅、更加应急的区级、行业、属地三级长效管理机制。

【督导检查国庆期间疫情防控、商贸文旅、重大重点项目建设工作】 10月4日，区委副书记、区长提名人选刘光荣带队督导检查国庆期间疫情防控、商贸文旅、重大重点项目建设工作，看望慰问节日期间坚守在一线的工作人员。刘光荣先后到国家虚拟现实仿真示范实训基地、南昌VR科创城、杉杉奥特莱斯、绿地康养居隔离酒店、绿地国博车展现场，详细了解国庆期间疫情防控、商贸文旅、重大重点项目建设工作。刘光荣强调，各部门各单位要坚守岗位，尽职履责，全面统筹推进国庆期间疫情防控和经济社会发展工作，确保“十一”黄金周人安全、商贸旺、消费热、项目快。提出，疫情防控要精准精细。时刻保持工作警醒，严格落实重点人员排查管控、重点场所的管理工作，及时研判最新疫情动态，切实加强应急处置能力。商贸文旅要精彩纷呈。持续推进节庆、会展等系列商贸促销活动，科学有效应对文旅场所人流高峰，努力让群众“乐消费”“抢消费”，不断做旺人气。项目建设要精心推进。持续加快推进国家虚拟现实仿真示范实训基地、VR展示中心、VR体验中心等VR项目建设，确保以最好的面貌、最高的品质，迎接世界VR产业大会顺利召开。

【现场调研重大重点项目建设进展情况】 10月23日，区委副书记、区长刘光荣率队赴区部分重大重点项目现场调研并召开专题调度会。会前，刘光荣一行先后到现场察看平安金融中心、用友产业园三期、鸿海中心、VR科创城体验中心、江南温泉城5个红谷滩区在全市三季度集中开工的重点产业项目以及保利文化艺术中心项目，实地了解项目进展情况及存在的具体问题。调度会上，区重大重点项目推进中心通报上述项目的推进情况，会议就项目存在的困难问题进行调度和明确。刘光荣指出,重大重点项目是推进高质量发展的重要载体和强大引擎,各级各部门要进一步牢固树立“项目为王”理念,以更坚定的决心、更务实的作风、更有力的举措,推动全区重大重点项目建设各项任务落到实处。刘光荣强调,一要加快速度推进项目。抢抓当前项目施工黄金期,拿出具体时间表、任务图,明确各项目牵头单位和挂点领导,快马加鞭推进项目建设,真正把加快发展落到时间和效率上。二要加大力度解决问题。坚持问题导向,遇事不推诿、不回避,主动担当、解放思想,高效破解各单位各行业中存在的阻碍,各责任单位要及时梳理分析,集中精力解决项目推进过程中的困难问题。三要加压责任落实到位。进一步增强加快项目建设的责任感、紧迫感、危机感,将会议明确的任务事项及时分解到位,各责任单位主要领导认真布置、认真协调,确保事事有人抓、件件能落实。四要加密频次调度督查。加大对项目的调度和督查力度,各责任单位要坚持每周调度,重要问题及时梳理上报区各分管领导、挂点领导集中调度,区发改委、重大重点项目推进中心要定期、不定期深入项目现场督查,及时通报项目推进情况及存在的问题,以督查促落实、保进度。五要加强遴选开工项目。科学谋划好第四季度集中开工项目,列出详细计划、排出具体日程、明确工作任务,组织好项目前期手续办理,落实好项目开工条件,确保项目按时开工建设。

【调研文明城市创建和食品安全工作】 11月6日,区委副书记、区长刘光荣一行到沙井街道、卫东街道进行调研,实地查看江报路农贸市场、江报路第一街区、江信国际花园、卫东三期等地文明城市创建和食品安全工作。在江报路农贸市场,刘光荣实地查看食品安全及供应、环境卫生、文明城市创建氛围等工作,并与业主交流,了解业主目前的经营情况。在江报路第一街区,刘光荣详细听取沙井街办关于无主广告整治、规范机(非)动车停放、整治餐饮油烟污染、垃圾清运等工作情况汇报,充分肯定沙井街办的整治成效,并就如何做好餐饮街区的文明城市创建工作提出进一步要求。随后,刘光荣到江信国际花园和卫东三期,实地查看环境整治、规范小区管理、无牌电动车整治等工作,详细听取卫东街办关于社区文明城市创建工作汇报,充分肯定相关工作成效。刘光荣强调,一是要有全力以赴的狠劲。坚持以问题为导向,以开展“我为群众办实事”活动为契机,深入开展各项文明创建专项整治行动,通过以点带面、示范带动,达到以整改促提升的目的。二是要有善作善成的巧劲。进一步整合各方面资源力量,完善小区管理的共建共享机制,发动更多居民群众参与到文明城市创建工作中来,形成人人支持、人人参与、人人共享的良好局面。三是要有持之以恒的韧劲。文明城市创建工作关键在于建立常态长效机制,文明城市创建是手段,提升城市文明才是目的,人民群众获得感、幸福感、安全感的提升是最终评判标准。

【调研区重大重点项目建设情况】 11月23日,区委副书记、区长刘光荣率队调研红谷滩区重大重点项目建设情况。刘光荣一行先后到万科时代广场、中央绿轴、九龙湖污水处理厂二期、科大讯飞江西总部和软通动力虚拟现实创新应用研发总部、泰康之家·赣园、国家虚拟现实仿真示范实训基地、VR科创城航空飞行模拟训练基地、赣江市民公园四期、名门世家门前综合提升改造示范段等项目现场,深入察看项目建设进展情况和进度计划,并就项目存在的问题进行现场调度。刘光荣强调,各项目单位要按照项目年度计划节点,保质保量,全力加快推进项目建设,力争早日竣工投产;各责任单位要加强协调配合,及时协调解决项目中存在的问题,确保项目顺利推进。要再精心遴选出一批特色亮点项目,作为年底全市“三看”活动红谷滩区的备选项目,重点打造重点推进。

【调研“胡子工程”“断头路”工程及既有住宅加装电梯工作】 11月30日,区委副书记、区长刘光荣率队到红角洲管理处、凤凰洲管理处、沙井街道就“胡子工程”“断头路”和既有住宅加装电梯工作进行调研。刘光荣一行先后就丰峰大道“胡子工程”,华南大道、贸院路、花园南路、熙凤路、凤蝶路等“断头路”打通及云溪花园既有住宅加装电梯等工作展开实地查看,听取区住建局的工作汇报,并就项目存在的问题进行现场调度。刘光荣强调,一要强化责任担当。坚决贯彻落实市委、市政府扫清“胡子工程”的要求,以等不起的紧迫感、慢不得的危机感、坐不住的责任感,集中力量攻坚克难,全力打通断头路,畅通“微循环”,融入“大循环”,着力推动城市品质提升。二要强化统筹协作。各有关部门要密切配合、通力协作,针对“中梗阻”问题,形成工作清单,明确时间节点和任务分工,加强与相关单位的沟通对接,扎实推进重点问题解决。三要强化质量安全。打通“断头路”、既有住宅加装电梯是为民办实事的民生工程,必须保质保量按期完成电梯安装任务,切实抓好安全生产,强化质量监管。

【赴深圳、东莞考察招商项目】 12月1—3日,区长刘光荣带队赴深圳、东莞开展招商工作,副区长熊飞,区科工局、区商务局主要负责人陪同。刘光荣先后到深圳市虚拟现实产业联合会、深圳市虚拟现实技术有限公司、金地威新软件科技园、华为技术有限公司、万科云城、时代伯乐创业投资管理有限公司、强脑科技有限公司、物联网产业创新中心(深圳)产业招商中心调研座谈,就项目合作、产业基金、城市产业空间建设、VR 等数字经济产业发展的合作进行深入沟通交流。各企业详细介绍近几年的发展总体情况和未来规划,刘光荣介绍红谷滩区的区位优势、城市建设、经济发展等情况。刘光荣强调,红谷滩区将按照南昌市部署,贯彻新发展理念,紧紧围绕"作示范、勇争先"目标定位,大力实施招商引资"一号工程",强化招商引资工作"牛鼻子、生命线"的引领性地位,竭尽全力营造良好的发展环境,与落户企业实现互利共赢,并真诚邀请各公司团队到红谷滩区实地考察投资,进一步汇聚加快高质量发展的强大力量。

（区政府办）

人事工作

【概况】 2021 年,红谷滩区人力资源和社会保障局(以下简称区人社局)把握"民生为本,人才优先"工作主线,立足本职工作,不断深化人事制度改革,创新人才引进机制,优化人才发展队伍,推动人事工作稳步前进,为全区经济发展提供人才智力支撑。

【开展事业单位公开招聘】 2021 年,严格审核招聘计划、严格规范资格审查内容和考试流程,认真做好事业单位公开选调工作,计划招录 101 人,经笔试、面试、体检、审查等环节,共向全省公开选调事业单位工作人员 86 人。协同教体局开展 2021 年中小学教师招聘工作,计划招聘 237 人,经面试、体检、审查等环节,共招录中小学教师 236 人。配合区委组织部完成 2021 年南昌市公开选聘大学生基层专干到村(社区)工作,共招录 64 人。招募"三支一扶"大学生 1 名;协同区民政局完成社区人员招聘共 92 人。完成金融办和区科工局人才引进 28 名。

【完善事业单位岗位设置】 2021 年,进一步完善事业单位岗位设置,做好事业单位岗位设置政策指导、监督管理和核准备案工作。严格按照《事业单位岗位设置管理试行办法的通知》《南昌市中小学教师编制控制数人员岗位设置操作细则》等文件精神,审核各单位依照岗设文件定岗情况,核准聘用教师控制数人员岗位设置情况。完成 103 家涉改单位岗位核准变更工作。受理区直66 余家事业单位岗位设置人员聘用变更业务。

【办理事业单位人员聘用业务】 2021 年,根据《事业单位人员管理条例》等文件精神,指导督促红谷滩区事业单位为新录用人员共办理聘用合同签订 350 份。

【规范办理退休程序】 2021 年,通过提前通知即将到龄退休人员、到龄退休次月停发在职工资及每月通报上月未及时办理到龄退休人员等多项措施,督促区直各事业单位严格按照到龄时间及时办理到龄人员退休手续,并主动与财政统发、社保部门对接,确保区直事业单位到龄即退工作顺利进行。全年共办理区直事业单位 10 名到龄工作人员退休手续。

【安置随军家属】 2021 年,根据南昌市退役军人移交安置工作领导小组办公室《关于下达南昌市 2021 年退役军人及随调家属县区安置计划的通知》文件部署,结合退役军人事务工作实际,对向区人社局提出的 1 名随军家属安置对象进行初审,并形成呈阅件报区领导审示后,安置随军家属 1 人。

【工资福利业务审核审批】 2021 年,办理区直单位人员调入、调出、等级晋升、职务晋升、辞职、解聘的工资审批项目共 4000 余人次。完成机关工勤晋级晋档 6 人、事业单位晋薪 144 人。开展 2021 年区直事业单位增减人员增减绩效工资审核工作,已审核 103 家区直事业绩效增减材料。

【事业单位绩效工资总量核定】 2021 年,为规范事业单位绩效工资制度,制定并印发《红谷滩区其他事业单位绩效工资实施方案的通知》,按期完成 66 家区直事业单位、6 家公共卫生单位、教育局所属 30 所学校的 2021 年绩效工资总量核定工作。

【评定专技人才职称】 2021 年,稳步开展高、中级职称评审申报推荐工作。中、高级职称评审申报推荐共 1008 人(高级 353 人、中级 655 人),高级通过 84 人,中级通过 333 人。组织全区 2021 年中级专业技术资格考核认定资格网上审核工作,187 人通过审核。完成初级职称评定 575 人。

【规范专业技术职务聘任(续聘)】 2021 年,根据《南昌市事业单位专业技术职务聘任工作实施方案》精神,下发《关于做好 2021 年南昌市事业单位专业技术职务聘任工作的通知》,统一规范全区专业技术职务聘任手续,按要求开展全区事业单位高(中)级专业技术职务聘任、续聘工作。共为 144 人办理首聘、870 余人办理续聘手续。

【强化人才队伍建设】 2021 年,统筹抓好高层次人才与各层次人才引进工作,不断优化人才队伍结构,引进高层次人才 11 人,C 类 3 人,D 类 8 人(A、B、C、D、E 类人才分别是国内外顶尖人才、国家级领军人才、省级领军人才、市级领军人才、高级人才)。鼓励组织企事业单位员工参加职业资格考试,不断提高人才队伍素质,对于成绩突出、在岗位上做出贡献的优秀人才进行评选,激励各类人才为红谷滩经济发展贡献才智。倡导企业以市场需求为导向,大力开展岗前、职业技能和创新交流等培训,把技能人才培训作为提升劳动力技能、培养高技能人才的有力抓手,加快人才队伍建设。

【南昌“人才十条”政策宣传】 2021年,积极开展人才政策进校园、进社区活动,在江西经济管理干部学院、江西工业贸易职业技术学院、南昌工学院、上饶师范学院、江西婺源茶业职业学院、上饶幼儿师范高等专科学校、江西医学高等专科学校等院校,瑞都、凤凰花园等社区,广泛开展南昌“人才十条”新政宣传,营造爱才、敬才、惜才的良好氛围。在人民网、新华网、中新网、《江西日报》、《南昌日报》等市级以上主流媒体讲好揽才引才故事,上稿30余篇。

【以乡情吸引学子“归巢”】 2021年春节前夕,开展“五个一”(推送一条活动信息、发放一封推介书信、走访一轮学子家庭、召开一次交流座谈、举办一场专场招聘)返乡学子对接活动,激发红谷滩区户籍在外学子归乡发展、圆梦桑梓。通过电话、微信、实地走访的方式,到访区内1444名在外就读的学子,并为学子送去新年贺礼(一封推介书信、一轮学子家庭、一次交流座谈、一条活动信息、一场专场招聘)。组织20名返乡学子代表实地参观绿地国博VR基地的东华软件股份公司、华为(江西)VR/AR软件中心、云上(江西)大数据发展有限公司等数字经济企业,通过实地畅游、沉浸式体验,让返乡学子切身感受到家乡产业发展优势和潜力。举办“才聚红谷,智引未来”返乡大学生座谈交流会,区委书记吴江辉向返乡学子代表重点推介家乡近年来的发展变化及良好的创业就业政策环境,鼓励学子为家乡发展贡献青春力量。各乡、街道、管理处组织座谈共9次,让家乡才子更加了解人才政策和待遇,增强创业就业信心。结合返乡学子的所学专业和意愿,对大三、大四的返乡学子进行信息摸排,组织红谷滩区特色企业提供VR、软件开发、数字运营等优质岗位,搭建学子与企业面对面、点对点的交流服务平台,开展专场招聘5次,鼓励返乡学子将目光汇聚家乡本土企业。

【强化博士工作站管理】 2021年,根据市人社局对博士后科研工作站要求,组织开展2021年博士后科研工作站综合评估工作。根据《南昌市博士后(博士)科研工作资助专项资金管理办法》,开展博士后科研资助工作,拨付博士后科研资助8.5万元。

【打造留学生创业平台】 2021年,江西南昌留学人员创业园红谷滩园区在园企业30家,孵化出园企业15家,直接创业团队人员近150人,间接带动就业人数1300余人,业务范围涉及数字经济、文化创意、生态环保、生物科技、健康服务、VR/AR科技等多个领域。为打造优质服务体系,赋能创新创业蓬勃发展,园区以运营管理和孵化服务为核心,按照“保用工、稳就业、促发展”政策导向,设立综合窗口,提供工商、税务、法律、政策等多方面信息服务,落实入园企业优惠政策管理规定,帮助入园企业引进人才,打造留学人员回国创业和海外高层次人才聚集的重要基地。

【规范人力资源企业管理】 2021年,红谷滩区新增人力资源企业16家,共有各类人力资源服务机构62家,从业人员1500余人,人力资源服务业保持良好发展态势。为红谷滩区企业提供各类就业服务,服务内容日益丰富。传统业态稳步增长,与互联网、大数据等新一代信息技术广泛融合的新兴业态快速发展,网络招聘、网络培训等在线服务充满活力。基础设施不断完善,搭建人力资源招聘场所,打造“云”上揽才。

(万戌瑞)

外事工作

【概况】 2021年,在区委、区政府的正确领导下,在省市外事办的精心指导下,红谷滩区认真学习贯彻习近平外交思想,充分发挥外事工作在对外开放的前沿优势,常态化抓好涉外疫情防控,认真完成上级交办的各项工作任务,区外事工作取得一定的成效。

【部署涉外疫情防控】 2021年,国内国外疫情防控形势严峻,外防输入、内防反弹压力持续增大,积极采取措施,切实保障在区境外人士生命安全和身体健康。加强部署统筹谋划,及时召开涉外防疫工作组部署会、涉外防疫工作调度会,通过下发工作提示到各成员单位等方式,强化各成员单位思想认识,明确各成员单位责任分工,压紧压实各成员单位责任,及时研判分析解决涉外防疫工作开展过程中的问题,确保涉外防疫工作有序顺利推进。

【加强境外返区人员摸排管控工作】 2021年,持续做好涉外疫情日报工作,在指定人员负责日报工作的基础上,进一步优化信息流程、强化高效意识,积极协调综合工作组、信息比对组及各属地通力配合,一环一环传数据,共同做好信息报送工作。对于每日下发的涉外返区数据,第一时间主动开展排查,掌握到信息后第一时间对接好境外返区人员,做好闭环转运工作,做好与隔离酒店的交接,力求境外返区人员管控隔离到位;对于电话无人接听情况,通过再次拨打电话、深挖亲属信息等方式,再次联系排查,做到应排尽排;对于其他县区流转入红谷滩区的数据,第一时间对接,并留存好台账,确保涉外返区人员管控到位。

【推进外国人员到华材料上报】 2021年,以"我为群众办实事"实践活动为契机,进一步优化外国人员到华申报办理流程。主动对接区防疫指挥部和市外办,指导企业防疫审批和入境审批同时办,缩减办事时间,让办事更高效、更便捷。全年共受理企业咨询18次、完成材料上报6件、办结2件。

【做好外宾接待工作】 2021年,按照省市统一部署,在做好疫情防控工作的前提下,认真做好外宾接待工作。明确负责接待的区领导及责任单位,提前做好路线规划和踩点,确保整个接待流程有序无误。至年底,接待外宾10余批次,重点接待亚洲国家驻华使节团、外交部调研组、日本工商俱乐部团、日本驻上海副总领事,参观南昌VR科技馆、VR主题乐园、VR产业基地等。通过外事接待活动,向外宾充分展示红谷滩区特色产业发展,特别是VR产业发展情况,进一步展示了红谷滩区首府首区的风范,起到了很好的推介宣传作用。

(陈红云)

信息调研

【概况】 2021年,红谷滩区政府办围绕疫情防控、招大引强、项目推进、城市建管、民生实事、文明创建等全区重点工作,组织开展多轮压茬式实地督查及调研。把抓落实、重实干的要求贯穿于督查及调研工作全过程,努力当好参谋助手,切实推动区政府重大决策落实到位。

【加强信息调研】 2021年,聚焦中心工作,加强信息研判,强化信息调研,创新工作机制,为区委、区政府决策提供有价值的信息。全年向市政府办公厅报送信息近200条,其中《江西省政府性融资担保基金运行良好但同时存在三方面突出问题》《江西省专业经办、全程管控,提升大病保险保障水平》等上报信息被国办采用。

【开展"红色走读"等调研活动】 2021年,以理论学习中心组学习、民主生活会、组织生活会、支部会等为载体,开展党组书记讲专题党课、南昌新四军军部旧址"红色走读"等主题突出的特色活动,做到入脑入心、走深走实。

【推进"我为群众办实事"】 2021年,坚持把"我为群众办实事"贯穿学习教育始终,区政府班子成员挂点落实29件涉及既有住宅加装电梯、农民还建房建设、老旧小区改造的实事项目,带领党员干部深入基层、服务群众、解决难题,让党旗在基层一线高高飘扬,实现办结率、满意率"双百分"。

【落实全面从严治党主体责任】 2021年,区政府班子坚持落实全面从严治党主体责任,认真贯彻落实党建工作责任制,持续改善政府系统工作作风,积极营造风清气正的干事创业环境。8天剷除D4、D6地块征迁"胡子工程",化解了4年想解决而未解决的顽疾。强有力关停54处违法"三站一场",规范全区"三站一场"经营秩序。全面推进安置房清理、建设、分配工作,清退759套违规占用房屋,交付14.27万平方米房屋,分配3708套房屋,安置2497户居民,安置工作迈出关键又坚实的一步。全面实施违章拆除五年行动计划,共拆除新增违法建设336处1.35万平方米、存量违法建设148处4004.5平方米,形成了强大威慑。妥善及时处置新力房地产项目风险,保持房地产市场稳定。大力推动全省最大的P2P平台——"博金贷"平台有序退出,守住了不发生区域性系统性金融风险底线。

(胡玲玲)

"五型"政府

【概况】 2021年,红谷滩区围绕国务院、省、市、区中心工作及社会群众关注关切,认真做好政府信息公开工作,着力提升政府信息公开质量,推进拓宽政府信息公开渠道,不断增强政府信息公开实效。以建设"五型"(忠诚型、创新型、担当型、服务型、过硬型)政府、推进新时代政府治理体系和治理能力现代化为目标,把握正确舆论导向,全面总结、广泛宣传"五型"政府建设的创新举措、生动实践和典型经验,精心策划、认真组织,为推进"五型"政府建设走深走实营造良好的工作氛围和舆论氛围。红谷滩区获评全省"第二批""五型"政府建设示范区。

【加强组织领导】 2021年,继续由常务副区长分管政务公开工作。区政府办作为全区政务公开和政府信息公开工作的主管部门,全力做好指导、协调、监督区政务公开和政府信息公开工作;区科工局负责平台搭建,提供好技术支持和服务;各乡镇、街办、管理处、区直各部门按照"一把手挂帅、分管领导具体抓、责任落实到人头"的要求,落实好政务公开和政府信息公开相关工作。

【强化信息公开】 2021年,规范信息公开上报程序,落实专人负责信息宣传和政务公开工作。全年在区政府门户网站公开工作动态、统计数据、公告公示、法规文件等各类政务信息5331条,在"红谷滩发布""红谷滩魅力沙井""红谷滩交警"微信公众号及"掌上红谷滩"App、"红谷滩公安"微博账号等各类政务新媒体发布信息1.72万条,多种途径实现政务信息主动公开,精准推送政策信息。

【规范网站建设】 2021年,健全政府网站建设、运行、管理、内容保障、安全维护等制度体系。规范采集、编辑、审核、发布工作流程,推进政务新媒体健康有序发展。突出区政府门户网站政务公开第一平台作用,积极推进"五公开"。把重大项目建设、生态环境、食品药品监管、稳岗就业、安全生产、义务教育、疫情防控等列入重点领域信息公开专栏。

【完善管理制度】 2021年,深入推进政府信息公开工作,提高政府信息公开质量和水平,健全完善《红谷滩区政府信息依申请公开制度》《红谷滩区人民政府网站信息内容建设管理办法(试行)》《红谷滩区政府信息管理制度、公开监督考核制度、公开政策解读制度等六项制度》《红谷滩区社会公众代表列席区政府有关会议制度》等系列文件,为更好地开展政务公开工作提供制度保障。

【把政府信息公开要求落到实处】 2021年,抓好政务公开工作,提升政府透明度、公信力。聘请第三方机构对全区政务信息进行排查,对区政府门户网站严密监测,确保将政府信息公开工作落到实处。严格落实培训考核制度,将政务公开工作纳入绩效考核体系,且权重不低于4%;同时,为促进全区政务公开队伍建设、提升工作人员公开意识和业务工作水平,认真组织开展全区政务公开工作培训,各镇(街、处)、区直各单位、区属各部门分管领导和具体工作人员共59人参加培训。

【加强"五型"政府建设信息报送工作】 2021年,为及时了解全区推进"五型"政府建设进展情况,加强全区"五型"政府建设信息报送工作,营造浓厚氛围,更好地为全区经济社会发展服务。至年底,报送省、市"五型"工作信息100余条,省、市"五型"政府建设简报采用7条,其中《红谷滩区"三个三"打造便捷高效服务窗口》和《红谷滩区狠抓落实,推动四化,助力数字经济产业高质量跨越式发展》被省"五型"工作简报采用并刊发。

【转办"问政江西"平台网民意见建议】 2021年,在平台转办帖文工作上,继续增强工作主动性,提高处理时效性,按照时限要求办理网民建言建议,真正做到"民有所呼,我有所应"。对广大群众反映强烈、与生产生活密切相关的重点问题归类梳理,分析研判问题根源,有针对性研究部署统筹解决方案。至年底,红谷滩区"五型"办共接收"问政江西"平台转办单271件,涵盖群众生活的方方面面,包括官员贪腐不作为、医疗卫生、生态环境、食品安全、咨询求助、农村建设等,已100%回复办结。

(蔡 琴)

2021年红谷滩区政府颁发文件选目一览表

表3

文号	文件标题
红谷府发〔2021〕1号	区政府、区人武部发出《红谷滩区人民政府 红谷滩区人民武装部关于组建红谷滩区征兵工作领导小组的通知》
红谷府发〔2021〕2号	区政府、区人武部发出《红谷滩区人民政府 红谷滩区人民武装部关于组建红谷滩区民兵工作领导小组的通知》
红谷府发〔2021〕3号	区政府发出《关于印发2021年红谷滩区重大重点项目投资计划的通知》
红谷府发〔2021〕4号	区政府发出《红谷滩区人民政府关于印发〈红谷滩区离休干部医药费单独统筹实施管理细则〉的通知》
红谷府发〔2021〕5号	区政府发出《南昌市红谷滩区人民政府关于调整区人民政府领导分工的通知》
红谷府发〔2021〕6号	区政府发出《红谷滩区人民政府关于李夏青等同志职务任免的通知》
红谷府发〔2021〕7号	区政府发出《红谷滩区人民政府关于雷明等同志职务任免的通知》
红谷府发〔2021〕8号	区政府发出《红谷滩区人民政府关于印发〈红谷滩区社会救助事项审批确认权限下放至镇人民政府(街道办事处、管理处)工作实施方案〉的通知》
红谷府发〔2021〕9号	区政府、区人武部发出《红谷滩区人民政府 红谷滩区人民武装部关于调整红谷滩区征兵工作领导小组成员的通知》
红谷府发〔2021〕10号	区政府、区人武部发出《红谷滩区人民政府 红谷滩区人民武装部关于调整红谷滩区民兵工作领导小组成员的通知》
红谷府发〔2021〕11号	区政府发出《红谷滩区人民政府关于印发〈红谷滩区鼓励大学毕业生参军入伍措施办法〉的通知》

续表3

文号	文件标题
红谷府发〔2021〕12 号	区政府发出《南昌市红谷滩区人民政府关于印发〈2021 年红谷滩区民生实事工程安排意见〉的通知》
红谷府发〔2021〕13 号	区政府发出《红谷滩区人民政府关于公布〈南昌市红谷滩区统一行政权力清单(2021 年版本)〉的通知》
红谷府发〔2021〕14 号	区政府、区法院发出《红谷滩区人民政府 红谷滩区人民法院关于印发〈关于建立南昌市红谷滩区企业破产处置府院联动工作机制的实施意见〉的通知》
红谷府发〔2021〕15 号	区政府发出《南昌市红谷滩区人民政府关于调整区人民政府领导分工的通知》
红谷府发〔2021〕16 号	区政府发出《关于授予成沛锦同志"见义勇为先进分子"荣誉称号的决定》
红谷府发〔2021〕17 号	区政府发出《红谷滩区人民政府关于印发〈关于落实健康南昌行动推进健康红谷滩建设的实施意见〉的通知》
红谷府发〔2021〕18 号	区政府发出《红谷滩区人民政府关于印发〈红谷滩区关于促进会展业加快发展的奖励办法(试行)〉的通知》
红谷府发〔2021〕19 号	区政府、区人武部发出《红谷滩区人民政府 红谷滩区人民武装部关于调整红谷滩区征兵工作领导小组成员的通知》
红谷府发〔2021〕20 号	区政府发出《红谷滩区人民政府关于印发〈南昌市红谷滩区农作物秸秆综合利用五年行动计划(2021-2025 年)〉的通知》
红谷府发〔2021〕21 号	区政府发出《南昌市红谷滩区人民政府关于印发〈红谷滩区国民经济和社会发展第十四个五年规划和二〇三五年远景目标纲要〉的通知》
红谷府发〔2021〕22 号	区政府、区人武部发出《红谷滩区人民政府 红谷滩区人民武装部关于调整红谷滩区民兵工作领导小组成员的通知》
红谷府发〔2021〕23 号	区政府发出《红谷滩区人民政府关于印发红谷滩区突发事件总体应急预案的通知》
红谷府发〔2021〕24 号	区政府发出《关于印发〈红谷滩区做大文旅产业经济总量三年行动实施方案〉的通知》
红谷府发〔2021〕25 号	区政府发出《红谷滩区人民政府关于曾纪松等同志职务任免的通知》
红谷府发〔2021〕26 号	区政府发出《关于印发〈红谷滩区关于加强社会综合治税工作的实施意见(试行)〉的通知》
红谷府发〔2021〕27 号	区政府发出《红谷滩区人民政府关于印发〈红谷滩区消除义务教育学校大校额专项计划〉的通知》
红谷府发〔2021〕28 号	区政府发出《红谷滩区人民政府关于印发红谷滩区"十四五"应急体系规划的通知》
红谷府发〔2021〕29 号	区政府发出《红谷滩区人民政府关于印发〈红谷滩区安全生产事故综合应急预案〉的通知》

(李文俊)

政务服务

【概况】 2021 年是"十四五"规划开局之年,红谷滩区行政审批局坚持"以人民为中心"思想,深入推进"放管服"改革,尤其在"服务"上下功夫、做文章,努力打造"少、快、好"政务服务模式,精心擦亮红谷滩"办事不用求人、办事依法依规、办事便捷高效和办事暖心爽心"的响亮品牌。全年红谷滩区政务服务大厅办理各类审批服务事项 35534 件,办结率 100%;相关服务举措先后 110 次在中央、省、市媒体报道。刘奇、易炼红两任省委书记先后到区行政审批局视察调研,并对局相关政务服务举措表示肯定。获得江西省第六批及时奖励(通报表扬)、省"青年文明号"和"全市先进基层党组织"等荣誉和称号。

【优化政务服务流程】 2021 年,实施新办企业"全链条+套餐式"精准服务,企业开办全流程 6 事项(企业登记、印章刻制、申领发票、银行预约开户、社保登记、公积金缴存登记)3 小时半日结,申报材料压缩率达 65%;深化"证照分离"改革,新增推出涉企经营许可改革事项 68 项,优化审批服务事项 45 项;在全市率先推行改建类简易低风险工程项目审批"并联+容缺+承诺"制,6 项材料实施告知承诺免提交,允许 7 项材料容缺受理,申报材料缩减 50%。

【创新政务服务举措】 2021年,扩容“免证办理”事项,在全市率先实现进驻大厅的482个事项“免证办理”全覆盖,让企业群众对“刷脸”“扫码”“亮码”办事有更多的体验感和获得感;设立“红谷滩政企连心”微信专群,通过专群发布政策、办事指南、工作动态、征集并反馈问题等;设立“办不成事”反映专窗,协调解决企业群众的难办件,办理行政审批“疑难杂症”17件,优化办事流程3个;推行“帮办代办服务”,安排人员为企业,老年人、残疾人、退役军人等特殊人群提供精准高效跟踪服务,累计服务505人次;打造政务服务“青年之家”,引进高校青年志愿者,在政务服务大厅开展政务引导、咨询、辅办等志愿服务活动;实行错时延时服务,工作日“不办完、不下班”,周末节假日服务“不打烊”,全事项、免预约,极大地方便了企业办事;为企业免费刊刻公章,4—12月,共为6424户企业节约印章刊刻资金210余万元;9月29日起,向每户新设立企业赠送“营业执照正副本一套、免费企业印章一套(公章、财务专用章、发票专用章、法人印章各1枚)、免费税务U-Key、政策服务卡和党章”。相关行政审批服务举措和成效得到省委书记易炼红的肯定,鼓励加快推进行政审批规范化、高效化、优质化,着力解决企业和群众办事中遇到的“疑难杂症”和“急难愁盼”问题。

【推进政务服务“网上办”】 2021年,在全省县区率先实现企业登记数据与江西省“一窗式”综合服务平台互联共享。通过平台对接,提升政务服务事项网上可办率和全程网办率,减少群众跑动次数;创新“远程视频”踏勘。通过微信视频方式,对房屋装修装饰登记事项,实时指导企业通过“现场审查”,减少行政成本、降低廉政风险,提高踏勘效率。全年累计办件1745件。

【全面开展政务服务“好差评”】 2021年,推动大厅窗口全部配备评价设备并接入全省“好差评”系统,主动引导企业和群众线上通过江西政务服务网红谷滩分厅,线下通过窗口评价器,对政务服务进行综合评价,实现政务服务事项全覆盖、评价对象全覆盖、差评整改全覆盖。至年底,累计上传评价总数30.45万条。

【进一步推动优化营商环境】 2021年,设立“惠企政策兑现”专窗,8月2日起将全区11个部门87个惠企事项集中至该专窗受理兑现,实行“一张清单全覆盖、一套流程一次办、一个专窗全兑现、一个专户快支付、一个平台指尖办”,兑现平均审批时间压缩64%。在“赣服通”红谷滩区分厅上线惠企政策兑现模块,配置一站查询、精准推送、在线申报、资金直达等功能。如:“AI政策宝”,运用大数据算法和AI分析技术,1分钟内完成“企业精准画像—政策智能匹配—一键链接政策兑现平台”全流程,实现从“人找政策”到“政策找人”的突破性提升;全年联合相关行业主管部门先后三批次,深入用友软件园、慧谷产业园等园区,开展企业“大走访、大宣传”活动,广泛宣讲惠企政策,答疑释惑;至年底,已受理各类惠企事项383件,兑现企业奖励资金5960.93万元,其中免申即享171件,兑现金额4081.71万元。

【拓展提升“赣服通”功能】 2021年,推动“赣服通”红谷滩分厅4.0版上线,以“区块链+数据+模型+场景”为支撑,完成了平台整体功能和架构的迭代升级,整合了公安、人社、教育、医保等高频政务服务事项和水、电、气、公交等社会公共服务,开发了信用办、主动办、帮代办、不见面审批、惠企政策兑现等功能模块,新增上线事项及服务260项。

(万超阳)

机关事务管理

【概况】 2021年,红谷滩区机关事务管理中心在全国事业单位改革背景下,由原区机关后勤服务中心成功转型。新成立的红谷滩区机关事务管理中心围绕全区工作中心和机关事务管理工作职能,真抓实干,开拓进取,积极落实党和政府过紧日子要求,有力保障了机关后勤工作的高效运行,并荣获“国家级节约型公共机构示范单位”称号。

【财务管理】 2021年,严格依照相关财务制度开展工作,进一步完善固定资产管理工作。至年底,红谷滩区固定资产总计658件,固定资产原值总计611.49万元,固定资产累计折旧总计342.21万元,固定资产净值总计269.27万元。严格执行政府采购管理办法的要求,在政府采购平台或网上商城内完成采买流程。全年共通过16宗政府采购,其中公开招投标3宗、其他物品采购13宗。

【办公用房管理】 2021年,严格执行党政机关办公用房建设标准,加强党政机关办公用房使用统筹管理。开展党政机关用房信息摸底工作,理清党政机关办公用房和业务用房底数。按照厉行节约的原则,租用方大中心写字楼及裙楼为28家区直单位配套办公场所,调剂办公室31间,面积1214.6平方米。

【公务用车管理】 2021年,按照省市机关事务管理局统一部署,红谷滩区基本完成所有公务用车车载定位终端安装工作。有效杜绝公车私用等违规情况发生。采用招标举措优化了公车成本,定点维修企业2家、定点保险企业2家、定点加油企业1家,结算价格优惠率达到15%,有效降低公车运行成本。通过和南昌市机关事务管理局的积极争取，批复红谷滩区通过市级公务用车平台租借10台公务车辆，有效破解基层公务出行难的问题。

【公共机构节能】 2021年，全区公共机构人均单位建筑面积能耗同比下降5%，综合能耗下降5%，人均水耗下降6%。完成了南昌市节能办下达的目标任务。持续推进节约型示范单位的创建，全年共创建40家节约型机关。同时，加大节能改造建设步伐，通过合同能源管理模式（一种新型的市场化节能机制，其实质就是以减少的能源费用来支付节能项目全部成本的节能投资方式）对红谷滩区实验学校进行绿色照明节能改造；红角洲管理处根据能源审计报告搭建能耗监测平台；采购并安装2级能效空调和即热式饮水机；红谷滩区新龙岗学校和云溪学校安装总装机100千瓦容量的太阳能光伏发电项目。围绕“节能降碳，绿色发展”节能宣传周活动主题，在机关大楼和其他公共机构设置活动宣传板，张贴标语和宣传画，使广大干部职工进一步了解节能减排的含义和意义。

【后勤保障服务】 2021年，完善物业服务体系，落实物业服务月度评估制，提高物业服务质效。全力抓好“安全、卫生、规范”三要素，建立食堂督查机制，定期对环境卫生、食品安全、食材供应、服务质量等方面进行督促检查，提升精细化服务，坚持菜品多样化，改善就餐环境，提高机关干部就餐满意度。组织机关食堂开展“推行公筷公勺，共建文明餐桌”行动和“光盘”行动，助力创建节约型机关。先后为红谷滩区第一次党代会、红谷滩区第一届人民代表大会第一次会议等重大活动提供后勤保障服务。

（张世亚妮　屈明华　朱建平　徐鑫楚　吴晗丹）

农业农村工作

【概况】 2021年，红谷滩区坚持新发展理念，以乡村振兴战略为出发点，以加快农业产业高质量发展为着力点，以兴业富民增收为落脚点，抓重点、补短板、强基础、促改革，农业农村各项工作取得阶段性成果。全区农林牧渔业协调发展。实现总产值2.55亿元。其中，农业产值1.18亿余元、牧业产值1亿余元、渔业产值2447万元、农林牧渔专业及辅助线活动产值1162万元。农村居民人均可支配收入达22805元，比上年增长9.33%。粮食生产总体稳定，红滩区粮食生产面积1680公顷，产量1250万千克，超额完成了省、市下达的粮食生产任务。蔬菜生产总体保持平稳，全年蔬菜产量1.49万余吨，增长1.06%。畜牧业生产保持稳定，全年生猪累计出栏2.12万头、肉牛出栏1354头，同比分别增长33.7%、36%。

【确保粮食生产工作落到实处】 2021年，红谷滩区粮食种植全部分布在生米镇16个行政村，以水稻为主，玉米、大豆等其他粮食作物种植面积较小，水稻以单季稻种植为主。一年之计在于春，为落实习近平总书记关于“中国人的饭碗牢牢端在自己手上”的指示，区农业农村局早谋划早部署，于3月2日下发《关于做好2021年红谷滩区粮食生产任务的通知》，3月4日区分管领导在生米镇组织召开粮食生产工作部署会，要求将全区早稻生产任务落实到村到户到田，并要求镇、村建立生产工作台账，压实工作责任，确保全区粮食生产工作落到实处，3月20日生米镇召开党政联席会议研究部署粮食生产工作，进一步压实村、组级责任。为确保完成全区粮食生产面积和产量的稳定，落实早稻生产任务，从扶持政策研究入手，出台《红谷滩区推进2021年早稻生产工作激励方案》，对辖区内的水稻种植户给予每亩200元的财政补助。为提升水稻种植户抵抗风险的能力，按照国家有关文件，为全区的水稻种植户购买农业保险，合计投保面积1546.67公顷，共计支出保费46.41万元。为提高农户种植积极性，红谷滩区严格落实上级支农惠农政策，共计下拨水稻种植扶持资金479.38万元。其中，耕地地力保护补贴资金316.59万元、稻谷补贴资金64.4万元、早稻奖补资金73.89万元、一次性补贴种粮补贴24.5万元。

【做好疫情防控期间的市场保障】 2021年，红谷滩区推动“菜篮子”市长负责制落地，特别是做好疫情防控期间的市场保障，区农业农村局以全区蔬菜生产基地、畜禽规模养殖场为重点，每月开展蔬菜供应情况监测，同时组织农技人员，“送技下乡”做好蔬菜生产技术指导，指导蔬菜种植户选好蔬菜种类，增加新鲜蔬菜生产数量，为打好疫情防控阻击战，保障城乡居民“菜篮子”奠定基础。同时，高度重视农产品质量安全，开展“农资打假行动”，对全区8家农药经营店、2家化肥种子经营店开展全覆盖的检查。鼓励辖区内蔬菜种植户出具农产品检测合格证，以摄溪祥和生态农民专业合作社作为红谷滩区试点企业，全年共开具163批次食用农产品电子合格证，给农产品贴上“身份证”，提高了农产品的安全性。

【稳定生猪产业发展】 2021年，认真贯彻落实国家、省、市关于稳定生猪产业发展的工作部署和要求，防控非洲猪瘟等重大动物疫病带来的不利影响，有力促进和恢复全区的生猪生产，至年底，全区存栏生猪2.12万头。组织乡镇村级防疫员开展动物疫病春防、秋防工作，全年全区累计免疫生猪1.1万头、牛1900头、家禽3万余羽。

【发展总部经济】 2021年,充分发挥红谷滩区作为“五个中心”(行政中心、商务中心、金融中心、文旅中心、创新中心)的优势,扩大招商引资的力度,打破红谷滩区可耕面积小的地理界线,发展扎根于红谷滩、辐射全省的农业企业,引进省级领军茶企——赣茶集团落户红谷滩区。以优化营商环境为总抓手,提高对农业企业的服务能力,发掘农业企业的潜力,推动江西巨蟹农业科技发展有限公司申报市级农业产业化龙头企业认证。指导辖区内江西省本无尘健康饮品集团有限公司和鹿景园林建设有限公司,进行市级农业龙头企业重新认定和运行监测。

【加大秸秆禁烧力度和转化利用的指导】 2021年,通过疏堵结合的方式,加大秸秆禁烧力度和转化利用的指导,为压实禁烧责任,全区实行禁烧网格化管理,每个网格都有网格员,以严防死守的形式,打赢禁烧攻坚战。按照2021年主要农作物播种面积和产量,结合各类农作物干重草谷比计算:全年全区水稻秸秆产量1.25万余吨,通过严格控制收割机留茬高度的方式,将农作物秸秆粉碎还田,使秸秆肥料化利用,全区秸秆利用总量为8513吨,综合利用率为92.88%。

【集中整治违规垂钓专项行动】 2021年,为巩固赣江退捕工作,保护渔业资源。区农业农村局组织开展“打击非法捕捞渔政亮剑2021行动”“集中整治违规垂钓专项行动”,对违规垂钓和非法捕捞行为进行常态化、制度化整治。收缴禁用钓具40余套、禁用网具58套、鱼竿4根,发放宣传单2900余份,联合区公安分局进行集中整治违规垂钓5次,在7月和8月联合市渔政部门抓获3起非法下网捕捞的行为,并将违法人员移交市渔政局进行处理。

【管护好林地资源】 2021年,为管护好林地资源,重点从加强林长制、森林防火、林地管理三方面入手,探寻林区安全管护新方法。落实三级林长巡查机制,其中镇级林长每月巡查不少于1次,村级林长每月不少于4次。聘请15名生态护林员,划定管护区,明确到人,林长与护林员交叉管护,实现全天候开展防火、防病虫等保护资源的巡防工作。积极推进林地报批工作,全年共开展林地使用报批9宗,涉及林地总面积77.35公顷。完成2021年森林督查图斑、领导干部任期自然资源审计林地灭失图斑现场勘察工作,完成15宗森林违法图斑整改查处工作,共处罚金78.93万余元。完成生米镇中堡村、东城村、生米村,九龙湖管理处斗门村、源岗管理站森林图斑复绿工作。

【河湖圩堤管理范围内房屋问题排查整改工作】 2021年,根据上级工作安排部署,完成河湖圩堤管理范围内房屋问题排查整改工作,共排查河流5条、湖泊1座、圩堤2条,共计排查岸线221千米,排查出河湖圩堤管理范围内问题房屋8栋,并全部整改到位;完成了水土保持遥感卫星监测52宗问题图斑的现场核查工作,并完成所有问题整改。

【坚守耕地红线】 2021年,为坚决遏制耕地“非农化”、防止“非粮化”,红谷滩区下发《红谷滩区关于防止耕地“非粮化”稳定粮食生产的实施方案》《关于做好“大棚房”问题清理整治“回头看”相关工作的通知》等文件,通过“大棚房”专项整治工作,共排查简易大棚46个,面积合计4.79公顷,经现场确认,全区大棚均为设施农业大棚。针对上级转红谷滩区的疑似24个图斑,区农业农村局联合区自然资源分局及属地,深入每个图斑现场排查,共计排查设施农业用房面积合计4.43公顷,经对比“大棚房”的三种类型,均不符合“大棚房”认定标准,为设施农业用房。

【建设宜居家园】 2021年,结合全市农村人居环境整治工作的安排部署,统筹城乡发展,提升农村环境。全力推进农村生活垃圾治理。全面落实“户分类、村收集、镇转运、区处理”的四层运行机制,完善农村环卫管护制度,推进城乡环卫职能,垃圾收运体系向农村延伸,集中力量开展农村生活垃圾治理。针对城市规划以外的村组,从人、财、物三方面予以全力保障。每个村组都配备1—3名保洁员,家家户户配备垃圾收集桶,在人口相对集中区域定点投放垃圾收集箱,乡镇定期安排垃圾转运车辆进村收集,区、镇两级业务主管部门不定期地开展卫生督查,对于督查中发现的问题,要求村组限期整改到位。全年全区共清除卫生死角1000余处,清理乱堆乱放场所210处,共处理农村生活垃圾5000余吨。通过开展农村环境综合整治,群众的生活环境得到较大的提升。

【第一批72户农村房屋不动产权证发放】 2021年5月14日,南昌市自然资源局红谷滩分局前往生米镇相里村,将红谷滩区第一批72户农村房屋不动产权证发放至村民手中,这标志着红谷滩区农村不动产统一确权登记改革任务落地见效。推进农村房地一体宅基地和集体建设用地使用权确权登记发证工作,农房确权登记发证工作关系到每个农民的切身利益,从2020年下半年起,区自然资源局分局大力推进“三级确认”和登记发证工作,组织召开全区农村“房地一体”不动产登记工作部署动员会议,先后召开多次推进会议,分析实际操作过程中可能遇到的问题。该分局按照“应确尽确、应登尽登、整村推进”的原则,以村小组为单位,逐级完成“村级、乡级、区级”的三级确认工作,逐户填写登记发证信息,最后按批次送至不动产登记部门印发产权证,逐批按村发放。

(罗富春)

中国人民政治协商会议红谷滩区委员会

综　述

2021年，红谷滩区政协及其常委会在红谷滩区委的坚强领导下，围绕区委、区政府中心工作，建机制、打基础，在圆满完成政协组建工作的同时，积极履行政治协商、民主监督、参政议政职能，全区政协工作起步扎实，成效良好。

区政协筹备组建工作启动后，区委成立政协南昌市红谷滩区第一届委员会筹备工作领导小组、政协南昌市红谷滩区第一届委员会筹备组、政协南昌市红谷滩区第一届委员会筹备委员会三个领导机构。坚决把好政协委员"入口关"，按照提名推荐、协商确定、组织考察、区委常委会研究、区政协筹备委员会协商决定的程序，产生区政协一届委员会委员175名。

建立健全政协党组理论学习、主席会议、全体机关干部大会等相互衔接配套的学习体系，制定出台各类制度15项，组织召开党组会议16次、主席会议18次，开展各类学习会44次，其中学习研讨3次。开展委员集中培训，组织委员分批参观市政协智慧文史馆，邀请省市政协专家授课，专题辅导撰写提案和社情民意信息，为委员履职尽责、发挥作用奠定了扎实基础。旗帜鲜明讲政治。始终把坚持党的领导融入政协履职全过程，认真落实请示报告制度，做到重大事项提前向区委请示、重点工作主动向区委汇报、重要活动及时请区委支持。协助区委出台《关于新时代加强和改进人民政协工作的实施意见》《关于进一步加强和改进民主监督工作的实施意见》，全面部署红谷滩区新时代人民政协工作。一以贯之严纪律。区政协党组坚持压紧压实全面从严治党主体责任，落实"一岗双责"，把纪律教育、政德教育、家风教育、法制教育融入党员干部日常教育培训之中，营造知纪、明纪、守纪浓厚氛围，对党员干部存在的苗头性、倾向性问题及时开展批评教育，坚决防范和杜绝违纪违法问题发生。全年区政协党组开展政治谈话10次、廉政家访6次，推动纪律作风建设落在实处、取得实效。

坚持把提高提案质量作为提案工作的生命，注重选题引导，提倡委员每年集中精力提交1件高质量提案，从源头上把好质量关。强化提案办理工作，建立区党政主要领导领办、区政协主席会议成员重点督办、各专委会对口督办"三位一体"提案督办工作机制，有效提高了提案办理工作的质量和实效。区政协一届一次会议共收到提案157件，立案112件。开展VR产业调研。为助推"数字经济"一号工程，由区政协副主席牵头，成立专题课题组，实地走访南昌VR科创城、小蓝VR产业基地、科骏VR产业园，在线上开展问卷调查，并与市政府职能部门、业内投资人士进行座谈交流。形成《以VR为支点，赋能数字经济高质量发展的调研报告》。全面推进"三有"（有事多商量、有事好商量、有事会商量）协商。全区搭建"三有"协商议事平台123个，实现区、镇（街、处）、村（居）"三有"平台全覆盖和"五有"（有机构、有人员、有标识、有场所、有制度）、"七到位"（议题征集到位、调研学习到位、筛选确定到位、协商方案到位、协商会议到位、结果落实到位、汇总上报到位），在全市率先推出具有红谷滩特色的"三有"活动LOGO标志；率先把"三有"协商融入政务服务，支持区行政审批局设立"办不成事"反映专窗，反映专窗"真协商、真办事"的口碑一炮打响。全年全区共开展"三有"协商260次，解决各类问题256件，5件协商事例被评为全市"三有"工作成功典型，南昌电视台《"赣"事好商量——"三有"在洪城》栏目5次专题报道红谷滩区"三有"工作。围绕"专"出影响，念好"广小久实"四字诀，推广"三风"（兴家风、淳民风、正社风）活动。常态长效开展文明创建、志愿服务、"关注民生传民意·模拟政协传美德"主题教育和身边好人评选活动，上滩社区书记赵婷婷被评选为2021年全市“三风”榜样人物,弘扬了“四德”主旋律,引领了社会风尚。着力改造提升“三风”阵地,安排专项经费100万元,重点打造六个“三风”精品工程。围绕“三风”主题广泛宣传,在《人民日报》等市级以上主流媒体推出系列相关报道,讲好了红谷滩“三风”好故事,传递了社会正能量。

积极开展主席、副主席走访联系常委、委员,促服务、促履职活动,全面了解委员们的工作、学习及履职情况,支持委员立足岗位建功立业,为公益事业、招商引资作贡献。全年各民主党派、工商联、无党派人士参加政协各类活动20余次,提交大会发言26篇,区政协整体工作合力进一步增强。反映民情面对面。积极开展“红谷连心会”活动,区政协领导班子成员践行“一线工作法”,加强与基层群众联系,对群众提出的问题、建议,及时转办、限时解决、限期反馈。至年底,共召开干群面对面座谈会12场,搜集、反馈并协调各类问题28件。在“转作风、优环境”大走访、大宣传活动中,区政协机关密切联系企业,积极服务企业,全力为企业发展营造良好发展环境,共走访企业120余家,收集、反馈、协调各类问题30余条。同时,鼓励政协委员“下基层、进社区”问计于民、问政于民、问需于民,让政协融入群众。区政协一届一次会议以来,共报送社情民意信息15条,编辑印发专刊4期。迎难而上肩并肩。面对疫情防控重任,区政协机关干部下沉挂点片区一线,坚守各个卡点。委员们主动请缨,各展所长、多形式驰援防疫前线,全力为疫情防控、抗疫战疫做贡献。全年委员累计捐资捐物100余万元。

出台区政协全体会议、常务委员会会议、主席会议《工作规则》《专门委员会通则》《提案审查立案办法》,形成一套系统完备、科学规范的制度机制。着力在各镇、街(处)建设委员履职服务站,促进政协工作触角向基层进一步延伸,努力把服务站打造成为党委和政府的“好帮手”、人民群众的“连心桥”和委员履职的“新平台”。区政协常委会坚持把提高委员整体素质作为促进政协自身建设的基础性工作,围绕“懂政协、会协商、善议政”,对全体委员进行业务培训,扣好委员履职第一粒纽扣。建立健全委员履职档案,以落实“六个一”(提交一份质量较高的提案、反映一条有价值的社情民意信息、参加一次调研或视察、撰写一篇调研报告、为群众办一件好事、年底填写一份履职统计表)为主要内容,对委员履职情况进行科学考评。

重要会议

【概况】 2021年,红谷滩区政协共召开全体委员会议1次、常务委员会会议1次、筹备委员会会议2次、主席会议9次,学习传达中共十九届五中、六中全会,习近平总书记重要讲话精神,全国“两会”及中央、省、市政协工作会议等会议精神,听取有关工作情况报告,审议通过有关草案等,及时研究部署政协各项工作,推动工作贯彻落实,助推红谷滩区经济发展。

【政协红谷滩区第一届委员会筹备委员会第一次会议召开】 2021年9月10日,政协红谷滩区第一届委员会筹备委员会第一次会议在区政协1005会议室召开。区政协主席提名人选陶国强主持。区委常委、统战部部长陈敏出席,副主席提名人选邓万清、刘文皓、田艳、吴一建、刘国平、罗贤明、魏小根,秘书长提名人选熊健峰出席。会议听取区委统战部关于政协红谷滩第一届委员会规模结构、界别数量及名额、委员人选条件及范围情况说明。

【政协红谷滩区第一届委员会筹备委员会第二次会议召开】 2021年9月30日,政协红谷滩区第一届委员会筹备委员会第二次会议在区政协1005会议室召开。区政协主席提名人选陶国强主持。副主席提名人选邓万清、刘文皓、田艳、吴一建、刘国平、罗贤明、魏小根,秘书长提名人选熊健峰出席。各民主党派、工商联、知联会、人民团体负责人及相关代表人士参加会议。会议审议大会选举办法,听取区政协筹备工作报告等相关事宜,讨论通过区政协第一届委员会委员名单。

【政协红谷滩区第一届委员会第一次会议召开】 2021年10月7—10日,政协红谷滩区第一届委员会第一次会议在红谷滩会议中心中厅召开。本次会议应出席委员175名,实际到会170名,符合《中国人民政治协商会议章程》的规定。会议期间,省、市政协发来贺信。区委书记吴江辉,区委副书记、区长提名人选刘光荣等领导出席会议,与委员们共商发展大计。吴江辉在开幕会上发表讲话。会议审议通过区政协筹备委员会工作报告。大会选举产生政协红谷滩区第一届委员会主席、副主席、秘书长和常务委员。与会委员列席红谷滩区第一届人民代表大会第一次会议,听取和讨论刘光荣所作的区政府筹备工作报告及红谷滩区《“十四五”规划和二〇三五年远景规划(草案)》,表示一致同意。会议风清气正、务实高效,取得圆满成功,是一次振奋精神、凝心聚力、共谋发展、团结奋进的大会。

【政协红谷滩区第一届委员会第一次常务委员会会议召开】 2021年10月10日,政协红谷滩区第一届委员会第一次常委会会议在区政协常委会会议室召开。区政协主席陶国强主持。副主席邓万清、刘文皓、田艳、吴一建、刘国平、罗贤明、魏小根,秘书长熊健峰及区政协一届常务委员会委员出席，区政协各委办主任列席。会议传达学习习近平总书记在庆祝中国共产党成立100周年大会上的讲话精神；传达学习中国共产党红谷滩区第一次代表大会会议精神；审议《关于红谷滩区政协机关机构设置的决定（草案）》《中国人民政治协商会议南昌市红谷滩区委员会提案工作规定（草案）》；审议通过有关人事事项。

【政协红谷滩区第一届委员会第一至第九次主席会议召开】 2021年10—12月，政协红谷滩区第一届委员会第一至第九次主席会议在区政协1005会议室召开。区政协主席陶国强主持，副主席邓万清、刘文皓、田艳、吴一建、刘国平、罗贤明、魏小根，秘书长熊健峰出席。区政协各委办主任列席。

第一次主席会议，10月10日召开。会议传达学习习近平总书记在庆祝中国共产党成立100周年大会上的讲话精神；传达学习中国共产党红谷滩区第一次代表大会会议精神；审议《关于红谷滩区政协机关机构设置的决定（草案）》《中国人民政治协商会议南昌市红谷滩区委员会提案工作规定（草案）》；审议通过有关人事事项。

第二次主席会议，10月21日召开。会议传达学习10月16日市警示教育大会精神、市第十二次党代会精神；讨论《中国人民政治协商会议南昌市红谷滩区第一届委员会常务委员会工作规则（征求意见稿）》《中国人民政治协商会议南昌市红谷滩区第一届委员会管理办法（征求意见稿）》《中国人民政治协商会议南昌市红谷滩区第一届委员会工作联络组考评细则（征求意见稿）》；审议区政协一届一次会议提案立案有关事宜；各委办汇报近期工作情况、意见建议和下一步打算。

第三次主席会议，11月4日召开。会议传达学习近期召开的全市两会精神、区纪委区监委关于红谷滩区1起拆违搭建工作履职不力的通报。

第四次主席会议，11月12日召开。会议传达学习中国共产党第十九届中央委员会第六次全体会议精神、省委书记易炼红在南昌调研时的讲话精神及市委常委会会议专题学习贯彻落实意见精神，市政协党组书记、主席卢伟平在市政协十五届一次常委会上的讲话精神；协商上报市政协2022年度协商议题有关事宜；协商讨论各镇、街道（管理处）委员履职服务站建设有关事宜；审议一届一次大会有关费用事宜。

第五次主席会议，11月30日召开。会议学习中共十九届六中全会精神研讨发言材料；传达学习省第十五次党代会精神，省委常委、市委书记李红军在全市领导干部会议上的讲话精神，李红军在市委党校（市行政学院）2021年秋季主体班中青年干部座谈会上的讲话精神；审议《关于新时代加强和改进人民政协工作的实施意见（送审稿）》《关于进一步加强和改进人民政协民主监督工作的实施意见（送审稿）》《中国人民政治协商会议南昌市红谷滩区委员会全体会议工作规则（讨论稿）》《中国人民政治协商会议南昌市红谷滩区委员会主席会议工作规则（讨论稿）》《中国人民政治协商会议南昌市红谷滩区委员会委员履职工作规则》《中国人民政治协商会议南昌市红谷滩区委员会专门委员会通则（讨论稿）》；讨论研究2022年度财政经费预算事宜。

第六次主席会议，12月2日召开。会议研究关于红谷滩区部分行政区划优化调整的通知；传达学习开展微信泄密自查自纠工作的通知。

第七次主席会议，12月10日召开。会议传达学习《关于转发中共江西省委组织部〈转发《陈希同志在全国加强换届风气监督工作电视电话会议上的讲话》和中央组织部《关于查处四川省自贡市自流井区严重违反换届纪律问题的通报》的通知〉的通知》；审议《关于政协南昌市红谷滩区第一届委员会主席、副主席、秘书长分工安排（草案）》；讨论区政协委员履职服务平台项目技术服务合同事宜；通报区政协委员履职能力提升培训班相关情况。

第八次主席会议，12月22日召开。会议研究区政协一届二次会议相关事项。

第九次主席会议，12月27日召开。会议研究关于对2021年度全区政协工作先进集体、先进个人和优秀提案进行表彰事宜。

（胡华峰）

重要活动

【概况】 2021年，区政协认真贯彻区委主要精神，围绕政协工作，以党建为引领，切实把学习好、贯彻好、落实好习近平总书记关于加强和改进人民政协工作的重要思想贯穿到政协工作的全过程和各方面。

【区政协党史学习教育动员会召开】 2021年4月2日，红谷滩区政协党史学习教育动员会在区机关大楼1120会议室召开。区政协党组书记、主席提名人选陶国强主持。区政协班子成员出席，区政协各委办主任及全体机关干部参加。会议决定开展“学党史、祭英烈”——参观牛行展示馆活动；传达学习中央、省、市、区党史学习教育动员会精神；陶国强讲党史、讲党课；全体机关干部研讨学习中共十九届五中全会精神的心得和体会。全体机关干部谈认识、谈体会、谈思路，通过广泛深入研讨，进一步统一思想认识，强化了理论武装，凝聚了奋进共识，大家认为中共十九届五中全会是中国共产党站在“两个一百年”历史交汇点上对开启全面建设社会主义现代化国家新征程作出战略决策的一次重要会议，具有里程碑意义。

【重温两个历史决议学习会召开】 2021年6月18日,红谷滩区政协重温两个历史决议学习会召开。区政协党组书记、主席提名人选陶国强主持。区政协班子成员出席。会议传达学习《关于若干历史问题的决议》《关于建国以来党的若干历史问题的决议》。会议强调,两个决议是树立正确党史观的重要依据,学习党史就是要赓续共产党人的精神血脉。

【党史学习教育专题党课会召开】 2021年6月25日,党史学习教育党课召开。区政协党组书记、主席提名人选陶国强主持。党史学习教育市委第九巡回指导组张凡,区政协班子成员出席。区政协党组书记、主席提名人选陶国强给大家上了一堂关于红色教育的党课;与会人员交流党课学习心得体会;会上还观看警示片《警钟长鸣》。

【专题学习习近平总书记在庆祝中国共产党成立100周年大会上的重要讲话精神】 2021年7月8日,区政协专题学习习近平总书记在中国共产党成立100周年大会上的重要讲话精神会召开。区政协党组书记、主席提名人选陶国强主持。区政协班子成员出席。会上,学习习近平总书记在庆祝中国共产党成立100周年大会上的重要讲话精神。陶国强强调,区政协党组要把学习贯彻习近平总书记重要讲话精神作为当前和今后一个时期的首要政治任务,增强"四个意识"、坚定"四个自信"、做到"两个维护",切实把思想和行动统一到讲话精神上来。习近平总书记的重要讲话给大家上了一次生动的党课,党组成员从中汲取了营养。

【专题研究省级文明单位创建工作会】 2021年7月26日,召开专题研究省级文明单位创建工作会。区政协党组书记、主席提名人选陶国强主持。区政协班子成员出席。会议要求各委办全部参与,确保资料齐全,要对照省文明单位测评标准(2021年),做到一个不漏、一个不缺;要有具体事例、具体数据、相关照片等。

【"转作风、提效率、树形象"专项整治专题组织生活会召开】 2021年10月25日,召开"转作风、提效率、树形象"专项整治专题组织生活会。全体机关党员干部参加。会上学习省委十四届十三次全体(扩大)会议精神,市委书记李红军在市委十一届十二次全体(扩大)会议上的讲话精神,《区委办公室、区政府办公室印发的〈关于在全区机关开展"转作风、提效率、树形象"专项整治的实施方案〉的通知》;每位党员依次开展自我批评,其他党员依次提出批评意见,再作表态发言;最后机关党支部书记对此次专题组织生活会进行小结。

【举办2021年政协委员履职能力培训班】 2021年12月8日,红谷滩区政协委员履职能力培训班在施柏阁酒店举办。区政协主席陶国强,副主席邓万清、刘文皓、田艳、吴一建、刘国平、罗贤明、魏小根,秘书长熊健峰出席。区政协全体在南昌委员参加培训。培训班上,省政协副秘书长、办公厅主任杨木生,省政协提案委二级调研员赵建庭、市政协提案委主任罗平分别就协商工作、如何撰写高质量政协提案、社情民意信息为大家授课。区政协主席陶国强希望大家要通过学习,不断增强委员政治把握能力、调查研究能力、联系群众能力、合作共事能力;不断提升委员参政水平;不断树立委员形象。希望政协委员们主动建言献策,积极参政议政,为全面建设社会主义现代化红谷滩贡献力量。

【深入开展"三风"工作】 2021年,坚持齐抓共管,同心协力开展"三风"工作。区委批转下发《红谷滩2021年"兴家风、淳民风、正社风"活动工作安排》,逐一明确"十项主题活动"牵头单位及责任单位,全年各单位深入推进各项活动落到实处,"三风"活动丰富多彩、富有成效。区妇联牵头,常态化开展家庭文明建设系列活动。银都社区万桂新家庭获评2021年江西省最美家庭,推荐2户家庭参评2021年江西省绿色清洁最美家庭,推荐长江路社区和红谷滩廉洁文明家风教育馆参加江西省家风家教实践基地的评选。区政协办与教育事业发展中心联合在全区教育系统开展"关注民生传民意·模拟政协传美德""三风"主题教育实践活动,评选优秀建言60条、优秀提案10件、优秀协商案例10个。扎实开展"三风"榜样人物推荐

2021年12月8日,政协红谷滩区第一届委员会委员履职能力培训班开班仪式举行

(区政协供图)

评选工作，凤凰洲上滩社区的赵婷婷被评选为2021年南昌市“三风”榜样人物。推动全区6个“三风”示范点的提升改造工作。

【加强学习宣传】 2021年，不断提升红谷滩区“三有”活动的社会影响力和群众参与面，更好展现红谷滩区“三有”活动的成效和魅力。通过举办一场交流研讨、抓好一系列宣传报道工作、开展一次案例评选等举措，进一步加强“三有”活动的交流互动与宣传报道。全年省、市、区媒体报道红谷滩区“三有”活动100余次，5件协商事例被评为全市“三有”工作成功典型，南昌电视台《“赣”事好商量——“三有”在洪城》栏目5次专题报道红谷滩区“三有”工作。

（胡华峰）

提案工作

【概况】 2021年，红谷滩区政协委员、政协各参加单位和各工作联络组，紧紧围绕区委、区政府中心工作，紧扣“六大战略”目标蓝图，聚焦群众关心问题，积极运用提案履职尽责、建言献策，共提出提案157件。经审查立案112件，占提案总数的71.34%。在立案的提案中，有关经济建设方面29件，占25.89%；有关城乡建管方面31件，占27.68%；有关民生及社会事业方面45件，占40.18%；其他方面7件，占6.25%。所有提案均按程序交由23个承办单位办理，至年底，所有提案全部办复，委员对提案办理满意率为100%。不立案45件，均分别以意见建议或社情民意信息的形式转送有关部门参考。在办复的提案中，意见建议被采纳和反映问题基本得到解决的48件，占42.86%；列入计划拟采纳或拟解决的57件，占50.89%；受条件限制或其他原因只能以后研究解决的6件，占5.36%；所提问题留作参考的1件，占0.89%。这些提案从不同的方面、不同的角度、不同的层次提出意见建议，为服务决策、推动工作发挥了积极作用。

【聚焦经济发展献良策】 2021年，委员们就贯彻新发展理念，促进经济高质量发展等提出提案29件。《关于进一步优化红谷滩区营商环境的建议》《关于高质量推进红谷滩区数字经济发展的建议》《关于发挥区域股权市场作用，优化金融服务，支持实体经济发展的建议》等提案受到区委和区政府的高度重视，被列为重点提案，有关部门十分重视，认真研究，采取一系列措施推进相关工作。如，区发改委组织区行政审批局等相关部门认真研究，积极采纳，完成“赣服通”4.0红谷滩分厅整体功能和架构的迭代升级，新增上线政务服务事项100项，兑现惠企政策87项，兑现奖励金额3399.04万元。区科工局委托高水平智库编制《红谷滩区“十四五”数字经济发展规划》《红谷滩区数字经济“一城九园”发展规划》，进一步完善产业布局。区金融办与省国控、市工控积极筹划建立VR产业专项基金。

【围绕城乡建管支实招】 2021年，委员们就城建短板、人居环境整治等提出提案31件。《关于卫东街道背街小巷提升改造的建议》《关于有效缓解红谷滩区“停车难”问题的建议》被列为重点提案，区城管局认真办理，投资约400万元，对沙井路（银都路—怡园路）、银都路（联泰香域中央西区北门口—凤凰中大道）、江报路（春晖路—绿茵路）进行提升改造；推进停车场接入智慧停车平台改造工作，探索开展建筑立面与道路红线间停车管理试点工作。《关于对生米镇夏宇村进行集中式供水（自来水）改造的建议》，区农业农村局启动《生米镇人居环境整治规划方案》编制，开展提升改造工作勘察设计及招投标工作。

【着眼群众关切建诤言】 2021年，委员们就教育均衡、医疗保障、社会治理等提出提案45件。《关于红谷滩区学前教育均衡发展的建议》被列为重点提案，区教体局认真研究吸纳，积极促成开发商无偿移交幼儿园34所，协商回收幼儿园12所，扩充了公益性学前教育资源。区总工会积极办理《关于疫情防控常态化下化解基层劳动争议的建议》，建立“法院+工会”劳动争议调解机制。《关于加强社区邻里中心建设的建议》，区民政局加快推进邻里中心12个在建项目建设，建成后将实现全区15分钟生活圈全覆盖。《关于开展校园周边交通治理的建议》，区交警大队有针对性制订护学方案，设置护学岗，校园周边的交通拥堵得到有效缓解。

（梅彦武）

调研视察

【概况】 2021年，区政协紧紧围绕政协委员履职服务中心工作，积极履行职能，先后组织政协委员到企业、到社区开展调研视察活动。

【调研视察青山湖区委员履职服务中心、京东镇京荣社区】 2021年11月16日，区政协党组副书记、副主席邓万清、秘书长熊健峰带领部分区政协委员、镇（街、处）政协联络组组长等一行到青山湖区政协委员履职服务中心调研视察服务中心各项工作，到京东镇京荣社区调研视察议事协商等各项工作。邓万清在听取相关工作人员情况介绍后，就青山湖政协委员履职服务中心工作及京东镇京荣社区工作进行深入交流和研讨，对青山湖区政协各项工作提出建议意见。

【赴深圳市调研视察龙华区和龙华区观澜街道】 2021年12月2日，

区政协党组副书记、副主席邓万清、秘书长熊健峰带领生米镇联络组组长等一行,到深圳市龙华区和龙华区观澜街道政协委员之家学习交流。龙华区产业链完整、门类丰富,涵盖衣、食、住、用、行各个领域,拥有大批品牌企业和大型商业综合体。观澜街道素有“文化之乡”“侨乡”“革命老区”“版画村”之称,是一个具有人文特色和文化底蕴的街道。就其流动人口多、户籍人口少的情况,龙华区政协在党委领导、政府支持下大胆探索,创新采用“政协主导、社会参与”的模式,高起点、高标准建设具有新时代特色的政协“委员之家”。邓万清一行除实地考察外,还进一步深入交流和探讨各项成功案例和成果。

(熊淑华)

协商民主

【概况】 2021年,红谷滩区政协充分发挥人民政协专门协商机构作用,加大基层协商民主工作力度,深入开展基层民主协商有事多商量、有事好商量、有事会商量“三有”活动,全年共开展“三有”协商260次,解决各类问题256件,树立起政协新形象、展现出政协新作为。

【搭建协商平台】 2021年,全区搭建“三有”协商议事平台123个,实现区、镇(街、处)、村(居)“三有”平台全覆盖和“五有”“七到位”,在全市率先推出具有红谷滩特色的“三有”活动LOGO标志;率先把“三有”协商融入政务服务,支持区行政审批局设立“办不成事”反映专窗,反映专窗“真协商、真办事”的口碑一炮打响。

【开展协商活动】 2021年,聚焦全区党政中心工作大事、改革发展要事、民生改善实事、社会治理难事,注重切口小、关联广及群众反映强烈的民生问题,开展协商议事。重点助力和协商解决方大中心项目空置、庐山南大道555号下水道改道、红谷滩区“办不成事”反映窗口、名门世家夜市街综合提升改造、红角洲管理处鱼种场治理、南师附小红谷滩校区上学放学安全隐患、博浩小区电动车充电棚兴建、碟子湖社区青岚水系左岸临时防洪堤坝修筑事项、九龙湖绿道一期景观项目设计等一系列难题。

(吕梦萦)

民主监督

【概况】 2021年,红谷滩区政协围绕区委、区政府中心工作,坚持履职尽责,务实监督,积极建言献策,做到在参与中支持、在支持中服务、在服务中监督,使民主监督在促进经济发展、民生改善、工作作风方面发挥积极作用。

【加强民主监督】 2021年,对区委区政府重要决策部署、事关人民群众切身利益的问题、重点工程项目进行知情性、推进性和调研性监督,推动工作落实。区委为政协履行职能、发挥作用创造良好条件,全区上下真正把政协工作摆在重要位置,自觉接受政协民主监督,认真办理政协提出的提案、建议,有事多商量、有事好商量、有事会商量,着力营造党委重视、政府支持、全社会关心的良好氛围。区委书记吴江辉在区政协一届一次会议开幕会上的讲话,为政协不断提升履职实效,进一步发挥在协商民主中的重要作用,吃下了“定心丸”。

【民主评议监督】 2021年,对区直、驻区部门政风行风进行民主评议,让民主评议“评”出干部好作风、“议”出整改好思路、“改”出便民利民好举措,取得“评议一个部门、推动一方工作”的实效。区政协推动“三有”协商与政务服务深入融合,支持区政务服务数据管理局设立“办不成事”反映专窗,让人民群众切实感受到看得见、摸得着的“幸福”,得到中央、省市媒体先后关注报道。

(胡华峰)

团结联谊

【概况】 2021年,红谷滩区政协注重发挥政协的爱国统一战线组织作用,积极促进各民主党派、各界人士合作共事,广泛开展团结联谊,加强合作共事,凝聚人心,汇聚发展共识,为推动红谷滩区经济社会发展汇聚强大正能量。

【接待外地政协调研组到红谷滩区调研】 2021年,做好外地政协到红谷滩区调研有关工作,宣传推介红谷滩。4月16日,张家港市政协党组书记、主席黄雪元一行到红谷滩区调研考察红色教育工作,区政协党组副书记、副主席提名人选罗少琴陪同。6月2日,中国政协杂志社采编部李香钻、记者蒲水涵一行到VR产业基地参观调研,区政协王明珠、莫讯陪同。7月14日,南京市江宁区政协副主席吴德厚一行9人到区考察调研文化旅游工作,副主席提名人选罗少琴陪同。7月16日,鹰潭市月湖区政协考察组一行在VR产业基地参观,副主席提名人选邓万清陪同。

【保障平台建设】 为切实推进红谷滩区“有事多商量、有事好商量、有事会商量”工作走深走实,区政协机关投入经费280万元,助推全区“三有”协商平台及委员履职服务站建设,进一步完善各镇、街道、管理处基础设施,支持区政协委员带头参与到“三有”活动中,让群众打开心门、融洽感情、统一思想、凝聚共识。

(漆春云　吕梦萦)

中国共产党红谷滩区纪律检查委员会　红谷滩区监察委员会

综　述

2021年，红谷滩区纪委区监委始终坚持以习近平新时代中国特色社会主义思想为统领，紧扣红谷滩区发展大局，以“七大行动”为抓手，扎实开展党史学习教育“转作风优环境”活动年作风建设监督问责专项行动，全区纪检监察工作高质量发展不断取得新成效。红谷滩区的清廉单元建设、“两约谈两承诺一备案”、廉情抄告回告、干部能力素质提升、澄清正名等一系列工作，得到中央、省、市媒体的持续关注和深入报道。

开展保障发展护航行动，做实做细政治监督。始终做到国之大者心中有数，树牢“四个意识”、坚定“四个自信”、做到“两个维护”，坚持党中央和省、市、区委决策部署到哪里，监督检查就跟进到哪里，主动融入全区改革发展大局。持续强化政治监督，聚焦疫情防控、环保督察、党史学习教育、政法队伍教育整顿、“转作风优环境”活动、换届选举、“双减”等方面开展监督。全年累计开展各类监督200余次，派出538人次，发现问题120余个，查处问题18起，批评教育帮助和处理46人次。其中，给予诫勉谈话7人次，通报批评7人次，警示谈话18人次，提醒谈话14人次。

开展清廉单元建设行动，压紧压实管党治党责任。着力培育清廉单元示范点，打造以清廉机关、清廉国企、清廉学校、清廉项目、清廉村居为载体的清廉单元建设，推进“四责协同”，创新出台“两约谈两承诺一备案”“廉情抄告回告”“一把手”和区委区政府及其班子成员同级监督等制度，结合政治谈话，不断加强对“一把手”和领导班子的监督。

开展作风建设监督问责行动，持续优化作风环境。持续巩固拓展中央八项规定精神成果，严格落实节日廉情监督制度，持续聚焦隐形变异“四风”问题，特别是围绕中央、省、市纪委系列典型问题通报，严格按要求督促传达到位，并开展集中监督检查。查处违反中央八项规定问题6个，处理6人次。查处形式主义、官僚主义问题14个，处理20人次。制定规范政商交往“正面清单”和“负面清单”，助力构建亲清政商关系，走访企业270家，收集诉求20条，督促有关部门查摆问题85个，提出整改措施105条。查处涉营商环境问题61起，批评教育帮助和处理党员干部125人次。其中，给予诫勉谈话24人次，通报批评27起42人次，党纪政务处分3人次。

开展信访举报处置质效提升行动，深入整治群众身边腐败和不正之风。全面履行纪检监察两项职能，全年共受理信访举报227件，其中检举控告类177件；处置问题线索260件，立案105件，结案92件，给予党纪政务处分89人次。办理留置案件7起，其中承办上级监委指定案件6起，自办案件1起。运用“四种形态”（经常开展批评和自我批评、约谈函询，让“红红脸、出出汗”成为常态；党纪轻处分、组织调整成为违纪处理的大多数；党纪重处分、重大职务调整的成为少数；严重违纪涉嫌违法立案审查的成为极少数）推行“五个一线”（聚焦平台建设，让渠道在一线打通；聚焦源头防控，让问题在一线解决；聚焦督查督办，让责任在一线压实；聚焦处置化解，让实效在一线提升；聚焦履职能力，让形象在一线树立）工作法和“最多访一次”工作机制，制定信访举报件办理绩效评价办法。承办启动全省信访举报宣传周暨“我为群众办实事”实践活动，累计开展现场宣传活动10场，接待来访2300余人次，解决问题28个。深入推进扫黑除恶常态化“打伞破网”工作，荣获市级和区级扫黑除恶先进集体称号。

开展政治巡察深化提质行动，充分发挥巡察“利剑”作用。印发《红谷滩区政治巡察深化提质行动工作方案》，监督推动中央和省委巡视整改工作，对涉及的72个问题有63个具体问题已完成整改并销号,88 件信访件全部处置完毕,监督检查 35 次,提出意见建议 24 条。召开一届区委巡察工作领导小组会议,研究启动一届区委首轮巡察工作,对区住建局、区城管局、区城投公司 3 个单位党组织开展为期 2 个月的"常规+专项"巡察。出台巡察工作实施细则、被巡察党组织配合区委巡察工作的实施办法、派驻监督与巡察监督协作配合意见及区委组织部监督推动巡视巡察反馈整改联席会商等工作制度,推动形成巡察办统筹抓、纪检监察分片督、派驻纪检监察组平时盯的整改监督闭环链条。

开展案件质量提升行动,一体推进"三不"(不敢腐、不能腐、不想腐)机制。始终注重做好案件查办"后半篇文章",开展案件质量评查工作,充分运用典型案例,以案明纪。及时在全区开展党员干部和公职人员酒驾醉驾警示教育活动,共开展 250 场、5016 人参与的警示教育活动。坚持严管厚爱相结合,及时稳妥为不实举报的干部澄清正名,全年累计开展澄清正名 2 人次。下发纪律检查建议书 18 份、监察建议书 20 份,做到以案促改、以案促治。创新讲好红谷滩正风肃纪故事,利用"清风红谷滩"微信公众号,传播廉洁好声音,共播出 41 期。

开展能力素质提升行动,锻造高素质专业化纪法铁军。强化思想淬炼,认真执行学习习近平总书记重要讲话第一议题制度,落实常委领学制度,常委会学习累计 21 次。精心组织全员培训,搭建"五个一"岗位练兵实战平台,构建能力指数评价机制,开展 4 期培训,60 名干部参与。组织开展约 220 余人参与的纪检监察干部履职能力提升专题培训班。认真开展党史学习教育,组织专题学习、红色走读、专题讲座、党史知识竞赛、专题读书班、庆祝中国共产党成立 100 周年合唱比赛、"颂百年党恩 展纪检风采"主题朗诵、"我为群众办实事"等系列活动,开展专题讲座 2 场、专题读书班 1 期 60 余人次、党史知识测试 110 余人次。以刀刃向内的勇气加强自我监督,研究出台纪检监察干部"十严禁"行为规范,梳理岗位风险清单,严格执行领导干部有关事项报告制度,让干部自觉接受最严格的约束和监督。

重要会议和活动

【概况】 2021 年,红谷滩区纪检监察工作认真贯彻落实中央、省、市纪委全会精神,召开全区党风廉政建设和反腐败工作会议,部署党风廉政建设和反腐败工作。第一届中共南昌市红谷滩区纪律检查委员会召开第一次全体会议,并召开多次相关工作部署会议精神,研究纪检监察工作,监督推动党中央重大决策部署、习近平总书记重要讲话精神和重要指示批示精神在红谷滩区落实落细,全力推进新时代红谷滩区纪检监察工作高质量发展,全区风清气正政治生态得到不断巩固和发展,呈现积极向上向好态势。

【全区党风廉政建设和反腐败工作会议召开】 2021 年 2 月 7 日,全区党风廉政建设和反腐败工作会议召开。新区工委书记、区委书记周亮出席并讲话。周亮强调,要坚持以习近平新时代中国特色社会主义思想为指导,深入贯彻落实中央、省委、市委决策部署,立足新发展阶段、贯彻新发展理念、构建新发展格局,坚定不移深化全面从严治党,把严的主基调长期坚持下去,一体推进不敢腐、不能腐、不想腐,实现纪检监察工作高质量发展,推动政治生态持续向上向好,引领保障"十四五"开好局、起好步。任海斌、万晓娟、吴韶宸、陶国强等区委、区人大常委会、区政府、区政协领导班子成员,区人武部部长,区人民法院、区人民检察院主要负责人及在职副县级以上领导出席。新区工委副书记、管委会主任,区委副书记、区长提名人选任海斌主持会议。市纪委市监委有关负责人到会指导。区委常委、区纪委书记、区监委主任提名人选帅志作《忠诚履职再出发 彰显担当走前列 以优异成绩庆祝中国共产党成立 100 周年》的工作报告。报告回顾总结 2020 年工作,部署 2021 年工作任务。报告指出,新的一年,全区纪检监察机关要以习近平新时代中国特色社会主义思想为指导,全面贯彻中共十九大和十九届二中、三中、四中、五中全会及十九届中央纪委五次全会、省纪委十四届六次全会、市纪委十一届六次全会精神,深入贯彻习近平总书记视察江西重要讲话精神,增强"四个意识"、坚定"四个自信"、做到"两个维护",坚定不移全面从严治党,忠实履行党章和宪法赋予的职责,全力推动党中央决策部署有效落实,为"十四五"规划开好局、起好步,奋力打造大南昌都市圈核心引领区、为建设全省"五个中心"提供坚强保障,以优异成绩庆祝中国共产党成立 100 周年。会上,书面传达十九届中央纪委五次全会和省纪委十四届六次全会、市纪委十一届六次全会精神。

【区纪委区监委理论学习中心组会议召开】 2021 年 3 月 16 日,区纪委区监委召开理论学习中心组会议,传达学习习近平总书记在党史学习教育动员大会、全国脱贫攻坚总结表彰大会、中共中央政治局第二十八次集体学习、中央党校(国家行政学院)中青年干部培训班开班、全国"两会"等系列重要讲话和指示精神,传达学习省委召开中央巡视反馈意见整改工作动员部署会、省市党史学习教育动员会精神。区委常委、区纪委书记帅志主持会议并讲话。会议要求,要提高政治站位,准确把握党史学习教育的重大意义。要认真处置中央巡视组转办的问题线索，做到科学分类、统筹把握、精准处置，不断优化问题线索处置措施。要迅速集中心思、迅速认领任务、迅速担起责任，立足于本职工作，凝聚力量、鼓足干劲，以时不我待的精神和全新的面貌投入纪检监察工作中去，确保开好局、起好步。会上，学习中央纪委常委会第十九次集体学习、中国纪检监察学院暨北戴河校区2021年春季学期开学典礼、省委农村工作会议、全面依法治省工作会、省政法队伍教育整顿动员部署会、省委常委会、全省领导干部会议、全市政法队伍教育整顿动员部署会、十一届市委第十二轮巡察工作动员部署会议精神，并研究部署有关工作。各镇、街道、管理处纪检监察工作负责人，区直有关部门纪委书记，委机关全体机关干部参会。

【区纪委区监委理论学习中心组专题读书班暨党史学习教育改革开放史专题学习会召开】 2021年5月28日，区纪委区监委理论学习中心组专题读书班暨党史学习教育改革开放史专题学习会召开。区委常委、区纪委书记、区监委主任提名人选帅志主持并讲话。会议传达学习习近平总书记2019年视察江西时的重要讲话精神和在庆祝改革开放40周年大会上的讲话精神。会议要求，要提高政治站位，深刻体悟党的领导是取得一切成就的根本保证。要站稳人民立场，大力开展"我为群众办实事"实践活动。要强化政治担当，坚定不移扛起全面从严治党政治责任。会上，区纪委区监委领导肖璐、邓骏、姜昌松子、刘林峰、叶剑、邓爱民、罗深、吕海，及梁丹、刘超、李鹏辉等学员代表围绕改革开放新时期历史作交流体会发言。会前，参会人员利用两天半时间开展读书班自学，重点学习《论中国共产党历史》《毛泽东 邓小平 江泽民 胡锦涛关于中国共产党历史论述摘编》《习近平新时代中国特色社会主义思想学习问答》《中国共产党简史》及"两个决议"。区纪委区监委班子成员，区委巡察机构、各派驻纪检监察组、委机关全体人员参加会议。

【区纪委理论学习中心组(扩大)集体学习会召开】 2021年7月9日，红谷滩区纪委召开理论学习中心组(扩大)集体学习会，专题学习习近平总书记在庆祝中国共产党成立100周年大会上的重要讲话精神。区委常委、区纪委书记、区监委主任提名人选帅志主持并讲话。会议要求，要牢牢把握"七一"重要讲话这一重大意义，领悟新思想。要牢牢把握百年党史这一伟大进程，奋进新征程。要牢牢把握伟大建党精神这一精神之源，建功新时代。会前，区纪委区监委班子成员开展自学。会上，大家围绕习近平总书记在庆祝中国共产党成立100周年大会上的重要讲话和习近平总书记关于学习党的历史的重要论述，结合各自岗位职责，畅谈心得体会，开展交流研讨。区纪委区监委领导班子成员，区委巡察机构副科级以上干部，各派驻纪检监察组负责人，区纪委区监委机关各部门负责人参会。

【换届纪律监督工作部署会召开】 2021年9月4日，区纪委区监委换届纪律监督工作部署会召开，对红谷滩区严肃换届纪律、加强换届风气监督工作进行动员部署。区委常委、区纪委书记、区监委主任提名人选帅志主持并讲话。会议要求，要提高政治站位，深刻认识开好党代会的重要意义。要严肃换届纪律，督促党代表认真履职。要强化监督检查，确保党代会风清气正。区纪委区监委班子成员，各派驻纪检监察组组长，各镇、街道、管理处纪(工)委书记，区城投公司纪委书记参加会议。

【红谷滩区第一届纪律检查委员会第一次全体会议召开】 2021年9月9日，经中国共产党南昌市红谷滩区第一次代表大会选举产生的中国共产党南昌市红谷滩区第一届纪律检查委员会举行第一次全体会议。出席全会的委员应到23名，实到23名，符合规定人数。受中国共产党南昌市红谷滩区第一次代表大会主席团委托，帅志主持会议。全会以无记名投票的方式，选举产生中国共产党南昌市红谷滩区第一届纪律检查委员会常务委员会委员、书记和副书记，并经中国共产党南昌市红谷滩区第一届委员会第一次全体会议通过。常务委员会委员是：帅志、肖璐(女)、陈勇、姜昌松子(女)、刘林峰、叶剑、邓爱民、罗深、吕海。帅志当选为区纪律检查委员会书记。肖璐(女)、陈勇、姜昌松子(女)当选为副书记。会上，新当选的区委常委、区纪委书记帅志代表第一届区纪委常委会讲话。

【纪检监察体制改革】 2021年，区纪委区监委在纪检监察体制改革上持续发力，不断推进纪检监察体制改革从有形到有效再到有为。推进纪检监察体制改革。坚持和加强党对反腐败工作的集中统一领导，把党的领导贯穿反腐败全过程。扎实开展"能力素质提升"行动，围绕监督检查、审查调查等关键环节，加强区纪委区监委对下级纪检监察机关、派驻机构的领导和指导，不断提高纪检监察干部履职本领。严格执行请示报告制度，主动及时向市纪委市监委和区委报告工作。围绕主动投案、立功、做思想政治工作等，完善纪检监察机关与司法机关衔接工作机制，推进纪法贯通、法法衔接。持续深化派驻机构改革，推动向区属国有企业派驻纪检监察组试点工作。稳步推进"政治巡察深化提质"行动，从政治高度全面审视被巡察党组织的职责使命，重点监督检查在核心职能上贯彻落实习近平总书记重要讲话、指示批示精神、党中央重大决策部署和省委、市委、区委工作要求情况。持续开展"开局保障护航"行动，推动政治监督具体化,增强政治监督实效性,把监督融入日常、做在经常,推动区委《关于开展政治谈话加强对“一把手”和领导班子监督的实施方案》长效实施,确保政治谈话取得实效。扎实开展“案件质量提升”行动,统筹推进查办案件“前半篇文章”和“后半篇文章”,坚持边办案边整改,把查办案件与堵塞制度漏洞、强化监督管理、修复政治生态相结合,做实以案促改、以案促建、以案促治,实现政治效果、纪法效果、社会效果相统一。深入推进红谷滩区2021“转作风优环境”活动年作风建设监督问责专项行动,为全力打造国内一流营商环境提供坚实作风保证。开展“清廉单元”建设行动,以高质量监督促进高质量发展,让党员干部感受到监督就在身边。开展“信访举报处置质效提升”行动,以“最多访一次”活动为抓手,实施精准处置,强化内外统筹联动,全面精准做深做细信访举报分析,力促信访线索处置质效双提。

【全区新任领导干部任前廉政谈话会召开】 2021年12月20日,区纪委区监委召开全区新任领导干部任前廉政谈话会,对24名新提任的区直单位主要领导干部进行集体任前廉政谈话。区委常委、区纪委书记、区监委主任帅志出席并讲话。区纪委副书记、区监委副主任提名人选陈勇主持会议,区纪委副书记、区监委副主任提名人选姜昌松子参加。区委常委、区纪委书记、区监委主任帅志出席会议并指出,开展廉政谈话目的是为重申党的纪律和廉政规定,帮助新任领导干部进一步增强责任意识、自律意识,以良好的思想作风和崭新的精神风貌,走上新岗位、迎接新挑战、做出新业绩。要知使命、明差距,知责任、勇担当,知敬畏、严律己。会上,新任领导干部手写一份廉政承诺书,参加闭卷廉政知识测试。

2021年12月20日,全区新任领导干部任前廉政谈话会召开

(区纪委区监委供图)

监督检查

【概况】 2021年,红谷滩区纪委区监委和全区各级纪检监察机关认真贯彻中央、省、市纪委和区委决策部署,不断增强“四个意识”、坚定“四个自信”、做到“两个维护”,坚持稳中求进工作总基调,胸怀“国之大者”忠诚履职尽责,发挥监督保障执行、促进完善发展作用,全力推动新时代纪检监察工作高质量发展。

【开展政治谈话】 2021年,认真贯彻政治谈话相关要求,持续用好“政治谈话”利器,累计开展政治谈话289人次,实现对区管领导班子成员政治谈话“全覆盖”。在落实日常任前廉政谈话的规定动作外,结合政治谈话的要求,创新实施“三交底、三谈清”任前政治谈话模式,由区纪委书记对重点单位、重要岗位领导干部任用实施“三交底、三谈清”的任前个性化政治谈话。“三交底”是指积极协调组织、财政、审计、信访等单位意见,全面收集梳理重点单位、重点岗位情况,列出主体责任清单、所在单位问题清单、重要廉政风险清单。由区纪委书记亲自对“三个清单”以见人见事的形式,向拟任职人员进行任前谈话,达到厘清思想、讲清问题、问清家情的“三谈清”效果,有效提升新提拔重用领导干部管党治党的政治站位、政治意识、政治责任。全年开展70余人次任前谈话。

【“一把手”和同级监督】 2021年,在“一把手”和同级监督上下功夫、求突破,完善配套制度,重点加强对“关键少数”的监督,制定《关于加强区纪委区监委对区委、区政府及其班子成员同级监督的实施办法》《关于加强区管“一把手”监督的实施意见》,加强和改进对“一把手”、同级监督的若干规定,明确和细化党委及其主要负责人、班子成员、同级纪委三类监督主体的监督职责,初步形成对同级监督制度框架,让监督有规可依。同时,建立健全“三重一大”事项集体决策制度,草拟红谷滩区落实“三重一大”事项的实施办法,进一步规范权力运行和事项决策流程,推深做实政治监督。

【廉情抄告回告】 2021年,研究制定《红谷滩区廉情抄告回告工作实施办法》,积极探索强化对“一把手”监督、推动解决同级监督难题。明确抄告范围,明确实施抄告的六种情形,针对信访举报、线索处置、日常监督、审查调查、执纪问责等工作中发现的问题,以书面抄告的形式告知相关单位和部门上级分管领导,由分管领导督促整改落实。确定整改要求,实施办法要求相关责任单位和部门在收到抄告之日起一个月内形成整改报告,由上级分管领导签字审核后回告纪检监察机关。纳入年度考核,将抄告问题整改落实情况作为被抄告领导履行党风廉政建设责任制和问题单位、部门落实党风廉政建设主体责任的重要内容之一,纳入年度检查和考核,着力构建知责、履责、督责、述责、问责的责任闭环体系,有力推动同级监督具体化、规范化、常态化。制度实施以来,发出廉情抄告16件、收到廉情回告单13件。该做法被中央纪委国家监委网站及省、市纪委网站关注报道。

【重点领域监督】 2021年,制定出台《关于对重点领域工作实施“两约谈两承诺一备案”监督办法》,对重点领域工作实行精准监督、跟进监督、全程监督。“两约谈”把监督提醒抓在日常,通过对工程项目招投标和政府采购等业主单位的主要领导和分管领导进行经常性廉政谈话,对单位确定的招标代理或采购代理机构负责人和经办人进行廉洁谈话,持续监督提醒,构建重点项目的“第一道”防线。“两承诺”让各方责任担在肩上,要求业主单位的主要领导和分管领导签订《廉政承诺书》,招标代理或采购代理机构负责人和经办人签订《廉洁承诺书》,不断压实有关参与方的责任,从源头上预防应招未招,随意指定,设定倾向性、限制性招标报名条件,代理机构擅自修改招标或采购文件,设定倾向性评标办法等违纪违法行为的发生。“一备案”使项目管理严在经常,要求项目单位对开展工程项目招投标和政府采购等重点领域工作须向区纪委区监委登记备案,同时提供招标文书、招标公告和采购协议等核心材料用于备查,区纪委区监委适时开展监督检查,实现全程监督。全年全区纪检监察机关共对186个事项进行备案,其中工程项目招投标70个,政府采购71个,其他事项45个。开展廉政谈话286人次、廉洁谈话200人次。该做法被中央纪委国家监委网站、新华网等中央、省、市多家媒体关注报道。

【作风建设专项监督】 2021年,按照市委、区委“转作风优环境”工作统一部署,围绕监督推动效能提速、打通信息孤岛、政策落地、企业家权益保护“四大专项行动”的顺利开展,坚持问题导向、效果导向,切实履行监督职责,积极落实“转作风优环境”作风建设监督问责各项工作举措,督促各级党委政府、职能部门切实扛起主体责任,全力保障各项工作一体谋划、一体推进、一体见效,助推营商环境优化升级。聚焦不守政治纪律和政治规矩问题、营商环境中的作风和腐败问题、民生领域侵害群众利益问题等7类重点监督问题,制定推动自查整改、严肃执纪问责、及时澄清正名等13项工作举措,建立线索移送机制、沟通协调机制、跟踪问效机制等五大工作机制,切实推动监督问责专项行动走深走实,确保各项工作落地见效。全年下发“转作风优环境”监督通报35期,向有关单位下发工作提示14份,发现问题140余个,查处相关干部作风问题50起108人次,其中,给予党纪处分3人次,诫勉谈话17人次。

【疫情防控监督】 2021年,聚焦疫情防控工作,坚持问题导向,先后组织9个督查组下沉一线,围绕全区疫情防控运转体系、新冠疫苗接种、重点人员闭环管理、防控措施等情况进行精准监督、跟进监督。已累计开展监督260余次,发现问题111个,并点对点进行反馈,通过约谈提醒、实地检查、联合督导等方式,督促问题迅速整改,疫情防控主体责任落实落细。在全区范围下发疫情防控监督专报12期,对疫情防控工作中存在的敷衍塞责、作风漂浮、推诿扯皮等形式主义、官僚主义作风问题,坚决从严从重从快查处。全年查处疫情防控有关问题18起,批评教育帮助和处理40人次。

【“双减”监督】 2021年,认真贯彻落实“双减”(有效减轻义务教育阶段学生过重作业负担和校外培训负担)监督工作要求,立足职责定位,全面压实“双减”工作主体责任。11月30日,区纪委区监委主要负责人深入全区教育系统调研督导“双减”工作。强调要聚焦“双减”要求,工作责任再压实。先后督促召开“双减”工作动员部署会、工作推进部署会、区教体局研究“双减”工作的党委会等会议,督促出台《红谷滩区规范校外培训机构发展联席会议制度》《红谷滩区校外培训机构联合监管责任清单》《关于成立红谷滩区“双减”工作领导小组的通知》《红谷滩区“双减”工作专班实施方案》等系列“双减”政策文件,并要求各相关单位进一步提高思想认识,进一步细化工作目标,持续加强校外培训机构监管。始终坚持以问题为导向,开展“双减”日常监督。督促区公安分局、执法大队、市场分局、行政审批局、教体局组成专项治理专班集中办公,对全区范围内的校外培训机构开展拉网式摸底排查,切实规范校外培训服务行为。建立问题线索快查快办机制,畅通“双减”工作监督举报渠道,着力解决“双减”工作中群众反映强烈的突出问题,坚持带着问题督、直奔问题查,对前期媒体曝光、信访举报的问题进行梳理汇总,多渠道掌握校外培训机构管理方面可能存在的风险点,对“双减”工作中存在干部作风问题的情况严肃追责问责。全年共查处“双减”工作中存在的作风问题2起,处理干部7人次。

【执纪审查和监察调查】 2021年，充分发挥纪委监委合署办公优势，全面履行纪检监察两项职能，紧紧围绕谈话函询、问责通报、责任追究、审查调查"四种手段"，坚持用好问责的"板子"、扎紧权力的"笼子"、挥好拍蝇的"拍子"、打准惩腐的"棒子"，对标对表、提量提质，切实提升执纪执法质量。创新实施镇街交叉协作办案机制。全年全区纪检监察机关共受理信访举报227件，其中检举控告类177件；处置问题线索260件，立案105件，结案92件，给予党纪政务处分89人次。办理留置案件7起。其中，承办上级监委指定案件6起，自办案件1起。累计运用"四种形态"处理352人次，第一至第四种形态处理人数分别为254人、76人、17人、5人，占比分别为72.16%、21.59%、4.83%、1.42%。第一、第二种形态占90%以上，基本符合"常态、大多数、少数、极少数"的要求。通过持续强化不敢腐的震慑，扎牢不能腐的笼子，增强不想腐的自觉，一体推进"三不"机制建设。

【廉洁宣传教育】 2021年，坚持以习近平新时代中国特色社会主义思想为指引，以正面宣传为主，聚焦主业，突出重点，始终坚持把教育抓在日常，推动日常宣传教育的常态化、规范化。在写稿、上稿上出实招。全年共撰写理论文章19篇。累计在媒体上稿205篇，其中国家级媒体25篇、省级媒体63篇、市级媒体117篇。在阵地建设上下实功。长天廉文化馆共接待500批次2万余人次参观学习。红谷滩廉洁文明家风馆、悦城西社区廉洁文化阵地、丰和新城社区廉洁文化广场等教育基地也充分发挥作用，让各个社区居民在自己家门口即可接受廉洁教育。在创新创优上求实效。创新讲好红谷滩正风肃纪故事，利用"清风红谷滩"微信公众号，传播廉洁好声音，全年共播出41期。

干部队伍建设

【概况】 2021年，红谷滩区纪委区监委始终坚持把学习贯彻习近平新时代中国特色社会主义思想摆在首位，带头旗帜鲜明讲政治，加强思想淬炼、政治历练、实践锻炼、专业训练，发扬斗争精神、增强斗争本领。持续完善并用好干部能力指数评价机制，对干部"定性"的同时，进行"定量"考核，着力解决"干多干少一个样、干好干坏一个样"问题。扎实开展干部能力素质提升行动，深化"五个一"实战实训活动，深入开展"以老带新""师傅带徒弟""到监督检查、审查调查、巡视巡察一线学"活动，让干部在监督中学会监督、在办案中学会办案、在斗争中学会斗争。

【全区纪检监察干部提升履职能力培训班】 2021年10月25日，全区纪检监察干部提升履职能力培训班开班，区委常委、区纪委书记、区监委主任帅志出席并作开班动员讲话。区纪委监委班子成员，区委巡察机构、各派驻纪检监察组、委机关全体干部，各镇(街、处)、区城投公司纪检监察干部，村级监察联络员等220余人参加培训。为全面提升全区纪检监察干部综合素质和履职能力，推动全区纪检监察工作高质量发展，培训班上，区纪委副书记、区监委副主任提名人选姜昌松子传达学习全省市县纪委书记提升履职能力专题培训班和全市新任县区纪委领导干部岗前培训班精神及省、市有关文件精神。并邀请省民政厅、市纪委市监委等单位老师进行授课。培训的主要课程包括《中央八项规定精神有关政策分析及监督工作中应注意事项》《村务监督：实践 创新 发展》《做实基层监督 激活全面从严治党"神经末梢"》《实事求是 守正创新 忠诚履责 用新思想指导新实践提升新作为》《重温"八一精神" 永续红色血脉》《新时代派驻监督的几种体会》，涵盖中央八项规定、村务监督、强基层监督、派驻监督等各个方面，紧密结合纪检监察工作实际，内容丰富、形式多样、特色鲜明。培训圆满完成各项学习研讨任务，达到预期目的，取得良好效果。

【"五个一"实战练兵】 2021年，始终坚持实战中提升纪检监察业务能力。围绕打造高素质专业化纪检监察干部队伍，开展以"五个一"为内容的实战练兵活动。通过开展一次谈话，灵活利用法律、政策、情理，提升做思想政治工作能力，增强"谈"的尺寸之功；调查一个信访件，探索建立全员接访制度，到办信一线历练，强化"查"的精细之功；办理一个案件，通过"以案代训"方式，"到监督办案巡察一线"，深化"一案一总结""一事一总结"，提升"办"的质效之功；制作一份谈话笔录，通过组织参与谈话调查、模拟笔录制作等方式，让每名参与谈话调查的纪检干部能够制作一份合格的谈话笔录，强化"记"的基本之功；撰写一个调查报告，要求把握清晰的事实情节、全面的证据材料、精准的定性量纪、明确的处理意见、准确的规定适用，提高干部"写"的笔尖之功。为检验学习效果，在每季度末对参加"五个一"的干部进行考核，考核结果作为评先评优、提拔任用的重要参考。全年共组织安排2批次22名干部参加杭州纪检监察培训中心的学习，选派10名干部参与上级审查调查和巡视巡察一线实战锻炼，组织开展4批次60余名纪检监察干部参加实战锻炼。该做法被中央纪委国家监委网站及省、市纪委网站关注报道。

(胡　翔)

民主党派·工商联

综　述

2021年，全区共有民主党派基层组织6个，即中国国民党革命委员会南昌市红谷滩区总支部（以下简称民革红谷滩区总支，下设2个支部）、中国民主同盟南昌市红谷滩区支部（以下简称民盟红谷滩区支部）、中国民主建国会南昌市红谷滩区支部（以下简称民建红谷滩区支部）、中国民主促进会南昌市红谷滩区支部（以下简称民进红谷滩区支部）、中国农工民主党南昌市红谷滩区支部（以下简称农工党红谷滩区支部）、九三学社南昌市红谷滩区支社（以下简称九三学社红谷滩区支社）。共有成员152人，其中具有中级以上职称47人，占成员总数的30.9%。各民主党派成员中，担任区级人大代表6人，担任省政协委员3人、市政协委员11人、区政协委员49人（其中区政协副主席4人）。

全年各民主党派、工商联参加区委、区政府召开的不同形式协商会、座谈会，对区委、区政府重要工作和一些重大问题等提出意见建议。9月27日，区政府召开《政府工作报告》征求意见座谈会。11月3日，区委召开全区"优化营商环境、金融商务区建设情况"党外人士通报会。12月14日，区委召开党外代表人士座谈会，区委书记吴江辉出席并听取各民主党派、工商联、新的社会阶层人士联谊会主要负责人、党外知识分子代表发言，就如何更好推进全区经济社会发展献计出力。全区各民主党派积极参与区委统战部组织的"党委出题、党派调研、政府采纳、部门落实"活动，精心筹划组织，深入开展调研，全年形成6篇调研成果；围绕"十四五"规划积极建言献策，部分意见建议被吸收采纳。党外人士积极撰写提案、议案，为党委政府决策提供参考。在市区"两会"期间，各民主党派提出有价值的提案、方案120余件，社情民意信息30余条。

各民主党派不断深化"学史忆传承、携手跟党走"主题教育活动，积极参加区委统战部组织的中共中央总书记习近平"七一"重要讲话精神专题学习会、专题宣讲报告会、"四史"学习专题读书月活动，深入学习贯彻中共十九大及十九届历次全会精神，不断丰富学习形式，提升教育活动成效。

在社会服务中，各民主党派结合自身优势，形成各自不同的特色品牌活动。如民革红谷滩区总支的"送法进企业""送法进社区"、民盟红谷滩区支社的"学雷锋做好事 南昌盟员日行一善"、民建红谷滩区支部的"同心思源"扶贫助困行动、民进红谷滩区支部的"1%工程志愿服务"、农工红谷滩区支部的"法润童心·点亮青春"及九三学社红谷滩区支社的"学史忆传承，携手跟党走，为民办实事"等活动。全年全区各民主党派共开展40余次社会服务活动。

2021年红谷滩区各民主党派基本情况一览表

表4　　　　单位：人

序号	党派	人数	基层组织情况	领导班子
1	民革	39	1个总支（含2个支部）	主委：蔡泽文　副主委：周丽敏（女）、邓梓莹（女）、王志明
2	民盟	20	1个支部	主委：肖洪钰（女）　副主委：王国强
3	民建	23	1个支部	主委：田艳（女）　副主委：童燕华

续表 4

序号	党派	人数	基层组织情况	领导班子
4	民进	38	1 个支部	主委:卢瑾萍(女)　副主委:刘康
5	农工党	14	1 个支部	主委:刘绘芳(女)　副主委:罗成
6	九三学社	18	1 个支社	主委:刘文皓　副主委:高群(女)、杨薇(女)

(贺新兴)

中国国民党革命委员会南昌市红谷滩区总支部

【概况】 2021 年,民革南昌市红谷滩区总支认真学习中共南昌市委第十二次代表大会精神和中共南昌市红谷滩区委第一次代表大会、区人大、政协一届一次会议精神,按照习近平总书记“四新”“三好”要求,突出民革界别特色,致力于红谷滩“五大中心”战略打造、辖区营商环境优化升级,各项工作稳步推进并取得优异成绩。民革红谷滩总支获评 2021 年度民革市委会综治工作先进集体,下设的一、二支部分获评宣传工作先进集体、参政议政工作先进集体,7 名党员获评民革南昌市委会先进个人。

【政治理论学习宣传】 2021 年,深入学习领会中共十九届六中全会精神、中共中央总书记习近平“七一”等系列重要讲话精神及省市重要会议精神。开展政治理论学习宣传活动 20 余次,重点组织民革党员学习《习近平谈治国理政》第三卷、《中国共产党历史》、《论中国共产党历史》等书籍。开展《中国共产党统一战线条例》及中共党史知识竞赛、“百年中国梦,风雨同舟情”主题征文活动,参与率 100%。联合民革省委会、市委会开展品读红色经典、学习毛泽东《寻乌调查》心得体会分享活动,《团结报》专版刊载活动详情。通过优谷朗读 App 开展线上诵读红色经典、“中秋话团圆—天涯共此声”云端朗诵系列主题活动,扎实推进祖统工作,广泛凝聚共识,弘扬民革与中共“荣辱与共、肝胆相照”的优良革命传统。

【组织建设】 2021 年,全年共发展党员 3 人,平均年龄 35.67 岁。其中,具有民革特色 2 人,占 66.67%。选派党员 13 人次参加民革省委会、区政协和区委统战部培训班。推荐 7 名党员为红谷滩区政协委员,4 名党员为南昌市政协委员。经选举,3 名党员为红谷滩区人大代表,1 名党员为南昌市人大代表。推荐的 1 名党员获评 2021 年度统一战线工作先进个人。

【建言献策】 2021 年,参加区委党外干部座谈会、征求意见等政党协商会议和党外人士情况通报会 4 次,积极建言献策。全年参加集体调研 4 次,向市、区政协报送提案 18 个,向市、区人大提交建议 4 个,撰写提交社情民意 14 篇。10 月 8 日,副主委王志明撰写的《关于加强红谷滩区学前教育均衡发展的建议》在红谷滩区政协一届一次会议上做大会书面交流,提案由区政协主席陶国强督办。

【社会服务】 2021 年,全年开展“送法进企业”“送法进社区”“我为群众办实事”“关爱留守儿童”等服务活动 12 次,零距离为企业、群众送上法律服务,帮助企业防范经营风险、解决群众法律诉求,开展的这些“心贴心”送温暖活动,缓解了群众生活困难,受益群众 1000 余人、企业 20 余家。

【民革南昌市红谷滩区第一次党员大会】 2021 年 8 月 18 日,民革南昌市红谷滩区总支部第一次党员大会召开,选举产生第一届总支部委员会委员。召开民革南昌市红谷滩区总支部第一届委员会第一次会议,选

2021 年 8 月 18 日,民革南昌市红谷滩区总支部第一次党员大会召开

(区民革供图)

举蔡泽文为第一届委员会主任委员，周丽敏、邓梓莹、王志明为副主任委员，胡文荣为组织委员，陈敏娟为宣传委员，肖紫薇为联络委员。

（王志明）

中国民主同盟南昌市红谷滩区支部

【概况】 中国民主同盟南昌市红谷滩区支部委员会成立于2021年8月，现任主委肖洪钰。至年底，支部共有盟员20人，其中副科级1人、区政协委员8人。民盟南昌市红谷滩区支部始终坚持在中共红谷滩区委和民盟南昌市委的领导下，在红谷滩区委统战部的指导和帮助下，高举中国特色社会主义伟大旗帜，秉持“奔走国是、关注民生”的传统，围绕红谷滩区委、区政府的中心工作和决策部署，立足自身建设，切实履行政治协商、参政议政、民主监督职能，团结和带领全区广大民盟盟员，以同心同德精神，强化思想组织建设，增进政治共识，积极建言献策，紧密围绕中心，服务大局。在民盟市委组织的“永远跟党走·盟心向党”歌咏比赛中，获得二等奖。

【张雨斌调研“盟员之家”建设工作开展情况】 2021年5月8日，民盟中央组织部副部长张雨斌在民盟江西省委会组织部部长肖剑峰，民盟南昌市委会主委、市社会主义学院院长郭翀一行陪同下，到红谷滩区第一小学考察调研“盟员之家”建设工作开展情况。区委统战部常务副部长叶小群、民盟红谷滩区支部筹备组组长肖洪钰、红谷滩区第一小学校长王惠蓉等陪同调研。张雨斌在听取“盟员之家”的打造思路和民盟发展历史、当前组织建设、红谷滩区的基本情况、民主党派工作情况等介绍后，对“盟员之家”的建设给予了高度赞扬和充分肯定，并对部分内容提出宝贵建议，指出展示内容丰富多彩，充分展现了民盟的历史和盟务工作成果，有很好的宣传和教育意义。

2021年8月19日，民盟南昌市红谷滩区支部委员会成立大会暨第一次全体盟员大会召开

（区民盟供图）

【乐文红调研“盟员之家”建设工作开展情况】 2021年8月17日，南昌市委常委、统战部部长乐文红赴红谷滩区第一小学实地调研红谷滩区“盟员之家”建设工作开展情况，市委统战部常务副部长高革霞，民盟市委会主委、市社会主义学院院长郭翀，民盟市委会专职副主委方燕红，区委常委、统战部部长邱胜陪同调研。

【民盟红谷滩区支部“盟员之家”揭牌】 2021年，积极开展“盟员之家”建设，以引领盟员发挥作用为重点，培养盟员岗位建功意识，强化盟员组织归属感，增强组织凝聚力，真正把“盟员之家”建设成为服务盟员、服务社会的温馨之家。8月23日，民盟红谷滩区支部“盟员之家”揭牌仪式在红谷滩区第一小学举行。省政协副主席、民盟省委会主委刘晓庄，市委常委、统战部部长乐文红共同揭牌，民盟市委会主委、市社会主义学院院长郭翀主持仪式，区委书记吴江辉，区委常委、统战部部长邱胜参加揭牌仪式。

【社会服务】 2021年3月6日，民盟红谷滩支部（筹）联合民盟南昌文艺支部到红角洲管理处长云社区联合开展“学雷锋做好事 南昌盟员日行一善”公益活动。5月27日，民盟红谷滩区支部筹备小组以学习党史盟史为契机，将党史盟史学习与社会服务紧密结合，切实帮助贫困学生办实事、办好事、解难题，促进民盟社会服务工作向基层延伸，到红谷滩长云社区走访慰问3名贫困儿童；10月1日，民盟红谷滩区支部部分盟员到红谷滩区生米镇，走访慰问部分困难学生家庭，把关爱传递到学生心里；10月14日，民盟红谷滩区支部在红谷滩区牛行社区开展“九九重阳节·浓浓敬老情”活动，组织社区70岁以上老党员、老干部开展座谈，为他们送上节日的祝福。

【参政议政】 2021年10月，区政协会议召开期间，提交高质量政协提案8篇；积极参与区委统战部组织的“党委出题，党派调研”活动，撰写《在老龄化背景下改造老旧小区的建议》调研文章，深入分析老旧小区改造对老龄化社会的影响、可行性及实施方向，为优化城市居住环境献计出力。

（吴　杨）

中国民主建国会南昌市红谷滩区支部

【概况】　2021年，是红谷滩进入行政区时代的第一个完整年，在区委统战部的指导下，民建南昌市委会成立民建南昌市红谷滩区支部委员会筹备工作小组，负责支部成立筹备相关工作以及支部成立之前红谷滩区民建会员思想教育和履职工作。民建红谷滩区支部成立之后，在红谷滩区委和民建南昌市委会的正确领导下，深入学习习近平新时代中国特色社会主义思想，认真贯彻落实省、市、区党代会精神，围绕区委区政府中心工作，认真履行参政党职能，发挥好民主党派好参谋、好帮手、好同事的作用。

【支部成立】　2021年8月20日，中国民主建国会南昌市红谷滩区支部委员会成立大会暨第一次会员大会召开。红谷滩区民建会员23人，除2人在外地请假，共21名会员参加会议。民建红谷滩区支部委员会由7人组成，其中主任委员1名、副主任委员2名、委员4名，本次选举委员6名，保留1名副主任委员。会议通过无记名投票的方式选举产生民建南昌市红谷滩区支部第一届委员会，田艳同志当选第一届支部主委，童艳华当选副主委，熊星蕊、邓辉飞、陈益学、万国华当选委员。省政协副秘书长、民建江西省委会专职副主委陈朝清，市政协副主席、民建南昌市委会主委黄清玉，南昌市委统战部副部长、市社会主义学院书记麦建宁，红谷滩区委常委、统战部部长邱胜出席会议并讲话。民建江西省委会二级巡视员戴玲玲，民建江西省委组织部负责人万婷，红谷滩区政协副主席提名人选、九三学社红谷滩区支社主委刘文皓，红谷滩区政协副主席提名人选、红谷滩区工商联主席候选人吴一建，民建南昌市委会专职副主委贺龙茹出席会议。

【学习教育】　2021年，民建红谷滩区支部以思想建设为核心，坚持正确的政治方向，采取多种形式加强思想政治建设，筑牢共同思想政治基础。先后召开中共十九届五中、六中全会精神专题学习会，组织会员撰写心得体会，深刻领会“两个确立”的决定性意义，坚决做到“两个维护”；深入开展“学史忆传承、携手跟党走”主题教育活动，通过学史故事会、制作学史小视频等形式，会员们深入学习中共党史、统一战线史、民建史，并分享学史故事，缅怀革命先烈，做到学史明理、学史增信、学史崇德、学史力行；组织开展庆祝中国共产党成立100周年系列活动，组织学习中共中央总书记习近平“七一”重要讲话精神，参加区委统战部、民建市委会组织的征文、书画摄影作品展、趣味运动会等活动，激励会员大力弘扬主旋律、坚定跟党走的决心。

【组织建设】　2021年，民建红谷滩区支部注重会员能力培养，积极组织会员参加各类培训学习活动，先后组织4名会员参加民建南昌市委会社情民意培训班，5名会员参加红谷滩区统战大课堂，3名会员参加民建省青委会参政议政培训座谈会等，2名会员参加红谷滩区民主党派、党外知识分子培训班。全年新发展1名副科级干部加入民建，充实后备干部队伍。推荐9名会员为政协南昌市红谷滩区第一届委员会委员，推荐的1名会员为政协南昌市第十五届委员会委员。推荐的1名会员被聘为红谷滩区营商环境监督员，在优化红谷滩营商环境活动中发挥社会监督作用。

【参政议政】　2021年，民建红谷滩区支部班子成员和骨干会员参加区委统战部组织的协商会、情况通报会、座谈会等，根据会议主题发言，积极建言献策。围绕数字经济“一号工程”和红谷滩区经济发展重点，确定“以VR为支点打造数字经济发展高地”调研课题并成立调研小组，该课题同时获得民建省委会2021年调研课题立项。调研小组通过实地走访、座谈调研、电话沟通、问卷调查等形式深入开展调研，形成的调研报告得到区委书记吴江辉批示。

2021年8月20日，中国民主建国会南昌市红谷滩区支部委员会成立大会暨第一次会员大会召开

（区民建供图）

积极建言献策,区政协一届一次会议期间提交集体提案1件、个人提案7件,《关于完善产业链打造红谷滩金融支柱产业的建议》入选大会发言交流材料汇编。

【社会服务】 2021年,民建红谷滩区支部积极组织会员参与到服务社会活动中。响应江西省民建"同心扶贫基金会"发起的教育扶贫"音乐响起"乡村音乐教室公益项目,会员企业家陈益学通过民建市委会"同心思源"基金捐赠5.5万元,后追加约5000元,建成生米中心小学2.0版音乐教室,配备钢琴、电子琴、教学互动一体机、非洲鼓、葫芦丝等专业音乐器材和网络教学设备,帮助乡村孩子提高艺术素养。会员企业家徐小燕捐赠价值2000元的粮油等生活物品到厚田乡敬老院,开展"敬老助老送温暖"活动。会员刘凯向中国青少年基金会"希望工程1+1助学"项目捐赠1000元,资助困难家庭孩子完成学业。

（张　焕）

中国民主促进会南昌市红谷滩区支部

【概况】 2021年,民进红谷滩区支部坚持以习近平新时代中国特色社会主义思想为指导,以中共十九届五中、六中全会精神为引领,在区委、区政府和民进南昌市委会的领导下,紧紧围绕红谷滩区中心工作,狠抓支部建设,扎实开展各项活动,认真履行参政党职能,建言献策,建功立业,为红谷滩区的开发建设做出了应有的贡献。共有9位会员被评为2021年红谷滩区高质量发展奖评相关先进个人,其中卢瑾萍、曾鸿杰获评疫情防控先进个人,肖亚军、章奉获评护航先锋(项目建设)先进个人,刘康、谢燕芳、龚剑飞获评护航先锋(营商环境)先进个人,徐菁获评护航先锋(统一战线)先进个人,吴让秋获评攻坚克难先进个人。会员徐菁代表支部参加民进江西省委会举办的"学习习近平总书记七一重要讲话精神主题演讲比赛"获二等奖,参加全市统战系统"学党史、学《条例》"主题演讲比赛获二等奖;刘康、熊继萍等4位会员代表区委统战系统参加市统战系统趣味运动会获一等奖;曾鸿杰、谢燕芳代表民进市委会参加市政协"唱支山歌给党听"歌咏比赛获二等奖。

【思想建设】 2021年,始终把会员的思想政治教育摆在首要位置,先后组织集中开展《中国共产党统一战线工作条例》、十九届六中全会精神,市第十二次党代会、市十六届人大一次会议、市政协十五届一次会议精神,及红谷滩区第一次党代会和区人大一届一次、区政协一届一次会议精神等系列学习活动。1月25日,组织支部班子成员在红谷滩区长天广场廉文化馆开展廉文化主题教育活动;4月15日,举办《中华人民共和国民法典》知识开讲活动;11月18日,开展"开明读书社·洪城悦读"好书分享活动;12月31日,组织12位会员在南昌新地中心"云端书院"开展学习中共十九届六中全会精神暨庆祝中国民主促进会成立76周年读书座谈活动。该支部先后25人次参加第31期民进全省基层骨干会员培训班、民进市委会党史学习教育瑞金培训班、民进市委会骨干会员参政议政培训班、区政协委员履职培训班、区民主党派和党外知识分子培训班等各级理论知识培训班学习,进一步强化了会员参政议政意识,提高了思想政治素质和理论水平。

【组织建设】 2021年,始终把组织建设放在核心位置,先后完善《支部班子工作制度》《班子联系会员制度》《会员发展工作制度》《组织生活工作制度》《参政议政和社会服务工作制度》《支部财务工作制度》等制度。3月,对原"会员之家"进行提升改造,并在3月23日迎接深圳市龙华区委统战部组织的党外人士30余人参观交流;先后接待市委统战部、民进市委会、区委统战部的会员参观指导。结合"我为群众办实事"开展同心共建活动,于5月8日为长江

2021年8月20日,民进红谷滩区第一次会员大会暨换届大会召开,图为大会会员合影
（区民进供图）

路社区邻里中心“同心书屋馆”捐赠500余册书籍,民进市委会专职副主委邹萍莉及支部20余位会员参加。8月20日,组织召开民进红谷滩区第一次会员大会,产生以卢瑾萍为主委,刘康为副主委,肖亚军、曾鸿杰、谢燕芳、龚剑飞为支部委员的新一届支部班子,完成支部更名和换届。10月7—11日,在首届全区“两会”上,卢瑾萍、刘康、肖亚军、曾鸿杰、谢燕芳、周翠、熊继萍、万仁锋、徐菁、马正、吴让秋11人当选区政协委员,卢瑾萍当选区政协常委,并当选市政协委员;龚培武当选区人大代表。该支部现有会员38人,主要由从事教育(21人)、文化、法律、中高级知识分子和机关事业单位人员组成。其中,副县级干部1人、科级干部5人,担任部门领导职务5人,担任部门中层干部7人。该支部坚持人才强会理念,在争取高层次、年轻化成员入会上取得明显成效。全年吸纳7名新会员,其中教师5人,从市直支部转录2人。

【参政议政】 2021年,该支部按照区委统战部“四个一”的要求,积极开展调研,积极建言献策。7—8月,组成调研课题组先后走访江西金控等5家金融企业,完成“创新现代金融服务体系,提升省金融商务区服务水平”调研报告,并获得区“党委出题、党派调研、政府采纳、部门落实”活动调研成果评选二等奖。会员撰写的一批社情民意得到采纳,其中支部主委卢瑾萍提交的《关于进一步完善出生医学证明管理办法的建议》被民进中央采纳;谢艳芳提交的《关于防范金融领域代理投诉风险优化营商环境的建议》被民进中央和省政协采用,《关于构建全省统一协调的公共数据管理体系的建议》被民进省委会采用;龚培武提交的《关于对我市已进行美化的强弱电箱增设安全警示标志的建议》被市委信息科采用;肖亚军提交的《关于红谷滩区余土消纳事宜的建议》得到区政协采用。10月,首届区“两会”期间,肖亚军撰写的《关于优化省儿童医院红谷滩分院交通出行的建议》作为支部集体提案入选大会交流材料汇编册,其他会员撰写的《关于红谷滩区产业招商方面的问题分析和建议》《关于建议确立红谷滩区“区花、区树”的建议》《关于预防儿童青少年近视的建议》等11篇提案得到立案;龚培武撰写的《关于对红谷滩区已进行美化的强弱电箱增设安全警示标志的建议》提交区人大会议交流发言;徐菁的两篇材料被选为民进市委会参加政协会议集体提案。

【社会服务】 2021年,以“1%工程志愿服务”为主题,先后开展16次相关社会服务活动。1月31日,组织15位会员在南昌西站开展“疫情防控、志愿同行”疫情防控宣传新时代文明实践志愿服务活动;6月10日,联合经开区和青山湖区支部开展“开明读书社南昌第三分社”党史学习教育活动并走访慰问5名贫困大学生,会员肖亚军、徐菁等参加;7月9日,组织支部会员20余人在沁园农贸市场举办“我为群众办实事——流动人口专场服务”活动,民进市委会专职副主委邹萍莉参加;10月14日,联合区卫健委等单位开展“九九重阳节·浓浓敬老情”系列慰问活动,走访3位百岁老人,并为每位老人送上600元慰问金。同时,开展“不忘合作初心,继续携手前进”主题教育活动;协助筹备并参加民进中央基础教育改革座谈会取得圆满成功。

(肖亚军)

中国农工民主党红谷滩区支部

【概况】 2021年8月20日,农工党红谷滩区支部成立。自成立以来,支部强抓自身建设、切实增强“四个意识”、坚定“四个自信”、做到“两个维护”,积极履行参政党职能,凝心聚力,服务大局,在参政议政、民主监督、社会服务和自身建设等方面取得一定的成绩。

【组织建设】 2021年8月20日,农工党南昌市红谷滩区支部成立大会暨第一次党员大会在农工党南昌市委会机关会议室召开。农工党江西省委会副主委、南昌市政府副市长、农工党南昌市委会主委龙国英,市委统战部副部长、市社会主义学院党组书记麦建宁,红谷滩区委常委、区委统战部部长邱胜,农工党南昌市委会兼职副主委、红谷滩区政协副主席提名人选、区工商联主席提名人选吴一建出席会议。大会听取支部筹备工作报告,并审议通过选举办法,传达学习习近平总书记“七一”重要讲话精神、《中国共产党统一战线工作条例》及省、市全会会议精神。会议选举产生第一届农工党红谷滩区支部委员会领导班子,刘绘芳当选支部主委,罗成当选支部副主委,张颖琪、邱丽辉当选支部委员。至年底,支部现有党员14人。其中,研究生及以上学历3人,占20%;本科学历9人,占60%;中级职称2人,副高职称3人。有省政协委员1人、市政协委员3人、区人大代表2人、区政协委员5人。副县级干部1人、副科级干部2人。

【参政议政】 2021年10月,农工党红谷滩区支部共有8名党员分别作为市区政协委员、区人大代表分别参加南昌市第十五届政协会议和红谷滩区第一届人民代表大会、政协会议。党员吴一建当选政协红谷滩区第一届委员会副主席,党员罗成当选红谷滩区第一届政协常务委员。邱丽辉的提案《关于破解乡村教育困境的建议》被列为市重点提案。党员罗成的提案《关于进一步优化红谷滩区营商环境的建议》被列为区重点提案,该提案由区委书记吴江辉亲自督办。省政协委员吴一建的提案《关于完善乡村教育基础推进乡村振兴的建议》《关于改革中考体育考核方式提升素质教育的建议》已由省教育厅办理完成;社情民意《严格管理网络游戏视频堵住防止未成年人沉迷网络游戏的漏洞》已报送省委、全国政协;"吴一建话履职"在2021年12月10日的《江西政协报》第3版《在实际成果检验学习成效》一文中刊登。至年底,形成调研文章1篇;提交省级个人提案2篇、社情民意2篇,市级个人提案9篇,区集体提案2篇、区书面发言2篇、个人提案14篇、人大建议4篇。开展社会活动1次,各类组织生活会10余次。

【理论学习】 2021年11月11日,召开学习会暨政治生日活动,组织全体党员学习《中国共产党统一战线工作条例》,并重点专题学习中共南昌市第十二次代表大会、中共红谷滩区第一次代表大会主要精神及政府工作报告;为11月入党的党员们送上政治生日贺卡。11月25日,农工党红谷滩区支部在线上开展学习宣传贯彻中共十九届六中全会精神。

【党员风采】 2021年,支部党员们以"创争先、勇示范"的干劲在各自领域发挥党员的先锋模范作用。胡翔获得江西省五一劳动奖章,入选(2020—2022)年南昌市"211"企业经营管理人才培养工程—青年企业家,被聘为"江西省虚拟现实(VR)产业技术创新战略联盟"常务副理事长,被南昌市金融专家服务团聘为"VR产业小组专家";刘绘芳荣获红谷滩区2021年度"三八红旗手"称号;罗成荣获南昌市2021"转作风优环境"活动年先进个人、红谷滩区2021年度高质量发展护航先锋先进个人称号;张颖琪荣获红谷滩区扫黑除恶专项斗争优秀个人称号;邱丽辉荣获南昌市2021年度"三八红旗手"称号和"年度教师"提名奖及红谷滩区2021年度高质量发展护航先锋先进个人、"年度教师"称号;李炳云荣获红谷滩区教体系统优秀教育工作者称号。

【社会服务】 2021年3月15日,农工党红谷滩区支部(筹)走进南昌市红谷滩区实验学校开展以"法润童心·点亮青春"为主题的法律进校园宣传活动。帮助孩子们增强防范意识,远离不法侵害,并向学校赠送普法读本300册,助力在校师生开展法律知识学习。每季度末,农工党红谷滩区支委成员在党员当中开展"连心"走访活动,与党员拉家常、话冷暖,及时了解和关心党员思想动态和生活、工作近况,倾听党员们的意见和建议,拉近党员与支部之间心与心的距离,先后走访党员6名、入党发展对象2名。

(邱丽辉)

九三学社南昌市红谷滩区支社

【概况】 2021年,九三学社红谷滩区支社在九三学社南昌市委会和红谷滩区委的正确领导及区委统战部的具体指导下,以建设高素质参政党为目标,深入学习贯彻习近平新时代中国特色社会主义思想,高标准高质量贯彻落实习近平总书记视察江西时的重要讲话精神,深入学习习近平总书记关于加强和改进统一战线工作的重要思想,认真贯彻中共十九大和十九届历次全会精神、省、市、区党代会精神及《中国共产党统一战线工作条例》精神。聚焦"做示范、勇争先"目标要求,动员全体社员鼓足干劲、奋发进取,深入推进发展和改革双"一号工程",有效应对当前复杂严峻经济形势,充分激发经济发展新活力。至年底,九三学社南昌市红谷滩区支社共有成员18人。其中,区人大代表1人,区政协副主席1人,常委1人,委员6人;研究生学历4人,本科学历13人,大专学历1人,平均年龄38.83岁。

【思想建设】 2021年,积极参与各级各类组织的党史教育、社史教育等主题活动10余次,并组织社员参加社中央专题政治辅导"网络课堂"。积极组织社员参加庆祝中国共产党成立100周年征文活动,社员雷冲的《组诗:恰风华正茂》荣获全省统一战线庆祝中国共产党100周年征文比赛优秀奖,其余社员分获省委会三等奖。积极动员社员参加党史知识竞赛活动,1名社员获答题优秀奖;在社中央举办的"社员之家"党史知识竞赛中,1名社员受到社中央表彰;1名社员的作品在江西九三学社书画院举办的"喜迎国庆团圆中秋"书画作品线上展示活动中展出;报送社员的1幅书画参加"同心共庆百年华诞,携手共筑中国梦"全市统一战线庆祝中国共产党成立100周年书画摄影展。

【组织建设】 2021年8月18日,九三学社南昌市红谷滩区支社成立大会召开,经过充分酝酿,反复协商,会议采取无记名投票方式,选举6名社员为九三学社南昌市红谷滩区第一届委员会委员。刘文皓当选九三学社南昌市红谷滩区支社第一届支社主委,高群、杨薇当选九三学社南昌市红谷滩区支部第一届支社副主委,王叶光、邓四波、钟鹤当选支委委员。全年共发展新成员3人,平均年龄35.3岁,均为本科学历。13人次参加社省委、市委和区政协、区委统战部组织的各类培训。

【参政议政】 2021年,在省委会中标B类课题《夯实基层法治建设 助力区域社会治理创新》,并按时按要求在8月初完成课题上报。《关于金融助力中小企业创新活力的建议》

《关于夯实基层法治建设,助力区域社会治理创新的建议》2件集体提案在区政协一届一次全会上提交并立案,占集体提案总数的18.2%,此外还有个人提案6件。社员高群的《关于加强金融助力营商环境建设的建议》作为大会书面发言材料。社员雷冲参与提交市政协的1篇集体提案被采纳作为协商办理提案,并在南昌电视台《"赣"事好商量——"三有"在洪城》专栏播出。

【社会服务】 2021年,积极开展"学史忆传承,携手跟党走,为民办实事"活动,支社联合生米镇同乐社区开展"同心齐聚写春联 新春送福暖人心"活动,现场挥毫泼墨,把辛丑年的吉祥祝福送到老百姓的家门口,送到群众的手里头。主动开展社区企业大走访活动,深入了解社员所在公司发展历程、产业布局、慈善公益等情况,鼓励非公经济社员能够继续为地方经济作出贡献,弘扬企业家精神。

(杨 薇)

红谷滩区工商业联合会

【概况】 2021年9月23日,红谷滩区工商业联合会(总商会)(以下简称区工商联)成立。区工商联是工商业界组织的人民团体,民间的对内对外商会。它是爱国统一战线的一个组成部分,是人民政治协商会议的组成单位之一,是一支为社会主义服务的政治力量。共有成员131人。其中,领导班子12人,常委19人,执委64人;任各区县、市人大代表17人,任各区县、市政协委员28人。

【特约监督员聘用大会召开】 2021年6月18日,红谷滩区召开营商环境特约监督员聘用大会,区委常委、统战部部长邱胜出席并讲话,会议由区政协副主席提名人选、区工商联主席提名人选吴一建主持。会议的召开,有利于进一步优化红谷滩区营商环境,畅通政企沟通渠道,建立健全非公有制企业服务平台,保护非公有制企业合法权益,更好地构建"清""新"型政商关系。聘用的监督员纷纷表示,将熟悉相关的法律法规,提高自己的业务水平,更好地为优化红谷滩区营商环境贡献自己的一份力量。

【红谷滩区工商业联合会(总商会)成立大会召开】 2021年9月23日,红谷滩区召开区工商业联合会(总商会)成立大会暨第一次代表大会。红谷滩区工商联(总商会)第一次代表大会会员代表131人,各镇(街道、管理处)分管统战工作领导,部分区直单位主要负责人,区各人民团体负责人,区各民主党派、市知联会红谷滩分会(筹备组)和区新联会负责人共190人参会。市政协副主席、市工商联主席熊志刚,区委书记吴江辉,区委副书记万晓娟,区政协党组书记、主席提名人选陶国强,区委常委、统战部部长陈敏,区人大常委会党组成员、副主任提名人选,区总工会党组书记、主席提名人选王瑞芳出席会议,区政协副主席提名人选、九三学社红谷滩区支社主委刘文皓代表区各人民团体、区各民主党派、市知联会红谷滩分会(筹备组)、区新联会致辞。会议听取和审议红谷滩区工商联(总商会)第一次代表大会筹备工作情况报告,选举产生红谷滩区工商业联合会(总商会)第一届执行委员会,审议通过红谷滩区工商业联合会(总商会)第一次代表大会决议。当选的红谷滩区工商联(总商会)主席(会长)吴一建作表态发言。熊志刚、吴江辉分别做重要讲话。

【新生代企业家商会成立大会召开】 2021年11月18日,红谷滩区新生代企业家商会成立大会暨第一次会员大会顺利召开,为落实好疫情防控要求,本次大会创新形式,全程采取线上互动模式召开。区委书记吴江辉,区委常委、统战部部长陈敏以视频方式出席会议并讲话,区政协副主席、区工商联主席吴一建,区委统战部副部长、区工商联党组书记罗春霞,区工商联专职副主席罗成及新生代企业家代表江西仟得文化传播有限公司总经理邱熠,江西省江佑私董教育科技有限公司董事长赖冬群出席线下主会场。区新生代企业家商会会员共54人全程线上参会。会议听取和审议红谷滩区新生代企业家商会第一次会员大会筹备工作报告,选举产生红谷滩区新生代企业家商会第一届理事会、监事会领导班子,新当选会长邱熠作表态发言。

【举办民营企业家培训班】 2021年11月26—28日,为深入贯彻中共十九届六中全会精神,进一步引导红谷滩区非公有制经济人士坚定中国特色社会主义理想信念、更好地为红谷滩区经济社会发展贡献力量,红谷滩区委统战部、区工商联在南昌市委党校举办红谷滩区民营企业家、新生代民营企业家、新的社会阶层人士培训班,区委常委、统战部部长陈敏,市委党校副校长万强,区政协副主席、区工商联主席吴一建,区委统战部副部长、区工商联党组书记罗春霞,区工商联专职副主席罗成出席开班式。全区民营企业家、新生代民营企业家、新的社会阶层人士代表共50人参加培训。本次培训班采用专题教学、现场教学、小组讨论和个人自学相结合的形式,内容包括深刻领会习近平总书记对新时代民营经济统战工作的重要指示精神、学习贯彻《中国共产党统一战线工作条例》及民营企业产业经营方法等。学员们纷纷表示,此次培训内容充实,收获丰硕,进一步开阔了思路、开阔了眼界、开阔了胸襟。

(吴楚源)

群众团体

红谷滩区总工会

【概况】 2021年，红谷滩区总工会围绕推动高质量发展履职尽责、担当作为，凝心聚力推动“十四五”规划开好局起好步，各项工作取得新成效。红谷滩区“工会一大”召开，完善了新时期区总工会的组织机构。区总工会被省总工会授予江西省“五一”劳动奖状；以文明建设激发队伍活力，被市委、市政府评为第十八届南昌市文明单位；在2021年全区高质量发展争先创优中被区委、区政府评为先进集体。在“颂歌献给党”南昌市职工歌咏比赛、“职工心向党、建功新时代”南昌市职工演讲比赛决赛中，红谷滩区总工会选送的参赛节目取得一等奖1个、二等奖2个、三等奖2个、优秀奖1个的优异成绩。

2021年10月22日，红谷滩区工会第一次代表大会召开

（区总工会供图）

【红谷滩区工会第一次代表大会召开】 2021年10月22日，红谷滩区工会第一次代表大会在前湖酒店召开。大会选举产生区总工会第一届委员会，区总工会第一届经费审查委员会。区总工会第一届委员会第一次全体会议选举产生红谷滩区总工会第一届委员会常务委员、兼职副主席、副主席、常务副主席、主席。大会指出，今后全区各级工会一定要坚持以服务职工为中心，大力实施政治引领、能力提升、服务创新、夯实基层、素质提高“五大行动”，把工会打造成职工信赖的“职工之家”。

【开展党史学习教育】 2021年，深入开展党史学习教育，深入学习贯彻中共十九届六中全会精神和习近平总书记在庆祝中国共产党成立100周年大会上的重要讲话精神，深入学习领会习近平总书记关于工人阶级和工会工作的重要论述，扎实开展“四史”专题学习。认真开展“我为群众办实事”活动，全额返还小微企业工会经费，全年共返还小微企业工会经费275万余元；完成发放“洪工贷”职工创业贷款1730万元，帮助63名职工实现创业梦；不断形成学史明理、学史增信、学史崇德、学史力行的浓厚氛围。

【开展庆祝中国共产党成立100周年系列活动】 2021年，为庆祝中国共产党成立100周年，讴歌党的丰功伟绩，积极开展“职工心向党奋进勇担当”主题系列活动，召开表彰大会，授予邓元省等38人“红谷滩区最美职工”荣誉称号。举办“职工心向党、建功新时代”红谷滩区职工演讲比赛,共有来自全区各机关、企事业单位工会组织的20名优秀选手获奖。在“颂歌献给党”南昌市职工歌咏比赛、“职工心向党、建功新时代”南昌市职工演讲比赛决赛中成绩优异。同时,组织全市职工羽毛球比赛、“尊崇党章、墨铸忠诚”职工书法作品展、“学党史、知党情”网上有奖知识竞答和劳模宣讲团深入基层宣讲党史等活动。

【新时代产业工人队伍建设改革】 2021年,为造就一支有理想守信念、懂技术会创新、敢担当讲奉献的产业工人队伍,召开全区新时代产业工人队伍建设改革行动专题工作会,研究印发《红谷滩区新时代产业工人队伍建设改革行动实施方案》,从党的建设引领、依法维护权益、服务职工实事等内容制定24项重点任务。江西慧谷产业园作为红谷滩区产业工人队伍建设十大提升行动试点单位,通过“四工”(党务工作者、社工、义工、青工)联动新形式,努力造就一支有理想守信念、懂技术会创新、敢担当讲奉献的创客领域产业工人队伍。

【协办第三届虚拟(增强)现实职工职业技能竞赛】 2021年6月27日,由江西省总工会主办、南昌市总工会承办、红谷滩区工会等单位协办的2021年江西省“天工杯”示范性技能大赛——第三届虚拟(增强)现实职工职业技能竞赛启动仪式在红谷滩区VR/AR科技馆举行。来自全省150余名参赛选手参加本次大赛。大赛分为初赛和决赛,初赛阶段以技能评比决定晋级资格,决赛阶段以现场路演结合答辩的形式进行,邀请行业领域知名导师与决赛团队组合配对,以导师带徒的方式指导参赛团队选择比赛方向,完善参赛项目。最终,南昌彤坤科技有限公司石卉、邹努、李欣洋团队荣获一等奖;南昌市小核桃科技有限公司李梁、邱志骏、刘康俊团队,南昌虚拟现实检测技术有限公司胡翔、胡开拓、胡清团队荣获二等奖;江西以太科技园有限公司侯利霞、祝智颖、赵越团队,江西海默科技有限公司刘静、温珍香、李秋子团队荣获三等奖。大赛的举办为搭建全省VR技术人才平台,加速助推红谷滩VR产业发展贡献了力量。

【开展省、市劳动模范和先进工作者推荐评选活动】 2021年,红谷滩区总工会推荐的丰和营造集团股份有限公司、江西银湾物业管理有限公司获评江西省五一劳动奖状,推荐的市公安局红谷滩分局副局长章小宝获评江西省五一劳动奖章。推选南昌市五一劳动奖状1个、五一劳动奖章8名、工人先锋号2个,推选2021年度南昌市五一巾帼标兵岗1个、五一巾帼标兵4名、女创业带头人2名。推选南昌市工会首届“五一”新时代十大创业标兵、十佳创新人物4人。为全区73名劳模发放慰问金4.95万元,打造1家市级劳模创新工作室,倡导劳动光荣、技能宝贵、创造伟大的时代风尚。

【夯实工会基层组织】 2021年,以完善“总工会”职能为中心,以构建镇(街道、管理处)、村(社区)、非公企业“小三级”工会为重点,以开展集中建会、新就业形态劳动者入会行动为抓手,最大限度推动非公企业、社会组织建会。全年新增基层工会组织148家,新增工会会员5002人。其中,非公有制企业97家、国有企业1家、集体企业1家、行政事业单位47家、村(社区)2家。新就业形态劳动者入会328人,其中快递员192人、网络主播136人。同时,为进一步夯实工会基层基础,招聘6名工会协理员,充实到街道、管理处专职从事工会工作。

【依法维护职工合法权益】 2021年,充分发挥“三师一室”(法律援助律师、工资集体协商指导师、健康工程师和沙龙茶叙室)的积极作用,开通红谷滩“三师”服务热线,为职工提供法律援助、劳动争议调解、心理健康咨询服务。组织、参与“2021年红谷滩区安全生产月”主题活动、安全生产宣传教育进工地活动、2021年度全区“安康杯”竞赛活动、“办实事为民解忧,民法典与你同行”主题活动、“国家网络安全宣传周”活动、平安建设宣传主题活动、红谷滩工会志愿者服务队文明城“帮创”活动等。通过开展一系列的活动,稳固了新形势下的劳动关系,依法维护了职工合法权益。

【情系职工办实事】 2021年,会同区人社局开展“春送岗位”活动,举办招聘会2场,参与企业20余家,提供招聘岗位110余个,登记求职人数500余人次,达成就业意向30余人;开展“夏送清凉”活动,发放慰问品1688份;开展“金秋助学”活动,为4名困难职工子女捐赠助学金2.6万余元;开展“冬送温暖”活动,为75名困难职工发放慰问金共计7.5万元;举办为李波遗属捐款仪式,共募集筹款13.9万元。开展“携手小康”职工技能培训活动,提升了职工素质,帮助150名职工实现了就业;开展“工会进万家·新就业形态劳动者温暖行动”服务月活动,为100余名新就业形态劳动者送去党和政府的温暖。

【推进红谷滩区文化宫建设】 2021年12月29日,红谷滩区政府第26次常务会审议通过区总工会关于购置红谷滩区工人文化宫场地的议题,同意区总工会购置红谷滩区丰和中大道929号吉成大厦第三层9间总面积2159.37平方米商铺作为红谷滩区工人文化宫建设场所并作为区总工会独立资产。同意区财政局给予经费支持,区有关部门配合区总工会办理相关手续等。

(夏　卿)

共青团红谷滩区委员会

【概况】 2021年，共青团红谷滩区委员会（以下简称团区委）在区委和团市委的正确领导下，坚持以习近平新时代中国特色社会主义思想为指导，深入贯彻中共十九大和十九届五中、六中全会精神，紧紧围绕党政中心工作，聚焦思想引领、志愿服务、基础团务、创新创业等重点领域，服务大局、服务社会、服务青年，广泛开展特色鲜明、生动活泼的主题活动，团的基层组织体系进一步完善，内在活力进一步增强。

【强化思想政治引领】 2021年，紧扣教育主线，扎实推进党史学习系列活动。举行全区“学党史、强信念、跟党走”主题团日活动，举办“青春心向党 奋斗新征程”主题演讲比赛和征文比赛，开展“学党史，强信念，跟党走”主题宣讲活动，举办“童心向党 筑梦成长”“六一”趣味运动会；开展“学党史，强信念，跟党走”主题观影活动，教育引导团员青年和少先队员赓续红色血脉，增强做中国人的志气、底气和骨气。聚焦青少年政治启蒙和价值观塑造，持续筑牢思想政治根基，组建以优秀团员、团干部等先进典型为成员的红谷滩区青年讲师团，深入农村、校园、社区开展学习习近平总书记“七一重要讲话”专题宣讲活动，累计开展8场次，覆盖团员青年367人；深入开展“请党放心，强国有我”主题巡讲活动，邀请市级红领巾巡讲团成员在九龙新城第一学校开展巡讲，覆盖少先队员160人。成立区级红领巾巡讲团，累计开展活动7场，覆盖少先队员1000余人。

【夯实基层组织建设】 2021年，指导完成108个村社区团组织的换届选举工作，选优培强村（社区）团干部队伍，有效提升团组织的引领力和组织力。积极探索和实践非公有制企业团建的新思路、新方法、新途径，切实增强团组织在非公企业青年中的有效覆盖，新成立非公企业团支部40个，进一步延伸共青团的服务手臂。完善机关和学校团组织建设，把广大团员青年紧密团结在党的周围，全年新成立区直机关团组织10个、学校团组织17个。全年累计新发展团员370名、少先队员5048名。加强团队衔接，规范化开展离队入团仪式和入队仪式，举行2021年南昌市“青春心向党·奋斗新征程”主题团日示范活动暨离队入团宣誓仪式、红谷滩区“红领巾心向党”集中入队示范活动、“请党放心 强国有我”纪念少先队建队72周年主题队日省级示范活动等。积极构建新时代少先队社会化工作体系，完成29个社区少工委揭牌成立仪式，实现“家门口的少先队”全覆盖。认真完成“红领巾奖章”一星章、二星章评选工作，积极申报市级红领巾三星章，获“红领巾奖章”个人三星章61个、“红领巾奖章”集体三星章15个。

【积极组织开展志愿服务活动】 2021年，广泛动员广大团员青年积极参与志愿服务行动，构筑红谷滩靓丽的青春风景线。聚焦疫情防控，累计组织动员志愿者4批次、120余人在方舱、洪都中医院等疫苗接种点和社区协助开展体温测量、咨询引导、秩序维护等疫情防控工作。配合防汛需要，积极发挥广大团员青年的生力军和突击队作用，组建区级青年突击队并开展集中培训。围绕文明城市创建和社区青春行动有关工作要求，组织开展文明祭扫、“河小青”净滩行动、困难群体关爱帮扶等志愿服务活动，营造文明创建人人参与的良好氛围。助力“放管服”改革，联合南昌工学院团委在区行政审批局建立青年志愿服务站，常态化为来往办事群众提供咨询引导、打印复印、关心关爱等贴心服务，全年累计参与志愿者达469人次，服务时长达1407小时。

【助力青年创新创业】 2021年，联合市委组织部、团市委、市工信委举办“红谷滩杯”南昌市青英人才创业大赛，营造激励青年创新创业的良好氛围。积极开展“青英归巢”暑期见习活动，通过双向选择方式择优确定25名见习大学生在区内12个单位参与见习，组织开展见习活动见面会和见习大学生交流座谈会，赴牛行车站、建军雕塑广场、VR科技馆等地参观学习，引导大学生了解家乡、热爱家乡，在服务社会实践中砥砺品质、增长才干、展现风采。11月26日，红谷滩区召开落实《江西省中长期青年发展规划（2018—2025）》实施工作局际联席会议第一次全体会议并出台《红谷滩区落实〈规划〉2022年重点实施工作任务》，进一步建立和完善红谷滩区青年发展政策体系和工作机制，明确各部门的工作目标和任务，推动形成高度重视青年工作、关心支持青年事业发展的坚实基础。新打造红岭花园社区青年之家和物联网中心青年之家，打通服务青年的“最后一公里”，为青年交流搭建平台。

【护航青少年健康成长】 2021年，重点围绕新修订的《中华人民共和国未成年人保护法》《中华人民共和国预防未成年人犯罪法》，组织法治副校长赴辖区学校开展“关爱成长，法治护航”主题法治宣传教育活动。联合区公安分局团委、生米镇同乐社区团支部开展红谷滩区“防范新型毒品对青少年危害”主题禁毒宣传活动，通过播放禁毒动画短片、科普毒品的种类、讲述毒品产生的巨大危害等方式，进一步增强了青少年防范抵御新型毒品的意识和能力。组织开展“少年军校进校园”活动和“迈向强国新征程，军民共筑强军梦”国防教育活动，有效提升了青少年的国防观念、爱国拥军情怀。

联合红谷滩公安分局开展"全民反诈,团青先行"反诈知识宣传主题团日活动,切实增强团员青年的法治意识和防范电信网络诈骗的能力。积极组织辖区学校开展网络安全宣传教育活动,正确引导少先队员正确使用网络,提高网络安全防范意识。积极开展"共青团与人大代表、政协委员面对面"活动,联合团市委先后赴红谷一小、南昌凤凰城外国语学校、实验学校、凤凰学校开展青少年心理健康调研,进一步拓宽青少年利益诉求的表达渠道,优化青少年成长发展环境。

【共青团红谷滩区第一次代表大会召开】 2021年12月6日,共青团红谷滩区第一次代表大会召开。区委书记吴江辉到会看望慰问与会代表并同代表们合影留念。团市委书记刘众星、区委副书记万晓娟出席并讲话,区领导刘琴、吴梅萍、刘国平及部分兄弟县区团委负责人和区群团组织负责人出席。团区委书记提名人选王宇恬主持会议。团区委副书记提名人选吕梦萦致开幕词。大会选举产生共青团红谷滩区第一届委员会,其中委员21名、候补委员9名。随后,召开共青团红谷滩区第一届委员会第一次全体会议。会上,选举产生第一届委员会书记、副书记、兼职副书记和常务委员。王宇恬当选共青团红谷滩区第一届委员会书记;吕梦萦当选共青团红谷滩区第一届委员会副书记;赵春燕、袁文刚当选共青团红谷滩区第一届委员会兼职副书记;李芳、陈青、罗浩、高婷、涂欣媛5人当选共青团红谷滩区第一届委员会常务委员。

(缪诗敏)

红谷滩区妇女联合会

【概况】 红谷滩区妇女联合会(以下简称区妇联)是中国共产党领导下的人民团体,是党和政府联系妇女群众的桥梁和纽带,是在区委领导下的人民团体。内设机构为综合股,区妇女儿童工作委员会办公室设在区妇联,承担妇儿工委日常工作。2021年,区妇联围绕党政中心工作,整合社会资源,发挥组织优势,团结带领各界妇女为"建设社会主义现代化红谷滩"贡献巾帼力量。完成村(社区)妇联换届工作。选举产生了新一届村(社区)妇联班子,进一步夯实了基层妇联组织。全区117个村(社区)共选举产生妇联执委512名、主席117名、副主席125名。

【推进家庭文明建设】 2021年,注重宣传氛围营造。开展"人人动手参与创建,个个争当文明市民"宣传,开展垃圾分类、文明交通宣传工作;通过评选表彰"三八"红旗手(集体)的方式,激励更多妇女学先进、争先进,赶先进,促进家庭社会和谐。立足家庭做好文章。常态化推进寻找"最美家庭"活动,推出不同类型的"最美家庭",以好家风撑起好的社会风气;联合区教体局在凤凰学校等9所学校开展9场"陪伴的力量"家庭教育公益讲座,为孩子营造良好的家庭教育环境。主题活动文明和谐。以重大节日、纪念日为契机,开展主题鲜明、内容新颖、形式多样的各类活动。端午节,举办"情暖巾帼 浓情端午"主题活动;七夕节,举办"我们的节日·七夕"主题手工扎染等活动。

【维护妇女儿童合法权益】 2021年,不断优化维权工作环境,创新维权工作机制,打造维权工作品牌,构筑"政府领导、妇联主管、各部门共同负责"的社会化维权工作格局,有效维护妇女儿童的合法权益。发挥"12338"妇女维权公益服务热线作用,进一步规范来电来访接待处置,倾听女性心声。区本级"12338"妇女维权公益服务热线共接听妇女群众来电访225起;受理市妇联转来信访件5起;接待到区妇联现场来访妇女8起,共计238起,办结率100%。切实维护了女性合法权益,让来访妇女感受"娘家人"的温暖。

建立基层婚姻家庭纠纷人民调解员队伍,按照全区所有村(社区)至少有一名婚姻家庭纠纷人民调解员的标准,在全区121个村(社区)组建一支251人的婚姻家庭纠纷人民调解员队伍,使得大量婚姻家庭矛盾纠纷化解在萌芽状态,解决在基层前沿"第一线"。全区各村(社区)已实现巾帼公益律师全覆盖,与华邦律师事务所合作,共同建立"红谷滩区妇女儿童维权法律服务站",为维护妇女儿童权益提供专业的法律服务;邀请巾帼公益律师到村(社区)开展法律知识讲座等活动,向广大妇女儿童宣传《中华人民共和国民法典》《中华人民共和国妇女权益保障法》《中华人民共和国未成年人保护法》等法律法规;抓住"三八"维权周、反家暴日、宪法日等节点,开展形式多样的普法活动,推动法纪意识、法治观念深入人心,提高妇女群众知法、守法、用法意识。

【关心关爱留守、困难儿童】 2021年,开展"巾帼心向党、六一暖童心"等关爱留守儿童系列活动,购买价值1.4万元的书包、文具、体育用品等慰问品,为学校送去慰问金5000元,对辖区70名农村留守儿童、困境儿童进行走访慰问;持之以恒实施好"春蕾计划",全年共发放"春蕾计划"助学金7200元,并于9月7日至9日,开展"99春蕾助学"联合劝募活动,全区共组建45支志愿队伍,募集善款2.05万元。

【开展"两癌"免费检查工作】 2021年8月10日,区妇联、区卫健委、区财政局和区民政局联合下发《关于做好2021年红谷滩区城镇困难妇女"两癌"免费检查工作的通知》,重点对全区3年内未参加过"两癌"免费检查的35—64周岁城镇困难家庭妇女进行摸底，并进行宫颈癌和乳腺癌免费检查。9月24日、9月30日先后组织开展2期城镇困难妇女“两癌”免费检查，共计检查64人，完成率40.28%，超额完成“每年至少检查目标人群的三分之一”的任务。

【红谷滩区第一次妇女代表大会召开】 2021年12月3日，红谷滩区第一次妇女代表大会召开。区委书记吴江辉到会与代表合影，市妇联党组书记、主席胡裔，区委副书记万晓娟，市妇联党组成员、副主席陈姝，区人大常委会副主任刘琴，区政协副主席刘国平以及区群团组织负责人应邀出席开幕式。开幕式由区妇联党组书记、主席提名人选廖小萍主持。区总工会常务副主席申海鹏代表群团组织致贺词。大会选举产生红谷滩区妇联第一届执行委员会，大会共选出执委23名。在随后召开的区妇联第一届执行委员会第一次全体会议上选举产生区妇联第一届执行委员会主席、专职副主席、兼职副主席、常务委员。廖小萍当选区妇联第一届执行委员会主席；彭琼、吴敏当选区妇联第一届执行委员会专职副主席；王珏、雷常月、熊佳佳3人当选区妇联第一届执行委员会兼职副主席；胡丽民当选常务委员。新当选的区妇联第一届执行委员会主席廖小萍表示，区妇联第一届执行委员会将始终坚持政治引领，服务大局、创新工作、改进作风，打通联系服务妇女群众的“最后一公里”，为红谷滩区高质量跨越式发展贡献巾帼力量。

（张碧友）

红谷滩区科学技术协会

【概况】 2021年，红谷滩区科学技术协会（以下简称区科协）围绕区委区政府中心工作，肩负起党和政府联系科技工作者桥梁和纽带职责，助推公民科学素质提升，促进科技人才作用发挥，着力加强科协组织的改革与创新，全面强化为科技工作者服务。坚持“四服务一加强”（服务科技工作者、服务创新驱动发展战略、服务公民科学素质提高、服务党委政府科学决策，加强自身建设）的职责理念，大力开展科普工作，推动红谷滩区科普事业的发展。

【推进全民科学素质持续提升】 2021年，推进科普志愿者队伍建设。按照中央、省、市科协和文明办的工作要求，组织开展全区科技志愿者注册登记工作，已注册登记科技志愿者1000余人。广泛开展科普活动。联合区应急管理局开展“5·12”全国防灾减灾日活动；联合区科工局、区教体局、区委宣传部开展2021年科技工作者日进校园活动；协办2021年“全国科普日”江西省主场活动暨首届好奇心科普节活动；与生米镇科协、卫东街道科协联合开展“科普之秋”送科技进村及冬季疾病预防科普知识讲座。本着公开、透明的科普经费使用原则，对开展科普活动达4次的单位、社区资助科普经费0.5万元。认真组织辖区居民积极参加由省科协主办的“汲取红色精神、科普成就未来”科普知识网络竞赛活动，参与人数达1万余人，在南昌市9个县区中排名第二。

【扶持社区科普文化广场建设】 2021年，为推动科普工作落到实处，带动社区科普文化活动的普及，提高社区居民科学文化素质，经世纪中央城社区提出，通过区科协现场认证，经三重一大会议讨论，拨付世纪中央城社区20万元，用于世纪中央城社区科普文化广场建设，打造社区科普文化广场，提高公众的科学素质。

【支持校园科技馆项目建设】 2021年，支持校园科技馆项目建设。校园科技馆是普及科学知识、营造科学氛围、增强科技创新意识的重要平台。为深入发挥校园科技馆的科普作用，根据多次实地考察，经三重一大会议研究，拨付红岭学校校园科技馆提升改造项目科普经费20万元，拨付生米中心学校校园科技馆建设项目经费27万元。

【打造特色科普教育基地】 2021年，打造特色科普教育基地，助力全民科学素质提升。红谷滩区南昌VR主题乐园、红谷滩区生活垃圾分类科普体验馆、南昌市育新学校红谷滩分校、南昌市中国工艺美术大师博物馆、江西影创信息产业有限公司、红谷滩区红岭学校、南昌大学附属小学前湖分校、红谷滩区腾龙学校、南昌金九福博物馆9个单位被命名为2021—2023年南昌市科普教育基地。南昌融创主题文化旅游管理有限公司获得2021年“南昌市优秀科普教育基地”荣誉称号。江西影创信息产业有限公司、南昌金九福钱币博物馆、南昌遨天一号科技体验馆获得省级科普教育基地（2022—2024）命名。南昌虚拟现实主题乐园（南昌VR主题乐园），作为南昌市唯一场馆，入选2021—2025年全国科普教育基地。

【加强基层科协组织建设】 2021年，加强全区基层科协组织建设。各镇（街道、管理处）科协按照区科协要求，先后召开科协第一次代表大会，选举产生主席、副主席和秘书长，完成全区各镇（街道、管理处）科协组织建设工作。推进企业科协联盟组织建设。通过走访调研科技企业和企业园区，指导和帮助有一定科协工作基础成立了科协组织的企业，筹建成立企业科协联盟。先后完成慧谷产业园企业科协联盟、物联网产业创新中心科协联盟、盈创·华兴产业园科协联盟的组建工作，3家企业科协联盟召开第一次代表大会，选举产生科协联盟主席、副主席、秘书长,企业科协联盟工作在主席团的领导下已步入正轨。

【开展推荐"科创中国"企业创新达人评选活动】 2021年7月,开展"科创中国"江西省企业创新达人评选及宣讲活动,积极组织红谷滩区在科学研究、技术应用、科技推广、技术创新等领域的企业参与评选。经资格审查、初级选拔、专家评审和网络投票等程序,红谷滩区南昌虚拟现实检测技术有限公司总经理胡翔等4人获得"科创中国"江西省企业创新达人优秀代表称号。

【积极支持ChinaVR大会召开】 2021年10月17—20日,由中国计算机学会、中国图象图形学学会、中国仿真学会联合主办的第二十一届中国虚拟现实大会(ChinaVR 2021)在南昌市举办。区科协作为协办方,支持南昌虚拟现实检测有限公司承办ChinaVR大会。中国虚拟现实大会(ChinaVR)作为国内虚拟现实领域最早、最重要和最具规模的年度科技盛会,由中国工程院院士、北京航空航天大学教授赵沁平发起,聚集国内最具代表性、权威性的人物及学会参与。大会对推动红谷滩区进一步发展VR产业链、推动成果转化、打造VR产业"江西高地"具有重要意义。

【区科协第一次代表大会召开】 2021年12月1日,红谷滩区科学技术协会第一次代表大会召开。市科协党组书记、一级调研员孙群力到会指导并讲话。区委书记吴江辉到会向参会代表表示亲切慰问。区委副书记万晓娟出席并讲话。区领导刘琴、熊飞、邓万清出席,区群团组织负责人参加会议。区科协党组书记、主席提名人选俞卫花主持会议,区总工会常务副主席申海鹏代表群团组织致贺词。大会选举产生红谷滩区科学技术协会第一届委员会委员30名,并召开第一次全体会议。会上,选举产生区科协第一届委员会主席、副主席、秘书长、常务委员。俞卫花当选主席;周涛当选专职副主席;朱正吼、赵燕飞、吴尧、胡翔4人当选兼职副主席。王惠蓉、邬江华、肖红茂等11人当选常务委员。

(陶　瑞)

红谷滩区归国华侨联合会

【概况】 2021年,红谷滩区侨联坚持"凝聚侨心、服务大局"宗旨,以"强基础、培资源、优服务、促发展"为思路,以"基层组织建设、骨干队伍建设、活动阵地建设、制度建设、品牌活动打造"为抓手,先后开展2轮侨情资源调查,深入6个镇、街道、管理处,开展"走基层,话侨务"调研活动,积极探索新形势下联系和服务侨界人士的方式方法,强化侨联干部学习教育,健全侨联机关制度管理,实现了区侨联从无到有、侨联工作基础由弱转强、侨联工作方式由少到多、侨联覆盖面和影响力逐步扩大,打开了红谷滩侨联工作新局面。

【召开第一次归侨侨眷代表大会】 2021年10月15日,红谷滩区第一次归侨侨眷代表大会召开,78名归侨侨眷代表参会。大会审议通过《勠力同心 建设有为有位新侨联,奋楫笃行 助力乘风破浪红谷滩》工作报告,选举产生由27人组成的区侨联第一届委员会及其由13人组成的常务委员会。黄建新当选为侨联主席,张焕当选为专职副主席,徐媛、徐静思、谈玉龙当选为兼职副主席,徐静思兼任秘书长。

【推进基层侨联组织建设】 2021年,大力推进基层侨联组织建设,召开全区侨联基层组织建设工作推进会,组织区、镇(街道、管理处)、村(社区)三级侨务干部赴外地学习"侨胞之家"建设经验,制定《红谷滩区镇(街道、管理处)、村(社区)"侨胞之家"基本建设标准》,新成立4个基层侨胞侨属联谊会,新建1个侨胞之家。至年底,全区共有凤凰洲管理处丰和新城社区侨胞侨属联谊会、卫东街道滨江豪园社区侨胞侨属联谊会、凤凰洲管理处侨胞侨属联谊会、红角洲管理处侨胞侨属联谊会、沙井街道芳华社区侨胞侨属联谊会5个侨胞侨属联谊会,凤凰洲管理处丰和新城社区侨胞之家、红角洲管理处侨胞之家(在建)2个侨胞之家。

【强化思想政治建设】 2021年,开展庆祝中国共产党成立100周年、侨界群众党史学习教育等系列活动,包括选调部分侨界群众参加省、市侨联组织的党史学习报告会、瑞金党史辅导班;组织侨界群众进八一南昌起义纪念馆忆峥嵘岁月、到八一南昌起义纪念碑缅怀革命先烈、在牛行车站重温入党誓词等党史现场教学;组织侨界群众收看庆祝中国共产党成立100周年庆祝大会实况、观看全省全市侨界中国共产党成立100周年文艺会演和《三湾改编》等红色电影,传承红色基因活动;开展以徐江华、熊宗明为代表的新老侨颂党恩访谈活动;制作《侨心向党——红谷滩区侨界庆祝建党100周年》短视频。面向侨界开展爱国主义教育活动,5月28日,在建军广场、秋水广场、侨企驻地开展"我的祖国"大型传唱活动,200余名归侨侨眷、侨企职工、留学生代表参加;组织开展专题学习,9月15日,以《回望光辉历史　擘画光明未来》为题,举办习近平总书记"七一"重要讲话精神专题讲座,侨资企业家代表、归国创业留学生代表、各镇街处侨联专干50余人集中学习;12月17日,召开中共十九届六中全会专题学习会,区侨联一届委员、侨企和侨群代表50余人参加。

【服务侨群侨企】 2021年,积极提升为侨服务水平,倾情服务侨胞侨企。

关注侨界民生。“七一”前夕,开展暖侨走访活动,共走访30余名侨界老党员、高龄或生活困难侨群,及热心侨益的归国创业留学生,送去党组织的温暖和关怀。重阳节前,开展侨界80岁以上老人走访慰问活动,为老人们送上鲜花、蛋糕卡以表问候。12月3日,联合南昌维乐口腔医院启动“侨帮帮·爱牙季”活动,举办“口腔健康与全身健康”知识专题讲座,为百余名侨界群众提供免费口腔诊断及洁牙服务。调研侨群侨企。2月1日,召开侨界代表人士见面会,25名侨资企业负责人和侨界代表人士参会,围绕如何发挥好“侨”的作用,服务全区经济社会发展进行发言。开展“侨企服务月”活动,建立并完善18家侨企档案,收集到9家侨企提出的14个问题及诉求,逐一予以回应。开展法律服务活动。组织、指导基层开展“侨法宣传进万家”活动,发放侨法宣传台历、抽纸、侨法读本9000余份。12月3日,省、市、区三级侨联围绕“以习近平法治思想为指引,坚定不移走中国特色社会主义法治道路”活动主题,在红角洲管理处联合开展“12·4”国家宪法日专场活动,共100余名侨界群众参加。活动现场发放《中华人民共和国宪法》《涉侨法律政策指南》读本120余册,省法院民四庭法官赵宋良专题讲解《中华人民共和国民法典》,北京德恒(南昌)律所、江西求正沃德律所4名律师现场解答侨界群众的10余条法律咨询。组织联络联谊。12月17日,组织一届侨联委员到VR产业基地,与基地企业开展联谊,围绕红谷滩区发展定位,深入交流,探讨侨界助力地方发展之策。

【参政议政】 2021年,做好侨界人大代表和政协委员的推荐工作,区属侨界人士中有区人大代表2人、区政协委员11人、市政协委员3人,在市区“两会”期间,提出有价值的提案、议案16件。

【信息宣传】 2021年,加强宣传阵地建设,创建区、镇两级侨联工作微信群,开通“红谷滩区侨联”微信公众号及短信平台。抓好在省、市重要新闻媒体及侨联系统的信息上稿率,扩大宣传影响,全年实现省级媒体上稿11篇、市级媒体上稿17篇。

(张　焕)

红谷滩区文学艺术界联合会

【概况】 2021年,红谷滩区文学艺术界联合会(以下简称区文联,区文联成立于2019年8月23日。位于红谷滩区方大中心A座1701室。是红谷滩区文学艺术工作者组成的人民团体,是党和政府联系广大文艺工作者的桥梁和纽带。在区委、区政府的领导和关怀下,坚持党的文艺路线指引,组织不断发展壮大,已有10个文艺家协会。红谷滩区作为南昌市集行政、经济、文化三个中心为一体的重点城区,区文联在繁荣和发展红谷滩区文艺事业中起着独特的、不可替代的重要作用)发展态势良好,文艺队伍壮大,新增团体会员——红谷滩区舞蹈协会。围绕着“走出去、请进来”的工作方针,先后开展“迎新春送春联”“诗词进社区”等活动,举办(承办)“魅力红谷·水木佳话”中国·南昌全国版画、水彩·粉画联展,第二届全国小幅漆画展,江西草书展等数十场画展活动。在区文联支持和引导下,各协会会员积极参与各项文化活动赛事,获取良好成绩。其中,剧协副主席童龙创作的作品——《牛皋戒酒》《朱元璋泗洲治病》《尼姑斗蟋蟀》《凌晨四点钟》《饕餮之徒》《鸿鹄》等剧目分别受邀参加2021年第八届乌镇戏剧节、2021中国西昌·大凉山国际戏剧节等艺术活动。

【书法协会】 红谷滩区书法家协会隶属红谷滩区文联管理下的组织,主席团成员12人,主席雷轼生,常务副主席刘松兼秘书长,副主席有李康德、邹艳华、张明、陈旭东、周铭、胡友根、查代华、祝越、殷勤、樊小军。有理事61人。协会为书法艺术的专业协会,旨在为有志于发展自己,搞活协会活动的全区广大书法工作者提供一个自我锻炼、自我成长的平台。

【戏剧协会】 红谷滩区戏剧协会会员均为艺术领域有一定成就的剧作家、导演、演员、舞台美术家、戏剧音乐家、戏剧理论家、戏剧评论家、戏剧教育家等。在协会会员的推动下,举办六届“红谷滩全国优秀话剧展演季”,成为南昌一张生动鲜活的文化名片。协会会员为江西省“高雅艺术进校园”的主力军,传播足迹遍布全省,培养出多位中国戏剧“小梅花”得主。“红谷话剧”“话剧进社区”“驻昌高校话剧展演”“戏曲进校园”“国粹润万家”等文化配送、艺术教育活动,得到大、中、小学的校园学子,单位、社区观众的欢迎。

【诗词协会】 红谷滩诗词协会成立于2020年6月,是红谷滩区文联领导下的人民团体。自成立以来,积极主动开展工作,以诗词积极介入和谐社会的建设,为本地区诗词事业的传播与发展,不断努力,致力提升本地区的文化与诗词修养。2021年,协会有理事15名、会员100余名。组织诗词进社区、百年风华诗颂赣鄱2021书香红谷滩·全民读书周、红谷之韵诗词大赛等有影响力的活动。

(徐　强)

红谷滩区残疾人联合会

【概况】 2021年,红谷滩区残疾人联合会(以下简称区残联)在区委区政府的坚强领导下,认真履行“代表、服务、管理”职能,持续贯彻实施

"龙腾"(强预防康复"龙头",壮教育就业"龙身",活宣传文体"龙尾",立信访维权"龙爪")工作策略,着力解决残疾人最关心、最直接、最现实的康复服务、教育就业、组宣文体、信访维权等工作,强化服务意识,转变工作观念,主动对接服务,勇于突破,中心工作均有序推进,扶残助残取得较好工作成效。全区设区级残联1个,镇(街道、管理处)残联6个,残疾人专门协会3个。全区现有残疾人2591人,其中视力残疾297人、听力残疾247人、言语残疾33人、肢体残疾1260人、智力残疾384人、精神残疾302人、多重残疾68人。

【精准康复服务】 2021年,围绕提升精准康复服务水平,努力实现残疾人"人人享有康复服务"目标。全年区残联为110名0—7岁残疾儿童实施抢救性康复,发放补贴200余万元;为15名8—15岁残疾青年实施巩固性康复,发放补贴15万元,实现康复服务率100%。发放残疾人康复辅具200余件。积极开展"我为群众办实事"上门送药、上门评残、送辅具上门活动5次,受益群众300余人。

【残疾人创业就业教育培训】 2021年,切实做好教育就业指导和服务,积极开展残疾人就业帮扶、援助活动。组织举办多场"春风行动暨就业扶贫""贫困残障人士就业帮扶"招聘会。累计组织40名残疾人参加电脑实用技能培训、国家通用手语培训和网络直播培训,通过培训有效提升了残疾人就业能力,扩大了就业择业范围,实现了残疾人业有所长。联合江西科技师范大学设立科技师范大学残疾人就业创业服务站,依托学校资源为残疾人专设20个工勤岗位,通过残联初试、用工单位复试等程序,已录用3人。对按比例安置残疾人就业的企业落实税收减免等优惠政策,为5家企业发放超比例安置残疾人就业奖励金13万余元。投入资金10万元扶持市级农村残疾人种养殖户3户、区级农村残疾人种养殖户1户。为31名残疾学生申报南昌市贫困残疾学生、贫困残疾人家庭子女助学补助,发放补助6.05万元;申报江西省残疾大学新生助学1人,发放补助4000元。

【残疾人基层组织建设】 2021年,全区各乡镇专职干事选聘工作有序开展,经报名、笔试、面试、体检、公示正式,选聘4名残疾人专职干事上岗。区盲人协会、聋人协会、肢残人协会社团登记工作全部完成。贯彻落实中国残联关于做好全国残疾人基本服务状况和需求信息数据动态更新工作要求,扎实做好全区残疾人基本服务状况和需求信息数据动态更新工作。

【保障残疾人权益】 2021年,为深化全国文明城市创建,保障残疾人合法权益,推进无障碍环境建设,督促商场超市、宾馆酒店、学校医院、社区小区和广场绿地加强无障碍建设,全区七大类共75个重点点位全部达标。成立全省首支规范化肢残人无障碍义务监督队,该支义务监督队由7名肢体残疾人组成,组织开展专业无障碍环境建设培训,配备运动电动轮椅、安全帽、反光背心等装备,负责对全区无障碍环境建设进行巡查监督,提出意见建议。扎实推进残疾人家庭无障碍改造。全年共为25户重度残疾人家庭实行入户坡道、室内扶手、卫生间等无障碍改造,实现了无障碍改造进家庭。优先将贫困残疾人纳入民生保障范围,全区1772人享受"两项补贴",发放补贴156万元,实现"应保尽保"。在"全国助残日"和春节等重要节日开展走访慰问活动,为160余名贫困残疾人送去10万余元慰问金。为66名残疾人发放机动车燃油补贴1.71万元,多措并举加强残疾人基本生活兜底保障。

【加强残疾人事业宣传工作】 2021年,加强残疾人事业宣传工作,努力营造良好的社会氛围。建立残联微信公众号新媒体平台,大力宣传残联重点工作、残疾人创业就业典型等,让广大残疾人及时了解到最新的救助政策及申请流程,不断营造关心关爱残疾人、支持残疾人事业的社会氛围。先后在各级报刊、网站及残联微信公众号发表文章、发布信息75篇(条),在电视台和广播电台相关栏目播出5篇(条)。全年开展残疾人文化进家庭"五个一"之游园活动、观影活动、读书活动5次。开展残疾人励志典型和优秀残疾人工作先进事迹巡回演讲报告会1次。

【举行残疾人代表大会】 2021年12月7日,红谷滩区残疾人联合会第一次代表大会在新吉花园酒店会议大厅举行。区委书记吴江辉、市残联理事长余颖、市残联副理事长邓林和、区委副书记万晓娟、区人大常委会副主任刘琴、区政协副主席邓万清等领导出席。大会邀请正式代表100人,实到89人。与会代表中残疾人及其亲友78人,占代表总数78%。其中,10名代表为区委、区政府领导及区直有关部门的负责人,12名代表是各镇(街道、管理处)分管领导及残联理事长。代表来自社会各条战线,具有广泛的代表性,文化程度也有所提高。第一次代表大会选举产生主席团委员38名,推举产生第一届执行理事会理事长、副理事长。

(陈文斌)

红谷滩区红十字会

【概况】 2021年,红谷滩区红十字会在区委、区政府的坚强领导下,在省、市红十字会的指导帮助下,在社会各界的关心支持下，大力弘扬“人道、博爱、奉献”国际红十字精神，认真依法履行救灾、救护、救助职责，广泛动员社会各方力量，在应急救护、无偿献血、人道救助、关爱生命等方面，做了大量卓有成效的工作，较好地发挥了区委和区政府在人道领域的得力助手和联系群众的桥梁纽带作用。

【搭建组织机构】 2021 年 1 月，区委印发《中共红谷滩区委关于调整部分党组织设置的通知》，批准设立中共南昌市红谷滩区红十字会党组。4 月初，区委为区红十字会配备一正二副 3 名领导班子，配齐了党组成员，红谷滩区红十字会正式组建。

【召开区红十字会第一次会员代表大会】 2021 年 10 月 29 日，红谷滩区红十字会第一次会员代表大会举行，全区 91 名红十字会员代表参加会议。会议审议通过《红谷滩区红十字会第一次会员代表大会选举办法》，选举产生红谷滩区红十字会第一届理事会、红谷滩区红十字会第一届监事会。会议表决同意聘请中共红谷滩区委书记吴江辉、区人民政府区长刘光荣为红谷滩区红十字会名誉会长，聘请区委副书记万晓娟、区人大常委会副主任刘琴、区政协副主席刘国平为红谷滩区红十字会名誉副会长。选举产生红谷滩区红十字会第一届理事会常务理事；选举吴梅萍为红谷滩区红十字会会长，李世涌为常务副会长，罗敏为专职副会长；选举李媛为红谷滩区红十字会兼职监事长，马千平为专职副监事长。

【开展群众性应急救护培训】 2021 年，区红十字会以现场心肺复苏术、创伤急救基本技术，中毒、触电、溺水、烧伤等意外事故及家庭急救知识和技能，公共安全、防灾避险等基本知识技能为主要内容，突出普及性、群众性、实用性，举办持证救护员培训班 17 期、培训救护员 871 人，开展应急救护知识普及性培训 37 场次、培训 6621 人。超额完成 2021 年度南昌市红十字会下达的培训指标任务数。

【“红谷博爱·暖心助学”网络众筹】 2021 年，为振兴乡村教育，培养后继人才，区红十字会依托“99 公益日”平台，发起“红谷博爱·暖心助学”募捐活动，项目旨在关注辖区贫困家庭学生，设立爱心助学金，帮助辖区家境贫困学生完成学业。9 月 7—9 日活动期间，“红谷博爱·暖心助学”网络众筹实现社会筹资 16.88 万元，5854 人次参与募捐，被省红十字会表彰为全省 2021 年网络众筹较好单位。

【人道救助】 2021 年春节期间，区红十字会开展“红十字博爱送万家”活动，发放抗疫急救包 500 个、婴幼儿配方羊奶粉 36 罐、温暖箱 25 个，受益群众 534 户。开展“小天使基金”“天使阳光基金”救助宣传，帮助白血病患儿申请救助 4 人次，3 人获得救助，共计 11 万元。

【无偿献血】 2021 年 6 月，为庆祝中国共产党成立 100 周年，继承和发扬党的光荣传统和优良作风，传递机关、事业单位人员热心公益、乐于奉献、服务社会的正能量，举办红谷滩区“庆建党百年，献爱心热血”无偿献血公益活动。全区 16 家机关单位共 80 人参加无偿献血，其中党员 35 人，共献血约 2 万毫升。

【造血干细胞器官遗体捐献】 2021 年，区红十字会积极推动造血干细胞及遗体、器官捐献工作。全年造血干细胞捐献志愿者血样采集 37 份，入库 30 份，回访志愿者 80 人次，完成遗体和人体器官捐献志愿登记 221 人，完成器官捐献 1 例。

【组建中国南丁格尔志愿护理服务总队江西省红谷滩分队】 2021 年 6 月，为大力弘扬南丁格尔精神，推动区红十字志愿服务工作高质量发展，区红十字会对接南昌洪都中医院组建中国南丁格尔志愿护理服务总队江西省红谷滩分队，注册志愿者 36 人。南丁格尔志愿服务队按照“六统一”（统一队伍名称、统一相关标识、统一着装上岗、统一服务内容、统一签订承诺、统一网络管理）开展志愿活动。做好宣传动员、健康养老、救护培训、捐献咨询、心理援助、人道救助“六大服务”。

【开展志愿服务活动】 2021 年，践行“人道、博爱、奉献”的国际红十字精神，区红十字会志愿者积极深入居民群众当中开展“5·8”红十字博爱周、重阳节“践人道使命，与敏华同行”关爱老年人、“第 22 个世界急救日”等一系列志愿服务活动，为孤寡老人、困难群众送医药、普及健康知识、开展健康义诊。全年组织志愿者 200 余人次，开展 30 场志愿服务活动，服务群众 3000 余人次。

【开展党史学习教育】 2021 年，从提高政治站位、强化责任担当、坚决扛起党史学习教育的职责使命出发，精准对标对表、精心筹划部署，积极探索构建具有红十字会特色的党史学习教育体系，制订党史学习教育实施方案，成立党史学习教育领导小组，制定《红谷滩区红十字会党史学习教育活动安排》。安排党组中心组开展集中学习 8 次，开展学习研讨4 次。结合主题党日活动，组织党员开展集中收听收看中国共产党成立 100 周年大会直播盛况、参观红色基地牛行车站、观看红色电影《三湾改编》、合唱红歌、重温入党誓词等活动，推进党史学习教育走深走实。

（王　莉）

法　治

政法委

【概况】 2021年,红谷滩区政法机关认真贯彻落实省、市政法工作决策部署,紧扣"三安"(保障国家安全、社会安定、人民安宁)目标,在"夯基础、强弱项、补短板、求创新、出亮点"上不断发力,各项工作取得显著成效。全区社会大局持续和谐稳定,连续7年获评全市平安建设(综治工作)先进县区。11月18日,省委常委、政法委书记尹建业对红谷滩区政法工作作出批示:红谷滩区政法工作创新发展,可圈可点,望认真总结提升,努力创特色当先锋,建设更高水平平安红谷滩、法治红谷滩;12月17日,省委常委、政法委书记张鸿星到红谷滩区调研时,对红谷滩区智慧平安小区建设给予充分肯定。

【维护社会大局稳定】 2021年,全区政法机关把防范化解涉稳存量风险、有效遏制涉稳增量风险、坚决防范涉稳变量风险作为重中之重来抓,确保以全区社会大局的稳定迎接中国共产党成立100周年。全力做好全国"两会"、庆祝中国共产党成立100周年、中共十九届六中全会、中国米粉节、世界VR大会、古尔邦节等重点时期和重要活动期间安保维稳工作。落实"1+2+1"(1个村社干部、2个医疗专业人员、1个民警)管控专班工作,采取人力采集、平台比对、视频巡查等方式,加强"日研判、周分析、月会商",全方位全天候研判分析,健全完善"一三五"(应对紧急突发事件做到:一分钟反应,三分钟到场,五分钟处置完毕)快速反应机制。全年共排查各类重点涉稳矛盾40余起,妥善化解处置一批突发事件,确保重点场所、重要节点"绝对安全、万无一失",有效防范化解政治安全风险。扎实开展矛盾纠纷大排查大化解有效防范"民转刑"案件专项行动,全年排查欠薪欠债、涉房领域、民生保障等矛盾纠纷3505件,有效化解3394件,化解率达96.83%。全力推动执行扁平化预警响应机制,进一步健全完善信息搜集、核查、上报、反馈等机制,全区先后搜集研判房产领域、劳动保障等涉稳预警信息1000余条,做到当日预警、当日处置。进一步落实社会风险稳定评估机制,全年备案重大社会稳定风险评估报告30项。落实区级领导包案化解信访案件工作机制,采取项目化、清单化,全力开展治理重复信访、信访积案化解攻坚专项行动。

2021年12月27日,红谷滩区召开2021年度平安建设述职大会

(区委政法委供图)

【推进市域社会治理】 2021年,全区政法机关以实施创新社会治理"三年行动"为着力点,健全源头治理、多元化解、风险评估等机制,激

活市域社会治理现代化活力。坚持和发展新时代“枫桥经验”,成立红谷滩区综治中心并明确为正科级事业单位,选优配齐镇(街道、管理处)政法委员,切实树立大抓基层、大抓基础的导向。健全治理体制,对照“三年试点两年基本达标”的目标要求,列出红谷滩区《市域社会治理127项指标任务分解清单》《落实全省现场会16项任务清单》。顺利完成法治环境优化工程、平安建设精品工程、智防提升工程等“十大工程”34个基本项目,形成市域社会治理项目库。构建体系完备的基础载体,围绕“全城覆盖、全网共享、全时可用、全程可控”的总体目标,扎实推进“雪亮工程”建设,初步实现辖区主要街面“雪亮工程”全覆盖,全面实现农村“雪亮工程”全覆盖,“雪亮工程”获得中央验收评估组的充分肯定。“智慧小区”建设成果位居全省前列,超前完成全年40个“智慧平安小区”的建设任务,全年共完成97个“智慧平安小区”建设,全市建设标准最高、功能最全、效果最佳,小区刑事警情发案率同比下降58.3%。“智慧平安小区”建管模式得到各级领导点赞肯定,获评南昌政法“十大暖心举措”;1月9日,中央电视台《新闻联播》报道红谷滩区“智慧平安小区”取得的社会反响。

【加强综治中心规范化建设】 2021年,全区政法机关坚持强基导向,抓基层打基础,扎实推进综治中心实体化建设,“综治中心+网格化+信息化”的基层社会治理体系更加完善。改造升级区、镇(街道、管理处)、村(社区)三级综治中心综合服务功能,认真开展区、镇(街道、管理处)、村(社区)三级综治中心等级化创评、常态化运行、组团式服务,全年全区三级综治中心处理民安民生问题3864件。建立网格事项清单准入制度,整合党建、综治、公安、城管、消防、统战、市监等部门进网格,做到社会治理事项与工作力量同时进网格。出台《红谷滩区网格员管理考核奖励办法》等文件,对全区790名网格员定期进行培训、考核、评比,充分调动网格员工作积极性。在全省率先建设首个城市级数字孪生模型——红谷滩区域社会治理VR基础地图,全年整合挂接4万余路视频资源,汇聚796个基础网格关联的人、地、事、物数据50余万条,开发便民服务场景8个,实现治安防控、城市建管、生态环保等资源共享。建设平安易连指挥调度系统,开通综治专网29条,完成全区127个信息化点位、46个视联网点位的设备维护工作,为大型活动调度、重大事件协调指挥等应用场景提供有力保障。持续开展矛盾纠纷大排查大化解,建立联动共治机制,形成网格长牵头、网格员落实、社区民警协助、义务力量参与的工作模式,对疑难复杂问题开展融调解、齐会商。全年共排查矛盾纠纷4523件、化解4441件,化解率达98.19%,排查数和化解数均居全市各县区之首;共收到社会治理案件5458件,已办结案件5279件,案件办结率达96.72%。

【开展扫黑除恶专项斗争】 2021年,全区政法机关坚持常态化开展扫黑除恶专项斗争,积极将斗争积累的成功经验和有效做法进行制度化提升,对黑恶犯罪实现更加精准地打击与治理,有力彰显政治效果、社会效果和法律效果。聚焦信息网络、自然资源、交通运输、工程建设、水利资源、农业农村六大行业领域整治,部署专项整治行动,制定《全区六大行业领域整治月度报告制度》等长效常治制度和行业领域常态监管制度,以行业领域整治的新成效推动实现扫黑除恶常态化的新胜利。依法严厉打击治理电信网络诈骗违法犯罪,破获电信诈骗案件83起,抓获犯罪嫌疑人260人,追回金额137万元;拨打劝阻电话2.31万个,上门精准劝阻535人,避免群众潜在损失192万余元,有力守护群众“钱袋子”。全年共办结涉黑恶线索7条,刑拘涉黑恶人员20人;积极选树扫黑除恶先进典型,充分发挥先进典型的示范引领作用,全区10个单位获评全市扫黑除恶专项斗争先进集体,16人获评全市扫黑除恶专项斗争先进工作者,13人获全市扫黑除恶专项斗争表现突出科级以上干部嘉奖。

【深化政法领域改革】 2021年,全区政法机关持续推进政法领域改革,以执法司法制约监督体系改革和建设为重点,强力推进改革各项措施落地见效。推动建立涉企法律咨询服务体系和法律纠纷联动处理机制,调处化解辖区企业商事矛盾纠纷300余件。规范刑事涉案财产移送执行工作,制定完善破产案件审判相关细则,全年移交刑事判决70件。深化公安“放管服”改革和开展“转作风优环境”活动,创新推出便民服务15条,联合民盟南昌市委会搭建全市首个“社情民意信息收集中心”,受到广大群众一致好评。依托联勤联战便民服务中心,推行预约办理、延时办理、一站办结,提升群众办事效率40%以上。探索推出电子卷宗一键转换归档和以全面应用为导向的全流程无纸化办案模式,在卫东法庭开展金融类案件的档案e管理试点,1771件试点案件基本实现全流程无纸化结案及归档。拓宽公益诉讼案件范围,全面推行未成年被害人“一站式救助”工作机制,对未成年人案件的被害人启动“一站式”救助程序,实现对侵害未成年犯罪的精准有力指控,有效保护、救助未成年被害人。落实“一村一辅警”制度,持续做强农村警务室,夯实基层基础工作,改造翻新18个农村警务室,农村“一村一辅警”全部落实到位。

【强化政法队伍建设】 2021年,全区政法机关认真贯彻落实习近平总书记对政法队伍教育整顿的重要指示精神,围绕筑牢政治忠诚、清除害群之马、整治顽瘴痼疾、弘扬英模精神“四项任务”,扎实开展学习教育、查纠整改、总结提升“三个环节”,圆满完成政法队伍教育整顿工作任务。筑牢思想之基,组织开展政治轮训6场次、举办专题讲座14场次、举办英模事迹报告会28场次、召开警示教育大会2次、开展红色教育107场次、评选出20名政法英模和先进典型,在新媒体宣传报道英模事迹20余次。强化查究整改,发放《致红谷滩区政法干警及家属的一封信》,开展“自查从宽、被查从严”政策宣讲,开展两轮以上谈心谈话,组织召开政法教育整顿专题民主生活会和组织生活会,累计查摆检视问题1485个,排查和整改顽瘴痼疾问题1433个,运用监督执纪四种形态处分违纪干警110人次。巩固成果运用,配套出台执法协调监督、纪律作风督查巡查、政治督察、重大事项请示报告、案件评查等方面的12个规范性文件;健全完善侦查权、检察权、审判权、执行权既配合又制约的从严管理体制机制,堵塞制度管理漏洞,从源头上预防和减少执法司法腐败现象的发生。

(余 瑶 刘 飘 朱美兰 周建荣 彭思福 王川川)

法治政府建设

【概况】 2021年,红谷滩区政府各执法单位以更高的政治站位、更强的责任担当,依法履行行政职能,严格规范公正执法,把法治思维和法治理念贯穿于政府工作的各方面和全过程,法治政府建设各项工作稳步推进,为红谷滩区高质量发展保驾护航。

【法治政府建设的制度保障】 2021年,对照省、市法治政府建设工作要点,印发《南昌市红谷滩区2021年法治政府建设工作要点》,明确22个方面具体任务和责任单位;印发《南昌市红谷滩区全面推行行政执法公示制度执法全过程记录制度重大执法决定法制审核制度实施方案》,进一步规范行政执法机关依法履行行政职能,全面提高执法效能;印发《红谷滩区基层综合执法案件协调协作工作暂行办法》,扎实推进基层综合行政执法改革工作;编制《2021年度红谷滩区领导干部学法清单》,建立健全常态化红谷滩区政府常务委员会学法、新提任领导干部考法等制度。

【“放管服”改革惠企便民】 2021年,推行审批“并联+容缺+承诺”模式,工程建设类实行“容缺受理+告知承诺”并联审批,申报材料缩减50%,办结各类审批事项2.8万余件;实现“一张清单全覆盖、一套流程一次办、一个窗口全兑现、一个专户快支付”,专窗审批时间压缩64%,兑现发放惠企资金4447.36万元;深化“证照分离”改革,推出涉企经营许可改革事项68项;上线“赣服通”县区分厅4.0版,新增上线事项及服务260项;创新“远程视频”踏勘,累计踏勘经办件1569件。推行“企业创业百宝箱”制度,向300余个新设立企业赠送“营业执照正副本一套、免费企业印章一套、免费税务U-Key、政策服务卡和党章”,助力企业稳健发展。

【生态环保综合执法】 2021年,共受理南昌市“12345”政府服务热线环保类投诉92件,办理回复92件,接收与市生态环境保护综合执法支队联办案件23件,处理23件。同时,严格危险废物监管,累计督促105家企业完成本年度危险废物产生量、流向、贮存和处置利用情况的申报登记,完成危险废物管理计划的备案审核,并会同市生态环保综合执法支队不定期对相关企业现场检查,杜绝不合规处置危险废物行为。

【加大体制机制改革力度】 2021年,建立行政规范性文件合法性审核机制,审查各单位征求意见的各类文件29件,出具书面合法性审查意见5件,向人大法制委备案审查规范性文件2件;推动各行政执法单位落实行政执法公示、行政执法全过程记录、行政执法重大执法决定法制审核制度;统筹推进全区行政复议体制改革工作,区本级累计收到行政复议申请45件,受理39件。

【全面提升行政执法水平】 2021年,各行政执法部门通过平台共录入检查对象6627家、行政执法人员129人、“双随机、一公开”检查结果178个、执法案件115个,进一步规范了行政执法行为;加强了对公共场所卫生、生活饮用水卫生等重点领域执法检查,不断强化城市管理执法,积极整治施工围挡,营造良好城市环境;及时公示规范行政执法主体,完成区本级25个行政执法主体的编号工作,区本级通过考试取得执法证277人,提升了行政执法人员业务能力和法律素养。

【政务公开带动信用体系建设】 2021年,制定《2021年红谷滩区政务公开工作方案》,强化重大建设项目、公共资源交易、疫情防控等重点领域监管,做好政府信息公开,助力深化“五型”政府建设。同时,严格落实“双公示”制度,做好“双公示”数据的采集整合,确保行政许可和行政处罚等信息自作出决定之日起7个工作日内上网公示,累计在“信用南昌”上公示信用信息及红、黑名单数量5000余条,红谷滩万达金街获评首批“南昌市诚信示范街区”。

【有效化解防范矛盾纠纷】 2021年,深入推进市域社会治理现代化,对照“三年试点两年基本达标”的目标要求,落实“10+X”清单管理,区本级127项工作指标已全部完成;推进生产生活类重点民生工程，累计建成"智能安防小区"100个，完成区社会治理平台"一键穿透""视频中心""平安易连""VR视觉"四大智慧治理场景式应用落地；探索创建"四维一体"融调解中心，融合民警、司法员、律师、调解员等力量于一体，全区累计建立调委会128个，培养农村"法律明白人"1.06万人，其中骨干2000余人；扎实开展矛盾纠纷大排查大化解专项行动，深入开展公共法律服务"进园区入企业"，累计排查矛盾纠纷3838件，化解3767件，化解率98.15%。

（张　芬）

公　安

【概况】　2021年，红谷滩公安分局坚持以习近平新时代中国特色社会主义思想为指导，认真学习贯彻习近平总书记"七一"重要讲话、重要训词精神，以维护大局稳定为首责，以夯实基层基础为支撑，以深化智慧警务为抓手，以加强联勤联战为牵引，以全面从严治警为保障，全力担当维护政治安全、社会安定、人民安宁的光荣使命，全面提升风险防范、改革强警、数据赋能、便民服务等水平，公安工作和队伍建设呈现创新活力足、发展速度快、队伍凝聚力强的良好态势。辖区电诈、入室盗窃刑事警情同比分别下降13.5%和30.1%，涉赌、涉毒警情分别下降14.7%和40%，荣获全国优秀公安局称号，荣立中国共产党成立100周年安保维稳工作集体二等功，被评为"江西省文明单位""档案工作规范化管理省特级单位"。

【强化安保维稳】　2021年，以中国共产党成立100周年安保为主线，全力维护社会大局持续稳定。在省行政中心布建智能周界预警系统，切实加强重点部位预警巡控和快速处置。设定省、市行政中心信访维稳外围圈、管控圈、核心圈，不断优化处置流程和技战法，确保省、市行政中心"门前清"和绝对安全，得到省市领导的高度肯定。创新搭建智慧安保模块，做到重点安保点位、线路一键式可视化指挥、扁平化调度，实行重大安保局领导驻点指挥，安保工作更加规范高效。圆满完成中央领导视察南昌警卫任务和中国共产党成立100周年、省市党代会、世界VR产业大会云峰会等安保任务258次，确保各项会议活动万无一失。

【夯实基层基础】　2021年，大力推动重心向基层下移、力量向基层下沉、保障向基层下倾，全面夯实公安基层基础工作。把派出所三年行动计划作为"一把手"工程来抓，出台《关于进一步深化基层基础工作的实施方案》，结合"万警千车下基层"活动，抽调58名机关民警充实派出所，18个农村"一村一辅警"全部落实到位，明确新招录民警一律先到派出所工作，窗口民警、社区民警不满最低年限不得调岗。至年底，派出所警力占全区警力比由2020年的40.45%上升至2021年的49.6%。持续加大派出所基层基础建设，先后完成红谷滩、沙井、九龙湖等派出所营房改造，推动西客站、卧龙派出所新营房和反恐训练基地建设；大力加强农村警务建设，改造翻新18个农村警务室，派出所各项基础建设得到有力发展。

【狠抓机制落实】　2021年，以落实派出所"八个一"[每周一研判、每周一提示、每日一设卡、每周一走访、每月一检查、每村(居)一组织、每日一内查、每周一训练]机制为牵引，积极构建标准化责任落实体系、精细化勤务运行体系、规范化支撑保障体系，通过走访慰问、警情通报、警民恳谈等形式，化矛盾、防风险，共化解各类矛盾纠纷2350件，标准化采集"一标三实"("一标"：标准地址；"三实"：本地实际居住的人口、实际存在的楼栋和房屋、实际经营并有从业人员的单位)数据11万余条，数据量、准确率位居全市前列。大力开展新型警力护校园活动，打造南航附小全省示范点，率先完成13所试点学校的"四个一"(要求在校园门卫室增设或完善一个安检门、一键报警器、一组存储柜、一间会客室)工程建设，全区共87所校园完成建设，九龙湖派出所四色"保贝"护学队得到广大师生的一致好评，相关做法被中央和省市媒体集中采访报道。

【严厉打击各类违法犯罪】　2021年，狠抓专项行动、专职队伍、专门力量，健全警种协作、所队联动、平台贯通机制，构建"大刑侦""大治安""大经侦"格局，"打防管控"工作取得新成绩。刑事案件破案数、刑拘数同比分别上升12.3%和6.7%。建立信息对接、工作协作、深度经营等一系列工作机制，大力推进"2021赣鄱百日缉毒""断卡断流""强打击、重防范、压发案、保平安"等专项打击整治行动，以信息化、专职化、流程化打现行、摧团伙、破大案，在常态化扫黑除恶专项斗争中，率先在全市打掉一个恶势力团伙；成功侦破全市最大的"笑气"案、涉案金额达26亿元的特大虚开发票案等一批大要案件。

【严密防控网络】　2021年，以加强社会治安防控体系建设为引领，构建街面警务站、派出所、专职巡逻队伍"三级巡逻"体系，设置巡逻路线和打卡点、必巡点，整合保安、内保单位、治安积极分子等力量，建立专兼职巡逻队，人防网络不断加密。构建"党政主导、政法主推、公安牵头、部门联动"的全域反诈格局，创新红谷滩派出所反诈宣传长廊、九龙湖派出所反诈驿站和沙井派出所无人机喊话宣传等措施。

举办进社区、进校园等反诈宣传活动300余场,拨打劝阻电话9.35万余个,精准见面劝阻1659人,避免群众潜在损失260万元,有力守护了群众"钱袋子"。红谷滩派出所"微反诈"做法被省市多家媒体报道。

【开展常态化整治】 2021年,对234栋金融楼宇开展社会面排查、行业排查和互联网排查,排查各类公司企业1225家,采录基础信息3万余条,非法集资、装修返租等金融风险隐患得到有效遏制。大力整治发卡招嫖、网约房黄赌等问题,成立专门整治队,清查1426家出租房、网约房,检查22家娱乐会所、洗浴按摩等重点场所,抓获违法犯罪人员34人,下发停业整改通知函8份,摧毁一涉案金额达800余万元的"地下赌场",治安环境有效净化。

【大力推动警务创新】 2021年,深入实施公安大数据战略,全面加强平台建设、数据共享、应用服务、支撑保障等关键环节,为"情指勤舆"一体化提供更强数据支撑、更高水平保障。建设全省首个联勤联战便民服务中心,政务服务、信访接待、网上督察一体运转。健全情指、视侦、网侦、刑侦、行动等警种联勤联战机制,汇聚最全资源、最高权限、最强手段,24小时作战值守、数据合成研判成果实时推送。中心自5月运行至年底,辖区入室盗窃类刑事警情同比下降36.3%、电信诈骗类刑事警情下降36.1%、涉毒警情下降27.2%、涉赌警情下降25.1%。

【搭建智慧赋能平台】 2021年,开发VR智慧综合应用平台,设置可视化指挥、智慧安保、智慧管控、智慧楼宇等九大模块26个功能点192个图层,导入全区地图数据,关联人、地、事、物等治安要素,全域全时动态收集比对信息。区委书记吴江辉,区委常委、政法委书记唐武高度肯定此项工作。

【布建全域感知体系】 2021年,构建核心圈、中心圈、防控圈、外围圈四级圈层防控体系,布建智能探头、视频探头,实现生米镇18个行政村、93个自然村"雪亮工程"全覆盖,接入探头数全市排名第一,高空瞭望、低空管制"雪亮工程"得到中央验收评估组高度肯定。

【升级综合便民服务】 2021年,扎实践行"我为群众办实事"实践活动,启用联勤联战便民服务中心6个出入境窗口、2个户政延时窗口,推行公安政务服务事项预约办理、延时办理、一站办结,办理错时延时户政业务1178人次、高频交管业务467件次。在派出所办证大厅、智慧社区警务室放置19台多功能自助服务机,精简手续、优化流程、缩短时限,群众办证效率提升40%以上。红谷滩派出所打造的全省首个公安派出所+社区一体化综合服务大厅,得到《江西日报》《江西改革》等媒体报道点赞。

【抓紧抓实疫情防控】 2021年,用好联勤联战机制,强化大数据防疫支撑,全天候追踪处理涉疫人员数据,共核查比对数据3.98万条;出动警力1.05万余次、车辆1743台次,全力确保万达美华、绿地康养居、九龙湖希岸等9个隔离点4811名隔离人员和1个方舱接种点的秩序稳定;加大对行业场所的检查力度,查处涉疫治安案件3起,处罚3人,关停棋牌室、麻将馆268家。

【持续推进"放管服"改革】 2021年,领导带头深入企业、社区走访,联合民盟南昌市委会搭建全市首个"社情民意信息收集中心",通过走访调研、座谈恳谈等方式开门纳谏,收集群众"急、难、愁、盼"问题,出台《红谷滩公安分局便民利民服务措施十五条》,推动户籍、出入境、执法办案、优化营商环境等10余个事项线上审批。在中心和各派出所设置24小时自助服务区,为群众提供户籍、身份证、出入境等11项自助服务,受到广大群众一致好评。深入南昌大学、南昌航空大学、豫章师范等9所高校开展人才落户主题宣传,吸引学生落户225名,发放奖励8000元。

【联勤联战便民服务中心揭牌成立】 2021年5月16日,举行联勤联战便民服务中心成立暨揭牌仪式,中心设有政务服务中心、司法鉴定中心、信访接待中心、指挥大厅等功能区,实行信息化警种合署办公,平台联通、机制连贯、勤务联

2021年5月16日,市公安局红谷滩分局联勤联战便民服务中心成立暨揭牌仪式举行
(区公安分局供图)

动，积极构建“情、指、勤、舆”一体化警务流程，深化融警理念、提升实战效能。把便民服务作为公安工作落脚点，推行政务服务预约办理、自助办理、一站办结，走好群众路线，用眼力发现需求、用脚力践行责任、用脑力深刻思考、用智力服务人民，努力让群众享受集约高效的现代化信息化警务红利，坚决履行好捍卫政治安全、维护社会安定、保障人民安宁的职责使命。

【大力深化文明城市创建】 2021年，把创建迎检工作任务纳入干部实绩考核，围绕小广告、犬类、棋牌室等问题，对全区宾馆旅店、机修企业、洗浴按摩场所、KTV等重点行业场所组织开展多次地毯式、拉网式排查，共检查宾馆场所3680家次，查处违规养犬案件306起，收容收缴犬只388只，犬类问题投诉举报查处率达100%。

【启动“VR智慧综合应用平台”】 2021年11月2日，在联勤联战便民服务中心四楼情指中心大厅举行“VR智慧综合应用平台”启动仪式。平台包含可视化指挥、行业管理、智慧安保、智慧管控、智慧分析、智慧勤务、智慧楼宇、巡逻防控、智慧督办九大模块。同时，配套开发“智慧协同”手机App，将警务通手机作为系统的采集、查询、使用终端延伸。系统的启用初步实现了“指挥调度可视化、警情分析智能化、智慧安保模块化、社区楼宇数据化、巡逻轨迹回溯化、案件督办流程化”的目标。

（罗 砾）

检 察

【概况】 2021年是中国共产党成立100周年，是“十四五”规划开局之年，是人民检察制度创立90周年，也是红谷滩区检察院正式履职的第一年。全院干警在区委和市检察院的坚强领导下，紧紧围绕院党组确立的“立足首善之区，擦亮省会之窗，勇立鸿鹄之志，打造样板之院”的奋斗目标，以高度的政治自觉、法治自觉、检察自觉，忠诚履职，圆满完成新院筹建任务，全力推动各项工作高质量发展，“四大检察”（刑事检察、民事检察、行政检察和公益诉讼检察）、“十大业务”（普通刑事犯罪检察业务、重大刑事犯罪检察业务、职务犯罪检察业务、经济金融犯罪检察业务、刑事执行和司法人员职务犯罪检察业务、民事检察业务、行政检察业务、公益诉讼检察业务、未成年人检察业务、控告申诉检察业务）全面进入全省第一方阵。

【坚持以党的政治建设为统领】 2021年，深入学习贯彻中共十九届六中全会精神，持续学思践悟习近平法治思想，自觉以“两个确立”统一思想行动。严格落实《中国共产党政法工作条例》，制定请示报告清单，报告重大事项、重要案件20次，切实将检察工作置于党的绝对领导之下。以开展党史学习教育为抓手，认真学习领悟党的百年历史，深入学习领会习近平总书记“七一”重要讲话精神，不断筑牢政治忠诚。

【推动“四大检察”全面协调充分发展】 2021年，通过“保强补弱、创先争优”，民事、行政及公益诉讼检察工作取得明显成效，切实推动“四大检察”全面协调充分发展。刑事检察推进有力。依法办理审查逮捕案件485件615人、审查起诉案件652件770人。压实司法责任，优化考评机制，不断提升办案质效，刑事“案-件比”达1∶1.02。切实强化刑事诉讼监督，监督立案2件，监督撤案6件，纠正漏捕、漏诉20人；对侦查活动、审判活动存在的违法情况及时予以纠正；完成对区公安分局执法中心的派驻，构建一站式、全要素、即时性执法监督管理模式。常态化做好社区矫正监督，有效防范脱、漏管等现象发生。民事行政检察稳步提升。以《中华人民共和国民法典》实施为契机，落实精准监督理念，积极拓宽案源渠道，办理各类民事行政监督案件27件。与区法院建立协调工作机制，进一步强化对民事审判、执行活动的法律监督，调阅案卷3批次，及时纠正存在问题，共同维护司法公正。切实履行行政检察监督职能，通过促进和解、督促纠正违法等方式，办理行政争议实质性化解案件2件，努力实现“案结事了政和”。公益诉讼检察稳健开展。深化双赢多赢共赢理念，坚持把诉前实现维护公益目的作为最佳司法状态，针对部分商家违规销售保健食品、部分小区居民私拉充电线及电动车堵塞消防通道等社会公益问题，发出公益诉讼诉前检察建议30件，开展诉前磋商5件，相关单位均予采纳并及时整改到位。针对部分刑事案件损害公共利益，而民事责任追究未同步到位的情况，提起刑事附带民事公益诉讼2件。建立“河（湖）长+检察长”协作机制，强化信息共享、线索移送、协同办案，合力守护碧水长流。

【推动扫黑除恶常态化】 2021年，加强系统治理、依法治理、综合治理、源头治理，常态化、机制化开展扫黑除恶专项斗争，持之以恒、坚定不移打击黑恶势力及其“保护伞”。依法办理魏某恶势力犯罪集团案等涉黑涉恶案件3件14人，巩固深化提前介入、快捕快诉、严审细查等长效机制，被评为全市“扫黑除恶专项斗争优秀集体”，2名干警被评为全市优秀个人。

【护航青少年健康成长】 2021年，严惩侵害未成年人犯罪，起诉7件7人。就一起校外培训机构教师猥亵儿童犯罪案件，建议法院判令禁止该被告人从事教育及相关职业5年。坚持"教育、感化、挽救"原则,对涉罪未成年人依法不批捕22人,不捕率88%;相对不起诉9人,不诉率69%;附条件不起诉5人;向存在管教不严、监护缺位等问题的监护人发出"督促监护令"12份。联合区法院、公安分局、司法局建立刑事案件未成年被害人"一站式"救助体系,推动解决未成年被害人"二次伤害"问题。

【服务保障非公有制企业健康发展】 2021年,强化对知识产权的司法保护,助力创新驱动发展,办理此类案件4件7人,1名干警获评"全省查处重大侵权盗版案件有功个人"。最大限度为企业追赃挽损,如在办理赵波等3人职务侵占案中,综合运用少捕慎诉、认罪认罚、公开听证等方式,引导督促涉案人员退还侵占的全部款项162万元。主动对接南昌赣商联合总会、区工商联及VR产业园、慧谷产业园等单位,建立检察联系点,进一步畅通检企沟通渠道,精准提供法律服务。共走访民营企业124家,开展法治宣传6次,办结民营企业诉求案28件。成功举办检察机关服务保障民营企业发展学术研讨会,来自北京、江西两地的法学专家汇聚一堂,共献民营企业保障之策,共商民营经济发展之计。

【积极参与市域社会治理】 2021年,充分发挥检察建议职能作用,加强与行政执法机关的沟通协调,进一步统一思想、增进理解,就司法办案中发现的安全生产、"黑校车"违规运营、工商营业执照管理不严等社会问题,发出检察建议8件,督促相关行政执法机关加强监管、堵塞漏洞,共同推动城市管理品质提升。主动作为、能动司法,对2起在政府机关缠访闹访的寻衅滋事案件提起公诉,充分展现依法治理的检察担当;对受理的60件信访件,均做到7日内程序性答复、3个月内实体答复,以及时回复、用心办理赢得群众信赖;坚持领导带头包案,加强释法说理,化解"重复访"积案和第二批政法队伍教育整顿交办信访件12件,推动实现"案结事了人和"。

【贯彻落实"少捕慎诉慎押"刑事司法政策】 2021年,及时转变"构罪即捕""有罪必诉""一押到底"的传统办案思维,在坚持客观公正立场、严厉打击严重刑事犯罪的前提下,对绝大多数轻罪案件当宽则宽,积极引导犯罪嫌疑人认罪认罚、赔偿损失,从而获得谅解。刑事案件不捕率51%、不诉率29%、诉前羁押率44%,三项指标均为全市最优。

【深入践行司法为民理念】 2021年,依法打击恶意欠薪行为,办理拒不支付劳动报酬犯罪案件2件,为103名农民工追回薪酬63万元。主动与法院、劳动仲裁委等单位联系沟通,推动建立民事支持起诉协作配合工作机制,办理劳动者追索报酬、受损赔偿等支持起诉案件6件。充分发挥司法救助作用,坚持"应救尽救",先后对交通肇事、故意伤害等案件共22名因案致贫的被害人开展救助,发放救助金52.5万元,助力巩固脱贫攻坚。严惩以"长租公寓""装修+返租"之名蓄意实施诈骗的犯罪行为,办理此类案件5件,涉案金额4700余万元,受害群众1300余人;联合区公安、住建、市场监管等单位共同加强租房市场监管,避免重大风险发生。对一起非法销售有毒减肥药案件提起刑事附带民事公益诉讼,一审判决被告人支付10倍惩罚性赔偿金,并在省级以上媒体及案发时所用微信朋友圈进行公开赔礼道歉。持续跟进监督中央第二轮环保督察交办信访件办理工作,针对群众反映的部分居民区建筑、生活垃圾清运不及时等问题发出检察建议,督促有关行政机关加强履职。

【加强新时代检察队伍建设】 2021年,开展全院全员教育培训、岗位练兵,实行"师父带徒弟、老将带新兵"和AB岗制度,推动干警加快更新思想理念,扩展办案视野,提升专业素能。1名干警获评"全国优秀办案检察官",3名干警入选全国检察机关专业人才库,1名检察辅助人员被表彰为"全市政法英模人物"。

【精准推进司法责任制改革】 2021年,加强员额检察官动态管理,退额3人,补充遴选4人,确保检察官队伍基本稳定。落实检察人员履行法定职责保护机制和不实举报澄清机制,协助区纪委监委对一起涉干警的失实检举进行澄清正名,为实干者撑腰鼓劲。聘请首批2名行政机关专业人员为特邀检察官助理,弥补检察官专业知识短板,进一步提升检察办案的质量水平。

【扎实推进政法队伍教育整顿】 2021年,以整治"顽瘴痼疾"为重点,先后查纠"顽瘴痼疾"问题44个和其他问题66个,制订靶向整治方案8个,已全部整改到位;坚持"自查从宽、被查从严"政策导向,对4名干警适用"自查从宽"政策,运用"第一种形态"进行谈话提醒,坚决支持区纪委区监委监督执纪,1名党员干警被党内严重警告;深入落实预防干预司法"三个规定",严格填报要求,加强社会宣传,筑牢防范人情案、关系案、金钱案的制度"堤坝"。坚持严的主基调,以开展"转作风、提效率、树形象"专项整顿为抓手,驰而不息、不留死角地开展正风肃纪,引导督促干警知敬畏、存戒惧、守底线。

【持续深化检务公开】 2021年,坚持"应听证尽听证"原则,邀请人大代表、政协委员、人民监督员、专家

2021 年 5 月 21 日，区检察院召开自动售货机食品安全听证会

（区检察院供图）

学者、社区居民等参与社会影响大或存在较大争议案件的公开听证 16 次。召开新闻发布会，公开通报“少捕慎诉慎押”工作情况。着力打造“南昌红谷检察”微信号、抖音号等新媒体宣传平台，发布检察工作动态和普法宣传作品 805 条。常态化开展检察开放日，邀请各界人士走进检察机关，了解检察工作，确保检察权在“放大镜”“聚光灯”下依法规范运行，检察工作社会知晓度和群众满意度不断提升。

【挂牌成立驻区公安分局执法办案中心检察官办公室】 2021 年 6 月 25 日，为完善检察机关法律监督职能，贯彻落实上级院关于深化改革推进会议精神，区检察院驻区公安分局执法办案中心检察官办公室挂牌成立。该办公室的成立为检察机关和公安机关协作配合搭建了一个更加务实高效的平台，有助于优化检警协作，深化刑事侦查监督，提高诉讼效率，共同打击犯罪。

【挂牌成立公益损害与诉讼违法举报中心】 2021 年 6 月 10 日，区检察院公益损害与诉讼违法举报中心挂牌成立，通过“12309”中国检察网，受理社会各界关于公益损害与诉讼违法举报线索。举报中心负责统一管理公益损害举报线索和诉讼违法控告线索，受理范围主要包括公安机关刑事立案活动或侦查活动存在违法情形的、人民检察院办理案件中存在违法情形的、人民法院审判活动或执行活动存在违法情形的等七大类。畅通群众反映问题的“快速路”，架起检民之间的“连心桥”。

【办理的“曾某”洗钱案入选首批反洗钱典型案例】 2021 年，依法履行法律监督职责，区检察官承办的“曾某”洗钱案入选最高人民检察院和中国人民银行联合发布的首批反洗钱典型案例。典型案例在事实认定、法律适用上对司法办案工作具有指导意义，而且对社会公众具有警示意义。立足红谷滩区为全省金融中心的实际，区检察院全力打造金融检察工作品牌。坚决打击重大及新型金融犯罪，办理涉案金额 22.3 亿元的丁某妹等人涉嫌虚开发票案、利用虚拟货币从事犯罪活动的刘某雄等人涉嫌组织领导传销活动案、全市首例涉证券类非法经营案等 26 件 34 人。深化与人民银行、公安机关、监察委等单位的协作，深挖涉黑涉恶、非法集资、职务犯罪等上游犯罪行为，立案监督洗钱案件 1 件，追诉 7 件，起诉 10 件，涉案金额共计 3240 万元，反洗钱工作在办案数量、质效上均领跑全省。区金融检察办案团队被省检察院评为全省优秀办案团队，被省委政法委确定为全省政法英模（集体）。

（张亚忠）

法　院

【概况】 2020 年 6 月 30 日，红谷滩区法院正式挂牌成立。2021 年 1 月 8 日，第一任院长提名人选姜卫民到任，1 月 15 日，正式对外受案。共有在编干警 62 人，其中政法专项编制 57 人，工勤编制人员 5 人，员额法官 24 人。按照内设机构改革方案，设院领导职数 7 名（院长 1 名、副院长 3 名、政治部主任 1 名、审判委员会专职委员 2 名）。内设机构 9 个，分别是立案庭（诉讼服务中心）、刑事审判庭、民事审判一庭、民事审判二庭、行政审判庭（环境资源审判庭）、执行局、审判管理办公室（研究室）、政治部、综合办公室（司法警察大队），下辖卫东法庭和红角洲法庭 2 个法庭。全年共受理各类案件 35315 件，已结案件 34491 件，人均结案 1500 件，收案数、结案数、人均结案数均为全省基层法院第一名；一审服判息诉率 97.52%，一审改判发回重审率 0.11%，均高于全国第一名；各类案件考核结案率 118.65%，位居全市第一名。荣获“第十六届江西省文明单位”“全省审判 E 管理示范法院”“全省法院意识形态与宣传舆论工作先进单位”“南昌市扫黑除恶专项斗争优秀集体”等称号，17 名干警荣获市级以上荣誉 14 项。

【优化法治营商环境】 2021 年，审结涉企案件 18725 件，涉案标的额 41 亿元。出台《服务“六稳”“六保”工作方案》，推出“六稳”（稳就业、稳金融、稳外贸、稳外资、稳投资、稳预期工作)、"六保"(保居民就业、保基本民生、保市场主体、保粮食能源安全、保产业链供应链稳定、保基层运转)服务举措15项,保障企业稳定经营。每月开展送法进企业活动,共走访企业56家,召开座谈会6次,帮助解决实际困难12项。率先与区政府联合出台企业破产处置府院联动工作机制的实施意见,推送执行转破产案件立案审理2件。严格开展涉企案件经济影响评估,慎用强制措施,及时修复企业征信,助力企业健康发展。

【服务三大攻坚战役】 2021年,审结金融案件14554件,占全市金融案件的63.21%,标的额22.35亿元,执结金融案件7228件,执行到位金额8.84亿元。全面对接扶贫领域司法需求,审结涉贫困人口民事案件130件,缓免诉讼费14余万元,加大司法救助力度,共救助12人40余万元。加强生态环境司法保护,依托环资审判教育基地,共同服务于南昌生态文明建设与绿色发展目标,开展环境资源法制宣传活动6次,发放宣传材料900余份。

【决胜扫黑除恶收官】 2021年,审结涉黑恶犯罪案件4件51人。高度重视"黑财清底"工作,实现应执尽执,颗粒归仓,对已审结的3件涉黑恶案件的27名被执行人财产进行全面查控,执行到位金额2162万元。助推村、社区"两委"换届工作,协助排查相关信息800余次,防范违法犯罪分子把持基层政权,遏制黑恶势力形成。严格落实"线索清仓",建立健全线索摸排、接办工作机制,甄别涉黑恶线索4条。有力助推"行业清源",针对案件审理过程中发现的行业监管漏洞及时发送司法建议7份,加强跟踪问效,彻底铲除黑恶势力滋生的土壤。

【强化疫情防控】 2021年,组织干警32人次参加疫情防控攻坚活动,26人次配合社区核酸检测工作,督导枫湖社区、琴江社区、地中海社区疫情防控工作,完成本院232人疫苗接种。对中高风险地区当事人实行网上立案、开庭,全年网上立案319件,网上开庭、调解276件,做到审判执行工作"不停摆",实现诉讼群众和法院干警"双安全"。受理涉疫情减免租金系列案16件,依法判决、调解减免租金24.47万元。受理涉疫情买卖合同案件4件,涉及标的293万元,调整违约金20万元。

【打击刑事犯罪】 2021年,共受理刑事案件293件,审结266件306人,结案率109.02%。始终保持对严重危害社会治安犯罪高压态势,审结故意伤害、抢劫等暴力犯罪案件20件24人,诈骗、盗窃等多发性侵财犯罪案件42件47人,涉黄赌毒犯罪案件10件19人,切实维护社会秩序。依法惩治非法集资、传销等涉众型经济犯罪案件6件,涉案金额7208万元,保障经济秩序健康稳定。严厉打击信息网络犯罪,审结帮助信息网络犯罪活动罪,窃取、收买、非法提供信用卡信息罪案件22件22人。保持反腐败斗争高压态势,审结职务侵占案件1件1人。认真贯彻宽严相济刑事政策,对14名罪行较轻且有悔罪表现的被告人依法适用缓刑。积极推动刑事速裁程序应用,审结认罪认罚案件124件,其中当庭宣判114件。

【化解民商纠纷】 2021年,共受理民商事案件22266件,审结21645件,结案率113.05%。审结提供劳务者受害责任纠纷、健康权纠纷等人身损害赔偿纠纷569件,保护公民生命健康。审结婚姻家庭、继承赡养等纠纷302件,倡导夫妻忠诚、家庭和睦。审结借款、买卖、承揽、租赁、物业服务等合同类纠纷20270件,倡导诚实守信。审结劳动争议纠纷320件,维护劳资双方合法权益。审结"双减"政策引发的教育培训合同纠纷105件,引导群众理性维权。依法处理南昌市佛教协会合法财产保护案在内的物权保护纠纷35件,保障公民、法人和其他组织的合法财产不受侵犯。

【推进执行攻坚】 2021年,受理各类执行案件12149件,结案11971件,结案率133.45%,执行到位金额11.27亿元。执行案件法定期限内结案率位居全省第一名,实际执行到位率、保全率位居全市第一名。搭建执行财产查控专线,在全市率先与车管所、不动产中心合作建立车辆与不动产查控专线,借助专线查控财产1564次,查封、解封财产336次。探索执行强制措施前置,对规避执行、拒不履行的被执行人罚款27人次共计26万元,通过强制措施倒逼被执行人主动履行债务519人次,并利用"三推送"敦促失信公职人员归还欠款。运用查封、冻结、扣押等强制措施1.2万余次,公开失信被执行人6550人次,以涉嫌拒执罪移送公安机关2案2人。网络司法拍卖成交额8478万元,标的物成交率88.6%,节省拍卖佣金416万元。健全完善信用修复机制,执行完毕或促成和解后及时撤销限高信息978人次、屏蔽失信信息440人次。

【深化便民举措】 2021年,当场登记立案率达100%,跨域立案259件,切实减少群众"为立案跑"。提高电子送达适用率,累计完成电子送达5.86万余次,占比43.4%。发挥"12368"平台效能,累计向当事人发送实时动态信息6.75万余条,大幅减少群众"为审理跑"。落实司法便民"三无须"举措,申请执行与申请再审均无须提交生效证明、申请退费一次办理无须多跑腿,无生效证明就立案的执行案件5388件,退费专窗服务1.02万余人次,有效减少群众"为执行跑"。全年直播案件庭审 435 次，通过网络公开裁判文书 7953 份。通过“两微一网”等官方平台及时对外公开法院最新动态，全年共发布工作信息 856 篇，真正实现“让信息多跑路、群众少跑腿”。

【构建调解体系】 2021 年，聘请 4 名特邀调解员，发挥调解员贴近基层、掌握民情的优势，为当事人诉累做“减法”，特邀调解员调解案件 590 件。通过诉调对接、速裁快审机制，处理民商事纠纷 3500 件，其中 50% 的案件调撤息诉。积极推进法官进社区、进网格工作，建立“法庭+社区”纠纷调解机制，将重心下沉，联动化解矛盾纠纷。

【案件繁简分流】 2021 年，组建 7 个民事简案团队，受理案件 16868 件，占民商事案件总数的 75.76%。加大刑事速裁程序应用，审结认罪认罚案件 234 件，其中当庭宣判 205 件。2 个快执团队受理执行案件 9347 件，占执行案件总数的 76.94%。注重繁案精审，疑难复杂案件由 14 个繁案团队精细审理，以确保案件质量。通过加大繁简分流，优化司法资源配置，提高结案效率，案件平均办理天数为 42 天，较全市基层法院平均值少 10.6 天。

【建设智慧法院】 2021 年，大力推进无纸化办案，形成“全流程贯通，全环节覆盖”的无纸化办案新模式，提高电子卷宗流转和深度应用成效，实现无纸化办案 1771 件。利用区块链技术架设“类案批量智审系统”平台，完成 8600 件类案的审理。加大庭审智能软件应用，利用庭审语音转换方式完成庭审 15386 场，助力法官高效办案。在省高院指导下打造金融纠纷调解平台，试运行调解案件 6 件。探索失联修复技术，打破信息壁垒，提升司法送达成功率和执行到位率。稳步推进“六专四室”升级改造，完善远程监控、无线传输等“智慧警务”平台设施，构筑智能科学、安全高效的司法警务安全屏障。

【完善案件监管机制】 2021 年，狠抓办案效率，完善节点结案、计划结案审务制度，严控办案时间与流程。对诉前调解、立案、送达、排期、保全、鉴定、审理、结案、执行、归档等所有办案时间节点实行全流程、闭环式、全链条式管理。狠抓案件质量，所有发回重审及改判案件由审委会委员逐案专项评查，认定有过错的采取相应惩戒措施。规范重大疑难复杂案件讨论制度，相关案件提交专业法官会议和审判委员会讨论。突出院庭长带头示范作用，院庭长带头办案 13564 件，占全院案件的 40.80%。设置审判履职“安全阀”，监管延期开庭、变更程序、延迟结案案件 1607 件，监管“四类案件”432 件。开启类案检索“导航仪”，明确划定案件类型、检索范围，强化检索结果运用，对 9400 件类案实现统一裁判。安装案件质量“探测器”，累计召开专业法官会议 6 次，审判委员会会议 12 次，讨论疑难复杂案件，对 292 件案件进行评查。

【强化思想政治教育】 2021 年，深入开展集中学习教育，开展“一把手”讲党课、专题讲座、政治轮训、红色革命教育等各类政治教育活动 15 次。邀请纪委书记讲廉政教育课、召开警示教育大会、观看警示教育片、参观廉政教育基地等各类警示教育活动 9 次。组织听取全国政法英模先进事迹报告会，选树本院 3 名干警为先进典型。坚决整治顽瘴痼疾，对认定的 24 个问题均按规定整治到位。发挥组织查处威力，开展问题线索和涉黑恶线索倒查。对 10 名干警运用第一种形态处理，提醒谈话 12 次。开展常态化正风肃纪，确保司法廉洁。省高院党组书记、院长葛晓燕两次到院调研指导和开门纳谏。

【开展党史学习教育】 2021 年，组织专题学习研讨 21 次，参与“三级书记讲党课”5 次。结合教育整顿、督导巡察整改任务，推出 8 项司法便民举措，开展“我为群众办实事”活动 35 件。组织干警走进南昌八一起义纪念馆、长天廉文化广场、方志敏烈士陵园、小平小道纪念馆接受革命传统教育。举办党史知识竞赛和“学党史、感党恩”主题演讲比赛，激励干警坚定理想信念、夯实理论基础。组织全院干警收听收看庆祝中国共产党成立 100 周年大会实况直播，并在之后立即召开党组中心组学习会、支部会议，深入学习领会习近平总书记重要讲话精神，共同庆祝中国共产党百年华诞。

【倾听群众诉求】 2021 年，高效运行赣法民意中心红谷滩分中心，共受理群众反馈工单 522 件，其中咨询类 509 件、意见类 3 件、建议类 10 件，均在 24 小时内流转处理完毕，回访专员针对群众反映的问题进行电话回访 429 次，满意度达 100%。听取群众呼声设立律师服务站，每天安排 1 名律师进驻值班，为群众提供专业的法律咨询，共提供司法服务 8200 人次，群众满意度达 100%。组织“法制宣传进校园、进企业、进社区”活动 35 次，以普法教育为契机开展问卷调查，征求群众有效意见建议 58 条。

【事务集约管理】 2021 年，收转发 E 中心集中送达、收转材料，制作诉讼文书近 20.68 万份，累计完成送达任务 17.85 万余次。引进执行事务外包，将初次接访、审查立案、文书制作送达等工作交由外包工作人员完成。10 月以来，首批 10 名外包工作人员进驻执行局，已完成执行立案 6090 件，制作发送文书 1.2 万余份，财产查询 7000 余次。按照分类打包、归口处理思路，实现保全工作从“案件到人”转入“事项到人”的精细化管理，办结财产保全案件 2387

件,保全案件平均用时大幅压缩至4.4天。档案管理室剥离后端事务,在强化保密安全措施基础上,将案卷扫描工作外包,外包人员已完成案卷扫描2.41万余卷,优化司法资源配置,司法资源进一步向核心事务靠拢。

(肖丽萍　黄　婷)

司法行政

【概况】 2021年,红谷滩区司法局立足红谷滩区域发展,全体干部职工铆足干劲、加压奋进,明确前进方向,主动担当作为,统筹法治宣传、法律服务、安保维稳、执法监督四大职能,坚持服务大局、服务为民,积极推动法治红谷滩、法治政府、法治社会一体建设,各项工作均取得良好成绩。区司法局被评为全市司法行政系统优秀单位、全面依法治市优秀单位及平安南昌建设先进集体,1人获市级表彰。

【推进政法教育整顿】 2021年,扎实开展政法队伍教育整顿活动。注重政治教育,强化警示教育,轮番开展政治轮训等各种形式集中学习30余次,警示教育集中宣讲8次。开展英模选树,弘扬英模精神。2名政法干警被评为2021年度红谷滩区政法英模人物。整治顽瘴痼疾,推进常态长效,教育整顿期间共整治顽瘴痼疾42条,出台长效机制11项。

【做实普法宣传】 2021年,强化领导干部等重点对象普法宣传教育工作,编制《2021年度红谷滩区领导干部学法清单》,落实理论学习中心组学法、政府常务会议学法、领导干部网上法律知识考试等工作。利用"宪法宣传周""民法典宣传月"等重要节点,开展多种专项法治宣传教育活动,营造良好学法普法氛围。全年共开展法治宣传活动60余次,"百万网民学法律"系列知识竞赛10余场,参与活动群众达2万余人次,发放法治宣传资料2.5万余份。9月,在全区组织安装"智慧法律明白人"终端18台,深化农村"法律明白人"培养;10月,组织各镇、街、处开展新换届村两委干部"法律明白人"骨干培训;11月,组织开展全区"法律明白人"骨干线上培训。全年共培养农村"法律明白人"1.06万人。同时,对南昌法治文化公园进行升级改造,推进各村(社区)积极开展法治阵地、法治长廊建设。凤凰花园社区获"全国民主法治示范村(社区)"称号。

【强化执法监督】 2021年4月,为进一步畅通行政复议受理渠道,启动行政复议受理工作;5月,在红谷滩区沙井街道司法所设立1个行政复议代办点。先后制定《红谷滩区进一步深化行政复议体制改革实施办法》《关于集中行使行政复议职责有关事项的通告》,全年共接收行政复议申请45件。其中,受理39件、不予受理3件、其他处理3件。5月,制定《关于全面推行行政规范性文件合法性审核机制的实施方案》,严格规范性文件审查,分别向市政府、区人大报送备案,向市政府、区人大报送备案2件,区政府部门向区政府报送备案1件,报备率、报备及时率、规范率均达100%。强化行政执法监督,严格审核各部门报送的"双随机"年度行政检查计划55个,全区制定联合检查数8项,联合检查率达16.67%,及时录入检查结果。至年底,共对全区16家行政执法单位开展执法检查3次。进一步提升了各执法单位的依法行政意识,纠正了执法活动中不规范的执法行为。

【优化法律服务】 2021年,大力整合全区法律服务资源,积极推进公共法律服务平台建设,共建成公共法律服务工作站5个,公共法律服务工作室120个。9月,自法律援助工作正式启动以来,不断建立健全法律援助律师值班制度,在区公共法律服务中心、区人民检察院设立法律援助值班律师工作站,每周开展法律援助值班律师活动。至年底,共开展律师值班60余次、办理法律援助刑事诉讼案件123件、解答法律咨询200余件、服务群众500余人。结合法律服务质效年活动,开展"法律援助进军营""法律援助法""法律援助进企业"等宣传10余场次,发放法律援助宣传书籍、手册1000余份,强化法律援助宣传力度。

【维护社会稳定】 2021年,大力构建基层人民调解网络,化解基层群众矛盾,成立人民调解委员会128个,人民调解员550余人,其中行业性、专业性调委会3个,全年共调处矛盾纠纷310件,成功率在97%以上。凤凰花园调委会获得"全省优秀人民调解组织"荣誉称号。印发《南昌市红谷滩区社区矫正委员会工作规则》,完善党委政府统一领导、司法行政机关组织实施、相关部门密切配合、社会力量广泛参与、检察机关法律监督的领导体制和工作机制,强化特殊人员管控。通过心岸App手机监管教育软件,加大特殊人群监管力度,实行社区矫正对象全天候24小时信息化监控,拓宽信息化管理途径。全年共接收社区矫正对象146人,社区矫正对象重新犯罪率为0,衔接刑释安置帮教对象339人,衔接率、安置率、帮教率均达到100%。全面推行便民远程会见制度,与监狱系统协调,最大限度压缩预约时间,简化会见申请办理流程,全年共接受群众电话预约119次,预约人数达281人,会见119次。

(姜　涵　周　璐　罗鹏飞　常皓然)

军　事

人民武装

【概况】 2021年，是红谷滩区人民武装部(以下简称人武部)调整组建第一年，形势任务、环境条件、人员队伍都发生了变化，部党委围绕南昌警备区党委提出的"走在前列、树好标杆"目标和在调整组建大会上提出的"平稳转换、亮丽开局、立见成效"要求，坚持以习近平新时代中国特色社会主义思想和习近平强军思想为统领，按照上级党委决策部署，抱着赶考心态，提出"五子登科"工作思路，即亮出旗子，强化武装意识；定好盘子，健全组织架构；量好尺子，明确建设标准；扶好梯子，建强人才队伍；守住底子，把住安全防线，破难题、破困局、破首例，狠抓各项工作落实，圆满完成各项工作任务，国防动员和后备力量建设稳步推进，征兵工作位列全省第一，被评为全省"征兵工作先进单位"。同时，注重加强新闻宣传报道，全年在省级以上媒体用稿102篇、中央级媒体报道5条。

【坚持党管武装】 2021年，区人武部坚持党对军队绝对领导，贯彻党要管党、全面从严治党的要求。注重党委对单位一切工作的领导，发挥党委核心领导作用。严格落实双向兼职和双重领导制度，结合第一书记任职大会、武委会和议军会等时机，强化地方党委政府主要领导国防意识和党管武装观念，形成军地合力抓武装的良好氛围。

【第一书记任职大会召开】 2021年8月27日，根据地方领导变化，召开区人民武装部党委第一书记任职大会，市委常委、警备区司令员陆建刚宣读南昌警备区党委关于吴江辉担任红谷滩区人民武装部党委第一书记的决定，并颁发任职通知书。陆建刚、吴江辉分别作讲话和表态发言。大会由区人武部部长主持，各镇(街道、管理处)党政主要领导和武装部部长出席会议。

【建立健全组织机构】 2021年，成立区国防动员委员会、征兵工作领导小组、民兵工作领导小组、国防教育领导小组，建立完备的国防动员组织领导体系；依据基层人民武装部规范化建设标准，结合本辖区实际，推动增设14个基层人民武装部，其中1个街办人民武装部、3个管理处人民武装部、8个事业单位人民武装部和2个企业单位人民武装部，选优配强基层专武干部队伍。按照营有党委、连有支部、排有小组、班有党员要求，在基干民兵连(排)队伍中，预建各级党组织。

【党史学习教育】 2021年，区人武部把党史学习教育作为年度政治工作的一条主线摆上重要位置，贯穿全年、覆盖全员。围绕"学史明理、学史增信、学史崇德、学史力行"目标要求，区分三个阶段严密组织实施，做到学习规定书目一本不少、落实规定步骤一步不落。利用理论夜校和每周三、周五交班后半小时，集中组织读书学习，坚持每天利用微信平台推送党史知识问答和要点，每月利用半天时间组织学习交流和领导宣讲辅导。注重搞好配合活动，集中组织全区专武干部和本级全体人员瞻仰方志敏烈士陵园，强化使命责任和党员意识。注重学习成果转化，大力开展"我为群众办实事"活动，投入数万元购买腾讯通等办公软件，添设文体器材，改善了办公条件，丰富了文化生活。

【人才队伍建设】 2021年，区人武部先后组织4次专武干部、民兵干部骨干业务培训，突出加强政策法规、军事理论、职责业务等内容的学习，部领导亲自授课辅导，做好传帮带，应急、专业、特殊"三支队伍"业务素质有效提升。结合部党委第一书记任职大会、教导员任职大会，组织本级机关、专武干部参会受教；结合工作部署、理论学习、业务培训等时机，帮助厘清工作思路，掌握工作方法；结合民兵整组点验、入队训练、专业训练等时机，让专武干部和民兵骨干跟班跟训，提高管理水平和组织指挥能力。针对专武干部、民兵干部兼职地方工作的实际，根据每个人情况制订自学计划，提供书籍、教案等学习资料，搞好在职学习。通过以考促学，激发学习的自觉性主动性。

【输送优质兵员】 2021年5月23日，红谷滩区执行“一年两次征兵两次退役”改革要求，着眼进一步提升区征兵工作质量效益，鼓励更多大学毕业生参军入伍，依据《中华人民共和国兵役法》《江西省人民政府征兵工作条例》等法规政策及《关于江西省事业单位公开招聘退役大学毕业生士兵的实施意见》《关于做好各级各类学校学生应征入伍的通知》等文件通知精神，制定鼓励大学毕业生参军入伍新政策，出台红谷滩区鼓励大学毕业生参军入伍措施办法，激发大学生参军入伍热情，持续为部队输送优质兵员。

【军事训练】 2021年，区人武部聚焦备战打仗使命任务，优化力量结构布局，编实应急、专业、特殊“三支队伍”，高起点高标准成立相关基干民兵队伍，先后组织和委派8批次基干民兵训练，军事素质得到有效提升。4月26日，参加上级统一组织的首长机关轻武器实弹射击训练和考核，取得优异成绩。7月3—14日，组织全区基干民兵分队基地化训练，其间严密组织民兵分队实弹射击训练考核。9月、10月，民兵专业分队和应急连小特专业人员分别参加上级统一组织的跨区联训，圆满完成年度训练任务。

【民兵整组】 2021年，区人武部主要以行政村、社区为单位，依托各镇、街道、管理处和国有企业、行政事业单位编建普通民兵营或者连；基干民兵先后经过潜力调查、任务部署、优化调整、政审体检、集合点验、集中训练、预征预储装备等阶段落实有关工作，各分队正式党员、退役军人、新质力量比例均符合上级规定要求，建成了人员装备落实、专业对口率和人装结合率较高的民兵队伍。

【基层建设】 2021年，区人武部针对基层武装部硬件薄弱、软件极缺、队伍不强的现状，从强化党管武装意识、浓厚党管武装氛围、提升武装工作素质入手，组织对镇(街、处)党政班子正职谈话，召开生米镇武装部政治教导员任职大会，有效提升镇(街、处)主要领导管武装建武装的政治自觉。依据上级下发的基层武装部规范化建设方案，采取现地观摩、检查督导、讲评通报等形式，通过试点先行、先易后难、以点带面，按标准落实“两室一库”，配齐战备物资器材，全面有序推进基层规范化建设。

【守住安全底线】 2021年，区人武部严格遵守上级关于部队安全管理的相关规定，严密筑牢安全防线，时刻守住安全底线。每月例行一次安全保密检查，牢固树立安全意识，结合上半年安全大检查，严密排查各类安全隐患，针对发现的问题，落实整改责任人制度，彻底消灭一批隐患苗头。每季度定期结合实际，组织所属人员开展安全法规学习、安全行车教育等活动，及时将上级关于安全管理的文件精神传达到全体人员，把安全工作完成在平时的业务工作之中。高度重视机要保密工作，上级下发的各类关于保密工作的文件精神和具体要求，第一时间传达至全体人员，形成人人讲保密、懂保密的良好氛围。

【帮扶乡村振兴】 2021年，区人武部继续加大巩固深化脱贫成果力度，尤其是在突出产业发展、推动乡村振兴上持续用力。先后投入经费33万元帮扶南门分场脱贫攻坚和乡村振兴，主要用于自主发展光伏发电、果桃种植、中草药种植产业、30千瓦光伏村站建成并网等产业项目，为村集体带去3万余元的发电收入。坚持落实“四个不摘”(摘帽不摘责任、摘帽不摘帮扶、摘帽不摘政策、摘帽不摘监管)要求，持续推进乡村振兴，制订《南门分场巩固拓展脱贫攻坚成果同乡村振兴有效衔接工作规划》《防止返贫巩固提升脱贫质量工作方案》，指导南门分场修订完善《乡村振兴规划》，建立动态监测管理制度，保证政策不断档，产业扶贫不断线，脱贫成效不断巩固提升。

(邬竞良)

人民防空

【概况】 2021年5月27日，区人防服务中心成立，主要负责对红谷滩人防工程日常维护使用的监管，与建设单位(或管理使用单位)在人防工程竣工验收备案前签订《人防工程维护管理责任书》，督促相关单位填写《人防工程维护管理手册》，确保人防工程日常维护和安全管理责任得到落实，配合市人防办做好疏散集结点选址建设工作及防空警报工作，普及宣传人民防空基本知识，做好人民防空法律法规工作。

【开展国际民防日宣传活动】 2021年9月，红谷滩区组织辖区17个单位开展以“‘9·18’勿忘国耻”为主题的宣传活动。活动通过摆放宣传展板、发放宣传折页、条幅、LED，居民微信、QQ群、接受现场咨询等形式，在居民活动密集地段为居民朋友们重点介绍突发事件的种类特点、防灾减灾小常识、消防小常识等，帮助大家提高安全防范意识、法治意识，加强突发事件自救互救能力、科学逃生能力、防灾减灾能力。同时，通过网络信息化宣传，发布民防知识，通过通信公司发送宣传短信1000余条,发放宣传资料5000余份,接受现场咨询1000余人次。宣传活动为全民参与防灾减灾建设,普及防灾减灾知识,引导广大群众主动关注民防、了解民防、参与民防建设营造了良好氛围。

【夯实人防工作基础】 2021年,区人防办通过对基层社区兼职人防工作人员组织业务培训、邀请专业老师进行授课、充分利用现有基层社区网格化组织架构,贯彻落实好《关于加强基层人民防空规范化建设的意见》文件精神,培训人民防空相关法律法规知识,掌握人防工程平时维护管理要求及战时使用管理要求,更好地发挥基层人防组织的桥梁纽带作用,督促做好对人防工程日常维护管理的监管工作。同时,通过加大对人民防空应知应会、法律法规的宣传,加强社区宣传力量,提升业主的认知度,从源头上自觉抵制参与人防车位变相买卖的行为。

【人防工程维护管理】 2021年,区人防办根据《人民防空工程维护管理办法》文件相关条款,鼓励企业事业单位、社会团体和个人投资建设、多开发利用人防工程(住宅小区人防地下室工程属此类)。督促开发建设单位或管理使用单位做好人防工程维护。人防工程使用者依照使用合同,承担工程维护管理责任,建立防火、防汛、治安、卫生等责任制度和安全设施检查、维修管理制度,落实维护管理费。按照上述要求,区住建局组织各镇、街道、管理处对辖区内的人防工程使用管理单位进行指导,按照《人防工程维护管理手册》要求做好日常维护工作。至年底,与项目单位签订《人防工程维护管理责任书》《人防工程维护管理手册》,督促监督项目单位做好人防工程的维护管理工作,落实长效管理机制。

【设置人防工程区域标识标牌】 2021年,根据省人防办《关于印发〈江西省人民防空工程标识标牌设置管理办法〉的通知》及市人防办《关于进一步规范全市人防工程标识标牌设置工作的通知》要求,区人防办督促已通过竣工验收的人防工程设置落实标识标牌,达到方便居民群众对人防工程直观识别和了解的目标,能让居民更好、更清晰地认识了解人防工程。至年底,全区人防标识标牌覆盖率达100%,领先全市人防标识设置工作,受到市人防办多次通报表扬。

【分类分步推进人防工作】 2021年,区人防办与房管等审批部门联动,按照"逐步消化存量、坚决杜绝增量"的原则,持续推进整改落实。对未发生人防车位变卖行为的住宅小区,按照相关人防法律法规和规范性文件要求,对其进行宣传教育,并开具《不可变卖人防车位告知单》,要求房地产开发商与物业公司提高对人防车位变卖行为属于违法行为的认识,告知其不得变卖及长租人防车位。对业主投诉人防车位变卖行为的住宅小区,及时跟踪核实,经核查属实后,约谈项目开发商,督促开发商与业主协商解决,按照现行人防法律法规,要求开发商采取退款、置换及规范租赁合同格式等方法进行整改,如双方诉求不统一,业主签订的车位协议或合同是市场经济环境下双方的合同纠纷,原则上引导双方通过法律途径解决。将人防车位变卖行为处置过程中遇到的困难与问题形成专题报告,对相关违法行为予以处罚,商讨解决此类问题的思路与途径,共同探索人防车位变卖行为的有效解决方案。全年受理人防车位投诉200余起,针对群众反映的情况,及时跟踪核实、督促项目单位与业主协商解决,对业主投诉反映的情况,做到件件投诉及时跟踪、件件投诉及时回复。

【人民防空疏散集结建设】 2021年,按照《2021年南昌市城区人民防空疏散集结点建设通知》要求,区人防办在九龙湖湿地公园打造了红谷滩区人防疏散集结点。至年底,人防疏散集结点已打造完成,并通过市人防办审核验收。在九龙湖湿地公园及停车场内设置疏散掩蔽场所标识牌,在正大门靠近马路的显著位置左右两侧安装应急疏散集结点标识、出入口标识及道路指示牌。人口疏散体系是人民防空建设的重要组成部分,人民防空疏散集结点是战时顺利进行城市人口、物资和工业设施疏散的基本保证,是政府应对战争及突发灾害对人民生命财产带来严重威胁时组织疏散人员集结转移的场所,是提高城市综合防护能力、服务经济建设的必然要求。

【完成防空警报点安装任务】 2021年,根据市人防办下发文件要求,红谷滩区共涉及12个防空警报点的安装任务。为高质量完成此项任务,合理布置点位,区人防办对全区所有警报安装点进行全面摸排,掌握了解点位布置,按时完成12个人防警报点的设备安装,并梳理做好所有警报点位的台账情况,上报市人防办,申请对老旧点位进行重新更换。

(李 媛)

经济管理与服务

宏观经济调控

【概况】 2021年，红谷滩区发展和改革委员会坚持稳中求进工作总基调，统筹疫情防控和经济社会发展，"六稳"(稳就业、稳金融、稳外贸、稳外资、稳投资、稳预期)、"六保"(保住各类主体、保居民就业、保基本民生、保市场主体、保基层运转、保产业链供应链)工作全面落实，产业结构持续优化，改革开放纵深推进，民生保障扎实有力，社会大局和谐稳定，确保"十四五"规划开好局，为开启全面建设社会主义现代化红谷滩打下坚实基础。全区地区生产总值同比增长8%；财政总收入104.87亿元，增长2.76%；一般公共预算收入34.21亿元，同口径增长4.66%，同比下降3.01%；固定资产投资增长13.5%；社会消费品零售总额增长19.5%；实际利用外资增长9.81%；外贸出口增长31.79%。城镇居民可支配收入增长7.83%；农村居民可支配收入增长9.33%。

【现代金融业发展加快】 2021年，新引进中国人寿养老保险江西分公司、中航证券江西分公司等金融机构和企业119家，总数达1233家，汇集全省80%以上的法人金融机构和省级区域性总部，形成以银行、证券、保险等传统金融业为主体，股权基金、融资担保、融资租赁、商业保理等新兴金融业为延伸拓展，区域性资本交易平台、金融中介服务机构为支撑的金融业发展格局。全年金融业增加值达255.28亿元，贡献税收24.95亿元，金融产业体量和占比均居全省各县区首位，已成为全省金融机构集聚度、贡献度和活跃度最突出的金融商务区。

【数字经济发展势头强劲】 2021年，深入实施数字经济"一号工程"，全力做好数字经济发展和科技创新基础大提升。以举办世界VR产业大会为契机，聚焦招大引强，上海乐相科技、深圳瑞立视多媒体科技、广州玖的数码科技3家中国VR 50强企业抢滩入驻，全年新增数字经济企业838家，总数达4002家。充分利用实训基地等平台，线上线下培训数字科技企业120家，人员3.8万人，助力科技企业培育人才。打造以华为区域总部、科大讯飞江西总部、阿里巴巴江西总部、紫光智慧教育全国总部等为代表的科创总部集群，以腾讯安审中心、倬云数字、数字江西等为代表的大数据产业集群，以东华软件、麒麟软件、软通动力等为代表的软件研发产业集群，以美翻跨境电商产业园、仟得流量产业园等为代表的流量经济集群，"一城九园多点"产业格局初步形成。

【会展商贸文旅业提速发展】 2021年，加快打造品牌，不断唱响世界VR产业大会、中国米粉节、中国绿色食品博览会等一批国家级展会品牌。支持文旅会展业加速壮大，获评全省文化产业重点县(市、区)，南昌绿地国际博览中心举办中国畜牧业博览会、中国绿色食品博览会等各类展会47场，观展超百万人次。持续推进红谷滩区赣江新天地、万达金街等市级高品位夜市街区建设，不断丰富"夜游""夜赏""夜品""夜购""夜习""夜健""六夜"经济。地铁·万科广场对外运营，全省首家盒马鲜生盛大开业。

【市场主体不断扩大】 2021年，三次产业结构比调整为0.2∶11.3∶88.5。新增市场主体1.48万家，总数达5.68万家，企业年度新增和总数位列全省第一。全区一套表调查单位达508家，省级龙头企业13家，市级龙头企业11家，省级集聚区5个，市级集聚区6个，省级双创示范基地3个。

【项目推进提速增效】 2021年，扎实开展"项目大会战"活动，全区项目建设稳步推进。全区152个重大重点项目，总投资2146.7亿元，完成年度投资336.4亿元。VR科创城等6个省重大重点项目,华润万象城、南昌澳世汇文化艺术博览园等12个省大中型建设项目,中唯商业中心、莱蒙都会购物中心等56个市重大重点项目,均提前完成全年投资。南昌市第三季度重大项目集中开工仪式主会场设在红谷滩区南昌平安金融中心。现代服务产业园、用友南昌产业园三期等一批龙头性项目相继开工。国家职业教育虚拟仿真示范实训基地一期、地铁·万科广场、泰康之家赣园一期、启华学校等一批项目建成并投入使用。

【招商引资成效显著】 2021年,全区五个招商战线聚焦"数字经济、现代金融、商贸文旅、总部经济"四大产业,引进入统亿元以上项目65个,总投资额约610亿元,其中"152"项目(主要指省、市、县各级领导谋划招引一批100亿元、50亿元、20亿元产业大项目好项目)创历史新高,投资100亿元的南昌平安金融中心、投资50亿元的和昌熙梦城、投资20亿元的绿地会展之窗等8个龙头性项目相继落户。投资10亿元以上项目19个。

【项目要素保障有力】 2021年,始终坚持"项目为王"理念,健全和完善"项目责任人日调度、部门属地负责人周调度、分管领导半月调度、主要领导月调度、重大问题随时调度"四级调度机制,推行"六个一"(一名分包处级领导、一个责任单位、一名协警、一名医务人员、一名管理员、一套管控机制)工作法,践行"脚上有土、心中有谱"的工作作风,全力做好项目要素保障工作。出台《红谷滩区政府投资管理办法(试行)》《红谷滩区政府投资项目建设控制标准(试行)》等项目管理办法,从项目建库、管理、推进、协调、调度、考核等方面对全区项目工作进行规范和完善。组织项目专题调度会和现场调度75次,216个问题得到有效解决,确保项目早开工、早建设、早投产。

【重点改革顺利推进】 2021年,全省率先上线"赣服通"县区分厅4.0版,打造"免证办理"政务服务大厅,482个进厅事项实现全覆盖。全省率先在政务服务大厅设置个人信用报告自助查询机,半分钟查报告。全省率先实现企业开办"四枚印章"免费送,为5757户企业节约资金188万元。全市率先设立"办不成事"反映专窗,破解"疑难杂症"17件。实现"惠企政策一窗受理",设立3000万元动态资金池,兑现惠企资金4447.36万元。出台支持国有平台发展的"21条意见",做实做强做优做大区城投公司。出台红谷滩区综合治税实施意见,调整镇(街道、管理处)财政管理体制,成功上线并运行预算管理一体化系统。加快推进社会信用体系建设,成功举办全区"诚信建设万里行主题宣传活动"。营商环境得到进一步提升,红谷滩区成功入选"赛迪全国投资竞争力百强区(2021)",位居全国投资竞争力百强区第88位,为江西省唯一进入榜单的市辖区。

【创新发展活力迸发】 2021年,区财政预算科技投入4523万元,同比增长39.9%;全社会R&D(研究与试验发展)经费投入强度(R&D经费与GDP之比)提高到1.25%。拟新增高新技术企业33家,总数达到173家。新增科技型中小企业41家,同比增长43.25%,总数达到255家,在全市位列第3。新增省"双千计划"人才项目2个、市高层次人才项目7个。技术合同交易金额8.7亿元,同比增长70.6%。每万人有效发明专利拥有量37.15件,位列全市第二。加强校地合作,浙江大学南昌研究院成功进驻,与南昌大学、江西财经大学、华东交通大学、南昌航空大学4所高校签订《校地战略合作框架协议》。打造95个市级以上重点实验室和工程研究中心(国家级2个)。启动前湖大学科技城、大学生创新创业基地等规划,增强留用人才要素资源的有效供给。

【开放格局不断提升】 2021年,积极推动大南昌都市圈高质量一体化发展,与丰城市签订战略合作框架协议,明确"产业协调、会展商贸、校地合作、民生共建共享、文化旅游交融、农业合作、交通设施建设、人才交流"八大方面的合作事项。积极主动"走出去",注重"借船出海",积极参加省首届数字经济高峰论坛暨物联网产业发展大会、南昌VR科创城全球招商推介会等省市重大招商活动;加大力度"请进来",成功举办VR科创城全球招商推介会、中国虚拟现实产业创新大赛等精准招商活动,吸引、对接一批境内外知名企业前来投资兴业。

【基础设施日益健全】 2021年,完成九龙大道南延工程等7条道路共计15.6千米建设,打通新维瀚路、贸院路等4条"断头路",改善区域道路微循环,推动VR科创城周边25条路网建设,启动赣江北大道下穿京九铁路项目建设。完成13万平方米拆迁和47万平方米4700余户安置房建设,利用8天时间攻坚完成沙井片区D4、D6地块征迁难题,国家试点利用集体用地建设的保障性租赁住房——岭口路集租房项目快速推进。

【城市品质有力提升】 2021年,持续开展城市建管十大提升行动,注重生态修复、功能修补、城市更新、特色彰显。高效推进赣江市民公园四期、绿地国博公园等公园绿地建设,开展拆墙透绿行动,新增闽江路、春晖路、劝学路、庐山南大道绿地面积23公顷。投入2800万元推进垃圾分类工作,设置小区四分类集中投放点160余处。实现"马路本色"全覆盖,执行"以克论净"环卫质量标准,冲洗、机扫覆盖率达100%。全面推进6个老旧小区提升改造,新建18座城市公厕,新增公共停车泊位2633个,整改51处积水点位,完成铁路沿线环境11个重点点位整治工程。"智慧城管"全年共受理市区两级数字城管案件45万余件,处理率达99.62%。深入推进文明创建,全面提升市民文明素养和社会文明水平,形成"全民参与、共建共享"的城市管理新格局。

【生态环境有效改善】 2021年,持续推进"蓝天、碧水、净土"保卫战,全区断面水质优良率达100%,主要饮用水水源地水质优良率达100%,PM2.5平均浓度达到国家二级标准,空气优良率达93.2%,同比上升2.5%。全力整顿工地扬尘、道路扬尘、餐饮油烟、秸秆焚烧等问题,进一步提升空气质量。开展水环境综合整治行动,全力落实河湖长制,清淤雨污水管道890千米,清理乌沙河、云溪水系淤泥量39万立方米,整治水系岸线护坡4.8千米,完成46个小区和前湖周边7所高校雨污管网混接整改。大力整治预拌混凝土(砂浆)搅拌站、沥青站、水稳站及砂场,规范了经营秩序,减少了环境污染。完成325件中央和省环保督察历次交办件及信访件销号,销号率达85.5%。

【社会保障能力增强】 2021年,全年民生类支出29.72亿元,占地方一般公共预算支出83.45%。落实积极就业政策,全区新增城镇就业4873人,发放创业担保贷款6668万元,直接扶持创业203人次。开展28场10万人才来昌留昌"百场校招"活动,组织开展各类公共就业服务活动174场次。新引进高层次人才7人,兑现人才落户和生活补贴665.4万元。做好企业职工养老保险基金全国统筹准备工作。城镇企业职工养老保险参保人数4.46万人,城乡居民养老保险参保人数1.26万人。城乡居民医保普通门诊统筹签约达14.26万人,签约率达90%。实施城乡社会救助制度统筹,为2325名困难群众购买防贫险,临时救助325人次。

【公共服务更加优化】 2021年,加快幼儿园网点建设步伐,努力扩增普惠性学前教育资源,站西花园幼儿园、富力华庭幼儿园等10所幼儿园新增学位3360个,学前三年毛入园率、公办幼儿园占比率、普惠性覆盖率分别达85.45%、61.89%、99.09%。新龙学校、博雅学校等4所学校投入运营,全区适龄儿童义务教育入学率保持100%。全区义务教育集团发展至23个,集团化办学覆盖率达77.8%,义务教育优质均衡水平进一步提升。全面落实"双减"政策,学科类培训机构由65家减少至13家。推进医疗卫生健康事业发展提升,江西儿童医院红谷滩院区正式营业。新增6个社区嵌入式养老院、2家养老机构、14个老年人助餐试点,家庭适老化改造160户;新增"1+5+X"社区邻里中心12个,"十五分钟社区幸福生活圈"初步构建。建成各类托育机构45家,可提供托位近2000个。村(社区)文化活动中心覆盖率达100%,举办公益性文化活动1800余场,文化场馆服务近百万人次,全市排名第二。退役军人服务保障体系全面完成。

【社会治理更加精细】 2021年,新建成智慧平安小区40个,总数达97个,近两年智慧平安小区刑事警情发案率同比下降58.3%,"智慧平安小区"建设成效荣登中央电视台新闻联播节目。实现生米镇"雪亮工程"全覆盖。凤凰花园社区获评"全国民主法治示范社区",飞虹社区获评"全省民主法治示范社区"。妥善处置房地产风险,保持房地产市场稳定。扎实推进常态化疫情防控工作,18岁以上全过程疫苗接种完成率99.5%。深入推进安全生产专项整治三年行动,加快推进应急管理部门应急指挥中心建设。

(江子雯　刘　越)

自然资源管理

【概况】 2021年,红谷滩区自然资源和规划分局采取多种举措全力保障项目用地需求,为台商总部基地、中盛金融中心等招商引资项目和九龙湖过江大桥、省工人文化宫、水利厅水旱灾害防御物资储备仓库等省、市重大重点项目落地提供了有效的用地保障。全年全区累计供应土地16宗,面积231.4公顷,土地总价款15.45亿元。其中,出让土地4宗,面积16.2公顷,土地出让金9.94亿元;划拨土地12宗,面积215.2公顷,划拨土地价款5.51亿元。

【依法开展土地征收工作】 2021年,严格按照新《中华人民共和国土地管理法》要求,规范征地程序,认真开展拟征收土地现状调查和社会稳定风险评估,依法依规履行公告、听证等程序,切实保障被征地农民合法权益。全年累计征收集体土地171.53公顷,及时足额拨付征地补偿款2.36亿元,完成抚州大街西延、豫章师范学院扩建工程等项目用地土地征收。

【加强批后监管】 2021年,严格按照自然资源系统"增存挂钩"政策新形势和新要求,以盘活存量为抓手,深入推进批而未用、批而未供土地消化和闲置土地清理工作。在全省率先开展批而未用土地清数建账,并作为试点区在全省推广工作经验。全年累计处置闲置土地6宗,面积30.93公顷,消化批而未用土地176.4公顷,消化批而未供土地189.73公顷,更好地盘活土地资源、释放土地活力,提升了土地利用经济效益。

【推进“集租房”改革试点】 2021年,积极稳妥推进全区利用集体建设用地建设租赁住房试点工作,着力构建租购并举的住房体系和城乡统一的建设用地市场。项目试点地块位于区域配套较为完善、居住需求较为旺盛的红角洲坽口村岭口路以南、绿湖豪城以西的成熟地块,用地面积约0.87公顷,由红角洲管理处坽口村与区城投公司合作成立的项目公司以土地承租的开发运营模式开展项目合作。10月,该项目正式进入施工阶段,预计2023年底竣工。

【扎实开展耕地保护】 2021年明确责任,严格落实耕地保护制度。按照省、市人民政府要求,以现行土地利用总体规划和第三次全国土地调查成果为依据,做好辖区内的基本农田划定工作,更新完善基本农田数据库。9月,第一批下发的耕地卫片监督疑似图斑共8个,图斑位置均在夹河附近,图斑总面积2.87公顷(旱地0.86公顷、水田2.01公顷),经现场核实下发的图斑主要为夹河两岸绿化,至年底,已完成整改图斑5个,剩余3个正在整改中。通过土地法律法规和土地基本国策的宣传教育,增强干部群众对耕地特别是基本农田保护的认识,提高责任意识。

【做好建设用地报批工作】 2021年,严格用地审查。本着集约节约用地和少占用或不占耕地的原则安排项目用地,确需占用耕地的项目,必须先落实占补平衡后,方可组织材料上报审批。全年共取得8个建设用地批复,批复面积248.54公顷,保障了豫章师范学院扩建工程、VR科创城配套市政基础设施、赣江市民公园四期、抚州大街西延、南昌医学院等省市重大重点项目的用地。

【解决耕地占补平衡指标难题】 2021年,由于红谷滩区耕地占补后备资源不足,为保障项目用地及时实施,经与省市相关部门对接协商,向省自然资源厅购买耕地占补平衡指标133.33公顷(其中水田33.33公顷),指标完成入库并已安排使用,落实“占优补优、占水田补水田”的要求。

【全力推进历史遗留矿山核查工作】 2021年8月,省市部署开展历史遗留矿山核查工作,全区共涉及13个图斑,通过数据对比、实地踏勘等方式,累计摸排出赣江沿线历史遗留矿山3处,建立历史遗留矿山核查台账,核查数据已上报至历史遗留矿山核查系统,均通过部级审核。2020年已完成1处废弃露天矿山的生态修复工作,修复面积5.39公顷,已通过验收并于2021年9月取得验收批复,废弃的矿山通过土地平整、边坡修整及复绿等措施,减少了地表水土流失、消除了地质灾害隐患、改善了地形地貌景观,整个矿区绿荫环绕,树立了新的形象。

【开展国土资源执法监察】 2021年,共接收上级下发疑似违法用地遥感影像图斑440个,扎实开展全区自然资源执法巡查工作,确保巡查覆盖率、巡查率达100%,发现违法用地32宗,下达《责令停止违法行为通知书》47份,及时做到早发现、早制止、早报告。

【做好国土信访工作】 2021年,受理群众来信来访6件(含重复访1件)、“12345”热线网上(转办)咨询103件,信访(咨询)件中涉及的问题主要是反馈规划审批、房屋拆迁、征地补偿标准偏低等问题,通过强化组织领导,创新工作思路,梳理相关法律法规,认真推行首问负责制、限时办结制的同时,坚决做到信访人反映的矛盾如实记录、给予耐心解释,做到有据可查,尽可能地将矛盾化解在萌芽状态,所有信访案件都能按时依法妥善办理。

(彭欣欣　万蕊　张艳飞　陈忠妹)

财　政

【概况】 2021年,红谷滩区财政局充分发挥财政职能作用,全力支持稳增长、促改革、调结构、惠民生、防风险各项工作。多渠道筹集资金,争取到一般债券资金2.75亿元,专项债券资金12.64亿元,拓宽了资金筹集渠道,减轻了支付压力。全年全区累计完成财政总收入104.87亿元,同比增长2.76%;地方公共财政预算收入完成34.21亿元,同口径增长4.66%。税收收入完成25.94亿元,税收占比为75.83%。财政运行平稳有序,为全区经济社会持续健康发展提供保障。

【多措并举加强税收征管】 2021年,受房地产市场疲软、土地出让收入锐减、减税降费、土增税存量明显减少等因素叠加影响,区财政收入形势严峻,面对困难,区财政局积极克服不利因素影响,千方百计抓税收征管,竭尽全力稳企固税。抓各税种征收。在主体税种呈现较大幅度下降的情况下,协助税务部门加大个人所得税、房产税和城镇土地使用税等税种的征管力度,个人所得税本级收入1.24亿元,同比增长17.58%;房产税本级收入1.42亿元,增长46.49%;城镇土地使用税本级收入0.34亿元,增长33.79%,抵消了主体税种下降的部分压力。抓税收清算。支持税务部门采购税务咨询机构加快房地产项目土地增值税清算,最大限度挖掘潜在税源,确保税收应收尽收,及时入库。抓税源管控。以区政府名义下发《红谷滩区关于社会综合治税工作的实施意见(试行)》,组建工作专班,明确属地和涉税单位职责,充分调动区涉税单位综合治税积极性,形成上下联动、齐抓共管的综合治税格局。抓非税收入入库。区非税收入入库8.27亿元,同比增长184.66%。抓税源培植。全面落实减税降费政策,进一步优化营商环境。全年拨付1.89亿元,兑现各类产业优惠政策,扶持金融保险、VR、物联网等产业发展。运用"财园信贷通"财政杠杆,撬动银行资金1.63亿元,切实帮助中小企业解决融资难、融资贵问题。

【加大资金盘活力度】 2021年,实行财政存量资金与预算安排相结合,部门结余资金全部收回财政统筹安排。区本级盘活存量资金约3.73亿元,统筹用于基本民生保障方面的支出,提高资金使用效益。

【加大基本民生保障力度】 2021年,始终践行以人民为中心的理念,加大基本民生保障力度,在收入下行压力下,优先保障民生支出,全年共安排民生类支出29.72亿元,占地方一般公共预算支出83.45%。立足"弱有所扶"。安排4.63亿元,用于基本公共卫生服务、城乡居民养老和医疗保险、残疾人两项补贴、高龄老人补贴、城市低保及特困供养、独生子女父母奖励等民生扶持和补助。保障"学有所教"。安排6.62亿元,用于学前教育、生均公用经费、义务教育补助,学校建设,全年有4所小学投入使用,10所幼儿园开园,全面落实了"双减"任务。落实"病有所医"。投入2.04亿元卫生健康资金,用于基本公共卫生、城乡居民基本医疗保险补助,改善基层医疗服务条件。同时,投入0.75亿元,用于防疫物资采购、新冠病毒疫苗接种等支出。推动"居有所安"。筹集资金13.21亿元,用于城乡环境改善、智慧安防、平安小区建设、老旧小区改造、农贸市场改造、垃圾分类处理、"1+5+X"邻里中心等基础设施建设,改善人居环境,提升人民幸福指数。支持"业有所保"。安排5.26亿元用于行政区划调整后各项工作正常运行,提升营商环境,扶持产业发展。

2021年11月19日,区财政局组织召开2022年区级部门预算及部门2022—2024年支出规划编制工作会 (区财政局供图)

【深化预算管理改革】 2021年,预算安排更加科学,资金使用更加精准。按照省财政厅的统一部署,全面推进预算管理一体化系统上线运行,依托"制度+科技"手段,全面加强预算编制、预算执行、预算绩效的管理,进一步规范财政资金使用管理的有关规定,提高财政资金使用效益。

【深化乡镇财政体制改革】 2021年,为顺应行政区划调整要求,理顺区本级与属地的财政分配关系,增强区级财政统筹能力,充分调动属地综合治税的积极性,开展乡镇一级财政管理体制改革的座谈调研,在借鉴外地经验的基础上,草拟红谷滩区调整镇、街、处财政管理体制方案。至年底,已通过区政府常务会议审议。

【严管直达资金】 2021年,为确保直达资金直接惠企利民,切实发挥使用效益,加强对直达资金的全过程管理。对直达资金实行单独批复下达,依托监控系统建立直达资金台账,同时对接国库集中支付系统、指标系统,建立全覆盖、全链条直达资金监控系统,保障直达资金安全和有迹可查。全年收到直达资金9331万元,已下达9331万元,下达率达100%。

【加强财政监督检查】 2021年,结合当前实际工作,不断创新工作思路,转变工作方式,强化财政监管职责,促进财政资金安全、规范和有效使用。开展"小金库"专项治理、2021年会计质量监督检查工作、2020年项目支出绩效评价、2020年部门整体支出绩效评价、2021年绩效运行监控绩效评价等检查工作。通过以查促改,进一步规范了单位的财政财务收支行为,维护了财经秩序。

【强化财政投资评审】 2021年,按照深化"放管服"改革和优化营商环境的决策部署,对财政投资评审的业务范围、申报受理、批复时限做了详细要求,用制度规范财政投资项目评审,助力"服务型财政"建设。采取"二级审查,多道复核"制度,层层严把评审质量关。全年审核工程结算项目123个,核减成本2.82亿元;审核工程预算项目115个,政府采购项目149个,核减预算0.75亿元,有效地节省了财政资金。

【加强政府采购监管】 2021年，以增强政府采购意识、规范采购行为、落实采购主体责任为抓手，开展政府采购备选库、名录库、资格库和政府采购中介机构违规收费的清理。按照“双随机、一公开”的原则，依法抽取2020年度的7个政府采购项目进行监督检查，对5家政府采购代理机构和4家区级预算单位下达整改通知书。同时，为支持乡村振兴，帮全区81家预算单位开通扶贫网购平台采购人账号，方便各预算单位在平台上采购中小企业的农副产品。全年全区政府采购规模为4.48亿元，累计节约资金0.18亿元，节支率达3.86%。

【加大国有资产管理力度】 2021年，不断提升国有资产的运行效率和管理水平，堵塞国有资产的流失漏洞。贯彻落实减免承租国有房产租金政策，督促区城投公司按要求共减免租金户数186户，减免总额352万元；制定《红谷滩区区级行政事业单位资产清查摸底工作方案》，开展行政事业单位固定资产清查工作。

【规范政府投资项目管理】 2021年，开展政府投资项目优化工作。按照“财力可受、去繁从简、集约节约、控制造价、保持品质”原则和“四优先、四严控”的要求，对红谷滩区2021年区级重大重点项目进行优化梳理，经优化，减少项目投资118.48亿元。同时，针对区政府投资项目管理过程中暴露的问题，建立完善相关制度，从事前、事中、事后各个环节规范政府投资管理，真正做到该做的事情一刻不能等、不该花的钱一分不能花。

（罗　莹）

税　务

【概况】 国家税务总局南昌市红谷滩新区税务局（以下简称区税务局）由原南昌市红谷滩新区国家税务局和南昌市红谷滩新区地方税务局于2018年7月合并成立（仍保留副处级建制，“三定”仍未确定），下设机关科室13个，派出机构3个（税务所），事业单位1个（信息中心）。全局共有在职干部职工120人。其中，中共党员115人，占比95.8%；转业、退伍军人48人，占比40%；硕士学位29人，占比24.17%；退休干部14人。2021年，进一步深化税收征管体制改革，提高征管效能，落实减税降费，优化营商环境，保障各项税收工作落实到位。至年底，全局管理服务各类市场主体32704户，其中一般纳税人5431户，小规模纳税人270267户，个体工商户6753户。

【开展党史学习教育】 2021年，深入学习习近平总书记在党史学习教育动员大会、庆祝中国共产党成立100周年大会、中共十九届六中全会上的重要讲话精神，围绕5个专题，坚持领导带头领学促学、依托“第一议题”及时跟进学、理论学习中心组专题学、专家授课辅导学、各个支部全员学，共开展理论学习中心组学习8场次，集中研讨交流12场次，举办（收听收看）专家辅导11场次，撰写研讨材料21篇，上专题党课19次，与省税务局办公室党支部、省税务局巡察组临时党支部联学2次。利用小平小道陈列馆、方志敏烈士陵园、八一南昌起义纪念馆等红色资源开展红色主题教育4次。组织青年干部开展主题演讲比赛、讲党史故事、诵读红色经典、“我对党说说心里话”等特色主题教育8次，确保主题教育覆盖所有支部和全体党员。7月，省税务局党委书记、局长胡立文在区税务局检查指导工作并上专题党课时，对区税务局税收工作给予充分肯定。开展党史学习教育以来，获得区党史知识竞赛二等奖、庆祝中国共产党成立100周年歌咏比赛三等奖，欧阳文静获得红谷滩区“职工心向党 建功新时代”演讲比赛一等奖，并代表红谷滩区参加全市“职工心向党 建功新时代”演讲比赛获得第一名。

【强化税收征管质效】 2021年，充分聚焦税收主业、应收尽收。面对经济税源结构单一，房地产主业政策调控收紧等严峻形势，坚守不收过头税费、不搞大规模集中清欠、不组织大面积检查三条底线，主动摸清税源底数，不断强化征管措施，深入排查税收风险，努力提升征管质效，确保税费收入质量，全年组织入库各项税费收入92.57亿元，同比增长13.8%，为地方经济社会发展提供了坚实财力保障。加强房地产行

2021年7月5日，省税务局党委书记、局长胡立文到区税务局宣讲习近平总书记“七一”重要讲话精神并上专题党课　（区税务局供图）

业税收征管,全面清查、深入排查、实地核查,完善房地产项目登记管理;组织开展房地产企业增值税、企业所得税、土地增值税“三税预缴”上门辅导和风险排查,有效防范和化解了风险隐患;加大土地增值税清算力度,全年完成清算审核项21个,组织税款入库4.97亿元。学习贯彻中办国办出台的《关于进一步深化税收征管改革的意见》和省委办、省政府办印发的实施方案,制作意见应知应会知识读本、思维导图,组织多轮集中学习集中培训,拟定并上报《完善纳税人分类分级管理、构建“五员”管理体系工作方案》,完成改革前期各项准备工作。

【落实减税降费政策】 2021年,抓实抓细延续实施和新出台的税费优惠政策落实,着力抓好“六税两费”[资源税、城市维护建设税、房产税、城镇土地使用税、印花税(不含证券交易印花税)、耕地占用税和教育费附加、地方教育附加]减半征收、研发费加计扣除及疫情相关优惠政策落实工作,及时处理和纠正“应享未享”问题,确保“减免退缓”政策红利直达快享。全年增量留抵退税43户次,退税金额2.71亿元;做好小型微利企业所得税优惠政策贯彻落实工作,共有3940户小微企业减免企业所得税1.1亿元;共受理165户次企业提出的两税困难减免申请,办理退税2818万元。配合审计署武汉特派办、审计署南京特派办、总局上海特派办及国务院大督查等各类减税降费检查,检查中均未出现政策性、个性化问题。

【推进“十税”合并申报】 2021年6月1日起,为贯彻落实中办、国办印发的《关于进一步深化税收征管改革的意见》,推进落实财产和行为税“十税合一”申报,即对城镇土地使用税、房产税、车船税、印花税、耕地占用税、资源税、土地增值税、契税、环境保护税、烟叶税10个税种进行合并申报,使用一张申报表即可完成所有的财行税种申报,比起之前申报的多入口、多表单申报更方便、更快捷。江西卫视、《江西日报》和“学习强国”学习平台等媒体对相关合并申报工作做了宣传报道。

【推动智慧税务建设】 2021年,着力建设以服务纳税人缴费人为中心、以发票电子化改革为突破口、以税收大数据为驱动力的具有高集成功能、高安全性能、高应用效能的智慧税务。稳步推进发票电子化改革,提高“电子税务局”普及率,扩大“电子发票”覆盖面,为纳税人提供更加便利快捷的“网上办”“掌上办”通道。创新推行“无盘发票领用”,实名认证的纳税人无须携带税控设备即可在自助终端机上申领发票。开通“一键呼叫”视频功能,在自助办税厅和离厅办税厅的自助终端上办税的纳税人通过“一键呼叫”便能获得最快捷的响应和服务。制定办税服务厅转型升级工作方案,在全省税务系统率先开展办税服务厅转型升级试点工作,从套餐式服务扩围、VR实景办税、自助终端离厅办税、龚全珍工作室升级、云课堂直播等8个方面,逐步推进传统实体办税向自主智慧办税转变。

【优化办税缴费服务】 2021年,建立营商环境联系点、示范点、监督点“三点”工作机制,推动各项服务举措和便利化措施落地,拓展容缺办理事项,持续扩大涉税资料由事前报送改为留存备查的范围。制作“首违不罚”业务办理指引,落实“首违不罚”第一批清单,全年共有287户次纳税人因“首违”而获不罚。依托电子税务局,相继开通新办纳税人“套餐式”服务和“一网通办”服务,实现纳税人开业登记“一表申请、一套资料、一次提交”,节约办税时间60%以上。推行税务注销“后台审批+疑难解决”服务,制作集成式《税务注销套餐式服务登记表》,实现税务注销“一表通办”。第一税务所获得江西省青年文明号荣誉称号,区税务局税收服务创新项目获全市税务系统三等奖。7月12日,省委书记易炼红深入区税务局调研营商环境工作,对区税务局持续优化税收服务和税收营商环境给予了积极评价。7月19日,中央电视台新闻直播间栏目播出了区税务局精准服务助力初创企业成长的有关内容。

【发挥以税咨政职能】 2021年,深入开展税源税收调查和税收经济分析,依托金税三期核心征管系统、税收大数据智慧服务平台、可视化数据查询平台等数据库,实现对税收经济数据的提取、分析、应用,并定期向区委、区政府报送税收经济分析报告,获区长刘光荣多次批示肯定。立足精诚共治,积极建言献策,推动区政府出台综合治税办法,政府领导、财政主导、税务指导、部门联动、属地主责的税收共治迈出坚实步伐。

(查莉莉)

审计管理

【概况】 2021年4月,红谷滩区审计局组建运行,共有人员编制数15人。内设办公室、财政金融和行政事业审计股、经济责任和自然资源资产审计股、固定资产投资审计股4个股室,下设红谷滩区审计服务中心1个事业单位。红谷滩区委审计委员会办公室设在区审计局。当年是区审计局的开局之年。区审计局坚持“依法审计,服务大局,围绕中心,突出重点”十六字方针,积极稳妥开展审计工作,以创新思路谋发展,以真抓实干求突破,开好头、起好步,奋力实现审计事业“开门红”。

【审计成果】 2021年,切实开展经济责任审计、自然资源审计、政策落实跟踪审计、财政金融和行政事业审计、政府投资审计、民生资金专项审计等各项工作。全年共组织实施审计项目26个，审计发现问题387个，审计查出问题金额2.35亿元，出具审计报告26个，上报审计专报2篇，提出审计意见建议98条，均被采纳，为党委政府决策和工作部署提供了有利参考。同时，根据统一部署，成立专班，对市局下发的329条疑点数据进行全面核查，并对全区53家单位5114名公职人员违规经商办企业、违规借贷谋利情况进行排查，上报47个违规经商办企业问题和1个违规借贷谋利问题。

【创新审计管理】 2021年5月，适时提议，在红谷滩区委的领导下成立区委审计委员会，出台审计委员会及办公室工作规则，充分发挥审计委员会把方向、谋大局、定政策、促改革的领导作用。同时，紧扣区委区政府中心工作，广泛征求意见，深入调研，谋划推进审计全覆盖。坚持审计“两统筹”（审计项目统筹和审计组织方式统筹），以政策跟踪审计、经济责任审计、财政审计“三大板块”为平台，采取融合式、嵌入式、“1+N”等方式，加强不同类型审计项目的统筹融合和相互衔接。坚持科技强审，加大业务数据与财务数据、单位数据与行业数据的综合对比和关联分析力度，提高审计质量和效率。部分审计项目通过聘请外部人员参加审计业务或者提供技术支持、专业咨询、专业鉴定的方式缓解审计人员少任务重的矛盾。同时，由区审计局业务骨干担任审计组组长（主审），全过程跟踪审计服务，严格监管，确保审计服务的质效。无论是自审项目还是委托中介机构审计的项目，实行每天现场审计组业务例会管理，针对审计发现的问题、遇到的新情况和新问题、项目推进和人员分工的进度情况，及时讨论、调度，适时调整审计措施，提高现场审计时效。

【重大政策措施落实情况跟踪审计】 2021年，围绕贯彻“六稳”“六保”要求，持续跟踪减税降费、“放管服”改革、污染防治、重大民生、惠企利民、疫情防控等重大政策落地情况，分别对红谷滩区2020年治理乱收费和减税降费政策落实、红谷滩区九龙湖管理处助推污染防治体系建设、南昌市红谷滩第一中学项目工程、优化营商环境、红谷滩区重大民生政策落实情况开展专项审计，共发现问题7个，涉及金额31.61万元，并提出审计意见6条。同时，深刻剖析问题产生原因，提出合理化建议，督促各部门建立健全完善相关机制，不断优化营商环境，进一步推动国家重大政策措施在全区得到贯彻落实。

【经济责任审计】 2021年，聚焦权力运行和责任落实，扎实开展领导干部经济责任审计，全区共完成11个领导干部经济责任审计项目。通过项目实施，重点揭示重大经济决策、重大资金使用、财经政策执行、国有资产管理、工程项目建设及中央八项规定的落实情况等方面存在的问题，共查出审计问题269个，涉及违规金额1126.28万元、管理不规范金额近2.1亿元、损失浪费金额15.85万元，提出审计建议45条。有效助推被审计单位加强财务管理，建立健全内部监督管理机制，促进领导干部守规尽责、扎实干事，充分发挥经济责任审计“免疫系统”功能。

【自然资源审计】 2021年，围绕领导干部履行自然资源资产管理和生态环境保护责任情况，组织开展原沙井街道办事处主任、九龙湖管理处党委负责人自然资源资产离任审计，发现河湖长制工作落实不到位、专项经费使用不规范等问题12个，涉及管理不规范金额204.88万元，提出针对性、可行性审计建议7条。通过审计监督倒逼审计对象建立健全资源环保控制制度和有效执行，促进领导干部正确履行资源环保责任职责，更好地推进红谷滩区经济持续健康发展。

【财政金融和行政事业审计】 2021年，开展原红谷滩新区经济发展信息局、交通管理局、城市管理与环境保护局及九龙湖管理处4个单位2020年度部门预算执行及其他财政财务收支审计。该项审计以推进全区各单位预算监督审计全覆盖为目标，重点关注部门预算编制、支出进度、专项资金管理分配使用、村级“三资”管理，财务收支的真实性、合法性、合规性情况及单位内控制度建立和财政资金绩效管理等方面存在的问题。通过审计共发现问题33个，涉及问题金额410.78万元，并提出合理化审计建议18条。

【政府投资建设项目审计】 2021年，对红谷滩区第一中学、昌西南连接线辅道（南昌九龙大道）绿化工程一标段、红谷滩区红岭生鲜综合市场及凤凰花园农贸市场升级改造、南昌西客站（二期）南广场BT工程装修及景观部分（装饰、室外铺装等）工程结算及建设管理情况进行审计，共发现监理履责、合理管理、招投标等方面问题33个，涉及的问题金额为678.53万元，其中结算不实金额184.32万元，提出审计建议18条。通过审计，压实建设单位项目管理责任，促进政府投资项目规范运作，提高财政资金使用效益。

【民生资金专项审计】 2021年，以民生资金专项审计为切入点，对全区各镇、街道、管理处（生米镇、沙井街道、凤凰洲管理处、红角洲管理处、九龙湖管理处）2019—2020年度民政资金的管理和使用情况进行专项审计，重点审计各单位最低生活保障、临时救助、特困人员救助供养、医疗救助、生产救灾，双拥优抚等社会救助专项资金的管理和使用情况，特别关注社会救助资金在申请、听证、审批、发放和后续动态管理等重点环节，在审计中共发现问题33个，涉及问题金额27.94万元，并提出合理化审计建议4条。

【审计整改】 2021年，按照“持续跟踪、严格督促、实事求是、区别对待”原则，进一步加大整改工作跟踪检查力度，扎实开展审计整改工作。全年共组织召开5次审计整改调度会，开展一次专项督导检查。主动对接、督促、上报2019年以来省审计厅、市审计局对全区各项审计发现的96项问题整改情况。通过对发现问题督促边审边改、集中开展整改情况专项督导检查等方式，审计整改取得明显成效。2019—2021年，区本级审计项目整改完成率分别为96.87%、89.11%和68.22%，上级审计项目整改完成率为76.04%。追缴违规资金3376.68万元，上缴区财政资金1.57亿元，上缴市财政资金23.76万元，补缴税金409.13万元，避免损失浪费金额6.84万元，出台制定内部管理制度31项。

（张　思）

统计管理

【概况】 2021年，红谷滩区统计局紧紧围绕“全省示范领先、中部比肩赶超、全国进位争先”奋斗目标，提升数据监测实效、加强综合分析研判等各项工作，积极为各级领导和社会各界提供优质服务。较好地履行统计工作的主要职责，全面完成了省、市统计局和区委、区政府布置的各项工作，得到各级领导和社会的肯定。

【履行统计职责】 2021年，继续办好《红谷滩区统计月报》《红谷滩区统计业务指南》《上半年红谷滩区经济运行特点和需要关注的问题》等刊物；为便于企业更好报送统计报表，编撰红谷滩区统计易错清单；积极开展资料搜集整理工作，为《红谷滩区统计年鉴（2021年）》的编制做好准备；针对各级党委和政府及社会各界关心和关注的社会热点和难点问题，形成有观点、有分析、有预测、有建议的统计分析专报，并及时呈阅区领导，较好地履行统计职责。全年共撰写15篇统计分析，发布统计信息共22条。

【加强统计服务】 2021年，进一步加强统计服务，多次邀请省市统计专家到红谷滩区开展统计业务知识培训，提高全区统计干部的业务知识水平；做好统计数据的预警监测，加强月度、季度、半年、年度经济运行情况分析研判，用好统计分析例会，提高统计监测预警的及时性、统计分析研判的前瞻性，及时向区委、区政府领导汇报并提出建议。

【统计法治建设】 2021年，开展账表核查工作1000次以上，通过江西省“双随机、一公开”行政执法监督平台对企业进行随机抽选并现场检查，切实履行统计监督职能。针对部分账表数据不符的单位坚持预防、查处和整改相结合，严格按照有关文件规定进行处理，为红谷滩区统计数据质量进一步提升打下坚实的基础。依托“统计开放日”“统计宣传月”等特色项目，利用“互联网”“新媒体”等技术手段开展统计普法教育，营造领导干部知底线、统计人员明职责、调查对象晓义务、居民群众懂配合的良好氛围。

【“四上”企业培育】 2021年，抓住“四上”企业（规模以上工业企业、有资质的建筑业和有开发经营活动的房地产开发经营企业、限额以上批发零售和住宿餐饮业企业、规模以上服务业企业的统称）培育这个关键，压实部门、属地责任，形成定期通报“四上”企业新增入库任务完成情况的制度。立足统计，提出培育建议，开展企业走访，精准施策培育。全年新增“四上”入库法人企业共122家。

【开展普查调查工作】 2021年是第七次全国人口普查数据公布的年份，红谷滩区常住人口为555755人（不包括中国人民解放军现役军人和居住在区内的港澳台居民以及外籍人员），与2010年第六次全国人口普查的220237人相比，10年共增加335518人，增长152.34%，年平均增长率为9.70%，增速居全市第一。每10万人口中大专及以上学历人口数为50595人，为全市最高，实现了人口普查数量和质量双提升。

（罗恒之　侯　聪　吴　妍）

市场和质量监督与管理

【概况】 2021年，红谷滩区市场监督管理局（以下简称区市场监管局）坚定“四个自信”，认真贯彻落实区委区政府各项工作部署，坚守食品药品、特种设备及产品质量“三大安全”底线，高举高质量发展高线，统筹推进疫情防控与市场监管工作。规范和维护市场秩序，营造诚实守信、公平竞争的市场环境。全年共办理个体工商户登记6441户，报送企业年报22676户，办理特种设备注册登记215家1381台，受理消费投诉11258件，为消费者挽回经济损失约119.3万元。制定《南昌市红谷滩区市场监督管理局2021年产品质量监督抽查工作方案和计划》，开展产品质量抽检163批次。开展知识产权专项执法行动，检查各类市场主体186户次。荣获第十六届江西省文明单位、第十八届南昌市文明单位、红谷滩区创建全国文明城市先进单位、红谷滩区2021年度疫情防控先进集体称号。

【个体工商户登记数量增长】 2021年，红谷滩区个体工商户的发展尽管受到疫情影响,但总体发展平稳。通过“一窗受理、互联互通、信息共享”,推动“多证合一、一照一码”登记制度改革,实行承诺制,取得可喜成效。全年共办理个体工商户登记6441户,比上年增长40.29%。

【扩大企业年报公示社会影响力】 2021年,充分利用政务公开栏、报纸、电视、广播、网络、微信、短信、楼宇广告等各类媒体媒介,有针对性地扩大宣传范围,将日常宣传与年报关键节点宣传相结合,着力扩大年报公示社会影响力。共发放宣传单2000份,电话提醒2.35万人次,短信提醒3.4万条,政务便民大厅和商场LED显示屏135个次。全区市场主体应报24390户,已报22676户,企业年报公示率达93%。

【加强企业事中事后监管】 2021年,为规范企业投资行为,维护公共利益和企业合法权益,加强对企业投资项目的事中事后监管。区市场监管局办理列入经营异常企业2201户,移出经营异常企业471户。录入行政许可、部门公告等各类型共1648条数据至企业事中事后监管系统。

【开展企业信用体系建设】 2021年,为加强社会信用体系建设,促进红谷滩区经济发展。积极开展红谷滩区企业信用体系建设,促进企业合同规范管理,洪沪港建设有限公司等22家企业被评定为2021年度红谷滩区“守合同重信用”公示单位。

【构建智慧市场监管平台】 2021年,充分发挥红谷智眼监管系统功能,形成“一平台+多系统”的智慧市场监管新格局。平台数据现有总量达100余万条,通过远程监管模块,实现移动监管,并根据当前疫情工作需要,增加远程测温和冷链仓远程监控模块。至年底,已接入171家学校食堂、117家大型餐饮、73家药店、25家快检室调试。同时,强化移动执法终端红谷智眼App的使用,共完成11687户检查记录。联动智慧市场监管平台,对8781户食品店、173户药店、538户医疗器械经营户、12459台特种设备、56807户市场主体信息实行入库管理,实现数据实时调取运用。

【实施特种设备行政许可】 2021年,为有效加强特种设备监管,按照分类监督管理的原则,对特种设备使用单位实行许可制度。办理特种设备注册登记215家1381台,变更登记57家770台,停用申请20家71台,报废(注销)18家31台,启用11家28台,补证42家352台,办理气瓶充装许可证换证2家。

【特种设备安全监管】 2021年,严格落实安全生产主体责任,强化安全隐患自查整改,确保特种设备安全、平稳运行,开展日常监督检查。进行日常计划检查60家、特种设备853台(套);专项检查257家、特种设备1251台,对排查出来的63处隐患做到销号闭环管理。严厉查处瓶装液化石油气违法违规行为,查处违法气瓶充装单位1家。针对高温、汛期和危化品事故易发高发期,对危化品经营单位、游乐设备、电梯进行全面隐患排查,封停42台浸水电梯,责令整改并检验合格后投入使用。加大电梯、大型游乐设施等特种设备的安全管理,检查使用单位25家次,其中旅游景区4家次,检查大型游乐设备53台(套),排查安全隐患3处,已完成整改。开展快开门式压力容器专项隐患排查治理“回头看”,排查辖区当年新增快开门式压力容器13台。开展特种设备“打非治违”百日行动,开展“黑气瓶”“黑锅炉”专项整治,组织应急演练3次,对5家特种设备经营企业主要负责人开展安全生产主体责任约谈。扎实开展安全生产“三年行动攻坚”工作,加强对重点行业、重要设备、重点环节和有关薄弱环节的监督执法检查,对排查出的安全隐患,清零闭环管理。开展节假日、重点时段专项整治,在“五一”、中秋、国庆、中国共产党成立100周年及江西省第十五次党代会期间,对人流量大的商场、大型综合体的特种设备进行专项检查,确保节日、重点时段期间特种设备的安全运行。组织宣传特种设备安全知识“五进”(进企业、进农村、进社区、进学校、进商场)活动,悬挂宣传条幅20条,电子屏宣传标语35条,发放各类宣传小册600份、宣传单1000余份。

【推进扫黑除恶专项斗争】 2021年,充分发挥部门监管执法职能作用,进一步提高专项斗争长效常治工作实效,向企业、个体户发放宣传画,并进行摸排登记,要求商家利用电子显示屏滚动播放宣传标语。共摸排专业市场6家、经营户183户,未发现涉黑涉恶线索。

【落实教育“双减”工作】 2021年,为有效落实教育“双减”政策,坚持从严治理原则,全力完成“双减”工作任务。全年共出动执法人员152人次,开展检查16次,与相关部门开展联合检查6次,共检查校外培训机构305家,退还违规收取费用34186元。

【加强电动自行车监管】 2021年,为保障群众出行安全,加大引导电动自行车经营户及其配件销售经营户和维修经营户加强行业自律、守法经营,开展电动自行车监管工作。共出动执法人员270余人次,检查电动车经营门店、销售市场180余处,对检查发现所销售电动自行车资料不全的行为予以警告并责令其限时整改。

【开展禁捕退捕工作】 2021年,加强对农(水)产品批发市场、农贸市场、商场、超市等水产品销售者监督检查力度,督促其严格落实食品安全主体责任。加大对赣江及抚河南昌水域辖区、鄱阳湖、水生生物保护区等周边农家乐等食用水产品的原料控制和管理。全年共出动执法人员3268人次,检查农贸市场156家次,检查商超728家次,检查餐饮单位1781家次,累计共发放张贴公告4000余份,辖区未发现售卖野生鱼等情况。

【消费维权工作】 2021年,共受理各类消费投诉17416件,办结率100%,为消费者挽回经济损失约119.3万元。其中,“12315”平台投诉举报10969件,“12345”热线受理量6447件,上门及电话投诉受理办结135件,信件投诉举报受理办结15件。大力开展“3·15”主题活动,悬挂宣传横幅20条,派发传单1000余份,接受群众咨询200余人。开展餐饮消费市场违法收费有关宣传活动,利用商户LED屏滚动播放宣传标语,出动执法工作人员420人次,在区大型综合体醒目位置摆放易拉宝展架20个,张贴宣传单5000余份,向餐饮经营户进行解释宣传,提醒广大经营者应当明示其提供食品和服务的价格,不得收取茶位费、包厢费、开瓶费、餐具消毒费等不合理费用。争取外部支持(如市局业务部门、“消费争议快速和解绿色通道”成员单位、媒体等),加强部门间的协作,形成受理举报全方位,解决纠纷多途径的社会互动维权局面,扩大社会维权工作的满意度,至年底,成功发展ODR企业(在县区市场监管部门指导监督下,通过全国“12315”平台ODR系统提供消费纠纷在线解决服务的企业)2家,红谷滩区共有ODR企业6家。

【知识产权保护】 2021年,开展知识产权专项执法行动,共出动监管人员292人次,检查各类市场主体186户次。协同市市场监管局举办2021年下半年南昌市知识产权“万里行”活动业务知识培训班暨质押融资银企对接会,市局和各县(区)局知识产权工作人员、企业代表共计200余人参加会议。开展“两会”期间地理标志使用专项整治行动,对农贸市场出售地理标志保护产品“生米藠头”进行重点检查。深入开展“4·26”知识产权宣传周活动,现场发放知识产权宣传材料近1000份,解答咨询100余人。

【产品质量抽检】 2021年,开展产品质量抽检,制定《南昌市红谷滩区市场监督管理局2021年产品质量监督抽查工作方案和计划》,共抽检电工及材料15批次、日用化学制品及卫生用品15批次、日用杂品10批次、儿童用品30批次、老年人用品5批次、家具及建筑装饰装修材料5批次、服装鞋帽及家用纺织品30批次、食品相关产品41批次、消防产品5批次、家用电器及电器附件7批次;开展“深入实施质量提升行动、大力推进质量强国建设”质量月宣传活动,通过制作多种宣传彩页进社区、进商超等形式进行宣传,工作人员现场为群众详细介绍产品质量安全、食品安全、药品安全、计量监管等方面法律法规,切实提升消费者权益保护意识。活动现场共发放宣传材料500余份,为40余名群众答疑解惑。

【计量监管】 2021年,对计量相关企业、商户开展专项整治行动,共出动执法人员96人次,检查计量器具357台,重点检查辖区内农贸市场、大型商超及药店等在用计量器具,检查过程中未发现使用超期未检和检定不合格计量器具等违法违规行为。开展“测量守护健康”主题计量宣传工作,发放宣传单100余份,张贴宣传海报30张,接待群众咨询20余人次,提高了红谷滩区居民对计量工作的关注和重视。

【认证监管】 2021年,积极加强认证检测市场监管工作,认证检测工作是质量认证体系的主要载体,是国际通行、社会通用的证明各类市场主体符合相关技术标准或规范的市场化评价工具。加强和完善对认证检测市场的监管,是发挥质量认证“传递信任,服务发展”本质属性和作用的重要保障,也是大市场监管体制的重要组成部分。全年共出动执法人员32人次,开展认证认可活动现场监督检查30起,检查检验检测机构4次,强制性产品认证企业3家,有机产品认证企业1家。

【标准化监管】 2021年,牵头南昌融创主题文化旅游管理有限公司、江西华中标准化事务所等单位共同起草完成《游乐园(场)大型游乐设施服务规范》标准。该标准主要规定大型游乐园(场)的设施设备管理、安全管理、服务要求、服务评价与改进等内容,适用于江西省内的大型游乐设施服务。至年底,该标准已评审结束,省市场监管局已批准发布。

(冯　洁)

食品药品监督管理

【概况】 2021年,区市场监管局推动建立食品生产经营者落实主体责任的机制,健全食品安全追溯体系,组织开展食品安全监督抽检、风险监测、核查处置和风险预警、风险交流工作,负责流通环节药品、医疗器械和化妆品安全监督管理。全年核发食品经营许可1959家,开展单体零售药店许可和二类医疗器械经营企业备案工作,共有正常营业的零售药店195家。完成食品快检72052批次,检测出不合格样品137批次,销毁不合格食材1781.59千克,共完成重大活动食品安全保障工作43次。

【食品药品行政许可】 2021年，为有效实施食品、药品和医疗器械监督管理，开展食品经营许可工作。全年共核发食品经营许可证1959家，核发江西省食品小作坊登记证8家，核发江西省食品小摊贩备案卡49家。开展单体零售药店许可和二类医疗器械经营企业备案工作，共有正常营业的零售药店195家。

【食品安全监管】 2021年，进一步加强食品安全工作，确保人民群众“舌尖上的安全”。开展米粉、羊肉等专项检查，共检查清真羊肉经营单位68家、米粉批发销售市场1家、餐饮店及小食杂店79家。开展农村假冒伪劣食品专项执法行动，共检查餐饮店45家、商店50家、商超2家、小作坊3家、农贸市场1家。推进大中型餐饮经营单位“明厨亮灶”工作，完成421户；完成“互联网+明厨亮灶”94户；各类学校和幼儿园149户，基本完成“互联网+明厨亮灶”。开展特大型餐饮单位风险检查工作，发现问题6家，提出整改意见15条，下达《责令改正通知书》5份。全面推进食品销售领域和餐饮服务领域风险分级管理，确保对568家大中型餐饮、280家学校食堂及中央厨房进行风险等级评定。联合市市场监管局开展“餐饮安全你我同查”现场直播活动，活动网络直播点击量达170.73万次。召开食品安全责任落实部署会、秋季校园食品安全培训暨食品安全责任落实会，与40家高校及高校食堂、单位和111家中小学、幼儿园签订《食品安全责任状》《食品安全承诺书》。推动餐饮服务单位的“量化评级”“两库一平台”工作，餐饮单位注册“两库一平台”共593家，位列南昌市第一。

【食品抽样检查】 2021年，做好食品安全快速检测工作，邀请第三方专业机构进行检测。至年底，有正常运转的快检室10个，正在建设的快检室10个，全部建成后将全面覆盖红谷滩区。全年共完成食品快检7.21万批次，检测出不合格样品137批次，销毁不合格食材1781.59千克。对6家网红夜宵店的10个样品进行龙虾佐料和烧烤料添加专项抽检，对投诉、风险类抽检共143个样，及时有效地处理好投诉及风险食品的责任划分。

2021年9月中旬，区市场监管局执法人员开展农村假冒伪劣食品专项检查 （区市场监管局供图）

【开展冷链食品核酸检测】 2021年1月20日起，设立进口冷链食品集中监管仓，推广“赣溯源”平台应用，对进口冷链食品进行统一监管、消杀和检测，合格产品方可进入市场销售，不合格产品进行无害化处理，做到“来源可控、去向可追、全程受控”的全闭环监管。全年红谷滩区进口冷链食品集中监管仓累计收到预约申请1386条，累计核销预约1025条，进库食品1682批次，进库货重65.46万吨，出具出库证明987份，开展核酸检测4.43万批次，检测结果均为阴性，其中，开展冷链食品及外包装核酸检测4.02万批次、环境和从业人员4120人次，检测结果均为阴性。

【重大活动食品安全保障】 2021年，完成江西省第十三届人大第五次会议、南昌市政协第十四届六次会议、南昌市第十五届人大第七次会议、第十二届中国卫星导航年会、红谷滩区第一次党代会、红谷滩区第一届政协会、红谷滩区第一届人大会、第七届中国国际“互联网+”大学生创新创业大赛、2021世界VR产业大会等16次重大会议食品安全保障工作；完成中国国际畜牧业博览会、第三届中国（江西）动漫产业博览会、第一届中国米粉节、南昌国博购车节、第三届江西“生态鄱阳湖·绿色农产品”博览会、第十四届中国绿色博览会等17次展览的食品安全保障工作；完成重大活动食品安全保障工作43次。

【药品医疗器械安全监管】 2021年，组织开展中药饮片专项整治行动，共检查中药饮片零售经营企业和中药饮片使用单位384家次，出动执法人员919人次。开展含兴奋剂药品专项检查，共检查药品经营企业353家次，出动执法人员872人次。开展违法违规行为专项整治，对零售药店、药品使用单位采取“线上取证线下查处”的方式,针对8项违法违规行为开展集中整治,共检查有网上销售药品行为的零售药店131家,出动执法人员273人次。开展医疗器械质量安全风险隐患排查治理工作,共检查医疗器械经营企业399家次、医疗器械网络销售企业45家次、医疗器械使用单位117家次。对辖区内1家市级疾控预防控制机构、1家县级疾病预防控制机构和10家可接种新冠疫苗点进行全覆盖检查,共监督检查疫苗接种单位256家,共出动执法人员442人次。对辖区9家双随机药品零售企业、27家双随机医疗器械企业开展监督检查,药品、医疗器械双随机检查工作全部完成。开展婴童用化妆品监督检查工作,共检查母婴化妆品店111家次、商场47家次,出动执法人员468人次,暂未发现违法经营行为。发挥药店“哨点”作用,每日对药店是否严格落实发热药店购买人员信息登记制度和实时上传至“南昌市药店数字防疫信息登记平台”进行督导检查,该平台累计纳入全区186家药店进行线上售药登记。全年购药42865人次,登记发热人数215人。

(冯　洁)

价格管理

【概况】 2021年,区市场监管局依法监管不正当竞争等违法行为,开展打击传销工作,对价格行为实施监督检查,开展价格公共服务。全年对辖区内79家大型停车场收费情况进行检查,对46家转供电主体进行实地走访,节假日期间对市场商品价格开展专项检查。

【机动车停放服务收费监管】 2021年,在红谷滩区开展机动车停放服务收费监管,共出动执法人员195人次,对辖区内共79家大型停车场收费情况进行检查,张贴告诫书并对相关负责人宣讲文件精神,告知其公示收费标准并严格按照文件要求落实执行。

【转供电环节价格监管】 2021年,规范转供电加价行为,降低企业用电成本,大力开展加强转供电环节价格监管工作。在辖区内各商业综合体、产业园区、写字楼及其委托的物业服务企业、经营管理单位宣传张贴《南昌市清理规范城镇非电网直供电价格行为的政策宣传和提醒告诫书》共计60余份,告知转供电主体严格执行江西省发展改革委《关于降低一般工商业电价有关事项的通知(赣发改商价〔2019〕462号)》的目录电价政策,规范不合理加价行为。出动工作人员107人次,对区域内46家转供电主体进行实地走访,督促转供电主体开展自查自纠并填写“转供电主体传导国家电价优惠政策红利自查表”,依法依规对违规转供电加价行为进行查处。根据“双随机、一公开”原则,对全区转供电收费情况开展专项检查并建立转供电主体台账,将全区46家转供电主体纳入台账监管,对转供电主体不执行国家电价政策、随意分摊公摊电费获利等行为,依法严肃查处。

【节日市场各类商品价格监管】 2021年,在元旦、春节、端午、中秋、国庆等节日期间,对市场商品价格开展专项检查行动。重点对辖区大型商场超市内与群众生活、节日消费密切相关的主副食品及其他相关商品的价格行为进行检查。节日期间商品总体价格平稳,货源充足,经营者能按要求明码标价,未发现囤积居奇、哄抬价格、串通涨价等违规行为。

【反不正当竞争工作】 2021年,开展有奖销售活动专项整治,对端午节、“6·18”促销活动进行现场检查,共出动检查38人次,检查大型商场、超市共26户次,通过现场检查、查看有奖销售宣传、网站和公众号,未发现利用虚假商业信息、虚构交易、虚假评价等引人误解的虚假宣传欺骗、误导消费者的行为,未发现有奖销售过程中价格欺诈的行为。开展2021年度医疗美容综合监管执法行动,对生活美容机构开展抽查检查,加强对医疗美容行业价格违法行为和不正当竞争行为的监管,强化医疗美容广告监管,依法查处虚假违法医疗美容广告,出动检查35人次,检查各医疗美容机构共39户次。

【开展打击传销行动】 2021年,以区打击传销办公室名义协调召开2021年红谷滩区打击传销工作联席会议,调整区打击传销工作领导小组,形成打击传销协调联动合力,同时广泛开展宣传,营造打击传销良好氛围。全年共组织6次打击传销宣传进社区活动,出动打击传销专项执法行动106人次,悬挂宣传横幅26条,制作展板25块,发放宣传资料2000余份。

(冯　洁)

安全生产监督管理

【概况】 2021年,红谷滩区应急管理局全面统筹抓好安全生产、自然灾害防治和应急管理各项工作,全区安全生产和防灾减灾形势持续稳定。全年共发生各类生产安全事故4起,死亡4人,事故起数和死亡人数比上年减少2起、2人。其中,建筑领域安全生产事故4起,死亡4人。事故起数同比持平,死亡人数同比持平。道路交通领域安全事故28起,死亡28人。其中,生产经营性道路交通事故3起,死亡3人,同比增加2起;一般道路交通事故25人,死亡25人。全区共发生火灾事故217起,同比增加80起,未造成人员伤亡。全区没有发生较大以上安全事故。

【落实安全生产责任】 2021年,区委常委会组织集中观看《生命重于泰山——学习习近平总书记关于安全生产重要论述》电视专题片,区委区政府共召开15次各类会议专题研究部署安全生产工作;调整以区政府领导和30余个党委、政府部门主要领导为成员的区安全生产委员会和下辖的十大安全专业委员会成员名单,确保安全责任明确到人、安全工作没有断档。区委、区政府主要领导及班子成员经常深入一线调研和督查指导安全生产工作,通过以上率下,高位推动党政领导责任和属地管理责任有效落实。严格落实企业主体责任,以监管执法、服务指导和基层应急网格化管理等为抓手,督促企业严格落实安全生产主体责任,切实履行全员安全生产责任制,提升本质安全水平。

【开展安全生产大检查专项行动】 2021年,中国共产党成立100周年大庆期间,在全区开展"防风险、保安全、迎大庆"安全生产大检查专项行动,重点围绕事故易发多发的重点地区、重点行业领域,明确责任分工、工作重点,以动员部署、督促检查、重点攻坚3个实施步骤,全面排查各种危险有害因素,严格落实风险管控措施,彻底整治各类事故隐患,减少一般事故、遏制较大事故,坚决防止重特大事故,确保全区安全生产形势稳定。深入开展"打非治违"和执法检查专项行动。共排查隐患2107条,整改完成2082条,实施行政处罚64次,责令停产整顿4家,罚款75.62万元。开展反"三违"(违章指挥、违章作业和违反劳动纪律)专项行动365家,开展风险、隐患自查387次。

【开展安全生产专项整治三年行动】 2021年,区安全生产委员会(简称安委会)以"从根本上消除隐患"为目标,在全区开展安全生产专项整治三年行动,包括危险化学品、消防、道路交通、城市运行、交通运输、建筑施工、特种设备等突出10个专题、40项集中攻坚阶段目标任务。共成立54个检查组,开展865次督导检查,检查1036次单位,督导各类问题775个,开展宣传273次。在企业开展的"五个一"(主动接受一次安全生产知识培训、提一条加强安全生产管理的合理建议、忆一次安全事故教训、当一天安全检查员、查一起自己身边的习惯性违章)活动中,对标梳理完善制度企业497家,组织培训403家。

【开展消防通道及"飞线"充电专项整治行动】 2021年,区安委办牵头联合住建、城管、交警、消防等部门及属地集中开展消防通道及"飞线"充电专项整治行动,扎实推进以红谷世纪花园小区为首的一系列小区消防通道整治工作,共整治消防通道171处;全区各乡(街道、管理处)已将"飞线"充电整治工作持续化、常态化,纳入村、社区网格员日常管理事项。全年全区共排查整改"飞线"充电情况1339处,消防部门下发责令改正通知书6份,下发行政处罚决定书3份,下发临时查封决定书1份,责令"三停"单位1家,罚款3.15万元。

【开展执法检查】 2021年,各行业主管部门按照"管行业必须管安全"要求,结合安全生产突出问题开展集中整治和安全生产专项整治三年行动等,组织各类执法检查组深入开展执法检查,通过强抓严管、严防严治,全面消除各类事故隐患,开展"双随机、一公开"监管,推动"互联网+执法"系统在执法队伍中的运用。按照省厅、市局要求,对辖区工贸行业进行定期检查、定期报送,累计检查工贸企业23家次,责令整改问题隐患25处。全年开展预防性行政处罚(非事故处罚)5次,处罚1.33万元。向"互联网+执法"系统报送典型执法案例5个。对加油站的"一牌一图三清单"("一牌",即风险告知牌;"一图",即安全风险空间分布图;"三清单",即风险管控责任清单、措施清单、应急处置清单)和落实"十个一次"(每年主持召开一次安全生产总结表彰动员会,每年主持召开一次安全生产工作讲评会,每年组织签订一次全员岗位安全生产责任书,每年参加一次安全生产应急救援演练,每年组织一次安全生产知识技能竞赛,每年参加一次安全生产知识技能培训,每年给全体员工上一次安全生产辅导课,每年向职代会做一次安全生产工作述职,每季度主持研究一次安全生产工作,每个月带队检查一次安全生产工作)举措,进行集中整治。督促危化品企业按照《危险化学品企业安全风险隐患排查治理导则》,完成安全风险隐患自查工作,通过江西省安全生产监管信息系统上报自查发现的安全隐患。江西省安全生产监管信息系统中危化品企业隐患排查治理登录率和整改率均达到100%。全年企业共排查上报隐患2775条,整改2760条,整改率99.5%。组织对辖区内17家加油站主要负责人开展"一报告双签字"("一报告":企业主体责任履职报告;"双签字":风险辨识管控,隐患排查治理双重预防)履职谈心谈话活动。结合"打非治违"专项活动,配合区住建局、区科工局对全区54处违规的"三站一场"进行清理整治。

【强化应急救援准备】 2021年,调整、组建全区专(兼)职应急救援队伍49支,1280人;建立、培训灾害信息员137人,调拨1055万元防汛经费至各防汛抗旱指挥部成员单位,用于采购沙袋、彩条布、橡皮艇等防汛物资,分批储备到29个仓库。在生米镇设立1座区本级防火物资仓库,用于防火物资储备。向各镇、街道、管理处调拨棉被100床、棉大衣90件、毛巾被163床、毛毯253床、折叠床193床、155顶棉帐篷，调拨60余万元救灾物资充实救灾物资储备库。切实抓好救援队伍、物资储备等应急资源保障。组织修订完善8个区级应急预案，制订2021年应急演练计划，开展10余次应急演练，提升了突发事件的应急响应能力。

【开展综合风险普查工作】 2021年，成立红谷滩区第一次全国自然灾害综合风险普查工作领导小组，成员单位包含4个区级单位及7个镇（街道、管理处），通过线上线下相结合的方式，对全区医疗卫生机构、公共文化场所、旅游景区、星级饭店、大型超市、百货店和亿元以上交易市场、学校等行业部门开展分类分层培训，共培训10余场，600余人参加。完成第一次全国自然灾害综合风险普查外业调查及数据填报、审核工作。红谷滩区第一次全国自然灾害综合风险普查调查数据上报2436条。其中，承灾体203条，减灾能力1507条，历史灾害726条。确保普查数据真实、准确。

【创建综合减灾示范单位】 2021年，围绕综合减灾示范单位创建工作，加强组织领导，注重调动和发挥社区居民、单位在减灾工作中的积极性，推进社区综合减灾组织体系、工作机制、队伍建设、预案制度、物资装备、宣传教育等各项能力建设水平的全面提高。全年共接收市级创评资料4份、省级创评资料2份、国家级创评资料2份，对创建综合减灾示范单位的6个社区开展3轮检查指导，做好申报2个省级、3个市级综合示范社区的材料汇总上报工作。根据实地考评情况，区牛行社区被评选为省级综合减灾示范社区，世纪中央城社区、广源南社区、阿尔法社区被评选为市级综合减灾示范社区。

【开展森林防火宣传督查】 2021年，初步理顺应急、林业、公安等部门森林防灭火职责，将森林防灭火工作纳入应急重管理责任体系和安全生产责任书，全面落实森林防灭火行政首长负责制。及时修订《森林防灭火工作应急预案》，通过各种措施和方式，全方位、多角度加大森林防火宣传工作，张贴防火令3000余张，发放宣传资料5300余份，悬挂宣传横幅100余条。同时，出动宣传车100余台次，开展巡回广播宣传，不断提高群众的防火意识；在辖区各学校大力开展森林防火宣传“进校园”活动，向家庭、学校、社会进行联动宣传教育。先后派出8个工作组，参与人数126人次，深入林区一线开展森林防火督促检查，排查森林火灾隐患，排查出问题8个，全部落实整改到位。全年全区没有发生重特大森林火灾和人员伤亡事故。

【保障防汛物资】 2021年是红谷滩区机构改革的第一年，防汛工作按照新体制、新机构要求开展。及时下发关于做好防汛物资储备的通知，配备帐篷44顶、抽水泵102台、发电机17台、应急灯426个、救生衣1045件等各类防汛和救援物资。区防汛办专门采购2辆应急排涝车，供防汛期间应急使用。同时，区人武部完成组建一支328人的应急抢险队伍，团区委完成组建36人的青年突击队。

【开展防震减灾工作】 2021年，及时修订红谷滩区地震应急预案、红谷滩区自然灾害救助应急预案，制定2021年红谷滩区防震减灾工作要点，更新抗震救灾指挥部人员。调整灾害汇报信息员160余名，全区各村（站，社区）灾害汇报信息员均已全部覆盖到位。同时，将防震减灾工作列入灾害信息员日常工作。利用中小学安全教育日等重要时段，充分发挥红谷滩区VR科普馆“主阵地”作用，共接待2批次300人次参观；举办防震减灾科普讲座4场，联合社会力量开展防震减灾科普宣传“五进”（进机关、进学校、进企业、进社区、进家庭）活动10余次，累计发放防震减灾科普资料1000余份。

【开展“防灾减灾日”活动】 2021年5月12是全国第十三个“防灾减灾日”。围绕“防范化解灾害风险，筑牢安全发展基础”主题，开展“5·12”防灾减灾宣传周系列活动。利用报纸、广播和网络新媒体平台每日推送防灾减灾科普知识。防灾减灾周活动期间，在绿地双子塔现场共有6个镇（街、处）、各减灾委成员单位及周边群众500余人参加活动。活动现场设置10个咨询台、30块宣传展板，发放各类宣传资料5万余份、宣传礼品2000余份，现场参与咨询1000余人次。

【开展救灾物资储备工作】 2021年，为应对冰冻雨雪等恶劣灾害天气，为全区灾后救助提供坚实的物资保障，确保灾害发生时受灾群众能得到及时有效的救助。围绕靠前部署、提前储备的要求，采取有效措施，扎实做好救灾物资储备工作。共储备救灾帐篷98顶、储存棉被160床、毛毯155床、毛巾被255床、折叠床256床。

（李铁立）

产业发展

数字经济

【概况】 2021年，红谷滩区数字经济产业全口径营收突破150亿元。数字经济核心产业企业数量达到4002家，计算机、通信和其他电子设备制造业企业共计14家，信息传输、软件和信息技术服务业企业共计3988家。其中，电信、广播电视和卫星传输服务业企业46家，互联网和相关服务业311家，软件和信息技术服务业企业3631家。全年共新增数字经济核心产业企业838家，总量及增量均位列全市第一。信息传输、软件和信息技术服务业规上企业数量达到24家，其中，电信、广播电视和卫星传输服务企业2家，互联网和相关服务企业1家，软件和信息技术服务业企业20家，企业营业收入总额53.66亿元，位居全市第二。中国移动通信集团江西有限公司南昌分公司营业收入在全市同行业企业中位居第一。红谷滩区4家企业经省工信厅认定为江西省大数据示范企业，163家企业被纳入省工信厅VR统计云平台，集聚华为、阿里等6家世界500强企业，汇聚科大讯飞、格如灵等10余家VR 50强企业，落户浙江大学南昌研究院、华为南昌研究所、中国移动虚拟现实创新中心3家全国领先的产业关键技术研发平台。通过引进龙头引领项目，已初步形成四大产业集群，分别是：以科大讯飞江西总部、阿里巴巴江西总部、紫光智慧教育全国总部等为代表的科创总部集群；以腾讯安审中心、倬云数字、数字江西等为代表的大数据产业集群；以东华软件、麒麟软件、软通动力等为代表的软件研发产业集群；以美翻跨境电商产业园、仟得流量产业园等为代表的流量经济集群。红谷滩区坚持数字赋能产业，积极推动电子商务、智慧旅游、智慧教育、智慧康养四大产业数字化转型升级。

【政策引领数字经济产业发展】 2021年8月，红谷滩区相继出台《红谷滩区关于精准实施数字经济"一号工程"推动数字产业跨越式发展的实施方案》《红谷滩区推动数字产业跨越式发展2021年工作要点》，提出"力争2023年信息传输、软件和信息技术服务业全口径收入达到236亿元，规上企业营业收入达到91亿元，规上企业数量达到55家"的总体目标，并指出红谷滩区重点发展VR、软件、数字文娱、大数据与云计算、物联网、电子商务、区块链和智慧城市八大重点产业领域，主要任务是全力优化数字产业发展格局，全力做大数字产业市场主体，全力提升产业要素支撑能力，全力夯实数字基础设施建设，全力优化数字产业发展环境。红谷滩区制定出台《红谷滩区关于推进数字经济产业发展的扶持政策》，从财税奖励、园区运营、租金补贴、人才补贴、荣誉奖励、活动奖励、市场采购合同奖励、鼓励龙头企业落户、人才社区试点、人才保障10个方面扶持数字经济产业发展，做大全区数字经济总量。9月，制订出台《红谷滩区2021年产业链链长制工作方案》，以数字经济产业链链长制的实施为有力抓手，以产业链强链、延链、补链、联链、融链为重点，形成全区上下"一盘棋"的工作格局，对全区数字经济发展工作进行统筹谋划、整体跟进、重点突破，加快构建全区数字经济生态体系。

【构建"一城九园多点"的数字产业布局】 2021年，《红谷滩区关于精准实施数字经济"一号工程"推动数字产业跨越式发展的实施方案》中首次提出红谷滩区将构建"一城九园多点"的数字产业布局。"一城九园多点"产业布局，是指以VR科创城为核心，推进慧谷产业园、用友产业园、VR产业基地、美翻跨境电商产业园、仟得流量产业园、南昌游戏产业园、物联网产业园、盈创新经济产业园、华南城电子商务产业园9个园区建设，形成虚拟现实、软件研发、游戏文娱、物联网、跨境电商、大数据6个特色产业集群,充分利用闲置楼宇资源打造多个亿元数字经济产业楼宇。

南昌VR科创城位于红谷滩区九龙湖大道5255号,是江西省VR产业的核心项目,以打造“世界一流、国内领先、业内顶尖、富有特色”的世界级VR科技新城为定位,规划建设国家级创新中心、国际会议中心、展示中心、体验中心、人才公寓等,搭平台、集要素、聚企业,通过创新链、产业链、人才链、资本链、价值链的有机融合,促进新一代信息技术与VR产业园区深度融合,构建VR产业先行示范区、虚拟现实产城融合示范高地。南昌VR科创城的重点企业包括华为、北航、阿里巴巴、上海乐相、深圳瑞立视、广州玖的、未来新视界、南京睿悦、汇通达网络、商汤科技、永乐数码、上海映霸等。

慧谷产业园(南昌游戏产业园)位于红谷滩区学府大道899号,为互联网+科技型企业为主导的大型产业园区、全国创业孵化示范基地。慧谷产业园北通市政府,南达省政府,并被南昌多所高校环绕,与中国瑞林、江西移动等多家通信科技企业和上市公司为邻,被誉为南昌的“中关村”。慧谷产业园通过品牌集聚、放大效应,形成龙头企业带动小企业的合作模式,不断完善数字经济产业链。慧谷产业园(南昌游戏产业园)的重点企业包括江西研泰、合众思壮、航天信息、华邦传媒等。

用友产业园(南昌)位于红谷滩区红角洲嘉言路668号,是用友网络投资建设的基于用友核心业务发展衍生的、以“基地支持产业,产业促进基地发展”为战略目标的数智化企业服务生态园。园区致力于打造一个以数字经济、服务贸易、电子商务、大数据产业为核心的,集产业聚集、数字智能、生态环保为一体的,世界一流园林式数字经济软件产业园,先后荣获“江西省现代服务业集聚区——软件”“南昌市电子商务示范基地”“南昌市中小企业创业基地”等称号。用友产业园(南昌)的重点企业包括:中国电建、上海小赢科技、上海岐力、务本传媒、汇天科技等。

VR产业基地位于红谷滩区九龙湖管理处九龙大道1177号绿地国际博览城,由3栋AAAAA级商务写字楼及附属裙楼组成,总面积约11万平方米,是在工信部、南昌市政府支持下,倾力打造的全国首个城市级VR产业基地。VR产业基地系南昌市VR产业发展的核心区域,已构建完整的VR产业支撑体系,针对国内外VR内容制作、VR行业应用、VR平台分发进行招商,在技术研发中心、人才加速器等项目上积极寻求合作。基地已落户70余家企业,其中有世界500强企业项目(微软、高通、联想、华为、阿里巴巴)5个、国内500强企业项目(清华紫光、海康威视)2个、行业龙头企业项目(HTC、科大讯飞、东华软件、影创、东方瑞丰、美房云客等)10余家、院士工作站1个,已初步形成一个集标准制定、产品检测、创新孵化、技术应用、金融资本、人才培训、公共服务等功能为一体的VR产业核心生态圈。

美翻·全球跨境贸易主题产业园位于红谷滩区嘉言路668号,着力构建全球跨境贸易综合服务平台。产业园主要包含“两中心、两基地、一学院”五个部分,即全球跨境综合服务中心、跨境AI—BI转化中心、跨境电商科技研发创新基地、跨境电商创新创业孵化基地、美翻跨境电商学院。旨在全面接入全球货源、物流、贸易、分销平台、跨境电商、贸易商资源,综合发展跨境板块、教育板块、新媒体板块、园区运营板块的跨境全生态链。美翻·全球跨境贸易主题产业园的重点企业包括:美翻网、美景旅业、海际购国际、九州保税科技等。

仟得流量产业园位于红谷滩区金融大街1296号上海湾4楼,由江西仟得文化传播有限公司创办而成,致力于挖掘流量经济蕴含的巨大商机,发挥流量平台端口作用,利用流量资源带动传统行业转型升级,激活红谷滩区的流量经济活力,建设流量经济发展平台。通过助力中小企业用直播电商、短视频等方式进行数字营销,从而带动产业在线销售。通过招商引资,不断完善全区流量经济产业链,对流量经济企业产生虹吸效应,发挥产业集聚效应和规模效应。

南昌物联网产业创新中心位于红谷滩区岭口路888号,首创“1个核心产业+1个承载园区+1个资源窗口+1张服务云网”四位一体运营管理模式,即“物联网产业+本地创新中心+异地加速器+招商管理云平台”跨区域创新协同模式,聚集协同联动创新、载体空间创新、招商引智创新、转化融合创新四大创新,有机整合前沿技术应用示范展厅、产业加速器、行业龙头、产业服务中心等功能模块,集技术和产品展示、项目加速、创新服务、产业聚核于一体,吸引物联网行业优质企业和项目,瞄准亿元税收、前沿技术应用示范、创新产业聚核三大发展目标,致力于实现现代化经济体系在南昌的发展和完善。南昌物联网产业创新中心的重点企业包括:江西格灵如科科技有限公司、江西诚韬信息技术有限公司、江西清泰环境技术有限公司等。

盈创新经济产业园位于红谷滩区丰和中大道166号,以数字文化和新经济为产业“双轮驱动”,以“产教培训、创业孵化、产业加速、资源整合”为建设路径,构建集人才、项目、资金、成果、平台于一体的创新创业示范区、科技发展先导区、数字产业集聚区,园区已建立起全链条企业成长扶持体系,助力企业快速长远发展。盈创新经济产业园的重点企业包括:紫光摩度、360智慧商业、英科数创等。

南昌华南城电商产业园(南昌市大学生电子商务创业孵化基地)位于红谷滩区华南大道1号,先后获得“国家电子商务示范基地”“全国创业孵化示范基地”称号。南昌华南城电商产业园以“南昌高铁商务中心城项目”为着力点，构筑高铁商务中心大商机，形成集电子商务、公共服务、科技服务于一体的线上线下服务平台，逐步形成区域化、规模化、现代化的电子商务数字中心。南昌华南城电商产业园的重点企业包括利市客、华盛奥莱、老酒博物馆、茗悦天下等。

红谷滩区“一城九园多点”产业布局示意图

【数字赋能产业升级】 2021 年，红谷滩区坚持以数字赋能产业，推动电子商务、智慧旅游、智慧教育、智慧康养四大产业数字化转型升级。电子商务数字化方面：全区拥有两家电子商务省级示范基地——南昌华南城电商产业园和慧谷产业园。在南昌华南城电商产业园，成立总计 5.5 万平方米的华南城电子商务示范基地暨南昌市大学生电子商务创业孵化基地，该平台实现统一管理、联合运营，已入驻企业约百家。智慧旅游数字化方面：完成移动通信和无线网络在游客集散中心、景区入口等游客聚集区的信号覆盖，实现人脸识别出入闸机等智慧工作建设。开展线上多渠道售票，通过智慧景区平台和云游江西平台，对景区进行统筹管理、调度，对线上平台进行统一化管理。智慧教育数字化方面：建设完成红谷滩区智慧教育云平台项目，将提供覆盖教、学、考、评、研、管全过程的教育信息化应用服务。大力推进 3DVR 教育，为全区中小学采购 24 间 3DVR 创新实验教室；启动建设 K12VR 示范教育项目和 5G+VR 试点项目，为教师课堂教学突出重点、化解难点提供有力保障。智慧康养数字化方面：已完成红谷滩区养老信息平台的建设及预防医学门诊部预防接种信息系统建设，实现居民基本公共卫生服务项目电子化管理、健康数据共享。

【打造九龙湖数字经济创新引领区】 2021 年，红谷滩区九龙湖区域将全力打造 VR 软硬件结合、总部企业集聚、科创文创迸发、绿色低碳宜居的数字经济创新引领区，引领数字经济发展。九龙湖数字经济创新引领区以九龙大道为轴线，以祥云大道至抚州大街之间的九龙大道两侧约 46.67 公顷未开发地块为主要范围，自南向北串联起 VR 产业区、双创服务园区、科技研发基地、文化中心等与数字经济密切相关的创新产业发展区域。九龙湖数字经济创新引领区有以下优势：一是高起点谋划布局。兼顾 VR 科创城和西客站总部产业园，打造新文创、未来产业、商业配套、总部企业四大产业组团，统筹推进数字技术、数字内容产业与制造业融合发展。二是高水平规划设计。在世界顶级建筑设计事务所美国 SOM 公司对九龙大道进行城市设计的基础上，高水平、高起点、高标准做好先导区的设计规划，确保在建设布局、功能设施、配套安排等方面更加符合元宇宙产业发展需求。三是高标准建设实施。建立“绿色通道”，组建招商引资“尖刀班”，引进数字经济头部企业和高能级创新平台，力争“一年出形象、两年见产业、三年成规模”。

【5G 基础设施建设】 至 2021 年底，红谷滩区累计建成 5G 基站 1490 个，其中电信、联通合建已开通 754 个，移动建成已开通 736 个。全年全区建设完成 467 个 5G 基站，其中电信联通合建已开通 319 个，移动建成已开通 148 个。在“数字基建”建设方面，红谷滩区将全面推进“双千兆”建设，持续扩大 5G 网络建设规模，推动全千兆服务进万家、入企业，扎实推进移动物联网建设提升、5G 网络建设提升等数字新基建工程，全面升级城市宽带网络承载能力。

【江西省大数据示范企业】 至 2021 年底，红谷滩区共有云上（江西）大数据发展有限公司、数字江西科技有限公司、云上（南昌）大数据运营有限公司、江西海默科技有限公司 4 家企业入选江西省大数据示范企业。江西省大数据示范企业是指在大数据领域具有核心竞争力，具备国内或省内领先技术优势，对行业发展有促进和示范推广作用的企业。省大数据示范企业主要包括提供大数据技术、大数据基础设施、行业应用、产业支撑等环节的企业。大数据技术类的业务范围包括能提供采集存储、分析挖掘、应用服务、安全保护等大数据关键技术。大数据基础设施类的业务范围包括建设重点领域或行业大数据中心等基础设施平台，且规模较大。大数据行业应用类的业务范围包括应用大数据技术为工业、农业、服务业、教育、科技、卫生、旅游、商务、交通、能源、金融、政务等行业开发大数据应用平台，且具有数据开发服务能力和示范带动作用。大数据产业支撑类的业务范围包括具备对数据进行分类分级、标准化和价值评估，能提供论证咨询、标准研制、评估测试、教育培训等实力。

（唐景虹）

VR 产业

【概况】 2021 年，红谷滩区深入贯彻落实 2018 年世界 VR 产业大会上习近平总书记重要贺信精神和视察江西重要讲话精神,坚持“项目为王、集群为要、招商为先、环境为本”的发展理念,以“非常之心”引项目、以“非常之力”建平台、以“非常之为”聚资源,初步形成产业上下游企业抱团发展,产业集群规模不断壮大的良好局面。至年底,全区已落户近200家VR(虚拟现实)及相关企业,其中163家纳入省工信厅VR统计云平台,集聚了华为、腾讯、微软、高通等6家世界500强企业;汇聚了HTC、科大讯飞、格灵如科等10余家全国VR 50强企业;落户了省级VR制造业创新中心、华为南昌研究所、中国移动创新中心等17个VR产业关键技术研发平台;共有28个VR应用项目在参加省级第二批VR应用示范项目评选;65个项目在申报市级VR技术应用“揭榜”项目。为做优VR产业链及生态要素,进一步搭平台、优服务,及时优化升级物理空间,构建了以南昌VR科创城为核心的“一城九园多点”发展新格局。红谷滩区VR企业、人才及平台规模均居全国前列,成为全国乃至全球VR产业重要的集聚之地、展示之地、创新之地。红谷滩区的江西格灵如科有限公司等5家VR企业荣获江西省第三批VR产业创新创业优秀人才团队称号,红谷滩区获评团队总数达到16个,占全省数量的53.3%,居全省第一。

【南昌VR科创城生态雏形初显】 南昌VR科创城项目总规划面积9.14平方千米,总投资约500亿元。作为江西省VR产业的重点项目,南昌VR科创城以打造“世界一流、国内领先、业内顶尖、富有特色”的世界级VR科技新城为定位,规划建设国家级创新中心、国际会议中心、展示中心、体验中心、总部基地、人才公寓等。至年底,展示中心、体验中心完成竣工验收;华为、阿里、北航三大总部基地的主体结构建设完成;产业招商成果丰硕,共签约30余家VR相关企业,包括华为、北航、阿里3家头部企业及上海乐相、深圳瑞立视、广州玖的、未来新视界、南京睿悦等6家中国VR 50强企业以及1家独角兽企业,并与7家VR 50强企业签署意向协议。南昌VR科创城起步区雏形已初步显现,正逐步构建一个越来越完善的VR产业生态圈,让更多项目落得下、留得住、发展好。

【VR惠企政策兑现服务提速提质】 2021年2月8日,2019年度红谷滩区VR高层次人才分类认定人选及获奖企业名单敲定,共有7家企业及5名人才符合奖励条件。南昌市小核桃科技有限公司总经理李梁、南昌市一境信息技术有限公司总经理余天水和江西省映尚科技有限公司总经理熊宗明分别获得最高奖励50万元,这在江西尚属首次。同月,红谷滩区兑现了2019年度VR/AR产业政策资金约380.39万元,云上江西、江西雄猫、威爱教育等10家企业获得奖励。

【紫光教育全国总部落户仪式举行】 2021年4月16日,紫光智慧教育全国总部落户仪式在红谷滩区举行,市委副书记、市长万广明,市委常委、副市长肖云,新区工委书记、区委书记周亮,新区工委副书记、管委会主任,区委副书记、区长提名人选任海斌,紫光集团全球执行副总裁、紫光股份总裁王竑出席活动并共同推杆启动紫光智慧教育全国总部落户仪式。近年来,紫光集团与红谷滩区合作十分紧密。2017年,紫光集团在红谷滩区投资建设紫光南昌VR产业云;2020年,落户紫光智慧教育研究院。紫光智慧教育全国总部作为紫光集团布局全国教育信息化产业的首要战略支柱,未来将引入更多生态合作伙伴,带动智慧教育上下游产业链,引入教育装备国产化生产线。

【“VR+文旅”应用场景路演推介会举行】 2021年4月28日,2021年世界VR产业大会前期预热活动——2021中国南昌“VR+文旅”应用场景路演推介会在红谷滩区举行。本次活动由省工信厅、省科技厅指导,市政府主办,市工信局、区政府等承办,省工信厅副厅长何琦,省科技厅副厅长陈金桥在大会上致辞,现场共有200余人参加。7名专家针对综合应用场景技术水平、可复制性、创新性、市场需求、线下演讲水平、线上受关注热度等标准进行现场打分,评选出1个金奖、4个银奖及19个优秀奖。其中,辖区在谈项目杭州易现获得金奖,菱形信息、上海商汤获得银奖;已落户项目江西拓荒者等7家企业获得优秀奖。

【中国移动虚拟现实创新中心揭牌运营】 2021年5月13日,中国移动与省政府举行战略合作协议签约仪式。省长易炼红和中国移动董事长杨杰共同为中国移动虚拟现实创新中心揭牌。该创新中心落户于红谷滩区慧谷产业园,将充分整合中国移动咪咕公司、智慧家庭运营中心等资源,利用技术创新能力和产业生态优势,加快推进VR技术在经济社会民生的融合应用,加大VR创新应用的孵化及成果推广。

【“VR主题下午茶”举办】 2021年7月30日,由市政府主办,区政府参与承办的2021中国南昌“VR下午茶”(上海)招商推介会在浦东新区举行,市委常委、副市长王万征主持并讲话。本次“VR下午茶”活动首次走出南昌,以在上海举办的中国国际数码互动娱乐展览会为契机,邀请浙江世纪华通、深圳时代伯乐、北京易智时代等近20位VR龙头企业、行业协会、投融资机构负责人参加,围绕“VR爆点可期,南昌该当何为”主题,深入探讨VR市场引爆机会以及南昌市VR产业发展环境,并与参会企业开展招商对接。9月17日,红谷滩区围绕“资本拥抱科技 VR未来可期”举办“VR主题下午茶”红谷滩专场活动,市委常委、副市长王万征主持并讲话,区委副书记、区长提名人选刘光荣作现场推介。活动邀请华为、微软(中国)、浙江大学等10家企业和科研机构负责人参加。企业相关负责人就如何解决好产业发展空间、人才招引、技术研发、产业资本融资等制约VR企业发展的具体问题进行交流互动。

【国家职业教育虚拟仿真示范实训基地授牌试运行】 2021年8月9日,教育部办公厅正式批复同意国家职业教育虚拟仿真示范实训基地挂牌并投入试运行。9月,第一批200余名来自省内各高职院校的学生入驻实训基地并开展实训,正式开班试运行。当月共开设通用航空器航务技术、工业机器人等7个专业班和现代信息技术、轨道交通专业2个企业定制班。学生们通过认真体验虚拟现实技术与职业教育结合的新模式,即可边学习边实践,掌握更多新技能、新知识。作为虚拟现实与职业教育发展融合的一次实践,基地分两期建设,建成后每年可容纳约10万名学员进行实习实训、社会培训、师资培训及研学活动。实训基地于2021世界VR产业大会云峰会期间精彩亮相,得到业界好评。至年底,累计开设16个培训班,为省内高职院校学生及华为、中国通号等企业员工约700人次开展实训。

【腾讯天美南昌内容制作中心项目签约】 2021年9月23日,腾讯天美南昌内容制作中心项目签约仪式暨2021年王者荣耀甲级职业联赛秋季赛落地南昌发布仪式活动在红谷滩区成功举行。市委常委、副市长王万征出席并致辞,副区长提名人选熊飞主持。当天,王者荣耀甲级职业联赛秋季赛也正式宣布在红谷滩区落户,并于9月27日在融创乐园青花剧场开赛。该赛事以电竞、年轻、激情、活力为主旨,通过年轻人喜闻乐见的方式,以数字化文创的手段有机结合本地历史文化,为红谷滩区城市文化注入全新动能、打造全新城市名片。

【“VR+裸眼3D”巨幕亮相】 2021年10月18日18点18分,在红谷滩区T16购物中心举行千平裸眼3D巨幕亮屏仪式。区委副书记、区长刘光荣,市商务局副局长石浩等出席亮屏仪式。裸眼3D巨幕位于丰和北大道与庐山南大道两条主干道交汇处,总面积1354平方米,采用P8户外屏,国芯金线封装灯珠,可满足市民不借助任何设备,裸眼就能真切感受到高清震撼的3D视觉效果。亮屏仪式现场播放以“中国宇航员探索火星空间站”为主题的视频,多个场景营造出震撼视觉效果与互动体验。

【2021世界VR产业大会云峰会在红谷滩区举办】 2021年10月19日,由工信部、省政府主办的2021世界VR产业大会云峰会在红谷滩区开幕。国务委员王勇出席开幕式并致辞。省委书记易炼红,工信部副部长王志军,省委常委、市委书记李红军致辞;省委副书记叶建春主持开幕式。红谷滩区作为大会的具体举办地,专门成立区委、区政府主要领导挂帅的筹备工作领导小组,积极参与大会筹备。大会以“VR让世界更精彩——融合发展创新应用”为主题,共有30场活动,主要聚焦VR前沿技术,采取线上为主、线下结合的云峰会方式进行,探讨发展之道,推动应用普及。本届大会创新采用了裸眼3D开场特效、沉浸式会场等九大应用场景,进一步创新会议举办和直播形式,提升现场及线上参会嘉宾沉浸感。吸引13个国家和地区的嘉宾参会,2000余名嘉宾亲赴现场,3000余名嘉宾通过云会场线上参会;2天会期通过大会官网观看开幕式和主论坛直播的观众达30余万人次,通过“百家媒体大直播”观看开幕式、主旨演讲的观众累计达3000余万人次;为期4天的VR博览会共吸引观众6万人。216家企业和机构现场展示了穿戴式显示设备、无介质全息现实技术、VR影音娱乐解决方案等VR最新技术成果;华东交通大学、小核桃科技等企业举办了10余场新品发布会。大会发布三年以来的15项重要创新成果;公布2021中国VR 50强企业名单;举办2021虚拟现实产业创新产业大赛;授予江西省第三批VR产业创新创业优秀人才团队称号。

【2021“红谷VR精英杯”虚拟现实产业创新大赛举办】 2021年10月19—20日,举办2021“红谷VR精英杯”虚拟现实产业创新大赛,来自全国各地200余家企业报名参赛。展开了创新应用赛道决赛赛事、企业赛道决赛赛事,经过激烈角逐之后决出了全部奖项。10月20日,大赛决赛颁奖仪式举行,副省长罗小云出席并颁奖。区委副书记、区长刘光荣出席大赛颁奖仪式,并作招商推介。北京易智时代、菱形信息等辖区内多家企业获奖。大赛角逐出24家获奖企业和团队,发放大赛奖励30万元。成功引进上海影创信息科技有限公司等4家获奖VR企业。本届大赛入选中国科协2021年海智计划资助项目,十分注重企业落地和持续发展后劲,为优秀企业和团队优先推荐专项基金支持和中国(南昌)VR产业基地、南昌VR科创城的入驻资格及配套政策等多项支持。

【5家企业获省第三批VR优秀人才团队奖】 2021年10月20日,省第三批虚拟现实产业创新创业优秀人才团队授牌仪式在红谷滩区举行。省委常委、省委组织部部长刘强,副

省长任珠峰为入选团队授牌并讲话。本届VR创新创业优秀人才团队的评选工作历时近3个月,其间,共有46支团队申报,最终有8支创业优秀人才团队和2支创新优秀人才团队入选。辖区内鉴真防务、菱形信息、世宏泛亚等5个团队获得表彰,占全省获奖数量的50%。此次入选的人才团队分别获得100万元项目资助。该活动的举办,对于吸引国内外优秀VR人才团队和发挥优秀人才团队对VR产业发展的推动作用具有重要意义。

2021年10月20日,2021"红谷VR精英杯"虚拟现实产业创新大赛决赛颁奖仪式举行 (区科工局供图)

【南昌VR科创城全球招商推介会举办】 2021年10月20日,2021年南昌VR科创城全球招商推介会在省行政中心会议中心举行。市委副书记、市长万广明致辞。省工信厅一级巡视员王亦斌作产业推介,省商务厅一级巡视员朱元发作招商推介,市委常委、副市长、高新区党工委书记王万征作南昌市产业推介,红谷滩区作南昌VR科创城招商推介。现场总签约项目达114个,签约总金额达704.15亿元,涉及VR硬件制造、内容研发等多个方面。红谷滩区现场总签约项目24个,签约总金额达到242亿元,包括50亿元投资额的星河国际科创产业园,20亿元投资额的世纪华通XR研发总部,5亿元投资额的中国移动虚拟现实创新中心等一批示范性强、带动力大的项目。大项目的签约,将进一步促进VR"产、学、研、用、融"生态链的构建,加速推进名校、名企、名城三方合作,引导政策、资本、人才、土地等要素保障向科创城集聚、向VR产业集中,加快VR产业提质增效。活动当天,华为Fellow、软通动力集团有关负责人代表企业作了发言,世纪华通作新品推介。

【浙江大学南昌研究院签署落地协议】 2021年11月21日,在第一届区委第9次常委会会上,审议并通过了区政府党组提交的《关于"南昌市红谷滩区人民政府 浙江大学共建浙江大学南昌研究院"合作协议的请示》,12月完成协议签订。根据协议,浙江大学将联合红谷滩区共建浙江大学南昌研究院,重点打造下一代VR/AR/MR智能眼镜平台、基于5G的VR/AR/MR用大容量传输关键器件,推进VR/AR/MR应用软件开发及产业化等。

(罗晓平)

金融服务业

【概况】 2021年,红谷滩区围绕构建中部新兴区域金融中心目标,扎实推进全省金融商务区建设。实现落户各类金融机构和金融服务企业1233家,集聚了人民银行南昌中心支行等2家中央驻赣金融监管机构,中航信托、中航证券等11家法人金融机构,中国银行、进出口银行等132家持牌金融机构区域型总部,江西文旅产业发展基金等111家股权基金机构,海济融资租赁、工控商业保理等20家地方金融组织,工控供应链金融等768家类金融企业,大童保险销售等189家金融中介服务机构,汇集了全省80%以上的法人金融机构和省级区域性总部,形成了以银行、证券、保险等传统金融业为主体,股权基金、融资担保、融资租赁、商业保理等新兴金融业为补充,区域性资本交易平台、金融中介服务机构为支撑的金融业发展格局,初步形成全牌照、多层次的区域金融服务体系,成为江西金融业发展的主要阵地、创新标杆和全省唯一的金融中心。至年底,红谷滩区金融机构本外币各项存款余额2652.54亿元,占南昌市各项存款余额17.97%;本外币各项贷款余额3616.13亿元,占全市的20.52%。区本级金融业增加值为255.28亿元,占生产总值的比重为34.96%。金融业完成税收24.95亿元,占财政总收入的23.79%。区级金融业税收完成2.53亿元,占区财政一般预算收入的7.3%。红谷滩区金融办主任彭晓辉被评为全省金融领域担当作为先进个人。

【服务实体经济发展】 2021年,红谷滩区积极搭建各类融资对接平台,缓解企业融资难、融资贵、融资慢等问题。6月10日,会同市金融办、市工信委等部门举办虚拟现实产业融资对接活动会,与区内企业南昌菱形信息技术有限公司达成签约金额3400万元,实现有效融资。鼓励企业利用资本市场、银行间债券市场做大做强。区内已有上市企业2家,省级重点上市后备企业12

家，已申报IPO企业1家，拟申报IPO企业1家。同时，强化与联合股权交易中心合作，共同推动企业利用区域股权交易市场进行挂牌展示及融资。全年新增新四板挂牌展示企业29家（绿色板企业8家），全区挂牌展示企业总数达189家，新发或续发私募可转债4笔，实现融资超11亿元。不断提升中小微企业融资服务能力。至年底，辖区担保机构为中小微企业提供担保累计2352笔，担保超90亿元，平均融资性担保综合担保费率为0.33%。同时，支小支农担保业务规模和占比大幅提升，强力助推中小微企业快速发展。

【推动金融改革创新】 2021年，依托红谷滩区内金融、人才和技术资源优势，加快推进金融平台、园区平台和融资服务平台建设，积极推动本区域金融和产业创新融合发展。全省首个区级金融控股平台于2018年3月正式成立，形成基金、资产管理和供应链金融三大主要业务板块，全年纳税总额达4700万元。全省首支完全市场化创新产业引导基金——红谷滩航誉创新产业发展基金于2020年10月正式备案，2020年底封闭运营，首期规模10亿元，2021年通过资本招商方式引进北京小土科技、上海思贤、北京天云3个高新技术企业，投资规模近1亿元。2021年建设全省首个上市加速器——南昌·一亿中流上市加速器园区，于10月16日成功开园，园区入住率达80%以上，已引进江西新益禾堂、江西好推等16家企业，实现总产值近5亿元。会同银保监局、省银协于2020年11月成功设立红谷滩区普惠金融服务中心，至2021年底，汇集全区近30家金融机构的普惠金融产品100余个，平台累计授信额度超6000万元。

【优化金融营商环境】 2021年，积极宣传并组织实施《关于印发红谷滩区进一步推进全省金融商务区建设的若干政策》，从入驻、办公用房、财税贡献、创新发展、人才等多方面对金融机构和企业进行鼓励和扶持。全年累计兑现奖励4999.54万元。建立招商企业资源库，紧盯重点机构，积极争取金融监管机构和省市金融部门支持，加强与驻外商会、第三方招商机构沟通交流，充分发挥各类资源优势，实行分类分层、定向精准招商，不断优化招商引资模式。始终把“用户思维、客户理念”融入工作全链条，努力营造“重商安商亲商”的人文环境。用好绿色通道机制，对重点企业和项目做好跟踪服务，不断提升服务效能。帮助兴业银行南昌分行、江铃集团财务公司等多家企业协调解决多个重大问题，获得企业感谢及好评。

【防范化解金融风险】 2021年，常态化组织开展防范非法集资、非法放贷等金融风险宣传教育工作，通过发放宣传折页、入户宣讲、问答互动等方式，向群众普及防范非法集资等非法金融活动相关知识，全年印制、分发各类宣传折页6万余份，发送宣传短信60余万条。严格落实属地监管责任，对辖内小额贷款、融资担保、融资租赁、典当行、商业保理公司等25家地方类金融组织进行全覆盖监管和规范整治，对其进行全覆盖摸排走访，全年累计走访39家（次）。排查辖内各类风险企业34家，依法依规处置11家，有效化解潜在非法集资风险。积极协调公检法等单位依法加大对重大非法集资案件打击力度，平稳处置“小猪理财”、佟鑫娘等一批重大非法集资案件。加快推进P2P平台风险出清进程，全区纳入整治的9家P2P平台实现全行业退出，存量业务规模压降超50%。“小猪理财”平台追赃挽损超2.6亿元，扣除已立案借款人本金，正常催收回款率超50%，回款率全国排名前列；“博金贷”平台存量业务压降近7.5亿元，下降率达83.3%，形成P2P平台风险化解处置“红谷滩模式”。

【打造金融人才高地】 2021年，及时兑现人才奖励政策，根据《红谷滩区进一步推进全省金融商务区建设的若干政策》规定，全年兑现金融机构高管个人及高管团队奖励资金377.42万元。积极落实好《南昌市人民政府办公室印发关于促进全市金融业高质量发展的若干政策措施的通知》等涉人才相关政策，鼓励金融机构引进高层次人才，大力培育“金融昌军”，对取得注册会计师等执业资格证书且在南昌全职工作满2年的，给予奖励补贴，全年累计为89名金融机构从业人员兑现人才政策奖励，共计金额93万元。认真做好金融人才推荐、评选和激励工作，积极组织辖区内高层次金融人才申报省“双千计划”，协调解决“双千计划”申报过程中遇到的困难和问题，为人才成就事业提供更好的环境与平台。深化校地战略合作，一方面依托江西金融发展研究院，积极与金融机构对接，联合招收和培养博士后研究人员，为金融机构输送高端金融人才；另一方面深化与南昌大学校地合作，积极筹建“江西产业金融发展研究院”，争创国家级金融改革试验区。同时，加快推动校地融合智库建设，基于红谷滩产业发展现状及区域金融中心发展基础，进一步推动产融结合，推动产业金融尤其是科技金融、金融科技、普惠金融、绿色金融等方面的发展，提出破解区域金融中心建设发展瓶颈的对策、意见和建议。加强与国内精尖金融人才协会合作，探索设立江西金融人才服务中心，打造服务全省、辐射中部、对接粤港澳大湾区的金融人才服务平台。

【《红谷滩区推动企业利用资本市场加快发展的若干扶持政策》出台】 2021年3月17日，红谷滩区政府办公室印发《红谷滩区推动企业利用资本市场加快发展的若干扶持政策》，鼓励企业通过资本市场上市融资和再融资,加大企业直接融资支持力度,促进产业转型升级、做大做强,助力全区经济社会高质量发展。

【南昌·一亿中流上市加速器开园仪式举行】 2021年10月16日,“红谷飞跃·数智未来”论坛暨南昌·一亿中流上市加速器开园仪式在红谷滩区圆满举行。区委书记吴江辉,市金融办副主任许小兵,区委常委、常务副区长仇海泉,浙江清华长三角研究院杭州分院副院长尹海鹏,一亿中流集团董事长刘海峰及企业相关负责人,红谷滩区金融办、区发改委、区科工局、区商务局、区文广局、区VR推进中心、凤凰洲管理处等各部门主要负责人,及来自全国各地的百余名一亿中流企业家代表,客商嘉宾及媒体朋友出席。开园仪式上,南昌一亿中流信息科技有限公司与江西快人科技有限公司等5家企业进行现场签约,区委书记吴江辉,区委常委、常务副区长仇海泉,金融办副主任许小兵等领导及一亿中流相关负责人上台见证签约并启动开园仪式。坐落于红谷滩区人社大厦的南昌·一亿中流上市加速器是江西省首个上市加速器,致力于从全国重点引进高科技、高成长性优质企业,对企业进行“政策、产业、战略、资本”全面赋能,锻造全国知名、城市领先的企业上市加速器聚集地。自2月园区入驻办公以来,南昌·一亿中流快速开展园区运营、企业引进服务等一系列工作。至年底,企业入驻率达80%,累计洽谈意向企业80余家,已入驻企业15家,其中签约重点企业5家,待落地项目5家。园区企业累计实现产值近5亿元,完成投资额数千万元。

【红谷滩航誉创新产业发展基金】 红谷滩航誉创新产业发展基金是由南昌市红谷滩城市投资集团有限公司、江西红谷滩金融控股有限公司、中航资本产业投资有限公司、南昌市政投资集团有限公司共同发起设立,基金总规模30亿元,首期规模10亿元,采用双GP模式运作,基金期限为“4+3+1”(前4年为投资期,后3年为管理退出期,基金到期后,经全体合伙人同意可延长经营期限1年),返投红谷滩比例为出资额的1.5倍。基金于2020年10月正式完成备案,2020年底封闭运营。至2021年底,已成功投资7个项目,投资额超2亿元。其中3个项目为资本招商返投项目,即将落户红谷滩区,项目投资总额近1亿元。

2021年12月13日,德勤华永会计师事务所(特殊普通合伙)正式落户红谷滩

(区金融办供图)

【德勤华永会计师事务所落户红谷滩】 2021年12月13日,德勤华永会计师事务所(特殊普通合伙)正式落户红谷滩,作为全球领先的专业服务机构之一,德勤成员所网络遍布全球超过150个国家和地区,在90余个国家和地区配备中国服务部专业团队。德勤是首家全球营业收入超过500亿美元的专业服务机构,并且连续第四年荣膺全球“最具价值商业服务品牌”榜首,持续保持专业服务领域“绝对领先者”的理念。德勤落户后,将聚集德勤中国乃至全球的审计、税务、风险咨询、财务咨询和管理咨询等专业能力,围绕南昌市“智造新城、山水名城”、数字经济“一号工程”“赣江两岸科创大走廊”等发展使命和目标,聚集智慧城市、园区规划、招商引资、国企改革、营商环境、融资发债等领域的专业资源,助力传统优势产业转型升级,推动新兴战略产业优化发展。

(殷杰茹)

楼宇经济

【概况】 楼宇经济已成为红谷滩区在经济新常态下产业结构优化升级、产城融合创新发展的重要动力引擎。经过20年开发建设,红谷滩区形成以金融、总部经济、文化产业、虚拟现实等为代表的现代服务业体系。以高端产业作主导,通过有效融合资本、人才、技术、管理、文化等诸要素,形成上下游产业相关的“链带式”联动发展格局,打造了一批产业集聚区、中央商务区、特色商圈等不同形式的载体。红谷滩区楼宇经济进入2.0阶段后,正逐步向集聚化、数字化、网络化、智能化方向发展升级。未来红谷滩区在楼宇经济发展方面,将更加聚焦高端产业、高端消费,大力吸引国内外企业在红谷滩区设立地区总部、研发中心、结算中心,从而形成一批具有聚集度高、产出效益好的商务楼宇。至2021年底,红谷滩区楼宇共计308栋,其中已投入运营的楼宇247栋,在建楼宇61栋。已投入运营的楼宇中:写字楼69栋,集写字楼、商业、酒店宾馆、行政办公楼功能为一体的楼宇69栋,公寓为主的商业办公楼45栋,公寓楼17栋,购物中心

25 栋，酒店 19 栋，行政办公楼 3 栋。已投入运营的楼宇中商务办公面积 7.93 平方千米，楼宇内入驻企业共计 4700 余家。

【南昌 VR 科创城】 围绕打造 VR 产业“江西高地”的总目标，搭平台、集要素、聚企业，促进新一代信息技术与 VR 产业园区的深度融合，建设业界领先的 VR 产业智慧园区，南昌绿地申飞置业有限公司与南昌中天置业投资有限公司于 2019 年 9 月签订合作协议共同打造南昌 VR 科创城。南昌 VR 科创城位于红谷滩区，总体规划面积为 9.14 平方千米。其中，一期规划面积为 4.16 平方千米，将结合人工智能、5G、云计算、大数据打造智能产业网络，构筑虚拟现实产业未来发展的产业核心，具体建设包括创新小镇、生态小镇、产业小镇、共享小镇、人文小镇，打造“四大中心”（VR 创新中心、VR 体验中心、VR 展示中心、VR 云中心）、“四大平台”（VR 资本平台、VR 教育平台、VR 标准平台、VR 交易平台），发挥“八大功能”（创新促进、企业发展、应用加速、人才培训、文化科普、品牌宣传、旅游服务、生活服务），带动 VR 硬件制造、软件研发、内容制作和应用服务全产业集聚，实现 VR 技术在教育、医疗、旅游、文体影视、智慧城市等领域的应用，将“五大链条”（创新链、产业链、人才链、资本链、价值链）有机融合，形成“创新、生态、产业、共享、人文”五维一体新格局。2020 年 4 月 29 日，南昌市虚拟现实科创城建设有限公司成功获取项目首宗土地。至 2021 年底，南昌 VR 科创城在建 VR 展示中心总建筑面积 0.02 平方千米、VR 总部基地总建筑面积 0.13 平方千米、VR 体验中心总建筑面积 0.02 平方千米。

【中国（南昌）虚拟现实 VR 产业基地】 中国（南昌）虚拟现实 VR 产业基地位于红谷滩区九龙湖管理处九龙大道 1177 号，是南昌市 2016 年宣布打造的全国首个城市级 VR 产业基地，VR 产业基地打造的“四大中心”和“四大平台”旨在针对 VR 企业的痛点，解决 VR 企业在人才、资本、市场三大方面的难题，降低 VR 企业运营成本，加大 VR 企业研发支撑，推动 VR 产业良性发展。其中，四大中心为：VR 创新中心，旨在将 VR 产业的技术与市场高效衔接，已创建省级制造业创新中心，正全力争创国家级创新中心；VR 体验中心，规划面积约 0.02 平方千米，让参观者体验到 VR 带来的视觉享受；VR 展示中心，重点展示全球最新 VR 软硬件技术和行业标杆性应用项目，打造“永不落幕”的 VR 新技术新产品展示、发布和交易平台；VR 云中心，高标准建设行业首个 VR 产业云服务平台及管理体系。至 2021 年，中国（南昌）虚拟现实 VR 产业基地商务办公面积约 0.08 平方千米，基地“四大中心”“四大平台”不断提质升档，华为南昌研究所、微软 AI+VR 创新基地、高通影创联合创新中心、北理工 VR 标准平台等一批产学研用平台落地运营，同时引进华为、阿里、微软、高通、紫光等一批世界 500 强、国内外 VR 头部企业，HTC、科大讯飞、联想新视界、上海影创等一批全国 VR 50 强企业，基地有入驻企业约 50 家。

【慧谷创意产业园】 慧谷创意产业园位于红谷滩区学府大道 899 号，总占地面积 17.33 公顷。产业园内设味粽创客空间、江西南昌留学生创业园及江西省跨境电商加速器。其中味粽创客空间以创新引领创业、以服务企业二次创业带动初次创业为目标，围绕“青年创富、企业创新、产业创强、园区创优”的目标，聚集全国优质资源，形成融合“创客咖啡—创业学院—创业基金—创客工场—创业孵化”为一体的众创空间生态链，是江西省运营面积最大、众创生态最完备的众创空间。江西南昌留学生创业园的宗旨是运用先进的国际企业孵化器管理理念和管理方法进行管理，提供良好的软硬件设施和完善的服务功能，向留学人员入园创业营造良好的政策环境、科研环境、经营环境及生活环境，培育有高度创新能力和强劲市场竞争力的现代企业和优秀企业家。慧谷创意产业园于 2010 年 6 月正式投入运营。2021 年 1 月，腾讯集团南昌全资子公司岚岫（南昌）信息科技有限公司正式落户慧谷创意产业园，岚岫（南昌）信息科技有限公司是腾讯集团落户江西省的首个业务布局战略项目。该项目将不断引入人工智能、大数据、内容识别等产业专家，对腾讯平台内容进行更严格的质量把关，努力打造“创造美好、传播美好、守护美好、感受美好”的内容新生态。至 2021 年底，慧谷创意产业园商务办公面积约 0.13 平方千米，有入驻企业约 150 家。产业园获“国家级众创空间”“全国青年创业示范园区”“全国为侨公共服务示范单位”“江西省新的社会阶层人士创业创新示范基地”“江西众创基地”“江西省知识产权（专利）孵化中心”“江西省青年（大学生）创业孵化示范基地”“洪城众创 3.0 建设示范单位”“南昌市科技企业孵化器”等称号。

（肖　琼）

商贸产业

【概况】 2021 年，红谷滩区商务局围绕搞活流通、扩大消费，聚焦推动商务经济发展目标，充分发挥对全区商贸行业指导协调职能，主动适应发展新形势，谋划商贸新布局，持续深化放管服改革，着力提升行政服务水平和效率，积极主动帮助商贸企业开拓市场，激发企业发展活力，依法规范商贸市场秩序，努力营造便利宽松、公平竞争的营商环境,促进全区商贸业健康有序发展。受到新冠肺炎疫情影响,居民消费市场缓慢复苏。全区商贸企业加快创新转型,不断激发活力,持续推进创业创新。

【"强将军"入选全省第五批"江西老字号"名单】 2021年,为挖掘老字号传统技艺和品牌内涵,弘扬老字号创新实践及工匠精神,扩大老字号品牌影响力,区商务局积极推进和培育辖区内老字号企业发展,指导有条件的企业参与江西省老字号申报工作,鼓励老字号企业积极探索发展新模式,大力支持企业做优做强,同时不断优化发展环境,积极促进全区老字号企业持续健康发展。红谷滩区江西强将军生物科技有限公司入选第五批"江西老字号"名单,成为江西中医药的著名品牌。江西强将军生物科技有限公司,是一家弘扬传播土将军中医药文化的生物科技公司。发展至今,师徒传承历经142年,被誉为中医界的熊猫宝宝。其古法炮制技术是将39味名贵中草药,经过18道工序,秘方炮制加工制作而成,该炮制技艺已经流传上百年,专治跌打损伤、肩颈腰腿痛,在社会赢得广泛的赞誉,并先后入选省市非物质文化遗产重点保护名录。

【沁园农贸市场荣获全市唯一"五星级农贸市场"称号】 2021年,沁园农贸市场在高起点、高标准、高要求的建设规划和专业运营管理下,荣获2020—2021年度全市唯一的"五星级农贸市场"称号。该市场是红谷滩区为进一步规范城市化管理,推动卫东村集体经济发展而打造的一项重大重点民生工程,于2018年开工建设,2020年2月启动运营,位于金融大街1号,是红谷滩集商贸金融、行政办公的核心区域,主建筑占地7442.65平方米,分为上下两层,经营面积1.1万余平方米,设置摊(铺)位520个。主营蔬菜、肉类、水产、家禽、水果、干杂、禽蛋、豆制品等农副产品行业。市场突显四大特色:一是市场规模大。市场总占地面积1.82公顷,其中停车场占地1.07公顷,设置机动车停车位320个、非机动停车位1500余个,宽敞的购物通道及中庭服务空间可同时容纳上万人购物。二是建设标准高。市场秉承"绿色、环保、节能、科学"的理念,高起点规划、高标准建设。市场集自然通风采光、智慧农贸系统、光伏发电系统、专业农残检测设施等多项功能于一体。三是服务功能全。引进专业运营团队(赣江物业)服务,积极探索并打造群众身边的多样化便民服务,引进缝补修鞋、修锁配匙、修理家电、修理钟表、快剪理发等,得到消费者的一致好评,并设置妈咪爱心小屋、残障设施台、休闲阅览区、志愿者服务站等,有效地给市民提供了各类服务。四是文化氛围浓。为充分展示南昌市文明创建的风采和窗口,把传统文化、农耕文化和南昌历史地域文化全部融入市场,在提升市民购物体验感的同时,充分倡导并宣扬了社会主义核心价值观。

【夜市经济市场培育进入"快车道"】

2021年,红谷滩区夜间文旅消费呈现多点开花形态,"一江两岸"景观照明工程亮点了两岸文旅消费长卷,以摩天轮、红谷滩CBD为代表的现代文化,以赣江市民公园、南昌舰主题公园、VR主题乐园、融创文旅城等为代表的休闲旅游景点,以红谷滩金街、铜锣湾T16广场、卢塞恩小镇等场所为代表的夜间经济聚集区,以南昌国体中心和绿地国际博览城为代表的赛事场地和会展场馆,以贰麻酒馆、蓝蛙、喜茶、奈雪的茶为代表的网红品牌,共同构成红谷滩区夜间经济发展新图景。更加注重多产业协同融合,通过夜间经济这个"小切口",进一步促进了城市基础设施、城市公共服务、城市治理能力等相关产业的"大提升",网红主播、流量达人、潮玩人群等新兴群体逐渐成为夜间生活与消费体验的主力军,街头表演、共享直播、临街店铺丰富了夜间经济新业态、新场景、新服务,催生了夜间经济发展"新赛道"。

【地铁·万科广场盛大开业】 2021年12月18日,地铁·万科广场正式开业。该项目位于红谷滩CBD核心位置,体量约9万平方米,由南昌轨道交通与江西万科置业共同打造。项目定位于"城市精致美好生活创作中心",聚焦年轻家庭消费群体甄选品牌,引进"盒马鲜生"超市江西首店、"MELAND CLUB"儿童乐园、"钟书阁"、保利国际影城、HUAWEI高级别体验店、XINSUN苹果店、星巴克、魅KTV等知名品牌,项目开业给消费者带来一站式的娱乐购物体验。

【举行2021相约春天消费季启动仪式】 2021年3月21日,为贯彻落实上级扩大内需、促进消费决策部署,打好促进商贸消费升级三年行动收官战,推动消费扩容提质,省商务厅、市政府联合主办的江西2021相约春天消费季暨南昌约惠牛年·乐购洪城活动启动仪式在南昌市红谷滩区杉杉奥特莱斯购物中心举行。省市领导胡强、宋雷鸣、谢一平、梁小康、饶芝新、李松殿等一起触摸大屏幕,启动消费季活动。本次活动突出引导消费氛围。省、市、县三级将举办近千场形式多样、丰富多彩的促消费活动,引导3000余家重点企业采取直降、立减、折扣、秒杀、满赠、拼团等方式让利销售。突出引爆消费热点。紧扣汽车、家电、家具等重点商品,采取线上线下相结合,举办2021南昌首届云车展等系列汽车展销会、家具博览会,开展江西双品网购节、淘宝特价江西产销对接会等线上促销活动,"双线"促销引爆汽车热、"五一"热等高潮热点。突出引领消费新时尚。做好商旅文消费文章，将举办凤凰沟樱花节、婺源油菜花节、明月山花痴节、龙虎山景区第二届道都花海寻梦半程马拉松大赛、第二届赣南红石奇石文化交流会等系列文体消费活动，打造一批网红打卡地，提升消费品质，引领消费新时尚。

【第一届中国米粉节会场落地红谷滩南昌融创文旅城】 2021年6月11—15日，第一届中国米粉节会场落地红谷滩南昌融创文旅城。活动以“中国米粉、味聚江西、活力红谷滩”为主题，共有70家米粉摊位，通过“旅游+米粉”的形式，围绕江西米粉文化，打造丰富多彩的米粉演艺内容，让米粉节更加娱乐化、互动化、体验化。特色情景演艺，传播独特的江西米粉文化。讲好江西历史文化故事，宣传当地特色米粉文化。以“互动情景演艺”为主线，打造西施米粉、鸳鸯米粉、状元米粉等互动摊位和拍照打卡点，古装演员扮演历史人物与游客互动，还有竹竿迎宾舞等舞蹈表演，丰富现场趣味，打造传播热点，激发游客拍照打卡热情，增强直播效应。同时，打造米粉情景故事演艺，再现江西源远流长的米粉文化和人文情怀，传播江西米粉文化。“米粉+端午”，创新民俗活动新玩法。在米粉节期间推出端午节传统民俗活动，让游客在逛米粉节之余，体验浓郁的端午氛围，可免费参与包粽子、投壶、制作香囊、制作五彩绳等端午特色民俗活动，还有古风挑货郎在米粉节吆喝，免费向游客赠送辟邪祛病艾草，让游客获得“米粉+端午”的独特体验。“旅游+米粉”打造南昌米粉文化新名片。

【开展2021年“乐购红谷悦享生活”时尚购物节系列活动】 2021年9月，为深入贯彻落实党中央、国务院全面促进消费的决策部署，更好发挥消费畅通国内大循环的关键环节和重要引擎作用，按照商务部的统一部署，在省委省政府、市委市政府的坚强领导下，围绕红谷滩区加快区域消费中心城市建设和促进批零住餐行业高质量发展，以规模大、质量优、模式新、体验好为目标，安排促销活动经费1100万元，组织开展2021年“乐购红谷悦享生活”时尚购物节系列活动。时尚购物节系列活动由“2+4+5+X”活动框架组成，“2”项重大仪式即启动仪式和成果发布会；“4”大元素即促进“假日”“换季”“休闲”和“文化”在大消费中跨界融合、精彩呈现；“5”个重点板块即汽车销售、服饰百货、文化图书、电子商务、夜间经济等活动梯次推进；“X”即鼓励辖区内各类市场主体开展若干项让利促销活动，全区开展的各类促销活动总共超过120场。

（王　昊）

2021年12月28日，红谷滩区中国米粉时尚第一街开街

（区商务局供图）

文旅产业

【概况】 2021年，红谷滩区委、区政府认真贯彻落实文化强省、文化强市战略部署，牢牢把握社会主义先进文化方向，把文化作为长远工程、惠民工程抓紧抓牢抓实，促进文化产业高质量发展、繁荣发展，增强了现代化新城的“文化厚度”，逐渐成为全省的“文化客厅”。同时，立足产业发展基础，深化文旅融合，丰富产品供给，推动文化旅游产业转型升级，释放文旅综合效应，促使文旅产业成为推动红谷滩区经济社会发展的重要新引擎。

【政策体系建设】 2021年，红谷滩区将文化产业发展作为健全城市文化体系的重要抓手，坚持高位推动，把“文化强区”建设纳入“十四五”规划；制定《红谷滩区产业发展规划》，将文化创意产业作为规划重要板块；相继制定出台《红谷滩区彰显省会担当 推进十大文化重点工程实施方案》《红谷滩区文化和旅游产业链链长制工作实施方案》《红谷滩区文化产业发展专项资金使用管理办法》《红谷滩区做大文旅产业经济总量三年行动实施方案》《红谷滩区支持文化产业发展扶持办法》等一系列政策文件。同时，每年安排不少于700万元文化产业专项资金，撬动产业发展壮大。

【发挥基础产业优势】 2021年，红谷滩区的新闻出版发行、广播电视电影、文化创意设计、文化信息传播、文化休闲娱乐、文化艺术、工艺美术、文化用品生产等文化产业门类有较好的发展基础,涌现出一大批文化产业园、特色文化街区等项目。如江西慧谷·红谷创意产业园,是江西省服务外包示范基地、南昌重点招商引资项目之一,被列为国家发改委江西重点扶持项目之一,受到国家服务外包政策、区产业优惠政策双重政策扶持,将发展成为江西省创意产业的核心聚集地。在全面深化文化体制改革的推动下,红谷滩区文化及相关产业更加充满活力,呈现文化服务业主导、新兴产业如VR产业领先、文化市场欣欣向荣的特点。根据红谷滩区发展定位,红谷滩区的文化产业规上企业主要集中在服务业和贸易业,以文化出版类和图书销售类最为集中,营业收入占比达到红谷滩区文化产业90%以上的体量。至年底,红谷滩区规上文化企业营业收入138.36亿元,同比增长10.9%,占全市文化产业营业收入的27.4%,全市排名第二。

【融合发展战略】 2021年,充分发挥红谷滩旅游、会展等产业优势,坚持"以文兴业"目标,坚持以"文化+"为路径,全力推进文化与旅游、节庆、会展相融合,培育文化产业新业态、新模式、新动能。

聚焦"文化+",发展新业态。推动"文化+旅游"。积极融入"高铁旅游圈",打造全省旅游集散中心。以红色游、都市休闲游等为抓手,推出"红谷十景"品牌,打造"魅力红谷滩一日游"精品路线。推动"文化+节庆"。举办中国米粉节、全国新剧目优秀展演季等活动,推出红谷话剧节、文化图书节、缤果音乐节等系列品牌节庆活动,形成多元业态。推动"文化+会展"。立足绿地国际博览中心,举办世界绿色发展投资贸易博览会等200余场会展活动,参展人数300余万人次。作为VR产业大会的永久举办地,承办4届世界VR产业大会,吸引国内外参展人员约24万人次,推动了VR在图书、影视、非遗、旅游等文化领域的展示、应用。

聚焦产业化,落地新项目。实施重大项目带动战略,瞄准头部企业,积极对接北上广深等重点地区,引进一批文旅行业重点企业。促成项目总投资约12亿元的保利大剧院项目成功签约并落地。一方面新引进重点项目如大都汇等新签约项目的早日开工,推动在建项目如南昌澳世汇文化艺术博览园、江南温泉城、华章天地等重点项目的早日投产。另一方面仟得数字文化园、盈创华兴产业园等产业园区形成集群、集聚效应,文化园区经济效应也在不断凸显。这些文化产业项目的涌现,为红谷滩区文化产业的发展带来极强的生命力、吸引力和发展潜力。

聚焦服务化,创新新形式。鼓励社会资本投入博物馆、艺术馆、城市书房等文化载体建设,打造以金九福钱币博物馆为代表的文化阵地,开展红色文化、主题展览等一系列活动;围绕打造"书香红谷滩",引进"上海最高书店之称"的云端书店落户红谷滩;以新华书店、西西弗书店、几何书店等网红书店为载体,开展一系列小型论坛、读书分享会、名师讲座等活动;先后举办"第二届全国小幅漆画展""魅力红谷·水木佳话——中国·南昌全国版画、水彩·粉画联展"以及系列诗词进社区、诗词讲座等文化活动。

聚焦数字化,推动新经济。自红谷滩区挂牌成立以来,区委、区政府高度重视文化产业发展工作,全面实施产业和文化提升"一把手工程",按照做大全市经济总量和"数字经济"一号工程要求,积极抢抓以VR产业为特色的数字经济新机遇,推动文化产业蓬勃发展。通过密集走访、召开规上入统调度会等形式,摸清底数,发掘一批质量高、可入统的数字经济及文化产业规上企业。同时,在数字经济及文化产业招商引资方面积极作为,引进落户了保利大剧院、腾讯内容审核中心、31个会展创新智慧平台等,正在加快洽谈引进中国南昌国际数字经济(游戏)产业园、数字音乐谷等优质项目,与顶尖游戏公司洽谈电竞游戏赛事落地事宜,壮大数字文娱产业。

【创建绿色旅游饭店】 2021年,组织南昌缦旅酒店(坐落于丰和中大道166号翠苑路三号地铁口)创建银叶级绿色旅游饭店,顺利通过南昌市旅游饭店星级评定委员会评定。红谷滩区以国家旅游局颁布实施新版《绿色旅游饭店》标准为契机,协助通过宣贯培训、政策扶持、创建指导、评定验收,一批批中高档饭店成功创建成为中国绿色旅游饭店。

【创建"天下英雄城·南昌礼物"旗舰店】 2021年,为加快推进红谷滩区旅游业转型升级,根据《关于开展"天下英雄城·南昌礼物"旗舰店复核验收工作的通知》精神,组织红谷滩区303米绿地中心双子塔303观光厅精心开展创建工作,并通过"天下英雄城·南昌礼物"旗舰店评审。

【AAAA级旅游景区景观质量评价工作】 2021年,组织推荐南昌军事装备展示中心、南昌VR主题园、南昌之星摩天轮参加国家AAAA级旅游景区景观质量评审会。6月,在省文旅厅组织召开的申报创建国家AAAA级旅游景区景观质量评审会上。经AAAA级旅游景区景观质量评审程序组织综合评定,南昌军事装备展示中心通过了AAAA级旅游景区景观质量评价。南昌军事装备展示中心位于红谷滩新区九龙湖新城,打造成了全国一流的高科技军事文化产业综合体,项目设置军事装备展示中心、经典战例演示中心、军事文化培训中心、装备模拟体验中心、军事文化旅游集散中心五大板块。

【参加2021年中国红色旅游博览会】 2021年10月26—29日,中国红色旅游博览会在井冈山召开,区文广新旅局组织南昌金九福钱币博物馆、南昌舰参加展览,在“中国红色旅游博览”井冈山主会场展示13个系列、30余件展品。同时,“红博会南昌分会场”开展“我为英雄城代言”红色旅游宣讲推介大赛。南昌军事装备展示中心代表红谷滩区以“首善之区 鸿鹄旅游 精彩呈现”为主题进行声情并茂的宣讲,通过激烈的角逐,最终红谷滩区荣获该比赛全市一等奖。

(徐　强　钟　鹤)

会展业

【概况】 2021年,红谷滩区文广新旅局主动寻求机遇与创新,以“聚焦全国展、主攻产业展、紧盯消费展”为抓手,主动作为,大力发展会展经济,妥善处理好疫情防控与经济发展关系,将政策措施由“非必要不举办”变为“非必要不停办”,充分发挥会展兴业、兴区作用,推动会展经济稳步发展。9月,出台《红谷滩区关于促进会展业加快发展的奖励办法》,安排3000万元专项资金支持会展业发展。协办中国畜牧业博览会、中国卫星导航年会、中国绿色食品博览会等47场大型会展活动。南昌绿地国际博览中心成为全省首个荣获UFI(国际展览联盟)认证的会展中心,迈入国际化展馆行列。

【中国畜牧业博览会】 2021年5月18—20日,第十九届(2021)中国畜牧业博览会暨2021中国国际畜牧业博览会在南昌绿地国际博览中心举行。此届畜博会共8200余个展位,比上年增长26.15%;参展面积超过16.5万平方米,增长17.85%。其中,室内14个展厅,室外7个大棚展厅及5000平方米环保、物流展示区,成为历届畜博会中规模最大、展商最多、增长最快、龙头企业最全的一届行业盛会。

【中国卫星导航年会】 2021年5月26—28日,第十二届中国卫星导航年会在南昌绿地国际博览中心召开。此届年会是北斗系统开启全球化、产业化的第一届年会,以“时空数据 赋能未来”为主题,涵盖高峰论坛、学术交流、高端论坛、成就博览以及科学普及等内容,10余名两院院士和科学委员会专家、400余名专家学者和产业界优秀人才、3000余名来自全国各地的行业代表参会共论卫星导航事业发展。年会共统筹全省40名签约代表、20个重大项目,签约总金额320亿元(南昌市签约项目10个,总金额230亿余元)。其中,投资50亿元以上项目3个,20亿元以上项目7个,涵盖产业链各环节,进一步壮大了江西北斗产业实力、完善了产业生态。

【南昌绿地国际博览中心正式成为国际展览联盟UFI成员】 2021年11月6日,南昌绿地国际博览中心正式成为国际展览联盟UFI成员,标志其正式迈入国际化展馆行列。这是江西首个荣获UFI认证的会展中心。国际展览联盟(Union of international Fairs,简称UFI),是全球最具影响力的会展业协会之一,也是迄今为止世界展览业最重要的国际性组织。UFI的核心任务是提高全球展览业水平,促进跨国界交流、加强会展业及会展专业技能的标准化建设。其认证审核极为严格,对场馆的服务、质量和知名度皆要求达到一定标准。自2016年11月22日开业至今,南昌绿地国际博览中心举办各类展会活动赛事250余场,展览面积超1080万平方米,参观参展超600万人次,充分发挥会展公共平台带动功能。全年成功申办全国性流动展会共15个,在二线城市中位居前列,正加速推动南昌成为全国性流动展会举办的热门城市。

【出台《关于红谷滩区促进会展业加快发展奖励办法(试行)》】 2021年9月13日,为促进红谷滩区会展业快速健康发展,将会展业培育成全区现代服务业的先导产业和新的经济增长极,形成会展产业集聚新高地,助力区域高质量发展。根据《国务院关于进一步促进展览业改革发展的若干意见》《江西省加快会展业发展三年行动计划(2021—2023年)》《南昌市人民政府关于进一步促进南昌市会展业健康快速发

2021年5月26—28日,第十二届中国卫星导航年会在南昌绿地国际博览中心召开

(区文广新旅局供图)

展的实施意见》精神，结合红谷滩区实际，制定《关于红谷滩区促进会展业加快发展奖励办法(试行)》(以下简称奖励办法)。奖励办法专项资金适用于对在红谷滩区举办会展的各类会展公司、社会团体和行业协会及园区运营方等单位的奖励，促进红谷滩区会展业发展的经费支出。奖励对象范围广，不仅涉及社会机构、企业，还激发了个人的积极性。引导会展企业、协会、展馆及个人参与招企工作。设立促进国际化发展会展奖励，国际会展品牌奖励。设立打造会展产业园区(基地)运营奖励政策标准。鼓励各类场馆做强做大展览引进奖励、各类场馆利用奖励。红谷滩区每年从区财政预算中安排不低于3000万元，作为专项奖励资金，对会展企业、展会活动、产业园区及场馆等进行扶持奖励，以后视财力情况适当调整。区文广新旅局负责加强对奖励资金使用的审核、检查和监督，区文广新旅局遴选专家评审确定后，按照本办法涉及各类标准，审核给予奖励。之前红谷滩区只有针对全国展会申办，有一些资金支持，却无成文的配套扶持政策。适时出台会展政策、设立奖励资金将进一步提升会展办会水平，促进全区会展业快速健康发展，促进全区形成会展产业集聚新高地，助力区域高质量发展，将推动红谷滩区域会展经济发展，有效放大会展经济带动的社会效益和经济效益，展示红谷滩的良好形象。

2021年12月24—27日，第十四届中国绿色食品博览会在南昌绿地国际博览中心举行
(区文广新旅局供图)

【第57届中国高等教育博览会产教融合系列活动】 2021年12月19—30日，第57届中国高等教育博览会产教融合系列活动在红谷滩区融创文旅城举办。来自教育部、国家民委、民航系统、国内高等院校和航空公司、机场集团的领导嘉宾及学子近7000人齐聚南昌，探讨高等教育事业改革创新、交流航旅事业融合发展、解决高校学子就业问题。在科学严格做好疫情防控的前提下，成功举办的此次盛会，成为整体联动、深化产教融合、促进高校毕业生就业、实现高质量发展的探索实践模板。本次系列活动包含第五届产教融合发展大会和中国航空旅游融合发展高峰论坛两大主题论坛。两大论坛，分别以“协同育人提质量、产教融合谋发展”和促进航旅融合发展，优化航旅交流渠道，助力航旅企业为游客提供“美好旅行”的全新体验为主题，共邀请千余名专家代表以主旨演讲、主题报告、案例分析等多元化的形式开展深度探讨。本次系列活动之一的高等学校民航服务技能大赛，考察民航学子专业知识和技能的民航知识与英语水平，民航服务技能比赛，突显民航形象与礼仪。系列活动集中邀请到400余家航空公司、机场集团、高铁、邮轮等企事业单位，进行线上及线下的面试招聘活动，切实解决当代大学生就业难问题，为空乘学子提供精准化和多渠道的就业选择。本届大赛现场实现人才招聘就业总人数4723人，就业率95.6%。

【中国绿色食品博览会】 2021年12月24—27日，第十四届中国绿色食品博览会在南昌绿地国际博览中心举行。展会共设置展出面积4万平方米，展品涵盖国内外优质绿色食品、地方特色农产品、地理标志产品等系列产品。大会共吸引2000余家参展商、10万人次采购商和消费者参观采购，意向签约金额11.35亿元，现场销售总额1.13亿元。大会以“助力双循环·畅通消费链”为主题，打造优质绿色食品交易平台、技术交流平台、信息共享平台，为食品生产加工与流通消费搭建桥梁，促进食品行业结构不断优化，全面推进绿色食品流通与消费不断升级。
(钟　鹤)

房地产业

综　　述

2021年，红谷滩区住房和城乡建设局坚持城市主体责任，建立长效机制，严密市场监测，精准市场调控，合力打出帮助企业解难纾困、稳定房地产销售、促进房地产市场平稳运行的政策组合拳，推动全市房地产市场保持健康有序发展。加强住房保障，优先保障困难职工住房需求，对低保、低收入住房困难家庭实现“应保尽保”。

（龙　军）

住房保障

【概况】 2021年，红谷滩区住房和城乡建设局（以下简称区住建局）坚决贯彻落实上级“加快建立多主体供给，多渠道保障，购租并举的住房制度”的要求，积极培育和发展住房租赁市场，把发展保障性租赁住房作为完善住房保障体系的重要内容，扎实推进住房保障工作，顺利完成2021年公租房实物配租及租赁补贴发放任务。

【落实保障性租赁住房建设规划目标】 2021年，抓好落实“十四五”保障性租赁住房建设规划目标，加快宣传保障性租赁住房建设和管理实施办法，大力推进保障性租赁住房项目建设。全年共发放租赁补贴859户，发放金额361.15万元，超额完成市政府下达的年度目标任务。通过摸球的方式对公租房清腾退房源重新分配，共计分配4套。至年底，红谷滩区住房保障工作以公租房租赁补贴和实物配租相结合的方式，对符合住房保障条件的城镇居民家庭实现了依申请“应保尽保”。

【推进保障性租赁住房建设】 2021年，落实国务院、省、市保障性租赁住房建设管理实施办法等文件精神，通过官网发布、张贴文件方式大力宣传文件政策，积极稳妥推进保障性租赁住房建设，贯彻落实项目在土地支持、审批支持、资金补助、税费支持、金融支持、民用水电气支持6个方面的各项政策支持。岭口路集租房是全省唯一一个集体用地建设的保障性租赁住房项目，总建筑面积约2.37万平方米，总投资约1.22亿元，共计280套，每套面积为51—90.5平方米，户型为一室一厅、两室一厅。

（龙　军）

房地产开发经营

【概况】 2021年，区住建局坚持房子是用来住的、不是用来炒的定位，紧扣“稳地价、稳房价、稳预期”的目标，坚决压实属地责任，优化一手抓市场稳定发展，稳妥实施房地产长效机制，严密市场监测，精准市场调控，促进住房合理消费；一手抓涉稳风险化解，积极应对新力、恒大等房地产项目逾期交付风险，持续整治规范房地产市场秩序，促进房地产市场平稳健康发展。

【房地产销售情况】 2021年，红谷滩区房地产市场交易量下行压力明显。全区新建商品房网签销售面积144.2万平方米，同比下降5.41%。其中，住宅88.83万平方米，下降21.28%；非住宅55.37万平方米，增长39.82%。住房价格总体平稳。全区新建商品住宅销售均价15080元/平方米，下降2.30%。新建商品房库存面积下降。至年底，全区商品房库存面积267.76万平方米，下降0.59%，去化周期（商品房的销售周期）22个月，增长1.3个月。其中，住宅库存面积40.46万平方米，增长1.89%，去化周期5.4个月，增长1.2个月；非住宅库存面积227.3

万平方米,下降1.02%,去化周期48.2个月,缩小17.3个月。

【持续整治规范房地产市场秩序三年行动】 2021年11月1日,《南昌市持续整治规范房地产市场秩序三年行动方案》出台,针对全区所有在建在售的房地产开发项目和所有房地产开发企业、房地产经纪机构、住房租赁企业、物业服务企业以及房地产交易活动各环节,特别是2020年以来信访投诉多、举报反映问题突出的项目和企业,重点整治房地产开发、房屋买卖、住房租赁、物业服务、从业人员行为等方面的违法违规行为,进行摸排,规范房地产开发、房地产经纪、房屋买卖、住房租赁、物业服务企业(机构)和从业人员服务行为,实现全区房地产秩序明显好转。

【防范化解处置涉稳风险】 2021年,面对红谷滩区新力等个别房地产项目逾期交付、烂尾风险,区住建局坚决落实上级部署要求,对照"保民生、保交楼、保稳定"的要求,牵头区金融办、区法院、区公安局等有关部门,成立工作专班,建立工作机制,明确责任分工,积极调度协调,指导涉稳项目楼盘制订"一盘一策、一楼一策"化解处置方案,抓好项目复工复产、建立共管账户、协调处置资产等各项工作,全力以赴防范化解涉稳风险,新力项目复工建设取得良好进展,未引发大规模上访集访情况,其中新力樘悦已顺利交房。

(龙　军)

房屋征收与补偿

【概况】 2021年,红谷滩区住房和城乡建设局(以下简称区住建局)在行政区划调整以来,聚焦"作示范、勇争先"的标准追求,勠力同心把拆迁

2021年11月14日,生米镇希望花园分房工作调度会召开

(生米镇供图)

安置和安置房管理工作作为完善城市功能、提升城市品位、改善人居生活条件、促进红谷滩区高质量发展的必然要求,全局广大征迁干部职工围绕区委、区政府的决策部署,拓展城市发展空间,打通金融大街"交通道路堵点",完成鄱阳湖管理局征收拆除;强化业务能力创新,顺利实施市刑侦支队原办公大楼爆破拆除工作;紧盯"胡子工程清理",实现D4、D6地块棚户区改造项目签约腾空双清零。全区全年累计完成房屋征迁18.03万平方米,完成率120.2%,累计实物安置3565套,安置面积33.4万平方米,有力保障进区项目VR科创城、市政路网等重点工程顺利开工。同时,加强农房拆迁督导协调力度,督导完成空置房源清理,用"起步就是冲刺"的激情干好每一次拆迁,以"开局就是决战"的斗志抓好安置房各项管理工作,为全区经济发展打下坚实基础。同时,全力以赴加快推进"五个中心"和"三次开发"建设,为构建大南昌都市圈核心引领区提供坚实保障。

【超额完成城中村改造任务】 2021年,为完成市里下达的生米镇10万平方米、350户城中村改造项目任务,区住建局统筹做好农房拆迁协调指导工作,抽调精干力量深入一线,对生米镇报送复核数据及时复核并出具相应复核结果,紧盯目标任务,按照时间节点,始终把推进项目建设作为工作重点,加强项目督导调度和跟踪服务,及时协调解决征迁遇到的问题和困难,为生米镇城中村改造项目农房拆迁平稳推进提供支援。全年完成农房拆迁总面积15.95万平方米、928户,超额完成市里下达的旧改任务。

【推动城镇房屋征迁扫尾】 2021年,红谷滩区委、区政府高度重视,成立红谷滩区D4、D6地块旧城改造项目指挥部,制定《D4、D6地块城镇住宅房屋扫尾工作实施方案》,抽调20余个区直机关部门精干力量投入征迁一线,开展动迁工作;在一线发现情况、调度工作、解决问题,坚持"一日一调度,一日一督查,一日一研判";"高位推动明责任,靠前指挥强调度,摸清底数巧动迁,清房搬迁造氛围,坚守政策守底线,安全拆除促和谐";科学统筹、多措并举、逐户分析、分个督导,举全区之力,各区直部门包户到人,夜以继日上门上户做动

迁工作。历时10天时间，啃下20户“硬骨头”，8天内18户未签约户全部动迁到位，56户已签约未搬离住户在3天内全部清场搬离，完成征迁清零和房屋拆除工作。整个征迁工作快速、有序、平稳，没有发生一起强拆事件，没有引发一起治安和刑事案件，没有一户群众上访，圆满完成D4、D6地块棚户区改造项目征迁扫尾攻坚任务[2017年6月，为加快旧城改造步伐，改善居民的居住环境，经研究决定对红谷滩区红谷中大道以西、庐山南大道以南、丰和中大道以东、飞虹路以北地块(D-4、D-6地块)进行征迁改造。因该地块上房屋及人员情况复杂及征收法定程序等多种原因一直搁浅，历经4年迟迟未能完成最终的征迁清零和房屋拆除工作，成为名副其实的“胡子工程”]。

【从严督导安置房整改落实】 2021年，区住建局坚持正确政治导向，突出以人民安居为方向，把非法占用还建房整改工作作为一项重大政治任务来抓，将专项整改向全面提高安置房管理水平延伸，督促各责任片区把问题和任务认领到位，标准和要求明确到位，措施和责任落实到位，建立健全房源清理情况半月报制度及每月调度机制，定期督查房源管理情况，对履职不力的加强跟踪问效机制；对各片区安置房回迁工作逐一制定具体措施，发现存在的问题及时上报协调解决；对各类现实、历史遗留问题做到敢抓善管，工作不力问责追责，确保整改工作有力有序、有条不紊，逐项督导检查整改任务落实情况，确保专项整改力度不减、温度不降，坚决防止省委巡视及市拆迁专项审计反馈问题出现反弹，着力提升安置房长效管理水平。全年累计清理空置被占用还建房1012套，基本完成安置房空置房源整改任务。

【监督帮扶回迁安置工作】 2021年，从解决群众实际问题的立足点出发，进一步加强农房拆迁和安置过程的监督力度，针对生米“拆迁主战场”安置需求总量大的特点，摸清缺口总量，适当结合新农村建设，督导加大安置房交付协调力度，努力做到先规划、再拆迁，边拆迁、边安置，拆即安，安即住，缩短拆迁群众的过渡期。针对审计报告所反映的“重拆迁、轻安置”现象，积极响应，加强对各片区业务督导和跟踪帮扶力度，协助生米镇启动生中堡花园、生米花园一期一标段、东城花园安置项目及其他剩余房源总建筑面积约170万平方米的房源分配入住工作，并代拟出台《红谷滩区农房异地安置方案》，完成东城花园一期安置，提速回迁安置工作步伐。同时，组织专班对历年全区拆迁安置基础数据、档案进行摸底统计，从实际出发、明晰现状，针对沙井、卫东、凤凰洲拆安基本平衡，九龙湖JLH503-C06地块安置房(在建)建成后安置房略有余的情况，充分结合区城投公司已建和拟建的安置房数据及西部组团摸排所涉拆迁工作，集中力量对各片区可能存在的虚增拆迁面积、拆迁编号重复使用、拆迁面积超普查面积、违建抢建附属物面积进行实物安置、拆迁安置进度滞后等问题进行监督帮扶、督促整改，对在整改工作中推进不力的工作人员，严肃处理，以铁腕手段保障拆迁安置实效。

【加强拆迁场地施工管理】 2021年，为打造现代化江西“红谷滩样板”提供生态环境支持和保障，按照上级有关要求，围绕创建文明城市大局，持续开展拆迁工地施工现场扬尘治理和安全管理工作，不断提高区拆迁工地管理水平，制订《区住建局建筑工地扬尘污染专项治理行动方案》，向拆迁实施单位传达省、市扬尘治理工作相关要求，增强施工单位做好施工扬尘污染治理工作的责任感和紧迫感，要求各施工单位提升环卫清洗保洁维护标准，优化作业时序，严格按照“六个100%”查漏补缺、有创造性地开展工作；区住建局住房保障中心成立拆迁工地现场管理专班，对所负责的城镇房拆迁现场(鄱阳湖管理局、D4、D6地块棚户区改造项目)及各镇、街办、管理处农房拆迁现场的场地围挡、工地路面硬化、建筑垃圾堆放和覆盖、施工现场洒水抑尘设施、车辆清洗设施等问题督导检查28

2021年12月10日，生米镇组织城管、各部门有关负责人对影响赣江市民公园四期项目推进和赣江河堤安全的海根船厂进行拆除　（生米镇供图）

次,下达限期整改通知6份,积极主动与相关部门对接协调,齐抓共管拆迁现场扬尘治理,形成日常管理和综合治理管理体系,综合运用行政、现场督导、诫勉谈话、停工整改等多种手段对扬尘治理和安全生产情况实施全程监督、实时检测,联合执法部门对扬尘治理不力或违反规定的施工单位进行严肃处理,确保扬尘污染防控工作制度化、规范化、常态化。

(龙　军)

物业管理

【概况】 2021年,红谷滩区物业服务行业加强对物业管理行业规范监管,规范物业企业行为,树立行业新形象,为物业企业、物业从业人员创造良好市场环境,为业主创造安全、文明、舒适、和谐人居环境。至年底,全区有物业服务企业358余家、物业管理项目226余个、建筑面积约3650万平方米。其中,住宅138个、物业服务面积约3000万平方米,非住宅300余个、物业服务面积约650万平方米。新建商品房住宅小区实施物业服务企业服务管理全覆盖。

【推动物业服务行业基层党建工作】 2021年,贯彻落实市委组织部、市民政局、市房管局《关于全面加强党建引领社区物业服务工作的意见(试行)》文件精神,不断推进物业服务行业的党建工作。加大宣传力度,并配合民政部门指导社区,要求业主大会选举业主委员会时,引导党员业主积极参选,使得党员业主在业主委员会中的比例不低于50%,业主委员会主任一般由党员业主担任。

【强化物业服务企业信用评价制度】 2021年,根据市住建局制定出台的《南昌市物业服务企业信用信息管理暂行办法》,按照“房管部门行业管理、街道社区日常管理、相关部门联合监管”的理念,对红谷滩区住宅小区物业服务企业进行量化评分、综合评价、按分授星、分类监管,实行“红黑榜”管理模式。

【推进“互联网+物业管理”平台建设】 2021年,为推动解决业主大会成立难这一全国性难题,尤其是业主产权资料收集难、投票收集难等难点,区住建局指导和培训社区利用市住建局研发的业主大会网络投票平台来推动小区业主大会召开和业委会成立工作。在区住建局监督和街道、管理处积极推动下,红谷滩区明园九龙湾、东方海德堡小区通过业主大会网络投票平台选举成立小区业主委员会。电子投票平台已在全区推广使用。

(龙　军)

房屋安全管理

【概况】 2021年,红谷滩区住房和城乡建设局落实上级有关文件精神,采取系列措施,切实加强房屋安全管理工作,预防房屋安全事故发生,确保人民群众生命和财产安全。

【农房安全隐患排查整治】 2021年,根据《南昌市人民政府办公室关于印发〈南昌市农村房屋安全隐患排查整治实施方案〉的通知》文件精神,红谷滩区开展农村房屋安全隐患排查整治工作,共排查5911栋房屋,存在安全隐患的1039栋,经组织专业机构对1039栋房屋进行鉴定,确认为A级19栋、B级598栋、C级154栋、D级268栋。至年底,完成61栋经营性农村房屋的整治工作,确保了群众的生命财产安全。

【城镇房屋安全隐患排查整治】 2021年,根据南昌市住房和城乡建设局《关于做好城市危险房屋排危整治工作的通知》文件精神,红谷滩区开展城镇既有危房排查整治工作,组织第三方鉴定机构对疑似危房进行鉴定,鉴定出C、D级危房共5栋,其中C级危房4栋、D级危房1栋(人员已全部撤离)。

(龙　军)

住房公积金

【概况】 2021年5月,红谷滩区各区直单位正式成立独立会计核算单位40个,7月开始各单位自行核发工资及社保,区住建局作为公积金牵头单位,指导区直各单位开通公积金账户,办理全区在职干部公积金的封存、转移、基数核定、缴存工作。至12月31日,已全部指导完全区40个单位的公积金转续办理工作。

【接收转隶干部的公积金转移等业务】 2021年,因南昌市区划调整,南昌湾里管理局共转隶302名在职干部至红谷滩区,另各县区转隶7名县级以上领导干部至红谷滩区。1月,区住建局作为南昌市红谷滩新区管委会住房公积金管理部门共接收310名转隶干部的公积金的转移、基数核定及缴存办理。1—6月,区住建局负责原红谷滩新区管委会在职干部和湾里管理局转隶干部共514人的住房公积金的缴存及补缴业务(因红谷滩执法分局、红谷滩金融服务中心、西站综合管理服务中心共110人属于单独会计核算单位,2020年12月已单独开户,并转移其各自单位人员自行缴存公积金业务)。包含区直各单位人员的调动(含转入、转出、离职、退休、死亡)的公积金办理及咨询业务。

(曹和丽)

城乡建设与管理

城乡规划

【概况】 2021年，红谷滩区规划管理部门秉承打造生态文明南昌样板、推进滨江高质量发展、营造两岸高品质空间三大发展战略，对接南昌市国土空间总体规划、南昌市总体城市设计等最新上位规划，落实对赣江两岸的发展建议和指引要求，完善一江两岸详细城市设计(优化)项目、南昌VR科创城项目的规划编制，为全区经济发展和城市建设提供规划支撑和服务保障。

【启动《西客站地区央企总部基地城市设计暨控规优化》编制工作】 2021年，红谷滩区为进一步推动南昌市乃至江西省的总部经济发展，拟在西客站周边打造大型总部基地，吸引央企、外地国企到南昌投资区域总部，承接京津冀、粤港澳大湾区、海西经济区产业外溢相关总部迁移。启动《南昌市西客站地区央企总部基地城市设计暨控制性详细规划优化》编制工作。规划范围北至茶园街，临江西省政府，西至龙虎山大道，东至婺源路，南临西站大街和南昌西站，总面积约50.05公顷。重点研究布局模式、功能需求、单元街区三个方面。其中，产业布局按圈层发展模式进行，在西站广场北侧置入产业硬核，按6:3:1的比例融合商务办公、商业服务、公服配套，打造多类型总部产业空间。至年底，城市设计暨控规优化编制工作已基本完成(西客站位于九龙湖起步区北端，是带动九龙湖的新城建设，引领南昌向南空间拓展的吸引点和亮点。近几年，随着新城建设的迅速展开，地铁二号线已完成建设通车，西客站周边多个重点项目相继实施完成，周边已形成多个集聚的功能区)。

【一江两岸详细城市设计(优化)项目】 2021年2月19日，《南昌市一江两岸详细城市设计(优化)》专题汇报会召开，相关负责人及技术人员参加会议。会议听取关于《南昌市一江两岸详细城市设计(优化)》的专题汇报，与会人员就城市设计方案进行交流发言，并提出意见建议。规划方案经历2次调研、3次座谈，于2021年3月形成初步方案。该项目范围65.82平方千米，其中优化管控区域25.67平方千米，新增管控区域40.15平方千米。研究范围70.20平方千米。该项目秉承打造生态文明南昌样板、推进滨江高质量发展、营造两岸高品质空间三大发展战略。同时，对接南昌市国土空间总体规划、南昌市总体城市设计等最新上位规划及南昌县、高新区、VR城、扬子洲等区域相关规划，落实对赣江两岸的发展建议和指引要求，并在《国土空间规划城市设计指南(试行)》指导下开展城市设计核心工作。该项目设计策略涵盖立骨架、连山水、全贯通、续文脉、塑风貌5个层面，规划构建7个区域中心和16个特色节点，共同塑造滨江活力中心。2020年5月10日，南昌市颁布《唱响"南昌品牌"城市建管十大提升行动》，提出包括公园绿道建设、河湖水系治理、城市交通路网、老旧小区环境、公共服务设施、城市特色彰显、管理精细化、重点专项环境、管理体制机制、城市文明10个方面的提升行动。8月，《南昌市一江两岸详细城市设计(优化)》项目启动。该项目将十大提升行动中所提到的实施项目纳入行动计划的制定之中，形成赣江两岸的行动计划。

【南昌VR科创城项目】 2020年，编制并完成南昌VR科创城项目规划。该项目位于红谷滩区九龙湖新城铁路货运线以南，总体规划面积为9.14平方千米，其中一期规划面积为4.16平方千米，总投资约500亿元。项目将结合人工智能、5G、云计算、大数据打造智能产业网络，构筑虚拟现实产业未来发展的产业核心，具体建设包括创新小镇、生态小镇、产业小镇、共享小镇、人文小镇,打造“四大中心”“四大平台”,发挥“八大功能”,带动VR硬件制造、软件研发、内容制作和应用服务全产业集聚,实现VR技术在教育、医疗、旅游、文体影视、智慧城市等领域的应用,将“五大链条”有机融合,形成“创新、生态、产业、共享、人文”五维一体新格局。按照南昌VR科创城规划,九龙大道为片区南北轴线,中间规划有中央湖,沿湖外侧规划有大量的商业用地、商业商务用地、商业商务研发用地,沿赣江保留了大量的绿地,住宅用地分布在外侧。整个项目规划有国家虚拟仿真教学实验基地、文化中心、酒店会议中心。在教育与医疗布局上,片区规划有6所九年制学校及2所高中和1个大型综合性医院,在生活配套上,规划有9处邻里中心。在片区南部、九龙大道以西、常湖池大街以南预留了轨道8号线车辆基地。科创大街以南,龙虎山大道以西,常湖池大街以北,三清山大道以东为整个VR科创城的核心区,以中央湖为中心,规划了大量的商业商务研发用地,且比例非常大,以湖为连接点,向四周延伸了3条景观绿化带,包括阶梯公园步道等,往南预留了湿地公园,未来中央湖周边将会是以研发+生态为主的核心区。南昌VR科创城项目建设被写入江西省“十四五”发展规划,并列入江西省首批重大重点工程项目和江西省“项目大会战”重大工程项目。

(段建坤)

城乡建设

【概况】 2021年,红谷滩区住房和城乡建设局(以下简称区住建局)推进九龙湖片区、九龙湖西部组团、VR科创小镇的基础设施建设,重点建设萍乡大街、抚州大街、三清山大道、上饶大街、龙兴大街等城市干线道路,形成打通跨区、跨铁路、跨江、跨高速交通廊道,促进西南区域形成高效、便捷的交通联系网络,构建无差异化的空间发展平台。持续推进红角洲、九龙湖路网施工建设;继续推进九龙湖路网二期剩余路面施工以及三期道路施工,推进九龙湖路网四期施工图设计,与规划对接,优化规划,同时推进征拆事宜;推进新力配套路网林地报批工作;大力推进红角洲岭北七路道路排水工程施工建设;推进黄岗山路施工方案,推进江报路断头路前期工作尽快开工建设;持续推进花园路正式道路建设;协调推进赣江北大道下穿京九铁路通道工程。共负责项目17个,其中在建项目9个、前期项目8个。项目建设总面积2322万平方米,涉及项目总投资209.72亿元。全年计划完成投资总额16.01亿元,实际完成投资总额13亿元,投资完成率81.25%。至年底,全区重点投入完成6条道路13千米道路建设。九龙湖片区已建成道路109条,建成168千米。同时,根据《关于〈彰显省会担当 唱响“南昌品牌”城市建管十大提升行动实施方案〉》中《各区2021年城市建管十大提升行动实施的断头路打通项目计划表》要求,打通金融大街(鄱阳湖管理局附近)及新维翰路(凤凰南大道—丰和南大道)两条断头路,提升了城市品质。

【萍乡大街工程】 九龙湖市政基础设施三期萍乡大街工程西起昌栗高速收费站,东至赣江南大道,全长5.37千米,工程建安投资近4.9亿元。2021年,萍乡大街累计完成4.9千米道路建设,完成91.2%。

【抚州大街工程】 抚州大街工程西起明月山大道,东至九龙大道,道路全长4.4千米。道路等级为城市主干道,主道双向六车道,辅道双向四车道,主道设计时速60千米,辅道设计时速40千米。道路标准红线宽60米,建设用地50.76公顷,新建全互通立交和菱形立交各1座。2021年,完成该项目可行性研究报告。

【三清山大道南延工程】 三清山大道南延工程北起南外环高速,南至丰厚一级公路,全长约12.4千米,结合当前320国道改线通道线位和国土空间规划城市开发边界划定方案,320国道改线以北为城市段,长约5.3千米,320国道以南段为公路段,长约7.1千米。2021年,研究项目初步规划方案。

【上饶大街工程】 该项目包含上饶大街涉枫生快速路立交及配套改造工程和九龙湖一期东城大道、创业中大道、九龙湖二期规划W4和规划W5路等几项工程。上饶大街涉枫生快速路立交及配套改造工程:上饶大街道路全长约0.55千米,道路等级为城市主干道,道路采用双向六车道,设计速度50千米/小时,道路典型横断面宽度64米,建设用地近17公顷,新建全互通立交1座。2021年,完成项目建议书、可行性研究报告、交通详细规划编制。

【龙兴大街工程】 龙兴大街工程为九龙湖西部组团内龙兴大街(潼溪大道—杨岐山大道)最后一段,全长约1.38千米,定位为次干路,道路标准段红线宽45米,规划为三块板双向6车道。2021年,完成立项批复,编制交通详细规划。

【红角洲路网二期工程】 红角洲路网二期(云溪路、用友产业园区间路)一标段工程位于红谷滩区红角洲片区HJZ5分区,北至嘉言路,南至祥云大道,西至320国道,东至枫生高速,总占地面积约123公顷。项目于2020年10月启动。本项招标项目建安(建筑和安装工程)总投资约3900万元,2021年完成贸院路、茶山路、用友路的道路建设。

【九龙湖路网工程】 九龙湖路网工程共分四期建设。九龙湖一期路网工程:分为五个标段,32 条市政道路,共计 47.4 千米,2021 年宜春大街全线建成通车。九龙湖二期路网工程:分为五个标段,61 条市政道路,共计 44.73 千米,2021 年规划 N8 路(前坊路)主线通车;中堡路、文源路、新华路、文溯街等已主线通车。九龙湖三期路网工程:本项目包括两横四纵 6 条道路,新余街、萍乡大街、青原山路、龙虎山大道、三清山大道、九连三路。主要建设内容包括道路、桥涵、排水、绿化景观、照明、强弱电、交通设施等工程。2021 年,完成工程招标。九龙湖四期路网工程:分为五个标段,27 条市政道路,共计 47.4 千米。2021 年,一标段中南宫路(生米花园段)、规划 Q2 路主线完工,其他标段完成工程招标。

【新力配套路网工程】 该项目位于九龙湖新城起步区西部,东起枫生快速路、明月山大道,西至西外环绕城高速,北至抚州大街、武功山大道(原 320 国道)。共包括璜源山路、望城路西延段、玉壶山路三条市政道路,项目含道路与交通工程、桥梁工程、排水工程、强弱电工程、照明工程、绿化工程,总投资约 1.6 亿元。2021 年,完成工程招标。

【红角洲岭北七路道路排水工程】 岭北七路位于红角洲 HJZ-3/4 分区东南角,是服务于周边单位的内部道路。该道路由三条支线组成,其中 A 支线北起卧龙路,南端下穿生米大桥与国体中心围墙相接,道路全长约 645 米,宽 20—36 米;B 支线起终点皆与地进相接,道路全长约 592 米,宽 25—27 米;C 支线东接赣江南大道,南端下穿生米大桥与国体中心围墙相接,道路全长 581 米,宽 25 米。项目概算总投资近 1.09 亿元,建设内容包括道路工程、排水工程、交通设施工程、照明工程、绿化工程及强弱电管道预埋工程等。2021 年 4 月,该项目开工建设,至年底,已基本完成道路水泥稳定碎石层施工。

【花园南路工程】 该项目位于南昌市红谷滩区红角洲片区,拟建道路包含两条城市支路:拟建道路花园南路,起于现状路梅岭大道,由西向东走向,止于现状路云溪路,道路全长 571.68 米。

【赣江北大道下穿京九铁路通道工程】 该项目起点位于既有经开大道,终点位于既有赣江北大道,路线全长 195.54 米。位于京九铁路既有 1 孔 8 米 π 形梁桥西侧,拟以框架桥形式自北向南正交顶进下穿京九铁路。本次赣江北大道北延伸工程设计主路线位为南北走向,北起于河海路交叉口,通过框架桥形式下穿京九铁路线,南至黄河路交叉口,本项目包含道路、交通、桥涵、给排水、电气、绿化等工程。2021 年 10 月,启动该项目建设。12 月,省委常委、市委书记李红军到现场调研项目建设。

【九龙湖新城综合管廊一期工程】 九龙湖新城综合管廊一期工程包括三清山大道、龙虎山大道、新余大街、赣州大街共 4 条井字形道路的地下管廊,总长约 11.7 千米,总投资约 18 亿元。项目于 2016 年开始启动,2017 年 9 月 30 日正式开工。2021 年,完成新余街管廊 90%、龙虎山大道管廊 70%、赣州大街管廊 70%的建设。

【南斯友好路综合改造工程】 2021 年 1 月 22 日,通过南昌公共资源交易网发布南斯友好路综合改造工程设计、采购、施工一体化总承包(EPC)项目招标公告,启动了 2.4 千米南斯友好路综合改造工程。工程位于红谷滩区,西起长堎立交,东至南昌大桥西桥头。除主线高架外,各相交道路、绿化景观整体改造提升,建安费 8.2 亿元。本次改造除南斯友好路主线 2.4 千米以外,还包括各相交道路的路口改造及新建地面辅道、匝道、碟子湖大道和金融大街的南延工程等,道路长度总计约为 5.7 千米。工程建设内容涵盖道路、交通设施、桥梁、排水、绿化、景观、照明和强弱电管道工程。本工程推动区域再发展,满足区域乃至城市整体发展要求,具有展示城市发展面貌的滨江休闲活动绿化廊道的作用。5 月,启动绿化迁移工作,至年底完成绿化迁移 50%。8 月,省委常委、市委书记李红军调研南斯友好路综合改造项目。

【打通金融大街“断头路”】 2021 年 1 月 10 日,对位于红谷滩区金融大街与春晖路交叉路口的江西鄱阳湖国家级自然保护区管理局大楼进行拆除,金融大街“断头路”在等待 15 年后终于迎来转机。这栋大楼曾占去金融大街一半路面,使得四车道压缩成二车道,影响交通出行,市民呼吁拆除此处建筑已有较长时间。3 月,金融大街(鄱阳湖管理局附近)完成通车。该项目建设长度 100 米,路宽 40 米,投资约 400 万元。建设内容包括道路工程、交通工程、排水工程、照明工程、市政管线工程、绿化工程等。

【新维瀚路正式建成】 2021 年 6 月 3 日,新维瀚路正式建成通车。为配合南大附小三分校学校开学计划,区住建局精心组织施工,狠抓项目建设,全面克服与周边二附医院交叉施工等困难,为确保周边道路交通顺畅,严控项目节点工期,高效率、高质量推进工程进展,继续实施另一段道路的施工,经过认真筹划、科学安排,最终提前完成通车,为学校创造有利就学条件。新维瀚路西起凤凰南大道,东至丰和南大道,道路全长 725 米,路幅宽15米,设计时速为30千米,总投资约950万元。

【海绵城市建设运用】 2021年,实施九龙湖二期路网——人行道项目等7个涉及海绵城市运用工程,共完成海绵城市建设面积8.87平方千米,在建1个项目,计划开工建设2个项目。2020年,按照省住建厅《关于加快推进全省海绵城市建设工作的通知》精神,通过对深圳光明新区“低影响开发雨水系统构建”、南京透水混凝土城市道路应用等调研,学习掌握海绵城市设施吸水、蓄水、渗水、净水,需要时将蓄存的水“释放”并加以利用的先进理念。经过试点建设,启动九龙大道南延等道路海绵城市特色项目建设。施工中,保留场地原有低洼地,采用透水混凝土路面,应用透水砖等透水材料,并设置路面内集水、排水管道,加强雨水在人行道结构的渗透及结构内收集及排放,减少路表滞水,加快路表、路面的排水速率,增强绿地海绵体功能,减少周边道路、广场等区域的地表径流。

(陈鸿达)

城乡土地收储

【概况】 2021年,南昌市土地储备中心红谷滩分中心(简称区土储分中心)紧扣主责主业,积极策应红谷滩区的开发建设,按照紧跟收储计划,突出重点工作,积极创造条件,完成全年任务的总体思路,不断深化服务意识,积极履职尽责,以服务重点项目落地为核心,扎实开展土地收储、国有土地临时租赁、苗圃评估补偿、地上余土外运等工作。年底,根据《中共南昌市委机构编制委员会办公室关于调整市土地储备中心分支机构的通知》文件精神,区土储分中心由市土储中心分支机构调整为内设机构。

【开展土地收储工作】 2021年初,区土储分中心在调查红谷滩区经营性用地需求的基础上,结合历年土地储备情况,科学编制红谷滩区2021年土地储备计划,区本级上报全年土地收储计划70.97公顷。至年底,收储计划内土地57.14公顷,土地储备计划完成80.5%。

【国有土地临时租赁】 2021年,由于红谷滩区大批项目落地建设,项目全铺开挖,对临时用地需求旺盛。为满足红谷滩区项目建设临时用地需求,区土储分中心在不影响土地供应的前提下,积极开展国有土地临时租赁工作。至年底,新签临时租地合同7份,续签临时租地合同6份,合同金额共计165.2万元。

【地上资产性苗圃补偿】 2021年,区土储分中心偕同专业评估机构,在生米镇和红角洲管理处以及相关村委会的配合下,对涉及现代服务产业园、豫章师范学院强电下地及扩建工程、九龙湖新城综合管廊一期、生米花园二期等项目的4个地上资产性苗圃进行清点评估。至年底,正在签订涉及现代服务产业园项目的苗圃补偿协议,其他苗圃均已补偿到位。

【项目地块上余土外运】 2021年,新增省三馆毗邻地块余土外运工作。至年底,大都汇、九年一贯制学校和省三馆毗邻地块上的余土已清理完成。2020年,按区政府会议精神,与区城投公司签订框架协议,委托区城投公司对大都汇项目、朱岗村安置房二期等6个项目上的余土进行外运。

【土地公开出让前期工作】 2021年,为进一步推动红谷滩区城市开发建设,区土储分中心积极配合区自然资源分局做好国有土地公开出让的基础性工作。向市自然资源局去函申请公开出让3宗、规划8宗地块,到市城市规划设计研究院调绘5个地块红线图,有力地支持了红谷滩区经营性土地出让工作。

(汪　景)

城乡综合管理

【概况】 2021年,红谷滩区城市管理工作以制度建设为核心,以文明创建为导向,以体制创新为契机,以彰显省会担当、唱响“南昌品牌”城市建管十大提升行动为抓手,注重生态修复、功能修补、城市更新、特色彰显,推动“规、建、管、监、养”同步提升,积极探索城市管理新途径,提高城市宜居宜业水平,提升市民的幸福生活指数。

【工作制度日趋完善】 2021年是红谷滩城市管理工作从新区迈向行政区的第一年。这一年,红谷滩区城管局及时制定修订各类方案文件,夯实城市管理工作基础。先后制定《2021年红谷滩区铁路沿线环境整治提升工作方案》《红谷滩新区生活垃圾分类制度工作实施方案》,印发《关于在生活垃圾分类工作中发挥党员示范引领作用的工作方案》《关于推进红谷滩区公共机构生活垃圾分类工作的通知》,出台《红谷滩区生活垃圾分类推进方案》等文件,为全年城市管理重点工作开展提供依据。

【项目建设扎实推进】 2021年,赣江市民公园(四期)景观绿化工程开工完成建设面积约27万平方米;九龙湖公园九龙大道以东区域基本完工;九龙大道以西运动园开工完成建设面积约30万平方米;VR周边环境综合整治工程完成了学府大道、丰和南大道等11条道路改造;绿地雨阳公园项目全面开展施工,全年完成总工程量的85%;鄱阳湖生态先导区九龙湖新建道路路网绿化工程完成了采樵街、雅瑶路、恒瑞路、恒祥路、三百山路等道路绿化施工,并进行绿化养护;九龙湖公园水景工程完成了项目实体建设、表演节目的编排、调试,祥云大道以南100米绿化带景观绿化工程完成建设。九龙湖片区核心片区绿道系统景观绿化工程一期、二期工程启动实施。

【水环境整治初见成效】 2021年,成立专业巡查小组,对赣江9个排口、3个前池、前湖等重点点位水质情况进行巡查;完成了云溪花园内部水系和云溪水渠的清淤工作和前湖周边7所高校雨污混接整治工作;对前湖入湖口及各个排口日常巡查监控发现问题及时整改,完成了前湖迎宾馆雨污混接整改;对乌沙河(红谷滩段新丰和排口至五孔桥段)进行清淤,对华南渠进行河底清淤及渠道拓宽,对红角洲景观渠秀水路乐水路架泵进行水系活化,对新丰和前池绿茵路排口周边进行清淤;完成对恒兴园 、庐南A8栋、庐南1号楼和2号楼、266大队等老旧社区管网改造工作,解决了小区雨天内涝雨污混流的问题,改善了居民的生活环境。全年共计摸排整治雨污混接点460余处,修复破损管网累计400米,污水管道清淤645.4千米,清理水系水渠淤泥量39万立方米,整治水系岸线护坡4.8千米。

【公共停车场建设稳步推进】 2021年,围绕“地”“钱”“建”的问题,鼓励和吸引社会力量参与停车场开发、建设、经营,共完成沙井村停车场、沙井路停车场、雨阳公园停车场、北龙蟠—赣江南停车场、中洋广场停车场、闽江路建军雕塑广场停车场、赣江市民公园四期(二期停车场)、凤西停车场、源溜停车场9个停车场建设,计2633个泊位,总投资2300万元。同时,推进铜锣湾广场地上和地下停车场接入市智慧停车平台。

【城市绿化品位提升】 2021年,按照“树有高度、林有厚度、绿有浓度、城有韵度”的要求,谋划了九龙湖片区绿道一期景观绿化工程,进一步改善了人居生活环境。全年全区绿化总面积为8221.5公顷(建成区绿化面积为3665公顷),绿化覆盖率达46.98%。其中,公园绿地面积为359公顷,防护绿地面积为313公顷,广场用地面积为112公顷,附属绿地面积为7340公顷。

【防汛排涝巩固提升】 2021年,修订完善《红谷滩城区内涝抢险应急预案》,构建防汛指挥体系,明确防汛职责,并制订应急预案的具体实施步骤,增加了针对性,操作性更强。各级排涝工作人员熟练运用预案,精心组织预案演练,提高了应急能力。全年共排查51处较大积水点位,已整改到位42处,确保了汛期平稳度过。

【老旧小区提升改造】 2021年,按照《南昌市老旧小区改造技术导则》,将3个标准、10个分类、60个要素纳入改造内容,坚持高水平推进、高标准提升,采取“6+X”模式,其中“6”是指道路“白改黑”、路灯“暗改亮”、管线“上改下”、排水“阻改通”、立面“面改美”、园林“绿改彩”,“X”指的是“6”之外的改造内容。至年底,完成6个老旧小区改造提升。

【“马路本色”全面覆盖】 2021年,进一步固化优化“马路本色”,实现环境清洁全覆盖,推动环卫管理不断向精细化、机械化、标准化、智能化、市场化转变。加强路面清扫保洁、提高道路机械化清扫率,全面落实市场化服务外包,实施环卫工作精细化管理,积极配合市城管局垃圾外调工作,拟定社会作业车辆管理方案初稿;排查全区设施落后中转站情况;排查全区垃圾转运车辆跑冒滴漏等不规范作业情况;协调与其他城区接驳处环卫清扫空档等问题;落实禁止焚烧生活垃圾、园林垃圾、海绵轮胎等物料的相关工作。对主次干道进行全天候、无缝隙、全覆盖循环保洁。全年全区清扫道路面积1318.85万平方米,垃圾清运量19.4万吨/年,清扫71座公厕,清理14座垃圾站,142辆大型环卫作业车、160辆电动保洁车投入使用,有道路清扫保洁员1531人、公厕管养85人、城市管理驿站管养28人、垃圾中转站管养19人、垃圾收集42人、果壳箱清掏201人、环卫作业车辆277人,其他217人,总计环卫作业人员2400余人。

【垃圾分类逐步完善】 2021年,在区级层面成立红谷滩区垃圾分类专班,组织、指导相关单位及部门有序开展垃圾分类工作。利用店面LED电子屏等载体在社会面广泛宣传,打造省行政中心景观小品5处,完成室内分类果壳箱布置、办公区域公益宣传及前湖小区南门氛围渲染等工作。更换主次干道垃圾收集容器8000余组,规范分类标识1.1万余处。完成撤桶并点小区40余个,设置小区四分类集中投放点160余处。名门世家、联泰尚城小区全程分类全面完成,建成垃圾分类科普馆。小区配套的厨余垃圾就地化处理末端已完成管线勘测工作。垃圾分类工作被《南昌日报》《南昌晚报》《江南都市报》等市级主流媒体累计报道8次。

【市政维护日趋精细】 2021年,按照“安全第一、预防为主、防控结合”的防治,加强市政设施的安全检测和维修,开展重点主次干道市政设施更新和整治行动。累计摊铺沥青2.01万平方米,修复彩砖人行道4643.55平方米,修复道路破损塌陷813处,修补路缘石2983.5米,更换维修人行道板9939处,修补花台石361米,修补树池嵌边石 975 米,维修灯具并恢复亮灯 1731 盏,更换破损灯具和封闭灯杆检修门 145 个,维护控制箱 29 台次,修复窨井盖问题 3538 处,灌沥青缝 23.48 千米,出动管护人员 1.07 万次,出动车辆 4021 次。

【铁路沿线环境净化】 2021 年,坚决贯彻"双段长制"精神,把"双段长制"作为铁路沿线环境综合整治工作常态长效管理的重要抓手,确保要站在讲政治的高度上,打造铁路沿线环境整治工作的政治线、生命线、经济线、生态线。先后 15 次完成省委领导、省住建厅、市铁路沿线环境综合整治办公室及媒体曝光铁路沿线的问题,共拆除临建板房 1.11 万平方米。清理乱堆乱放、暴露生活垃圾和卫生死角垃圾约 285 吨;清理毁绿种菜面积 3.91 万平方米;增加绿化面积约 4.18 万平方米;改造围栏 1000 米;共修剪草坪约 29.7 万平方米;浇灌面积约 225 万平方米;对铁路沿线周边进行苗木栽种,种树 160 余棵;对人行道树木进行修枝、修剪 67 余棵;对铁路沿线路边雨水井进行清掏,共清掏雨水井 290 余个;整治占道摊贩 100 处;整治非机动车乱停乱放 11 处。

【智慧城管不断优化】 2021 年,"红谷通"系统不断优化,技术不断革新,依托物联网实现智能化感知、识别、定位、跟踪和监管;借助云计算及智能分析技术实现大数据的处理和决策支持;更加注重从市民需求出发,强调以市民为中心,强调用户参与、社会参与。全年共采集案件 38.47 万件,处置案件 38.42 万件,处置率 99.86%。

【文明创建长效常态】 2021 年,坚持文明城市创建工作与其他城市创建工作同步推进,细化工作方案,对创建责任进行再明确,对创建压力进行再传导,对工作纪律再强化,实行各板块专人负责。强化道路保洁工作力度,实行"路长制"管理;着力加强老旧小区、背街小巷、空中管线整治,市政维护日趋精细。对辖区内主次干道的公益广告(墙体、插地字、景观小品)进行排查,新增公益广告共计 718 张,对破损公益广告更换共计 218 张。

【完成主要道路彩化提升工作】 2021 年,在主要道路节点进行彩化提升工作,在赣江大道、丰和大道、红谷大道等 18 条主干道种植金叶甘薯、长春花、皇帝菊、夏堇等 20 余种时令花卉 3150 万株。节日期间,在主要广场节点布置大型园艺造型 20 余座,以花卉装点城市主要道路、广场节点,实现"广场有造型、道路有花带、节点有花景",充分利用自然地理优势来展示"一江两岸"的都市风采和滨江城市的特色魅力,美化节日、文明城市创建等重大活动期间城市环境。

【市容环境保障到位】 2021 年,完成世界 VR 产业大会、第十二届中国卫星导航年会、江西省第八届国家网络安全等活动线路保障工作 90 余次,共督办整改 266 件案件,对各项活动现场、考察沿线等重要场所及周边环境进行整治,全力保障各项活动在红谷滩区域胜利召开。

(李　鹏)

城市管理行政执法

【概况】 2021 年,红谷滩区城管执法大队在区委区政府的坚强领导下,在市城管局的精心指导下,聚焦"加强队伍建设,规范执法行为,改正执法作风,提升城市管理执法水平"目标任务,紧扣"城市让生活更美好"目标定位,以党史学习教育和"转作风、提效率、树形象"活动为抓手,积极践行"四精"理念,始终以法治化管理城市,提升城市管理科学化、精细化水平,积极推动红谷滩从"大建大美"向"精建精美"转变,助力打造省会南昌形象展示的窗口。

【整治夜市乱象】 2021 年,以营造干净、整洁、有序的夜市经营环境,打造城市"烟火气息"为目标,结合夏季季节性特点,在凤凰大道、岭口路、富源花园、同乐路及万达星城等重点区域,严格落实定人定点值守制度,依法取缔未经批准设置的违法夜市、占道摊点、出店经营,加大餐饮油烟污染、露天烧烤等处置力度。对经批准的夜市经营区域内乱扔乱倒、乱堆乱放、乱排污水、垃圾未分类等脏、乱、差现象,制订整治工作计划,坚持日常整治和集中整治相结合,建立问题整改台账,实行问题"销号"管理,确保事事有回音、件件有落实。同时,全面加强铜锣湾广场、万达广场、绿地双子塔三个批准夜市的日常检查,与商场物业公司实现联动,督促经营主体严格遵守开市和收市时间,落实好门前"三包"制度,确保商场内环境卫生干净、整洁、有序。至年底,共计出动执法人员 4120 人次,整治出店经营 2700 处,流动摊点 2900 处,规范非机动车停放 1.25 万辆。

【加大农贸市场周边环境整治】 2021 年,根据辖区农贸市场周边环境整治工作需要,实行定人、定岗、定责制度,成立执法机动整治队,根据农贸市场开市时间及人流高峰期,采取错时制度,确保人流高峰期人员在岗,坚决取缔农贸市场周边影响市民出行和市容观瞻的出店经营、占道摊点、违规占道促销、乱吊乱挂、乱抛乱扔、占道堆放等违法行为。至年底,共计出动执法人员 1.6 万余人次,规范经营 3950 起,整治乱堆乱放、乱吊乱挂 390 起。

【开展共享单车“共享文明”行动】 2021年，按照“控制总量、强化考核”理念，积极探索非机动车管理新模式，打造城市靓丽风景线，实现共建共治共享的城市治理。控制总量。立足辖区承载能力，制定《红谷滩区互联网租赁自行车服务质量考核办法》，健全完善共享单车准入机制，督促共享单车企业完成电单车“挂牌”行动，持续做好总量调控工作，确保从源头上控制车辆总体投放规模。整合资源。督促辖区内企事业单位、写字楼、商业综合体等物业管理公司，有效整合停车场地资源，在车辆集中地段及潮汐现象明显场地，合理划分社会性非机动车和共享电单车停车区域，增设文明导停牌，实现非机动车停放资源利用最大化。强化监管。常态化开展共享单车运营企业约谈，督促共享单车企业加大线下运维投入，落实车辆维护和停放管理责任。针对乱停乱放、阻塞交通、占用消防通道、占用盲道、占道停放、线外停放等乱象，及不按要求上牌、编号的共享单车，开展集中整治行动，营造干净、整洁、有序的街面环境。同时，加强商业综合体违规外摆整治，坚决杜绝侵占道路资源整治，着力破解人气商场带来的停车乱象难题。营造氛围。印发3万份共享单车文明使用倡议书，面向辖区市民开展进社区、进写字楼、进商超、进学校、进小区、进工地“六进”宣传教育活动，引导辖区市民文明出行，共建共享文明交通的良好局面。至年底，共计规范乱停乱放共享单车11.57万余辆次，清理暂扣共享单车近1.12万辆，罚款金额2.14万元。

2021年7月26日，区城管执法大队开展共享单车集中整治行动

（区城管执法大队供图）

【推进施工围挡整治工作】 2021年，坚持“合理设置、加强维护、严格时限”的原则，按照“严格、精细、到位、美化”的城市管理要求，进一步落实《南昌市施工围挡设置标准图集（试行）》《南昌市施工围挡设置及维护监督管理办法（试行）》，统一围挡样式，落实分类设置，强化执法监管，全面推进围挡专项整治工作，联合区城管局、区城投公司，在省“三馆”、飞虹路停车场、华茂广场1号等周边，扎实开展“建而不围”“围而不建”“围而慢建”等行为的整治，进一步规范施工围挡设置，确保施工围挡做到“五必须”（建筑施工工地必须设专人负责扬尘治理工作；建筑施工场地周边必须封闭，并设置高度不低于1.8米的连续围挡；施工场地道路必须硬化；从事渣土运输等散装运输车辆必须密闭运输；对土堆等散性物料必须采取篷盖或者洒水降尘措施）。同时，加强施工围挡的日常巡查，及时督促业主整改围挡设置不标准、围挡倒伏、破损、脏污、褪色等影响市容观瞻的行为，更新围挡公示信息，补齐围挡公益广告，施工围挡总量减少、外观干净、设置规范、特色明显、品位高雅。至年底，共整治不规范施工围挡2700米，拆除施工围挡80处，立案处罚42起，处罚金额5.8万元。

【狠抓户外广告店招整治】 2021年，开展辖区各类户外广告摸底排查行动，对违法广告、破损广告、墙体招牌、一店多招等各类违章户外广告，以及脏污不堪、字迹模糊等影响市容的不规范广告依法依规督促业主整改到位。3月起，根据市城管局工作安排，在全区开展城市运行安全高空广告牌专项整治，通过督促广告设施设置单位自查、广告监管部门上门检查等方式，对本辖区内所有的高空广告牌开展排查，督促各高空业主单位自行到有检测资质专业机构部门进行安全检测，并出具安全检测合格报告进行备案，对排查出来的安全隐患逐一登记整改销号。9月起，根据全区统一安排部署，开展辖区内校外培训机构户外广告专项整治行动，规范校外培训机构户外广告设置，重点督查整治无证机构和学科类教育培训机构设置的户外广告。至年底，共拆除户外广告176块，面积6620.5平方米。

【规范渣余土运输】 2021年，采取“工地源头监控、路面设卡检查、机动巡查执法、违规立行立改”等举措，重点对工地、搅拌站较多的生米片区、九龙湖片区、红角洲片区及过境工程车辆必经的祥云大道、南斯友好路、梅岭大道等地实行全天候全覆盖巡查管控。针对车头车身表面泥尘较多、车牌号码模糊不洁、挡泥板黏带泥尘等车容不洁的工程运输车辆,依据《南昌市建筑垃圾管理条例》的相关规定,对当事人进行宣传教育,约谈整改。对工程运输车辆多次出现车容不洁现象,报区城管部门停止运输企业的工程渣余土派工。至年底,检查工地、沙场和搅拌站240家(次),检查发现车容不洁工程车辆221辆,约谈运输企业35家。

【专项整治建筑垃圾偷倒乱倒现象】 2021年,采取"一报告、两必谈、两覆盖、三双眼、三联动"["一报告":外运工程渣土必须在当天提前向大队机动中队报告运输路线、消纳点位等,否则不得进行处置运输。"两必谈":对新开工工地必谈;对乱倒违规当事人和开发建设单位必谈。"两覆盖":全天候监管覆盖、全区无死角监管覆盖。"三双眼":群众线索举报的"热心眼"、运输从业者的"相互监督眼"和远程视频监控的"天眼"。"三联动":城管执法与公安交警联动执法;城管执法与街道(管理处)联动管理;城管执法与城管局联动审批派工]等举措,建立"工地源头严管、路面运输严查、弃土现场严控、违规行为严罚"的建筑垃圾处置精细长效监管机制,扎实开展"建筑垃圾乱倾倒百日专项整治"等系列行动,全面提高建筑垃圾运输企业、施工单位的自我管理责任,督促出土工地严格落实"四不开工、四不出门"("四不开工":建设、施工、运输企业未落实建筑垃圾倾倒场点不得开工;未使用核准运输企业及车辆不得开工;未签订建筑垃圾规范处置承诺书及交纳保证金不得开工;现场管理人员不到位不得开工。"四不出门":运输单位及车辆在运输建筑渣土驶出工地时渣土装载过量的不能出门,车辆密闭不严的不能出门,车体不整洁带泥上路的不能出门,手续不齐全的不能出门)要求,对无证处置、违法倾倒、沿途抛撒及不密闭运输等违规行为实行"零容忍",有效杜绝新增有组织性的、成规模的乱倒建筑垃圾现象。至年底,共约谈运输企业或出土工地64家,立案查处487起,处罚金额117.9万元。

【持续推进违法建设治理】 2021年,按照"控增量、拆存量"的要求,坚持高频调度,定期组织各片区中队召开违章搭建整治工作专题调度会和推进会,确保违章搭建整治工作有力有序推进。坚持高压推进,发放《红谷滩新区致广大居民的一封信》《红谷滩新区关于拆除违章搭建的公告》,严格落实网格化管理制度,常态化开展巡查督查,层层传导压力,进一步加大存量违法建设和新增违法建设的整治力度,有效遏制违法建设"野蛮增长"的态势。同时,扎实开展超期工棚、中央绿轴沿线违章建设的整治行动,取得预期效果。至年底,共拆除新增违章263处,面积约1.03万平方米;存量违章搭建121处,面积约2972.5平方米。

【开展水环境专项治理】 2021年,通过组织各片区中队上门给排水户发放《排水问题宣传告知书》,对餐饮单位油水分离器的安装使用及污水排放,洗车行设置泥沙沉淀池的使用及污水排放等情况进行逐一上门摸排。对全区范围内的餐饮店、洗车店、建筑工地等行业的排水管理开展综合整治,坚持严管严罚,有效减少水污染案件的发生。至年底,共出动执法人员2400人次,发放宣传材料1000份,检查餐饮、洗车店1317家和建筑工地959家,对改动排水设施和未取得排水证的餐饮及洗车店,立案查处19起,处罚金额1.11万元,对施工单位乱排泥浆水等,立案查处8起,处罚金额23.05万元。

【配合开展垃圾分类整治】 2021年,采取"六必查"(一查是否建立分类台账;二查是否建立分类工作制度、有序推进;三查是否按规定设置分类收集容器、有害垃圾收集容器;四查是否在收集容器上设置分类投放标志、在醒目位置设置投放引导标识;五查是否设置集中投放点、规范分类;六查分类投放设施,周边环境是否"脏乱差")的工作方式,积极配合区城管局、各镇(街道、管理处)开展垃圾分类整治工作,重点推进住宅小区、商务楼宇、宾馆旅馆、餐饮场所、建筑工地的垃圾分类综合治理工作,督促落实"管行业,管分类"的工作要求,对未指导、督促、劝导居民按照分类标准投放生活垃圾等违规行为进行查处。至年底,共处罚未分类投放生活垃圾行为3起,罚款金额1100元。

【排查房屋装修改造工程隐患】 2021年,根据市级城管部门安全生产隐患排查工作的统一部署,组织各片区中队、规划中队,全面摸排房屋装修改造工程,按照先排查非家庭住宅类的装修工程,后摸排小区内部家庭住宅装修的步骤进行排查。至年底,共摸排145家,对47家违规装修的房屋,相关中队责令停工并督促其补办手续,共补办手续38家。

【整治露天焚烧垃圾行为】 2021年,加大对路面垃圾焚烧、农村焚烧秸秆和偏僻地域焚烧垃圾的日常执法巡查,特别是对经常出现焚烧的地方采取定时与定点相结合的方式来值守,加强对露天焚烧的执法管理,对发现的违规行为坚决做到发现一起、处罚一起。同时,在执法巡查过程中,积极向村民广泛宣传秸秆禁烧相关规定、发放宣传单、张贴警示标识,向广大村民宣传焚烧秸秆垃圾的害处,在宣传过程中有意识地结合因焚烧秸秆、垃圾被拘留、查处等相关案例进行宣讲,引导村民改变以往焚烧秸秆垃圾的不良习惯,鼓励市民对焚烧垃圾的行为进行举报。同时,针对侵占绿地种菜现象,成立专项整治工作组,对非法占用城市绿地、公共用地、空地、河道、街道等种植蔬菜行为,采取边排查边整治的策略,对巡查发现的问题,坚持即知即改、立行立改。至年底,共整治37起焚烧垃圾行为,罚款900元;共整治侵占绿地种菜面积7.79万平方米。

(杨　井)

交通运输管理

【概况】 2021年,全区交通运输系统克服新冠肺炎疫情影响,勇于攻坚克难,抢抓发展机遇,增强发展动力,交通事业呈现和谐发展的良好势头,先后被市交通局评为“交通运输先进单位”“安全生产先进单位”“农村公路先进单位”。至年底,全区有高铁车站1座、长途客运站1座、客运企业2家、货运企业51家、驾校6家、机动车维修企业41家,公路方面,村道108.31千米。

【顺利完成机构改革】 2021年4月,原红谷滩新区交通管理局撤销,原从事交通运输工作的10人转隶至红谷滩区城市管理局。红谷滩区城市管理局对外加挂区交通运输局牌子,作为交通运输主管部门。8月,市交通运输综合行政执法支队红谷滩大队正式实体化办公,正式承担辖区交通行政执法权限。标志着红谷滩区交通运输执法改革圆满完成。

【春运平安有序开展】 2021年春运40天,全区共发送旅客136.57人次,南昌长途汽车西站3.82万人次,南昌高铁西站136.57人次。春运期间,各单位按照春运保障和疫情防控的部署要求,全力以赴,确保了疫情防控有力,运输保障顺畅,旅客服务到位,运行安全平稳。

【落实常态化疫情防控】 2021年,全区交通运输系统坚持内防反弹、外防输入,坚守在交通运输一线,完善了交通高速卡口应急方案,明确了各牵头单位人员及责任。

【西站枢纽一线人员免费常态化核酸检测】 2021年,面对新冠疫情影响,区城市管理局积极响应上级政策,助力交通行业纾困解难,第一时间协调有关部门落实西站地区一线人员免费定期核酸检测。8月起,南昌长途汽车西站和南昌高铁西站等西站枢纽一线人员进行每周2次的免费常态化核酸检测,成为全市第一个实现免费核酸的交通枢纽。

【安全生产常抓不懈】 2021年,持续开展安全生产三年行动,安全生产形势稳定,全年交通运输领域未发生安全生产事故。重点督促企业落实主体责任,及时消除各类隐患;组织安全教育培训演练,创新性聘请第三方专家对辖区“两客一危”(从事旅游的包车、三类以上班线客车和运输危险化学品、烟花爆竹、民用爆炸物品的道路专用车辆)重点运输企业进行安全生产标准化检查,获得市级交通部门肯定;共排查整改隐患62条,开展安全培训及演练7次。

【排查铁路沿线安全隐患】 2021年,以解决铁路沿线安全隐患问题为重点,围绕乱堆乱弃、乱搭乱建、彩钢棚和广告牌等易刮落设施等可能影响铁路运行安全的路外安全隐患进行排查整治,积极推动铁路“双段长”制,狠抓问题整改落实,开展铁路沿线安全环境整治行动。全年共完成19处安全隐患整改、6处公铁并行段护栏移交工作、2座重点跨铁路桥梁检测工作。

【西站等重点地区交通整治】 2021年,围绕西站等重点地区开展不定时不定点联合执法,全面打击非法运营行为;在南斯友好路、长途西站开展交通执法人员驻点工作,维护交通运输秩序。紧盯重点企业。对于多次违法规定的企业,联合交警等部门对企业进行联合惩戒。至8月,共联合执法出动执法人员2500余人次,开展执法专项整治近200次,联合执法查扣非法营运车辆26辆,纠正出租不规经营行为90余起。

【推进农村公路发展】 2021年,围

2021年8月,区城管执法人员在南昌西站开展非法运营执法行动

(区城管局供图)

绕农村公路短板,深入开展农村公路及桥梁隐患排查,逐项实施改造计划。开展平交道口安全整治,对生米昌樟立交桥进行全面检测,并落实管控措施,列入维修改造计划。印发《红谷滩区深化农村公路管理养护体制改革实施方案》《红谷滩区农村公路"路长制"工作实施方案》,农村公路管理养护体制改革顺利启动。全年全面排查整改平交道口隐患点位11处,完成生米镇榆花村农村道路硬化工作。

(周　围)

【举办"魅力红谷滩 文明大家行"活动启动仪式】 2021年6月11日,红谷滩区委宣传部、区创建办、区城管局、区交警大队在省图书馆联合举办"魅力红谷滩 文明大家行"文明交通治理宣传活动启动仪式,区工委委员,管委会副主任,区委副书记万晓娟出席,承办单位负责人结伴校园外卖、快递企业交警代表、新闻媒体记者共130余人参加。区委常委、宣传部部长邓越峰,交警大队大队长万训坚先后讲话,倡导广大市民大力支持并广泛参与文明交通,自觉做到开文明车、行文明路、做文明人。卫东街道党工委书记帅冬根、红角洲桥郡社区书记魏薇作发言,表态将紧紧围绕"文明交通"主题,加大宣传教育力度,倡导文明新风,摒弃交通陋习,争当文明模范,为共同创建安全、畅通、文明的道路交通环境贡献积极力量。万晓娟发布文明交通动员令并宣布"魅力红谷滩 文明大家行"红谷滩区文明交通治理宣传活动正式启动。各主办单位领导共同在签名墙上签名,并参观文明交通宣传展板。

【开展文明出行宣传和倡议活动】 2021年6月,为保障全区文明城市创建工作的顺利开展,结合"魅力红谷滩,文明大家行"宣教治理活动,由区教育局牵头相关职能单位,在全区中小学暑假前夕,通过家长会组织发起文明出行宣传和倡议活动。同时,在全区中小学举办"文明交通、文明市民"的征文、画报和摄影竞赛的活动。获奖者由区交警大队邀请参加市交管局宣教VR中心开展夏令营警营开放活动。本次活动通过"小手拉大手、共建文明交通"主题,让家长和孩子、学校一起,积极投身到"文明市民、文明创建"活动中来,从自己做起,从点滴做起,争做"文明交通、文明出行"的参与者、传播者和代言人。倡导文明交通新风尚,共建美好家园新氛围。

【道路安全隐患排查工作部署推进会召开】 2021年10月12日,由红谷滩区道专委牵头,在区政府507会议室组织召开红谷滩区道路安全隐患排查工作部署推进会。区道专委第一主任、副区长、区公安分局局长熊锋到会并作指示。会议由交警大队大队长万训坚主持,区道专委成员单位及各镇、街、处分管领导参加会议。会议传达市委市政府领导重要指示精神,对道路安全隐患怎么排查、怎么登记、怎么上报等具体工作作出要求;区城管局、生米镇分管领导就前期排查和后续排查分别做了汇报和部署。会议要求各相关单位、各镇(街、处)要提升思想认识,明确责任分工,突出排查重点,强化推进措施,确保隐患排查治理落地见效。

(陶学明)

西站综合管理

【概况】 2021年,南昌西站综合服务中心(以下简称服务中心)围绕"统筹、协调、服务、保障"中心工作,凝聚力量,奋力拼搏,取得常态化疫情防控坚守西大门和站场管理提质增效的阶段性胜利,展示了城市会客厅的良好形象,得到各级领导的高度评价、各类媒体的积极关注、八方旅客的点赞。先后被评为"第十八届南昌市文明单位""红谷滩区2021年度高质量发展争先创优先进集体""先进基层党组织""红谷滩区最佳志愿服务组织""南昌市无烟机关"。

【深入开展"转作风优环境"活动年】 2021年,服务中心主动对标彰显省会担当和"民有所呼、我有所应"更高要求,教育引导广大干部职工焕发干事创业的精气神。进行自主学、掌上学,努力在学习中坚定理想信念、筑牢为民情怀、改善知识结构,增强自身本领;成立"转作风优环境"活动年领导小组,结合目标任务和枢纽站特点制定任务清单,亮差距找不足、亮举措抓落实,服务中心在位干部分八组全员出动,成功走访企业94家,收集企业诉求60个;重新梳理完善《部门岗位设置、岗位职责及工作业务流程汇编》,先后修订完善行政管理、人事、廉政建设、财务、文秘档案制度14篇。线下,在站内"520"志愿服务站等11个志愿者服务点发放"转作风优环境"活动年宣传单及《南昌"人才十条"》《南昌西站服务指南》宣传折页;线上,推出具有站区全景导航、交通工具实况、西站枢纽快讯、服务热线清单、失物登记认领、投诉监督报警、周边娱乐攻略等功能的微信公众号,强化服务中心干部职工督查考核结果运用。活动开展以来,对作风散漫、服务态度差和"只微笑不办事"的23人扣分处罚和通报批评处理,对创新服务、热心为民的31人进行表扬,营造了清新廉明的良好环境。

【组织系列主题党日活动】 2021年7月1日,组织全体党员干部收听观看庆祝中国共产党成立100周年大会直播，交流学习心得。随后组织专题学习，学习习近平总书记在庆祝中国共产党成立100周年大会上的重要讲话精神，强调要结合实际学、立足岗位学，在统筹抓好疫情防控、站场管理、服务来往旅客中展现南昌西站文明枢纽的形象与担当。同时，开展“对党说句心里话”活动，服务中心27名党员在镜头前谈体会、说感想、述进步。

【设立新冠疫苗接种点】 2021年，为加快推进新冠病毒疫苗接种工作，方便往来旅客和周边居民就近接种新冠病毒疫苗，服务中心多举措保障新冠疫苗接种顺利进行。场地保障，将党群服务中心科学合理地划分接种工作区域，以保障疫苗接种登记、信息录入、现场接种、留置观察等工作严格落实；人员保障，派出综管队员、城管执法协管员、引导员12人为往来旅客指引疫苗接种点位置，解答疑问，安排2人负责咨询登记服务，以分担医护人员工作压力，保障接种工作顺利进行；后勤保障，为医护人员做好餐饮、停车、休息等保障，使其安心做好疫苗接种工作，为接种的旅客提供茶水、阅读、量体重等休闲服务，以保障接种过程中的舒适体验，展现了南昌西站枢纽的文明窗口形象。

【南昌西站出站测温启用红外扫描】 2021年，为落实党史学习教育和“我承诺、我践行——我为群众办实事”要求，服务中心着眼于群众急难愁盼问题，出站口设置2台红外成像自动测温仪，该测温仪可同时监测20人左右的实时体温数据并同屏显示，如监测到有旅客出现体温过高现象，系统显示屏会抓拍人像，做到“定点寻人”。红外成像自动测温仪的投入使用，使旅客出站效率提升5倍以上，降低了接触性风险，分担了一线人员查验测温工作压力，为做好疫情防控常态化工作提供了坚实的技术支撑。

【庆祝“八一”建军节活动】 2021年7月30日，为弘扬拥军优属的光荣传统，传扬军人优良作风，服务中心组织驻站11家单位的转业、退伍军人开展“忆峥嵘岁月、扬军人作风、建美好枢纽”系列活动。先后在南昌军事主题公园、南昌VR科创城展示中心参观见学，回顾军旅历程，体验感受“VR·应用”“VR·未来”等，此次活动丰富了退役军人的节日文化生活，进一步融洽了站场单位工作关系，增强了协调互动，提升了南昌西站枢纽凝聚力。

【助力“文明美丽和谐西站”建设】 2021年，为进一步提升西站区域干部职工的文明素养和文明创建水平，营造人人参与文明城市创建的良好氛围，助力“文明美丽和谐西站”建设。服务中心联合驻站各单位，在站场范围内拾捡各类落地烟头，劝导随地吐痰、乱扔烟头、纸屑、包装袋等不文明行为。拾捡烟头数量经工作人员确认和登记后，可现场兑换洗衣液、毛巾、抽纸、牙膏等奖品。通过此次活动，大力倡导了公共场所不吸烟、不乱扔烟头和看见烟头俯身捡拾的文明道德新风尚，让“烟头不落地”成为良好的生活习惯和文明行为，营造了共创全国文明城市，共建幸福美丽家园的浓厚氛围。

【南昌西站“十一”客流再创历史新高】 2021年“十一”国庆节期间，南昌西站共计发送旅客76.9万人，到发客流超过158万人，同比增长14.1%；单日客流最高峰出现在10月1日，该日南昌西站共发送旅客15.9万人，到发客流超过31.2万人次，突破枢纽站开通运行以来客流的历史新高。地铁进站客流34.1万人，同比增长33.6%；公交发送旅客约46.3万人次，同比增长37%。

【西站平衡车提升站场管理效率】 为提升城市管理形象，解决巡逻管控面积大、人员力量不足的矛盾，服务中心及时采购10辆乐菱九代定制巡逻平衡车，在“十一”客流高峰期间投入使用。该巡逻平衡车的配备，使服务中心协管员、城管执法队员在工作中“如虎添翼”，提升了巡逻执法和站场管理效率，更提升了枢纽站的文明形象。

【南昌西站便民核酸采样点投入使用】 2021年，为落实“我为群众办实事”“民有所呼，我有所应”的要求，服务中心积极协调配合区疫情防控指挥部、区卫健委和佰延、医至初检测机构，在南、北广场各设置一个“便民核酸采样工作站”，工作时间8：00—23：30，节假日和中午不休息。省去了旅客到定点医疗机构和指定隔离点去进行核酸检测的麻烦，极大地方便了转换乘旅客。

【市第十六次县区机关党建工作现场交流会在西站召开】 2021年12月31日，南昌市第十六次县区机关党建工作现场交流会召开，南昌西站枢纽党群服务中心作为现场观摩点位之一，迎接市直机关工委副县级以上领导、各县（区）直属机关工委书记，高新区、经开区、小兰经开区、湾里管理局机关党委和市直机关工委相关部门负责人现场参观、交流。服务中心汇报了“抓区域党建联盟 促站场管理提质”做法，与会人员对服务中心以党建为引领，通过充分发挥“党建+联盟”积极作用、有效聚集融合驻站场单位的力量、做到党建与提升站场管理服务品质的深度融合、为旅客提供“更便捷、更有温度”的出行保障、维护好省市窗口形象给予了充分肯定。

（祖国强）

生态文明建设

【概况】 红谷滩区生态环境局在市生态环境局和区委、区政府的领导下,按照上级的工作部署,全面推进污染防治攻坚战,抓好环保督察问题整改,着力解决群众身边突出生态环境问题。

【大气环境管理】 2021年,制定《红谷滩区2021—2022年秋冬季大气污染防治攻坚行动方案》《红谷滩区露天禁烧工作方案》,召开大气污染防治专题会议4次。按照南昌市大气专委办全市大气污染防治巡查日报,及时发布空气质量预警信息,对建筑工地和渣土运输扬尘、道路疏导、道路保洁及规范餐饮油烟问题开展治理。采购空气质量改善专家咨询服务项目,引入激光雷达监测、VOCS走航监测等科技手段,对辖区国控、省控站点周边区域颗粒物排放进行监测,每日扫描169次,累计处理相关扬尘污染问题8个。开展黑烟车抓拍(祥云大道),共抓拍到疑似黑烟车580辆,经审核符合处罚条件的109辆,已移送市公安交管局。开展重点路段大气污染防治巡查,对渣土车进行定时、定点、定路段管控,打击未核准车辆违规运输建筑垃圾行为,累计检查在建工地234次,约谈运输企业或出土工地65家,立案查处552起,处罚金额143.72万元。开展建筑工地大气污染防治监管,严格控制施工工地扬尘。所有施工工地做到施工场地围挡、工地路面硬化、建筑材料整齐堆放和覆盖、施工现场垃圾统一堆放和及时清运、施工现场裸土覆盖和不建设土地绿化、施工现场有洒水抑尘设施和车辆清洗设施等,检查在建工地245次,下发限期整改通知书20份。根据《红谷滩区露天禁烧工作方案》,建立三级禁烧网格体系。各镇、街办、管理处对区域内主要交通公路和景区道路沿线等禁烧垃圾,薄弱地段、中心城区开展常态化巡查。共出动村(社区)级巡查人员3.4万人次、镇级巡查人员2900人次、县级巡查人员330余人次,发现6起火情,将1名嫌疑人移送公安部门。

【水生态环境管理】 2021年,开展入河排口溯源监测工作,共排查排口273个。其中,工业企业排口和污水集中处理设施排口10个,种植业排口6个,城镇农村生活污水排口及混合污水排口83个,雨洪排口153个,沟渠排干排口5个,其他排口15个,无排口1个。应监测排口76个,已完成监测75个。已完成整治的入河排口共有55个,已完成整治的排污口类型均为城镇雨洪排口,主要是采取纳管截污的方式。

【土壤生态环境管理】 2021年,开展危险废物管理专项检查,对红谷滩区102家机动车维修企业存在的管理计划未备案、未申报及转移除废机油以外的其他危废和申报转移危险废物量与实际产生量不符等问题,进行一一核实,并要求企业整改。对87家电动自行车销售、维修单位及产生单位、1家废铅蓄电池收集网点进行全面检查,针对不符合暂存要求的单位提供技术帮扶,督促企业做好日常废铅蓄电池进出台账,按照固体废物监管平台进行入库转移。开展医疗废物管理专项检查,加强对医疗卫生机构的医疗废物分类收集、暂时贮存、集中处理;加强对感染性、损伤性和病理性废物的管理;对医疗废物处理记录是否完整、是否存在买卖医疗废物等行为进行现场检查。督促各医疗服务机构与具有集中处置能力的单位签订《医疗废物处置合同书》。

【环保督察整改】 2021年,组织召开红谷滩区迎接中央第二轮生态环保督察部署会议,制订《红谷滩区迎接中央第二轮生态环保督察工作方案》。严格落实县级领导信访包案制度,按照职能分工,把信访件办理分解到责任部门,针对重点信访件,制定专项整改方案,明确时间节点。环保督察整改工作纳入日常督查,对工作落实情况进行汇总分析并通报。9月,区委、区政府召开中央第二轮生态环境保护督察问题整改动员部署会议,要求逐条梳理、逐项对应,确保高质量高标准按时序完成整改任务。全年办理2020年省环保督察"回头看"信访件一般案件已销号56件,重点问题销号已上报14件,长江经济带警示片关于赣江江豚保护问题已销号;办理2021年中央第二轮环保督察信访件68件,其中一般案件已销号44件,重点问题销号已上报3件。

【生态环境监管】 2021年,联合市生态环境综合执法支队出动检查人员124人次,检查企业60家次,下达《责令改正违法行为决定书》16件;立案调查4件,其中通过案审委员会免罚案件3件,1件为南昌大学第二附属医院(红角洲院区)废水排放超过排污许可证污染物排放浓度限值,处罚20.1万元。开展搅拌站、沙场整治,对13家水泥搅拌站和37家沙场开展全面检查,对不符合要求、手续不齐全、作业不规范的企业,一律整改到位再作业。共受理"12345"市长热线投诉92件,已办理回复92件。

【排污许可证制度】 2021年,落实国务院办公厅《控制污染物排放许可制实施方案》阶段目标任务要求,完成覆盖所有固定污染源的排污许可证核发工作。贯彻落实《排污许可管理条例》,加快构建以排污许可制为核心的固定污染源监管制度体系,推动排污许可证后监管各项工作按要求落实到位。红谷滩区共计核发排污许可证37家单位,其中4家重点管理单位由市审批局核发,33家单位为简化管理。审核17家单位提交执行报告,督促14家有问题的单位整改到位。

2021 年 6 月 5 日，区生态环境局在芳华社区开展“6·5”世界环境日宣传活动

（区生态环境局供图）

【生态环境宣传教育】 2021 年 6 月，联合红谷滩区人民法院、沙井街办在芳华社区共同开展“人与自然和谐共生”主题环境日宣传活动，营造生态环境保护浓厚氛围。活动现场悬挂环境保护宣传横幅，发放宣传手册和环保购物袋，接受咨询以及互动交流等，营造了浓厚的宣传氛围。11 月，在江信国际花园社区广场开展以“防治水污染，珍惜每一滴水”为主题的节约水资源系列宣传活动。通过悬挂横幅、摆放宣传资料、宣传品等方式，向小区居民讲解如何防治水污染、如何节约水资源等相关知识，分发生态环保宣传资料。

（张翼曼）

城市建设投资

【概况】 2021 年，红谷滩区坚持不懈深化“项目建设提速年”活动，聚焦数字经济、VR 产业、现代金融、商贸服务、总部经济等核心产业，谋划一批投资强度高、产出效益高、科技含量高、产业关联度高的“四高”项目。进一步助推红谷滩区经济高质量跨越式发展，为南昌市建设“五城”（创新之城、实力之城、山水之城、文化之城、英雄之城）、红谷滩区打造全省“五个中心”（省行政中心、金融中心、商务中心、文化旅游中心、创新中心）提供了动力源。

【项目推进提速增效】 2021 年，现代服务产业园等一批龙头性项目相继开工，国家职业教育虚拟仿真示范实训基地一期等一批项目建成并投入使用。南昌市第三季度重大项目集中开工仪式主会场设置在红谷滩区平安金融中心，南昌市第四季度重大项目集中开工仪式红谷滩区分会场设置在现代服务产业园项目。

【VR 科创城项目】 VR 科创城项目于 2020 年 5 月开工，位于红谷滩区九龙湖片区赣江之畔、铁路货运线以南，总规划面积 914 公顷，总投资约 500 亿元，规划常住人口约 6 万人。其中科创城一期项目用地面积 416 公顷，规划常住人口约 2.1 万人。区域结合人工智能、5G、云计算、大数据打造智能产业网络，构筑虚拟现实产业未来发展的产业核心，是江西省打造数字经济、VR 产业的核心基地。项目将主要建设创新、生态、产业、共享、人文五位一体新科技小镇。项目分为酒店会议、公共服务、总部经济、研发、教育培训、智能制造、军民融合、文化旅游和生活配套九大核心板块，实现创新促进、企业发展、应用加速、人才培训、文化科普、品牌宣传、旅游服务和生活服务八大功能。科技小镇以华为 5G 技术为基础，引进高通、微软、华为、阿里巴巴、联想等世界 500 强企业；欧菲光、紫光、海康威视等国内 500 强企业及 HTC、科大讯飞、东华软件、影创、东方瑞丰、江西科骏、美房云客、中国国库、小派科技、泰豪科技等 20 余家行业龙头企业。至 2021 年底，该项目已完成 19 亿元投资额，其中 VR 科创城展示、体验中心主体结构已经全部完工，正在进行室外园林绿化施工；VR 科创城展示、体验中心南侧的 JLH1702-F01 地块已经进入主体施工阶段，该地块将引进华为南昌研究所、阿里云创新中心、VR+航空飞行模拟训练基地；中央湖景观公园已启动土地平整工作。

【现代服务产业园项目】 项目位于红谷滩区红角洲片区，东靠枫生高速、南靠祥云大道。总建筑面积约 0.33 平方千米，可招商面积约 0.02 平方千米，可售面积约 0.23 平方千米，总投资约 21 亿元，建设周期 4 年，于 2021 年 12 月 28 日举行南昌市 2021 年第四季度重大项目集中开工仪式。项目按照“三二一”发展思路，打造创新研发、行业展示、生态管理三大平台，建立建筑全产业链、产业配套服务二大服务中心，构建一个生态功能复合、互融互通、协同发展，可为产业发展提供“一站式”服务，具有完备产业链的百亿级现代服务产业园。重点培育建筑产业总部及产业链上下游企业，同时引入新基建、数字经济、文创影视、科技金融、商贸物流、会展博览等现代服务类产业方向，并配套星级酒店、人才公寓、商业美食、金融资本、评标开标、行业培训、检测认证、技术展示、行业协会等机构服务，推动企业协作与项目资源的导入,实现建筑业全产业链要素的集聚效应,全面塑造新型智慧现代化建筑产业的增长点和品质点,在区域形成具有示范效应的产业共同体。项目建成后,将引入培育总部型建筑类高新科技产业企业,提供良好的孵化和创业环境,降低企业创业风险和创业成本,加速科技成果的转化,促进相关产业的发展,对于区域产业结构的调整和经济增长方式的转变具有积极的意义。

【国家职业教育虚拟仿真示范实训基地项目】 项目于2020年4月开工,位于红谷滩区VR科创城内,项目分两期进行建设,一期总投资约25亿元(不含土地款),规划面积0.19平方千米,总建筑面积约0.25平方千米,二期预留13.33公顷,项目建成后可同时满足8000人实训,6000人住宿,年培训人数可达10万人。该项目为江西设立首个国家级职业教育虚拟仿真(VR)实训基地,打造国家级职业教育实训基地的样板工程。本项目的建设结合了中国特色高水平职业学校和VR特色专业设计,深度融合了5G、虚拟仿真、人工智能等先进技术理念,推进职业教育虚拟仿真教学实训国家标准体系建设,打造国家级职业教育虚拟仿真实习实训示范工程,树立国家虚拟仿实习实训基地建设标准,完善职业教育虚拟仿真教学实训课程体系。项目建设的同时深化了职业教育产教融合改革,激发了企业参办职业教育的积极性并为创新引领地方产业生态变革提供积极的推动力。项目主要建设地上8栋建筑和地下车库。建设内容包括教学实训用房2栋,标准实训教室,实训厂房;大赛馆、展览中心和图文信息中心设置在实训大赛馆内;行政办公及专家公寓楼;创研办公楼;后勤宿舍楼2栋(含学生公寓,食堂、保安、传达、保洁等其他配套)和地下车库。专项智能化设施包括基础通信配套设施、数据中心机房工艺及设备安装、计算机数据专用网络及设备、安全防范系统、基础应用平台、沉浸式多媒体互动展厅、楼宇智能控制平台、会议及AV系统、教学课件及实训设备和实训综合业务管理平台。至2021年底,该项目完成投资10.52亿元,占总投资的42%,其中基建投资8.27亿元,课程设备投资2.25亿元,西区专家公寓楼、职业技能大赛馆、创业办公楼基本完成内装。

【九龙湖JLH503-C06地块拆迁安置房建设项目】 项目于2021年10开工,位于红谷滩九龙湖起步区上饶大街以北、枫生快速路以西,规划总用地面积0.10平方千米,总建筑面积0.27平方千米,配套建设室外雨污排水、给水、路灯、电梯、道路、大门及垃圾收集设施等室外工程,总户数为2146户,项目总投资8.89亿元。建设周期3年,建成后将有效安置群众,增加附近的商业人气,提升区域环境质量,推动国民经济和社会事业的发展,促进和谐社会建设。

【生米镇生米花园二期拆迁安置房建设项目】 项目于2021年10开工,位于九龙湖起步区(生米大道以南地区)JLH1603-A02、JLH1603-A03地块,规划总用地面积0.12平方千米,总建筑面积0.34平方千米,配套建设室外雨污排水、给水、路灯、电梯、道路、大门及垃圾收集设施等室外工程,总户数为2125户,项目总投资10.45亿元。建设周期3年,建成后将有效安置群众,提升区域环境质量,促进城市发展,改善居民生活条件。

(吴立强)

城乡电力供应

【概况】 国网南昌市红谷滩供电公司成立于2015年10月16日,前身为国网南昌市昌北供电公司,2016年1月21日,更名为国网南昌市红谷滩供电公司。坐落于南昌市红谷滩区丰和中大道1789号。内设党委办公室、党委组织部、党委党建部、财务资产部、安全监察部5个职能部门,供用电部、生产技术部2个业

2021年5月10日,国网南昌市红谷滩供电公司在全省率先打造高可靠性配电网示范区 (区住建局供图)

务机构，红谷供电所、九龙湖供电所2个基层供电所，员工127人。承担着红谷滩区凤凰洲、中心区、红角洲、九龙湖新城（除生米镇外区域）及省、市、区三级行政中心在内，共28.2万户的供电服务保障任务，供电面积约78平方千米。辖区内220千伏变电站5座、110千伏变电站9座，历史最高负荷54.09万千瓦（2021年7月），公司管辖10千伏配电线路218条，长度为1984千米，电缆化率97.7%，配网自动化覆盖率100%。开闭所33座，环网柜510台，配电变压器1915台。2021年，围绕红谷滩区发展战略，加快电网建设，优化营商环境，践行“人民电业为人民”企业宗旨，履行社会责任，为全区经济社会高质量发展提供强有力电力支撑。完成售电量24.22亿千瓦时，同比增长20.24%。先后荣获红谷滩区、南昌市文明单位称号，供电服务保障工作获得区委、区政府高度肯定和赞赏。

【区域电网建设】 2021年，坚持服务全区发展需要，深入开展电网规划研究，高标准编制红谷滩区“十四五”配电网规划，全年电网投资达1.65亿元，为建设国际领先城市能源互联网奠定坚实基础。高规格召开全区电网建设发展协调会，大力促成国网南昌供电公司与区政府签署战略合作协议，打造政企良性互动新局面，实现城市发展和电网建设的完美结合。着力破解老旧小区改造痛点，有力增强联泰尚城等8个小区电力互供互倒能力。高位推进高可靠性配电网项目落地，克服外部阻工、管线使用等难题，攻坚实施14条线路负荷迁改，打造“零”计划停电示范区。深化全自动馈线自动化技术应用，成功覆盖8个变电站、51条线路，电缆接头测温装置实现100%覆盖，电力智能化水平持续领跑全省。

【电力供应保障】 2021年，公司在电力保供、营销基础、安全管理等方面精准发力，推动供电可靠性和经营效益再上新台阶。全年新增用电客户3156户，新增接电容量59.84万千伏安，持续拉动辖区电量增长，全面助力经济社会发展。全面消除特高损、长期负损台区，减少电量损失217万千伏安；查处违约窃电40户，追缴违约电费139.83万元，综合线损率、台区线损率两项指标分别达1.21%、1.56%，保持全省第一。多措并举实现用电负荷良性管控，成功应对夏季负荷屡创新高和冬季最强寒潮侵袭等严峻考验，牢牢守住“限电不拉闸、限电不限民用”底线，辖区平均停电时间同比再缩短32%，指标持续领跑全省。以零容忍态势做实现场安全管控，与区应急管理局等部门开展安全联动16次，积极推动高危人身隐患排查整治，完成围挡带电、地铁4号线安丰站等29处电力隐患整改，有效防范人身事故。圆满完成上合组织传统医学论坛、2021年世界VR大会、江西省第十五次党代会等重大保电活动71次。

【优化营商环境】 2021年，围绕红谷滩区发展和改革双“一号工程”，奋力打造全省一流营商环境。主动融入政府发展大局，第一时间出台助力红谷滩区“六大战略”发展十项举措，获区委、区政府主要领导高度肯定。成立优化营商环境协调小组，联合区行政审批局推动电力服务窗口进驻。打通业扩办电“快车道”，高压接电时长大幅压降至26.8个工作日，同比再降51%，九龙湖过江大桥项目仅用20个工作日完成投运送电，江西省儿童医院等9个项目获赠企业感谢锦旗。坚持“零上门、零审批、零投资”服务理念，全年线上办电率达100%，全面助力小微企业发展，为客户节约办电成本685.36万元，着力构建“客户满意、社会认可、政府放心”的优质电力营商环境。

【提升服务品质】 2021年，始终把满足人民美好生活需要作为工作出发点和落脚点，忠实践行“人民电业为人民”宗旨，奋力提升供电服务品质。全面吹响供电服务“三大战役”号角，架设客户服务“连心桥”，领导班子成员带队开展上门扫楼行动，主动宣传服务热线和惠民政策，实现9个月“零投诉”的历史最好成绩，服务投诉连续6年同比下降。大力实施配网整治攻坚行动，开展5条线路综合治理，更换23座环网柜，处置35处低电压问题，稳步提升辖区供电质量。组建技术攻关团队，自主研发RPA（机器人流程自动化）机器人，实现自动复电、业务跟踪等功能，在提升优质服务水平的同时，进一步为基层减负增效。

（张　敏）

城乡自来水供应

【概况】 南昌水业集团有限责任公司（以下简称南昌水业）始创于1937年，是南昌市政公用集团旗下一家致力于民生服务、生态保护的大型国有环境产业集团。旗下拥有一家主板上市公司——江西洪城环境股份有限公司（证券代码：600461），所辖全资、控股、参股子公司60余家，是南昌市重点工业企业。2021年2月1日，公司正式更名为江西洪城环境股份有限公司。南昌水业秉承“团结、创新、严实、奉献”的企业精神，遵循“用户至上、追求一流”的经营理念，以开拓创新的精神，严谨科学的管理，现代化的服务和营销方式，不断打造优质服务品牌。为满足城市发展和市民用水需求，不断加大管网改造，使南昌市供水保障能力持续增强，真正做到“为人民服务”的宗旨。至年底，南昌水业总资产252亿元，净资产超80亿元，年营业收入超100亿元，利润总额近15亿元。在“2021中国环境企业50

强”评选中名列第18位，在“中国百城供水服务满意度调查”中多次名列前三甲，在“2021江西企业100强”名列第36位。江西洪城环境股份有限公司城西供水服务中心下辖的牛行水厂、长堎水厂、红角洲水厂、生米水厂4个水厂，供给南昌九龙湖片区起步区(龙兴大街以南地区，30万人)、南昌西客站地区(5万人)、南昌市九龙湖片区(生米大道以南，12万人)、南昌市九龙湖片区(铁路货运线以南，12万人)、南昌市九龙湖片区西部组团(20万人)、南昌市红角洲高级文教、科研、居住区(25万人)、南昌市红谷滩中心区及周边地区(20万人)7个片区、124万人的用水。

【保障“互联网+”大学生创新创业大赛总决赛供水】 2021年10月12—15日，第七届中国国际“互联网+”大学生创新创业大赛总决赛在南昌大学举办。为圆满完成会议期间的供水保障工作，城西供水服务中心一直走在供水保障服务的最前面。强化责任担当，落实主体责任。以中心领导为组长，带领抢修小组下一线，对外负责与学校工作人员就供水保障事宜进行数次走访沟通交流，以主会场为中心，进行网格化保障。服务有温度，办事有速度。针对供水保障情况，城西供水服务中心在会议前期制订多套应急保障方案，成立专保小组，明确责任，划分区域，加大排查力度，消除隐患。以外包巡查，巡查学校里的水质、水压、水量及外围的消防栓、闸阀等供水设施；内包蹲守，解决供水应急突发情况，双管齐下，多项工作同步进行，满足最大供水需求。加强值班值守，做好应急保障。备受瞩目的中国国际“互联网+”大学生创新创业大赛总决赛是一次全球双创盛会，为保障供水服务万无一失，中心实行24小时值班制，采用两班倒，所有人员电话保持在线，做到“严防死守”，确保水压充足、水质优良、服务细致。11月10日，城西供水服务中心收到来自第七届中国国际“互联网+”大学生创新创业大赛江西省筹备工作协调小组办公室发来的感谢信。

【保障省两会供水】 2021年1月25—28日，江西省第十三届人民代表大会第五次会议及政协江西省第十二届委员会第四次会议在南昌开幕，会议为期四天。为确保会议顺利进行，作为南昌城的供水保障单位，全面提供安全优质供水，江西洪城水业长堎营业处主动接过任务，扛起责任，以党团为主力军，行走在供水保障的路上。为助力省两会，切实提高供水服务品牌，强化主人翁担当精神，所辖供水保障片区基层单位长堎营业处高度重视，在会议前期制订多套应急保障方案，成立应急保障小组，克服疫情带来的种种困难，巡查会场酒店水质、水压、水量及外围的消防栓、闸阀等供水设施，做到及时与酒店工作人员进行沟通交流，把每项供水保障工作做到细致入微，不出任何隐患，满足最大供水需求，务必使各项供水工作实现“零事故、零差错、零投诉”，始终坚守实行24小时值班制，直至好省两会圆满结束。

【保障2021世界VR产业大会云峰会供水】 2021年10月19日，世界VR产业大会云峰会在南昌国际博览城绿地博瑞酒店召开。为圆满完成会议期间的供水保障工作，城西供水服务中心党团员行走在供水服务保障的最前面。自国庆后，南昌温度断崖似的下降，作为民生企业的供水保障单位，服务温度依然不减。会议前期城西供水服务中心制定多套应急保障方案，成立专保小组，明确责任，划分区域，加大排查力度，消除隐患。外围巡查，内部蹲守，双管齐下，多项工作同步进行，严格实行24小时值班制，把供水服务做到万无一失，直至世界VR大会结束。

【保障高考期间安全供水】 2021年，为进一步落实高考期间供水保障工作，城西供水服务中心在第一时间主动出击，结合实际情况，制定应急方案，成立专项小组，24小时待命。对所管辖片区的各大高校考点供水保障进行走访交流，对考点沿线的供水管网设施设备进行全面排查，特别针对考点内外全部的消防栓进行检测，真正做到内沟通外巡查，多措并举，两手抓两不误，各项保障工作同步进行。尤其对南昌二中、南昌二十二中、新建二中、新建一中等重要考点就水质、水压问题与学校工作人员进行多次沟通，认真听取意见建议，履行好供水保障责任。切实把供水保障做得更细致、更严谨，以快速、高效的服务质量确保高考期间的用水安全，开辟护考绿色通道，保障居民、考生用水无忧。

(陈鸿达)

城乡燃气供应

【概况】 2021年，红谷滩区辖区有南昌市燃气集团、南昌中油燃气发展有限公司2家辖区管道企业，营业网点3个。围绕“聚焦改革创新，强化实干担当”“学标杆，强基础”，抓牢基础工作，抓实项目建设，严守安全红线，提升服务质量，以严谨踏实的作风和不断优化的管理举措工作，实现持续稳定健康发展。年度新发展燃气用户1.12万户，累计区域内用户13.98万户。其中，居民用户13.81万户，工商业用户1211户，学校、医院等公福用户475户。至年底，区域内有高压天然气管道12.5千米，中低压天然气管道1379千米。

【安全用气深入人心】 2021年，通过创新活动形式、丰富宣传载体、扩大宣传范围，深入开展安全宣传“五进”(进社区、进企业、进家庭、进学校、进农村)活动，建设一批燃气安全宣传专栏，开展燃气安全宣传进社区活动35次，开展区级安全生产月咨询日活动1次，各社区张贴宣传条幅130余条，累计发放燃气安全宣传手册6万余份。

【压实燃气企业主体责任】 2021年，进一步强化安全生产红线意识，压紧压实燃气企业安全生产主体责任。全年全数检查加气站、充装站，督促企业全面落实"五个一"活动，规范科学建立"一牌、一图、三清单"["一牌"：安全生产牌；"一图"：施工现场平面布置图；"三清单"：安全工作主要责任单位(部门)职责清单、安全工作责任人责任清单、安全监管责任人清单]。共对企业检查11次，查处隐患数93条，整改数93条，整改率100%，保障了燃气安全运行。

【瓶装液化气高压整治】 2021年，按照瓶装液化气安全管理规定和要求，深入排查和整治瓶装液化气在储存、充装、运输、销售、使用各环节存在的问题和安全隐患，规范瓶装液化气安全管理，健全部门联动、长效管控机制。全年共开展执法行动500余次，出动人员累计1600余人，出动车辆300余次，查处取缔瓶装燃气服务黑点2处，证据扣存超期报废钢瓶等350余只，有效净化全区用气环境。

【高效消除压占隐患】 2021年，按照《南昌市城市管理局燃气安全监管办法（试行）》，开展燃气安全专项整治三年行动，通过政企协同联动、攻坚克难，隐患整改工作取得显著成效。违章压占燃气管道安全隐患317处，其中重大隐患21处。至年底，已完成全部重大隐患整改，剩余79处一般隐患均在整改中，确保红谷滩区燃气行业"零重大事故"发生，燃气行业安全形势可控有序。

【燃气应急处置高效】 2021年，坚持"安全第一、预防为主"的方针，各燃气企业建立应急处置突击队，采取桌面演练和现场演练相结合的方式，组织开展21次演练培训，包括防冻伤、消防演练、突发泄漏等场景，有效地提高了燃气行业应急处突能力。全年组织辖区抢险抢修87次。为了用户用气安全，采取"5+40"行动，用户报漏气5钟内接单，40分钟内到达现场，全年维修上门服务1.61万次。

【积极推动气化建设】 2021年，在南昌市推进燃气事业发展三年行动计划工作领导小组大力推动下，"气化红谷滩"项目稳步推进，全年共气化红谷滩区新建小区17个，涉及居民1.37万户；气化红谷滩区老旧小区8个，涉及居民1413户；气化红谷滩区非居民项目255户，其中推动实施瓶改管41户。

【监督举报渠道畅通】 2021年，在燃气经营场所、燃气设施醒目位置公布监督举报电话，拓宽群众反映渠道。全年监管热线累计接到燃气安全隐患举报投诉39起，主要涉及开挖道路、燃气泄漏、应急处置等问题，均在规定时间进行回复，做到件件有回复，满意率达100%。

【户内隐患排查整治】 2021年，针对非居民用户，上门宣传推广报警器年检的必要性，树立商业客户的安全责任心。居民用户方面凤凰花园、红岭花园、丰和花园等居民小区热水器无烟道隐患数目多，居民安全意识不强，联合社区开展安全进社区服务，告知居民安全隐患知识，免费为居民提供整改方案，效果显著，隐患整改率有明显提升。全年红谷滩区范围内排查非居隐患739处，居民安全隐患1.68万处。

【持续优化用气环境】 2021年，将优化获得用气营商环境作为履行社会责任、持续改善形象的关键举措，努力追求流程上"零审批"、价格上"零收益"、过程中"零跑腿"。在简环节、压时限方面。将用气报装环节由原来的3个环节压缩到用气申报、验收通气2个环节。适用于资料齐备的图集项目，用气报装时限由5个工作日压缩到3个工作日。在控成本、降门槛方面。针对新装管道燃气的企业客户，按成本价与客户签订管道燃气安装合同，对适用标准设计图集的项目，实施快速报价 、快速签约。对于"瓶改管"客户，实施一定期限的气价优惠，切实降低改造用户使用成本。在拓渠道、强服务方面。在已有线下营业网点、已入驻市、县(区)行政服务中心、"六多合一"平台等报装渠道基础上，进一步完善网上营业厅以及微信公众号功能，开通"赣服通"燃气专区，纳入政务网，实现燃气报装"网上办""掌上办""指尖办"。

（胡　鹏）

全国文明城市创建

【概况】 2021年，按照市创建指挥部要求，成立红谷滩区创建全国文明城市指挥部，区委书记任总负责，区委副书记、区长提名人选任总指挥，区委副书记任常务副总指挥，副总指挥则扩大至区在职副县级以上其他成员(含法检两长、人武部部长)。组建区创建办，区委副书记万晓娟兼任主任，区委常委、宣传部部长邓越峰，区政府分管城市建设管理副区长杨雨晨兼任副主任，抽调区政协经济人资委主任涂继震兼任执行副主任，主持办公室日常工作，区城市管理执法大队一级主任科员杨振华、生米镇原党委副书记刘殿毅、生米镇原党委委员邹景波任挂职副主任。深入开展线片联创共建工作，全区划分22条工作线、6个创建片区，建立三级调度(区创建指挥部、区创建办、行业部门)及四级督查机制(县级领导挂点督导、区纪委

2021年12月3日,红谷滩区文明城市创建指挥部2021年第十二次调度会召开 (区创建办供图)

跟踪问效、区挂点单位定期帮创,区创建办日常巡查)机制,使全区上下人人肩上有创建担子,文明创建没有一线二线都是前线,从制度上保障文明创建工作进入常态化轨道。

【创建全国文明城市总结表彰大会召开】 2021年1月25日,红谷滩区创建全国文明城市总结表彰大会暨常态长效工作部署会召开。市委常委、秘书长郭毅作讲话。区委书记周亮主持会议并对全区全国文明城市创建常态长效工作进行强调要求。区委副书记万晓娟宣读表彰创建"全国文明城市"工作先进单位、先进个人和文明市民的决定,区委常委、宣传部部长邓越峰解读文明城市创建工作机制方案,沙井街办、区城环局主要负责人和文明市民、志愿者代表进行发言。

【建立健全工作机制】 2021年,经区委常委会研究通过,相继出台《红谷滩区创建全国文明城市指挥部组成人员名单及工作职责》《2021年红谷滩区创建全国文明城市指挥调度工作机制(试行)》《2021年红谷滩区创建全国文明城市考核办法(试行)》《2021年红谷滩区创建全国文明城市线片联创共建实施方案(试行)》等文件,建立健全全区创建全国文明城市常态长效工作机制。明确专项治理工作重点,狠抓各项重点创建任务,打牢创建基础,不断提升全区创建工作实效。

【强化问题整改落实】 2021年,牢固树立"文明创建没有重点区域,只有红谷滩区域"的理念,着力开展实地督查,对市创建办、区领导发现问题的整改情况进行"回头看",督促问题整改落实到位;督促片区相关单位迅速整改,汇总通报的问题整改情况及时报送至市创建办;督促各片区各相关单位保持整改成效,持续跟踪并确保问题不反弹,同时要求举一反三,强化类似问题处理。

【开展第三方模拟测评】 2021年,委托国家统计局南昌调查队作为第三方,按照全国文明城市测评体系,每月对全区公共环境、公共秩序、公共服务、公益活动、公共关系,以及本地社会道德风尚、社会文明程度等进行测评,组织开展入户模拟问卷调查。通过开展第三方、模拟测评,查找创建工作中存在的问题,指导点位达标。将第三方模拟测评、上级反馈问题、整改回头看等情况纳入考核内容,建立排名通报体系,以考核倒逼工作责任落实。

【开展系列整治行动】 2021年,深入开展无障碍环境建设、文明交通治理、空中管线整治三大行动,同时以问题为导向,针对楼堂庭院环境、车辆停放、牛皮癣小广告、无牌电动车等开展常态化环境综合整治,以点带面、举一反三,不断提升城市环境面貌。全年推进老旧小区改造6个,累计清理各类垃圾广告1258处,清理垃圾157吨,整治出店、占道经营共计5228处,乱吊乱挂604处,修补破损道路、人行道板1045处,修复井盖363个。全区主次干道支路街巷空中管线已全面整治到位。全区无障碍设施保有量显著提升,创造了三个全省第一,即全省第一个配备信息提示器的无障碍停车位、全省第一个配备聋听交流系统、全省第一个设置手语翻译线下预约服务站。沁园农贸市场成为"互联网+智慧"新型农贸市场典范,是全市唯一一个五星级农贸市场,提档升级,拥有南昌首家可覆盖所有农产品检测的快检室,市民可免费送检各种农产品,并及时获得检测报告单。

【大力开展文明宣传】 2021年,强化教育引导,深入开展"文明城市创建"宣传教育,进一步组织和发动市民积极主动投身到深化全国文明城市创建活动中来,提高市民群众知晓率、满意率和参与度。全年全区共建设完成新时代文明实践中心(所、站)135个,基本实现全覆盖;全区注册志愿者突破5.8万人大关,组织广大志愿者开展各项文明实践活动,推动新时代文明实践在全区普及。通过深入开展宣传,群众对文明创建工作满意度大大提升,垃圾分类、文明交通等行为得到明显改善,骑行头盔佩戴率达95%以上,红谷滩区的交通秩序明显改善,群众自觉遵守交通规则,斑马线前,公交车、出租车、私家车礼让行人已是司空见惯,有效地净化辖区内交通环境。至年底,全区建成四分类集中投放亭431个,群众垃圾分类的积极性大大提高。

(艾　青)

重大重点工程建设

综　述

2021年，红谷滩区重大重点项目数量共152个，总投资2146.7亿元，全年计划投资358.5亿元。项目按类别分为五类：一是产业发展项目，共66个，年度计划投资276.5亿元；二是城市建设项目，共18个，年度计划投资17.1亿元；三是城市管理项目，共25个，年度计划投资21.1亿元；四是社会事业项目，共24个，年度计划投资8.2亿元；五是民生实事项目，共19个，年度计划投资35.6亿元。

全区牢固树立"项目为王"理念，紧扣发展抓项目，重点项目建设有序推进。编制了《2021年红谷滩区重大重点项目投资计划》，按月报送省、市、区重大重点项目报表，落实项目协调推进机制，形成《红谷滩区重大重点项目推进情况通报》。编制出台《红谷滩区"项目大会战"（2021—2023年）实施方案》《2021年红谷滩区重大重点项目领导挂点计划》，起草出台《红谷滩区政府投资管理办法（试行）》《红谷滩区政府投资项目建设控制标准（试行）》等制度，进一步提高政府投资效益，规范政府投资行为。组织开展重大项目集中开工活动，全市第三季度集中开工主会场设在红谷滩区平安金融中心。

（黄　可）

产业项目建设

【概况】　2021年，全区152个重大重点项目中，产业发展项目共66个，总投资1692.5亿元，年度计划投资276.5亿元。

【保利文化艺术中心】　项目总投资50亿元。项目是保利集团拟在南昌打造的一个高规格、高水准、高品质的文化项目，项目选址拟定为九龙湖JLH1204－A07、B01、B02、B03地块，总用地面积约19.61万平方米。其中，住宅面积约11.83万平方米（JLH1204-A07、B02，现可建计容面积为23.66万平方米），商业商务用地约7.79万平方米（JLH1204-B01、B03，现可建计容面积为13.65平方米），其中商业街面积约1.6万平方米，保利大剧院总建筑面积为4.5万平方米（其中地上面积约3.5万平方米），建成后装修标准达到国内一流水平。至2021年底，3、4、5、12、13、19号楼主体结构施工；2、6、7、10、14、18号楼主楼结构施工；16号楼基础底板阶段施工；幼儿园基础施工，1、8、9、11、17、15号楼地下室结构施工。

【平安国际金融中心】　项目总投资100亿元。项目集大型商业综合体、精品写字楼、星级酒店及配套为一体的现代化城市综合体，总建筑面积约74万平方米。至2021年底，商业桩基施工完成80%。

【现代服务产业园】　项目总投资43亿元。项目总建筑面积约37万平方米，含办公、酒店。至2021年年底，项目已完成备案、用地规划许可证及不动产权证，EPC（工程总承包）单位合同签订完成。

【VR科创城】　项目总投资250亿元。建设面积约240万平方米，主要建设VR示范应用，VR创新中心、展示体验中心等及路网基础设施。至2021年底，展示中心已提升改造完成，体验中心已完成设计方案；华为软件中心、阿里云创新中心、VR+飞行模拟训练基地正进行内部装修工作，北航一层已完成装修；VR科创城总部办公基地有序施工。

【国家职业教育虚拟仿真示范实训基地】　项目总投资25亿元。项目位于VR科创城南侧、九龙大道东侧、三清山大道西侧，规划面积约20公顷（含区间道路），项目设计规模为可同时容纳1万名学生实习实训，其中一期工程容量5000人。基地内规划教学楼4—5层、宿舍公寓

2021年9月29日,国家职业教育虚拟仿真示范实训基地职业技能大赛馆建成 (区政府办供图)

楼8—9层、规划负一层停车区域。至2021年底,项目8栋建筑6栋已封顶,东区4号楼轨道交通实训楼3层主体结构、5号楼航空实训楼3层主体结构已封顶,4号、5号楼墙体基本砌筑完成,5号楼厂房基础浇筑完成。6号楼墙体砌筑完成,正进行幕墙埋件安装,7号、8号楼内部墙体砌筑已完成,安装工程完成30%,正进行外立面幕墙铝板埋件安装;西区3栋建筑装饰在收尾。

(黄　可)

城市项目建设

【概况】 2021年,全区152个重大重点项目中,城市项目共43个,总投资279.5亿元,年度计划投资38.2亿元。其中,城市建设项目共18个,总投资218.2亿元,年度计划投资17.1亿元;城市管理项目共25个,总投资61.3亿元,年度计划投资21.1亿元。

【南昌VR科创城市政基础设施项目一期】 项目总投资34亿元。项目主要含综合管廊、停车场及配套市政道路等,3条综合管廊共计4.95千米,停车场面积约1.1万平方米,共759个停车位,配套市政道路含三清山大道等道路及环境整治。至2021年底,完成R1路(九龙大道—三清山)、S5路、S6路、S3路(R1—V谷大街、R5路—常湖池)、R2路(九龙大道—S3路)、R3路(九龙大道—S3路)、V谷大街(九龙大道—S3路)的沥青路面摊铺,完成三清山管廊主体结构200米。

【红角洲路网二期(云溪路、用友产业园区间路)】 项目总投资3800万元。项目内容为道路、交通设施、排水、照明、强弱电管道等配套设施。至2021年底,贸院路、茶山路已完成沥青摊铺;用友路完成水稳层摊铺。

【红角洲岭北七路道路排水工程】 项目总投资1.2亿元。项目道路长0.8千米,内容为道路、交通设施、排水、照明、强弱电管道等配套设施。至2021年底,B支线已完成雨污水管施工;A、C支线已完成变更进入管网及碎石换填施工。

【九龙湖综合整治工程二期——九龙湖公园】 项目总投资4.27亿元。项目总建设面积86万平方米,包括土方造势、园建、地下车库、公共厕所、管理用房、茶室、绿化及附属水电工程。至2021年底,九龙大道以东(主入口区、缤纷园、真趣园)已建设完成,并已竣工验收,九龙大道以西运动园原红线内建设完成约90%。运动园土地报批已完成,正在办理土地划拨手续。

(黄　可)

民生福祉项目建设

【概况】 2021年,全区152个重大重点项目中,民生福祉项目共43个,总投资174.6亿元,年度计划投资43.8亿元。其中,社会事业项目共24个,总投资39.8亿元,年度计划投资8.2亿元;民生实事项目共19个,总投资134.9亿元,年度计划投资35.6亿元。

【新龙岗学校】 项目总投资2.58亿元。学校为九年制义务教育,小学30个班、初中27个班,共57个教学班。本项目总用地面积6.04万平方米,总建筑面积约6.25万平方米(其中计容建筑面积4.83万平方米,地下车库面积1.42万平方米),学校设有教学楼、实验楼、图书馆、行政楼、食堂、风雨操场和室外运动场等。至2021年底,一期建设已施工完成,已竣工验收。

【保利高尔夫花园小学建设项目】 项目总投资8000万元。本项目总用地面积近1.8万平方米,总建筑面积1.96万平方米,小学12个班。至2021年底,完成桩基检测合同会签;跟进预付款、安措费和农民工保证金支付进度。

【新琚花园E4-02号楼人才公寓装修改造项目】 项目总投资4500万元。项目共330套住房,总装修面积约1.72万平方米。其中一室一厅264套,51平方米/套;两室一厅66套,56.6平方米/套,均为毛坯。至2021年底,完成室内装修和验收移交。

【岭口路集租房】 项目总投资1.85亿元。项目建设内容包括集租房、商业建筑、物业用房、养老用房、消防控制室等,及内部道路、老年活动场地、绿地、停车场等配套设施。总用地面积约为8864平方米,总建筑面积约为2.8万平方米,容积率2.2,绿地率为35%。至2021年底,合同签订完成,施工许可证办理完成,桩基施工中。

(黄　可)

2021年10月8日,中国移动创新中心落户慧谷产业园三期10号楼

(区住建局供图)

重大重点项目督查调度

【概况】 2021年,红谷滩区认真贯彻落实省委、省政府高质量发展和市委、市政府"强产兴城"要求,按照区委、区政府决策部署,牢固树立"项目为王、项目为要、项目为大"理念,将项目推进作为工作的"生命线",在项目建设推进中彰显担当。先后制定《红谷滩区"项目大会战"(2021—2023年)实施方案》,为未来三年项目开发建设绘制蓝图;出台《红谷滩区重大重点项目管理办法》《红谷滩区重大重点项目推进协调调度办法》《红谷滩区重大重点项目推进考核办法》三大办法,进一步加强和规范全区重大重点项目的管理、推进、协调、调度和考核等系列机制,确保全区项目建设的进度和质量,推进红谷滩区重大重点项目建设;编制《2021年区重大重点项目年度推进工作链条图》,对全区重大重点项目投资额和形象进度进行倒排,明确责任、挂图作战。通过系列举措,有效促进全区重大重点项目顺利推进。

【重大重点项目稳岗留工实施方案印发】 2021年1月29日,红谷滩新区重大重点项目督查调度办公室印发《关于做好红谷滩区重大重点项目稳岗留工就地过年权益保障工作的实施方案》,鼓励全区重大重点项目管理和施工人员稳岗留工就地过年。出台《红谷滩区2021年春节期间省市重大重点项目稳岗留工奖励政策奖励申请指南》,对申请对象、奖励标准、申请材料、申请流程等进行明确规定。细则中对重大重点项目留岗用工在20人、50人、100人以上的项目,分别给予相应奖励补贴,华润万象城等部分重大重点项目春节期间正常推进,不停工。

【重大重点项目实行挂图作战】 2021年4月2日,红谷滩区2021年第一次重大重点项目专题调度会审议通过,正式印发实施《2021年区重大重点项目年度推进工作链条图》。链条图对2021年红谷滩区23个责任单位共152个重大重点项目逐一细化分解,每个项目按照推进关键节点,以时间排序,形成链条,并明确责任单位(牵头单位、配合单位)和责任人,共涉及1557个具体链条推进事项,依据链条图,对全区重大重点项目实行挂图作战、实时监测和督查督办,树立项目建设管理全闭环理念。各具体链条推进事项全年完成率达98%。

【"项目大会战"方案印发】 2021年4月16日,红谷滩区政府办公室印发《关于红谷滩区"项目大会战"(2021—2023年)实施方案的通知》,并成立"红谷滩区'项目大会战'推进工作"领导小组。聚焦产业发展、基础设施、公共服务、民生实事等重点投资领域,集全区之智、举全区之力,全面打响项目建设大会战。为红谷滩区未来三年项目推进建设绘制蓝图,制定目标,明确推进主体责任。

【红谷滩区重大重点项目推进中心挂牌成立】 2021年5月19日,红谷滩区印发《关于印发〈南昌市红谷滩区重大重点项目推进中心职能配置、内设机构和人员编制规定〉的通知》。正式批准在原南昌市红谷滩新区重大重点项目督查调度办公室的基础上重新组建成立南昌市红谷滩区重大重点项目推进中心,为区政府直属的公益一类事业单位,由红谷滩区发展和改革委员会代管,机构规格正科级。设办公室、协调推进股、综合调度股三个内设股室,核定编制16名,设主任1名、副主任3名,内设机构股室职数3名。该中心主要承担全区重大重点项目的推进协调、综合调度、督办、服务等职能。5月20日,该中心正式挂牌运行。

【重大重点项目协调推进工作领导小组成立】 2021年12月10日,经红谷滩区政府2021年第21次常务会议和一届红谷滩区委第9次常委会会议审议通过,红谷滩区印发《关于成立红谷滩区重大重点项目协调推进工作领导小组的通知》。该领导小组由区委书记吴江辉任总指挥,区委副书记、区长刘光荣任组长,区委、区政府相关分管领导任副组长,各属地、区委相关部门、区直相关部门、驻区相关单位主要负责人为成员。领导小组成立11个工作专班,具体负责各行业、各领域工作的协调、推进、调度工作,各项目责任单位及片区同时相应成立以单位主要负责人为组长的项目协调推进工作小组,负责本单位和属地项目的日常协调推进工作。进一步完善该区项目协调推进的组织领导。

【重大重点项目“三大管理办法”印发】 2021年12月10日,经红谷滩区政府2021年第21次常务会议和一届红谷滩区委第9次常委会审议通过,红谷滩区印发《关于印发〈红谷滩区重大重点项目管理办法〉〈红谷滩区重大重点项目推进协调调度办法〉〈红谷滩区重大重点项目推进考核办法〉的通知》。旨在进一步加强和规范全区重大重点项目的管理、推进、协调、调度和考核等系列机制,确保项目建设进度和质量,推进全区重大重点项目建设,为该区高质量发展积蓄动能。《红谷滩区重大重点项目管理办法》主要是针对该区重大重点项目的建库、动态运行、保障措施等建立的管理办法,共五章23条,由总则、项目确定、项目管理、保障措施和附则组成。《红谷滩区重大重点项目推进协调调度办法》主要是根据《红谷滩区重大重点项目管理办法》,而制定的全区重大重点项目推进、协调、调度、督查等机制和落实的办法,分为总体要求、工作目标、组织机构、工作机制、工作要求和附则共六个部分。其中工作机制主要包括调度协调机制(“六个一”工作推进机制、四级“五个层次”调度机制)、服务保障机制和督查督办机制三大块。《红谷滩区重大重点项目推进考核办法》主要是根据上面两个办法而制定的包括具体考核方式方法、考核细则和奖惩措施等,共分考核机构、考核范围、考核方式、考核细则和具体的评分办法、奖惩措施、附则六个部分。

【实行重大重点项目督查通报制度】 2021年,红谷滩区实行项目督查通报制度,由区重大重点项目推进中心对项目链条图推进情况进行每周通报,对区领导集中调度和日常跟踪督查进行每月通报,对区重大重点项目专题调度会调度事项实时跟踪通报。全年共编发周简报28期、月通报6期、督查专报16期、专题调度会纪要11期,及时反馈全区项目推进和督查工作动态。

【重大重点项目“四函催办”“亮红黄灯”督办制度实行】 2021年,红谷滩区重大重点项目建立提示、预警、催办、督办的提醒函告机制,对督查督办工作实行亮“红黄灯”管理,采用“四函”催办方式(以《联系函》提醒、《提示函》预警、《督办函》督办、《警示函》催办),在不同时点提醒各项目责任单位加快推进进度,及时亮“红黄灯”进行督促,并按照考核办法进行扣分。全年下发“四函”共132份,亮黄灯19次,亮红灯3次。对所涉项目问题事项督查督办,跟踪问效,传导压力。

【重大重点项目实施台账销号管理制度】 2021年,根据项目分级分类调度安排,红谷滩区分别建立重大重点项目专题调度会调度、区领导集中调度和日常跟踪督查3本工作台账,及时收集项目问题,动态跟进台账问题事项的解决落实情况,实行滚动销号管理。全年三本工作台账共涉及205个项目问题或事项,落实完成率95%。

【区第一次重大重点项目专题调度会召开】 2021年3月19日,红谷滩区召开2021年第一次重大重点项目专题调度会,新区工委副书记、管委会主任,区委副书记、区长提名人选任海斌出席并讲话。会议由区委常委、常务副区长提名人选刘光荣主持,副区长提名人选杨雨晨、陈敏、邬春华出席会议。各镇(街道、管理处)、区直相关部门、驻区有关单位负责人参加。会议先后听取区经发局关于《红谷滩区“项目大会战”(2021—2023年)实施方案(送审稿)》、区项目督调办关于《2021年区重大重点项目年度推进工作链条图(送审稿)》编制情况和项目督查情况,区自然资源分局关于全区重点项目土地出让情况的汇报。各项目责任单位及镇(街道、管理处)负责人就项目推进及存在的问题依次作发言。会上,刘光荣从聚焦谋划抓项目、聚焦要素抓项目、聚焦审批抓项目、聚焦链条抓项目、聚焦督查抓项目、聚焦统计抓项目6个方面对做好当前项目推进工作提出具体要求。任海斌强调,“起步就是冲刺、开局就是决战”,要以拼搏的状态、奋进的姿态,苦干实干大干的形态,奋力抓好2021年的项目推进工作,要大干快干推项目、要高质高效解难题、要敢拼敢抢引项目、要严抓严管优服务。全区上下要按照“项目大会战”“项目建设提速年”部署聚焦新使命新要求，以昂扬的奋斗姿态、饱满的工作热情、扎实的工作举措，高质高效推进项目建设，为“十四五”开好局起好步奠定坚实基础，以优异成绩喜迎中国共产党成立100周年。

【区第二次重大重点项目专题调度会召开】 2021年5月20日，红谷滩区召开2021年第二次重大重点项目专题调度会，新区工委副书记、管委会主任，区委副书记、区长提名人选任海斌出席并讲话。会议由区委常委、常务副区长提名人选刘光荣主持，副区长提名人选陈敏出席会议。各镇（街道、管理处）、区直相关部门、驻区有关单位负责人参加。会议先后听取区发改委关于全区重大重点项目1—4月推进情况，区自然资源分局关于全区重点项目土地出让情况的汇报和区项目督调办关于链条图推进落实情况、专题调度、调研督查问题落实情况的汇报。各项目责任单位及镇（街、处）负责人就项目推进及存在的问题依次作发言。同时，会议就部分项目所涉问题进行调度和明确。会上，任海斌要求，要坚持问题导向，抓好工作落实，认清项目建设紧迫形势，破解制约项目推进难题，营造良好的营商环境。各级各部门，要围绕重大重点项目加快推进，抓好落实，以重大重点项目的推进，支撑红谷滩区高质量快速发展、支撑红谷滩区挺进全国百强区、支撑红谷滩区在“彰显省会担当”中勇挑重担、走在前列。刘光荣用“两手抓”“十指转”对做好当前项目推进工作提出具体要求。

【科大讯飞江西总部提升改造项目专题调度会召开】 2021年5月25日，区委常委、常务副区长提名人选刘光荣在区509会议室主持召开科大讯飞江西总部提升改造项目专题调度会。区发改委、区财政局、区住建局、区商务局、区VR推进中心、区项目推进中心、区城投公司相关人员参加。会上，刘光荣听取有关部门对项目提升改造进展情况的汇报，并就相关问题进行调度。刘光荣强调，要高度重视，该项目作为加强江西和安徽两省深入合作而引进的重大重点招商引资项目，各级领导要高度重视，区各相关责任部门要主动服务、靠前推进；要落实专人，各责任单位要指定专人负责对接，加强沟通，加快落实相关工作；要及时交付，区城投公司要确保按照时间节点要求，顺利完成项目施工并交付企业使用；要强化督调，区项目推进中心要加强推进过程中各相关环节的督查。

【省、市重大重点项目问题调度会召开】 2021年6月1日，区委常委、常务副区长提名人选刘光荣在区513会议室主持召开红谷滩区省、市重大重点项目问题调度会。区直相关部门、驻区有关单位、区城投公司等部门相关负责人员参加。会议就中唯商业中心、九龙湖新城综合管廊一期、VR科创城配套市政路网一期、南斯友好路综合改造、赣江市民公园四期、九龙湖公园二期、“1+5+X”社区邻里中心（丽景、芳华、鹿璟名居）7个项目所涉问题进行调度和明确。刘光荣强调，要高度重视，省、市重大重点项目是项目推进工作的重中之重，各相关单位要高度重视，全力以赴加快推进；要加快落实会议明确的各项问题，各责任单位要指定专人，加强沟通对接，抓好落实；要强化督查，区项目推进中心要及时深入一线督查，并综合反馈。

【区部分重大重点项目问题调度会召开】 2021年8月16日晚上，区委副书记、区长提名人选刘光荣在区509会议室主持召开红谷滩区部分重大重点项目问题调度会。副区长提名人选杨雨晨、陈敏、邬春华，及区直相关部门、驻区有关单位、区城投公司等部门主要负责人参加。会议就平安国际金融中心、海康威视南昌产业园、华为江西总部、区文化艺术中心、现代服务产业园等9个重大重点项目所涉问题进行调度和明确。刘光荣强调，要高度重视，各相关单位要高度重视，统一思想，加强协作，全力以赴加快全区重大重点项目建设，确保红谷滩区各项目经济指标三季度进入全市前列。要狠抓落实，会议明确的各项事宜，各责任单位主要领导要亲自协调，亲自过问，指定专人具体负责，加强沟通对接，按照会议明确节点抓好落实；要强化督查，区重大重点项目推进中心、区发改委要密切配合，及时跟踪督查，实时掌握各项事宜的落实情况，并及时向上汇报反馈。

【9月重大重点项目调度会召开】 2021年9月11日，红谷滩区在区509会议室召开2021年9月重大重点项目调度会。区委书记吴江辉出席并讲话，区委副书记、区长提名人选刘光荣主持会议。区委常委、常务副区长提名人选仇海泉，副区长提名人选杨雨晨、张莲波出席。区纪委分管负责人，各镇（街、处）、区直相关部门、驻区有关单位、区城投公司主要负责人参加。会议通报省、市、区重大重点项目建设推进、全市三季度项目集中开工红谷滩区筹备工作、项目督查和“全区重大重点项目新的三大办法”编制等情况；部分责任单位围绕项目建设情况谈问题、提举措，就下步做好项目推进工作和落实解决项目推进过程中存在的问题进行表态发言。吴江辉指出，当前，全区项目建设虽然取得一些成绩，但也还存在认识高低不等、进度快慢不一、质量参差不齐等问题，各相关单位和部门务必高度重视，认清差距，拿出切实有效的举措加快推进项目建设，确保顺利完成全年目标任务。吴江辉强调，要在推动项目建设上倍加努力，要在项目谋划上下好先手棋，要在投资管理

上改革创新,要在破解难题上全力以赴。刘光荣强调,要抓好项目优化,要强化项目管理,要加快项目开工,要完善调度机制,要统筹要素保障,要做实项目谋划。

【部分重大重点项目专题调度会召开】 2021年10月23日,区委副书记、区长刘光荣在区509会议室召开红谷滩区部分重大重点项目专题调度会。区委常委、常务副区长仇海泉主持调度会,副区长杨雨晨、张莲波出席会议。相关镇街处、区直相关部门、驻区有关单位、区城投公司主要负责人参加会议。会上,区重大重点项目推进中心通报了平安金融中心、用友产业园三期、鸿海中心、VR科创城体验中心、江南温泉城5个红谷滩区在全市三季度集中开工的重点产业项目以及保利文化艺术中心项目和上述项目的推进情况;会议就项目存在的困难问题进行了调度和明确。刘光荣指出,重大重点项目是推进高质量发展的重要载体和强大引擎,各级各部门要进一步牢固树立"项目为王"理念,以更坚定的决心、更务实的作风、更有力的举措,推动全区重大重点项目建设各项任务落到实处。刘光荣强调,一要加快速度推进项目,二要加大力度解决问题,三要加压责任落实到位,四要加密频次调度督查,五要加强遴选开工项目。

【重大重点项目推进会召开】 2021年11月11日,红谷滩区召开重大重点项目推进会。区委书记吴江辉出席会议并讲话,会议由区委副书记、区长刘光荣主持,区委常委、常务副区长仇海泉,副区长杨雨晨、熊锋、张莲波、熊飞、吴梅萍出席会议。区相关部门主要负责人参加。会议先后听取区重大重点项目推进中心关于项目督查调度情况、区发改委关于2021年1—10月项目推进情况及2022年重大重点项目谋划情况、区财政局关于项目优化后续工作开展情况汇报。区分管领导就分管领域项目进行部署并提出相关意见。吴江辉强调:要明确重点关注项目、强力推进项目,明确普遍性问题、典型性问题,明确会议流程、参会单位,调度工作要具体问题具体分析;要明确项目推进工作职责,严格落实四级调度机制,以时间节点督促责任落实,以会议纪要为依据重点调度不配合、不落实的部门;要主动做好项目服务,优化营商环境,部门之间要加强联动,不得推诿扯皮,要明确属地与部门的责任,项目问题要早掌握、早化解,落地项目要早推动、早建成。刘光荣要求:全区上下要牢固树立"项目为王、项目为大、项目为要"理念,推动形成合力;要在项目招引、链条推进、问题化解、四级调度、要素保障、分工协调、项目谋划、项目优化、资金争取、项目服务10个方面做实做细;要压实项目推进责任,坚持以效果为导向,切实加强项目督查考核,全力推进项目建设。

【全区重大重点项目问题调度会召开】 2021年11月24日,区委常委、常务副区长仇海泉在区507会议室主持召开全区重大重点项目问题调度会,各镇(街、处)、区直相关部门、驻区有关单位、区城投公司等相关部门参加。会议听取全区重大重点项目督查调度落实情况,并就现代服务产业园、区文化艺术中心、阁皂山学校、生米花园二期、长岗花园、朱岗花园等14个项目9个问题进行调度。仇海泉强调,要梳理问题,主动化解;要把握要求,确保进度;要压实责任,积极履职。

【12月全区重大重点项目调度会召开】 2021年12月27日,红谷滩区召开2021年12月全区重大重点项目调度会。区委书记吴江辉出席会议并讲话,区委副书记、区长刘光荣出席,会议由区委常委、常务副区长仇海泉主持,副区长杨雨晨、张莲波、熊飞、吴梅萍出席会议。各镇(街、处)、区直相关部门、驻区有关单位主要负责人参加。会议先后听取区发改委关于全区重大重点项目整体推进情况和近两个月集中调度的项目问题落实情况、各镇(街、处)关于全区社会投资项目的推进和存在问题情况、部分项目责任单位就区政府投资项目的推进和存在问题情况汇报。区分管领导就分管领域项目进行部署并提出相关意见。吴江辉强调:各级区各部门要牢固树立"项目为王"理念,全力以赴抓好项目推进工作,职责要更清晰,责任要再压实,保障要更有力,进展要再提速。

(肖亚军)

2021年12月27日,红谷滩区12月重大重点项目调度会召开

(区重大重点项目督调办供图)

改革开放创新

优化营商环境

【概况】 2021年，为全面贯彻落实党中央、国务院和省市关于优化营商环境有关决策部署，根据《中共红谷滩区委关于转作风优环境的意见》精神，出台《红谷滩区优化营商环境三年行动实施方案（2021—2023年）》等系列文件，提出了"做到一年大提升、两年立标杆、三年树品牌，全面营造'一等一'的营商环境，在全市建设全国内陆高水平双向开放新高地、区域性营商环境新标杆中走在前列，奋力进入全市营商环境前三，力争挺进全省营商环境十强县（市、区）"的总体要求，围绕"营造一等一的政务环境、市场环境、政策环境、金融环境、创新创业环境、招商环境、法治环境、城市环境"8个方面重点推进。

【完善对民营经济发展的激励政策】 2021年，不断完善对民营经济发展的激励政策，全面整合省、市、区各项政策，梳理40个惠企文件共85条款项，汇编《红谷滩区涉企资金兑现政策清单》，实施滚动管理。确保每条政策、每个款项都有回声。印发《关于进一步梳理完善涉企惠企政策兑现落实机制提升政务服务效能的通知》，同步编制政策服务指南。

【落实各项税收优惠政策】 2021年，逐步增加财政投入，支持鼓励全民创业和民营企业做大做强，精准落实各项税收优惠政策，让企业复工复产、转型升级更具生机活力。年初，正式出台《红谷滩区推动企业利用资本市场加快发展的若干扶持政策》，对企业上市、发债、融资等方面进行支持和奖励，对上市公司可计算奖励金额最高超2000万元。

【支持中小企业发展】 2021年，支持中小企业发展，为全区81家预算单位开通832扶贫平台（832扶贫平台是一个帮助贫困区域实现自产自销，竭力脱贫的一个帮扶平台）采购人账号，方便各预算单位能在平台上采购中小企业的农副产品。至年底，在832平台采购49.6万元农副产品。

【创新服务模式】 2021年，深化民生领域应用，围绕"线下只进一扇门，线上只登一张网"的新型服务理念，利用互联网、AI、大数据等技术手段，创新服务模式，打造"三位一体"（"南水通"手机App营业厅、微信小程序营业厅、官方网站营业厅）网上营业厅。全力打造流程最优、服务最好、办事最快的"三最"营商环境，让群众办事更便利，让企业营商更便捷，让城市生活更美好。严格落实"三公开、四统一"（"三公开"：公开办事程序、公开收费标准、公开服务内容；"四统一"：统一窗口申报、统一窗口收费、统一窗口预处长、统一队伍施工）原则，为重点企业、无水户等用户用水申报开辟绿色通道，特事特办，随到随办。

【创新产品线】 2021年，依托区普惠金融服务中心，建立省银保监局、行业协会、市区金融部门及各金融机构多方合作机制，为民营和小微企业提供一站式金融服务。采取"机构常驻+第三方受理"的方式，打造集信贷融资、保险服务、融资担保服务、政策宣传为一体的多功能综合性金融服务延伸平台。至年底，已入驻金融机构25家，共上线普惠金融产品101项，已累计为小微企业办理业务62笔，已办结57笔，发放贷款5978万元。

【创新机制】 2021年，在全市率先试行市场主体名称登记和开办企业地址告知承诺制，名称自主申报通过率达到96%，无须再提交产权证明、租赁合同、住改商利害关系人承诺书等申报材料，企业设立登记材料压缩40%。联合区住建局，制订办理建筑装饰工程施工许可并联审批方案，实行工程质量、安全监督登记和施工许可证核发一次提交，并联审批。

【营造务实高效的政务环境】 2021年,大力推进"一网通办",完善拓展政务服务网红谷滩分厅功能,区本级依申请类政务服务事项全部开通网上预审,并实现与全省"一窗受理"平台对接,"一网通办"率为100%。扎实推进"一窗受理",19个单位共计576项依申请政务服务事项进驻政务大厅,进驻比例达100%,一窗综合受理率100%。不断推动政务服务向基层延伸,全区6个镇、街、管理处和127个社区均建立了便民服务中心(站点),群众在家门口可受理的个人政务服务事项超过80项。

【营造公平公正的法治环境】 2021年,全区政法各单位将"转作风优环境"活动与政法队伍教育整顿相结合,坚持开门搞整顿,主动邀请企业家代表参与制定整改清单,限时销号,切实提高政法机关服务企业的质效。创新推出户籍办理"马上办"和司法便民"三无须"举措,为企业提供"绿色通道";联动政府多部门,建立信息化执法平台和企业破产府院联动机制,提升了企业破产处置能力。

【营造安全稳定的社会环境】 2021年,根据全市统一部署,在全区范围内对职业中介机构、从事职业中介活动的组织和个人、各类招工用人单位进行清理整顿。集中清理一批政府采购项目中介机构违规收费。至年底,共清理退费16.29万元。对于拒不履行法院生效的法律文书的企业,加大联合惩戒力度,通过限制法定代表人高消费、纳入失信名单,通过媒体曝光等措施,联动多部门进行多维打击。保护守信企业,惩治失信企业,形成全社会共同惩治失信的大格局,开创债务人主动履行债务、自觉遵守法律的良好局面。

【精准部署安排走访企业】 2021年,针对红谷滩区市场主体基数大、覆盖面广,全员发动红谷滩区各属地、各部门,走访全区近5万个市场主体(含企业与个体户),确保走访率100%。对照走访企业名单和市里工作要求,按片区网格分配任务,按照每名干部走访10户企业的标准,统筹安排各属地、各部门走访数量。各部门实行"包干责任制",明确要求每个走访人员都能熟练掌握走访流程和工作要求,对所负责片区的企业进行全覆盖走访。

【了解企业在生产经营中遇到的难题】 2021年,各单位迅速行动,对分配到的企业名单实地走访,针对部分企业因住址迁移、联系人出差、不配合等原因无法取得实地走访联系的情况,走访人员进行多次回访,确保"不留死角""不漏一人"。了解企业(个体户、农业合作社)在生产经营中遇到的难题,收集开办企业、办理施工许可、政务服务、纳税、获得电力、获得用水用气等方面的诉求及在涉企案件执法中遇到的不公平待遇等,力争把生产经营的堵点、难点、焦点问题摸清、摸准、摸透。建立台账,动态管理,动态销号,确保全覆盖。

【设立全市首家政务服务大厅自助征信查询代理点】 2021年1月,红谷滩区市民中心设立全市首家政务服务大厅自助征信查询代理点。结合"人像识别"技术和身份证读取技术对查询人进行身份验证,市民持本人二代居民身份证按语音提示即可完成查询操作,全程只需2—3分钟。自助查询机进驻市民中心,拓宽了社会公众获取信用报告的渠道,扩大了征信服务覆盖面,打通了征信查询服务的"最后一公里"。

【普惠金融服务多样化】 2021年,红谷滩区普惠金融服务中心设置自助服务、咨询受理及政策宣传3个功能区,集融资服务、保险服务、担保增信、开户受理、咨询预约和政策宣传为一体,为辖区民营企业、小微企业和"三农"等重点群体提供一站式、多样化的普惠金融服务。同时,中心自主设计研发的普惠金融服务应用系统涵盖"六大应用"(需求征集、需求推送、需求反馈、产品展示、政务公开、统计分析),力争通过信息化手段和考核评价机制,实现"让数据多跑腿,让群众少跑路"。至年底,区普惠金融服务应用平台已上线普惠金融产品101个,已增加开户申请功能,支持人工窗口、一体机自助平台等多种渠道办理。(红谷滩区普惠金融服务中心于2020年11月23日开始试运营,近30家银行、保险金融机构入驻,在全省首批试点普惠金融服务中心。

【服务机制更加完善】 2021年,健全帮办代办服务机制,在区政务服务大厅推行帮办代办服务,安排专职人员为企业开办审批提供精准高效的跟踪服务,全年已为多家重点企业提供全程帮办服务。在政务大厅设立流动"导办员",通过移动平板电子设备引导群众在自助服务区完成自主申报。率先推出线下免填单申请,实施新办企业"全链条+套餐式"精准服务,企业开办全流程6事项半日结,比"全省实现企业开办时间压缩至2个工作日"的要求提速75%,申报材料压缩65%;推行印章刻制"无感办+零费用",企业取得营业执照后,系统自动派单,无感"零互动"免费申领4枚印章,为3846户企业节约资金125万元。

【企业开办更加便捷】 2021年,实现企业轻装上阵、放手发展。率先试行市场主体名称登记和开办企业地址告知承诺制,名称自主申报通过率达到96%,无须再提交产权证明、租赁合同、住改商利害关系人承诺书等申报材料,企业设立登记材料压缩40%,大大提升了企业开办效能。设置导办服务区,提供全程指导服务。在导办台,配置熟悉业务的工作人员担任企业开办服务秘书，提供专业咨询、指导服务及材料预审，对有需要的企业提供预约服务，通过提供全方位优质服务，辅导服务申请人顺利完成企业开办事项。赠送“企业创业百宝箱”。首次推出的“企业创业百宝箱”里面有营业执照正副本一套、免费企业印章一套（包括公章、财务专用章、发票专用章、法人印章各1枚）、免费税务U-Key、政策服务卡和党章，帮助企业轻松启航、快速发展。

【政务服务更加贴心】 2021年，开设“办不成事”窗口，企业到行政审批部门办事，常遇到一些意想不到的问题，区行政审批局结合“我为群众办实事”活动，设立“办不成事”窗口，让前来办事的人在遇到行政审批“疑难杂症”问题时，有“门”可进、难事能办；同时，行政审批局借助这一特殊窗口，总结经验，找到优化办事机制之“道”。自4月设立“办不成事”窗口以来，至年底，共办理“疑难杂症”16件，优化办事流程3个。获得央视新闻三分钟点赞、新华社等主流媒体报道。

【业务办理更加随心】 2021年，推行24小时自助服务。设立24小时自助服务区，提供信用查询、公安、市场、税务、社保等七大类多功能自助服务终端，真正实现政务服务“不打烊”。实行错时延时服务。工作日“不办完、不下班”，周末节假日服务“不打烊”，全事项、免预约，1—9月办理各类审批服务事项2318件。设立“红谷滩政企连心”微信专群，邀请开办企业加群，做到“接诉即办”“一办到底”，把专群办成线下的办事大厅，随时随地为企业提供24小时“不打烊”服务。

【信息传递更加畅通】 2021年，红谷滩区重点对教育、医疗、公安、社保、税务等方面进行数据收集并提交至南昌市数据共享交换平台，完成了红谷滩区接入政务办公系统建设政府办流程设计，进一步推动了全区信息互联互通。同时，在智慧红谷滩网站上开辟“优化营商环境”专题专栏，宣传全区各镇、街道、管理处的亮点工作。

【作风建设更加严明】 2021年，创新开展开局保障护航专项行动，开通监督举报直通车，畅通损害营商环境等问题的信访举报渠道。采取“四不两直”（不发通知、不打招呼、不听汇报、不用陪同接待、直奔基层、直插现场）方式，紧盯红谷滩重点发展行业专项监督，积极探索推进“纪检监察干部+特约监察员”的“1+N”联合监督模式，主动延伸监督触角。制定下发《红谷滩区规范政商交往“正面清单”和“负面清单”》，全区纪检监察机关对于相关干部作风问题发现一起就严肃查处一起。

（江子雯　刘　越）

招商引资

【概况】 2021年，红谷滩区坚定不移实施“走出去、请进来”战略，把招商引资作为全局性的战略重点和关键环节来抓，完善招商体制机制，创新平台招商、资本招商等新模式，组建金融、VR、数字经济、文旅产业、总部经济等多支专业招商队伍，主攻世界500强、中国500强、央企、知名企业等龙头企业，大力实施招大引强“三百工程”和“三企入赣”；突出以商引商、产业链招商和资本招商，重点招引体量大、品质好、辐射强的大项目，取得较好成绩。至年底，完成利用内资334.04亿元，目标完成比全市第四，增幅6.38%；利用外资3.48亿美元，目标完成比全市第二，增幅5.34%；外贸出口完成5.69亿美元，开放型经济整体情况继续在全市保持第一阵列。全年公开活动签约成果超300亿元，其中50亿元—100亿元项目3个，20亿元—50亿元项目5个。

【区领导带队外出招商】 2021年，红谷滩区坚持招商引资工程一把手负责制，把招商引资作为全局性的战略重点和关键环节来抓，紧盯长三角等重点区域，带头外出招商、主动上门招商，确保项目科学引进、优质服务、快速落地。由区领导亲自挂点招商，高位推动，全年招商引资工作领导小组会议共召开10次，研究议题共计73个；组织区主要领导赴上海、深圳、长沙、杭州等地外出招商考察企业项目共计34天。借走访座谈的机会，积极推动项目加快洽谈和落地。

【完善招商体制机制】 2021年，由区招商引资领导小组办公室牵头，制定《红谷滩区构建新招商引资格局完善项目全生命周期服务工作机制》。该机制建立起“条块结合”“上下联动”的工作秩序。按照“全生命周期”服务要求，建立组织架构。根据项目及企业一般经历的洽谈招引、注册建设、开工投产、成长发展4个主要生命周期特点，组建起“一带四”的服务工作架构，即一个红谷滩区开放型经济领导小组，下设4个工作小组，分别是：招商引资工作领导小组、招商引资落地服务领导小组、招商引资项目跟踪问效服务领导小组和招商项目履约兑现工作领导小组。“一带四”总共5个工作小组分别承担不同的功能和作用。按照全区“一盘棋”招商理念，组建招商军团。彻底打破过去由区商务局一家“单兵作战”的招商局面，全面组建“6+7+1”的红谷滩区招商军团，即6个行业主管部门，加7个属地，加1个区城投公司。“6+7+1”总共14个招商责任单位有着差异化的招商目标和方向，同时，各单位之间相互配合、协同作战。按照“目标导向”形成通报机制及考核办法。主要是形成以工作实绩为目标导向的周简报、月调度、季通报、年考核的管理机制。

【VR产业招大引强】 2021年10月20日,2021年南昌VR科创城全球招商推介会在江西省行政中心会议中心举行。现场总签约项目114个,签约总金额达704.15亿元。其中,VR产业项目291.15亿元,电子信息及相关产业项目413亿元。红谷滩区现场总签约项目24个,签约总金额达到242亿元。自南昌率先打响城市级VR产业发展"第一枪"以来,VR产业在南昌发展实现了从无到有、从小到大、从弱到强的精彩蝶变,作为创新创业高地,红谷滩区全力引育企业、平台、人才,正成为VR产业发展的重要引领区域。第一批次上台签约7个项目,包括投资额50亿元的星河国际科创产业园,投资额50亿元的东莞捷荣精密结构件模块生产制造基地,投资额20亿元的世纪华通XR研发总部,投资额11亿元的杭州良淋电子AR电子元器件,投资额6亿元的中国联通5G+VR战略合作,投资额5亿元的中国移动虚拟现实创新中心,投资额5亿元的巴丁赛微智能半导体模块封装、测试的项目。第二批次上台签约的4个项目,为红谷滩区与南昌大学、南昌航空大学、江西财经大学、华东交通大学展开校地合作的VR人才培养项目。作为世界VR产业大会的永久举办地,南昌市红谷滩区积极响应江西省、南昌市VR产业发展战略方针,重点打造核心VR科创项目——南昌VR科创城。该项目联合华为、阿里、北航等全球战略伙伴,围绕打造虚拟现实产业"江西高地"的总体目标,积极建设成"世界一流、国内领先、业内顶尖、富有特色"的VR+综合性世界级科技新城和VR产业全球创新应用先行示范区,推动全省经济社会高质量跨越式发展。

【加快节奏促进新签约】 2021年,持续加快洽谈节奏,积极促进项目签约。签订华东交通大学智慧建造研究中心、中盛金融中心、台商总部经济大楼项目的合作协议3个;签订华东交通大学智慧建造研究中心、长天智慧康养社区、中燃气能源综合利用、中科曙光、中盛金融中心、华润置地及一批建筑类企业如上海宝冶、上海建工、中建五局、中铁建工、中化四建、中铁一局、中铁广州局、中铁上海局、省建工集团等项目的战略合作协议15个。

【布局聚焦"三个中心"】 2021年,聚焦区域科创中心,开展顶层设计、校地合作、平台建设等相关工作,重点开展名校名企名城行动,与省内4所高校签约战略合作协议,并与浙大、北理等科研院所搭建17家科创平台。聚焦区域金融中心,通过政策加码、培育加力、品牌加分等措施进一步提质金融业,在金融商务区原有政策的基础上,新出台上市企业扶持政策,新引进金融机构和企业118家。打造江西省首个企业上市加速器,德勤会计师事务所成功落地,成为首家在江西落户的全球四大会计师事务所。聚焦区域高品质服务业中心,取得名店首店汇集、会展持续领先、消费势头强劲的好成绩,新增盒马鲜生、钟书阁等40余个首进江西品牌,其中盒马鲜生开业当天创下全国单日单店营业额第一。

【加大招商引资力度】 2021年,先后谋划江西数字经济(元宇宙)产业示范区、九龙湖新城西部组团片区等重大重点开发项目,打造以数字经济总部基地为代表的数字经济产业集群,以西部总部基地为代表的总部经济产业集群,以现代服务业产业园为代表的服务业产业集群。在第四届世界VR大会期间,成功签约项目24个,签约总额约242亿元;引进世纪华通、腾讯等链主企业落户,涵盖头部企业公司总部、头部技术创新平台、校地合作等项目;邀请一批有质量、有分量的活动嘉宾,包括华为罗巍、世纪华通王佶、软通动力张学广等。在"广东省七市与南昌市战略合作框架协议签约仪式"上,共签约3个协议;以此活动为契机,积极开展招商对接工作,区主要领导率队考察润慧科技产业园、永庆坊旧城改造项目。同时,积极参加广交会、上海服务业会、中国国际服务外包交易博览会、中国国际进口博览会、北斗导航会等大型会议活动。全年累计入统签约招商项目65个,总投资额610亿元,其中包括紫光智慧教育全国总部、九龙湖绿地会展之窗综合体、中建三局华中区域总部、腾讯内容审核中心等19个投资额10亿元以上项目;"152"项目(总投资分别为100亿元、50亿元、20亿元的重大产业项目)8个,创历史最高,其中百亿元项目——国际平安金融中心顺利开工。

【促进政策兑现落地】 2021年,红谷滩区扎实推动各项政策兑现,完成2020年度江西省外经贸扶持资金、市级外经贸发展专项资金(服务外包资金)的兑现拨付,共计约702.32万元。明确区里物联网政策、流量经济政策、跨境电商政策的兑现细则,包括《红谷滩区关于大力发展物联网产业的扶持政策(试行)》《红谷滩新区关于鼓励跨境电商发展的扶持政策(试行)》《关于鼓励互联网流量经济发展的扶持政策(试行)》,已完成年度兑现拨付共计108.3万元。《红谷滩区关于大力发展物联网产业的扶持政策(试行)》重点围绕物联网技术服务企业、计算机软硬件技术开发企业、信息系统集成服务企业和环保技术推广服务、芯片、传感器、通信、应用软件技术服务等为物联网及依托物联网上下游相关研发、生产、平台、运营类新一代科技物联网企业制定相应的扶持政策,在企业税收、租赁物业、企业固定资产投入、人才、龙头企业落户等方面给予奖励支持。《红谷滩新区关于鼓励跨境电商发展的扶持政策（试行）》重点围绕优化跨境电商发展环境、扶持企业降低物流成本、支持跨境电商人才培训、建设跨境电商信息化服务平台等多个方面，营造鼓励跨境电商企业发展环境氛围。《关于鼓励互联网流量经济发展的扶持政策（试行）》重点围绕互联网流量经济上下游企业，覆盖广告传媒、视频制作、游戏制作、主播、数据推荐引擎、数据分析等多种行业，主要包括 MCN 机构、平台型企业（含省级平台、总代）、数据技术提供企业、结算中心（节点）型企业、流量经济基地/园区经营企业。在鼓励企业做强做大、支持产业基地营运、鼓励人才成长发展、鼓励专业培训机构等方面鼓励互联网流量经济上下游企业成长，促进互联网流量经济产业发展壮大。

【惠企政策宣讲会】 2021 年，组织召开区优化营商环境园区企业政策宣讲会，针对外经外贸、服务外包、跨境电商等方面政策进行专题宣讲，50 余人参加宣讲活动；组织企业参加市级、区级政策宣讲会 6 场，惠及企业 200 余家。参加活动的商会、企业代表纷纷表示宣讲会内容丰富，具有很强的针对性和指导性，他们将积极申请各项优惠政策，把企业做大做强。

【推进协议兑现】 2021 年，积极建设“诚信”政府，严格按照合作协议约定兑现协议承诺。完成物联网产业创新中心、紫光智慧教育总部项目、江西格灵如科科技有限公司、前海国信、阿里江西和流量引擎产业园的兑现拨付，共计约 1.06 亿元；有序推进美翻跨境电商产业园、数字江西 2 个项目的协议兑现工作。同时，梳理 2006—2021 年红谷滩区招商引资项目协议，逐一核对项目履约情况并制定台账，为下一步红谷滩区开展协税护税经济工作网格化提供工作线索。

【中盛金融中心项目土地摘牌】 2021 年 7 月，中盛金融中心项目摘牌土地。项目选址于红谷滩区中央商务区丰和中大道以东、绿茵路以南地块，用地性质为商业、商务用地，总用地面积约 1.66 公顷。计划建设一栋总建筑面积约 8 万平方米的 5A 级商务写字楼，由项目方 100% 自持 15 年以上，项目总投资约 20 亿元，定位为总部经济聚集、金融产业聚集。至年底，省铁投集团除已有的众多金融企业外，在加快金融板块发展方面，已组建融资租赁、供应链金融，筹建商业保理、金融科技、消费金融等金融机构。项目建成后集团旗下的主要金融企业均将注册到项目所在地，助推红谷滩金融商务区建设。

【半岛中心项目土地摘牌】 2021 年 6 月 30 日，江西韫合房地产开发有限公司（世纪天辰实业）摘牌凤凰洲沿江片区商业商务地块（DAEJ2021005 地块），总价约 1.95 亿元。7 月，项目正式备案。项目名称为“半岛中心”，建设项目详细地址位于凤凰洲片区，凤仪路以东、赣江北大道以西、祥瑞路以南。南侧为商联中心，北侧为方大中心。该项目总投资 8 亿元，地块面积 1.75 公顷，定位为商业、商务金融、娱乐康体为一体的多功能综合商务区。从项目概念规划看，项目由 2 栋高层办公楼和 1 栋超高层办公楼组成，整体造型方正，外立面采用玻璃幕墙，顶部设计有造型结构。至年底，项目已经启动土地平整施工，预计竣工时间为 2024 年，建成后，将成为凤凰洲沿江片区又一个地标型项目。

【铜锣湾二期项目土地摘牌】 2021 年 12 月 24 日，江西省铜锣湾商业运营管理有限公司以总价 1.75 亿元拿下凤凰洲铜锣湾旁一宗约 1.27 公顷地块，楼面价约 4500 元/平方米，根据要求，宗地内须建集中商业，住宅限价 16514 元/平方米。DAEJ2021033 地块东至丰和北大道、南至铜锣湾广场、西至铜锣湾广场、北至香江路，地块面积近 1.3 公顷，用地性质为商业用地、商务金融用地、二类城镇住宅用地。该项目总建筑面积约 3.9 万平方米，总投资估算为 5.5 亿元，被市发改委列为旧城改造项目。项目建成后将促进凤凰洲核心商圈优化升级，进一步满足市民与游客的购物需求。通过时尚新潮的建筑形态与空间场景呈现，与相邻商业综合体购物动线连通，从而使该区块内商业建筑风格更加统一完整。项目定位为百货零售业态，涵盖国际精品、潮流尖货、特色餐饮、亲子儿童、文化娱乐、沉浸式体验等多功能的城市商业综合体，形成一个业态互补、空间互联、资源互通的文化、商业、旅游生活体验中心，进一步完善城市商业配套，赋能城市发展。

【南昌 T16 打造千平“裸眼 3D 巨幕”】 2021 年 10 月 18 日 18 点 18 分，南昌 T16 购物中心千平“裸眼 3D 巨幕”开幕仪式正式启航。南昌 T16 购物中心位于红谷滩区黄金路段，邻近八一桥，是近年来南昌城市发展壮大的标志之一。为响应 2021 世界 VR 产业大会（南昌）号召，南昌 T16 购物中心于大会前夕举办千平“裸眼 3D 巨幕”亮屏仪式，推动城市 VR 生态产业进一步发展壮大。以“真人实拍+VFX 合成+线上线下联合互动”的方式在大屏上推出南昌 VR 产业大会裸眼 3D 秀，并形成城市级裸眼 3D 多屏联播的场景。以南昌 T16“裸眼 3D 巨幕”为中心，结合线上线下，带给观众更多、更炫酷的裸眼 3D 内容。南昌 T16 购物中心以现代化科技推动城市科技生态发展，以科技推动城市布局，为 VR 产业大会的开启奠基添彩。南昌 T16 商场超高清裸眼 3D 户外大屏逼真的裸眼 3D 视觉效果，强烈的沉浸式视觉冲击，让人如置身科幻电影般的沉浸式体验,点亮当晚即引来众多市民驻足围观、拍照打卡,零距离感受高光电的魅力。该块裸眼3D大屏面积超1000平方米,屏体130°转角处特别采用曲面平滑技术,突破传统LED大屏的呈现方式,完美呈现无缝衔接的裸眼3D效果。

【紫光智慧教育全国总部落户】 2021年4月16日,紫光智慧教育全国总部(紫光摩度教育科技有限公司)在南昌市政府、红谷滩区政府及紫光股份等领导的共同见证下正式落户南昌市红谷滩区,标志着紫光股份和南昌市的合作进入到实质性阶段。紫光股份立足红谷滩,深耕南昌,充分发挥技术和经济优势,致力于将南昌市打造成全国“智慧教育第一城”和一流教育科技产业集群,促进南昌市、红谷滩区数字经济与智慧教育融合发展。“全国智慧教育示范区”的成功创建和紫光智慧教育全国总部公司的落地,为将南昌市打造成“智慧教育第一城”提供了更多助力,为打造红谷滩的教育产业集群奠定了良好的基础。通过南昌智慧教育示范区的建设牵引,将带动上下游产业链在南昌的投资超百亿元,实现产值超千亿元,解决就业过万人,培育本土化的百亿级的头部企业。

(万　昆)

科技创新

【概况】 2021年,红谷滩区新认定科技型中小企业41家,总量255家,同比增长43.26%,总量位居全市第三。新认定国家级高新技术企业32家,总量达178家。新增4家潜在“瞪羚”企业和1家“瞪羚”企业,实现零的突破。培育打造众创空间、科技企业孵化器共22家,各类科技创新载体新增创业团队142家,新增入驻企业106家,新增“毕业企业”(孵化器成功孵化的企业)61家。拟建设省级重点实验室4家、市级重点实验室2家。新增1家新型研发机构——浙大南昌研究院,并已通过专家论证。全区技术合同登记额达8.7亿元,同比增长70.6%。2020年度全区企业科技研发经费投入高达8.32亿元,总量排名全市第四,同比增长21.8%,研发投入占GDP的比重为1.25%。红谷滩区2个人才项目获评省“双千计划”,为全市仅有的2个金融类项目。认定市高层次人才9名。获评南昌市博士科研创新中心2家,落户“洪城计划”人才项目2个,全区落户“洪城计划”项目超过10个。汇集律师人才1690名,全市占比65%,律师万人比达到30.3,全市第一。红谷滩区专利授权量为2353件,同比增长19.56%,全市排名第四;有效发明专利拥有量2118件,增长34.56%,全市排名第二;每万人有效发明专利拥有量38.11件,全市排名第二;有效注册商标量为1.39万件,其中地理标志商标1件(“生米藠头”),有效注册商标件增长37.13%,全市排名第四。全区共有1个国家级工程研究中心,10个省级工程研究中心,6个市级工程研究中心。红谷滩区域内的南昌虚拟现实检测技术有限公司董事长胡翔等4人获2021年“科创中国”江西省企业创新达人优秀代表荣誉称号。

【南昌工学院科技企业孵化器】 2021年,红谷滩区共有科技企业孵化器5家(省级科技企业孵化器3家,市级科技企业孵化器2家),其中的南昌工学院科技企业孵化器承接了江西省就业创业服务中心、南昌市就业创业服务中心举办的大学生创新创业培训,3个月开设班级100余次,全校共2930名本科应届毕业生参训。南昌工学院科技企业孵化器对接各专业对口行业内的标杆企业,如阿里、华为、百度、科大讯飞等进行人才培养、创新创业等合作事宜,为在孵企业提供合作、交流、学习、成长的平台和环境。南昌工学院科技企业孵化器位于南昌工学院内,孵化器设有独立创业办公室50间,配有公共办公设备2668台,共享科研仪器设施设备达3420台。至年底,共有常驻团队及企业50家(2021年新增4家)。其中,常驻创业团队26个,初创企业8个,毕业团队注册企业19个,配有45名专兼职创业导师和10名专职服务人员。

【味粽空间创业孵化基地】 2021年,红谷滩区域内的味粽空间创业孵化基地以创新引领创业、以服务企业二次创业带动新型就业为目标,围绕“青年创富、企业创新、产业创强、园区创优”的目标,聚集优质资源,致力打造成为江西省融合“创客空间—创业学院—创业基金—创业孵化—创业加速”为一体的创业孵化生态链。基地先后打造了味粽创客空间(国家级众创空间,省内规模最大、服务最完善的众创空间)、红谷滩留学人员创业园(国家级为侨公共服务示范基地)、慧谷产业园工会联合会(南昌市“五星级六型工会”、南昌市“五一”创业创新基地)。基地是以互联网+科技型为主导的科技型创新基地,园区占地17.33万平方米,总建筑面积35万平方米,分别由创客空间、留学生创业园、孵化加速器、产业大厦、人才公寓、职工食堂美食街等组成。基地入驻企业200余家,其中在孵化企业67家,至年底,入驻企业545家,常驻办公企业共计128家,累计就业人数为6917人。

【强化企业创新主体地位】 2021年,红谷滩区科技和工业信息化局(简称区科工局)深入贯彻红谷滩区科技创新基础大提升三年行动方案(2021—2023年)》,实施高新技术企业量质“双提升”行动,着力构建“科技型中小企业—高新技术企业—创新型领军企业”梯次培育机制,不断强化企业创新主体地位,科技企业创新工作取得显著成效。至年底,红谷滩区新认定国家级高新技术企业33家,总量达178家,总量位于全市第二。主要工作方式有政策奖励。一是对新认定的高新技术企业给予奖励,激发企业积极性。二是加强筛选培育工作。建立高新技术企业后备企业库,为高新技术企业发展提供不竭动力。三是做好培训与指导。同时,积极开展各种形式的政策解读、培训活动,为企业开展高新技术企业申报一对一服务。

【培育科技型中小企业发展】 2021年,红谷滩区新认定科技型中小企业41家,总量255家,同比增长43.26%,总量位居全市第三。红谷滩区积极培育科技型中小企业发展,积极帮助科技型中小企业解决生产经营中的困难,加大与科技型中小企业发展有关政策的落实力度,为科技型中小企业健康发展提供帮助,支持一批科技型中小企业成长为高新技术企业。

【科技型企业研发费用补助】 2021年,红谷滩区共有中国瑞林工程技术股份有限公司、江西锦路科技开发有限公司、江西诚韬信息技术有限公司等62家企业获得2020年度南昌市企业研发费用后补助项目,总计667.7万元。

【争取省级以上科技计划项目经费支持】 2021年,区科工局积极组织申报国家、省级各类科技计划项目,争取项目经费支持。至年底,共上报科技项目27个,获批立项18个。获得国家、省、市科技资金约6070万元。技术合同统计537项,登记金额约8.7亿元。

【科技创新载体】 2021年,红谷滩区新增江西省生物活性多糖重点实验室、江西省飞行器设计与气动仿真重点实验室等4个省级重点实验室和南昌市稀土化工新材料开发及利用重点实验室、南昌市有色金属固废建材资源化利用重点实验室2个市级重点实验室。至年底,全区共有1个国家级重点实验室、42个省级重点实验室、38个市级重点实验室。

【共建浙江大学南昌研究院】 2021年,为深入贯彻落实《江西省人民政府 浙江大学战略合作框架协议》《南昌市人民政府 浙江大学共建浙江大学南昌研究院合作框架协议》工作要求,红谷滩区政府同浙江大学计算机学院本着优势互补、互利互惠的原则,经友好协商,决定在红谷滩区联合共建浙江大学南昌研究院。研究院围绕VR技术研发与产业化,重点开展下一代VR/AR/MR智能眼镜平台、基于5G的VR/AR/MR用大容量传输关键器件、面向VR/AR/MR+5G+AI的基础共性支撑平台、VR/AR/MR应用软件开发及产业化、R/AR/MR内容制作及产业化等工作。双方联合开展原创技术研究和成果转化,支撑红谷滩区VR/AR/MR产业发展,支持计算机辅助设计与图形学国家重点实验室建设。

【院士专家站建设】 2021年,为全力打造“科技创新、标准检测、产品研发、人才集聚”的战略高地,提升企业虚拟现实技术水平,红谷滩区域内的南昌虚拟现实检测技术有限公司与中国工程院院士周立伟合作建设南昌虚拟现实标准检测院士工作站(以下简称院士工作站),其主要团队成员包括:拥有卓越学术研究能力与丰富标准化制定经验的国际标准化组织(ISO)有关标准制定专家组成员王涌天教授,中国系统仿真学会3D教育与装备专业委员会副主任及中国计算机学会虚拟现实专业委员会副主任刘越教授,中国图象图形学学会人机交互专委会副秘书长、中国电影电视技术学会先进影像专业委员会副主任翁冬冬研究员等。院士工作站主要研究面向VR领域产业化需求和技术发展的需要,以高校科研机构最近研究成果和行业产业公司广泛调研为基础,探讨VR领域标准规范的顶层设计,构建虚拟现实领域标准化体系;对于标准化体系内的标准内容,区分体系内基础、安全、应用等标准规范类型,形成未来VR领域团体标准、国家标准以及递送国际标准的内容和规划、有步骤推进标准规范制定工作;依托行业/国家/国际标准机构和参数检测和计量机构,制定检测认证工作计划。

【加大知识产权整治查处力度】 2021年,红谷滩区市场监督管理局开展多次知识产权专项执法行动,共出动监管人员292人次,检查各类市场主体186户次。加强专项执法检查力度。以烟酒、百货等重点行业为检查对象,对其在售商品的进货渠道以及商品是否涉及假冒专利、假冒商标、侵犯商标专用权、制假售假等违法行为进行全面深入地检查;加强商品质量抽检。对抽检中发现的侵权仿冒产品及不合格产品及时查处,形成闭环管理;加大知识产权案件查处力度。全年向市市场监督管理执法稽查局红谷滩分局移送知识产权案件线索12起(均已立案查处)。

【加强地理标志保护力度】 2021年“两会”期间,专门开展地理标志(“生米藠头”)专项整治行动。重点检查农贸市场出售的地理标志保护产品“生米藠头”,规范专用标志使用,打击侵权违法行为。2020年,“生米藠头”成功注册为地理标志商标。

【深入知识产权企业宣传走访】 2021年，通过上户走访座谈的形式走访江西景华生态科技股份有限公司、丰和营造集团股份有限公司、江西省旅游集团文旅科技有限公司、江西新华云教育科技有限公司等知识产权企业，宣传知识产权保护相关法律法规，了解其企业诉求，提出知识产权保护指导性意见建议，得到企业一致赞誉。

【开展“4·26”知识产权宣传周活动】 2021年4月，开展“4·26”知识产权宣传周活动。“4·26”知识产权宣传周活动期间，在人员密集的社区、街道、校园、企业等活动现场发放《中华人民共和国商标法》《中华人民共和国专利法》《南昌市商标注册、专利申请办理途径》等知识产权宣传材料近1000份，悬挂知识产权万里行等条幅共6条，解答咨询100余人，极大地提高了红谷滩区企业和居民的知识产权争创意识和保护意识。

【开展科技活动周活动】 2021年5月22—28日，开展科普进社区、科技进园区、科普进校园、科技下基层、科技大讲堂等活动。同时，通过人民网、中国新闻网、《江南都市报》等大众媒体的报道宣传，全面提升公众科技意识和科学素养。邀请省厅、市局相关领导及行业专家担任主讲，举办8场线上线下“云直播+线下互动”政策宣讲培训会，近200家辖区科技型企业参与线下培训会，同步在线观看人数共计3万余人。

【协同召开知识产权大会】 2021年9月24日，区科技局协同市市场监督管理局在红谷滩区绿地铂瑞大酒店国际会议厅成功举办2021年下半年南昌市知识产权“万里行”活动业务知识培训班暨质押融资银企对接会，这是红谷滩区作为东道主承办的第一次知识产权盛会。会议邀请南昌知识产权领域有关专家和精英从知识产权奖补政策、高价值专利培育及申请、企业知识产权转化为应用知识、商业秘密保护、知识产权质押融资政策和流程知识等方面进行详细的授课和生动的实际案例讲解，吸引广大的企业参会者认真听课，受益匪浅，受到好评。

【引导企业开展知识产权融资】 2021年，积极开展知识产权质押融资摸底调查工作。通过深入走访多家知识产权企业，进行宣传和引导，江西新华云教育科技有限公司成功办理了知识产权质押贷款800万元，实现了红谷滩区知识产权融资零的突破，填补了红谷滩区在知识产权融资方面的空白。

2021年6月4日，区红岭学校开展红谷滩科技活动周科普活动

（区科协供图）

【引导企业申报科贷通】 2021年，红谷滩区为了帮助科技型企业缓解融资难融资贵问题，助力科技型企业成长壮大，推进科技型企业梯次培育，积极引导企业申报科技金融产品——科贷通。至年底，全区已开展八批科贷通申报计划，共推荐江西医至初医学病理诊断管理有限公司、江西慧识智能科技有限公司、江西新华云教育科技有限公司等23家企业备选、续贷，贷款额达3044.2万元。

【培育发展优质知识产权中介服务机构】 2021年，在省、市科技局引领下，红谷滩区加大对区域内知识产权服务机构的扶持和管理，培育和发展了一批知识产权中介服务机构。其中有红谷滩区“生米藠头”的扶持申报机构——“北京盈科律师事务所南昌分所”，有为企业实施知识产权质押融资的南昌市科技成果转化协会下属的“南昌新赣铭创专业代理事务所”，有为企业培育和代理商标、专利事务及实施知识产权纠纷调解的“南昌旭瑞知识产权代理事务所”，有专门培育农业产品商标的“红谷商标事务所”等。

【科技成果】 2021年，红谷滩区域内的南昌轨道交通集团有限公司所承担的复杂地质盾构隧道建造关键技术、安全控制及工程应用项目，获得江西省科学技术进步奖二等奖。该项目所提出的盾构隧道地层稳定性分析与掘进施工控制技术，在对地层水土压力准确获取基础上，根据掌子面及地层稳定性分析结果，对相关设计参数进行适当优化，并提前采取相应处置措施，采用其提出的渣土改良、管片姿态控制及盾构始发风险控制等相关技术，确保工程安全的基础上，工程质量获得提升，减少了对周边环境影响，社会效益及经济效益显著。

【科技合作与交流】 2021年9月11—17日，全国科普日期间，邀请中国科学院理学博士王渝生教授在用友产业园开展"赣鄱大讲堂"活动，南昌市科协副主席李培赣及各单位科普工作者等50余人聆听讲座。同时，"全国科普日"暨首届好奇心科普节，在南昌科学技术馆开幕，会场分为数字产业科普展区、公共安全科普展区、工业科普展区、青少年科普区、书籍文创区等板块，共同参与当天科普日活动的有科技工作者、科技志愿者和社会公众2000余人。

【南昌·一亿中流上市加速器开园仪式举行】 2021年10月16日，"红谷飞跃·数智未来"论坛暨南昌·一亿中流上市加速器开园仪式在红谷滩区举行。开园仪式上，作为园区运营公司，南昌一亿中流信息科技有限公司与江西快人科技有限公司等5家企业进行现场签约。企业引进高科技、高成长性优质企业17家和各层次人才360余名。坐落于红谷滩区人社大厦的南昌·一亿中流上市加速器是江西省首个上市加速器，致力于从全国重点引进高科技、高成长性优质企业，对企业进行"政策、产业、战略、资本"全面赋能，锻造全国知名、城市领先的企业上市加速器聚集地。

（万马斌　温碧云　宁　乾　邓　霞）

区域协作

【概况】 2021年，红谷滩区坚持眼睛向外抓开放、思维向前促开放，坚持"走出去、请进来"并重，拓展经济腹地和发展空间。以项目为依托，立足红谷滩、放眼南昌市、面向江西省，按照优势互补、互利共赢、共同发展的原则积极探索合作机会，合力打造南昌红谷滩新名片。携手打造校地合作新模式，实现校地融媒资源共享、优势互补、共建共赢。在科研、人才、企业发展等方面发挥学校优势。

【两区"侨梦苑"战略合作框架协议签约仪式举行】 2021年10月15日，广州增城区"侨梦苑"与南昌红谷滩区"侨梦苑"战略合作框架协议签约仪式在红谷滩区政府举行。江西省委统战部侨务事务处四级调研员张震，南昌市委统战部副部长吕播，红谷滩区委常委、统战部部长陈敏，红谷滩区政府副区长熊飞，增城区委统战部副部长陈笑弟，增城区科技工业商务和信息化局三级调研员王天和等出席。签约仪式由陈敏主持，吕播和陈笑弟分别致辞。广州增城区"侨梦苑"与南昌红谷滩区"侨梦苑"代表签订《广州增城区"侨梦苑"与南昌红谷滩区"侨梦苑"战略合作框架协议》。双方均表示将以此次签约为契机，进一步完善双方合作机制，密切双方合作关系，进一步深化双方"侨梦苑"在招才引智、产业互补、优化平台、资源共享等方面的合作，切实推进双方"侨梦苑"建设向深度与广度发展。

【参加广东省七市与南昌市战略合作框架协议签约仪式活动】 2021年10月24日，广东省广州市、深圳市、珠海市、佛山市、惠州市、东莞市、中山市七市与南昌市战略合作框架协议签约仪式在广州市举行。现场签约产业合作项目32个，投资总额859.85亿元。红谷滩区委书记吴江辉一行，赴广州市参加"广东省七市与南昌市战略合作框架协议签约仪式"。会上同步签署一批开放平台、产业链、产业合作项目，其中，有3个涉及金融、VR、商业等领域的项目将落户红谷滩区。

【与中国电建集团华中区域总部签订战略合作协议】 2021年11月1日，红谷滩区政府与中国电建集团华中区域总部双方共同为中国电建江西总部揭牌，并举行战略合作框架协议签约仪式。红谷滩区委书记吴江辉，区委副书记、区长刘光荣，副区长张莲波，中国电建华中区域总部、华中投资公司董事长周孝武、总经理蹇尚友出席签约仪式。刘光荣和蹇尚友分别在合作协议书上签字。红谷滩区政府与中国电建集团华中区域总部战略合作协议的签订

2021年11月1日，红谷滩区政府与中国电建集团华中区域总部战略合作框架协议签约仪式举行
（区委宣传部供图）

是双方扩大交流、加强合作、互惠互赢、共谋发展的一次机遇。根据合作协议,双方将共同推进城市更新、片区综合开发、水资源与环境综合治理、大型基础设施等领域的合作。中国电建将把红谷滩区作为重点投资区域,计划三年内在红谷滩区投资达到200亿元,统筹电建驻赣及相关企业,发挥“融资、规划、设计、施工、运营”全产业链一体化服务的综合能力,积极参与当地建设,助推区经济社会发展。红谷滩区政府将在法律、政策允许的范围内为中国电建华中区域总部提供政策优惠。双方合作将以项目为依托,立足红谷滩区、放眼南昌市、面向江西省,合作模式不仅仅限于股权投资、产业投资、投资人+EPC或其他可行的合作方式,还要按照优势互补、互利共赢、共同发展的原则积极探索合作机会,充分挖掘和利用各自优势资源,强强联合,合力打造南昌红谷滩新名片。

【南昌市引进优秀大学生北京高校专场网络宣讲会召开】 2021年11月29日,为贯彻落实中央人才工作会议和省、市党代会精神,围绕吸引10万名大学生和技能人才来昌创业就业目标。红谷滩区联合清华大学、中国人民大学、北京航空航天大学、北京理工大学、北京科技大学、北京化工大学、北京工业大学、中国政法大学8所高校,举办南昌市引进优秀大学生北京高校专场网络宣讲会,宣传南昌区位发展优势。南昌市委副书记钱昀出席,红谷滩区委书记吴江辉,红谷滩区委常委、组织部部长胡军参加。在本次活动中,清华大学、中国人民大学、中国政法大学等8所学校均组织学生进行线上线下观看,直播间互动气氛热烈高涨。

【浙江大学南昌研究院签署落地协议】 2021年11月21日,在第一届区委第9次常委会会上,审议并通过了区政府党组提交的《关于“南昌市红谷滩区人民政府 浙江大学共建浙江大学南昌研究院”合作协议的请示》,于12月完成协议签订。根据协议,浙江大学将联合红谷滩区共建浙江大学南昌研究院,重点打造下一代VR/AR/MR智能眼镜平台、基于5G的VR/AR/MR用大容量传输关键器件,及推进VR/AR/MR应用软件开发及产业化等。

【与丰城市签订战略合作框架协议】 2021年12月13日,红谷滩区委书记吴江辉,区委副书记、区长刘光荣,区委副书记万晓娟率队赴丰城市展开学习考察交流。吴江辉一行走访调研位于丰城市的江西唯美陶瓷有限公司、江西工业设计小镇。随后,双方就两地在更高层次、更广领域开展深度合作,促进双方高质量快速发展等方面的工作举行座谈交流会。会上,双方展开积极的交流对话,丰城市委副书记、市长张书基与红谷滩区委副书记、区长刘光荣作为代表,签署了战略合作框架协议。根据协议,双方将在基础设施互联互通,产业发展融合互补,科技创新协同攻关,公共服务放开共享,生态环境协同治理等八个方面深度联结,形成相互促进,合作共赢。

【区委宣传部和南昌大学新闻与传播学院签署战略合作协议】 2021年12月29日,南昌大学新闻与传播学院·中共红谷滩区委宣传部战略合作协议签约仪式在南昌大学新闻与传播学院举行,南昌大学新闻与传播学院实习实践基地、红谷滩区委宣传部培训基地顺利揭牌。南昌大学新闻与传播学院院长陈信凌,红谷滩区委常委、宣传部部长邓越峰出席签约仪式,南昌大学新闻与传播学院党委书记程志红、副院长郑智斌,区委宣传部及推进红谷滩区与高校校地合作领导小组工作专班相关负责人参加会议。此次合作中,学院将在红谷滩区委宣传部成立实践基地,为相关专业大学生提供实习实践岗位,实现校园课堂与社会实践的有机结合,有利于大学生增长见识、增强专业实践能力和专业型、实践型人才培养。

(徐　卓　程可欣)

2021年11月21日,在第一届区委第9次常委会会上,审议并通过了区政府党组提交的《关于“南昌市红谷滩区人民政府 浙江大学”共建浙江大学南昌研究院”合作协议的请示》。图为12月27日完成协议签订

(区科工局供图)

社会管理与服务

民政事务

【概况】 2021年,红谷滩区民政局充分发挥党建引领的核心作用,全体干部职工紧紧围绕“民政为民 民政爱民”的工作宗旨,聚焦脱贫攻坚、聚焦特殊群体、聚焦群众关切,切实履行基本民生保障、基层社会治理、基本社会服务等职责,全力以赴托底线、补短板、强弱项、提质量,较好地服务了红谷滩区经济社会发展大局,民生福祉不断提升。儿童救助保护案例“成长守护 义鹭童行”获得江西省民政厅关于困境儿童救助保护案例三等奖;荣获2021年度南昌市养老护理员职业技能选拔赛二等奖;九龙湖管理处安丰花园社区、卫东街道怡园社区、红角洲管理处茶园街社区、区凤凰洲管理处牛行社区获评2020—2021年度全省“绿色社区 美丽家园”示范社区。

【全力做好疫情防控工作】 2021年,红谷滩区新型冠状病毒感染的肺炎疫情防控指挥部社区(村)工作组(排查组)认真做好重点地区到昌人员摸排工作。根据省、市、区大数据反馈,及时精准下发属地摸排,坚持“不漏一条”的原则对重点地区返昌人员进行排查,并根据疫情防控政策落实分类管控。至年底,共处理赣通码转码2530条,核实中高风险返区人员6296人,全部人员均做核酸检测,结果均为阴性,均管控到位。

【依法依规完成“两委”换届选举】 2021年,严格按照省市“十不选”的要求落实村(居)委会成员任职资格条件,1月11日启动社区(村)党组织换届选举工作;2月1日启动村(居)委会换届选举工作;3月14日完成84个社区和33个村“两委”换届选举工作,同时完成村(居)务监督委员会等系列配套选举工作。通过换届选举,共产生社区(村)“两委”干部916人,其中社区(村)党组织成员397人,村(居)委会成员785人。“两委”交叉任职266人,交叉任职的社区(村)占比100%,比上届增加59人,同比增长28.5%。“一肩挑”的社区(村)117个,占比100%,增加55个,增长88.7%。本届社区(村)干部平均年龄36.6岁,降低3.7岁,其中党组织书记平均年龄40.8岁,降低7.4岁。女性当选649人,占比70.9%,增加39人,增长6.4%,其中村委会委员中女性38人,占比22.9%,增加7人,增长22.6%;村委会中女性正职1人,增加1人。大专以上学历702人,占比76.5%,增加47人,增长7.2%,其中党组织书记中大专以上学历97人,增加27人,增长38.5%;35岁以下且具有大专以上学历的398人,占比43.4%,增加51人,增长14.7%。村“两委”中致富带头人79人,增加24人,增长43.6%;新当选社区(村)党组织书记57人,新进“两委”班子成员386人。通过此次换届选举,圆满实现社区(村)“两委”干部队伍“一升一降”(学历上升、年龄下降)和社区(村)党组织书记队伍“两升一降”(党组织书记中大专以上文化程度比例、致富能手比例提升,平均年龄降低)的目标。

【加强社区工作者队伍建设】 2021年5月,在市委党校举办红谷滩区2021年社区(村)党组织书记、主任履职能力提升培训班,各镇(街道、管理处)党(工)委分管党建工作的领导和127名社区(村)党组织书记、主任参加,进一步提升基层干部政治理论水平和党性修养。8—11月,经过网上报名、笔试、资格审查、面试、体检和公示等程序向社会公开招聘红谷滩区社区工作者92名,其中党员专干24名。12月,红谷滩区委办公室、区政府办公室印发《关于加强城市社区工作者职业体系建设的实施方案》,同期完成全区91个社区784名社区工作者三岗十八级薪酬套改工作,进一步激发社区干部干事创业积极性。

【持续加强基层自治建设】 2021年,区民政局持续推动民主协商工作,落实基层民主协商议事和村(居)务公开制度,各社区(村)均建立协商议事室、协商议事制度、协商议事流程和规范设置村(居)务公开栏。按照《南昌市民政局关于开展全市基层民主协商案例征集评选的通知》要求,沙井街道芳华社区、九龙湖管理处博鸿社区和凤凰洲管理处丰和新城社区的基层民主协商案例被评选为2021年南昌市基层民主协商案例。根据《南昌市民政局关于开展优秀村规民约(居民公约)征集活动的通知》精神,开展优秀村规民约(居民公约)征集活动,沙井街道芳华社区、卫东街道红谷春天社区、红角洲管理处双溪村、凤凰洲管理处老北站社区、凤凰村和九龙湖管理处安丰村修缮制定的村规民约(居民公约)获评2021年全市优秀村规民约(居民公约)。

【培育发展城乡社区社会组织】 2021年11月17日,按照《江西省民政厅关于印发〈江西省培育发展社区社会组织专项行动实施方案(2021—2023年)〉的通知》《南昌市民政局关于印发〈南昌市培育发展社区社会组织专项行动实施方案(2021—2023年)〉的通知》要求,区民政局印发《红谷滩区培育发展社区社会组织专项行动实施方案(2021—2023年)》,开始社区社会组织专项培育行动,全年共培育社区社会组织1005个,辖区内社区社会组织总数达1283个,开展服务500余次,参与活动的群众2万余人。

【推进"1+5+X"邻里中心建设】 2021年,投资约3600万元,打造12家"1+5+X"邻里中心,年底完成各点位基础建设。其中,凤凰洲管理处1个(星火社区邻里中心)、沙井街道3个(翠苑、雅苑、风华社区邻里中心)、红角洲管理处2个(香域滨江、祥荣社区邻里中心)、九龙湖管理处1个(安丰花园社区邻里中心)、生米镇5个(礼庄山、同泽、同悦、璜源山、九溪家园社区邻里中心),总面积1.65万平方米。红谷滩区社区邻里中心总数达34家,基本实现居民服务全覆盖。

【推行社区民政服务元素融合】 2021年,围绕社区民政服务质量提升,每个社区明确1名民政协理员。对照民政工作任务,梳理民政服务对象20类,要求每个社区依据清单和情况表建立健全本社区民政服务对象分类电子表。对照民政工作职责,梳理出需要在社区层面提供的民政服务项目20项。同时,每个服务项目明确社区参与的具体流程,并编印红谷滩区社区民政工作服务指南2万余份,分发至各社区,让民政服务项目在社区"找得到、看得见、弄得清"。依据民政领域相关法律法规,全面梳理需要社区协助办理的民政工作事项17项,明确工作内容和基本流程,让社区工作者明白"干什么、怎么干"。

(刘杰峰)

【全面深化殡葬改革】 2021年,区民政局围绕建设惠民、绿色、文明殡葬的总目标,倡导文明绿色殡葬,革除丧葬陋习,不断夯实殡葬改革成果。建立健全社区(村)殡葬管理信息联络机制,统筹各辖区的亡故人员基本信息,对每例亡故人员进行信息跟踪,全年共监管骨灰流向230例,新亡人员火化率达100%。积极开展传统节日期间文明祭祀,3月26日,印发《红谷滩区2021年清明节文明祭扫活动实施方案》;8月16日,印发《红谷滩区2021年中元节文明祭扫活动实施方案》;12月15日,印发《红谷滩区2021年冬至文明祭扫活动祭扫方案》,着力做好传统丧俗节日期间的文明祭扫工作。不断加大文明丧俗宣传力度,发放1.2万本宣传手册,让居民群众了解关于殡葬改革、移风易俗、防火安全、保护环境和文明祭祀方面知识及政策法规,引导居民群众树立厚养薄葬、文明节俭、生态环保的殡葬新理念。

【开展"三沿六区"专项整治行动】 2021年,红角洲管理处双溪村迁坟319棺,高安市大城镇金田村采取就地改造方式对可视范围内散埋乱葬坟墓倒碑1029座。针对"三沿六区"迁坟情况进行详细信息跟踪摸排,登记造册,建立台账,做到一墓一档,记录迁移前后对比情况,做到"三沿六区"范围内无新增散埋乱葬现象。

【有力保障儿童福利】 2021年,发放68名事实无人抚养儿童基本生活补贴60.741万元,发放7名孤儿基本生活补贴10.624万元,发放1名艾滋病感染儿童基本生活补贴1.54万元,发放2名满18岁孤儿助学金2万元,发放7名残疾事实无人抚养儿童照料护理补贴9.7万元。10月25日,区民政局组织举办全区儿童督导员、儿童主任业务能力培训班,各镇(街道、管理处)儿童督导员、社区(村)儿童主任共129人参加,基层工作人员理解和把握儿童福利政策的能力得到大幅提升。

【扎实保障残疾人福利】 2021年,发放残疾人两项补贴(困难残疾人生活补贴和重度残疾人护理补贴)总计1772人、156.1万元。其中,困难残疾人生活补贴714人,累计发放47.37万元;重度残疾人护理补贴1058人,累计发放66.98万元;同时享受两项补贴387人,累计发放41.75万元。11月12日,为不断满足困难重度失能残疾人多层次、多元化照护和托养服务需求,区民政局联合区财政局等5家区级单位制定《红谷滩区困难重度失能残疾人照护和托养工作方案》。

【开展关爱儿童健康成长系列活动】

2021年2月8日,开展"关爱童

心,温暖到家"上门探访慰问活动,为困境儿童送上新春"温暖包"。2月9日,开展"情暖童心,送爱回家"困境儿童慰问活动,对生米镇3户困境儿童及其家庭进行走访慰问,儿保社工通过运用专业技巧了解困境儿童身心需求、进行心理疏导。5月15日,通过链接红谷滩区孵化中心,组织"义起成长,一鹭同行"志愿服务成长小组活动,在普贤邻里中心参观学习雷锋文化藏品,通过播放雷锋纪录片、学唱歌曲《学习雷锋好榜样》及现场互动等形式加深孩子们对雷锋精神的理解。5月29日,联合南昌市小鲜鹭志愿者协会,组织10名困境儿童在秋水广场地铁站开展"义起成长,一鹭同行"地铁志愿活动。6月1日,在生米镇铁路小学举行"党润童心,礼赞百年"六一儿童节活动。6月18日,在生米镇胜利小学开展新《未成年人保护法》宣传进校园活动。7月12日,在凤凰花园东区开展"我志愿,我成长"青少年志愿者小组"美丽家园从我做起"环境整治提升志愿服务活动。8月3日,在红角洲管理处红岭社区开展"童心趣学,快乐旅行"青少年学习小组系列活动之"忆峥嵘岁月,传红色基因"主题活动。

【依法依规开展婚姻登记工作】 2021年,结婚登记2379对,离婚690对,补发婚姻登记证309对,补发离婚证件92对,调取婚姻档案450人次,接到来电来函4000余次。

【完善养老服务设施】 2021年,新增2家专业养老机构,其中泰康之家·赣园,位于红谷滩区九龙湖核心地段,占地面积约9.27万平方米,总建筑面积约18万平方米,规划总投资24亿元,为全国高品质养老社区。至年底,全区社区居家养老服务中心增至80家、嵌入式养老院6家、专业养老机构(公建民营)4家,全区养老总床位数2760张,老年人床位占比居全市前列。红谷滩区综合康养中心(区级福利院)项目完成EPC招标。

【多举措为老人解难题】 2021年,根据为老人购买居家上门服务及为老年人设置家庭养老病床的要求,聘请第三方专业机构,依据《老年人能力评估》(MZ/T039—2013)标准,对全区60周岁及以上分散供养的特困、低保、失独、低收入家庭、支出型困难家庭等困难老年人进行失能等级评估。共评估符合要求老人498位,其中能力完好58人、轻度失能153人、中度失能100人、重度失能187人。投入262.61万元为经济困难的高龄、失能老年人及80周岁及以上老年人购买养老上门服务,服务项目包括便民理发、上门清洁、助餐、陪聊、代买、代办、适老化改造等。至年底,为116名经济困难的高龄、失能老年人开展居家上门服务;为1626位80周岁以上老人开展每月2小时居家养老服务;为1438位老人开展适老化改造服务,根据自愿改造原则,为老人家里安装浴室扶手、坐便马桶扶手,并配备适老椅、手环、拐杖等适老化产品。社区食堂及助餐点"集中+上门""兜底性+普惠性"相结合方式,为困难老人和孤寡、低保、高龄老人提供上门送餐服务,链接志愿者、公益创投项目资源,通过送餐形成长期帮扶机制,缓解红谷滩区老年人用餐难题。全年建成老年人助餐点16个,运营13个,共计助餐8428份,其中60—69岁老人3139份、70—79岁老人2570份、80岁及以上老人1470份、社会人士1249份。

【鼓励养老机构提升服务品质】 2021年,根据《红谷滩区居家养老服务中心运营管理考核细则(试行)》,通过购买第三方服务的方式不定期对全区居家养老服务站点开展督查并进行运营考核,根据考核结果拨付运营经费。全年全区共拨付养老服务资金1184.54万元。其中,各居家养老服务中心运营经费415万元,养老福利机构建设及运营补助资金198.68万元,高龄补贴465.81万元,购买居家上门服务资金105.05万元。

【提高养老从业人员技能水平】 2021年11月8—13日,区民政局联合南昌市鸿燕职业技能培训学校在博能金融中心举办2021年红谷滩区养老护理员培训班,全区130余名养老护理员参加,培训内容包括老年人护理基础知识、消毒隔离、饮食照料、睡眠照料、清洁照料、排泄照料、紧急救护等知识技能,通过培训全面提升养老护理员业务水平,建设一支科学化、专业化的养老护理员队伍。

【发放高龄老人补贴】 2021年,全区按照《南昌市高龄老人生活补贴实施办法》和《南昌市提高高龄老人生活补贴发放标准的实施方案》,发放高龄老人生活补贴465.81万元,惠及3412人。其中,80—89周岁老人2991名,发放357.23万元;90—99周岁老人408名,发放93.82万元;100周岁以上老人13名,发放14.76万元。

【落实困难群众兜底保障】 2021年1月,为帮助困难群众度过一个温馨、祥和的新年,向各镇(街、处)发放春节走访慰问资金88.98万元。全年新增低保户45户128人,取消低保户156户379人。完成城市低保提标提补2316人次,发放提标提补资金54.36万元;特困供养提标提补42人次,发放提标提补资金2.05万元。至年底,全区共有城市低保户1041户、2247人,累计发放低保金1616.41万元;特困供养人员41人,累计发放特困供养资金51.86万元;累计实施临时救助323人次,发放临时救助金41.07万元。

【下放社会救助审批确认权限】 2021年1月,深化"放管服"改革,简化优化审批程序,区民政局将社会救助审批确认权限下放,由乡镇(街道、管理处)直接受理、审批低保申请,大大缩短审批时长。在受理困难群众低保申请材料时,实行"一证一书"原则,只需群众提供身份证(户口本)及授权书,即可完成低保申请环节,提高救助便捷性。同时,将社会救助服务向移动端延伸,实现救助事项"掌上办""指尖办",开通"赣服通"线上自主申请功能,让居民在手机上就可以申请救助,做到"让数据多跑路,群众少跑腿"。

【推进脱困解困工作】 2021年,按照《南昌市城镇贫困群众脱贫解困工作领导小组办公室关于印发〈南昌市城镇防贫保险工作实施方案〉的通知》要求,按照每人每年100元的标准,为全区2325名城镇贫困群众购买防贫险,支出资金25.58万元。防贫险可以有效防止困难群众因病、因学、因灾、因新型冠状病毒肺炎死亡及因见义勇为伤亡五大因素致贫或返贫,积极建立致贫返贫的"拦水坝",为巩固拓展脱困解困成员发挥积极有效的作用。

【举行"慈善一日捐"现场募捐活动】 2021年9月29日,在区政府二楼会议室举行红谷滩区2021年"慈善一日捐"现场募捐活动。区委书记吴江辉出席并致辞,区委副书记、区长提名人选刘光荣,区委副书记万晓娟,区人大常委会主任提名人选吴韶宸,区政协主席提名人选陶国强等领导,区委、区人大、区政府、区政协及区法院、区检察院等领导出席活动。区委各部门、区直各单位、各镇、街道、管理处,驻区各团体、企事业单位,区属各学校、医疗机构的主要负责人和干部职工代表参加活动。此次活动现场募集善款19.96万元,募集善款总额30.91万元。善款去向:7月,向困难户李勋芬发放慈善救助金0.3万元;10月,向13户低保重病特困家庭每户发放救助金0.3万元,共计3.9万元;11月,向17名低保户和困难家庭子女发放2021年度"金秋助学"资金共计5.2万元。

(徐海铭　吴让秋)

劳动和社会保障

【概况】 2021年,红谷滩区人力资源和社会保障局全面落实市人社局、区委、区政府的决策部署,以党的政治建设为统领,围绕就业创业、社会保障、人才人事、劳动关系等重点领域重点任务,打基础、保稳定、保运转、创亮点,攻坚克难稳就业,凝神聚力惠民生,兢兢业业聚人才,一心一意促和谐,交出了一份优秀的"人社成绩单"。

【社会保险覆盖面持续扩大】 2021年,全区企业职工基本养老保险参保企业数为2168家,新增2131家;参保人数(含离退休人数)为47827人,新增12688人,同比增长36.11%;在职参保人数为32676人,新增12224人,增长59.77%;全区机关事业单位养老保险参保单位数为78家,新增13家,增长20%;参保人数(含离退休人数)为2951人,新增782人,增长36.05%;在职参保人数为2263人,新增473人,增长26.42%。全区城乡居民养老保险参保人数12597人,减少96人,降低0.76%;全区工伤保险参保人数13914人,新增10200人,增长274.64%。

【养老待遇及时足额兑现】 2021年,全区企业离退休人数667人,全区事业单位离退休人数14人。累计发放企业职工基本养老金3.23亿元,同比增长6.9%;机关事业单位养老金发放4028.36万元,增长91%。完成2021年企业和机关事业单位退休人员养老保险待遇调整工作,企业职工养老保险待遇调整人数14493人,机关事业养老保险待遇调整660人,待遇调整补发金额共869.71万元,人均调整96.05元,于6月发放到位。

【社保服务优化】 2021年,全区开始经办辖区内企业"三险"业务,专门开设"三险统征"窗口,集中办理养老、工伤、失业三险种的相关征缴业务,实现"一窗通办",为企业办理征缴业务节省了办理时间,提高了办事效率。在社保办事大厅增设了可控温饮水机、老花镜,为特殊人群提供便利;在办理前台和自取架放置政策折页和操作手册,帮助办事人员了解政策;通过"南昌市智慧人社"小程序、微信公众号等媒体平台宣传社保卡线上办理,让群众切实感受到"在家就能办业务"的便利。提前摸排即将到龄退休的参保人员,对需办理合并、多缴退费业务的人员通知到位,避免因办理不及时而延迟领取待遇现象,切实维护了每一位参保人员的切身利益。全区共有待遇人员15760人,其中53.49%采用大数据比对实现"静默认证",46.12%的人员通过手机App进行"自助认证",对特殊人群保留预约"上门认证",助力提升全区老年人的幸福感。

【被征地农民社会保障安置】 2021年,通过走访调研,梳理被征地农民参加养老保险工作情况及存在的问题,形成专题调研报告,为全市被征地农民参加养老保险工作提供了理论依据。严格审核参加58号文人员的参保资格及被征地农民退休条件,落实兵龄视同缴费政策,为此类人群提供兵龄认定服务。1—10月共审核符合退休条件的人员600余人。

【困难群体社保代缴】 2021年,为

低保对象、贫困人员等困难群体代缴城乡居民基本养老保险费和待遇发放,确保全区贫困人员应保尽保、应缴尽缴、应发尽发。至年底,为1376名低保对象、贫困人员、重度残疾人等困难群体代缴13.76万元城乡居民基本养老保险费,为158名到龄困难群体发放城乡居民养老保险待遇。全区困难群体参保率、代缴率、发放率均已达到100%。

【转隶人员社保续接】 2021年1月起,因区划调整,全区开始发放湾里区转隶的296名离退休人员的养老保险和职业年金,做实387名在职转隶人员的职业年金。

【社保政策进企业】 2021年,为进一步提高企业对社保政策的知晓率,推动社保政策更好地服务群众,前往绿地国博城写字楼为企业送政策、解难题,帮助对企业相关社保业务方面进行政策解读,对"江西人社""赣服通"App多元化服务渠道进行宣传,鼓励企业进行业务不见面办理,一站式办理;开展"送工伤保险进工地"活动,在工地工作的人员多文化程度偏低,区社保中心结合实际深入实地,为此人群普及工伤保险政策法规,切实维护群众的实际利益。

【社保基金监督】 2021年6—11月,组织社保经办机构开展社保基金管理风险自查自纠工作,抽调6名业务骨干组成红谷滩区社保基金管理风险交叉检查小组,前往湾里管理局人社办开展社会保险基金管理风险排查,并接受南昌市人社局交叉检查小组对全区开展的交叉检查。12月,对全区养老保险、工伤保险、失业保险开展审计,针对社保基金审计发现问题、人社部基金监管软件预警信息核查属实问题开展专项整治行动,建立问题整改台账,均已整改到位。同时,在全区社保系统内开展社保基金安全"警示教育月"活动,向区委书记、区长进行一次社保基金管理问题及"警示教育月"专题汇报,邀请市基金监督处副处长林斌进行社会保险基金风险防控专题讲座,通报一批社会保险领域违纪违法典型案例等"十个一"活动内容。充分利用社保基金监管系统,对社保基金开展线上监督,检查企业职工养老保险27次、工伤保险18次、失业保险23次,与现场监督相结合,进一步防范社保基金风险。与区人民法院、区民政局、区司法局、区公安分局建立数据共享机制,及时了解退休人员状态,防范和化解社会保险基金风险。全年共核查上级部门下发疑点数据7批次957条,经核实存在违规数据792条,追缴基金24.01万元,有效保障了社保基金的安全。

【规范退休人员资格审核】 2021年,进一步规范区本级参加城镇企业职工基本养老保险人员的退休审核确认工作,规范退休审核确认流程,对全区700余名退休人员退休材料,10余名58号文参保人员(包含被征地人员、灵活就业人员、兵龄人员等)资格进行审核。1月起,对全区被征地农民退休认定兵龄所需材料进行全面清理,最大限度精简申报材料,凡无法律、法规依据和无实质性作用的,予以取消;只需持退伍证及身份证原件即可当场办理,坚决杜绝了重复提交材料和其他繁琐盖章手续。打破了地域界限,主动前往参保人员档案所在地查看其档案,进一步优化办理流程,规范审批程序,为退休人员提供便捷服务。

【打造和谐劳动关系品牌】 2021年,以南昌市劳动关系"和谐同行"能力提升三年行动计划为契机,扎实开展劳动和谐同行培育工作。9月3日,在江西美翻科技有限公司举办首期红谷滩区和谐同行"双十佳"培育共同行动培训班,培育企业、园区共30余人参加,提高了企业劳动关系人员的业务水平和实际操作能力。通过培育指导,全区两家参评园区——江西慧谷产业园、盈创华兴产业园获评2021年南昌市劳动关系和谐同行"十佳园区"。

【提升社会保障卡服务】 2021年,通过非税系统进行缴费,实现全区社保卡补换业务"只跑一次"。推动全区社会保障卡"一卡通"应用,与农业、民政、残联、教体等部门积极沟通,可通过社会保障卡发放耕地地力补贴。开展社保卡存量卡清理工作,将原分散在各镇、街道、管理处的存量社保卡1900余张进行登记造册、集中保管,通过各种渠道进行信息比对,已联系并发放社保卡90余张,采用邮寄方式发放3张无法到场领取的人员。完成48张工商银行,116张中国银行存量卡回收销毁工作。持续做好社保卡宣传工作,疫情防控期间,通过在社区张贴海报、拉横幅、发宣传折页等方式推广社会保障卡在家就能办新模式;12月在瑞都社区开展"社会保障卡 贴近你我他"宣传活动,提升了社保卡的社会知晓度和群众认可度。

【创业孵化基地认定】 2021年,为持续提升创业平台能力建设,充分发挥创业孵化基地促进带动就业的示范带动作用,按照有关文件要求,市人社局组织第三方专家对拟评定的县区级创业孵化基地进行实地核查和现场打分。位于绿地双子塔7楼的筑享天使空间创业孵化基地得分排名第一,被评选为"南昌市创业孵化基地"。该基地充分发挥了创业孵化基地促进带动就业的示范作用,积极为创业者提供创业孵化服务。

【人社业务练兵比武】 2021年,根据省、市工作部署,开展红谷滩区

2021 年度人社窗口单位业务技能练兵比武活动,动员全区各级人社窗口单位全员进行线上答题。5 月底,组织区本级和各镇、街办、管理处人员在育新学校红谷滩分校参加考试,选出 4 名优秀选手参加 6 月初的市级比赛,进一步提升了全区社保业务经办水平。

【根治欠薪工作】 2021 年,全区累计受理解决讨薪投诉 367 起,处理根治欠薪线索平台等渠道转来的信访件 1200 余件,为 1.62 万名农民工追回被拖欠工资 3.79 亿元,32 个纳入全市重点欠薪项目的案件已在规定时间内全部销号,切实维护了农民工的合法权益。

【劳动监察执法】 2021 年,在全区范围内开展“农民工工资支付情况”“清理整顿劳动力市场秩序”“劳动用工和社会保险法律法规专项检查情况”等专项执法检查,共检查用人单位 250 余户次,涉及职工 3386 人。主动检查用人单位 150 余户次,涉及职工 1.12 万人;督促 61 家用人单位补签劳动合同 716 人次,补缴社会保险 630 人;指导用人单位建立规章制度 31 家。

【工伤认定】 2021 年,切实加强对工伤认定工作的组织实施工作,贯彻上级要求的“只跑一次”改革部署精神,着力建立健全各项工作机制,适时开展重大疑难案件研讨,提升各项业务办理素养,妥善处理工伤认定工作中遇到的具体问题。全区共受理工伤认定案件 48 件,办结工伤认定案件 37 件,不予认定 1 件,行政复议 1 件,行政诉讼 2 件。

【劳动领域“双减”工作】 2021 年 8 月起,为切实解决好在读学生因参加不规范的暑期教培项目被骗事宜,对涉及全区的 13 家培训机构进行现场核查,全部处于关门停业状态。10 月,召开红谷滩区保障工资支付暨“两法衔接”工作会议,重点讨论在校学生具体操作办法。摸排涉及红谷滩区企业、涉及在校学生和员工欠薪情况,引导在校学生提供证据向红角洲法庭提起诉讼 1 起。

【劳动监察业务培训】 2021 年 4 月,特邀省劳动保障监察局专家,为各镇、街道、管理处及劳动监察中队 30 余人开展劳动保障政策法规宣讲及劳动监察执法和调解业务培训,进一步提升了工作人员的业务能力和水平。

【设立劳动人事争议仲裁院】 2021 年 5 月,在区委、区政府的关心支持下,批复设立区劳动人事争议仲裁院,主要负责辖区内劳动人事争议的立案、调解和仲裁工作,改变了“四无”(无机构、无编制、无人员、无场地)的工作局面。10 月,选派 6 人前往南昌市劳动人事争议仲裁院跟班学习,并在办理相关手续后顶岗办案,共承接 285 件案件。

(李志健)

就业服务

【概况】 2021 年,红谷滩区就创中心围绕“就业服务管理”这一中心工作,全面落实就业创业扶持政策,把稳定和扩大就业放在优先位置,扎实做好“六稳”“六保”工作,采取一系列措施,全力推动实现更高质量和更充分就业。

【民生指标任务全面完成】 2021 年,城镇新增就业人数 4873 人,为全年任务的 191%;城镇失业人员再就业人数 504 人,为全年任务的 126%;困难人员再就业 155 人,为全年任务的 103%;新增农村劳动力转移 649 人(其中省内新增农村劳动力转移 618 人),为全年任务的 108%;创业培训完成 2460 人,为全年任务的 101%;青年见习完成 175 人,为全年任务的 100%;新增发放 150 笔创业担保贷款 6668 万元,为全年任务的 130%,新增担保基金 50 万元,贷款回收率为 100%。

【推进职业培训】 2021 年,积极对接各企业、民办职业培训机构,分批开展线下职业技能培训要求,采取线上+线下职业技能培训,支持企业复工复产,帮助劳动者提升技能稳定就业。组织融创文旅、上海益中亘泰、致膳居、融创商管布克思文化等 9 家企业共开展 16 期岗前培训,其中线上培训 8 期,线下培训 8 期,共计培训 400 人,补贴 244 人,补贴 12.2 万元;2 家培训机构联合 7 所高校共开展 82 期创业培训,培训 2460 人,参训人员均为高校毕业生,发放补贴 257.02 万元。为深入推进职业技能提升行动,按照《关于在全省开展职业技能电子培训券工作的通知》文件要求,全面采取职业技能电子培训券方式开展职业技能培训工作,共发放培训定向券 523 张,使用 64 张。

【精准帮扶城镇困难群众】 2021 年,围绕“解脱困”目标,力求精准帮扶城镇困难群众,采取政策上门说教、政策宣传页阅读等方式,加大城镇脱贫政策的普及和宣传,重点对社保补贴政策、职业培训补贴政策、创业贷款政策等进行宣传,让城镇贫困群众充分了解就业创业帮扶政策。针对辖区城镇贫困人员,全年累计开展城镇脱贫群众等就业困难群体专场线下招聘会 4 场,提供就业岗位 521 个,服务人数 970 余人,初步达成意向 75 人,就业专项活动取得较好实效。

【退捕渔民就业帮扶】 2021 年,对全区退捕渔民人员进行仔细摸排,针对 184 名退捕渔民,建立退捕渔民人员花名册,组织有就业需求的人员参加职业技能培训班、就业推荐招聘会、送岗位上门等活动；同时，采取政策上门说教、政策宣传页阅读等方式，加大退捕渔民政策的普及和宣传，从而让退捕渔民充分了解就业创业帮扶政策。对渔民宣传创业担保贷款业务，发放一笔退捕渔民申请的创业担保贷款20万元，对其进行全额贴息。

【落实高校毕业生补贴】 2021年，为鼓励高校毕业生创业就业，提升高校毕业生就业服务，累计为辖区5323名应届高校毕业生发放532.3万元一次性求职补贴；发放2笔大学生一次性创业补贴1万元。

【认定“南昌市促进就业基地”】 2021年，为进一步扶持企业发展，落实相关扶持政策，有效促进失业人员再就业，积极帮助辖区企业招用下岗失业人员及就业困难人员，上门进行政策讲解，并先后成功认定江西缦旅酒店管理有限公司、江西道辰物业管理有限公司为南昌市促进就业基地，江西缦旅酒店管理有限公司是红谷滩区首家获此称号的企业。

【完善公共创业服务平台建设】 2021年，在原有13家职业见习基地基础上，新增3家职业见习基地，这些创业服务平台涉及电子商务、文化创意、科技产业、广告、教育、文化、传媒和服务业等多个行业，基地示范影响凸显，激发了创新创业活力，有力地助推了“大众创业、万众创新”。充分发挥见习基地平台的作用，100余名大学生通过见习，提高了就业竞争力，丰富了实际工作经验，提升了就业能力。推荐4家企业认定为大学生就业见习实习基地，并获得一次性奖励。

【创业担保贷款推动创业促进就业】 2021年，为推动创业促就业，充分发挥创业担保贷款支持创业，带动就业的积极效应，严把贷前调查准入关和贷款审核推荐关，新增发放150笔创业担保贷款6668万元，新增担保基金50万元，贷款回收率为100%。

【承接失业保险业务】 2021年，红谷滩区承接市级下放的失业保险业务，完善区级职能，为保障民生发挥作用。全年累计参保企业1222家，参保人数8022人。发放失业保险金人数12人，发放金额近2万元；为362人次参保失业人员发放失业补助金36.2万元。

【落实“人才新政”】 2021年，根据《关于印发〈2018年“人才新政—青才计划”生活补贴、购房补贴政策兑现操作指南〉的通知》，全年共发放生活补贴778人次665.4万元。其中，博士4人次7.2万元；硕士323人次387.6万元；本科451人次270.6万元。

【举办“春风行动”就业招聘会】 2021年，为提高就业率，陆续开展岗位征集、招聘会等工作。2月，开展“春风行动暨就业援助月”活动，收集73家企业1325个岗位；3月，在市人社大厦举行2021春风行动——“诚信用工”红谷滩区企业人才招聘会，153家优质企业提供8700余岗位给求职人员挑选，现场达成求职意见1052人；4月，在南昌理工学院举行红谷滩区“民营企业招聘月”人才双选会，现场952名应届高校毕业生参加“双选会”，64家企业提供1481个岗位供应届高校毕业生挑选，现场达成求职意向89人；6月，在红岭花园社区举行“企业岗位招聘社区行”招聘会，现场组织用人单位27家，携100余个岗位进场招聘，吸引200余名求职者进场求职，11人现场达成就业意向。

【“百场校招”聚才引才】 2021年，为助力人才到昌留昌创业就业，红谷滩区线上线下招聘齐发力。10月17日至12月17日，共召开28场“校招”活动，其中线下招聘8场，线上招聘20场，共组织1145家（次）企业，为10所省内外高校1.7万名高（技）校应届毕业生提供6.48万次岗位推介服务，共有5205名应届毕业生投递简历，其中4183名高校毕业生与企业达成求职意向。

（龚丽婷）

2021年10月27日，在江西经济管理干部学院开展“百场校招”红谷滩区第三场校招会

（区人社局供图）

医疗保障

【概况】 2021年红谷滩区医疗保障局在区委、区政府和市医保局的领导下,以“保运转、补漏洞、建机制”为主线,不断夯实医保各项基础工作,努力构筑多层次的医疗保障体系,圆满完成了各项目标和任务。全区基本医疗保险参保人数155754人,其中职工医保参保4631人,居民医保参保151123人。城乡居民基本医疗保险年收入4932.74万元、支出2362.09万元;城镇职工基本医疗保险年收入2519.28万元、支出2183.18万元;补充医疗保险年收入2122.02万元、支出550.5万元。至年底,医保基金累计结余36145.44万元。其中,城乡居民医疗保险基金累计结余26177.06万元,职工基本医疗保险基金累计结余3757.5万元,补充医疗保险基金累计结余6210.88万元。

【提升医保经办服务水平】 2021年,在原有经办服务窗口的基础上,增设一个服务窗口,同时优化服务事项,实现“一窗式”办理、“一单式”结算,“一站式”服务。按照国家、省、市政务服务清单,梳理31项经办服务事项,全面规范事项的名称、编码、时限、流程等,并印制办事指南、一次性告知单等材料3000余份。积极组织业务股骨干下沉社区、村,开展医保政策集中宣传活动,现场为群众答疑解惑、发放政策宣传手册,进一步扩大了宣传覆盖面,提高了辖区群众对医保政策的知晓率。将业务办理时限达标情况纳入干部绩效考核重要内容。进一步强化医保队伍能力,坚持业务学习常态化,扎实开展业务知识“每周一课”,不断提高医保系统干部职工的职业素养和岗位技能。

【筑牢基金安全防线】 2021年4月,根据市局统一部署,组织开展“宣传贯彻条例加强基金监管”集中宣传月活动。活动共发放宣传海报700余份,发放宣传单折页5000余份,利用电子屏播放宣传标语、短片200余次。开展欺诈骗保“清零行动”、专项治理“回头看”、省市飞行检查、全市交叉检查等工作,制定检查方案并安排人员开展专项检查。打破过去基金监管无专职人员的局限,与两家保险公司合作,引入第三方专业服务介入监管,制定2021年度稽核计划表,基本实现辖区内220家两定医药机构检查全覆盖。至年底,累计开展线上线下检查193次,追回医保基金85.59万元。在对两定医药机构协议管理的基础上,探索开展行政监管。根据媒体举报,对两家定点药店开展行政检查,并对违法行为依法开具行政处罚单,处罚金额3.16万元,实现了医保基金监管行政执法“零”的突破。

【落实医保相关待遇保障政策】 2021年,扎实推进异地就医直接结算工作“一次不跑”、异地可办。共办理异地就医及异地安置备案632份。同时,根据市局安排,积极落实门诊跨省直接结算工作,辖区内已有一家定点医疗机构实现了门诊跨省直接结算。积极推动全区参保居民选择就近的社区门诊签约门诊统筹业务,切实减轻群众看病就医负担。至年底,全区城乡居民医保普通门诊统筹签约总人数为14.26万人,签约率达90%;将符合条件的贫困群众由财政资助全部参加基本医疗保险,区财政全额(320元/人)资助特困人员、优抚对象等,参保款涉及2477人,共计79.3万元,确保低收入人群100%参保。全区医疗救助认定人数为2525人,其中重点救助对象为2315人(低保人员)。累计享受医疗救助7424人次,其中门诊救助6261人次;住院救助1163人次,累计拨付救助资金451.05万元。

【保障门诊慢性病待遇】 2021年,改变过去门诊“慢性病审批”将材料集中报送到医院进行审批的模式,外聘3名专家每周到现场进行“特殊慢性病”审批,使这一事项的办结时限由原来的1个余月缩短为10个工作日,切实提升了服务效率。改革审批模式后,共办理“特殊慢性病”审核920份。

【保障疫情防控工作】 2021年,根据省市关于保障新冠肺炎核酸检测费用的相关文件,全力保障疫情期间核酸检测费用拨付,全年共分5批次拨付核酸检测费用29万元。同时,围绕区新冠肺炎疫情防控工作部署,全体干部职工下沉一线,助力社区疫苗接种工作。

【落实省本级和南昌市定点医药机构同城互认】 2021年,落实省本级和南昌市定点医药机构同城互认。根据工作方案,南昌市城区范围内(不含南昌县、安义县和进贤县)的省本级定点医药机构,将与南昌市定点医药机构实现同城互认。届时,省本级医保卡可以在南昌市城区范围内南昌市定点医药机构使用,反之亦然。该项工作的开展,进一步扩大了省本级参保人员医保刷卡的医院和药店范围,为省本级和南昌市参保群众就医购药提供更多选择、更多便利。至年底,全区57家定点医药机构通过核准,为参保患者提供更多选择和便利。

【推进药品集中带量采购工作】 2021年1月28日,国务院办公厅发布关于推动药品集中带量采购工作常态化制度化开展的意见。意见提出,按照保基本、保临床的原则,重点将基本医保药品目录内用量大、采购金额高的药品纳入采购范围,逐步覆盖国内上市的临床必需、质量可靠的各类药品,做到应采尽采。对通过(含视同通过)仿制药质量和疗效一致性评价的药品优先纳入采购范围。符合条件的药品达到一定数量或金额，即启动集中带量采购。积极探索“孤儿药”、短缺药的适宜采购方式，促进供应稳定。为及时落实国家及江西省组织药品集中带量采购中选结果，全力推进药品集中带量采购工作。至年底，集中药品采购已在区内 6 家公立医疗机构全面执行，并执行药品零差率销售政策，全年累计采购药品 22.5 万元。

【推进全区医疗保障信息平台系统上线工作】 2021 年，制定上线工作方案，精心组织、统筹调度，加强各相关部门之间衔接配合，全力推进全省统一医保信息平台各项工作。做到医保新老数据无缝对接、安全完整迁移，定点医药机构结算前端无感应用、群众看病结算业务不受影响，医护人员也可通过医保信息业务编码实现医疗救治全程可追溯。及时牵设医保信息专网，采购联网设备，组织辖区内所有两定医药机构开展业务编码贯标、接口改造等工作，做好系统操作业务培训。至年底，全市医保新系统现已正式上线，辖区内定点医药机构新系统按时接入率达 100%。上线全省统一医保信息平台，实现了医保线上业务、医保信息查询“省内无异地”和跨系统、跨层级“一网通办”；在参保缴费、移动支付、待遇享受等方面实现“一窗办结”；跨制度、跨部门、跨地区医保业务实现“一体化办理”。为群众就医看病提供更加优质、便捷、高效的医疗保障服务。

（杨玉婷）

消防管理

【概况】 2021 年，红谷滩区消防救援队伍按照依法治区的要求，坚持稳中求进总基调，扎实推进冬春火灾防控、春夏消防检查，积极承担化解重大安全风险和应对处置各类灾害事故的职责，统筹推进优化营商环境专项工作，全面实施新型消防监管机制，多种方式开展消防宣传，落实消防安全主体责任，不断夯实群防群治基础。

【消防通道整治】 2021 年，狠抓重点攻坚，扎实开展各项集中整治行动，针对当前重点推进的消防通道整治，区应急管理局牵头，联合住建、城管、交警、消防等部门及属地集中开展专项整治活动，邀请区政府主要领导现场调度，克难攻坚，扎实推进以红谷世纪花园小区为首的一系列小区消防通道整治工作。至年底，共整治消防通道 171 处，其中消防大队 147 处，大院大队 24 处。

【“飞线”充电整治常态化】 2021 年，全区各镇、街办、管理处将“飞线”充电整治工作常态化开展，将整治工作纳入村、社区网格员日常管理事项，坚持做到每日检查，每日上报；区消防、公安等部门多次联合属地对卫东花园三期、名门世家一期等小区进行联合执法。至年底，生米镇整治 96 处，沙井街道整治 43 处，卫东街道整治 77 处，红角洲管理处整治 777 处，凤凰洲管理处整治 235 处，九龙湖管理处整治 235 处。同时，牵头区直各部门积极探索长效管理机制，并因地制宜采取多种方式规划、修建电动车集中充电点位，满足群众需求，从根本上解决“飞线”充电问题。

（李铁立）

红谷滩区消防救援大队

【概况】 2021 年，红谷滩区消防救援大队（坐落于红谷滩区珠江路 236 号，承担着红谷滩区凤凰洲、沙井、卫东、九龙湖、生米在内的消防安全工作）团结带领全体消防救援人员按照部消防救援局党委“全面发展年”“政治生态整肃年”工作目标，跟随“主动融入、借力发展”的工作思路，以南昌市“十四五”消防救援事业发展规划为工作主线，实现了班子谋事创业能力有提升、队伍安全稳定有举措、火灾形势平稳有作为、队伍风清气正有新气象的工作目标。通过全体消防救援人员的共同努力，大队各项工作都取得明显成效，并首次获评“第 20 届全国青年文明号”，大队消防员麦玉山参加首届全国消防行业职业技能大赛，获得大赛最高奖“荣誉金头盔”。

【安保抢险救援】 2021 年，圆满完成全国“两会”、“建党百年”、中共十九届六中全会、省党代会等 50 余起消防安保任务，其中国家级 6 起、省级 12 起、市级 28 起。共接警出动 660 起，出动车辆 921 辆次，消防人员 6036 人次。其中，火灾 180 起，抢险救援 129 起，社会救助 311 起，其他 40 起，抢救人员 156 人，疏散 479 人，抢救保护财产价值 7797 余万元，未造成人员伤亡。火灾起数同比上升 18.18%，连续 4 年零伤亡。7 月，大队抗洪抢险分队坚决响应部消防救援局、总队、支队党委号召，积极投入援豫抗洪抢险战斗，营救转移遇险群众 355 人，赢得驻地群众的广泛赞誉。

【监督检查和随机抽查】 2021 年，坚持“三真三实”（察真情、说实话，出真招、办实事，下真功、求实效）执法标准，综合运用重点监管、信用监管、“互联网+监管”等多种手段，提高监督检查和随机抽查质效。大队全年执法检查 545 家单位，发现火灾隐患 811 处，督促整改火灾隐患 751 处，下发责令改正通知书 484 份，下发行政处罚决定书 71 份，责令“三停”单位 12 家，临时查封 5 家，共罚款 46.85 万元。以火灾隐患排查整治的高压态势保持了全区连续 4 年零伤亡火灾事故发生的纪录，有力地维护了全区消防安全形势持续稳定向好。

【消防基本技能实操实训】 2021年,运用政务网和“赣服通”App两种线上办事渠道,施行公众聚集场所消防安全告知承诺制,共办理10家公众聚集场所消防安全告知承诺制,实现了群众“办事一次不跑”的目标。持续开展“一警六员”消防培训工作,继续推进重点单位、物业小区工作人员消防基本技能实操实训,重点推进“九小”场所、社区网格员、校园等从业人员实操实训,已考核合格人员3820名。以多种方式开展消防宣传“五进”活动,共计开展消防安全宣传进企业活动33场,参与3500余人;安全宣传进农村活动12场,参与800余人;安全宣传进社区活动17场,参与1520余人;安全宣传进家庭活动12场,参与700余人;安全宣传进学校活动15场,参与6000余人。对全区学校开展“我是小小消防员”活动,以点及面的方式联合区教体局开展全区中小学消防安全培训,制作一批“我是小小消防员”徽章奖励消防安全培训教育中表现突出的班级;对辖区社会单位开展消防安全课程教育工作,为全区群众发放消防安全文创产品“大礼包”。全年累计开展“消防安全进百万家”活动155次,持续推动重点单位和人员密集场所张贴消防安全“三提示”、《红谷滩区人民政府关于加强消防通道管理的通告》等海报通告2500余份,发放《密室逃脱类场所火灾风险指南及检查指引》手册150本。

【消防安全专项整治】 2021年,高度重视消防安全专项整治工作,将防盗窗、厂房仓库、建筑施工、生命通道、电动车等专项整治作为预防亡人火灾事故发生的重要举措,充分发动乡(镇、街、道)、社区、村居委会等基层网格力量参与排查整治。不断巩固和完善部门会商研判、信息共享、联合执法等机制,凝聚齐抓共管的合力,把隐患当做事故对待,切实抓紧、抓实专项整治工作,坚决防止类似事故的发生,以更加扎实的工作确保全区安全生产形势的持续稳定。对排查过程中发现的火灾隐患和消防违法行为,综合运用行政、法律、经济、舆论等手段,依法采取罚款、临时查封、责令“三停”、行政拘留等措施,逐个督促落实整改,始终保持火灾隐患整治的高压态势。

【文明创建】 2021年,高度重视文明创建活动,成立以大队主官为组长的工作领导小组,多次组织召开会议,研究制定各项文明创建活动方案,明确文明创建的意义、目标、思路、标准、措施及具体任务要求。“红先锋”青年志愿专业服务队拓宽“红先锋”服务渠道,立足本职,积极开展“学党史、润童心、做先锋——送‘名著小书包’进乡村”“关注孤寡老人、牵手留守儿童”等系列爱民、便民、助民活动,先后资助困难家庭9户、留守儿童8名,定时为东湖敬老院当义工,让驻地群众充分体会消防队员的浓厚深情;组织消防救援人员自愿献血2次,开展“慈善一日捐”活动4次,共计捐款3.2万元。

(付文婷)

南昌市消防救援支队大院大队

【概况】 南昌市消防救援支队大院大队(以下简称大队)前身为大院消防科,1995年4月筹建,1997年正式挂靠成立,为正营职单位,2011年6月,经公安部人事训练处批准,大院消防科改为大院消防大队,为副团职单位。2016年1月10日,随省行政中心搬迁至九龙湖卧龙路999号省行政中心院内,主要负责省行政中心的消防安全工作。辖区总建筑面积约为25万平方米,为红角洲管理处的部分行政地块,整体建筑密度不高,均为一、二级耐火建筑,总体火灾形势平稳。大队设有一级消防救援站一个,为丽景路消防救援站,消防站灭火作战责任辖区为:东至赣江中大道、西至碟子湖大道、南至前湖大道、北至绿茵路。2018年,大队搬迁至南昌国际体育中心内办公,共有干部10人,辖区内有二级消防安全重点单位104家,社区27个。日常职责除红角洲行政管辖范围内的消防监督检查、火灾事故调查等消防监督业务外,还包括对接红角洲管理处消防安全工作,指导卧龙派出所及红角洲派出所消防监督检查工作。2021年,大队全年共接警432起,其中火灾扑救93起(辖区火灾43起),抢险救援104起,社会救助188起,公务执勤17起,其他30起。全年消防车出动624辆次,出动警力4042人,抢救被困人员6人,抢救财产价值754.4万元,实现了社会面火灾形势稳定,辖区消防工作呈现了良好的发展态势。

【全面提升党建工作】 2021年,在各级党委的正确领导下,大队党委紧抓“三史”教育、强化队伍管理、夯实基础建设、防范火灾风险,按照“力保内外稳定,争取更大成绩”的工作思路,在稳定中求发展,在发展中创先进,大队工作呈稳步上升态势。大队党委坚持以教育正思想、聚人心、立导向,大力推进党史学习教育和“牢记领袖训词,永做忠诚卫士”主题教育活动;深入开展“深知兵、真爱兵”“学党史办实事”活动;积极探索创新教育方法、拓宽教育形式,把握教育主线,把习近平总书记授旗训词精神及前沿理论知识融入指战员日常学习、生活和工作中;发放教育实践活动应知应会手册,开展教育实践活动专题授课,围绕教育实践活动开展支部讨论等活动,理论素养明显提升。扎实做好疫情防控期间、“两会”期间、春节及“五一”等重大节假日期间思想政治工作,成立疫情防控青年突击队,开展思想摸排,逐一进行谈心活动,以每周必谈的形式开展“面对面”谈心谈话达130余人次。

【提高部队战斗力】 2021年,大队将岗位练兵工作摆上核心位置,采取一系列方法和措施,坚持全员参与、立足岗位、从难从严、注重实效原则,做到干什么、练什么,缺什么、补什么,不留死角,在消防站上下大力营造“比、学、赶、帮、超”的训练氛围,提高了队伍灭火救援能力与消防救援人员的业务素质和指挥能力。针对辖区重点单位进行多次战术演练并组织全站消防员开展夜间集体操对抗赛、想定作业等多种形式的战术训练活动,提高了全队消防救援人员的实战能力。

【开展消防安全基础工作】 2021年,依托“双随机、一公开”机制,结合专项检查任务,共检查单位337家,发现火灾隐患185处,督促整改隐患171处,下发责令改正通知书129份、行政处罚决定书35份、临时查封决定书3份,责令“三停”单位4家,罚款20.05万元。在行政审批方面,下发公众聚集场所投入使用、营业前消防安全检查意见书12份,不同意投入使用、营业决定书14份。开展省行政会议中心会议安全检查58次,社会面举报投诉检查50次,消防产品检查12次。对于检查过程中发现的违法违章的情况,建立线索移交机制,及时发函给相关部门予以查处。

【推进消防安全专项行动工作】 2021年,围绕消防工作目标,为进一步推进消防安全专项整治三年行动,重点开展消防车通道专项整治、电动车“飞线”治理、高层建筑消防安全综合整治、易燃易爆场所消防安全治理等专项工作。在消防通道专项整治工作中,每季度联合公安、交警、管理处、社区等多部门开展占用消防车通道消防安全专项整治行动。针对绿湖豪城小区道路前期未命名、车辆停放拥堵、监管难度大的情况,通过联合检查并提请区政府的方式,该道路于11月命名为建峰路。同时,多次对红岭花园、云溪花园进行多部门联合检查,并作为辖区主要火灾隐患提请区办公会专题研究,区主要领导现场督办。至年底,红角洲管理处已下拨专款对红岭花园地下车库隐患进行整改。在开展电动车“飞线”充电违规行为整治工作中,联合红角洲管理处发动22个社区180余名网格员深入小区充电停放点开展有针对性的统计调查,共排查发现260余户存在“飞线”充电情况,并做好备案登记。加强辖区高层建筑全面排查工作,尤其是辖区内重要公共高层建筑及高层居民住宅楼。6月25日,结合应急管理部出台的《高层民用建筑消防安全管理规定》(8月1日起施行),开展一系列《高层民用建筑消防安全管理规定》宣传贯彻活动,组织辖区所有物业小区负责人召开宣贯会,张贴海报600余份。同时,大队联合相关行业部门先后开展“校外培训机构消防安全专项整治行动”“燃气专项整治”等消防排查整治工作。

【保障省行政中心消防安全】 2021年,为在省行政中心营造良好消防安全环境,大队派专人负责对接中心消防安全工作,并定期对省行政中心及其下属会议中心、餐饮中心的消防安全隐患进行全面排查;加强对重要工种人员开展“一警六员”[“一警”,为一线社区民警;“六员”,包括多种形式消防队伍队员、村(居)委会工作人员、综治网格员、保安员、物业服务企业职员、消防安全重点单位工作职员]培训;对各入驻单位开展消防宣传培训;督促物业公司及维保单位对消防设施进行不间断排查。11月,协同省机关事务管理局共同承办以“落实消防责任,防范安全风险”为主题的“119”消防宣传月活动,并受邀对省行政中心下属会议中心消防管理人员进行消防知识安全培训。

【深化消防宣传教育培训】 2021年6月起,根据支队《全市“消防安全进百万家”消防宣传教育活动方案》要求,大队结合消防宣传“五进”工作,以全覆盖的态势在住宅小区、九

2021年11月25日,南昌大学附属小学红谷滩分校开展消防宣传进校园活动
(市消防救援支队大院大队供图)

小场所、沿街商铺等场所开展相关宣传活动,营造人人关注消防的良好宣传氛围。同时,大队联合红角洲管理处走进南昌大学附属小学红谷滩分校,开展消防安全进校园网络直播活动,直播观看人数达到1.4万人次。11月,大队在全国消防安全知识宣传月通过多种宣传方式广泛发动辖区群众关注消防,参与消防,使消防安全理念融入群众日常生活。对社区、住宅小区物业单位开展培训及协助社会单位进行灭火逃生演练,先后6次对社区网格员、重点单位消防安全管理人员等重点人群进行集中培训。并多次对辖区重点单位、还建房小区等重点场所的疏散演练进行指导。全年辖区共培训"一警六员"合格人数达1300余人。

(喻　瑶)

退役军人事务

【概况】 2021年4月,红谷滩区退役军人事务局成立,为红谷滩区政府工作部门,正科级建制。红谷滩区退役军人事务局推广"尊崇工作法"(紧密结合退役军人服务保障管理各项职能,带着感情、带着责任努力让习近平总书记关于"尊崇"的具体要求落地、落实、落深、落细,在全社会营造尊崇军人、退役军人和其他优抚对象浓厚氛围的工作方法),推进全区退役军人事业发展,攻坚克难,勇于担当,善作善为,屡创佳绩。退役军人就业创业、移交安置、拥军优抚、思想政治、褒扬激励、权益维护等工作成效显著,全区退役军人事务领域治理体系和治理能力现代化水平不断提升。红谷滩区退役军人事务局荣获"南昌市2021年度民兵工作先进单位""2021年度全市退役军人优抚工作先进单位"称号,红谷滩区退役军人服务中心荣获"2021年全市深入推行'尊崇工作法'示范单位"等称号。

【加强退役军人组织领导工作】
2021年,区委退役军人事务工作、区双拥工作、区移交安置工作三个区级层面研究退役军人事务工作领导小组成立,明确领导小组成员单位职责,制定出台领导小组相关配套制度文件。推动镇街处、村社区建立退役军人事务工作党委(支部)议事机制,形成党委领导、政府负责、部门参与、军地协同、运转高效的退役军人事务领导机制。

【完善退役军人服务保障体系】
2021年,按照退役军人工作从中央到村六级都要设立退役军人服务中心和服务站,乡镇、村退役军人服务站要求全覆盖,并做到有机构、有编制、有人员、有经费、有保障的服务保障体系及示范型创建要求,全面推进区、镇街处、村社区三级退役军人服务保障体系建设,全面完成"一中心两站"(区退役军人服务中心1个、镇街处服务站6个、村社区服务站128个)建设任务,接受市局、省厅、部里的调研视察,服务保障体系不断完善。

【推广"尊崇工作法"】 2021年,坚持以退役军人为中心的理念,以贯彻和推广打造"一域一队伍"、建立"一人一台账"、落实"一家一对接",组织"一周一活动",开展"一月一堂课",实施"一季一走访",举办"一年一评选""尊崇工作法"为载体和抓手,全面开展各项尊崇服务,落实落细工作举措,服务退役军人工作水平和能力得到全面提升。完成优抚对象的年度核查、退役士兵社保补缴及重点优抚对象相关待遇调标工作。开展驻区部队"两节"走访慰问、民兵训练走访慰问及新兵欢送活动,促进军地共建融合。完成重点优抚对象档案整理,全面梳理各项优抚政策,及时精准地落实退役军人各项政策措施。

【完成退役军人移交安置工作】
2021年,根据省、市相关文件要求,接收安置军转干部,随调家属,符合政府安排工作退役士兵和退出消防员,接收自主就业退役士兵和退出消防员共,接收军休人员。全面完成人员接收及岗位安置工作,高质量、高效率完成年度接收安置任务,并完成符合政府安排工作条件的退役士兵待安置期间生活补助费和自主就业退役士兵一次性自主就业金。

【推动退役军人志愿服务活动】
2021年,在各级退役军人服务站建立"新长征志愿服务队"137支;建立"八一"党员志愿服务队137支800余人;广泛开展文明创建、政策宣传等志愿活动,充分展现退役军人"退役不褪色"的优良品质。在各级退役军人服务站开设"八一"讲堂,邀请优秀退役军人代表讲党课、分享红色故事和现场教学等,开展活动百余场次。接待到访退役军人服务中心(站)(包括电话来访)退役军人,有效解答各类政策咨询等问题400余件,化解矛盾30余人次,帮扶援助困难退役军人60余人次。

【促进拥军优抚工作】 2021年,发放各类优抚对象生活补助费及优待抚恤金,发放义务兵家庭优待金。在春节、"八一"期间走访优抚对象,为退役军人发放年画,发送慰问短信,发放走访慰问金,进一步发扬优军优属的光荣传统,营造良好拥军优属氛围。大力践行"满怀忠诚讲尊崇、千行百业共拥军"活动,坚持凝聚军民军心,广泛宣传,充分发掘拥军典型,发挥自身资源优势,与近百家商家签约。积极开展军人子女教育优待工作,落实解决现役军人子女入学入托优待政策60余人次,着力提升军属和退役军人服务工作质效,不断增强军人和退役军人的获得感、归属感、幸福感。

(邓婉芸)

教育　体育

综　述

2021年，红谷滩区教育体育局坚决贯彻新发展理念，落实高质量发展要求，围绕“打造全省一流教育、唱响学在红谷滩品牌”目标，立鸿鹄志、做精细事、成教育美，以创先争优为抓手，坚持教育优先发展战略，不断加大教育投入，优化教育资源配置，创新工作载体，着力提高教师队伍素养，教育事业取得高质量跨越式发展。全区共有区属义务教育学校29所（含2所民办），在校学生5.08万人，教学班1163个，专职教师2971人。幼儿园88所，公办幼儿园54所（含公办分园21所），民办幼儿园34所，总在园幼儿数1.93万人（其中公办园幼儿数1.19万人、普惠性民办园幼儿数7163人、非普惠性民办园幼儿数175人），教学班721个，专职教师1401人。

（李小明　邓金华）

教育管理

【概况】　2021年，区教育体育局按照高质量发展根本要求，贯彻党的教育方针，以实施“奋进之笔”为总抓手，推进教育优先发展，落实立德树人根本任务，推进教育公平，加快教育现代化，努力培养德智体美劳全面发展的社会主义建设者和接班人，培养担当民族复兴大任的时代新人。

【强化党对教育的领导】　2021年，聚力抓关键少数，坚决做到“两个维护”。开展基层党支部“星级评定”活动，建立健全党工委班子成员联系学校制度，帮助学校推动解决重点难点问题40余个，形成党建工作“书记抓、抓书记”“两手抓、两手硬”的鲜明导向。在“三重一大”事项上做到“集体领导、民主集中、个别酝酿、会议决定”，全年召开党工委会议25次，集体研究有关重大事项100余项。聚力抓党史学习教育，不断坚定理想信念。突出“实”字抓学习，开展党史学习教育以来，发放党史学习教育指定用书5600余本，组织开展学习、培训活动600余次，参与人员达到3000余人，撰写心得体会1万余篇，在职教师和退休党员参与率达到100%。突出“深”字重领悟，组织党员干部前往方志敏英烈园、新四军纪念馆等红色教育基地80余次。邀请专家学者和区委宣讲团专题授课及辅导3次，开设书记党课136节，组织600余名在职党员进社区，走访服务群众1300余人次，深受社会好评。聚力抓组织建设，“三化”工作纵深推进。新建8个基层党支部，发展党员和入党积极分子62名，专题培训70余人次，党的建设在教体系统实现了“全覆盖”。持续推进“一校一品”纵深发展，深入推进“清廉学校”建设取得新进展，育新学校红谷滩分校“人人讲、人人学”做法在全区推广、实验学校打造“多元一体”的“三化”宣传阵地特色突出，完成3个“清廉学校”示范点创建，积极营造风清气正的政治生态。

【加大教育财政投入】　2021年，教育财政投入持续加大。一般公共财政教育支出6.62亿元，占全区一般预算支出35.62亿元的18.58%，比2020年增长3.74%，预算内教育财政拨款增长高于财政经常性收入增长，预算内义务教育学校生均教育事业费逐年增长。全年及时足额拨付各学校、幼儿园日常生均公用经费及办学补助经费，幼儿园、小学按每人每年1200元，初中按每人每年1400元安排生均公用经费。落实不足100人规模较小学校按100人核定公用经费及随班就读学生公用经费补助政策，全年累计拨付生均公用经费6024万元。足额保障教师培训经费。将教师培训费列入财政预算，财政足额并及时拨付到位。中小学校、幼儿园均按年度公用经费预算总额的5%（省定标准）足额用于教师培训。全年区各学校和幼儿园积极安排教师教研、课改、竞赛、园丁杯、教师培训等活动,培训费支出约为340万元。持续扩大优质资源供给。投入8.1亿元建设的博雅学校、云溪学校(二期)、新龙学校、生米中心小学交付使用,新增加学位8700个;新增2所公办幼儿园、10所委托管理的幼儿园,新增学前教育学位3720个,1所省级示范园通过复评,新增1所市级示范园,有效缓解了"托幼园位""上学座位"不足的问题。民生资助及时到位。按照省市资助文件要求,建立财政专户,专款专用。通过申请、核查确认、张榜公示、上报备案、经费发放等程序进行。春季学期接受义务教育阶段家庭经济困难寄宿生生活补助资助的学生5人次,共计资助金额为3125元;非寄宿生生活补助资助的学生653人次,共计资助金额为17.8万元,其中农村脱贫户55人、城镇贫困群众228人;学前教育资助的幼儿202人次,共计资助金额为14.9 8万元,其中农村脱贫户25人、城镇贫困群众10人。

【维护校园安全稳定】 2021年,树立安全发展理念,扛牢平安建设和安全工作责任,持续开展"平安校园"创建工作,强化校园及周边治安综合治理。全面加强安全教育,推进安全防范、预防学生溺水、校园欺凌、消防、校舍、校车、食品、危险化学品、反恐、扫黑除恶、扫黄打非等重点领域专项治理。进一步畅通信访诉求表达渠道,规范并落实重大决策(重大政策、重大工程、重大活动等)社会稳定风险评估机制,努力化解特定利益群体集访问题和群众最关心、反映最强烈的热点难点问题。

【推进依法治教和依法治校】 2021年,以"普及法律知识,共建平安校园"为主题,立足实际,突出重点,创新方法,狠抓落实,将学校的各项工作纳入依法治理的体系,促进整体工作持续、稳步地向前迈进。认真贯彻区委全面依法治区重点工作,落实区政府推进法治政府建设目标任务,大力推进依法行政。将党政主要负责人履行推进法治建设第一责任人职责情况列入年终述职内容;开展"八五"法治宣传教育,每月在2—3所不同的学校开展一次普法教育,进行一次法制教师、辅导员培训;全区青少年法制教育基地建设全覆盖,认真开展宪法小卫士答题和"12·4"宪法日活动。

【平安校园建设】 2021年,按照"夯基础,抓教育,治隐患,强应急,保平安"的整体思路,不断完善"党政同责,一岗双责,失职追责,齐抓共管"的平安校园建设体系,强化"红线"意识和底线思维,荣获"2021年度全省平安校园建设优秀县(区)"称号,南航附小红谷滩分校作为全省"四个一"示范点,接受公安部、教育部、卫健委"三部委"检查调研;红谷三小成为全省"新型警力护校园"实地教学基地;在迎接2021年度全面依法治市考评中,南昌市育新学校九龙湖新城分校青少年法治教育实践基地受到市里高度赞扬。

【学校布局更加优化】 2021年,秉着"做精细事、成教育美"的理念,认真梳理全区学校建设情况,加强顶层设计,对每片区适龄儿童精准摸底,人口导入情况认真研判,科学制定学校建设"十四五"规划,坚持适度超前的原则,打造全省一流的教育,继续唱响"学在红谷滩"的教育品牌奠定坚实的基础。学校建设呈现布局优化、大投入、大建设、大发展的喜人局面。红谷滩区博雅学校、红谷滩区新龙学校、云溪学校二期、生米中心小学(新校区)、南昌十九中初中部红角洲校区建成并于秋季开学。豫章中学红谷滩校区(市局项目)、西站HJZ701-A04地块九年一贯制学校、保利高尔夫花园小学等3所学校陆续在建。

【食品安全有保证】 2021年,明确校(园)长是学校食品安全工作第一责任人,分管食品安全负责人是直接责任人。严格要求学校落实中小学校(幼儿园)校长陪餐制度。学校建立完善中小学和幼儿园家长委员会代表参与学校食品安全例行检查等制度。学校建立集中用餐信息公开制度,公开食品进货来源、供餐单位、带量食谱等信息。每月深入学校、幼儿园实地督查食堂及集体配餐至少8家。至年底,共督查60家,下发问题整改通知书51份,问题整改完成情况较好。

【高质量发展综合绩效考核】 2021年,红谷滩区高度重视高质量发展综合绩效考核评价,区政府印发《红谷滩区中小学校办学绩效考核方案(试行)》的通知,全面推行中小学校(园)办学绩效考评,明确由区财政保障中小学办学绩效奖励资金200万元,并纳入区财政预算,作为专项奖补资金,用于奖励学校办学成效突出的集体或个人。通过委托第三方评价,按办学规模、办学时长、学校基础等客观因素的不同分组考核,每组有10%比例不计奖,让学校在考评面前无客观原因可找,从而进一步激发主观活力,开创良性竞争的新局面。

【信息化助推教育智慧云】 2021年,红谷滩区入选"南昌市智慧教育示范区",遴选5所学校为"区级智慧教育示范校",高质量推进示范区建设。全区"校校通"完成率100%,"城域网 ""红谷智教云"建设圆满收官,54所学校(含教学点及幼儿园)全部完成教育城域网建设,实现了"人人、处处、时时"可学,为校际优质均衡一体化发展搭建了时空对接的信息化平台。全区大部分中小学教师已经能够熟练应用云平台、教学通等信息化系统和工具开展教学教研活动,基本实现了信息技术在课堂教学中的常态化应用。投入

2970万元先后启动智慧教育云平台和城域网建设的升级改造工程，完成了全区公办学校城域网改造建设。发挥“智慧作业”优势，切实减轻过重作业负担。建立中小学学科作业班级统筹公开和总量控制制度，鼓励分层布置作业、创新作业形式，充分发挥“智慧作业”平台作用，鼓励设置“劳动作业”“体育作业”“实践作业”。开展全区中小学作业管理情况调研，了解全区各学校作业管理和教师教学情况，举行作业设计比赛和作业专题培训，组织作业设计专题培训共计300余人次，收集全区29所中小学作业管理情况材料，并完成全区中小学作业调研报告。

【教育考试有序推进】 2021年1月15—20日，江西省艺术类专业统考在江西科技师范大学、江西豫章师范学院举行，6000余名考生参加考试。3月22日至4月15日，江西省体育统考在南昌航空大学举行，1.6万余名考生分五个批次参加考试。红谷滩区普通高校招生考试总人数为2812人，设南昌二中高中部、南昌二中初中部、十九中高中部3个考点，共计127个考场，参与考务人员近400人。8月30日至9月10日，2021年成人高考报名工作在红谷滩区原生米中心小学（红谷滩区教育考试中心临时办公点）进行，报名人数共计3554人。10月底，红谷滩教育考试中心共采集3757名参加2022年普通高考的考生信息。

（李小明　邓金华）

学前教育

【概况】 2021年，从保障投入、园所建设、队伍培养、质量督导等要素出发，持续强化政府主导，积极扩大区域内普惠、优质、安全的学前教育资源，全区上下形成推进学前教育大发展、大提升、大跨越的强大合力，开启了学前教育发展的新征程。至年底，学前三年毛入园率为85.45%，公办在园幼儿人数占比为61.89%，普惠性幼儿园占比为99.09%，有效补齐了民生短板，努力绘就“幼有所育，幼有善育”的美好画卷。

【财政投入学前教育】 2021年，设立学前教育专项资金，用于公办园的设备设施添置和维修改造等，全面推进公办园建设，提升科学保教水平。近三年，学前教育总投入超1.4亿元，区本级投入近1.1亿元，仅专项用于公办园设备添置696万元、维修改造817万元。鼓励辖区内幼儿园创建示范园，大力给予资金支持，对评定省市级示范园分别奖励10万元。

【稳定幼儿教师队伍】 2021年，推进学前教育优质普惠发展，教师队伍建设是关键。为了稳定幼儿教师队伍，确保幼儿园教师与中小学教师享受同等福利待遇，每年保障每人2.72万元基础性绩效工资，同时增加人均5440元的奖励性绩效，用于奖励优秀和先进。多措并举让教师善教，高位嫁接，采取“请进来、走出去”的办法，开阔教师视野；通过自主培训、师徒结对、传帮带等形式，促进教师专业成长。全区一大批年轻教师已经脱颖而出成长为业务骨干或省市学科带头人。

【规范办园行为】 2021年，将辖区内所有幼儿园分成12个责任片区，由经验丰富的省市级示范园园长担任责任督学，实现幼儿园挂牌督导全覆盖。制定出台《民办幼儿园督导评估办法》，每年对辖区内民办幼儿园开展评估，对评估结果为优秀的奖励5万元，激励民办幼儿园规范办学行为、提高办园水平。

（熊玉娟）

义务教育

【概况】 2021年，持续落实立德树人根本任务，以落实“双减”工作为重点，全力做好义务教育招生、德育工作、控辍保学、教材管理、特殊教育、文明创建等工作，促进全区义务教育阶段工作取得新进展。

【持续规范招生行为】 2021年，优化学区划分阳光招生，严格执行义务教育阶段“划片招生、就近入学、均衡编班”办法和机制，实行“阳光招生”，合理划分学区，通过义务教育招生平台，采用网上报名和现场复核方式做好全区招生工作；结合区域实际，优化学区划分，对适龄儿童入学生源情况做好研判、预警工作，合理引导和分流学生。从严落实均衡保障，严格招生纪律，按优质均衡标准严控班额和校额。严格规范学籍管理，加强对各义务教育学校招生工作监管，严格审核新生入学条件，把好新生入籍关。落实控辍保学长效工作机制，切实保障进城务工人员随迁子女就读，全面保障除身体原因不具备学习条件外的残疾儿童、贫困家庭义务教育阶段适龄子女不失学辍学。科学划分学区，为进一步优化红角洲片区学校学区，按照《南昌市教育局关于做好义务教育阶段公办学校学区范围划分调整工作的指导意见》要求，综合考虑红角洲片区生源分布情况、学校学位容量和交通安全等因素，制定《红角洲片区初中阶段学区划分方案》，进一步增加了学位供给，扩大优质教育的覆盖面，满足了居民对优质教育的需求。

【加快扩充优质教育资源】 2021年，深入推进集团化办学，通过名校带弱校，加强校地合作，充分发挥名校的先进办学理念、管理经验的引领、辐射作用,全面义务教育学校集团化办学覆盖率达77.8%。依托区域内丰富的大学资源与南昌大学共同出台《南昌大学与红谷滩区基础教育深度合作实施方案》《南昌大学与红谷滩区基础教育合作学校"名师工程"实施方案》,加快推进红谷滩区教育人才的培养和课程开发等工作,全面提升红谷滩整体教育水平。

【提升课堂教育效果】 2021年,组织开展小学阶段的教学常规视导检查评比工作,将学校的办学质量和教学常规工作结合起来测评。全区"一盘棋"抓教学质量,健全教学管理规程,抓实教学常规不放手。5月20—21日,区教育体育局研训科邀请南昌市教科所领导及兄弟县区教研室主任、学校校长等9名专家对红谷滩区初中学校教学常规工作进行视导。通过听推门课、查阅材料、师生访谈、集中反馈等方式,深入细致地了解红谷滩区初中学校教学常规的情况,并进行评分,全区共有7所初中学校获得全区"教学常规工作优秀单位"。

【推进特殊教育持续发展】 2021年,将残疾学生随班就读工作纳入学校工作计划,具体落实到班主任、任课老师的管理形式,以确保学校能积极、稳妥地开展随班就读工作。同时,加强心理咨询室、资源教室的管理和运用,不断健全和完善随班就读工作方式和方法。对于残疾程度较轻的适龄儿童优先采用普通学校随班就读的方式,就近安排适龄残疾儿童少年接受义务教育。对于残疾程度较重的适龄儿童采取送教上门的方式保障孩子入学。联合卫生计生、民政、残联等部门的专业力量,完善送教上门制度,为残疾学生提供规范、有效的送教服务,并且建立"一人一档"。全年红谷滩新区组织开展助残帮扶活动,共向相关特殊教育学校及残疾人家庭资助20万余元,极大地改善了特殊教育学校的办学条件及帮助残疾家庭解决实际生活困难。

2021年10月13日,南大附小前湖分校举行"请党放心 强国有我"庆祝中国少年先锋队建队72周年主题活动 (区教体局供图)

【推动思政课改革创新】 2021年,推动落实区党政主要领导上思政课制度,党政主要领导带头深入学校,为广大师生上思政课,形成"头雁效应"。各校书记和校长深挖红色资源"鲜活教材",发挥红色资源优势,纷纷走上讲台讲思政课,组织开展"同上一堂党史课"。年底,区委书记、区长先后走进实验学校、育新学校九龙湖新城分校,分别围绕"强国有我 不负韶华 从百年党史中汲取成长的动力""勿忘苦难辉煌 少年奋进勇担当"主题,为全广大师生讲授思政课。各校书记和校长深挖红色资源"鲜活教材",发挥红色资源优势,纷纷走上讲台讲思政课,组织开展"同上一堂党史课"。强化精品思政建设,红谷滩区参加全省中小学思政课教师教学基本展示交流活动,2名教师荣获江西省一等奖。1名思政教师荣获全省教师素养大赛一等奖并作为代表交流发言。在南昌市中小学双百精品思政创新项目评选活动中,全区7个作品获评南昌市精品思政课、2所学校思政活动获评市级精品思政主题教育活动。

【深化未成年人思想道德建设】 2021年,抓好思想建设。各学校利用好每周一节班队会课、每周一晨会、开展国旗下讲话对学生进行德育教育,组织上好"同上一堂思政课"、红色文化教育、爱党爱国主题教育课等,大力加强党史宣传教育,引导从小树立崇高理想信念,争做时代新人,提升未成年人思想道德建设水平。抓好心理健康。区属各中小学校定期开展心理健康知识教育,每学年开展中小学生心理健康普查工作,常态化做好心理危机筛查预防和干预工作。学校对性格孤僻、怪异的学生高度关注,通过班主任和心理老师加强与学生沟通交流,关注未成年人的生理、心理状况和情感需求等,促进未成年人身心全面健康发展。抓好活动育人。各学校通过开展丰富的德育活动将思政教育与未成年人思想道德建设相结合,立足学生实际、把握学生特点、贴近学生需求,着力讲好党的故事、革命的故事、英雄的故事。先后开展"赣鄱学子心向党""奋斗百年路 启航新征程"庆祝中国共产党成立100周年等系列活动。持续开展"红心向未来·百名少年诵经典"系列线上评选实践展示活动，通过在线打卡的形式记录全区师生阅读红色经典书籍的过程，教育引导广大群众发扬红色传统、传承红色基因，以学促干、知行合一。全年师生累计点击量达72万余次，平台活跃师生数累计达18万余次，全区学校5110名师生参与“红心向未来·百名少年诵经典”线上实践活动，累计发布实践记录11.94万条，收获29.72万条评论，点赞突破67万余次，其中573名学生发布的307条内容被评为校级精选，1253条内容被评为区级精选。有4期优秀视频在学习强国平台展播，高质量推进学党史悟思想入脑入心。在全省第五届红领巾讲解员风采大赛中红谷滩区荣获省级特等奖1名、二等奖2名；在2021年南昌市少先队辅导员风采展示活动中红谷滩区代表队获团体二等奖。在全省三项文化教育活动中，先后荣获全省先进学校、先进单位、先进个人等多个称号。

【加强学校卫生健康工作】　2021年，全力做好疫情防控工作。组织全区教育系统教职工新冠疫苗接种工作，通过在线表格的形式每周坚持学生因病缺课上报、教职工疫苗接种数据更新，落实体育场馆常态化疫情防控工作。对辖区内所有游泳场馆进行拉网式排查，检查内容分为证照资质情况、安全管理制度情况、消毒剂安全使用管理情况、日常安全管理情况、配套设施管理情况、风险管控和隐患排查情况6个版块，共计巡查体育场馆75家。其中，红谷滩区游泳场馆巡查26家，其中17家取得经营高危险性体育项目许可证，停业未开8家，责令整改1家。扎实开展爱眼护眼工作。积极开展近视防控宣传月、“全国爱眼日”宣传教育活动，组织全区中小学校开展2021年春季两次学生视力监测工作，开展红谷滩区爱眼护眼公益宣传作品征集活动，推荐参加南昌市爱眼护眼公益宣传作品征集评选活动，获得3个市级一等奖、3个市级三等奖的好成绩。积极各项工作培训。联合区卫健委组织举办红谷滩区无烟学校建设培训和教职工应急救护员培训、学生应急救护知识普及培训，组织区属各公办、民办学校、幼儿园开展春、夏、秋季统一灭鼠、灭蚊、灭蝇、灭蟑螂等活动，校园环境卫生得到明显改善。

（朱书华　黄作民）

民办教育

【概况】　2021年，红谷滩区民办教育是教育事业的重要组成部分，是公办教育的有益补充。至年底，全区有民办义务学校2所，合法培训机构168家，体量大、人数多，按照规范、有序的原则促进民办教育健康发展。

【规范民办义务教育发展】　加快推进“公参民”义务学校治理，严控民办义务学校招生数量，在上年各校招生数的基础上进行调减。依据《民办学校分类登记实施细则》要求，全力推进红谷滩区民办义务教育学校分类管理。

【“双减”工作成效显著】　2021年，为贯彻落实“双减”工作，红谷滩区委、区政府高位推动，为“双减”工作提供坚强政治保障。区委、区政府将“双减”列入重大民生工程和重要议事日程，主要领导亲自研究部署；分管领导靠前指挥、实时调度“双减”工作进展情况；利用区委常委会、区委中心组学习等会议，学习习近平总书记关于“双减”工作的重要论述，落实省委、市委对“双减”工作的要求。9—12月，区级层面召开“双减”工作专题会议10次，解决了工作推进中的一揽子问题。创新机制，为“双减”工作提供制度保障。红谷滩区设立“双减办”，成立工作专班，构建“1+N”（“1”即印发《红谷滩区关于进一步减轻义务教育阶段学生作业负担和校外培训负担工作方案》，“N”指的是党建引领、师德师风建设、提高课后服务水平、作业管理等一系列配套文件）制度体系，创新建立了培训机构“教体局、市场局、各镇（街道、管理处）”网格化管理“三级挂包”责任制，各部门通力配合，打出组合拳。打好专项治理“持久战”，紧盯节假日、双休日等关键时间节点，通过“四不两直”方式对“无证”办学、“地下”违规、“变异”培训行为等开展明察暗访，做到“发现一起、查处一起、通报一起、处理一起”。9—12月，督查学科类校外培训机构600余次，非学科类培训机构1000余次，无证办学机构900余次，下发整改通知单160余份，无证机构关停率100%。打好机构压减“攻坚战”，印发《校外培训机构管理制度》，对学科类培训机构开展拉网式摸底排查，64家学科类培训机构压减到位，实现“按时完成、不漏一所”的工作目标。打好资金监管“保卫战”，为防止校外培训机构发生“卷钱跑路”“暴雷”“冒烟”等风险，在市教育局统一部署下，按照《南昌市校外培训机构预收费监管暂行办法》要求，建立“事前干预、提前预警”工作机制，引导135家校外培训机构入驻“洪城教培”，资金监管率达到100%，全面保障了资金安全，防范化解了金融风险。打好广告管控“突击战”，建立校外培训广告清理整顿定期督查、不定期巡查机制，联合市场、城管等部门集中对违规广告、虚假广告进行拆除、清理。9—12月，拆除广告牌20余处。打好舆论宣传“主动战”，发布“双减”工作《致学生家长一封信》《拒绝有偿家教承诺书》，发放《宣传册》7万余份，签订教师廉洁从教三级责任状，引导学生、家长、教师自觉抵制校外培训。从27所公办学校遴选54名教师组建“双减”工作志愿服务队，利用课外和节假日时间，向培训机构和家长宣讲“双减”政策，让各类人群认识“双减”、了解“双减”、理解“双减”、支持“双减”。至年底，国家和省市级新闻媒体或刊物报道红谷滩区特色举措10余次，“双减”政策逐步深入人心。

【课后特色服务多元化】 2021年，为解决家长接送孩子的困难，红谷滩区的学校将单一的下午放学后托管，延伸至早到托管、午餐午托服务。全区29所义务教育学校实现了课后服务“5+2”模式“全覆盖”，参与学生48934人，有需求的学生参与率达100%，教师参与率达91%。同时，推行“学生点单、学校开班”课后托管服务，构建“素质提升+兴趣培养+社会实践”“大基础+俱乐部+小社团”等课后服务模式，全区开设117门特色课程，满足了不同学生的多元需求。

（朱书华）

队伍建设

【概况】 2021年，红谷滩区坚持强师兴教、尊师重教，通过强化制度建设，探索建立关爱制度机制，锻造了一支有理想信念、有道德情操、有扎实学识、有仁爱之心的教师队伍，让更多优秀教师培养更多优秀学生。

【加强教师队伍建设】 2021年，开展中小学教师招聘工作，通过笔试、资格复审、面试、体检等环节，新招聘中小学教师236名。5月、7月，分两批进行2021年教师资格认定工作，初中及以下教师资格由红谷滩区教育体育局认定，最终审核认定通过3497人（幼儿园623人、小学2029人、初中845人）；高中及中职教师资格认定由红谷滩区教育体育局初审通过1976人。

【全员培训强骨干】 2021年，组织全区2979名教师参加“互联网+”全员远程培训，组织区属教师200余人完成全省“红色文化资源”网络培训，组织中小幼教师220名教师参加信息技术远程培训，组织500余名区属骨干教师参加“国培计划”培训及学科教研培训，共计完成教师培训近4000人次。

【培养学科带头人】 2021年，出台《教师素养三年提升工程》及名校长培养方案，建立教育专家“1对N”导师制，采取名师引领方式，培养20余名省市学科带头人和1名江西省特级教师。高度重视新教师前五年发展的关键期，创新“红谷杯”教学竞赛模式，增设“雏鹰杯”竞赛系列，为新教师搭建了展示和成长平台。

【开展教育系统优秀表彰活动】 2021年，组织开展红谷滩区教育系统2021年优秀表彰活动，41人荣获南昌市“七个一百”称号，其中南昌市育新学校红谷滩分校曹晔被评为市十佳优秀教师，南大附中红谷滩分校汤福霞被评为市十佳优秀思政课教师，南大附中红谷滩分校熊美蓉被评为市十佳师德先进个人。授予罗桂英等253人红谷滩区2021年“优秀教师”“优秀校长”“优秀教育工作者”“师德先进个人”“优秀思政课（德育工作者）”“优秀班主任”“优秀乡村教师”“优秀体育教师”称号。

【交流轮岗促教育均衡】 2021年8月，根据《红谷滩新区义务教育学校校长教师交流轮岗工作实施方案》，开展校长教师交流轮岗工作。对2010年9月成立及之前成立的学校、幼儿园中符合交流轮岗对象人员进行了摸底。对65名校长教师工作岗位予以统筹调整。此次轮岗校长占比30%，交流教师占比10.3%，其中，县级以上骨干教师占比20.45%。促进了全区校长教师资源均衡配置及教育公平，整体提升了办学水平和教育质量。

【长期从教证书发放】 2021年6月，根据省教育厅《关于做好2021年度长期从教教师荣誉证书颁发工作的通知》文件精神，经审核，南昌市育新学校红谷滩分校胡燚婷等15名教师荣获“在城镇学校长期从教30年”荣誉称号。

（周进芳）

素质教育

【概况】 2021年，红谷滩区全面贯彻党的教育方针，大力实施素质教育，推动全区教育在新的起点上向前发展，实现教育强区的目标。兴国必先兴学，强国必先强教。红谷滩区教育发展正处在由全面普及向质量提升跨越的阶段，“有学上”的问题得以基本解决，“上好学”的问题日益凸显。

【课题引领科研强】 2021年，邀请南昌市教科所领导及兄弟县区教研室主任、学校校长等9名专家对区初中学校教学常规工作进行视导，经评审，共有7所初中学校获评全区“教学常规工作优秀单位”。教研员开展听评课活动，研究建立大单元教学体系、同课异构等活动，研究课堂教与学的方式方法，累计听评课节数480节，组织开展区级学科教研活动80余次。组织做好课题研究工作，以课题促教学教研，全年全区共完成市级课题立项296项，结项103项。

【组织教师参与学科教研活动】 2021年，积极组织全区23个名师工作室开展学科类研讨活动，组织教师积极参与省市学科教研活动，因地制宜采用区域教研、网络教研、综合教研、主题教研以及教学展示、现场指导、项目研究等多种方式，提升了教研工作的针对性和有效性。调研了解学校先进经验和典型案例，组织区属学校开放日活动，创设开放、对话、分享的平台,交流经验,培植典型,做好名师工作室的建设和活动开展工作。全年到区内学校送教累计近100次,深受学校好评。在教学研讨活动中,工作室的成员成长迅速,同时又带动了全区一大批青年教师尽快成长,真正发挥了名师工作室的辐射作用。

【素质教育成果丰硕】　2021年,坚持面向全体学生,以科技节为载体,培养学生创新精神和实践能力,不断推进素质教育。红谷滩区在市科技节获团体总分排名第五;育新学校红谷滩分校、凤凰城上海外国语学校、南昌市红谷滩区实验学校获南昌市青少年科技创新大赛科技辅导员项目一等奖;南昌市红谷滩区凤凰学校获南昌市中小学生科普知识大赛团体赛项目一等奖;江西师范大学附属中学滨江校区获南昌市青少年人工智能教育竞赛智能驾考项目一等奖;南昌市红谷滩区新龙学校获"中国海警" 电动遥控舰艇赛(小学组)项目一等奖;南昌市红谷滩区碟子湖学校、南昌市红谷滩区新龙学校获南昌舰制作及航向赛(小学组)一等奖;育新学校红谷滩分校获四驱车竞速赛(小学组)一等奖;育新学校红谷滩分校获电动直线三项全能竞速赛(小学组)一等奖;南昌大学附属小学前湖分校获太阳能动力车直线拼装赛(小学组)一等奖;南昌市红谷滩区第一小学、南昌大学附属小学前湖分校获四驱车追逐赛(小学组)一等奖;凤凰城上海外国语学校获"缤纷童年"涂装木屋赛(小学组)一等奖;凤凰城上海外国语学校、南昌师范学校附属小学红谷滩校区、江西师范大学附属中学滨江校区获创意编程与智能设计教育竞赛一等奖。

【优秀书画作品频获佳绩】　2021年,在"奋斗百年路 启航新征程"主题活动中,共征集中小学生、幼儿绘画、书法、摄影作品及教师软笔书法、绘画作品470件,美育创新案例11篇。经过专家评委的遴选,共评选出师生优秀作品187件,其中共评选出一等奖37个、二等奖58个、三等奖92个,美育案例一等奖1篇、二等奖1篇、三等奖2篇。选送到市里共有185件作品和4篇美育案例。其中,"奋斗百年路 启航新征程"优秀书画作品展评活动中,全区有179件获奖(市一等奖36件、市二等奖64件、市三等奖79件);在"奋斗百年路·瓷绘新征程"优秀书画作品展评活动中,全区有34件作品获奖(市一等奖4件、市二等奖10件、市三等奖20件)。

(朱书华　李　莉)

体育事业

【概况】　2021年,在区委、区政府坚强领导下,在南昌市体育局的正确指导下,红谷滩区教育体育局坚持以体育事业稳步提升为目标,有力推动体育重点工作,群众体育蓬勃发展,竞技体育成绩辉煌,全民健身快速推进,体育事业再上新台阶。

【体育赛事硕果累累】　2021年,以体育赛事活动为抓手,各类赛事助推体育事业发展。在"滕王阁杯" 2021年南昌市青少年体育联赛暨南昌市中小学生运动会上,红谷滩区获得足球团体总分第一名、乒乓球团体总分第二名、篮球团体总分第三名、羽毛球团体总分第三名。在2021年度南昌市青少年校园足球联赛上,红谷滩区教育体育局荣获优秀组织奖。举办首届"红谷滩杯"南昌市青少年跆拳道公开赛暨全省锦标赛选拔赛,红谷滩区代表队获9个第一名、5个第二名、4个第三名;红谷滩区跆拳道协会代表南昌市参加2021年江西省青少年跆拳道锦标赛,获5金1银5铜佳绩。红谷滩区足球队男子成人组荣获2020年江西省足球联赛冠军,代表江西省参加2021年度中冠联赛。参加"我要上全运"全国第十四届运动会群众比赛足球项目江西省选拔赛获得冠军,代表江西省参加全国第十四届运动会群众比赛足球。红谷滩区被评为2021年度江西省青少年业余训练"十强县"。

【全民健身氛围浓厚】　2021年,开展"娃娃学游泳"免费游泳培训公益活动,惠及十周岁青少年学生610人。举办2021年江西省"体育惠民100"暨南昌市红谷滩区太极拳第二届站点联赛,共18支参赛队伍参加。红谷滩区经常参加体育锻炼人数(含在校学生)比例达37.5%。

【设施建设持续投入】　2021年,持续推进健身设施的建设,投入415万元高效建设"15分钟"体育健身圈,完成17个点位全民健身路径205套,主要以一代健身路径为主,二代健身路径为辅,每套路径6—8件。新增体育场地面积24万平方米,达到每万人拥有1.66平方米的标准;足球体育场地42块,其中校园足球场地24块,社会足球场地18块,足球体育场地每万人1.18块。

【社会力量稳步提升】　2021年,为加快落实社会体育指导员普及工作,组织参加中昌红网运动中心举办的健身气功二级社会体育指导员培训班,红谷滩区申报6人,其中2人为中学教师,4人为健身气功协会会员。

【教体融合逐步深化】　2021年,不断深化体育人才培养改革进程,进一步发掘、培养、输送更多优秀体育后备人才。经南昌市教育局批准,组建红谷滩区九龙湖初级中学篮球运动队,面向红谷滩区的小学应届毕业生招收篮球特长生,作为红谷滩区篮球精英队人才储备,招收男子、女子篮球特长生各15人。

(黄作民)

卫生健康

综　述

2021 年，红谷滩区卫生健康委员会(以下简称区卫健委)围绕以人民健康为中心理念，结合新冠肺炎疫情防控暴露出的公共卫生体系建设存在的短板和不足，加快建设卫生行政管理、应急救治、疾病预防、卫生监督、卫生信息监测管理、爱国卫生等“多位一体”的新型现代化公共卫生服务中心项目建设，公共卫生服务体系建设再上台阶。按照一个片区一个三甲综合性医院和一个专科医院的规划、设置、布局，强力引进省、市三甲医院入驻，启动中医馆项目建设，多点建设社区邻里中心项目，努力构建以社区卫生服务中心为枢纽，省、市大型医疗机构合作办院的紧密型医联体模式，推动医疗卫生体系不断健全。持续开展“优质服务基层行”活动，围绕传染病防控、医疗质量安全管理、护理管理、医院感染管理等全面加强辖区医疗机构能力建设，持续提高医疗服务质量。加快推进“放管服”改革，开展公共场所、饮用水、医疗机构、职业健康等监督管理，全面开展“双随机”监督抽查，做好大型活动卫生保障，卫生监督力度持续加大。稳步实施计划生育家庭奖励和扶助，做好 0—3 岁婴幼儿照护服务工作，实施母婴安全行动计划，扎实推进医养结合工作，提升养老服务质量。

（吴　婷）

卫生管理

【概况】 2021 年，全区卫健系统以“健康红谷滩”建设为目标，认真落实上级新冠疫情防控、卫生健康工作会议精神，突出工作重点，狠抓责任落实，坚持一手抓疫情防控、一手抓卫生健康工作，着力全方位、全周期维护人民群众身心健康，全区卫生健康工作取得积极成效。

【疫情防控常态化举措】 2021 年，加强重点场所疫情防控监管，将疫情防控纳入常态化监管，全面落实监管职责，出动执法人员巡查公共场所、医疗机构、学校、职业卫生单位，下达监督意见书。做好全员核酸采样队伍应急储备。组建核酸采样队伍，开展核酸采样技术培训和应急演练；全区共设置集中医学观察场所 10 个，累计集中隔离观察 6249 人，解除集中隔离观察 6191 人；签订 9 家全民核酸检验意向性单位，组织专家对 5 家核酸检测实验室进行现场评估，并督促定期参加实验室室间质评，单日检测能力由 20 人份增加至 40 人份。扎实构建人群免疫屏障，本着“全民接种、应接尽接”的方针，以超常的标准、超常的举措、超常的作风全力以赴推进全区新冠疫苗接种工作，超额、高效完成新冠疫苗接种任务。全区 12 岁以上人群新冠疫苗累计接种 83.51 万人，第一剂 41.94 万人，第二剂 41.57 万人。

【启动医联体项目建设】 2021 年，启动九龙湖社区卫生服务中心和沙井社区卫生服务中心紧密型医联体项目建设，签订医联体协议并陆续布置和开展有关工作。九龙湖社区卫生服务中心紧密型医联体项目建设已完成，11 月中下旬顺利通过市卫健委验收。

【应急保障新常态】 2021 年，重点围绕突发公共卫生事件处置、公共事件紧急医学救援及开展重大活动医疗保障。对本辖区内发生的一起结核病聚集性疫情和一起疑似食物中毒事件进行处置，工作规范，处置有力、有序，上报信息及时、全面，并协调南大二附院、江西省人民医院和南昌市洪都中医院 3 家驻区医疗机构畅通重大活动期间医疗救治绿色通道。

【妇幼卫生新常态】 2021 年，加强托育机构日常监管,联合相关部门,对托育机构不定时进行督查指导,及时消除安全隐患。扎实推进出生缺陷三级综合防治和免费婚检工作,规范婚检流程,提高婚检质量,优化婚检、孕前优生等检查内容,有效控制出生缺陷发生,保障妇女身心健康。

【完善母婴设施配套建设】 2021年,全面落实三孩配套政策,随着新三孩政策推行,全区母婴室配套不断加强,火车站、汽车站、商场、医院等公共场所母婴设施配置率达100%,母婴室地址按市里要求实现与百度地图同步,一键可查。

【发展老龄健康事业】 2021年,推动卫东街道鹿璟名居社区成功申报全国老年友好型社区,在社区进行适老化改造、友善文化宣传,满足老年人多方位需求。做好"人性化落实好全省老年人看病就医36条助老便利举措"工作,全区基层医疗机构实现老年人无障碍、绿色通道全覆盖。组织天同医养院申报老年友善医疗卫生机构,已通过市卫健委专家复评验收。持续提升基层医疗机构老年医疗护理水平,开展社区老年医疗护理站试点工作,指导沙井卫生服务中心探索式开设中医理疗馆,以热敏灸为主要服务项目,基本满足老年人日常慢性疾病的护理与治理。

【医政医管提质增效】 2021年,巩固国家基本药物制度,实现全区基层医疗机构基本药物制度全覆盖,认真执行基本药物省医药网络平台集中采购和零差率销售政策,协助市级完成精神病患者应急处置信息录入,督促精防人员定期对辖区内精神障碍患者开展定期随访、体检,建立健康档案等日常管理,联合综治、公安等部门开展精神障碍患者筛查、评级工作,按照要求纳入常态化管理。

【中医发展统筹推进】 2021年,全力推进基层中医馆建设,启动生米镇中心卫生院、九龙湖社区卫生服务中心、凤凰洲社区卫生服务中心3个社区卫生服务中心中医馆项目建设,落实项目资金,将中央及市级中医馆项目专项资金30万元及时下达到各个项目单位,督促施工单位加快推进施工进度,3家中医馆装修工程基本完成。

【公共卫生稳步推进】 2021年,公共卫生稳步推进,加强公共卫生监督,开展"双随机"监督抽查,对正常营业的145家单位的公共用品、集中空调通风系统、生活饮用水、游泳池水、医疗机构院内消毒、学校内环境等项目开展监督抽检,共有18家单位检测不合格,其中已通知8家公共场所进行整改并准备第二次监督采样。要求各卫生中心及卫生院每年对辖区进行食源性疾病、非法行医、非法采供血、职业卫生、饮用水卫生等进行一次全面的巡查,每学期对辖区学校卫生进行一次巡查,每季度对辖区村卫生所进行一次巡查,均无异常情况。

【健康红谷滩实现新突破】 2021年,印发《红谷滩区人民政府办公室关于成立健康红谷滩建设工作委员会的通知》,成立健康红谷滩建设工作委员会,明确主要职责和工作机制,制定全体会议、办公室会议制度;制定《红谷滩区人民政府关于落实健康江西行动推进红谷滩建设的实施意见》,明确每年度的重点工作和指标任务,统筹指导各相关部门推动健康红谷滩建设工作任务的落实;组建健康红谷滩各专项行动工作组,健全工作机制;通过多种形式推广健康红谷滩建设正面宣传、引导。在区政务网站上开设"健康红谷滩"专栏,每月不定期推送更新健康报道信息。

【着力改善基层卫生服务点建设】 2021年,结合全区邻里中心建设实际情况,启动18个邻里中心基层卫生服务点建设,根据各社区提供的建设场地,有针对性地遴选生米镇同乐、丰都花园和鹿璟名居3个邻里中心高规格新建3个社区卫生服务站,其余15个点位建设健康小屋,基层"15分钟"医疗卫生服务圈逐步完善。至年底,18个邻里中心基层卫生服务点全部完成,并接受市级验收。其中,获评"五星级"5个、"四星级"2个、"三星级"11个。

【落实重大疾病免费救治】 2021年,落实民生工程救治,完成符合条件的重大疾病的免费救治、15种重大疾病的专项救治工作。对符合条件的儿童"两病"(白血病和先天性心脏病)、贫困家庭尿毒症、重型精神障碍患者、白内障、先天性唇腭裂患者,由卫生、民政、医保、定点医疗机构联合审批,纳入医疗救治范畴。至年底,共完成各项民生工程免费救治45人次。

【推进"双创"工作常态化、长效化】 2021年,有序开展春秋季灭鼠、夏季灭蚊蝇蟑螂和爱国卫生月宣传、环境卫生大扫除等爱国卫生运动。在环境卫生整治的基础上同步投放鼠药、孑孓粉、蟑螂药等病媒生物消杀药品,鼠、蟑、蝇密度得到一定的控制。巩固国家卫生城市、文明城市成果,加大日常工作督导力度,每周对全区各级各类医疗机构进行实地暗访,对标对表,发现问题及时下达整改意见书,责令限期整改。同时,制定回头看工作机制,对上周发现的问题及上级督导整改的问题进行回头看,反复多轮次的整改督导,确保双创工作常态长效稳步开展。做好病媒生物防制工作,有效预防传染疾病的发生,委托第三方专业技术力量每季度对社区外环境、垃圾中转站、集贸市场、公厕、建筑工地等重点场所进行病媒生物监测和消杀工作,对重点场所和省级行政服务区、绿地悦城、市委市政府、全区

330万平方米公共外环境开展灭蚊蝇和灭鼠工作。着力打造无烟党政机关,开展无烟学校申报工作,充分利用世界无烟日等主题宣传活动,创新工作思路,确保控烟工作取得实效。

【加强医疗机构药品管理】 2021年,规范医疗机构管理,开展医疗卫生领域突出问题、医疗质量与安全、医院感染等专项治理,制订工作方案4个,召开工作部署会议5次,出动人员覆盖全区200余家医疗机构,通过开展专项整治行动,提升基层医疗机构医疗质量。加强病原微生物实验室备案管理,防范实验室生物安全事故,确保实验室生物安全,督促辖区内病原微生物实验室设立单位及时对实验室进行备案,规范精麻药品管理,对医疗机构精麻药品管理使用情况进行备案。

【推进重点项目建设】 2021年,按照年初制定的项目推进任务链条图,各重大重点项目稳步推进。红谷滩区公共卫生服务中心项目(2024年12月前建成)的立项批复、用地预审与规划选址意见书、设计招标控制价、项目设计任务书已完成。生米镇中心卫生院核酸检测实验室项目(2022年10月前完成)已获得项目立项批复,已完成房屋改造、设备购置第三方初评工作。南大附属眼科医院社区卫生服务中心建设项目已签订协议,南大附属眼科医院红谷滩分院项目已立项,并完成环评及工程勘察,正在做项目规划及建筑设计方案二级流程优化调整。

(吴　婷)

疾病防控

【概况】 2021年,区卫健委按要求全面开展疾病预防控制工作,有效应对各类传染病疫情和突发公共卫生事件,尤其在抗击新冠肺炎疫情中发挥了重要作用。5月24日,红谷滩区疾病预防控制中心正式挂牌,为南昌市红谷滩区卫生健康委员会管理的公益一类事业单位,承担辖区内传染病、地方病、非传染性等疾病的预防与控制、突发卫生事件处理、疫情及健康相关因素信息管理、健康危害因素监测与干预、健康教育与健康促进、实验室检测检验与评价、执行国家免疫规划、妇幼保健等公共卫生服务。协助开展重大活动公共卫生安全保障工作。共承接、举办省、市、区"两会"、高考、中考、VR产业大会等30余场重大会议及活动。

【做好新冠肺炎疫情防控工作】 2021年,红谷滩区及时指导相关部门做好对密切接触者、入境、中高风险地区到南昌等人员的管控工作,累计调查管控密切接触者62人,重点场所到南昌人员246人,次密接1130人,一般接触者242人,协查及时回复率100%,采样检测率100%,可疑疫点消毒处理率100%。及时处置"3·25"九江输入性新冠肺炎病例关联病例,及时处理外地市通报的"黑龙江正大鸡肉丸""山东奶枣""老果农进口樱桃"3起涉疫食品事件,管控接触人员93人,消毒可疑疫点20处,协助市场部门销毁可疑食品50千克。

【推进新冠疫苗接种工作】 2021年,为提升新冠疫苗日接种能力,区疾控中心协助疫情防控指挥部在九龙湖绿地会展中心设置大型方舱式新冠疫苗接种点,并积极指导各镇(街、处)开设接种点。同时,区疾控中心成立疫苗领发专班,至年底,累计领发调拨新冠疫苗近108万支。全区新冠疫苗接种第一剂47.42万人,第二剂46.91万人,第三剂13.21万余人,共接种107.54万剂次。

【开展卫生应急演练】 2021年,红谷滩区举办一次多部门参与的新冠疫情模拟处置演练,展示全区迅速启动应急响应,及时采取防控措施,及时、科学、规范、有序的疫情处置过程。同时,组织7人参加3月市卫生健康委组织的公共卫生杯卫生应急、职业病方面的比武三次,获得团

2021年2月,红谷滩区举行应对新冠肺炎疫情全员核酸检测应急演练

(区卫健委供图)

体三等奖1次、个人二等奖1次。

【积极推进艾滋病防治与宣传工作】 2021年，红谷滩区累计随访管理艾滋病病人241人，全年新增、新转入艾滋病患者54人。艾滋病病毒感染者、艾滋病患者有效随访人数达238人，完成率达144%；艾滋病病毒感染者、艾滋病患者配偶检测率100%，接受结核病检查的比例97.51%。全年前往南昌市公安局、司法看守所及戒毒所进行新进人员采血8次，完成采血人数3468余人，筛查出阳性人数19人，所有新确诊阳性患者均已完成流调、网报工作。为推进全区艾滋病检测点的建设，在九龙湖社区卫生服务中心新设1个艾滋病检测点。结合“6·26”国际禁毒日和“12·1”世界艾滋病日，区疾控机构积极与驻区高校联合开展艾滋病宣传讲座，同时组织人员进入社区为群众开展艾滋病知识宣传，提高群众防范意识。

【开展结核病防治与宣传活动】 2021年，红谷滩区共发现、报告、管理结核患者172例，年发病率33.74/10万。其中，病原学阳性人员89例，病原学涂阴80例，结核性胸膜炎病人3例。当年结核病死亡率0.38/10万。在“3·24”世界防治结核病日期间，红谷滩区疾控部门联合驻区医疗机构、高校广泛开展“终结结核流行，自由健康呼吸”主题宣传活动，共覆盖4万余人。

【推进职业病防治工作】 2021年4月下旬，区疾控中心积极开展《中华人民共和国职业病防治法》宣传周活动，覆盖辖区纳入治理范围的37家企业；对辖区14家用人单位开展工作场所职业病危害因素监测工作，并完成5份典型报告；联合区总工会在全区开展“职业健康达人”活动；指导南昌市瑞康体检中心完成职业健康检查机构备案工作。

【开展儿童口腔疾病综合干预工作】 2021年，在辖区27所托育机构内开展3—6岁学龄前儿童口腔疾病干预项目工作。通过口腔保健知识讲座、微信公众号、个人微信朋友圈、海报、宣传单等多种方式宣传口腔卫生知识，提高儿童的预防龋齿意识，全年完成涂氟4840人次。

【开展学生近视监测】 2021年，为落实儿童青少年近视综合防控措施，保障和促进儿童青少年健康成长，对辖区8所学校和2所托育机构中的2165名6—18岁的青少年儿童开展近视监测，对裸眼视力、戴镜视力、球镜和柱镜自动验光各项指标开展调查。调查结果显示总体近视率56.44%，比上年下降3.78个百分点。

【城市癌症早诊早治筛查】 2021年，开展针对城市高发的五大类癌症(肺癌、乳腺癌、上消化道癌、结直肠癌和肝癌)的危险因素调查和高危人群风险评估、临床筛查、卫生经济学评估和随访工作。安排凤凰洲社区卫生服务中心、沙井社区卫生服务中心和红角洲社区卫生服务中心作为三个项目实施点，全年共完成709名高危人员的癌症筛查工作，完成率101.28%。

【公共场所环境和物品监测】 2021年，红谷滩区受理并完成431家经营单位的公共场所空气环境质量监测。对385家理发店、美容店、旅店及足浴按摩店的杯具、棉织品、洁具、美容美发工具4类公共场所公共卫生用品开展卫生质量监测，共检测公共用品1146件。同时，委托有资质的检测公司在全区范围内完成7家单位的生活饮用水质量监测，其中包括2家农村饮用水、5家市政末梢水。结果显示，市政末梢水各项检测指标均合格，农村饮用水除大肠菌群检测结果超标，其他各项检测指标均合格。

【优化健康证办理流程】 2021年，红谷滩区在全市创新引入信息化的电子健康证，优化制证、打证、发证等工作流程，市民通过网上可查询健康证办理进度、申办结果、使用有效期限等信息。体检医疗机构办理数据与卫生监督、市场监管等部门实现信息互联互通，实现从业人员、用人单位、市场监管执法人员三方互认。同时，启用2台健康证自助发证机，可供食品、公共场所从业人员自助打印健康证。

(王常珍)

妇幼健康

【概况】 2021年，红谷滩区妇幼保健工作认真贯彻落实省、市妇幼健康相关决策部署，紧紧围绕健康红谷滩建设，大力推进妇幼健康促进行动。坚持以妇幼健康为中心，以加快妇幼保健院建设为抓手，努力为全区妇女儿童提供全方位全周期健康服务，推动全区妇幼健康事业高质量发展，保障母婴安全。

【加快妇幼保健能力建设】 2021年，为进一步推进红谷滩区妇幼保健能力建设，搭建妇幼保健工作平台，完善妇幼保健工作网底，区卫健委组建成立后，高度重视区妇幼保健院建设，积极主动向区委编办提交《关于设立区妇幼保健院的请示》，区委编办已受理。

【加强出生医学证明管理】 2021年，进一步加强全区出生医学证明规范化管理与服务，不断提升各医疗保健机构管理和签发服务水平；提高信息化管理水平，开通出生医学证明网签服务，为服务对象提供更快更便捷的服务；规范签发审核的及时性，让群众在“赣服通”能及时申领出生医学证明电子证照。全年全区申领出生医学证明9000

份,已发放出生医学证明5818张,未出现乱发、瞒发、错发现象,同步回复出生证协查函4份。

【开展困难家庭孕妇基因检测产前筛查工作】 2021年,为落实省委、省政府和市委、市政府民生实事项目,降低出生缺陷发生,推进健康红谷滩建设。红谷滩区卫健委、区财政、区妇联联合印发《关于印发2021年红谷滩区困难家庭孕妇基因检测产前筛查工作方案的通知》,每月对目标人员进行摸排,组织开展宣传活动,让惠民政策家喻户晓。积极开展"99公益日"一日捐活动,结合腾讯公益,为困难家庭孕妇基因检测产前筛查工作募集资金近7000元,资金用于产前筛查阳性后续医疗服务。

【实施母婴安全行动计划】 2021年,持续实施母婴安全行动计划,坚决落实母婴安全五项制度,守住母婴安全底线。在新冠肺炎疫情的冲击下,母婴安全核心指标保持最优水平。至年底,全区孕产妇死亡率为0.00/10万人,5岁以下儿童死亡率为3.17‰,婴儿死亡率为2.64‰,比上年均稳中有降。

【持续开展适龄妇女计划生育生殖健康检查】 2021年,持续开展适龄妇女计划生育生殖健康检查,进一步加大妇女常见病筛查力度,积极完成筛查目标任务,提高妇女生殖健康水平。全年适龄妇女健康体检总数2.94万人,查出妇科疾病6002人、宫颈癌1人、乳腺癌1人,对检查异常者进行追踪并指导,保障妇女身心健康;持续开展新一轮城镇困难妇女"两癌"免费检查工作。区妇联、区卫健委、区财政局、区民政局联合印发《关于做好2021年红谷滩区城镇困难妇女"两癌"免费检查工作的通知》,全年共完成目标人群64人,任务完成率100%。其中,发现乳腺结节4人、慢性宫颈炎15人、阴道炎11人,TCT检查(宫颈细胞学检查)报告阳性1人,乳腺彩超检查阳性1人,已进一步做阴道镜和X线排查,并进行跟踪随访。

【为孕产妇和儿童提供系统、规范服务】 2021年,持续推广使用《母子健康手册》,结合基本公共卫生服务项目,为孕产妇和儿童提供系统、规范服务。全年全区孕产妇系统管理率为92.28%;7岁以下儿童保健管理率97.37%,3岁以下儿童系统管理率92.04%。共为2.23万名儿童进行免费体检,发现视力低常1985人、斜视9人、龋齿3950人、贫血638人、中重度生长迟缓136人、中重度消瘦61人、中重度肥胖891人,对检查异常的孩子进行医学指导,并要求托幼机构对体弱儿进行管理;严格按照《托幼机构管理办法》等相关规定为辖区内托幼机构进行管理,为10所新办园办理《托幼机构卫生保健评估报告》,对46所托幼机构进行年终考核;免费为80余所托幼(育)机构、160余名工作人员提供卫生保健培训,培训考试合格者颁发卫生保健人员合格证。

【实施妇幼重大公共卫生项目】 2021年,认真落实妇幼重大公共卫生项目,全年共新增叶酸服用人数1633人,发放叶酸6601瓶,完成全年任务数181.00%;开展预防艾滋病、梅毒和乙肝母婴传播工作,为7270名孕产妇提供"三病"免费检查,发现梅毒阳性孕产妇2人、乙肝阳性孕产妇596人,并对乙肝阳性产妇其所生的婴儿注射免费乙肝免疫球蛋白。

【推进出生缺陷三级综合防治】 2021年,扎实推进出生缺陷三级综合防治,组织开展"健康孕育、护佑新生"为主题的出生缺陷宣传活动,实行婚登婚检紧邻设置,婚检全市通办,婚检孕检两检同做,提供"一站式"服务。开展产前筛查与产前诊断、新生儿疾病筛查等工作,有效控制出生缺陷发生。全年免费婚检3318人,婚检率为97.05%;孕前优生检查497人,优生检查率99.4%;全区孕妇产前筛查率为100%,新生儿疾病筛查率为99.92%。

【提升优生优育水平】 2021年,红谷滩区人口和计划生育工作坚持以习近平新时代中国特色社会主义思想为指导,坚持以人民为中心、以改革为动力、以法治为保障、以均衡为主题,围绕卫生健康中心工作,加快完善服务管理制度,全面提升优生优育水平,扎实推进普惠托育发展、降低生育养育成本,认真实施三孩政策,增进家庭和谐幸福,推动实现适度生育水平,全区人口经济实现均衡发展。全年全区计生总人口25.84万人,总出生人口3389人,同比减少300人。出生率为12.24‰,出生人口男女性别比为103.92,自然增长率为11.04‰,死亡率为1.2‰。

【依法依规实施三孩生育政策】 2021年,按照新修订人口与计划生育条例,做好三孩生育政策实施前后的工作衔接,确保条例各项规定快速落地见效,推动三孩生育政策及配套支持措施落实落地,同时取消社会抚养费,及时清除与三孩政策不适宜的各类文件和宣传标语。

【促进婴幼儿照护服务发展】 2021年,大力支持社会力量发展社区托育服务和综合托育服务,鼓励有条件的用人单位在工作场所为职工提供托育服务;规范家庭托育服务健康发展,支持隔代照料、家庭互助等照护模式。全年全区建设各类托育机构45家,可提供托位1862个,达每千人3.3个,实际入托人数836人。其中,民营托育机构16家、幼儿园延伸办托25家、依托邻里中心建设普惠性托育机构4家。全区完成机构备案4家,全面完成市级下达的任务指标。

【全面提升家庭发展能力建设】 2021年，继续落实奖励扶助、特别扶助、城镇独生子女父母奖励、一次性抚慰金、免费体检等各项政策，扎实做好资格确认、信息录入、数据汇总、资金需求测算、信息核查和监督管理工作。全年全区为398名各类符合条件的奖励扶助对象发放资金133.56万元；为5838名城镇居民独生子女父母发放奖励资金690.84万元；为8名农村独生子女、二女不再生育家庭兑现中考加分优惠政策；为88名计划生育特殊家庭（独生子女伤残、死亡家庭）特扶对象提供免费体检和医疗照护保险；认真开展计划生育服务项目绩效评价，确保计划生育奖励扶助资金规范使用；推行计划生育特殊家庭联系人制度、家庭医生签约服务和就医“绿色通道”三个全覆盖，驻区省人民医院、省二附院、省妇保、市第一医院、市洪都中医院等省市三甲以上公立医院及全区基层医疗机构开通计划生育特扶对象就医绿色通道率达100%。

【强化计划生育宣传引导】 2021年，大力推进家庭发展能力建设，开展婚育新风进万家活动，倡导适龄婚育、优生优育，构建新型婚育文化；大力推进乡村卫生健康公约进万家宣传活动，提升流动人口服务能力与水平，推动流动人口服务进商圈、进园区，逐步实现流动人口服务工作制度化、规范化，助力基本公共卫生服务均等化；聚焦留守老人、留守妇女、留守儿童的迫切需求，以项目为载体，推进工作持续发展。根据江西省计生协《关于做好2021年流动人口健康关爱行动等项目申报工作的通知》要求，积极开展流动人口健康关爱行动和省级商圈流动人口示范区建设，着力打造沁园农贸市场全省首家“农贸市场+社会功能+便民服务+流动人口”的一站式创新市场综合体项目，利用“7·11”世界人口日等重要时日，在沁园农贸市场开展宣传活动，参加人员共200余人，现场发放宣传资料500余份、避孕药具2000余盒、抽纸1000余盒，营造全民关心关爱流动人口健康的良好社会氛围，进一步提升流动人口的健康水平。

（熊家华）

老龄健康

【概况】 2021年是贯彻落实老龄事业“十四五”发展规划的关键之年，红谷滩区老龄健康工作坚持“党政主导、社会参与、全民关怀”工作方针，在市卫生健康委老龄科的大力指导下，在区委、区政府的正确领导下，不断夯实老年人服务内容，大力加强老年健康宣传，切实关爱老年人心理健康，全区老龄健康工作取得长足进步。

【制定落实老年健康政策文件】 2021年，为完善老年健康服务体系和深入推进医养结合，制定《红谷滩区建设社区老年医疗护理站试点工作实施方案》，沙井卫生服务中心确定为市级试点单位，提升老年人就医人性化、便捷度，满足老年人就医需求；按照就近就便、互惠互利原则以及老年人医疗康复实际需要，全区社区养老服务机构与基层医疗机构全部签订合作协议，为老年人提供“养、护、医、康”一体服务。社区卫生服务机构全部与老人签订《健康管理服务协议书》，及时提供医疗和每周不少于2次的巡诊、健康教育、保健服务等基本医疗卫生服务。全区67个居家养老服务站与社区卫生服务机构签订合作协议，签约服务率达到100%，履约率达62%。

【推进医养结合项目建设】 2021年，江西省养老服务中心项目正在抓紧建设，该项目建成后将成为辖区内规模最大、条件最优的养老机构；天同医养院完成南昌市老年友善型医疗机构示范点创建，可提供医养结合床位613张；采取公建民营模式，引进服务外包单位5家，打造出“医养一体化”社区综合服务平台，实现足不出户、智慧养老；依托社区卫生服务站，建设医养服务站4家，提供医养结合床位121张；鹿璟名居社区获得“全国老年友善社区”荣誉称号；生米镇卫生院大力提升改造养老功能，在住院部开设养老床位，解决老年患者养护难题；中寰医院为全区二级以上医疗机构，已完成老年医学科设置，全区二级以上医疗机构老年医学科设置率100%。

【组织开展敬老爱老孝老活动】 2021年，利用老年健康宣传周、敬老月等大型宣传时日，组织医疗志愿队伍进社区，开展老年人健康宣传活动23场次、老年健康知识讲座16余次、发放宣传册2万余份，为老年人广泛普及高血压、糖尿病、关节炎等慢性疾病的日常饮食及保健知识，并免费为老年人开展健康体检。围绕“积极应对人口老龄化国际战略，乐享智慧老年生活”主题，走访慰问天同医养院老年人，送上健康用品100份，走访慰问辖区百岁老人11人，发放市级慰问金1.1万元。各镇（街、处）组织开展送科技、送服务、送温暖等志愿者活动，以同老人共餐、走访困难独居老人等群众喜闻乐见的形式，送上重阳节祝福。

【开展老年人心理关爱试点活动】 2021年，凤凰洲丰和新城社区开展全国老年人心理关爱试点活动，为310名65岁以上老年人开展心理健康调查评估活动，了解和掌握老年人心理健康状况与需求，针对有心理障碍的老年人进行必要的干预，老年人心理健康意识明显增强，心理健康状况有所改善。

（熊家华）

爱国卫生

【概况】 2021年,持续巩固国家卫生城市成果,强化对国家卫生城镇新评审管理办法和新标准的学习培训、贯彻落实,积极配合推进国家卫生县城、乡镇,省级卫生乡镇和市级卫生村等农村卫生创建工作。全面贯彻落实《南昌市人民政府印发关于深入开展爱国卫生运动的实施意见》。配合市卫健委推进《南昌市爱国卫生工作条例》的立法进程,科学开展辖区内病媒生物防制工作。积极倡导文明健康绿色环保生活方式,开展爱国卫生宣传和健康教育活动,全面推进无烟单位建设工作。

【提升文明创建水平】 2021年,为确保全区文明创建工作整体推进、深入开展,成立卫健委创建工作领导小组,制订2021年红谷滩区卫健委区属文明城市创建工作方案,落实全区医院创建标准情况,重点检查卫生信息公示、无障碍设施建设、母婴室设置、公益广告、志愿者服务、卫生设施配置使用、环境卫生、禁烟管理、文明引导用语等情况,力争提升创建氛围、环境卫生、服务水平、文明素养等相关文明创建水平。

【开展爱国卫生运动】 2021年,常规推进爱卫月、春秋季灭鼠、夏季灭蚊蝇三大行动,有效降低蚊媒密度;坚持科学选药、精准施药、安全用药原则,委托专业消杀公司对全区无物业小区、省行政中心周边500米、省级干部住宅小区、绿地悦城C区、市委和市政府8家单位及红谷世纪花园地块共约495万平方米的定期定季消杀,有效控制“四害”密度;加大餐饮行业虫害防制工作宣传力度,定期向餐饮店开展“四防”宣传和专业消杀,确保食品安全无漏洞。全年全区共投放鼠药3.6万份,窨

2021年6月11日,“魅力红谷滩文明大家行”文明交通治理宣传活动启动仪式举行 (区城管局供图)

井、下水道吊挂蜡块1.4万处,投放灭孑孓颗粒2.6万余份,处理蚊虫孳生地1.2万余处;委托专业消杀队伍,每月在南昌市疾控中心指导下定期开展病媒生物密度监测,在无物业小区、省行政中心外围、省级干部住宅小区周边、市委和市政府8家单位、绿地悦城C区开展病媒生物消杀,累计消杀面积达495万平方米。按照科学方法,鼠、蟑、蝇密度得到一定的控制,收到明显的效果。

【全面开展病媒生物防制工作】 2021年,为巩固国家卫生城市成果,实行全区病媒生物防制工作每月一督查、一通报、一整改、一复查制度,并及时对检查情况进行通报,组织专人对整改情况进行复核,整改不到位的纳入三令制扣分记录;重点检查社区、重点单位的“四害”孳生地治理、“四害”密度、防鼠防蝇设施落实情况。全年开展区内自查考核26次,接受省市暗访检查32次,覆盖全区1个街办、4个管理处、41个村、场、社区,提出问题整改76个,全部整改落实到位。

【大力开展控烟宣传活动】 2021年区爱卫办组织各镇、街办、管理处结合各种卫生日和世界无烟日等主题活动,开展预防艾滋病、结核病、高血压、糖尿病、世界害虫日、全国爱眼日等健康教育知识宣传,组织开展宣传咨询活动14次,邀请医务人员参加活动4600人次,悬挂20条标语,展板80块,为群众义诊6000余人次,满分测血压3000余人次,接受健康教育咨询8000人次,发放各种宣传资料3000余份。

【开展示范社区健康教育建设】 2021年,在全区范围内进一步开展创建健康教育示范社区活动,提高社区居民健康素养和健康水平。打造创建南昌市促进社区7个(九龙湖管理处富源社区,红角洲管理处红岭花园社区,凤凰洲管理处长江社区、上滩社区,沙井街道沙井社区、红谷凯旋社区,生米镇同乐社区),针对老年人、妇女、儿童等不同对象开展健康老龄化、中老年人心理健康、妇女母乳喂养、儿童科学育儿健康教育知识讲座。九龙湖管理处富源社区、红角洲管理处红岭花园社区被评为省级示范社区;凤凰洲管理处长江社区、上滩社区,沙井街道沙井社区、红谷凯旋社区,生米镇同乐社区被评为市级示范社区。

【积极创建无烟学校工作】 2021年,积极创建文明、绿色、健康校园,开展无烟学校创建工作。区教育

局、区卫健委下发《关于开展2021年红谷滩区无烟学校评估的通知》，红谷滩区申报无烟学校的单位有48所，经10—11月考核验收，达到无烟学校标准的有32所。

【制作各种健康教育传播资料】 2021年，为了提高健康宣传在社区居民中树立健康保健意识和积累健康知识中的作用，全区制作各种形式健康教育传播资料，其中有控烟宣传手册、高血压、糖尿病、中国公民素养、新型冠状病毒肺炎宣传资料等15种，每种1万册，共15万册。

（胡　轲）

卫生监督

【概况】 2021年5月24日，区卫生健康综合监督执法局正式挂牌成立，其前身为红谷滩区公共卫生服务中心内设卫生监督科室。是区卫生健康委下属副科级全额拨款事业单位，人员编制5人，一线卫生健康监督员含区内聘用人员7人，劳务派遣4人。全体卫生健康监督人员同舟共济，开拓进取，求实创新，取得较好的成绩，先后多次荣获"全市卫生监督先进集体""全市卫生监督稽查考核"优秀单位等称号。

【全面开展各项卫生监督】 2021年，全区经常性卫生监督应监督1490户，应监督中实监督1853户次。行政处罚案件105起。其中，公共场所65起、医疗卫生14起、传染病防治19起、消毒产品1起、放射卫生3件、职业卫生3件，共计罚没金额25.12万元。分别在红谷滩区政府网站 、南昌市公共信用信息共享系统2个网站进行公示。公共场所类28起，医疗卫生类案件75起，所有投诉均做到投诉举报"件件有登记，件件有回音"，投诉举报查处率达100%。共承担各级各类重大活动保障任务19次，包含省、市、区"两会"、十二届卫星导航年会等。在活动举办期间，对保障酒店进行每日巡查，开展现场快速检测游泳池水和二次供水的余氯含量，圆满完成上述重大活动的保障工作，保障与会宾客的公共卫生安全。

【抓好新冠肺炎疫情防控常态化监管】 2021年，加强对医疗机构（含集中医学隔离点）、公共场所、学校等重点单位（场所）的监督执法检查，将疫情防控纳入常态化监管，全面落实监管职责。出动执法人员1500余人次、执法车辆1200余车次，巡查公共场所1000余户次、医疗机构400余户次、学校30余户次、职业卫生36户次，下达监督意见书1000余份。

【做好"保文保卫"工作】 2021年，采取抓重点、分阶段、打战役的方法，转换监督模式，突出监督重点，全力以赴投入"四小"（小旅店、小美容美发、小歌舞厅、小公共浴室）单位创建工作。同时，以创卫工作为契机，大力推进依法行政、规范执法工作，不断创新、调整监管思路，积极推行长效监管机制。出动卫生监督员600余人次，检查"四小"单位520余户次，发放监督公示牌150余份、禁烟标识180余份。

【开展"双随机"监督抽查工作】 2021年，按照国家监督信息平台在系统内发布的2021年国家"双随机"监督、抽检任务要去，区卫健执法局及时组织人员开展"双随机"监管工作。全年出动执法人员314人次，出动执法车辆100余次，检查单位157户，下达监督意见书157份。对正常营业的145家单位的公共用品、集中空调通风系统、生活饮用水、游泳池水、医疗机构院内消毒、学校内环境等项目开展监督抽检，任务完结率100%，监督抽检不合格单位7家，均责令经营单位限期整改并组织第2次监督抽检，抽检结果均已合格。不合格的检测结果及复检结果均已在红谷滩区政府网站进行公示。监督检查中发现的问题，均已下达卫生监督意见书，责令限期整改，涉及违法行为共计立案处罚2起，处罚金额0.4万元。

【医疗美容专项整治工作】 2021年，组织卫生监督员对医疗美容专项整治工作开展督查。至年底，共出动执法车辆140余车次、执法人员420余人次，监督检查生活美容机构80余户次，医疗美容机构39户次，其中立案查处无证医疗美容机构1户，罚没款5.3万元，没收违法药品1余箱，立案查处医疗美容机构5户次，罚款金额4.7万元。

【开展职业健康领域监督执法工作】 2021年，积极开展《中华人民共和国职业病防治法》宣传周活动，在江西中路混凝土有限公司和中国石化销售股份有限公司江西南昌红谷滩石油分公司庐山大道加油站开展《中华人民共和国职业病防治法》宣传周活动，现场发放职业卫生宣传材料200余份。全区职业病危害项目申报企业有38家，其中有2家关闭、1家申请停业。至年底，监督系统共建档用人单位35家，建档率百分之分，对辖区35家用人单位开展职业卫生专项监督检查、国家双随机监督检查及用人单位夏季防暑降温工作专项督查工作，共出动执法人员70余人次，现场下达意见文书35余份，现场查阅用人单位职业卫生环境检测报告、职业卫生档案建立情况、员工健康体检档案、职业病危害告知书、劳动合同等，同时查看用人单位劳动者劳动防护用品、防暑降温用品等发放领用记录，对于现场作业场所发现的未设置职业危害因素警示标识牌、未对职业卫生管理人员和劳动者进行职业卫生健康培训的问题，责令用人单位限期整改到位。

【开展春、秋季校园卫生专项监督工作】 2021年,联合区教育部门印发专项行动方案,组织由区卫健执法局、区疾控部门和区教育部门的联合检查组对各区属学校、幼儿园,各民办学校、幼儿园进行监督检查,重点检查"两项方案""九项制度"的落实情况、涉水产品卫生许可批件、水质检验报告、过滤装置更换情况、新冠肺炎疫情防控情况、教学环境、教室采光照明、课桌椅设置改善情况、学生的健康教育及春、秋季传染病的排查与宣传教育情况。全年共出动卫生监督员42人次,检查学校(托幼机构)18家,下达卫生监督意见书18份,对检查中发现的问题要求被检查单位立即整改。

(陈淑娟)

医政管理

【概况】 2021年,红谷滩区全面深化落实医药卫生体制改革举措,不断探索建立现代医疗管理制度,严格抓好各项制度落实,加强医德医风建设,提高医疗服务质量,强化风险防范意识,保障医疗质量和患者安全;强力推动健康红谷滩建设,出台方案,完善机制,强化考核,有力促进健康指标提升;不断加强医联体建设步伐,试点启动紧密型医联体项目建设,加大基层医疗机构基础设施建设,进一步优化基层诊疗环境;持续完善基层卫生服务网络,以"1+5+X"社区邻里中心建设为契机,完成22个社区邻里中心健康小屋项目建设;提质增效家庭医生签约服务,将工作重点向提质增效转变,提高群众的获得感和满意度,促进家庭医生签约服务规范化管理水平;人均国家基本公共卫生服务经费增至72元,采取有效措施,扎实推进基本公共卫生服务项目的实施;巩固提升疫情防控能力,建立全员核酸检测工作方案、机制,提升核酸检测服务能力,开展全员核酸检测应急演练,加强院感防护、核酸采样培训。

【"优质服务基层行"活动】 2021年,为提高乡镇卫生院和社区卫生服务中心服务能力和质量,红谷滩区认真落实《乡镇卫生院服务能力标准(2018版)》《社区卫生服务中心服务能力标准(2018版)》,对基层医疗机构"优质服务基层行"活动进行再安排、再部署。沙井、九龙湖、红角洲、凤凰洲四个社区卫生服务中心顺利完成"基本标准"工作目标,通过省、市复审。

【家庭医生签约服务】 2021年,全区基层医疗卫生机构组建"家庭医生+公卫医师+护士"为框架的92支家庭医生团队,按照"片区包干、有签必约、有约必履"的服务模式,开展对老年人、孕妇、儿童等六类重点人群的签约服务。印发《红谷滩区2021年"世界家庭医生日"宣传活动方案》。5月30日,红谷滩区卫健委联合江西中医药大学附属医院、沙井社区卫生服务中心在红谷世纪花园A区举办一期"我为群众办实事——家庭医生签约服务暨专家义诊进社区"集中宣传活动,活动现场签约57人,接受义诊82人,体检(测血压、血糖)65人,发放宣传资料约500份,取得良好工作成果。至年底,全区普通人群签约率34.7%,重点人群签约率64.8%。

【邻里中心基层卫生服务点建设】 2021年,持续深化基层改革,以人民健康为中心,以方便老百姓看病就医为导向,坚持"强基层、保基本、建机制",通过推进"1+5+X"社区邻里中心基层医疗卫生服务点建设,进一步优化社区医疗卫生资源布局,完善社区医疗卫生服务模式,不断提高社区医疗卫生服务能力。全面完成九龙明珠等18个社区邻里中心健康小屋项目建设,并通过市级验收。

【紧密型医联体项目建设】 2021年,按照省、市医联体建设有关工作要求,全面落实"三年全覆盖"的总体工作目标任务,启动红角洲、凤凰洲、沙井3家社区卫生服务中心紧密型医联体项目建设,每个单位的项目建设经费为110万元,其中市财政50万元、区财政50万元、自筹10万元。基层医疗机构以项目建设为抓手,统筹抓好科室布局、设施设备、功能辐射、工作效益等项目建设内容,共建"中医馆""中医理疗康复科"等特色科室,有效建立起双向转诊、远程诊疗等分级诊疗工作机制,进一步优化诊疗服务环境,提升服务水平。

【国家基本公共卫生服务项目】 2021年,加大经费投入,人均国家基本公共卫生服务经费增至72元,新增经费主要用于新冠肺炎疫情防控。广泛开展项目宣传,印制各类宣传折页、画报、宣传册3万余份,发放至各项目单位和社区,充分利用"掌上红谷滩"等传媒进行宣传。加强宣传监管力度,每季度至少开展1次宣传督导,指导项目单位规范档案管理,推动项目开展进度,规范开展项目绩效评价。至年底,全区服务人口37.78万人,累计建立城乡居民规范化电子健康档案36.55万份,电子建档率96.7%;65岁及以上老年人健康服务管理率42.7%、中医管理率47.9%;高血压规范管理率68.3%;糖尿病规范管理率68.1;孕产妇保健早孕建册率40.6%、产后访视率40.21%;0—6岁儿童健康率72.0%、新生儿访视率53.4%;适龄儿童免疫规划疫苗接种率98%;严重精神障碍在册患者管理率70.6%;结核病病人规范管理率100%;儿童中医药健康管理目标人群覆盖率47.6%;基层医疗卫生机构标准化达标率100%;每万人口全科医生数1.5人;传染病报告率和报告及时率

100%；突发公共卫生事件相关信息报告率100%；卫生计生监督协管乡镇覆盖率100%；各类人群管理均取得良好的社会效益。其中，高血压和2型糖尿病患者健康管理成效显著，管理率逐年提升，死亡率有效降低。

【病原微生物实验室备案管理】 2021年，继续贯彻落实《病原微生物实验室生物安全管理条例》，将医疗机构病原微生物实验室备案工作纳入规范化管理的轨道，以一级生物实验室备案为重点，促进生物安全管理水平提升。依法履行行政备案职能，加强培训病原微生物实验室管理人员培训。至年底，全区共有一级病原微生物实验室10家，培训病原微生物实验室管理人员70人次。

【基层医务人员业务培训】 2021年，举办各项医疗机构培训班，内容涵盖基层医疗机构医院感染防控、抗菌药物备案、常见危重症患者的急救、常见输液反应及处理、疫情防控等内容，聘请专家结合基层医疗卫生队伍特点，通过理论知识介绍、分享临床经验、讲解实际案例的形式，满足基层医疗机构医务人员的知识需求。全年分批分次共举办全区医疗机构培训班3期，培训医务人员约860人次。

【第4个中国医师节宣传活动】 2021年8月19日，第四届中国医师节恰逢中国建党百年，围绕“百年华诞同筑梦，医者担当践初心”主题，结合本地疫情防控形势，精心组织医师节各类主题活动，区政府、区卫健委领导走访慰问一线医务工作者代表；广泛开展宣传，学习优秀医师代表先进典型事迹，发挥示范引领作用，弘扬崇高精神，形成全社会遵医重卫的良好社会氛围。

【医疗纠纷处置】 2021年，认真贯彻落实《江西省医疗纠纷预防与处理条例》，建立健全医疗机构质量控制三级体系和医疗纠纷调解体系，推行公立基层医疗机构医疗责任险，对发生特重大医疗质量安全事件、存在严重医疗质量安全隐患，或者于同一家医疗机构反复多次出现的同一类型的医疗投诉问题仍拒不整改的医疗机构，对机构负责人进行约谈。全年共调解医疗纠纷108起，达成协议104起，调解率达96.2%，协议履行率100%。

【医疗卫生领域突出问题专项治理】 2021年，聚焦行业特点，精准把握开展医疗卫生领域突出问题专项整治，多措并举，从严治理侵害群众利益问题；加强医疗机构监督整治，着力改善群众就医体验，落实廉洁从政，通过机构自查及区级排查相结合的方式使专项治理活动向纵深推进。至年底，活动制定工作方案5个，召开各级工作部署会议9次，排查发现问题22个，均已整改到位。

【医药卫生体制改革】 2021年，坚持问题导向和目标导向，围绕“一个转变、两个重点”，深入学习和推广三明市医改经验，落实党政主要领导担任医改小组组长的一把手责任制，政府常务会传达国家、省级医改电视电话会议精神，深入学习、推广三明医改经验，以“基层首诊、双向转诊、急慢分治、上下联动”分级诊疗制度改革试点为契机，完善基层卫生服务网络；定期召开医改小组会议，积极学习借鉴三明医改经验，形成强有力的工作推动机制。制定、转发《关于深入推广福建省三明市经验深化医药卫生体制改革实施意见》等相关文件，加强政策宣传解读，提高政策执行力，有利于医保工作顺利进行。

【健康红谷滩建设】 2021年，组建健康红谷滩建设议事协调机构——“健康红谷滩建设工作委员会”，成立17个“专项行动工作组”和“健康红谷滩建设专家咨询委员会”，制定《健康红谷滩建设年度考核与监测评估办法》，按要求组织开展年度考核与监测评估工作。全年全区无烟机关建成比例达80.43%，城乡居民健康素养水平提升到65%，基层中医馆和热敏灸项目100%，全民健身体育设施覆盖率100%。健康红谷滩建设特色亮点纷呈，获中新社主流媒体专题报道，入刊《中国新闻报》全国“两会”江西专版。

【精神卫生网络建设】 2021年，加强精神卫生服务体系建设，成立综治、卫生、公安、教育、残联等部门成员组成的社会精神卫生工作领导小组，指导各地建立健全精神卫生工作网络，促进精神卫生工作制度化、规范化；加强社会心理服务体系建设，推动社会心理服务队伍规范化发展，成立以省、市驻区医疗机构、精神专科机构为主要力量，由基层医疗机构、教育等部门为补充的社会心理人才库，为红谷滩区社会心理服务体系提供技术和人才保障。

【提升疫情防控能力】 2021年，持续建立完善疫情防控机制，优化方案预案，印发《红谷滩区新冠病毒全员核酸检测工作预案（第二版）》《红谷滩区核酸检测能力建设方案》等文件；建立完善突发疫情全员核酸检测工作机制，提升核酸检测服务能力；组织开展全员核酸检测模拟应急演练2次，组织属地开展桌面演练6次，对医务人员、社区干部、志愿者开展院感防护、核酸采样等线上线下培训13次，共培训2367人次。

（郭建华）

文　化

综　述

2021年，红谷滩区立足产业发展基础，深化文旅融合，丰富产品供给，推动文化旅游产业转型升级，释放文旅综合效应，促使文旅产业成为推动红谷滩区经济社会发展的重要新引擎。配齐111个村(社区)文化活动中心，最美书屋"钟书阁"抢滩入驻，云端书院顺利落户，红书屋阅览室、未来空间·未时图书馆2个城市书房正式开放，第二届全国小幅漆画展成功举办。"红谷戏剧"已成为南昌极具辨识度的文化标签和全国话剧界的知名品牌，红谷滩区成为全国的戏剧交流和戏剧展示中心之一。红谷滩区的牛行车站展示馆、南昌舰主题园、建军雕塑广场、南昌军事主题公园等红色文化地标向一批批参观的游客讲述着一个个历久弥新的红色故事。作为南昌市十大文化重点工程之一，位于红谷滩区的南昌军事主题公园项目二期建设备受关注。南昌军事主题公园轻武器馆已完成主体结构施工，进入收尾及轻武器布展阶段。坚持品牌活动和惠民活动双轮驱动，在品牌活动上不断推陈出新，通过一系列高端文体活动，提升全区文化品位。同时，大力实施"文化惠民"战略，不断完善公共文化服务体系，通过打好"阵地牌""内容牌""特色牌"，形成文化艺术骨干培训、广场舞大赛、主题文艺巡演、优秀节目展演和精品文化社区开放日五大群众文化活动品牌。红谷滩区文化事业繁荣发展，居民文化生活更加丰富。红谷滩区在形成"15分钟文体圈"的基础上，实现了"社区周周有活动，街道月月有集会，全区季季有大赛事"。

（张　菁）

文化场馆

【概况】 2021年，精心打造红书屋阅览室和未来空间·未时图书馆两个城市书房，藏书量均在一万册以上，月均接待超3500人次，举办了多场以读书分享为主题的系列活动；区级文化艺术中心正在加速建设中，将融文化馆、图书馆、群艺馆等多项功能"七馆合一"；强力提升镇(街道、管理处)文化站点功能；有镇(街道)、村(社区)、综合文化服务中心143个、农家书屋31个，全区三级公共文化服务网络基本完成全覆盖，"15分钟文体圈"初步形成。

【红书屋阅览室正式对外开放】 2021年1月，红书屋阅览室(2020年12月动工)正式对外开放。总占地面积约为380平方米，藏书量达1.3万余册，内含书刊外借、阅览、参考咨询、免费WiFi馆内全覆盖等多项服务为一体。可同时容纳200余人，开放时间为9:00—21:00，每周一闭馆维护、整理书籍。随着物联网、大数据、云计算、人工智能等现代信息技术的发展，图书馆也深受科技变革及数字化、智能化发展方向的驱动。为打造智慧化、智能化图书馆，红书屋阅览室引入电子阅读机，智能借还书机和智能办证机等智能化设备，形成一系列有特色的借阅模式，给市民提供了全程自助的图书服务。设置"党建书角"是红书屋一大特色，是对习近平总书记"学史明理、学史增信、学史崇德、学史力行，学党史、悟思想、办实事、开新局"的积极响应。党建书角汇集包括党建、中共十九大报告学习辅导百问、中国共产党简史、时事政治等多类别图书，共计800余册。广大党员干部和群众可以利用休息时间，在这里撰写学习笔记、相互交流，有利于提高党员和群众的党性修养和理论水平。通过党建书角的建立，丰富了党员干部和群众的知识储备，提高了政治素养，营造了人人爱读书的良好氛围。全年红书屋持续开展了关于图书阅读、图书鉴赏、图书讲座等志愿服务活动40余次。丰富多彩的图书活动，让更多的市民了解到读书的乐趣，加入全民阅读中来。

【未来空间·未时图书馆正式对外开放】 2021年1月27日，由红谷滩区打造的九龙湖公园未来空间·未时图书馆（又称未来空间·未时合集馆、未时书屋）正式对外开放。该馆坐落在九龙湖畔，开放时间为每周一13:00—18:00、每周二至周五9:00—18:00。总建筑面积约1200平方米，一楼为“智·生活”空间，包含智能咖啡区、智慧阅读区、智育儿童区三大板块；二楼是“享·生活”空间，里面放置了许多年轻人喜欢的娱乐共享项目，有烘焙手作、镜面迷宫、元宇宙游戏、数字油画、主题换装等多重娱乐项目，适合各年龄层游玩体验。馆内格调高雅、功能多元、书香浓郁，其中，阅读区包含了红色教育、社科类等22个种类，陈列书籍达1万余册。

（徐 强）

2021年1月27日，九龙湖公园未来空间·未时图书馆正式对外开放

（区城投公司供图）

文化活动

【概况】 2021年，红谷滩区群文艺术中心一手抓疫情防控，一手抓惠民文化全覆盖工作。坚持品牌活动和惠民活动双轮驱动，大力实施“文化惠民”战略，打好“阵地牌”“内容牌”“特色牌”，举办文化艺术骨干培训、广场舞大赛等群众文化活动。

【举行“家国同庆·云端拜年”线上联欢会】 2021年2月10日，为配合做好疫情防控，发挥线上线下优势，群文艺术中心采取“云端祝福 网络拜年”送祝福，在微信公众号发布“家国同庆·云端拜年”群文艺术中心线上联欢会，五支“红色文艺轻骑兵”小分队——器乐小分队、合唱小分队、书法小分队、舞蹈小分队、非洲鼓小分队分别献上节目，一起“云端”相聚，“网上”团结，过“线上”春节，热热闹闹过大年。

【庆祝中国共产党成立100周年系列活动】 2021年3月，为庆祝中国共产党成立100周年，群文艺术中心引领文化志愿者创作《你引领着我，我追寻着你》《星火燎原红东方》两首原创歌曲。歌曲《你引领着我，我追寻着你》被列入2021年南昌市重点文艺作品创作计划。5月19日，在凤凰洲建军雕塑广场隆重举行“唱支山歌给党听 感念幸福引路人”红谷滩区庆祝中国共产党成立100周年群众性合唱比赛，来自辖区内5个片区的16支代表队伍积极参与，分别演唱《没有共产党就没有新中国》《唱支山歌给党听》《我和我的祖国》《不忘初心》等曲目，汇聚正能量、画出同心圆，用自己的实际行动向中国共产党成立100周年献礼。

【三小时文艺课堂】 2021年3—5月，群文艺术中心秉着“我为群众办实事”的理念，整合全区各片区文化活动中心及社区文化活动室资源，开展“三小时文艺课堂”春季惠民班，免费惠民班开设书法、合唱、诗词朗诵、非洲鼓、舞蹈、健身、二胡7个班。通过开设免费的艺术培训班，培训200余名文化志愿者，把各种艺术技能送到老百姓家门口。同时，深入片区进行指导，带动周围新生文艺队伍蓬勃发展，让惠民政策真正落到实处，不断完善红谷滩区优质公共文化服务体系，满足了人民群众精神文化需求。

【红色文艺轻骑兵、文化志愿者免费培训班】 2021年9月29—30日，为切实提高基层群众文化专干暨群众文艺骨干业务水平，充分调动和发挥基层群众文化工作人员在全区群众文化发展中的积极作用。群文艺术中心开展红谷滩区第十一届文化专干暨红色文艺轻骑兵、文化志愿者培训活动，来自红谷滩区各镇、街道、管理处的文化专干暨群众文艺骨干近100名学员参加此次培训，为如何更好地做好群众文化工作指明了方向，让文艺骨干学习了广场舞编排技能。30日，近70名文化志愿者到建军雕塑广场齐唱《歌唱祖国》，将学习的理论与实际相结合，为祖国72周年生日献礼。

【“庆中秋·迎国庆”云端文艺晚会】 2021年中秋、国庆佳节来临之日，为传承弘扬中华优秀传统文化，推进传统节日振兴的同时夯实筑牢疫情防控铜墙铁壁，确保市民群众度过一个欢乐祥和、健康安全的节日。9月中旬，群文艺术中心统筹各镇、街道、管理处选送的优秀节目，经过海选、节目编导制作、节目剪辑、编程。9月30日晚上8点,在央视频、手机江西台、微博、抖音等多个平台直播2021年红谷滩区“庆中秋·迎国庆”云端文艺晚会。晚会在歌伴舞《灯火里的中国》中落下帷幕,从百姓视角里眺望红谷滩万家灯火,展现了灯火里的红谷滩的繁花似锦,在灯火里的奋发图强和生生不息。此次晚会共有200余万人次的观看量,让老百姓足不出户,用网络直播、手机转播等方式送文化进万家。

【第十一届全民健身广场舞大赛】 2021年10月29日,红谷滩区新时代文明实践活动暨第十一届全民健身广场舞大赛决赛在红谷滩长天廉文化主题广场举办,献礼重阳,为广大文艺爱好者搭建一个展示自信的平台。本届大赛于9月上旬拉开帷幕,吸引100余支广场舞蹈队的近2000名社区文艺爱好者参与。经过两个月的初赛、复赛激烈角逐,共有22支队伍进入决赛。

(闵樊玲)

文化市场管理

【概况】 2021年,红谷滩区以保障文化市场平安稳定为工作重点,加强队伍建设,全区144家文化场所积极开展日常巡查和市场监管,全面落实好各项工作,有力地维护了红谷滩区文化市场的繁荣稳定。

【加强文化市场监管】 2021年,以做好文化市场监管,维护文化市场经营秩序为重心,不断加强监管力度,维护市场安全稳定发展。坚持将日常巡查与突击检查相结合、高频率的执法检查和全天候24小时值班待命相结合,对文化和旅游市场全覆盖式监管。陆续开展岁末年初、“五一”和“两会”期间、“十一”等重要节日时间节点文化市场安全生产、疫情防控、文明创建等多项整治行动。对全区宗教场所的非法宗教出版物进行查处,为重要时间节点文化旅游市场平稳有序运行提供了有力保障,确保不留安全隐患、不出生产纰漏,有力地打击了文化市场违规经营行为,维护了市场经营秩序。全年针对文化市场出动检查人数1924人次,其中巡查网吧396家次、影院146家次、实体书店68家次、歌舞娱乐场所(KTV)172家次、游艺场所79家次。

【开展“扫黄打非”行动】 2021年,全区“扫黄打非”战线统筹疫情防控和查堵反制,面对新形势新任务,提高政治站位,强化责任担当,切实扛起“扫黄打非”使命任务,以“正道”“新风”集中行动为平台,深入开展“固边”“清源”“护苗”“秋风”“净网”专项整治和“清风行动”专项工作,有力加强阵地监督,净化网络空间,查办大案要案,夯实工作基础,“扫黄打非”工作有力度、有声势、有成效。至年底,共建成“扫黄打非”进基层工作站85个、“扫黄打非·护苗”工作站25个、融媒体中心“扫黄打非”工作站1个。通过对物流仓储、邮政寄递、印刷复制、出版发行、文化市场、宗教集会点等重点部位、重点环节、重要渠道的清查整治,共检查880余家次,出动人员230人次,收缴非法出版物2260余册。开展网络文学、网络游戏、网络直播、学习类App等专项整治,检查范围涵盖互联网文化企业、互联网视听节目服务单位、互联网出版机构等。

【维护市场平安稳定】 2021年,红谷滩区文广新旅局按照省、市、区有关部署,先后组织文旅行业开展庆祝中国共产党成立100周年期间安全生产大排查大整治、安全通道专项排查整治、消防安全“四个能力”达标考核等多场安全生产专项行动。红谷滩区文化执法大队对全区文化市场经营单位开展安全生产专项大排查大整治行动,确保本行业人员密集场所安全生产(消防)业务水平得到进一步提升。在安全生产专项大排查大整治行动中,结合文化市场行业人员聚集时间不同的工作特点,制定白天检查网吧、书店,晚上检查影院、娱乐场所的工作方案;深入网吧、歌舞娱乐场所、游艺娱乐场所、电影院等单位,认真指导50余家企业开展自查自改,同时全面排查企业安全风险点和隐患,落实风险防控和隐患整改责任措施。

【全面落实扫黑除恶专项斗争各项工作】 2021年,结合文化市场管理职能,通过日常检查、集中督查等方式,深入全区文化市场全方位开展集中摸排,加强对全区29家网吧、23家娱乐场所、81家书店、11家影院等重点行业领域明察暗访,重点排查文化场所黑恶势力,切实增强扫黑除恶的针对性、实效性,切实把扫黑除恶专项斗争和文化市场监督管理结合起来,有效铲除黑恶势力滋生土壤,维护文化市场繁荣稳定。

【积极响应落实文明创建工作】 2021年,为传播文明理念、弘扬时代新风,落实中央文明办关于开展“文明健康 有你有我”公益广告宣传行动的要求,共制作“文明健康 有你有我”宣传海报及社会主义核心价值观展架1000余份,主要围绕垃圾分类、健康生活、文明行为、良好心态、环境保洁、共筑新风等方面内容进行公益广告宣传。并要求在有条件的文化旅游场所利用宣传栏、广告牌、移动电视等媒介平台,广泛进行刊播、刊载,迅速在全区文化旅游市场掀起宣传“文明健康 有你有我”公益广告的热潮。

(张 菁)

镇 街道(管理处)

生米镇

【概况】 生米镇位于生米大桥西桥头,东临赣江,西至新建区长埈镇外商投资工业区,北连九龙湖,南与新建区厚田沙漠风景区为邻,是红谷滩区九龙湖片区的重要组成部分。320国道、昌樟高速公路贯穿全境,南昌市西外环线环绕该镇10千米,并设置昌南互通立交。南昌地铁2号线在此设有九龙湖南站、生米站、龙岗站、南路站。全镇现有耕地面积3587公顷(其中水田约1670公顷),山地5486.67公顷。境内80%为丘陵,20%属滨湖地区,地势西高东低,最高海拔72.1米,最低海拔18米,平均海拔45.1米,年平均气温17.6℃。主要作物有水稻、藠头、花生、红薯、大豆、茶叶,特色农产品有藠头、花生、茶叶。生米镇原属新建县管辖,1951—1961年曾为新建县委、县政府驻地。2012年2月,成建制划归红谷滩新区管辖。2013年以来,随着九龙湖新城建设,九龙湖新城路网、地铁2号线南延、万达文化旅游城、杉杉奥特莱斯、南昌军博城、省民政养老中心、保利大剧院、滨江温泉城、铁路货运站、轨道4号线、泰康之家、九龙湖新城城市综合管廊、VR小镇等大批省、市、区重大重点项目相继落户生米镇,以南外环高速公路为界:北面的生米、长岗、朱岗、南路、东城、中堡、山图、曾港8个行政村因涉及项目建设,现处于开发建设阶段;南面的郡塘、南星、相里、感里、摄溪5个行政村全部及夏宇、胜利、文青、青岚、铁路5个行政村部分处于国家永久性农田保护范围。2021年,全镇区域总面积97平方千米,下辖18个行政村(生米村、东城村、长岗村、朱岗村、南路村、曾港村、中堡村、山图村、胜利村、夏宇村、南星村、相里村、摄溪村、感里村、铁路村、青岚村、郡塘村、文青村)、7个社区(同乐社区、为民社区、同泽社区、同悦社区、生米花园社区、礼庄山社区、璜源山社区)、1个社区筹备组(九溪嘉园社区筹备组)。常住人口8.7万人,户籍人口6.7万人。

【经济发展】 2021年,以促进地区经济发展,扶持企业壮大为目标,通过优化企业环境、加强企业监管等措施,积极为企业提供服务,引导企业做大做强。各项经济工作稳步推进。生米镇固定资产投资完成177.94亿元,社会消费品零售总额完成16.98亿元,同比增长36%;城乡居民人均可支配收入达24707元,增长24.45%,各项经济指标稳步上升,数据整体实现超预期增长。

【社会治理】 2021年,深入推进平安生米、法治生米建设,坚持班子成员24小时带班坐班接访制度,接待各类群众200余批次、共2300余人,有效解决了一批信访积案难案。充分运用“天网工程”“雪亮工程”系统和网格化管理等方式,有效集聚社会治理和平安建设相关服务管理职能。生米镇天网已覆盖全镇主要道路、人员集聚区,有效保障了人民群众生命财产安全、震慑了违法犯罪人员。在摄溪、感里、夏宇、胜利、郡塘、南星6个村和为民社区试点安装广播大喇叭系统,加强信息报送和政策宣传。持续创新法治宣传教育方式方法,高质量完成了“七五”普法工作,法治精神深入人心。不断加大道路交通、建筑施工、食品药品、危化品等重点行业领域安全生产专项整治工作力度,安全生产形势持续向好,社会大局保持和谐稳定。严厉打击非法阻工、强揽工程、寻衅滋事、聚众斗殴、非法集资、传销等违法犯罪行为;加强重点人群监管,严厉打击“黄赌毒”,每月不定期对吸毒人员进行尿检,大力做好涉毒人员社戒康复管理工作,到站列管率达100%。

【民生工程】 2021年,以保障农民安居为目标,加快实施安置工程,顺利完成东城村安置房14.27万平方米分配工作,686户家庭喜获1344套

2021 年 12 月 2 日,生米镇基层干部作风整顿动员大会召开
(生米镇供图)

新房,实现了生米镇安置房分配“零的突破”。坚持举办创业就业培训班,累计发放创业担保贷款总额达 4884 万元,实现新增就业 565 人。累计发放残疾人两项补贴 70 余万元,保障其基本生活。扎实开展新时代文明实践活动,打造镇村新时代文明实践站(所)21 个。实施文化惠民工程,“送戏下乡”“送文艺下乡”69 次。完成 2 个“1+5+X”社区邻里中心建设,退役军人服务保障体系扎实推进,殡葬改革全面启动,村民遗体火化率达 100%。面对新冠肺炎疫情,举全镇之力开展全民战疫,因时因势启动和调整防控措施,建立“三级”网络管控体系,全力做好“外防输入、内防反弹”工作,常态化疫情防控扎实有力,辖区始终保持零确诊、零疑似。网格式、地毯式开展全民疫苗接种,群体免疫屏障初步建立。

【政治建设】 2021 年,坚持把政治建设摆在首位,深入开展党史学习教育,及时传达学习习近平总书记“七一”重要讲话精神及中共十九届六中全会精神,全面落实中央和省市区委的各项决策部署,思想引领得到加强。采取“突出重点、以点带面、统筹推进”的方式,大力推进基层党组织“三化六好”建设,高标准推进党建引领下的邻里中心建设。狠抓生米镇机关干部工作作风建设,着力建设勤政廉洁、高效务实的党政机关,树立执政为民的良好形象。由领导班子成员和各村(社区)负责人带头做好表率,以上率下,不断改进基层干部工作作风,锻造出一支政治过硬、能力过硬、作风过硬的基层干部队伍。严格党员发展程序,加强干部梯队建设,调整充实中层骨干,成为生米干事创业的中坚力量。全面落实党风廉政建设责任制,深入开展党风廉政教育,对征地拆迁、项目建设、安全生产民生资金、村级财务管理等重点领域开展督查 160 余次,狠纠“四风”,切实营造风清气正政治生态。完善监察对象廉政档案 333 份,实现监察全覆盖。围绕监督执纪问责,坚持“一案双查”,对发现的问题,坚决做到发现一起、查处一起。全年共召开书记现场办公会 11 次,开展“四必谈”39 人次,运用监督执纪第一种形态 71 次,其中提醒谈话 34 次、警示谈话 12 人次、通报批评 10 人次、诫勉谈话 15 人次;共受理线索 31 条,立案 26 起,结案 24 起,其中给予 1 人政务警告、3 人政务记过、1 人政务记大过、7 人党内警告、9 人党内严重警告、3 人开除党籍处分,1 人予以党纪处分,1 人解除劳动关系。

【城市管理】 2021 年,全面落实新“四精”(精心规划、精致建设、精细管理、精美呈现)要求,以“创文巩卫”为抓手,建立多部门联动机制,广泛开展拆墙透绿工作,高压管控违法建筑、渣余土运输、违规搅拌站经营,全面抓好治脏、治乱、治堵、治污、治暗“五大整治”,不断提升城市品质,美化城市环境。全年共拆除辖区违章建筑 73 处 2430 平方米,处罚渣余土运输 7 起、金额 5500 元,处理数字化城管案件 1.3 万余件、投诉案件 1500 余件,进一步提升了城市形象,维护了城市秩序。深化“马路本色”行动,严格落实“路长制”,高标准做好市容保洁、道路绿化、街面氛围营造等工作,扎实推进垃圾分类。助力文明城市创建,实行干部包路段、包网点、包商铺,对标对表,扎实做好出店经营、车辆乱停乱放、老旧小区、背街小巷环境脏乱差、道路坑洼等突出问题和薄弱环节整改工作。

【重大重点项目和民生项目建设全速推进】 2021 年,按照项目时间节点要求,落实好生米镇重点工作调度会议要求,全力做好重点项目和路网的征地、迁坟工作。全年共拆迁房屋 928 户,累计 15 万平方米,完成全年任务的 150%,征地 40 余公顷。实行重点项目周调度制度,倒排工期、挂图作战,坚持每周召开 1 次工作例会,以“会场+现场”模式推动项目建设,有效保障了 VR 科创城、国家虚拟现实仿真示范实训基地、九龙湖综合管廊一期、生米片区部分安置房、九龙湖公园二期、VR 科创城配套市政基础设施一期、赣江市民公园四期、“1+5+X”社区邻里中心建设、生米城中村改造等大批省、市、区重大重点项目和民生项目的推进。

【有序推动复工复产】 2021年,按照疫情防控与复工复产两手抓,两手都要硬的原则,突出组织,保障了企业、个体等生产经营单位的复工复产,认真当好“三员”,助推“三力”,即当好“组织员”助力企业“好办事”,为企业复工提供有力组织保障、沟通保障,构建服务企业“绿色通道”,助力企业把“难办事”变成“好办事”;当好“宣传员” 助力筑牢企业“防控墙”;当好“战斗员”助力企业走好复工“第一步”。努力推动企业发展,为企业当好“店小二”,突出“六稳”“六保”,服务下沉到底,协助融创茂、杉杉奥特莱斯等企业发展经济,及时将上级的疫情补助政策和相关扶持政策推送到企业。至年底,共助力辖区规模以上企业复工复产283家、个体户1203家,复工累计返岗人员达5793人。

【乡村振兴走深走实】 2021年,严格抓实水稻种植备耕工作,完成早稻种植面积340公顷、中稻种植面积1150公顷、晚稻种植面积200公顷,完成粮食产量1万吨,确保粮食产量达标。坚持做好秸秆禁烧和禁燃禁放工作。严格落实河长、林长制,河道保洁、树林保护形成常态。完成示范试验5个。做好病虫害预测预报工作,全年共发布病虫简报13期,发放份数260余份,推广种子新组合2个、新农药3个,完成示范试验5个。协调完成政策性农业保险工作,全年共投保面积1533.33公顷;组织杀灭及铲除加拿大一枝黄花近66.67公顷;强化动物疫病防控,发放消毒药品0.5吨;有序推进生猪复产工作,全年出栏生猪近2万头。开展水库、堤防、山塘、水闸检查及日常巡查共计2000人次,防汛资金投入约30万元,确保安全平稳度过汛期。投入近200万元对镇域内14处水利工程开展维修养护工作,确保各水利工程有效运行。

【法治环境持续向好】 2021年,通过建设“五型”政府,持续推动政府职能转变,不断营造法治化营商环境。狠抓政府自身建设,进一步树牢“四个意识”、坚定“四个自信”、做到“两个维护”,不忘初心、牢记使命,彰显忠诚、过硬政治本色。严格依法执法,依法常态化推进扫黑除恶。坚决打击黑恶势力及“黄赌毒、沙霸”非法集资、传销等违法犯罪行为。依法开展维稳工作。建立健全维稳预测预警机制,通过网格化管理,开展经常性、滚动性矛盾纠纷排查,对重大安全生产事故、重大交通死亡事故、重大群体性事件,由主要领导、分管领导、驻点部门、村(社区)等部门组成联合工作组,及时妥善调处,有效落实稳控。提高公共服务标准,坚持开展延时错时预约服务,各类民生业务办结率100%;及时回应“12345”市民热线,公众满意度长期保持在90%以上;大力推广“赣服通”运用,让居民享受更多优质网上服务。

【农民工工资清欠扎实推进】 2021年,生米镇辖区内有项目工地52个,其中政府性项目12个,已完工16个。随着2020年5月1日《保障农民工工资支付条例》的实施,生米镇对辖区内所有在建项目进行相关法律条文宣传,督促项目单位开设农民工资专用账户和落实农民工实名制管理。采用“人盯人”“人盯项目”“人盯资料”与“网格化”相结合的方式制定日常排查机制和应急处理机制,排查欠薪隐患,积极处理欠薪投诉问题。至年底,共处理188起欠薪投诉,涉及14个项目,为6633名农民工追回近1.9亿元工资。

【抓牢意识形态建设】 2021年,着力耕实“责任田”。坚持“书记抓、抓书记”,将意识形态工作纳入全面从严治党,形成上下齐抓共管的责任体系。着力唱响“主旋律”。宣传习近平新时代中国特色社会主义思想、社会主义核心价值观,引导各支部建立了支部微信群,强化“四个意识”、坚定“四个自信”、坚决做到“两个维护”。着力建好“主阵地”。加强新时代文明实践所(站)建设,实行专人管理、专人清扫,定期开展实践活动。着力传播“好声音”。积极培育文明乡风、良好家风、淳朴民风,推动乡风文明的传播,通过送戏、送晚会下乡等活动表现出来,在广大群众中传播好声音、传递正能量。

【圆满完成镇、村(社区)换届】 2021年3月底,完成村(社区)“两委”换届选举工作,选出村(社区)“两委”干部141人,实现“五个100%”(各村、社区高质量换届100%,支部书记、主任“一肩挑”100%,每村有35岁以下年轻干部100%,每村有妇女委员100%,每村有大专以上学历人员100%)。本届村(社区)支部书记人选平均年龄为44.5岁,同比下降了3岁,村(社区)“两委”班子整体结构呈现出“两升一降”,即整体学历明显上升、致富能力人数上升,妇女占比明显增多、平均年龄明显下降。7月28日,中共红谷滩区生米镇第一次代表大会闭幕。大会选举产生中共红谷滩区生米镇第一届委员会委员9名,其中书记1名,副书记3名。平均年龄38.3岁,其中45岁以下的6名,占67%;具有大专以上文化程度的9名,占100%;妇女2名,占22%。9月30日,红谷滩区生米镇第一届人民代表第一次会议闭幕。大会选举产生红谷滩区生米镇人大主席团主席2名,其中主席1名(党委副书记兼任),副主席1名,生米镇人民政府镇长、副镇长5名,其中镇长1名(党委副书记兼任),副镇长4名(与党委交叉1名)。班子成员应配14名,实有13名,缺配党委副书记1名。

(程培涛　邓莹莹)

沙井街道办事处

【概况】 沙井街道办事处(以下简称沙井街办)成立于1997年12月。管辖范围东至赣江中大道,西至枫生高速,北接庐山南大道,南至世贸路。是集商贸金融、行政办公、信息、文化、居住等多功能于一体的顶级中央商务区(CBD中心区),是已经建设成熟的一个区域。地处全省唯一的核心金融商务区,内有大型商业综合体、特色商业街、农贸市场、大中型酒店、大中型娱乐企业、写字楼及新丰华都、蓝城酒店、莱蒙都会购物中心、富力华庭、华皓中心5处重大重点项目。至2021年底,内设党政办公室、党建办公室、公共服务办公室、综合治理办公室、行政执法办公室、司法所、武装部、人大工委办公室、纪检监察室,共计9个工作部门。总面积7.02平方千米,常住人口约8万人。下辖1个行政村(沙井村)、2个筹备处(庐南筹备处、芳菲筹备处),13个社区(红谷世纪花园、绿茵、丰和花园、丰和、飞虹、芳华、齐云、风华、红谷雅苑、昌北、春晖、红谷凯旋、沙井)。

2021年,围绕"魅力沙井"建设目标,以落实新冠肺炎疫情防控常态化为基础,围绕中心工作,坚持服务优先,以问题为导向,进一步强化党建引领、作风保障,弘扬担当实干精神,推进全处各项工作顺利开展。中共南昌市红谷滩区沙井街道工作委员会被中共江西省委授予"全省先进基层党组织"称号,被中共南昌市委授予"全市先进基层党组织"称号;红谷滩区沙井街道办事处获"第十六届江西省文明单位""南昌市第十八届文明单位""南昌市和谐劳动关系'十佳园区'(乡镇街道)""南昌市创建全国文明城市先进单位""2017—2021年平安南昌建设先进集体"称号;所辖芳华社区获"2021年南昌市绿色社区""南昌市优秀居民公约社区"称号,红谷世纪花园获"健康促进社区""南昌市三八红旗集体""南昌市第十八届文明单位"称号,红谷凯旋社区获"南昌市第十八届文明单位"称号,齐云社区获"南昌市第十八届文明单位"称号,风华社区获"2021年度南昌市文明交通示范村(社区)"称号,沙井村获"南昌市文明村镇"称号,沙井社区获"南昌市健康社区"称号。

【经济发展】 2021年,打造了莱蒙都会米粉一条街,做好申报万达广场和天虹商场"全国绿色商场"评选工作,红谷滩金街被评为"全国特色商业街""全省诚信示范街区"。因街道划分,沙井街办辖区内共有商务写字楼73栋,在建4栋。其中,年纳税10亿元以上楼宇1栋——中航信托,亿元以上楼宇4栋,千万元以上楼宇18栋;年纳税43亿元,占全区楼宇税收的70%。至年底,沙井街办完成500万元以上固定资产投资总额88.4亿元,限额以上企业社会消费品零售额完成38.7亿元,规模以上服务业销售额136.4亿元,累计完成18个招商项目,立项投资额约80余亿元;新增规模以上服务业企业14家,规模以上贸易业企业24家,其中,服务业销售额连续多年稳居全区第一。疫情防控期间,沙井街办根据区委、区政府的相关要求,对江报路原临时疏导点进行改造提升。改建后的农贸市场占地面积1450平方米,停车位61个,市场蔬菜日供应量1万千克,市场蔬菜日储备量5000千克。9月,该市场开业后,沙井街办围绕"干净、整洁、有序、便民"的总目标,规范市场管理制度,建立长效管理机制,提升文明市场氛围,努力探索新农贸市场发展新模式。

【社会治理】 2021年,积极推进市域社会治理现代化工作,坚持以党建为引领,结合网格化管理模式,促进各项工作有序推进,各项综合考核排名前列。持续推进平安创建,街办14个村、社区全部配套了综治工作室、社区警务室,逐步形成以街道综治中心为主体,各有关部门和单位共同参与的综治工作网络;全年妥善处置群众矛盾268起,做到小纠纷不出网格、大纠纷不出街办,1—9月街办工作受区级表扬11次。大力开展平安建设综治宣传月活动、文明养犬宣传、国家安全教育、反诈防诈宣传系列活动,不断提高居民群众安全防范意识。全力保障安全稳定,继续深入开展消防安全专项整治工作,排查整改化学品等9个方面安全隐患382处、消防安全隐患410处、不合格安全通道16个;开展"飞线"充电专项整治,全面整治乱停乱放电动车、清理私拉乱接电线充电现象;在丰和社区等无物业老旧小区增设智能充电车棚8个、电动车充电位300余个。加强住房物业监管,街办协调处理各类物业投诉240件,协助物业协调投诉5起,处理"12345"投诉235件;不定期督查物业管理情况,共下发整改通知书7份,约谈物业经理17人次;指导和监督博泰滨江、世纪花园等小区选举新一届业委会工作。大力推进依法治街,街道劳动监察全年受理办结投诉15件,有效维护农民工权益;大力开展"宪法十进"等宪法法律宣传活动,因地制宜打造法治文化广场、法治宣传阵地,80%的村(居)建有法治文化广场;进一步优化公共法律服务平台建设,确保两级32个公共法律服务工作站(室)法律顾问全覆盖;大力推进"法律明白人"培养工程,营造浓厚法治氛围。

【民生工程】 2021年,以构建社会主义和谐社会为目标,围绕"以民为本,为民解困"民政工作宗旨,加快推进"改善民生"项目,进一步强化为民服务理念,提升服务质量,有序推进社会事务管理各项工作。强化社区建设管理,充分发挥邻里中心作用,开展"我们的节日"主题活动150余场;大力开展清明节、中元节移风易俗文明祭扫宣传活动,中元节禁烧整治工作得到区领导肯定;积极助推"双减"政策落地生效,配合教育主管部门开展民办教学机构督查60余次,排查无证办学机构无证31家,协同区级关停无证办学机构4家。

【政治建设】 2021年,中共沙井街道工作委员会共有84个基层党组织,党员1058人。其中,农村党委1个,党支部3个,党员149名;社区党委13个,党支部33个,党员668人;"两新"(新经济组织和新社会组织)党组织31个,党员195人;机关党支部3个,党员46人。沙井街道党工委围绕"压实一责任,织密两张网,打造三亮点"的目标,开展全年工作,推动基层党建高质量创新发展。即压实党建第一责任,落实主责主业。全年召开中心组理论学习24次、党建工作会议34次,研究党建议题115个,教育培训党员300余人,推动全处党员干部自觉做"两个确立"的坚决拥护者和"两个维护"的坚定践行者。织密组织建设、意识形态"两张网",推动全域覆盖。14个村(居)党组织率先在全区平稳完成换届选举,全面完成党建"三化"建设;新成立"两新"党组织12个,组建88个全科网格党支部,45家共驻共建单位党组织和1824名在职党员积极参与基层治理活动。下发2100余套"四史"书籍,开展各级新时代文明实践所(站)学习204次,参与人员2万余人次,全处党员群众理论自信不断增强。进一步健全意识形态责任落实、管理、督察制度,不断完善宗教信息动态管理,深化民族政策法规知识宣传普及,维护民族团结稳定。打造三大品牌,争创党建新高,楼宇党建提质增效。选派18名联合支部书记强化业务指导,探索运行楼宇党建"135"机制("1"指以楼宇党委为核心,"3"指实行街办班子挂点

2021年5月16日,沙井街办参加红谷滩区举办的全区庆祝中国共产党成立100周年歌咏比赛 (沙井街办供图)

指导、楼宇党委常态化管理、下派联合党支部书记三级管理模式,"5"指资源、问题、需求、服务、活动五张清单);通过"八个一"(一日一交流,一周一上户,一月一活动,一年一评议)工作法,推动楼宇党建"由表向里"纵深发展;推进"个十百千万"(打造一个党史作风教育馆、开展十大主题活动、解决百件民生实事、实施千名党员大走访活动、开展万名群众文化活动)工程,创新党史学习教育自选动作,在全区打造首个街道级党史百年作风教育馆,开展"十个一"系列主题活动,解决了群众急难愁盼百件实事,推进千名党员大走访,开展万人群众文化活动,掀起了党史学习新高潮。零工经济勇开新篇,积极探索新业态党建,打造江西仟得文化有限公司零工经济党组织,在全区率先破零。参加红谷滩区组织的庆祝中国共产党成立100周年歌咏比赛。红谷滩区沙井街道党工委被省委授予"全省先进基层党组织"称号。

【城市管理】 2021年,认真贯彻落实《红谷滩区城市功能与品质提升三年行动暨深入推进"美丽南昌 幸福家园"环境综合整治实施方案》,按照"精心规划、精致建设、精细管理、精美呈现"总体要求,坚持以问题为导向,不断补短板、强弱项、优功能,各项工作开展顺利,取得成效。大力提升综合环境,集中整治红谷滩金街外摆、江报路第一街区无主柱体广告、秋水广场噪声扰民等现象,整治效果受市、区领导肯定,优秀经验在全区推广,区城市管理现场会在沙井街办召开;"数字城管"全年受理市、区城市管理问题95248件,规范出店经营4783处,取缔各类占道摊点5320处,取缔乱掉乱挂3149处,整治非机动车乱停放73197起,辖区综合环境秩序大提升。常态化推进文明创建工作,辖区45个创建点位自查整改问题270件,1所14站新时代文明实践站所全面达标;大力排查整治燃气非法存放点、违规使用瓶装燃气餐饮店,共计收缴燃气钢瓶183个,督促300平方米以上餐饮店落实整改13家,有效消除燃气安全隐患。持续做好生态环保,稳步推进垃圾分类,配备分类专干20人,新建四分类垃圾投放亭105座,组织开展主题活动240余次;对江报路第一街区开展"撤桶入店""门前三包"专项整治,街面卫

生秩序明显提升。全力整治油烟扰民、推进"污水零直排"建设,共转办中央环保督察组案件14件、省环保督察组案件22件,处理居民投诉304件,办理生态类一般程序案件30起。重拳管控违章建设,认真落实省委巡视组要求,对辖区违章建设列出五年攻坚计划,控增量、去存量,全年拆除存量违章搭建36处,面积786平方米;拆除新增违章搭建22处,面积1469平方米。沙井街办作为全省的CBD和市委、市政府所在地,1—7月,承担任务有:大市容环卫保洁231.56万平方米、绿化管养110.31万平方米,及开放式社区、城中村和农民还建房环卫保洁48.48万平方米。7月区划调整后,承担任务有:大市容环卫保洁144万平方米、绿化管养86万余平方米、绿化保洁49万余平方米,及开放式社区、城中村和农民还建房环卫保洁28万余平方米。以及市政清掏、市政设施修复、水体保洁、枫生快速和赣江沿线整治、大气污染和餐饮油烟整治(环保)、燃气管理、防汛防涝、控违、拆违等城管执法类工作。

【推进"放管服"改革】 2021年,深入推进"放管服"改革,全力协助完成江西政务一体化村(社区)级平台建设的初始化工作。深化"互联网政务服务"推进"一网、一门、一次"改革。7月,将人社窗口业务迁入街道便民服务中心,街道本级所有依申请类政务服务事项已全部入驻中心大厅,落实了"一门"办理要求。11月,新增红谷滩区赋予店招、彩虹门审批业务。充分利用"互联网+政务服务",街道级依申请政务服务事项"一次不跑"办件277件,只跑一次办件3768件。与上年相比,"一次不跑"办件量提升31倍,"只跑一次"办件量提升13倍。坚持实行延时、错时、预约服务,节假日为辖区企业群众服务23人次。全年便民服务中心共受理政务服务事项4045件,做到了零投诉、零问责。

【推进老旧小区改造工程】 2021年,根据《2020年南昌市城市功能与品质提升暨深入推进"美丽南昌·幸福家园"城乡环境综合整治"创特色、争一流"的工作方案》《关于老旧小区改造报送2020年民生实事项目的通知》文件精神,对恒兴园小区、266大队小区、庐南1号2号楼、A8栋、中行宿舍5个小区进行提升改造,改造项目包括墙外立面及屋顶防漏、雨污管道改造、墙外立面美化、楼道粉刷修复、门禁安防设置、基础设施修复、防盗窗拆除安装、宣传氛围布置、管线整理、路灯修复、施划停车泊位、路面白改黑、屋顶排水管更换、加装健身器材。上半年5个小区启动改造工程,改造面积为恒兴园小区1.2万平方米(1栋)、266大队小区2.35万平方米(12栋)、庐南1号2号楼0.9万平方米(2栋)、A8栋1万平方米(1栋)、中行宿舍0.45万平方米(1栋)。至年底,5个老旧小区的改造工程全部完成,极大地提升了居民的幸福感。

【积极推进市场化外包项目】 2021年,根据红谷滩区政府办公室印发的〔2021〕10号纪要文件精神,沙井街办在原有外包工作基础上,将剩余区域进行市场化外包。8月28—30日,分批对市场化人员、事务进行全面移交工作,移交当天街办做好准备工作,安排工人进出引导组、工人问题及诉求收集组、秩序维护组、流程引导组、离职签订组、外包公司体检组(免费为工人测量血压)、问题咨询组、办理入职组共8个组保驾护航。此次沙井街办市场化外包移交人员共计254人。9月1日,市场化外包人员、事务移交工作顺利完成,交接工作未发生任何不稳定因素问题。

【开展"门前三包"专项整治行动】 2021年6月1日起,为打造"干净、有序、优美"的沿街环境,开展为期3个月的"门前三包"管理暨"撤桶入店"专项整治行动,对红谷凯旋社区、飞虹社区等周边商铺积极开展实施撤桶入店行动,市容、环保、执法等部门每天出动20余人、执法车2辆、平板车3辆,对红谷凯旋商业街等区域220余家店铺进行撤桶入店专项整治行动。发放"门前三包"责任制宣传公告1000余份,对屡教不改和不配合的商铺进行收缴和处罚,共收缴出店占道经营货物8车、摆放不规范和标识错误的垃圾桶60余个,并对COCO、乐豆家等4家商铺乱倒垃圾现象进行行政处罚,街面秩序和环境卫生得到明显提升。同时,为确保街道干净整洁,全年取缔各类占道摊点5320处,规范出店经营4783处,取缔沿街晾晒、乱掉乱挂3149处,整治非机动车及共享单车乱停放现象7.32万起,收缴非机动车及共享单车5430辆,整治过后转为常态管理,街面环境卫生和秩序得到明显提升。

【加强垃圾分类】 2021年,招聘生活垃圾分类专干共计20人,其中16人已派遣至社区工作。为广泛提升垃圾分类宣传水平,制作垃圾分类条幅50条、宣传单5万份,在四分类投放亭上张贴宣传海报600张。已建带雨棚四分类垃圾投放亭85座、不带雨棚分类亭20座。每月组织一次户外宣传活动,发放《垃圾分类管理条例》3万余份、《垃圾分类指导手册》4万余份、四分类垃圾袋16万余个。全年各村、社区共开展垃圾分类主题活动241次,垃圾分类专职人员上户宣传共计1.12万户。

【做好动迁工作】 2021年,坚决贯彻执行D4、D6地块拆迁工作总体部署,全力推进2020年遗留30户的拆迁扫尾工作。面对动迁复杂困难的现状,工作人员耐心、细心、用心做好动迁工作。全年完成城镇私房签约10户,涉及面积793.61平方米,拆除D4、D6自来水厂宿舍42户,面积2702.28平方米。

【清理乌沙河沿线垃圾】 2021年,辖区乌沙河沿线积存大量垃圾杂物,造成道路堵塞,街办组织人员清理乌沙河沿线垃圾。全年共出动953人次,清理偷倒生活垃圾、装修垃圾、杂物、树枝42车,打捞水面漂浮物29车,清理圩堤沿线绿化带中垃圾8.4吨,清理菜地600余平方米,修剪杂草10万余平方米,拆除河湖圩堤管理范围内搭建的无手续工棚2处,面积400余平方米。多措并举取得实效,营造了良好的环境氛围。

【治理餐饮业油烟污染】 2021年,共转办中央环保督察组案件10件(其中2件不属于沙井街办回复),已销号9件;处理居民投诉304件,其中油烟扰民189件,占比65.13%,噪声污染83件,占比27.3%,其余(光污染、燃气)32件,占比10.52%;共办理生态类一般程序案件39起;其中污水乱倒1起,擅自改动排水设施2起,噪声污染6起,不正常使用油烟净化设备7起,未取得排水证23起。累计处罚4.9万元。

【拆除违章搭建】 2021年,对辖区违章搭建整治工作加大巡查力度,扩大巡查范围,延长巡查时间,全年共拆除存量违章搭建36处、面积786平方米,拆除新增违章搭建22处、面积1469平方米。整治不规范围挡541处次,长度905米,排查危墙1处,整治围挡不规范公益广告67处,面积124平方米。

【率先完成第十一届村(居)委员会换届选举】 2021年2月4日,按照区委、区政府的要求和部署,沙井街道办事处第十一届村(居)民委员会换届工作正式展开,3月20日,已全面结束,共有29个社区居委会、2个村民委员会开展换届选举工作。换届选举工作自开展以来,街道党政主要领导高度重视,分管领导精心组织,各村(居)结合实际,周密安排,全力以赴,确保了换届选举工作的顺利进行。在新当选的191名村(居)居民委员会人员中,平均年龄37岁,本科学历14人占7%、大专147人占78%、高中(中专)27人占14%、初中3人占1%,两村均有女性当选"两委"委员,村(居)书记主任全部实现了一肩挑。在各方面的共同努力下,沙井街办第十一届村(居)民委员会换届选举工作平稳有序,无因换届选举产生的信访件,选举工作圆满完成。一批年轻、高学历的人被选进村(居)民委员会,为以后的村(居)民委员会工作顺利开展奠定了基础。

【打造优质社区邻里中心】 2021年,沙井街办努力推进"1+5+X"社区邻里中心建设,按照便民、利民、惠民原则,坚持问计于民,问需于民,着力健全完善社区配套设施和服务功能,打造了风华、红谷雅苑2个各具特色的社区邻里中心。2个社区邻里中心以党建为引领,分别以"红色阵地""和乐邻里"为主题,依托近2310平方米的公建用房基础资源,设置多功能厅、舞蹈室、书画室、党员活动室等各种功能室,为居民提供养老服务、运动健身、各类培训、群众活动、休闲娱乐等各类服务项目,均对社会免费开放,体现服务性、公益性、便捷性,获得广大居民的一致好评。

【推进街道人大工作有序开展】 2021年,红谷滩区首届人大换届选举,沙井街办根据选举工作各个时间节点召开多次学习和工作部署会,加强辖区16个选区选举组成员的紧迫感和责任感,利用各种形式,不断深化居民群众对选举工作的认知度、支持度和参与度,使人大选举工作家喻户晓,保障有选举权的公民能依法参加选举。8月10日,开始选民登记;8月23日,进行选民名单公示,共有选民38505人;9月3日、9月10日分别公示初步候选人和正式候选人名单。沙井街办区人民代表正式候选人50名,于9月16日前均组织各代表进入选区参加正式候选人与选民见面会,增进了代表与选民的互相沟通,增强了人大代表候选人为民服务的使命感和自觉接受选民监督的责任感。9月17日为选举日,应选代表34名,全部高票当选为红谷滩区第一届人民代表,圆满完成此次选举工作。

【全力推进疫苗接种工作】 2021年,沙井街办多方联动,全面推进新型冠状病毒肺炎疫苗接种工作。在区卫健委大力支持下,实现疫苗接种进村(居)、进企业,疫苗流动接种车在绿地双子塔、万达广场、世茂广场等场所开展疫苗接种工作,深受辖区企业与居民欢迎,流动接种车共计接种疫苗2758针剂;联合沙井卫生服务中心到市政公交集团、市公安分局、市交通管理局、市政府、南昌广播电视台等单位开展"加强针"上门接种服务,全年上门接种疫苗共计5898针剂;针对小区内行动不便等特殊人群,街道联合医护人员,采取上门接种疫苗服务,将疫苗送到家门口,确保群众"应接尽接"。至年底,共计接种76针剂。全年辖区第一针任务数20413针剂,累计完成数30939针剂,完成率151.57%;第二针任务数23270针剂,累计完成数26355针剂,完成率113.26%;"加强针"任务数23300针剂,累计完成数12199,完成率52.36%。

【完善街道公共法律服务体系建设】 2021年,不断优化完善街道公共法律服务体系建设,推进"法治乡村"建设。贯彻落实中央《关于加强法治乡村建设的意见》,持续加强乡村法治宣传教育,优化调整"一村一法律顾问"工作机制,统筹衔接推进街道和村(居)法律顾问全覆盖。充分发挥村(居)法律顾问作用,与江西国风律师事务所合作,由江西国风律师事务所指派律师担任村(社区)公益法律顾问,确保两级公共法律服务工作站(室)法律顾问全覆盖。律所每季度对村(居)“两委”人员开展法律知识培训1次,为群众解答各类法律咨询200余人次,开展法治宣传活动30余场次,为企业进行“全面法治体检”。

【沙井街办行政复议工作】 2021年,红谷滩区首批行政复议咨询代办点(试点)在红谷滩区沙井司法所正式投入运行,为落实“我为群众办实事”的一项创新举措,引导申请人通过仲裁、裁决、诉讼等其他法定渠道化解争议;代办点可接受公民、法人和其他组织提出的行政复议申请事项的咨询,并进行初步审查。对符合行政复议受理条件的,服务点向申请人提供行政复议申请书样本和行政复议宣传资料,并根据其申请事项告知行政复议机构的联系方式。

【完成民兵训练和征兵工作】 2021年,沙井街办人武部根据上级军事部门任务部署,组建应急连(参加区应急连遂行任务)、街道应急排、情报信息员队伍,高质量完成组织建设和民兵训练工作任务。在街道党工委的领导下,成立以党工委书记为组长的街道征兵工作小组,利用南昌红色基地的优势,在辖区通过板报、标语、条幅、LED电子显示屏等多种形式,对《中华人民共和国兵役法》《征兵工作条例》及义务兵优待政策等进行深入宣传,激发广大适龄青年参军报效祖国、献身国防的热情。通过加强领导、严密组织、宣传发动,完成兵役登记,为部队输送高素质兵员,圆满完成了上级赋予的征兵任务。

【完成“根治欠薪”国检任务】 2021年,全面贯彻实施《保障农民工工资支付条例》,率先成立农民工工资“根治欠薪”工作领导小组,建立《沙井街办解决企业拖欠工资联席会议制度》,制定《沙井街办农民工工资“根治欠薪”迎国检工作方案》,街道与各村(居)签订《农民工工资支付工作目标责任状》;不定期召开“根治欠薪”工作调度会,实行“领导包片、部门挂点、社区驻点”项目问题清单“三级”包案制,“网格化”管理进一步得到夯实;参加红谷滩区开展的“农民工根治欠薪”联合专项清欠工作,深入项目工地开展拉网式排查,积极宣传《保障农民工工资支付条例》,督促项目工地认真履行农民工实名制工作,为做好“根治欠薪”工作营造良好的法治环境。全年处理辖区8个项目工地农民工欠薪投诉案件28起,帮助253名农民工追回劳动报酬813.44万余元,结案率100%,成为红谷滩区“根治欠薪”工作率先达标片区。

【开展安全生产专项整治】 2021年,坚持以群众实际需求为导向,围绕住宅小区、农贸市场、沿街店面、群众生产生活重点区域,开展“飞线”充电专项整治,共整改乱停乱放电动车2516辆,清理私拉乱接的电线1863处。持续开展三年整治专项行动,利用春节、“五一”、“十一”等节假日对辖区重点大型商户、建筑工地、店面进行全面排查整治,全年共摸排隐患479处,已整改475处,4处正在整改。其中摸排“九小”(小学校或幼儿园、小医院、小商场、小餐饮场所、小旅馆、小歌舞娱乐场所、小网吧、小美容洗浴场所、小生产加工企业)场所安全隐患156处,已整改153处(违规使用燃气钢瓶56处、灭火器过期45处、杂物占用逃生通道24处、违规住宿28处),3处正在整改;摸排6个在建工地安全隐患32处,其中整改未按规范持证上岗6处、未按要求佩戴安全帽12处、违规拉线充电14处,均已整改到位。联合消防救援大队共出动65人4次开展消防通道整治,重点整改富力华庭和红谷世纪花园C、D区消防通道被占用问题,基本整改到位并长效管理。

【深入开展社会稳定工作】 2021年,广泛开展普法宣传和矛盾纠纷大排查大化解工作,继续深化“融调解”工作机制,协调公安、司法、律师、机关各部门及社会各界(心理咨询、群众代表等)共同参与基层矛盾化解,实施“1+3+X”(“1”是信访,“3”是公安、司法、律师,“X”即社会各方)运行模式,全年共排查矛盾纠纷382件,调解381件,1件正在调解中,居民满意度99%。

【推进基层平安建设工作】 2021年,精细化网格管理,创新“1+2+N”(1个网格员、2个楼栋助理员、N个热心居民)社区网格员队伍考核模式,每月对网格员实行差异化考核。成立街道志愿服务总队、鸿鹄志愿服务分队、平安志愿者巡逻队伍分队,经常性开展平安建设、安全生产、赣江值守、义务巡逻等各类志愿服务活动。至年底,街办16支平安志愿者队伍完成义务巡逻196小时,社区党员志愿服务92小时。落实社区矫正和刑释解教人员“四帮一管控”的帮教模式。在红谷世纪花园A区和B区、丰和小区一期、丰和花园建成“智慧平安小区”系统。联合社区、物业、派出所“三合一”打造双子塔反诈中心,建立楼宇反诈中心联络点、党群楼宇反诈台账,完善楼宇企业数据库,建立楼宇反诈预警排查机制。全面推进街道、社区两级综治中心建设,打造为民服务“升级版”综合治理中心。开展平安宣传月活动,深化“百镇千村”反邪教警示宣传活动。特邀市公安局反诈中心、江南都市报社开展“打击治理电信网络诈骗”防范宣传系列活动。开展人民群众安全感和政法队伍满意度“双提升”宣传活动,邀请居民参与公众安全感、政法工作满意度测评,得到群众好评。

(刘艳芳 章 奉 刘乐明 许贵兰 胡 奎 王思琪 陈钰敏 胡贤辉 黄安安 周敏媚 颜其美 龚伟欣 罗 斌 申媛媛 熊丽鹏)

卫东街道办事处

【概况】 2020年6月28日,卫东街道办事处(以下简称卫东街办)正式挂牌成立。卫东街办处于红谷滩区中心区域南部,实际管辖范围为世贸路以南、南斯友好路以北、枫生快速路以东、赣江以西围合区域,总面积约6.8平方千米。辖区总人口近10.1万人(户籍人口5.58万人)。内设党政办公室、党建办公室、公共服务办公室、社会治理办公室、行政执法办公室、司法所、武装部、人大工委办公室、纪检监察室、创建办10个科室。下辖1个行政村(卫东村)、16个社区(卫东社区、普贤社区、沁园社区、万达西区社区、万达星城社区、汇海社区、滨江豪园社区、翠林社区、翠苑社区、红谷春天社区、银都社区、怡园社区、世纪中央城社区、鹿璟名居社区、江信花园社区、丽景社区)。2021年,在红谷滩区委、区政府的坚强领导下,围绕打造"团结创新、务实高效、风清气正、平安幸福"总目标,统筹推进辖区经济、社会、城市、民生等工作,各项事业取得良好发展。怡园社区荣获2020—2021年度全省"绿色社区 美丽家园"创建活动示范社区称号;鹿璟名居社区荣获"全国示范性老年友好型社区""2021年度南昌市文明交通示范社区"称号;鹿璟名居社区、银都社区、翠林社区荣获2021年度南昌市"绿色社区,美丽家园"称号;世纪中央城社区荣获"2021年度江西省三八红旗集体""省、市级充分就业社区""第五批国家级充分就业社区""全市综合减灾示范区"等称号。

【经济发展】 2021年,牢固树立"一盘棋"思想,准确把握经济工作部署,努力完成全年目标任务。建立经济指标基础台账,科学组织生产运营,助推红谷滩区经济平稳健康发展。围绕经济底数精准发力。通过实地走访、摸排核实和督导调研,摸清底数。至年底,区内经营市场主体总登记3287家,其中企业1627家,个体户1639家,社会组织21家;区内经营企业中,区内注册1480家,区外注册147家;区内纳税1426家,区外纳税201家。稳定基数。根据摸排情况,建立工作联系,融洽政企感情,做到应统必统。挖掘增数。做好拟入统企业的跟踪服务,主动宣讲全市、全区做大商贸产业经济总量的优惠政策,帮助企业打消入统思想顾虑,做到能统尽统。围绕经济指标精准发力。全年限额以上服务业累计完成4.6亿元;固定资产投资累计完成21.86亿元,限上零售额累计完成31.59亿元。服务业新增5家,限上批发零售住宿餐饮业新增60家(企业10家,产业活动单位2家,个体户48家)。围绕产业发展精准发力。针对居住人口多、实体经营户多,楼宇少、商业综合体少"两多两少"特点,卫东街办大力发展商贸产业等主导产业,紧紧围绕汽车和数字经济产业,发展核心经济。业态升级,强化汽车核心产业。推动乡企城二手车市场搬迁整合,腾出物理空间,积极洽谈新型汽车市场项目,打造一手车展销综合体。因势利导,整合现有的二手车市场资源,提升乡企城汽配产业集群,形成新车、旧车"两个市场"相互呼应的新格局。做大社会消费性支出(社消),实现市场统一收银。将红谷滩区沁园农贸市场(江西省五星级农贸市场)作为示范点,探索实行市场统一收银。开展各类促销活动,刺激消费者的购买需求,提升市场人气,促进社消行业经济的增长。紧跟形势,助力数字经济产业发展。红谷滩区数字经济"一城九园"产业布局之一的盈创·华兴产业园启动招商不到一年时间,企业入驻率就已超90%。卫东街办将通过加强宣传推介、推动企业孵化、优化创新创业服务等方式,促使其成为"数字经济+文化产业"的新亮点。

【社会治理】 2021年,积极推进市域社会治理现代化工作,坚持以党建为引领,结合网格化管理模式,促进各项工作有序推进。卫东街办本级和17个村(社区)均成立平安建设领导小组,明确各级"创安"工作目标,形成横向到边、纵向到底、上下联动的创建工作网络;积极开展宣传反邪教活动,通过横幅、宣传

2021年7月1日,卫东街道举办"红心向党诉衷情"主题歌咏会

(卫东街办供图)

栏、现场讲解等方式开展反邪教宣传,广泛发动群众参与,未发生邪教组织人员进行串联、上访及其他非法活动。组织各村(社区)开展肇事肇祸精神病人排查工作,对排查出来的人员,登记造册,建立管控档案。每月开展矛盾纠纷排查调处工作,积极化解各类矛盾。成立安全生产委员会和十大安全专业委员会,制定委员会工作规则、安全巡查督导工作方案,建立公共安全突发事件预警、应急、善后处置制度。编制应急预案20个,组织村(社区)开展应急演练10次。开展安全隐患专项排查治理行动,排查整改完成高空坠物风险隐患10处、居民“飞线”充电安全隐患共77处,累计拖离1058辆“僵尸车”及无牌电动车至卫东社会停车场;排查老旧房屋1040栋29735户,排查发现安全隐患1408处。风险隐患场所普查登记,排查出“群租房”场所100余处913间、“合用”场所79处。机关干部下基层在街办辖区重点区域组织开展安全巡查督导工作,及中国共产党成立100周年期间安全生产大排查、大整治行动。及时督导整治重大隐患,成功劝离红谷春天商社楼群租房房客,消除怡园社区骨胶厂内涝堵点。实现全年一般及以上安全生产事故零发生。积极推进市域社会治理现代化工作,打造出红谷春天社区“市域社会治理现代化”示范点项目和世纪中央城社区“巾帼志愿者”团队,多次获省、市、区领导的表扬和《新法制》宣传报道。

【民生工程】 2021年,坚持以人为本,切实保障公民基本权利,提高生活水平,重点关心弱势群体,在脱贫解困、助老、助残、殡改等方面采取的一系列积极政策举措,保证民生,提升居民满意度。关注辖区困难群众,加大排查和宣传力度,全面落实最低生活保障制度,持续推进低保工作“透明化”,符合条件申请居民及时纳入救助范围,切实做好民政兜底保障工作,做到应保尽保,真正惠及困难家庭。关爱辖区老年人,掌握辖区内高龄老人、独居老人、失能老人等特殊老年群体动态,帮助解决生活困难。卫东街办辖区内建有嵌入式居家养老服务站16家、农村颐养之家1家,为老年人提供日间照料、医疗保健、文化娱乐等服务,满足了老年人就近便利、多层次、多样化的居家社区养老服务需求,丰富了老年人的生活内容,提高了老年人生活质量。关心辖区残疾人。及时发放救助补贴,了解辖区残疾人的护理、康复、就业等方面合理需求,并予以协调和解决,切实提高残疾人的获得感、幸福感和安全感。落实殡葬改革政策。做好民生保障最后一站。抓住清明、中元、冬至等时间节点,积极宣传殡改制度,最大限度地发挥党员干部带头、红白理事会和村规民约(居民公约)在促进移风易俗中的重要作用,推动丧葬礼俗改革,鼓励绿色殡葬。打造翠苑社区邻里中心。卫东街办在已有6个邻里中心基础上,打造翠苑社区邻里中心,项目总投资211.84万元,建筑面积816平方米。该中心分为党群服务基地、居家养老服务基地、青少年服务基地、综合文化基地几个部分,为居民提供便民服务、证照办理,为青少年提供阅览、歌舞、美术、益智等服务,为老年人提供日间照料、健身运动、棋牌、文化传承服务。在打造过程中街办和社区不断强化“以人民为中心”的理念,优化提升邻里中心的各项服务功能,真正把邻里中心打造成居民心目中的理想之家。

【城市管理】 2021年,推进城市精细化管理,提升地区城市品质。以完善基础设施为重点,促进城市基础功能显著提升。完成沙井路、银都路背街小巷路面提升、路缘石更换、透水沥青、U形挡车杆安装、不锈钢井盖更换及绿化等项目提升,实现人车分流;对名门世家小区周边基础设施进行改造提升,引入第三方参与名门世家小区退居红线、市场化改造,自11月起试运行,已初见成效;继续提升和完善农贸市场、停车泊位、公共厕所、社区活动中心等各类便民基础设施建设,确保各类城市便民服务设施配套齐全、设置合理、规范达标。以整治各类乱象为重点,促进城市容貌秩序显著提升。对主次干道、背街小巷的沿街商铺开展“撤桶入店”专项行动,及时跟踪反馈撤桶后商铺的意见建议,努力营造沿街商铺的整洁优美环境,有效促进了“门前三包”的工作开展;深入开展防汛堵点、高空坠物、特种设备安全、“飞线”充电等安全隐患专项排查,全面普查燃气使用情况、群租房、“三合一”场所,安全检测农民自建房;联合交警、消防、公安等相关部门开展“僵尸车”排查整治行动,集中清理无牌车、“僵尸车”1061辆,进一步优化辖区内安全文明的停车环境。以项目建设为重点,促进城市建设水平显著提升。进行卫东村预制场小区内房屋外立面改造及管线整治;推进龙王庙小区公共环境提升、骨胶厂小区雨污分流、排涝泵房的改造,改造3处机动、非机动车停车场及村民文化活动场所,已投入使用。

【政治建设】 2021年,卫东街道党工委牢固树立“抓好党建是最大政绩”的理念,按照“抓基层打基础、抓班子带队伍、抓亮点求突破”的工作思路,积极推动全面从严治党向基层延伸、向纵深推动。全年完成基层党建“三化六好”目标。定期研究部署、推动落实,安排专人分管,专人负责具体工作,27个党组织从场所建设、运行机制、服务群众等方面进行提质增效,已全部完成验收创评。打造鹿璟名居和银都社区两个党建示范点,并在鹿璟名居社区打造“红色物业”示范点,成立物业临时党支部,构建社区党组织领导下的居委会、业委会和物业公司“三方联动”服务机制,物业服务居民水平显著提高。按照组织活动规范化要求,各单位党组织严格落实“三会一课”、主题党日、组织生活会、书记上党课等组织生活制度。党员发展和党费收缴等工作有序开展。全年共发展预备党员33名,超额完成全年27个发展党员计划指标;发展入党积极分子25名;预备党员转正6名。各单位严格按照党员党费收缴标准收取党费,指定党务专干负责党费管理,做到党员交纳党费有登记,收缴程序正规。扎实有效开展党史学习教育。街道党工委深刻认识到开展党史学习教育的重大意义,定期研究部署、推动落实,注重理论学习与实践活动相结合,开展“红色走读”系列活动30余次,在红谷滩区“唱支山歌给党听 感念幸福引路人”庆祝中国共产党成立100周年合唱比赛中荣获三等奖,举办“红心向党诉衷情”主题歌咏会,300余名党员群众同庆中国共产党成立100周年。抓牢抓实“我为群众办实事”活动。坚持问计于民、问需于民、问政于民,采取入户走访、座谈征集等方式,广泛征求诉求建议,解决群众急难愁盼问题220余件,如期完成4项区级民生重点攻坚项目和1项区级民生项目。创新“党建+物管城市”新模式。通过物管城市新创举,解决了名门世家夜市街业主停车难、店主经营难、秩序管理难等问题,提升了鸿鹄夜市街整体形象和品牌效应,带动了夜间经济发展。

【卫东村获全区“先进基层党组织”称号】 2021年,卫东村党委率先完成“六好”(班子建设好、组织设置好、服务队伍好、服务能力好、服务机制好、服务业绩好)党组织创评工作,并获全区“先进基层党组织”称号。卫东村发展壮大村集体经济,作为村集体产业支柱的沁园农贸市场,构建了融合基层党建、便民服务、智慧运营、综合管理等功能为一体的城市便民服务综合体,被评为全市唯一一家五星级农贸市场,全年利润达600余万元,卫东村村集体年收入突破1000万元。

【就业服务工作有序推进】 2021年,人力资源和社会保障工作以党建为引领,不断创新服务理念与工作举措,坚持就业优先战略,积极落实就业政策,开展职业技能培训,创新服务举措,提供全方位公共就业服务。通过大力扶持创业带动就业,实现更高质量和更充分就业,积极打造充分就业示范社区,以就业就是最大的民生工程、民心工程、根基工程为目标,打造信息智能、服务效能、创业创新亮点,实现管理人本化、数据信息化、服务精准化。举办城乡脱贫解困群体暨失地农民专场招聘会活动,为贫困群众提供31种岗位,助力80余名贫困人员就业。针对困难失业人员,开展送岗上门服务,集中定向投放岗位信息。世纪中央城社区被评为“第五批国家级充分就业社区”“省星级充分就业社区”“南昌市级充分就业示范社区”。

【银都社区成立警格联合党支部】 2021年,探索建立“党建+警格”党建模式,在银都社区挂牌成立全市第一个警格联合党支部,做到矛盾现场调解、纠纷及时化解。至年底,联合党支部化解矛盾纠纷20余起,化解率100%,比成立前矛盾纠纷有明显下降,减少30%以上。通过警地共建,联合属地派出所,推动14名驻社区(村)民警担任党组织副书记。

【打造示范性退役军人服务站】 2021年,卫东街办和17个村(社区)成立退役军人服务站,并成功打造万达星城示范性退役军人服务站。围绕“尊崇工作法”成立“新长征志愿者服务队”,组织各项活动200次,涵盖义务活动、抢险救灾、抗击疫情等。全力宣传退役军人保障法,通过横幅、宣传栏、现场讲解等方式开展政策宣传,广泛发动群众参与,增强全社会的国防意识,营造有利于退役士兵安置和维护退役士兵合法权益的良好社会氛围。积极与退役军人和退役军人家庭对接,了解退役军人和其他优抚对象的需求。

【创新物管城市】 2021年,为有效改善城市公用空间雨污不分、车辆乱停、垃圾乱扔、道路破旧的现状,以“人民城市人民管,管好城市为人民”的理念,在全区率先推行物管城市新模式。物管城市管理模式,是用城市公共空间通过“四化引领”(标准化、特色化、功能化、民主化)、“六项举措”(做好道路桥涵修复、做好排水防涝、恢复供水和污水处理设施、做好燃气安全运行、做好垃圾清运处理、做好城市照明维保),形成政府、市场、社会多元化的管理新模式。此次名门世家外围停车区域改造提升项目全长约2000米、面积2.7万平方米,主要对路面提升、路缘石更换、摊铺沥青、大理石修复、灰色护栏安装、不锈钢井盖更换、绿化补植及停车系统、高清监控等项目进行提升,总投资420余万元。

【沙井路、银都路背街小巷提升改造项目】 2021年,着力解决群众关心的道路修缮、乱停车、乱搭建等难题,将缓解“停车难”的工作作为城市管理工作重点。联合相关职能部门对新增停车位进行精细管理,促进优化公共停车服务、对沙井路、银都路进行改造提升,实现人车分流,基础设施得到完善。沿街店面人行道上规划车位248个。沙井路、银都路提升改造项目全长约1200米、面积8350平方米,主要对路面提升、路缘石更换、透水沥青、U形挡车杆安装、不锈钢井盖更换及绿化等项目进行提升,总投资160余万元。规范停车场管理,群众出行得到便利。

【龙王庙小区公共环境综合提升改造项目】 2021年,充分整合利用资源,对沁园路龙王庙段进行交通环境综合整治提升改造。多措并举加大停车位供给量,创造规范有序的公共停车环境,力争为老百姓生活带来更多便利。龙王庙是自建房小区,墙面污损、地面坑洼,公共基础设施破旧,车辆无序停放现象严重,通过此次改造增设停车功能、亮化功能,有效解决环境问题、消防问题。共粉刷7栋房屋外立面,打造100余个车位,3个电动车棚共计4排,能解决100余辆电动车摆放,总投资380余万元,进一步提高人们的生活质量,方便居民群众出行。

【骨胶厂小区雨污分流及排涝泵房项目】 2021年,对骨胶厂小区雨污分流及排涝泵房项目进行提升改造。投资220余万元,安装雨水管道约420米,新建一处排涝房,更换屋顶落水管。通过提升改造,解决了居民群众出行困难问题。怡园社区骨胶厂宿舍建设年代较早,导致该宿舍区地面标高低于周边4米以上,凡遇大雨天气就会发生周边雨水倒灌宿舍区的现象,经常发生近半米的积水,严重威胁居民生命财产安全。

【开展沿街商铺“撤桶入店”专项行动】 2021年10月,在全区率先开展“撤桶入店”行动,在推进过程中,解说“撤桶入店”的重要性,并结合每家店不同的现状,与物业、商家共同探讨破解方法,探讨整改方案,商铺负责人基本同意“撤桶入店”。同时,继续加强对沿街商铺“撤桶入店”的管理、宣传、劝导,对撤桶后商铺的意见建议及时跟踪反馈,对乱倒乱扔垃圾的商铺业主进行教育,对不配合的进行处罚,努力营造沿街商铺的整洁优美环境,有效促进了“门前三包”的工作开展。此项工作在全区率先完成并得到上级部门的肯定。

(周　浩)

红角洲管理处

【概况】 红角洲管理处于2002年10月挂牌成立,为正科级事业单位,辖区东临赣江,西至320国道,南至西站大街,北至南昌大桥引线。是集高教(有南昌大学、南昌航空工业学院、南昌科技大学、江西经济管理干部学院、省工贸学院、豫章师范学院等一大批高校进驻)、科研、旅游、体育和高级商住于一体的绿色生态新城,是南昌打造山水都城、南昌水城的精华示范区。红角洲片区的规划布局以前湖风景区为中心,以山谷低地、河流水系为依托向周边呈发散状拓展,形成“一心、一环、六带、五区”的总体布局。下辖8个村(玲口村、云塘村、润溪村、黄佩村、长埔村、玲北村、渔业村、双溪村)、1个站(龙岗渔业管理站)、26个社区(绿湖豪城社区、香域滨江社区、地中海社区、汇景社区、紫金园社区、琴江社区、盛世经典社区、龙岗花园社区、绿地香颂社区、阿尔法社区、红岭东社区、祥荣社区、红岭花园社区、云溪花园社区、香域尚城社区、海域香廷社区、长云社区、桥郡社区、九龙馨苑社区、梧桐庄园社区、站西花园社区、枫湖社区、香榭社区、茶园街社区、瑞城社区、天悦社区)。规划面积约30平方千米,片区总人口已接近20万人,其中原籍村民2.5万人。

2021年,红角洲管理处在区委、区政府的正确领导下,主动作为,迎难而上,开拓进取,抓重点、破难点、创亮点,苦干实干,奋力解决各项历史遗留问题,扎实推进全处各项工作。荣获全国青少年普法教育先进集体、南昌市文明先进单位、优秀三八红旗手集体、红谷滩高质量发展疫情防控先进集体、红谷滩争先创优先进集体等称号。

【经济发展】 2021年,瞄准扩大内需这个战略基点,充分发挥投资和消费的拉动作用,加快融入新发展格局。至年底,辖区共有43个重大重点项目。其中,省级重点项目5个,市级重点项目8个,亿元项目9个,总投资185.8亿元,累计完成投资339.99亿元。红角洲管理处联网直报企业151家,贸易企业98家,服务业企业36家,房地产和固投项目135个。全年完成固定资产投资181.88亿元,新增5000万元以上固定资产投资项目15个;新增贸易企业10家。完成入库社消企业54家,个体工商户95家,社会消费总额113.37亿元,新增社消企业28家,服务业完成50.56亿元。村级集体经营性收入共计928.27万元。实行网络平台服务管理,形成处、社区、村、站上下联动机制,做到精准分类。全年共走访企业2928家,解决企业诉求共277条。辖区规模以上数字经济企业有13家,至12月,完成规上数字经济产值9.12亿余元。

【社会治理】 2021年,为加强智慧平安小区建设,完善技防、物防体系建设,红角洲管理处完成了九龙湖花园一、二期,绿湖豪城一、二期,桥郡和紫金园小区等9个智慧平安小区建设,开展“综治宣传月”集中宣传日活动,共发放《平安宣传手册》《信访条例》《扫黑除恶手册》等各类宣传资料2000余份,张贴通告70余张,宣传手册5000余份,共发放《致居民的一封信》6000余份。成立红角洲管理处公共法律服务站以及公共法律服务工作室,配齐法律顾问,每月为居民群众开展4小时的公益法律咨询服务,全年接受居民法律咨询170余次,同时每季度为村两委开展法治培训。接受全国各级人民法院、检察院、监狱对试用社区矫正及假释罪犯的委托调查28余起,从全国各级监狱接回刑释人员51名,红角洲入矫32人,解除矫正25人。全年组织5次社区矫正人员及刑释解教人员进社区集中劳动及心理辅导工作,开展民法典宣传工作活动现场发放《中华人民共和国民法典》宣传册600余份,接受咨询100余人次。

【民生工程】 2021年,重点围绕"上为政府排忧,下为百姓解愁"的理念,充分发挥社会救助工作在红角洲管理处经济建设和社会稳定的纽带作用,着力开展好脱贫解困、社会救助等工作。全年共开展社会救助1236人次,救助资金约325万元;为残疾人、老人、小孩发放各项资金约120万元;根据市委、市政府打造"1+5+X"社区邻里中心的部署和安排,全年完成香域滨江、祥荣社区邻里中心建设,打造15分钟社区生活圈;围绕"建党100周年""我们的节日"等主题,开展300余场形式多样的文化活动;为茶园街等16个社区申请安装乒乓球桌8张,健身路径27套;打造九龙馨苑等5个社区15分钟健身圈路径项目;指导各村、站、社区完成无障碍设施建设。完成管理处、村(社区)两级退役军人服务保障体系建设,并多次接受省、市、区领导检查,其中管理处退役军人服务站示范创建工作得到省领导高度评价。

【城市管理】 2021年,为做好园林绿化工作,红角洲管理处环卫所对辖区内行道树进行补栽,共补栽行道树245株,实现了辖区行道树无缺株现象;前湖小区周边进行园林绿化提升,栽种精品苗木408株,绿化带补苗3万余株,铺设台湾青3万平方米;学府大道中央绿化带补植补栽乔木100余株,补栽灌木球200余株、灌木金森女贞和法国冬青等绿篱1万余株,种植麦冬5000平方米;在整个红角洲水系栽种水杉1000余株、柳树1200余株等。这些春季补栽补植工作,大大地提升了红角洲的园林景观。同时,会同区住建局协调南昌航空大学后勤处,启动南航校区公租房6台电梯的加装;在云溪廉租房推广电梯加装,指导社区、物业完成4栋14个单元的业主签名工作。配合区城市管理和综合执法局对前湖入水口上游所涉排污口进行整治。按照区农业农村局工作要求,开展河湖违建房屋拆除工作,共拆除清远路上海建工违建房屋3处。为有效改善老旧小区面貌、提升小区品质、提高居民生活质量,对龙岗花园小区实施老旧小区提升改造工程,主要包括墙外立面、地面、绿化、雨污管网、监控、路灯、施划停车泊位等内容。至年底,已完成立项、审批等前期准备工作,正在区投资评审中心审核招标控制价。

【政治建设】 2021年,持续深入学习贯彻习近平新时代中国特色社会主义思想,习近平总书记"七一"重要讲话精神,中共十九届六中全会精神。组织开展多级宣讲会、报告会等50余场,参学党员群众3000余人次。以多样的形式、丰富的内容庆祝中国共产党成立100周年,组织开展参观红色教育基地、"光荣在党50年纪念奖章颁发仪式"等教育系列活动。开展党史学习教育专题党课10余次,开展红色宣讲教育50余次,组织召开党工委学习专题会1次,开展专题学习讲座3次,支部党员交流学习35次,支部党日学习26场,学习宣传普及近千人次,为群众办实事项目143条。至年底,已完成134条事项,长期项目9条。全面排查2012年以来全处发展的155名农村党员档案,发现问题及时落实整改,新发展党员65名。全年新发展预备党员57名,转正党员12名,新吸收入党积极分子41名,接收入党申请书70份。同时,以中国共产党成立100周年为契机,开展"两优一先"评选活动,评选出优秀共产党员15名、优秀党务工作者5名、先进基层党组织5个。

【因地制宜实施招商方案】 2021年,根据红谷滩区"一城九园"特色,因地制宜实施招商方案,陆续接洽一些符合红谷滩经济发展的企业。江西国控趣鋆数字科技有限公司已在红角洲注册,预计年纳税额1000万元。9月,启华学校正式开学招生(2019年10月,启华学校与红角洲管理处达成合作办学协议,由红角洲管理处双溪村、云塘村、黄佩村出资1.5亿元,在双溪村HJZ502-J02地块产业用地建设启华双语国际学校,该学校为一所含寄宿、走读的全日制学校。该项目建成后,双溪、云塘村拥有土地、建筑物所有权,以租赁合作方式交由南昌清华启迪国际教育学校整体运营,能为村集体带来持久可观的经济效益)。10月,南昌大学附属眼科医院九龙湖分院入驻红角洲管理处长埔村,总投资5.27亿元;12月,华宏总部大厦项目入驻红角洲管理处玲口村,总投资20亿元;12月,现代服务产业园项目入驻红角洲管理处双溪村,总投资21亿元。

【做好信访工作】 2021年,红角洲管理处党政领导公开接访15次,接待上访群众46批320余人次,对上级部门交办的重点突出信访问题,逐一明确包案领导,落实责任单位和稳控责任人,坚持因案施策,精准用力,推动重点难点信访件有效化解。积极拓宽群众诉求表达渠道,认真办理并督办群众来信,做好"网上信访""省(市)长手机信箱"等工作,确保有效信访件、上级交办、转办件100%按时办结。

【提升计生工作水平】 2021年,准确把握计生工作新要求,进一步强化大局意识、责任意识和忧患意识,积极主动抓好计生各项工作。红角洲管理处计生全员系统管理人口6.63万人,育龄妇女总数1.37万人。新生儿出生共783人(其中男孩455人、女孩328人)。全年共办理生育服务卡742份,申请中考加分2人,奖励扶助38人,特别扶助8户12人,发放奖扶特扶资金15.09万元,独生子女父母奖励1158人,发放独生子女父母奖励136.18万元。红角洲管理处已向省卫生健康委员会申办两个"亲子小屋"项目,分别设在位于长云社区的幸福树云溪幼儿园和祥荣社区,并已投入使用,这是南昌市第一批省级"亲子小屋"项目。

【开展灭"四害"消杀行动】 2021年,组织开展灭蚊、灭鼠、灭蟑、灭蝇消杀行动。活动中,下辖单位以治理病媒生物孳生地为重点,齐心协力,清除积存垃圾,清理卫生死角。全年组织统一灭鼠、灭蚊蝇、爱卫消杀活动共计7次,总计投放药物600千克。组织各村(站)、社区消杀400余次、总计消杀面积约3平方千米。红角洲管理处已建成8个市级健康促进示范社区。

【疫苗接种取得阶段性成果】 2021年,疫苗接种工作始终坚持"标准不降、节奏不变、力度不减",倒排工期、压茬推进,确保应接尽接。至6月底,红角洲管理处共完成19.19万剂次疫苗接种,超额完成6.69万剂次,出色地完成了红谷滩区下达的疫苗接种任务。10月15日至12月20日期间,红角洲管理处加强针累计接种28082剂,全区排名第一。

【提升宜居环境】 2021年,不定期对辖区内餐饮店瓶装液化气使用情况进行安全巡查,宣传安全使用常识,全年共下达"餐饮服务业燃气安全检查登记表"280余次,收缴过期未年检钢瓶7只,清理垃圾广告3.97万余条。制作张贴公厕垃圾分类广告24处、张贴辖区楼栋单元贴2300余张、设置可回收和有害垃圾收集点各12处、应要求完成"撤桶并点"工作,设置垃圾分类亭100余处,对其中80余处分类亭开展硬化基础工作、小喇叭宣传600余处、移动宣传车30余辆、LED显示屏宣传300余条、电梯内电视宣传400余处、发放倡议书1万余份、更换垃圾分类亭标识300余张。红角洲管理处城管办联合交警大队在辖区各社区开展文明交通活动,从问题源头遏制车辆乱停乱放不文明现象。全年共施划机动车泊位1500余个,非机动车停放点约20.76千米(含禁停网格线),张贴南昌市文明交通十大公约500处。对龙岗花园小区实施老旧小区提升改造工程,主要改造墙外立面、地面、绿化、雨污管网、监控、路灯、施划停车泊位等内容,该项目已完成立项、审批等前期准备工作,正在区投资评审中心审核招标控制价。

【就业创业工作再创佳绩】 2021年,始终把就业创业作为保障和改善民生的头等大事,不断完善就业惠民、创业富民政策措施。城镇新增就业人数627人,困难群体"4050"人员实现再就业人数126人,失业人员实现再就业人数22人,新增转移农村劳动力人数113人;2021年共为189家企业、个体户提供政策咨询、岗位信息发布等服务,帮助辖区32位创业居民实现小额贷款,发放贷款1089万元,贷款回收率100%。线下学校招聘7场,提供5762个岗位,就业困难人员转移就业133人;全年共办理"就业失业登记证"23本、年检26本,申报就业困难人员灵活就业社保补贴12人,补贴资金约5万元。以"百场校招"为契机,助力实现"南昌市每年吸引10万大学生和技能人才来昌留昌创业就业"目标。联合江西工业贸易职业技术学院等高校举办招聘会,组织58家企业提供2312个岗位。组织辖区企业在南昌人才招聘网站提供用工需求岗位3450个,组织各类精准对接招聘会6场,就业困难人员转移就业133人。全年共发放城乡居民医保政策宣传资料2.5万份,新增参保和续保居民3.45万人,为居民办理医保制卡9000张,办理特殊门诊62人,申报居民医保报销613人次。

【推进基层党组织"三化六好"建设】 2021年,把提升发展能力作为第一使命。提升基层党组织"新能力"。扎实推进基层党组织"三化六好"("三化":基层党建标准化、规范化、信息化;"六好":领导班子好、党员队伍好、发展思路好、制度机制好、工作业绩好、群众反映好)建设。以双溪村打造市级"六好"示范点为标杆,红角洲管理处其他7个村基层党组织、26个社区党组织"六好"建设已全部完成,其中6个社区党支部以邻里中心打造为契机,以更高标准完成"三化"建设。建立党建工作经费保障机制,全面落实每个社区5万元(村3万元)党建工作经费、每个社区20万元服务群众专项经费,提高了资金使用效能。

【加快新兴领域党建"全覆盖"】 2021年,坚持条块结合、分级管理、区域兜底,运用单独建、联合建、挂靠建等方式,不断扩大非公有制企业和社会组织党组织组建率。积极整合商务楼宇、商圈市场等党建资源,以香榭社区党支部和江西慧谷互联网商业运营管理有限公司党支部为引领,通过对世贸APM商圈和慧谷产业园进行摸底排查、选派指导员等方式,组建非公党支部2个,另外3个非公有制企业正在申请成立党支部,扩大了党的基层组织在社会各领域"有效覆盖"水平。

【推动社区服务规范化管理】 2021年,把提升服务能力作为第一任务。积极探索"村社共建"治理模式。长云社区是典型的农民还建安置小区,长云社区主要安置的是云塘村村民,社区党组织以实现农民市民化为突破口,坚持服务共建,为更好地服务村民,以村民办事“小事不出村、大事不出处”为目标,开展“智慧芯”行动,打造红色物业,成立云塘村物业有限公司,发挥社区、村、物业三方协同力量作用,推动社区服务规范化管理。坚持活动共办,云塘村党支部与长云社区党支部对接,依托社区文化活动丰富的优势,共同举办各类文艺会演活动,丰富村民文化生活。坚持文明共创,村党支部联合社区开展楼道杂物清理活动,助力文明城市、卫生城市创建,努力实现政府治理、社会调节、村(社)民自治深度融合。

【推动村级产业健康发展】 2021年,由双溪、云塘、黄佩村投资,世界级建筑设计事务所设计的南昌启华国际双语学校招录新生1500名,创造了1999年以来南昌市民办学校首年报名人数最高纪录,成为红谷滩一张亮丽的教育名片,打响了“学在红谷滩”的新品牌,跑出壮大新型农村集体经济发展的“加速度”。至年底,2个村集体产业收入每年突破1000万元,2个村突破600万元,4个村突破100万元,人均分红500元至1300元,进一步发展壮大了村集体经济,让村民更多享受到开发建设的红利。

【开展“转作风、提效率、树形象”专项整治工作】 2021年,把提升治理能力作为第一要求。以专项整治为抓手,加强干部作风建设。坚决按照全市组织系统开展“转作风、提效率、树形象”专项整治工作要求,以纪律建设为重点,促形象转变。红角洲管理处纪工委对信访、文明创建、疫情防控、清房工作、拆迁安置、“两备案一承诺”(用工信息备案、工资支付备案和工资结清承诺)项目招投标等群众事项进行监督,对典型问题涉及的单位及个人进行严肃处理。通报批评28人,诫勉谈话7人,警示谈话11人,批评教育1人,责令书面检查4人,提醒谈话121人,下发工作提醒函23个,超时警示函1个,整改督导单20个,下发纪律监察建议书1份,对部分问题进行“举一反三”,强化责任意识和纪律规矩。

【创建“清廉社区”示范点】 2021年5月,经红角洲管理处党工委书记现场办公会研究决定,结合工作实际,制订《红角洲管理处清廉单元建设行动实施方案》,确定红角洲管理处机关为“清廉机关”创建示范点、茶园街社区为“清廉社区”创建示范点。重点打造的清廉机关和茶园街社区“软件模块”“硬件模块”有关工作正在推进中,“硬件模块”工作已设计完成效果图,正在施工并完善流程,以突出亮点、形成示范,切实让党员干部感受到监督就在身边。

(罗璐娟　王文贤　涂超辉　叶江胜　罗　婧　杨　辉)

凤凰洲管理处

【概况】 凤凰洲管理处(以下简称管理处)成立于2008年1月,属红谷滩区派出机构,正科级事业单位。凤凰洲地处红谷滩区最北端,是红谷滩连接赣江新区和经开区的“桥头堡”,红谷滩“北端重邑”。东临赣江,南至庐山南大道,西至英雄大桥西连接线,北至经开大道。现有班子成员5名,内设14个职能部门,机关工作人员80人。区域面积12.1平方千米,常住人口5万余人,期末总人口28165人。辖1个行政村(凤凰村)、1个农场(昌北农场)和17个社区居委会(丰和新城、凤凰花园、老北站、凤凰城、天赐良园、黄河路、凤凰家园、凤翔苑、碟子湖、海德堡、凤西、长江路、珠江路、牛行、上滩社区、星火、星科)。负责辖区党的建设、综合社会治理、社会发展、经济发展、卫生健康、拆迁、房屋征收、城市管理等各项经济社会发展工作。凤凰洲生态环境优美,赣江、乌沙河穿境而过,太子庙有山有水,是一个“看得见山水、记得住乡愁”的好地方。区位优势独特,南北有双翼——八一大桥、英雄大桥,即将开建的二七隧道与南昌一环线近在咫尺,地铁1号线穿境而过设有3个地铁站,交通便捷。文旅资源丰富,辖区有红色教育基地——牛行车站与南昌起义展示馆、建军雕塑广场,省级文化中心——省科技馆、省图书馆、省博物馆,有休闲滨江公园——赣江市民公园。生活配套齐全,辖区有省人民医院红谷滩分院、省口腔医院红谷滩分院等省级医疗资源,有铜锣湾T16购物中心、万科商业综合体、凤凰假日广场等购物娱乐场所,有商联中心、中航国际广场、绿地外滩、铜锣湾等一批写字楼宇。教育资源得天独厚,辖区有江西师大附中滨江分校、碟子湖学校等一批省市名校。辖区省市单位众多,有省委车队、省交通干部学校、市自然资源局、市房地产交易中心、南昌日报社等单位。凤凰洲人气商机不断聚集,城市功能不断完善,生活品质不断提升。随着商联中心、中唯商业综合体、丰和国际、九颂中心、中航国际、保利中心等一大批临江楼宇的建成,赣江西岸的凤凰洲将展现美轮美奂的天际线,与红谷滩中心区完美融合。

【经济发展】 2021年,聚焦高质量发展主线,开展项目建设、招商引资、数字经济等行动。紧盯经济运行。迎难而上,想方设法,全力推进固投、社销、服务业、招商引资、数字经济和电商6项考核指标工作,全年完成固投84亿元,社销7.3亿元,服务业6.3亿元,均超额完成任务目标。新增贸易业企业13家、服务业2家、个体工商户35家,完成年度目标200%以上。紧攻重大项目。一切为了项目干,对凤凰新天、中唯、丰和新城等6个市区重大重点项目,制定工作链,开展贴心服务,帮助协调解决问题7起,有效保障了项目的顺利实施。组织解决了华夏艺术谷项目苗木等历史遗留问题,顺利推动了台商总部项目地块净地工作。紧攻市、区两级主要领导重点关注的沿江商联中心、足球基地、昌农地块等8个项目,同步推进辖区其他12个项目,每周做到“三个一”(一次巡查、一次调度、一次专报)紧抓不放,加快项目推进。紧推招商引资。组织楼宇排查,摸清底数,现有楼宇55栋(包括方大、商联、九颂、中航广场和铜锣湾等),在营41栋,在建14栋(中唯、凤凰新天等),总建筑面积235万平方米,在用面积139万平方米,闲置率为41%。用好用活现有政策,协助楼宇运营单位,开展招商引资,大力盘活方大、九颂等空置楼宇,配合打造万科时代广场标志性产业项目——盒马鲜生,组织摸排、报送江西快人科技、浙北金融等投资信息35项。紧抓数字经济。将数字经济定为“一号工程”,针对绿地、中航等楼宇,建立数字经济相关企业台账,持续跟踪走访、助力15家数字企业成长发展,推动新凤凰大酒店打造数字经济特色产业楼。重点倾注已入库的慧通科技和潜在的一亿中流上市加速器等龙头企业。紧促参展拓销。努力激活辖区经济潜力,通过“政府搭台,企业唱戏”,组织辖区内企业参加在南昌举办的第一届中国米粉节和国内促销促展会,结合区组织的“乐购红谷悦享生活”等活动,积极引导铜锣湾商场、优品等店家开展节日让利、惠民促销等活动。通过以点带面,以节促消,拉动消费增长。大力开展“诚信示范”评选,通力打造6条“文明诚信经营示范街区”,评选出诚信经营示范店10家、诚信示范单位10家,通过示范引领,不断提升品牌效应,激发企业活力,助力企业发展。紧贴企业服务。以“转作风、优环境”为契机,努力提升营商环境,全力打造凤凰品牌。研究制定《服务企业、项目和推进产业发展工作机制(试行)》,推动服务企业常态化、制度化。开展“走企业、解难题、促发展”活动,组织开展企业“清楼扫街”上户工作,摸排企业1163家,其中正常营业657家,搬走、关闭506家。

【社会治理】 2021年,坚持以党建为引领,不断创新政法工作思路,在辖区各村(居)设立综治中心,逐步完善一个窗口服务群众、一个平台处置反馈、一套制度议事协商、一套机制协同联动的运行体系等,不断提升社会治安综合治理水平。以人防、物防、技防、心防“四防”建设为抓手,推进智慧平安社区创建;建设以网格化为基础、信息化为支撑、组团式服务的综治中心,实现天网、地网、信息网、视联网“四网合一”;实行社区警民联动保平安,在区处突大队保平安、社区民警保平安、物业内保保平安的基础上,组建以“老党员+入党先进分子+村(居)‘两委’班子成员”为主力军的志愿瞭望保平安、先锋模范保平安、争先奉献保平安三支党员治安志愿者巡逻队伍,开展24小时义务巡逻;在小区各主干道、单元门安装监控设施,做到小区监控无死角、无盲点。综治中心设立融调中心、司法、安全生产、网格管理等服务窗口,由管理处一把手负总责,全面指导、协调综治中心工作,并且定期、不定期地召开工作例会、专题会议,研究形势、解决问题。建立值班巡逻、排查整治、安全检查等各项管理制度。各村、社区党支部、社区民警、物业保安、社区治安志愿者依据“职责清单”各尽其责,建立社会稳定风险评估制度,制定“一事一方案”的风险应对策略。将原有的综治指挥中心、视联网信息中心、数字城管指挥中心、公共安全视频监控中心四网进行整合,接入“天网”“地网”视频监控系统,建立信息共享平台和传输网络,实现监控资源联通共享;接入省综治视频会议系统,实现省、市、区、街道、社区五级综治中心的会议联通;接入省综治信息平台,实现综治数据的互通共享,网格员可通过社会治理App上传、上报、处理事件;以便民服务为宗旨,加强综治中心窗口建设,规范工作流程,统一受理、分类处理、督查督办、跟踪回访。积极探索推进重点人员联管、重点问题联治、矛盾纠纷联调、社会治安联防、和谐平安联创及法治、德治、自治、共治、善治“五联五治”举措,实现资源有效整合、队伍统一指挥、工作联动配合、效率加倍聚合的组织目标。此外,班子成员坐班接访制度进一步畅通了信访渠道,让群众话有处说,理有处讲,事有人管。对重点信访人员和群体做到领导包案、专班稳控,以更严的作风、更实的措施维护了社会大局稳定,为创建平安凤凰洲形成良好的局面。同时,邀请国家级心理咨询专家不定期到社区为生活失意、心态失衡的人群开展心理辅导,加强人文关怀和心理疏导;推动“三官一律”进村(居)开展矛盾纠纷化解、法律咨询、法律援助、普法宣传等。通过努力,凤凰洲管理处还建房小区平安创建工作取得良好效果,发案率逐年下降,近年来未发生一起偷盗案件,无一起民转刑事案件,居民的安全感和满意度得到极大提升。凤凰花园社区荣获“全国民主法治示范社区”称号,凤凰家园VR智慧平安小区入选南昌市市域社会治理创新案例,凤凰村被评为省级红色名村、凤凰洲管理处被评为全省“七五”普法先进单位。

【民生工程】 2021年,凤凰洲管理处民生工作紧紧围绕目标任务,压紧压实责任,通过加强组织领导、资金保障、目标管理、制度创新等举措，全力推进各项民生工程实施。一是扎实开展社会救助工作精准化，在脱贫解困工作领导小组的指导下，持续有效开展脱贫解困工作。摸清底数，开展困难群众排查。累计受理辖区8户21人社会救助申请，启动1次紧急救助体系，为辖区一例白血病儿童加快受理、上户、审批进程，单人立户纳入低保，解决了患儿医疗支出大的难题，受到患儿家属的好评，特地送来锦旗以示感谢；落实应保尽保、应退尽退原则，开展年审动态管理，累计发放社会救助资金79.9338万元。二是严密落实社会救助，填补社会救助短板，开展临时救助，开展救助8人次，救助资金5.2万元。三是积极推进残疾人事业，为残疾群众办实事，上门为9名残疾人办理残疾证；完成重度残疾人无障碍改造5户；为3名听障残疾人解决了通信难题；为辖区8名贫困重度残疾人进行了自理能力评估，发放居家照料护理补贴3640元；为辖区2名贫困残疾学生和贫困残疾人家庭子女申请助学补贴，发放补助金额3000元；全年累计发放残疾人两项补贴资金15.83万元。

【政治建设】 2021年，全面推进辖区17个村场社区党支部完成“三化六好”提质增效阵地建设，指导丛一楼党支部高标准打造党员活动室、党建文化长廊、红色书吧、“仰望星空，脚踏实地”主题红色阵地，有力推动了格兰云天、招商积余等非公企业党建工作，与企业发展齐头并进。落实管理处党委中心组集中学习计划，全年共组织中心组学习18次，灵活运用“学习强国”App等多种媒介，创新教育方式，做到工作人员、直管党员全覆盖。依托各村场社区党群服务中心“8+N”功能布局载体，开展各类主题党日活动200余次，为社区党员服务、联系群众拓宽了渠道。认真做好党员发展、党费收缴、党员档案整理等工作，全面推进党员档案规范化建设。发展党员26名，完成全年发展任务100%，每月按时收缴党员党费，严格执行“三会一课”制度，推进“两学一做”常态化，结合党史学习教育组织开展“书记讲党课”、四史学习、习近平总书记“七一”重要讲话精神等一系列理论宣讲活动。全年转接党员党组织关系90余人次。按照市委、区委关于开展农村发展党员专项核查工作的要求，对中共十八大以来党组织关系转入凤凰洲管理处党工委发展的党员进行专项核查，共核查71名党员档案。17个基层党组织完成了党组织服务群众专项经费申报工作，17个单位共申报89个项目。按照“区域相同、楼栋相连、居住相邻、行业相近”的原则，推进网格党支部的建立，配齐配强专兼职网格员队伍，全处17个村场社区在128个网格上建立党支部，共纳入1183名各行各业党员，实现服务群众零距离。组织观看警示教育片，学习各类通报19次。针对重点工作开展监督检查90余次，下发督查专报18个，发现问题106个，已督促整改106个。围绕“转作风 优环境”活动年作风建设监督问责专项行动工作，出台相关工作方案，聚焦七大监督重点，召开3次工作调度会，确保专项整治工作抓深抓细抓实。活动开展以来，开展明察暗访50余次，对发现的问题认真处理，通报11次，通报批评15人。

【推动基层党建工作全面进步】 2021年，坚持“提高组织效能、抓好党建发展”的工作思路，以高质量党建凝聚强大合力，以党史学习教育为契机，以“我为群众办实事”为载体，不断增强基层党组织创造力、凝聚力和战斗力，把基层党建作为贯彻落实省委、市委、区委有关精神的必然要求，推动全处党建工作全面提升。围绕“党建引领，共建共治共享”的工作思路，按照辖区18个大网格128个小网格划分，着力构建社区、共建单位、“两新”组织(新经济组织和新社会组织)等全覆盖的基层党建工作网络，在协商民主、政策宣传、志愿服务等方面积极探索党建引领社区治理新模式。

【加强和改进意识形态领域工作】 2021年，凤凰洲管理处党工委坚持以党建为统领，认真贯彻落实意识形态工作责任制，坚持党管意识形态不动摇，牢牢把握意识形态工作主导权，积极研究和探索新形势下意识形态工作的特点和规律，以宣传思想工作为载体，加强和改进意识形态领域工作。成立凤凰洲管理处意识形态工作领导小组，确定专职工作人员，制定《凤凰洲管理处贯彻落实〈党委(党组)意识形态工作责任制实施办法〉的若干措施》，为辖区意识形态工作的开展夯实了基础。突出政策理论宣贯，通过党工委中心组学习、新时代文明实践理论宣讲、主题党日等方式，开展学习宣传贯彻各类会议精神及习近平总书记视察江西时重要讲话精神等政策、讲话、指示100余次。

【打造红色党性教育基地】 2021年，对凤凰洲牛行车站展示馆、建军雕塑广场等进行统筹规划和布局，连点成线，连线成片，把凤凰村打造成集红色教育、红色讲堂、红色旅游于一体的红色党性教育基地，把红色名村建设与基层治理相结合，助推基层党建全面提质增效。凤凰村先后被评为省、市级红色名村，红色名村阵地的打造受到新华社的报道。结合庆祝中国共产党成立100周年活动，走访辖区老党员、困难党员，颁发“光荣在党50年”纪念章53枚。

【抓好基层党组织换届工作】 2021年，17个基层单位全部按方案要求依序开展换届工作(由于历史遗留问题，昌北农场只进行党组织换届)。通过党组织换届一共产生17

名村(社区)党组织书记,17名村(社区)党组织副书记和25名委员,100%实现书记、主任一肩挑。加强业务培训,提升业务水平,换届之后开展各类专题培训4次,并及时开展换届"回头看",狠抓谈心谈话,特别是对初次担任"两委"班子的干部,要求转变身份担起职责。通过加大走访力度、丰富组织生活等举措,完成珠江路社区软弱涣散组织整改工作。全年主持召开党工委会议30余次,党建工作例会4次,研究部署党建工作。以基层干部作风整顿为契机,组织红谷连心会3场,开展民情家访走访群众2500余人,收集意见建议680余条,办结率99%。

【做好信息宣传报道工作】 2021年,完善管理处微信公众号"三审三校"制度,推送原创信息300余条,以正面宣传为主,为社会公众了解管理处工作动态发挥了重要作用;挖掘和宣传日常工作中涌现的新举措、新动态,加强与中央、省、市各级媒体的对接,媒体报道100余次。以党史学习教育为契机,累计送学60余人,组织党员干部集体研学80余次,开展红色走读20余次、群众性微宣讲活动60余次、志愿服务活动200余次、中国共产党成立100周年系列文娱活动40余次,走访市场主体3500余家,推动学习教育与业务工作两促进。积极开展"我为群众办实事"实践活动,深入一线开展走访调研50余次,走访群众百余人,各村场社区49个"我为群众办实事"项目全部完成;处级6项重点民生项目均已完成销号,得到群众一致好评。积极开展志愿服务活动,依托新时代文明实践站等基层阵地,通过清洁环境、爱老敬老、政策宣讲、扶贫帮困等多种形式,开展各类志愿服务活动210余次,参与群众5000余人次,在潜移默化中教育引导广大市民更加自觉地维护民族团结和社会稳定。积极建设清朗网络空间,营造风清气正的网络环境。

【推进新时代纪检监察工作高质量发展】 2021年,凤凰洲管理处纪工委认真贯彻落实中央纪委、省纪委、市纪委及区纪委的决策部署,聚焦主责主业,强化监督执纪问责,推进处纪检监察工作高质量发展,着力构建风清气正政治生态。全力推动"两个责任"落实。认真开展政治谈话,紧盯"一把手",兼顾"全覆盖",对处管干部政治谈话79人次。抓实处党工委书记履行全面从严治党主体责任现场会制度,研究解决问题15个,开展履责约谈22人次、任前谈话12人次、家访政治监督6人次,做到常监督常提醒。全力督促整改巡视巡察反馈问题,对市委巡察整改工作回头看发现的5个问题,推动整改见实效。突出政治监督定位,聚焦上级重大决策部署及处重要工作要求,围绕疫情防控、防汛、文明创建等工作,开展监督检查100余次。通过常态化监督检查,充分发挥监督保障执行、促进完善发展作用,对发现的问题,督促整改落实,有力保障政令畅通,坚决做到"两个维护"。聚焦重点,加强节日廉情监督,认真开展"转作风 优环境"活动年作风建设监督问责专项行动,抓好转作风提效率树形象专项整治,推动作风大转变、效率大提升。

【加强纪检监察队伍作风建设】 2021年,强化纪检监察干部队伍建设,做到打铁必须自身硬,把对党忠诚放在政治建设首位,树牢"四个意识"、坚决做到"两个维护"。切实强化业务培训,有力提升纪检监察队伍能力素质。凤凰洲管理处监察室明察暗访50余次,对发现的问题通报14次,通报批评22人。一体推进"不敢腐、不能腐、不想腐"。严格执纪问责。站稳人民立场,聚焦群众身边不正之风和腐败问题,立案4件,党纪处分3人,解聘1人。加强"三资"监管。开展集中整治,推动制度建设,进一步规范农村集体资金、资产、资源管理,深化"清廉村居"建设。不断推进凤凰村集体资产股份制改革工作,积极部署清廉村居有关工作,切实加强反腐倡廉宣传教育,不断提升党员群众廉洁意识,塑造风清气正的清廉凤凰村。强化廉洁教育,做好纪律审查"后半篇文章",先后开展警示教育会6次。进一步提升宣传教育质效,上稿各类新闻信息稿件26篇,处纪工委制作的《监督向基层延伸的新探索——纪小察成长记》短视频在"廉洁江西·初心不改"廉政微视频征集活动中被省纪委通报表扬。强化自身监督,自觉接受监督,防止出现"灯下黑"。荣获"全区扫黑除恶专项斗争优秀集体"称号。

【打造高素质社区工作者队伍】 2021年,坚持以人才培育为保障,打造作风正、能力强的社区工作者队伍。通过健全完善社区工作者培养、评价、使用、激励措施,打造一支知识化、专业化、年轻化的社区队伍。鼓励和支持社区工作者参加社会工作职业水平考试,推进现有社区工作者逐步提升工作能力和工作水平。至年底,全处取得初级社工证的36人、中级社工证的8人。同时,按照公正公开、注重实绩的原则,完善科学有效的社区工作者考核评价体系,把群众满意度作为考核的主要内容,考评结果作为岗位调整、绩效和年终奖励的重要依据,着力打造一支结构合理、素质优良、服务优质、充满活力的社区工作者队伍。

【"1+5+X"邻里中心建设】 2021年,以提升社区服务能力为目标,着力打造星火社区"1+5+X"邻里中心。累计投入资金173.6万元,建成以党建为引领,集养老、文化、医疗、托幼、商业为一体的15分钟居民生活圈。结合2019—2020年打造的3个邻里中心,完成凤凰洲片区内"15分钟生活便利圈"全覆盖,极大地提升了居民对居住环境的满意度。

【深化“马路本色”行动】 2021年，按照“马路本色”作业标准，对主次干道进行全天候、无缝隙、全覆盖循环保洁，完成道路保洁面积约3019万平方米，冲洗、机扫覆盖率达90%，对辖区公厕实行专人负责全日制保洁制度，累计消杀7164次。全面加大“门前三包”工作责任落实力度，共与辖区单位、个体商户签订“门前三包”责任书、三角牌346份，累计上户检查1.2万次。

【规范垃圾分类工作】 2021年，为深入推进全区居民生活垃圾分类工作，根据市、区垃圾分类工作部署及要求，凤凰洲管理处进一步规范集中收集点建设及分类收运管理，配备分类投放设施，宣传引导正确分类投放。至年底，完善17个社区垃圾分类配套设施建设，设置垃圾分类集中投放亭96处，更换垃圾分类收集容器1315个，全年清运生活垃圾约2.9万吨。

【铁路沿线及河湖环境整治】 2021年，为着力改善铁路沿线及乌沙河沿线水面环境面貌，对铁路京九沿线菜地、棚屋、杂物开展集中整治，累计清理菜地面积约1.3万平方米，拆除棚屋约50余平方米，清理垃圾杂物约15吨，回填坑洼地块土方共2万余立方米。清理乌沙河沿线各类垃圾约6吨，集中整治河堤“乱种菜、乱搭棚”问题，共铲除违规菜地1.1万余平方米，拆除菜棚3个，有效杜绝河堤混乱现象，确保河湖环境“清四乱”工作落实到位。

【燃气安全隐患排查】 2021年，为切实做好辖区内燃气安全工作，有效防范遏制各类燃气事故发生，在辖区内开展燃气安全隐患排查工作。对辖区内餐饮店下达整改单210张，共发现燃气隐患问题300个，并解除13处管网压占隐患整改项目。通过排查整治，辖区燃气隐患问题得到较大改善，群众的燃气安全意识得到提高。

【城市路面环境整治】 2021年，为树立城市良好形象，维护整洁有序的市容环境，改善市民出行环境，严格执法，共取缔占道和流动摊点3078处，劝导规范出店经营2021余家，规范围挡134处。为确保违建“零增长”目标，对违建乱占行为加大查处力度，共拆除违章建筑104处约2830.5平方米。为解决出店经营、占道经营，流动摊点影响交通、污染环境等问题，加强餐饮行业油烟污染防治监督管理，对辖区餐饮经营单位日常运行、设施设备等方面进行巡查，累计巡查300余家餐饮企业。

【“飞线”整治】 2021年，对辖区主次干道及社区空中通信网络、有线电视、治安监控、供电线缆等各类架空线缆情况进行排查，将城市“蜘蛛网”和“飞线”充电整治工作有机融入、一体推进。加强宣传、强化管控，广泛开展安全隐患宣传教育，提高市民安全意识，将乱拉滥接、“飞线”充电整治工作持续化、常态化。共整治辖区凤凰小区、凤凰花园东区、凤凰花园西区强弱电捆扎、进户约3900米，楼面穿洞410栋。建立健全数字案件处置制度和联动机制，做到及时派遣、及时处置、及时协调，共处置数字化案卷45004条，有效处置率达97%。

【持续开展文明城市创建工作】 2021年，分别成立以党工委书记雷鸣为总负责人，党工委副书记、主任王雯为总指挥，党工委副书记邬江华为常务副总指挥，党工委委员、副主任章媛、晏洲庄和党工委委员、纪工委书记盛俊为副总指挥的创建文明城市指挥部。创文明城市下设综合协调组、实地达标组、材料申报组、宣传工作组、问卷调查组、作风问责组6个工作小组及团委工作专线、残联工作专线、公益广告工作专线等15条工作专线。成立一支创建文明城市应急突击队。组织处干部、社区干部、物业召开创建宣传动员大会，并利用社区广播、宣传专栏、有奖问答等多种形式向住户广泛宣传创建文明城市精神，发放《给居民一封信》2.9万余份，问卷调查返回率达到100%，知晓率95%以上。处创建办联合社区、物业针对市创建全国文明城市指挥部办公室督查通报内容，举一反三积极做好整改工作，确保复核不扣分。创建办联合社区、物业针对市、区级第三方测评，积极做好整改工作，将整改内容归档装订成册并将电子稿报送区创建办。各部门按挂点原则在社区反复开展环境综合整治工作，恢复绿化面积；清除建筑渣土、垃圾杂物、牛皮癣；更换破损的消防玻璃；通过增画机(非)动车线路，规范机(非)动车停放。凤凰洲管理处长江路社区荣获“红谷滩区创建全国文明城市先进单位”称号。

【提高公共卫生服务水平】 2021年，辖区已婚育龄妇女5564人，期内出生333人(男166人、女167人)。凤凰洲管理处卫计办围绕全面落实“健康南昌”建设工作的要求，进一步促进生育政策与相关经济社会政策配套衔接，积极完善家庭生育的制度体系、婴幼儿照护服务体系、人口监测和家庭扶助保障体系的建设。优化生育政策，完善配套体系，强化监测体系。协调推动生育配套政策落实，优化完善优质生育服务模式。推动生育政策与社会政策配套衔接，落实各项惠民政策，围绕各级“放管服”简政便民要求，全面落实生育相关证件各项便捷模式。完善提高覆盖全人群、全生命周期的监测体系监测信息质量，切实提高全员人口信息质量和信息准确率、及时率，基本实现了信息互通、信息共享的良好局面。落实奖扶政策,优化保障体系。全面落实计生家庭奖扶制度,深入推进计划生育特殊家庭落实联系人、家庭医生签约服务和优先便利医疗服务“三个全覆盖”制度。至年底,农村奖励扶助15人,发放扶助金1.8万元;特扶伤残9人,发放扶助金5.4万元;特扶死亡13人,发放扶助金13.26万元;特扶家庭一次性抚慰金2人1万元;发放凤凰洲辖区城镇独生子女父母奖励1135人,发放115.57万元。严格落实各项利导政策,精准施策,开通就医绿色通道,成立凤凰洲管理处计生协会志愿服务组织。落实0—3岁婴幼儿托幼机构服务,提高标准化母婴设施建设,提升妇幼保健服务。积极对接辖区内的托育机构,开展宣传备案,发挥政府与机构的桥梁作用,在辖区大型公众场所普及母婴设施,推进铜锣湾T16购物中心、省三馆、江西医院等母婴室标准化建设,积极开展优生优育、生殖健康、避孕方法知情选择、出生缺陷综合防治等宣传服务工作,提高群众对药具知识的知晓率。

【提升爱国卫生工作水平】 2021年,为切实加强各项爱国卫生工作,做好健康教育、爱国卫生运动的宣传发动,做好老年人、慢性病人的关心关爱工作,评选健康家庭20户、打造健康示范社区2个。从严抓实抓细疫情防控各项工作,为管理处打好疫情防控阻击战构筑起牢固的防线,坚决守住疫情不反弹、不扩散的底线,从严从早落实,压紧压实责任。

【加强房产管理工作】 2021年,以“保障民生,服务为民”为宗旨,分工协作,齐抓共管,求真务实,扎实推进,抓紧抓好住房保障、物业管理、房屋安全隐患排查整治等关系人民群众切身利益的难事、大事、急事,促进凤凰洲安全稳定。公共租赁住房保障方面,受理已购经济适用房上市交易及转完全产权业务10户;督促辖区125户中签公租房家庭收缴住房租金;做好辖区9户低收入家庭及11户低保家庭住房租赁补贴季度发放工作,对辖区112户低收入家庭变更情况重新审核。物业考核方面,严格按照《江西省物业管理条例》《南昌市物业管理条例》的相关要求,对全处片区19家物业服务企业、27个住宅小区开展日常监管督查及消防安全隐患排查工作。投诉受理方面,全年受理“12345”等平台投诉324起,及时解决处理率93%,对业主之间的纠纷以及房屋质量等问题引发的各类投诉做到件件有答复。业委会政策指导方面,指导丰和新城、天赐良园、香逸澜湾等9个小区开展业委会换届选举工作。还建房管理方面,紧密对接住建局辖区还建房屋维修和电梯更换及维修维保工作,对辖区凤凰花园东区、西区、三期、四期还建房屋存在的安全隐患质量问题进行排查摸底。推进民生工程方面,经区政府常务会研究,已同意拨付凤凰花园三期电梯采购、四期还建房外墙及屋面维修专款费用,于年底在省公共资源交易平台发布凤凰花园三期电梯更换、安装一体化项目招标公告。农房安全管理方面,按照省、市、区有关文件精神和工作要求,对凤凰小区140栋自建房屋进行全面摸排,对其中90栋经营性房屋地基、承重墙、混凝土柱、外墙脱落等存在安全隐患情况及房屋产权人信息进行采集评估鉴定,对其中50栋房屋住户进行消防安全生产知识宣讲。经房屋安全鉴定和评估,所有房屋鉴定为B级。

【严格落实林长制】 2021年,按照中央、省、市、区农业农村工作的有关精神和要求,深入基层、求真务实、齐抓共管,不断推进农业农村工作再上新台阶。为切实有效开展森林防火工作,重新修订《凤凰洲管理处森林防火应急预案》,确定以“一把手”为组长的森林防火指挥部领导小组成员及职责,组建新一批森林防火突击队名单。根据林长制工作职责,召开林长制工作和森林防火工作会议,落实国家重大节假日森林防火值班制度,督促辖区日常森林防火宣传和村级巡山工作及野外用火治理及违规用火排查工作。同时,落实各项林业经费和农业经费,为有效保护辖区生态安全提供资金保障,年内清理松材线虫疫木332棵,其中保利317棵、凤凰村15棵;组织人力认真对辖区河堤沿岸、辖区休闲小公园及荒地进行巡查,对“一枝黄花”进行人工铲除清理,确保不留死角,发现一处、治理一处,以此有效控制其蔓延,遏制其对生态环境的威胁。全年清理“一枝黄花”投入机械86小时,人工350余人次,并积极做好“一枝黄花”防控工作的宣传,引导全体社会力量共同参与。

【修复长江生态环境】 2021年,为贯彻落实习近平生态文明思想和“要把修复长江生态环境摆在压倒性位置,共抓大保护、不搞大开发”的重要指示精神,配合区护渔队对赣江及其支流进行巡查,清理非法网具,整治违规渔船、劝阻违规垂钓行为40余次,利用电子屏、微信等方式,开展禁捕宣传工作,普及垂钓知识和渔业保护常识,发放宣传册、宣传画报300余份,同时按相关规定发放退捕渔民社保补贴,联合人社所做好退捕渔民就业帮扶工作,确保退得出、守得住。

【优化投资环境】 2021年,通过不断改进机关作风建设,促进投资环境优化。便民服务中心与纪检共同对本处服务窗口及工作人员进行打卡、考勤、请销假等考勤考纪管理。重点查“窗口”作风建设,杜绝“门难进、脸难看、话难听、事难办”现象出现。通过服务再提升专项行动找差距补不足,确保群众办事只进一扇门,顺利便捷办成事,不断优化管理处营商、居住环境。全年成功办件6914件,群众满意率达99.65%,初步实现系统覆盖区域政务服务“一窗受理”“一网通办”和企业群众办事“只进一扇门”“最多跑一次”的高效办理流程。确保政务服务不掉链,疫情特殊期间采取为民办事日报制,并引导大家尽可能地采取网上政务服务方式。做好大厅体温测量工作,加大对大厅公共区域的清洁与消毒力度,每天早晚定时通风,降低疫情风险。会同相关部门不定期到村(场)、社区便民服务站点进行服务工作督查。推进政务标准化。通过江西政务服务网公布权力清单24项和责任清单24项,公共服务清单19项,确保阳光透明,接受社会监督。制作和公开标准化办事指南和办事流程,充分利用“互联网+政务服务”和“赣服通”移动政务平台,提高网上办事率。

【妥善解决拆迁历史遗留问题】 2021年,顺利解决了华夏艺术谷项目、省港航管理局事务中心地块、24户住房困难户申购安置房等管理处征迁历史遗留问题。根据《关于印发红谷滩区征迁工作调度会议纪要的通知》精神,明确凤凰新村垃圾中转站异地重建由区城环局统筹安排。经凤凰洲管理处与丰和新城二期开发单位南昌绿苑房地产开发有限公司(以下简称绿苑公司)、区城环局协商,由绿苑公司购买1台后装式压缩垃圾车赞助给红谷滩区,并调拨给凤凰洲管理处城管办使用,区城环局调拨1台,用于替代项目地块内的临时垃圾中转站。拆迁办积极与区城管局、供电部门和丰和新城项目开发单位协调对接,解决了凤凰新村垃圾中转站拆迁、专变和供电迁移及临时垃圾站设置等问题,保障了项目单位如期顺利开工建设。2021年是管理处巡察审计整改年,为做好巡察审计后半篇文章,抓好整改落实,拆迁办以问题为导向,以高度的政治敏锐性和饱满的“精气神”,对巡视巡察审计所发现的问题认真梳理,加以整改,录入拆迁档案2893份,核查安置房源4682套,安置面积46.53万平方米;全年催缴拆迁结算款项3200余万元,结算率75%;累计共清理安置房源216套,清理完成率100%。根据《关于做好第二批区属历史遗留问题房屋产权办理工作的通知》工作要求,配合区城投公司,对接区财政局,核查摸底管理处安置房小区所涉公建面积3万余平方米,厘清国有资产权属,确保了区城投公司及时对部分公建房产在政策窗口期办理产权登记手续。配合区自然资源局、管理处经发办做好对凤凰洲片区祥瑞路以南赣江北大道以西地块(HGT103-A09-06地块)1.75公顷国有建设用地使用权净地出让工作。6月4日,区农业农村局函告管理处:太子庙地段乌沙河丰和联圩管理范围内的一处木质结构危房(平房),屋内有一对老年夫妻常年居住,存在重大安全隐患。经调查,该木质结构房屋始建于2008年,管理处高度重视、压实责任,指定干部包案、专人负责,与凤凰村委会立即将危房内居住人员转移,并对存在重大安全隐患的木质结构危房实施拆除。

(范　青　熊慧君　魏颖钦　余亚蓝　马红娜　程晓庆　薛　莹　郭名勇　蔡　芹　周　琦　钟春花　裘友思)

九龙湖管理处

【概况】 九龙湖管理处(以下简称管理处)位于九龙湖新城核心区域,东至赣江南大道,西沿枫生快速路,南至北龙蟠街,北至西站大街,区域面积26.92平方千米。管理处于2008年5月正式挂牌成立,下辖4个行政村(安丰村、富乡村、斗门村、渔业村)、2个管理站(源岗管理站、下堡管理站)、12个社区(悦城东、悦城西、安丰花园、富源花园、广源南、广源北,明珠、博鸿、博玺、博海、新琚花园、西站瑞都),户籍人口2.6万余人。

2021年,九龙湖新城打造成以商务商贸、生态科技、文化会展、旅游为主导的现代新城。九龙湖城市框架已全面形成。辖区主要有以下特点:区位优势独特。全省综合交通枢纽南昌西站、南昌长途汽车西站坐落于此,22条市政交通路网全线通车,地铁2号线、地铁4号线横纵交织,拥有便利的交通和优越的地理位置。生态环境优美。九龙湖新城注重对自然环境的保护,运用“反规划”的设计理念,突出生态、智慧、低碳特色,形成主、次脉加支脉犹如绿叶状的生态绿地景观系统。总面积280公顷的九龙湖公园是南昌公园最具“城市绿肺”的公园。投入10.6亿元的赣江市民公园四期景观工程正在加速建设,一座绿色、生态、宜居的现代新城雏形初现。产业发展迅速。全球首个城市级VR产业基地投入运营,中国中南部最大的国际会展中心——南昌绿地国际博览中心,年客流量超百万人次,推动红谷滩区商贸会展业迅速繁荣,赣商大厦、平安国际金融中心等省、市、区重大重点项目抢滩入驻,已成为社会抢滩投资的热土。配套日臻完善。辖区教育、医疗、商业等一系列生活配套项目稳步推进,教育资源有外国语学校、腾龙学校、红谷教育集团鹰潭街校区、安丰花园幼儿园、富源花园幼儿园、九龙明珠幼儿园;医疗资源有江西省妇幼保健院九龙湖分院,南昌市第一医院九龙湖分院正在抓紧建设中;生活配套有悦城农贸市场、新琚农贸市场及卢塞恩小镇夜市。九龙湖新城自2012年开发建设以来,辖区已落地西客站、绿地国际博览城等省、市重大重点项目24个,现有市民中心、市第一医院等在建项目40个,规划待建项目7个。

【经济发展】 2021年,沉着应对疫情形势不利影响,瞄准年初既定经济指标,紧抓发展“牛鼻子”,紧抓项目建设“龙头”,围绕抓经济发展、抓项目建设、抓营商环境,统筹做好稳增长、促发展、惠民生等方面工作,全力以赴推动经济高质量发展。围绕推动经济高质量发展目标,扎实开展“企业大走访”行动,深入写字楼、沿街商铺,全面摸排空置楼宇和沿街商铺面积、项目工地建筑企业数量、企业和个体户在地经营情况,排查出注册地在辖区的企业1538家、个体户1662家;摸排走访辖区国有企业20家,确认企业18家。通过“清楼扫街”挖存量,走访企业“扩增量”,对接落实一批项目抢滩进驻,服务一批企业商业落地见效;想方设法扩大税源,聚焦固定资产投资、服务业投资和社会零售消费品等重要指标,上报固定资产投资统计项目25个,固投新项目入库数5家,社消企业11家。围绕高水平保障项目建设,按时按质移交项目开发用地,为平安金融中心、九龙湖过江大桥等40余个重点项目保驾护航,助推新城建设积蓄强大势能。通过建立项目底册、完善联系机制,定期举办座谈会、恳谈会,走访慰问等有力措施,推进政企服务进楼宇,真正做到围绕发展抓服务,抓好服务促发展。围绕高标准优化营商环境,管理处实行党工委班子成员包联和部门联系责任制度,经常性到联系企业、项目单位开展调研走访,倾听企业利益诉求,帮助解决实际困难,全年为2家外贸企业申报、办理出口奖励27.57万元;全年新注册、新开工、新投产项目数5个,新增1家外贸企业。

【社会治理】 2021年,以平安创建为主线,紧紧抓住影响社会稳定的源头性、根本性、基础性问题,围绕安全与稳定两大纲要,压紧压实各方责任,全域推进社会治理和平安建设工作。以“安”字当头,从严扎紧安全生产网。将安全生产工作列入常态化工作,持之以恒对安全隐患排查整改紧抓不懈,扎实开展“打非治违”百日行动,严打建筑施工、危险化学品、特种设备、消防、城镇燃气等重点行业领域存在的安全生产非法违法行为。坚持常态化排查整治,强化住宅小区和项目工地的安全管理。持续排查整治外墙脱落、“飞线”充电、电动车违规入户、燃气安全等安全隐患问题。严格全面排查辖区范围老旧建筑、砖混结构居民楼,保障了辖区人民生命财产安全。启动九龙明珠、富源花园还建房外墙脱落维修项目。推动完善新琚花园消防安全整改,完成安装3000余个消防灭火器。强力整治完成华南城建材广场安全隐患问题,累计整治“三合一”场所95处。以“稳”字为诀,从严织密民安保障网。通过强化社会治安防控机制,圆满完成中国共产党成立100周年大庆、全国“两会”、中共十九届六中全会期间的维稳安保工作。加快构建智慧平安防控体系,扎实推进智慧小区及综治中心建设,完成安丰花园、富源花园智慧平安小区建设,接通安丰村等6个村站、明珠等8个新建社区的综治专网,有效完善人防、技防、物防紧密结合的治安防控机制。积极化解拆迁安置遗留问题,通过领导包案、压实责任,有效化解信访积案,对于解决不了的问题,认真做好接待及材料收集汇报等工作,全年保持安全生产“零事故”、赴京“零非访”的工作成果。

【民生工程】 2021年,全力推动党史学习教育走深走实、提质增效,对照“我为群众办实事”实践活动要求,不断深化实践运用,切实用心用情解决惠及民生的“急难愁盼”问题,保质保量推动民生项目落地生根。坚持担当实干促长效,聚焦打造一系列民生实事项目,提升惠民服务水平。持续开展安丰花园二期安置工作,压茬推进洽谈、抽签、安置结算各环节任务,全力推动完成空置房源整改任务1448套,安置总面积13.95万平方米,结算房屋397户,结算收回金额511.3万元,付款159.6万元。按时保质推进富源花园老旧小区综合改造提升项目。启动完成安丰花园邻里中心建设,启动运营已建成的邻里中心。精心打造悦城西、安丰花园、悦城东3个精品文化社区,以及广源南等3个科普示范社区。

【政治建设】 2021年,坚持党建引领,夯实阵地建设,强化政治建设,将政治建设摆在首位,坚定不移地推动基层党组织全面进步、全面过硬。全力推进“三化”建设提质增效,推动组织阵地更加完善,所有村站社区均配备超过300平方米活动场所,完成新琚社区、明珠社区、斗门村、富乡村4个党群服务中心建设。持续推进VR基地党群服务中心、博鸿博玺、新琚、九龙明珠社区党群服务中心“三化”建设提质增效,广源南社区党支部接受了市委组织部“六好”支部考核验收,获得上级领导好评。全力夯实思想阵地建设凝心聚力,持续筑牢意识形态防线,全面落实意识形态工作责任制要求,把意识形态工作纳入党建工作责任制,纳入领导班子、机关干部和村级目标管理的重要内容,纳入领导班子成员民主生活会和述职报告的重要内容。深入学习习近平新时代中国特色社会主义思想,坚决落实中央和省、市、区各级会议精神宣讲要求,邀请省委、市委党校专家学者深入宣讲习近平总书记“七一”重要讲话精神、中共十九届六中全会精神,全年共举办会议精神主题宣讲20余次。党史学习教育持续走深走实。紧密围绕转变服务作风、优化营商环境、强化民生保障等方面,开展“我为群众办实事”活动,把党史学习教育的学习成果转化为为群众办实事的具体行动。全力抓好作风建设强硬度,通过迅速传达学习贯彻全市警示教育大会精神,坚决整治“怕、慢、假、庸、散”等突出的作风问题,以严肃认真的态度做好省委巡视涉及问题的整改,为各项工作提供纪律保障。

【城市建设管理】 2021年,作为红谷滩区“二次开发”主阵地,九龙湖新城坚持建设与管理并举,通过聚焦短板与弱项,实施精准攻坚,将城市建管与文明创建融合齐抓,深化环境综合整治,探索城市建管精细化、规范化,不断提升新城品位,精工细琢“绣”城颜。坚持突出整治提升环境,通过集中整治、日常整治与专项整治相结合,以绣花般的细心、耐心和匠心,持续在全域推进环境整治提升。在重点区域整治方面,突出西客站、绿地国际博览中心、VR产业基地等窗口点位和还建房小区环境整治,持续开展路面破损、户外广告、共享单车等专项整治;累计完成好省市重大活动线路保障20余次,保障2021世界VR产业大会、全省双创活动周、南昌市2021年第三季度重大项目集中开工活动的胜利召开,推进辖区市容环境与管理秩序“双提升”。在违章搭建整治方面,从严从速做好违章搭建整治,常态化抓好“拆违拆临”,累计拆除违章搭建79处、面积约2.14万平方米,有效遏制了违法建设行为。在生态环境整治方面,保持水环境、大气污染防治、餐饮油烟排放、噪声扰民、秸秆垃圾焚烧等重点领域治理的高压态势,坚决打好环保攻坚战。强力整治违规菜地,集中对辖区主次干道、重点区域、城乡接合部、铁路沿线、高架桥周边、河道水渠、收而未动、拆而未用、供而未建土地及绿化用地毁绿种菜现象进行整治,累计清理违规菜地39处。

【深化文明城市创建工作】 2021年,坚持将深化文明城市创建作为提升城市管理能力和治理水平的有力抓手,推动环境整治、服务保障、宣传氛围、市民素质“四大提升”工程,文明城市创建实地考评排名保持全区前列。全年通过聚焦测评标准、狠抓重点区域整治、深入开展“入户大走访”活动,推动辖区城市环境面貌大提升。整治主次干道、背街小巷、农贸市场、交通场站等薄弱区域,全年累计清理楼道堆积物167.7吨,清理垃圾广告1.95万条,粉刷脏污墙面2289.6平方米,修复损坏绿化带1412平方米;合理施划停车泊位,累计施划非机动车停车泊位线15.6千米。

【坚持疫情防控常态化】 2021年,筑牢疫情防控屏障,坚持疫情防控常态化,严格按照“外防输入、内防反弹”总方针,实行属地闭环管理,强化重点人员排查管控,筑牢疫情防控基层屏障。通过强化排查手段运用,启动数字化疫情防控,全年累计完成数据筛选比对1.4万余条,拨打电话9000余个。通过扎实推进疫苗接种工作,持续做好疫苗第一、二针剂接种“清零”及第三针剂攻坚行动。全年累计完成第一针疫苗22791针剂;完成第二针疫苗22791针剂,排名位列全区第一;完成第三针疫苗8298针剂。

【持续深化“放管服”改革】 2021年,深入推进“简政放权、放管结合、优化服务”改革工作,严格按照上级部署要求,多措并举推动营商环境再优化。持续推动政务服务“一次不跑”和“只跑一次”,全年累计受理咨询3545人次、事项2665件(其中受理即办件2476件、代办件189件),办结率100%。实行延时、错时、预约、就近、上门代办及24小时自助服务,开展预约服务18件,延时错时服务47件。

【深入推进文化志愿服务活动】 2021年,坚持深入开展文化志愿服务活动,通过创立志愿服务品牌、建立志愿服务队伍,立足辖区19个新时代文明实践阵地(1个所、18个站),广泛开展各类文化志愿服务,教育引导辖区青少年儿童树立正确价值观。创建“圆梦微心愿”“童心向党 爱创未来”“有你有我 一起阅读”等7个志愿服务项目;创建“小荷叶课堂”“金秋文化志愿”“关爱护苗”3个志愿服务品牌,小荷叶课堂获得区最佳志愿服务项目。

【做好社会保障服务】 2021年,围绕就业、讨薪、劳动纠纷等问题,切实关注关心群众实际困难,全力做好社会保障服务,大力推动就业,新增城镇就业人数442人,帮助93名失业及就业困难人员实现就业;做好创业帮扶和民工工资追缴清欠工作,完成帮扶小额贷款550万元,累计处理解决33起欠薪投诉,为263人讨回457.19万元工资。

【收集民意诉求】 2021年,通过用好活动平台,倾听群众心声、收集民意诉求、回应群众关切,通过与群众面对面交流谈心,倾听群众心声、收集民意诉求、回应群众关切,收集意见建议35条,解决具体问题诉求17条。

【加强意识形态工作】 2021年,全面落实意识形态工作责任制要求,把意识形态工作纳入党建工作责任制。坚决落实中央和省、市、区各级会议精神宣讲要求,邀请省委、市委党校专家学者深入宣讲习近平总书记“七一”重要讲话精神、中共十九届六中全会精神,全年共举办会议精神主题宣讲20余次。依托19个新时代文明实践阵地,持续开展学习实践科学理论、宣传宣讲党的政策、培育践行主流价值观、丰富活跃文化生活等主题实践活动,18个新时代文明实践站累计开展各类主题宣传活动220余场,发布相关稿件212余篇。舆论宣传持续加大。积极对接中央、省市级媒体,加大对外宣传工作力度,全年累计刊发报道180余篇,有效传播了九龙湖“好声音”。

(李志强)

人　物

红谷滩新区领导机构干部名录

周　亮　党工委书记(任至7月,8月退休)
任海斌　党工委副书记、管委会主任(任至9月)
符师勇　党工委委员、管委会副主任
万晓娟　(女)党工委委员、管委会副主任
邓越峰　党工委委员
黄学观　二级巡视员
吴国清　二级巡视员
罗小平　二级巡视员(12月退休)
李联明　一级调研员(2月退休)
邓　斌　社会事业发展局局长(任至8月)(2022年7月,涉嫌严重违纪违法,接受红谷滩区纪委区监委纪律审查和监察调查,下同)
张莲波　住房与城市建设局局长(任至8月)
余小标　财政局局长(任至8月)
唐　武　社会管理综合治理办公室主任(任至8月)
余　铭　机关党委专职副书记(任至8月)
涂咸高　纪工委副书记(任至8月)
熊　飞　金融服务中心主任(任至8月)
丁　菠　住房与城市建设局四级调研员(任至8月)

红谷滩区区级领导机构干部名录

中共红谷滩区委

周　亮　区委书记(任至7月,8月退休)
任海斌　区委副书记(任至8月)、区长提名人选(任至7月)
吴江辉　区委书记(7月任)
刘光荣　区委常委、副区长提名人选(任至7月),区长提名人选(7—10月),区委副书记(8月任),区长(10月当选)
万晓娟　(女)区委副书记
邱　胜　区委常委(任至8月)、统战部部长(任至9月),二级调研员
仇海泉　区委常委、副区长提名人选(8—10月)、副区长(10月当选)、政法委书记(任至9月)
刘昌华　区委常委、组织部部长(任至8月)
邓越峰　区委常委、宣传部部长
帅　志　区委常委、区纪委书记,区监委主任提名人选(任至10月),区监委主任(10月当选)
胡　军　区委常委、组织部部长(8月任)
陈　敏　(女)区委常委(8月任)、统战部部长(9月任)
唐　武　区委常委(8月任)、政法委书记(9月任)
邓　斌　区委常委(8月任)、副区长提名人选(8—10月),副区长(10月当选)
徐　咏　区委常委(任至8月)、区人武部政委(任至9月)
沈　平　区委常委(8月任)、区人武部部长(任至9月)、区人武部政委(9月任)

红谷滩区人大常委会

吴韶宸　党组书记、主任提名人选(任至10月),主任(10月当选)
李重苏　党组副书记、副主任提名人选(任至8月)
胡明清　副主任提名人选(任至8月)
刘明华　党组成员、副主任提名人选(任至8月)
吉　丽　(女)副主任提名人选(8—10月),副主任(10月当选)、党组副书记(11月任)
刘　琴　(女)副主任提名人选(8—10月),副主任(10月当选)
汤长才　党组成员、副主任提名人选(任至10月),副主任(10月当选)

王瑞芳 （女）党组成员、副主任提名人选（任至10月），副主任（10月当选）

威珊茹 （女）党组成员、副主任提名人选（任至10月），副主任（10月当选）

余小标 副主任提名人选（8—10月），副主任（10月当选），党组成员（11月任）

李传强 二级巡视员（10月退休）

王迪连 二级调研员（10月退休）

红谷滩区人民政府

任海斌 区委副书记（任至8月）、区长提名人选（任至7月），党组书记（任至11月）

刘光荣 党组副书记，区委常委、副区长提名人选（任至7月），区长提名人选（7—10月），区委副书记（8月任），区长（10月当选），党组书记（11月任）

仇海泉 区委常委、副区长提名人选（8—10月），副区长（10月当选），党组副书记（11月任），政法委书记（任至9月）

邓 斌 区委常委（8月任），副区长提名人选（8—10月），副区长（10月当选），党组成员（11月任）

杨雨晨 副区长提名人选（任至10月），副区长（10月当选）

陈 敏 （女）副区长提名人选（任至8月），党组成员（任至11月）

熊 锋 党组成员、副区长提名人选（任至10月），副区长（10月当选）

邬春华 副区长提名人选（任至8月），党组成员（任至11月）

钱 赛 副区长提名人选（挂职，任至9月）

张莲波 副区长提名人选（8—10月），副区长（10月当选），党组成员（11月任）

熊 飞 副区长提名人选（8—10月），副区长（10月当选），党组成员（11月任）

吴梅萍 （女）副区长提名人选（8—10月），副区长（10月当选），党组成员（11月任）

皮 斌 副区长提名人选（挂职，12月任）

余小标 党组成员（4—11月）

政协红谷滩区委员会

陶国强 党组书记、主席提名人选（任至10月），主席（10月当选）

罗少琴 （女）副主席提名人选（任至8月），党组副书记（任至11月）

邓万清 副主席提名人选（任至10月），副主席（10月当选），党组成员（任至11月），党组副书记（11月任）

刘文皓 副主席提名人选（任至10月），副主席（10月当选）

田 艳 （女）副主席提名人选（任至10月），副主席（10月当选）

吴一建 副主席提名人选（任至10月），副主席（10月当选）

刘国平 副主席提名人选（任至10月），副主席（10月当选）

罗贤明 党组成员、副主席提名人选（任至10月），副主席（10月当选）

魏小根 副主席提名人选（8—10月），副主席（10月当选），党组成员（11月任）

喻 玫 （女）二级巡视员

魏菊保 二级调研员

夏国生 二级调研员

区纪委、区监委

帅 志 区委常委，区纪委书记，区监委主任提名人选（任至10月），区监委主任（10月当选）

肖 璐 （女）区纪委常务副书记（8月任）

陈 勇 区纪委副书记（8月任），区监委副主任（12月任）

姜昌松子 （女）区纪委常委（正科级，4月任），区纪委副书记（8月任），区监委副主任（12月任）

刘林峰 区纪委常委（8月任），区监委委员（12月任）

邓 骏 区委巡察办主任（4—12月）

叶 剑 区纪委常委（正科级，4月任）

邓爱民 区纪委常委（4月任），区监委委员（12月任）

罗 深 区纪委常委（4月任）

吕 海 区纪委常委（4月任），区监委委员（12月任）

聂寒冰 区监委委员（12月任），副科级室主任（4月任）

陈 佐 区监委委员（12月任），派驻纪检监察组组长（4月任）

苏 丽 （女）副科级室主任（4月任）

李萍萍 （女）副科级室主任（4月任）

熊光耀 副科级室主任（4月任）

刘 超 副科级室主任（4月任）

王 辉 副科级室主任（4月任）

刘大兰 （女）副科级室主任（4月任）

涂伟玮 （女）派驻纪检监察组组长（4月任）

熊玉林 派驻纪检监察组组长（4月任）

刘 辉 派驻纪检监察组组长（4月任）

刘晓娟 （女）派驻纪检监察组组长（4月任）

方 建 派驻纪检监察组组长（4月任）

红谷滩区人民法院

姜卫民 党组书记（3月任），院长提名人选（任至10月），院长（10月当选），三级高级法官

红谷滩区检察院

杜迎春 （女）党组书记（3月任），检察长提名人选（任至10月），检察长（10月当选），三级高级检察官

红谷滩区区直单位领导班子成员名录

区委办公室

余　铭　主任(3—11 月)
邓　骏　负责人(9 月任),主任(12 月任)
符　强　正科级督查专员(4 月任)
江　奕　(女)副主任(4 月任)
谢兴东　副主任(4 月任)

区人大常委会机关

夏贤平　党组成员(6 月任),办公室主任(11 月任)
熊墨强　选任联工委主任(11 月任)
樊万良　监察司法和教科文卫委主任(11 月任)
熊卫东　农业和城建环保委主任(11 月任)
罗国珍　(女)法制委员会主任委员(10 月任)
赵　敏　财经委主任委员(10 月任)
胡世昇　社会建设委主任委员(10 月任)
熊琼珺　(女)监察司法和教科文卫委副主任(11 月任)
彭　兵　财经委专职副主任委员(10 月任)

区政府办公室

王云华　党组成员、办公室党组书记(4 月任),主任(12 月任)
刘　芳　(女)党组成员(4 月任),副主任(5 月任)
漆旎宜　(女)党组成员(4 月任),副主任(5 月任)
胡信斌　党组成员(4 月任),副主任(5 月任)

区政协机关

熊健峰　党组成员(4 月任),秘书长(10 月当选)
袁庐庐　办公室主任(10 月任)
梅彦武　(女)提案委主任(10 月任)
王明珠　(女)社法民宗委主任(10 月任)
章　炜　农业农村委主任(10 月任)
漆春云　(女)教卫文体文史委主任(10 月任)
涂继震　经科人资环境委主任(10 月任)
莫　讯　(女)农业农村委专职副主任(10 月任)
杨　怡　(女)教卫文体文史委专职副主任(10 月任)

区委组织部

刘昌华　区委常委、组织部部长(任至 8 月)
胡　军　区委常委、组织部部长(8 月任)
宋家俊　(女)常务副部长(4 月任)
刘红霞　(女)区人社局党组书记(4 月任),人社局局长(12 月任),副部长(兼)(4 月任)
朱　莎　(女)区委编办主任(4 月任),副部长(兼)
熊墨强　副部长(4 月任),区人大常委会选任联工委主任(11 月任)
赵　宇　副部长(4 月任)

区委宣传部

邓越峰　区委常委,宣传部部长
梅　蓉　(女)副部长(4 月任)
贾　潇　(女)副部长(4 月任)

区委统战部

邱　胜　区委常委(任至 8 月),统战部部长(任至 9 月)
陈　敏　(女)区委常委(8 月任),统战部部长(9 月任)
叶小群　常务副部长(4 月任)
罗春霞　(女)区工商联党组书记、副部长(兼)(4 月任)
周则河　副部长(4 月任)
齐　琦　(女)副部长(4 月任)

区委政法委

仇海泉　区委常委,政法委书记(任至 9 月)
唐　武　区委常委(8 月任),政法委书记(9 月任)
熊世英　常务副书记(4 月任)
熊世荣　副书记(正科级,6 月任)
李家忠　副书记(正科级,4 月任)

区委编办

朱　莎　(女)主任、区委组织部副部长(兼)(4 月任)
徐慧鹏　副主任(4 月任)

区委巡察办

邓　骏　主任(4—12 月)
梁　丹　(女)副主任(4 月任)

区委第一巡察组

魏发根　组长(4 月任)
王小燕　(女)正科级巡察专员(4 月任)
谢雪华　(女)副组长(4 月任)

区委第二巡察组

杜光明　组长(4 月任)
熊　艳　(女)副组长(4 月任)

区委第三巡察组

赖勇明　组长(4 月任)
裴　慧　(女)正科级巡察专员(4 月任)

区委信访局

周少鹏　局长(4 月任)

刘文光 正科级信访督查专员(4月任)
宋桂勇 副科级信访督查专员(4月任)
吴梦琼 (女)副局长(4月任)

区委党校(区行政学校)
万晓娟 (女)校长(4月任)
龚晓琳 常务副校长(4月任)
李 莹 (女)副校长(4月任)

区法院
姜卫民 党组书记(3月任),院长提名人选(任至10月),院长(10月当选),三级高级法官
陈小青 党组成员(正科级)、副院长提名人选(7月任)
魏丽丽 (女)党组成员、副院长提名人选(7月任)
刘许根 党组成员、政治部主任(7月任)
蔡小贞 (女)党组成员、执行局局长(7月任)
毛永忠 党组成员、审判委员会专职委员(7月任)
左莉娜 (女)审判委专职委员(7月任)

区检察院
杜迎春 (女)党组书记(3月任),检察长提名人选(任至10月),检察长(10月当选),三级高级检察官
夏 季 党组副书记(正科级)、副检察长提名人选(7月任)
谌鲤强 党组成员(正科级,12月任),副检察长提名人选(12月任)
蔡泽文 副检察长提名人选(正科级,7月任)
万怡佳 (女)党组成员、政治部主任(7月任)
涂鹤松 党组成员、检委会专职委员(7月任)

区总工会
王瑞芳 (女)党组书记(4月任),主席(10月当选)
申海鹏 党组副书记(4月任),常务副主席(10月当选)
王仪吉 党组成员(正科级,4月任),副主席(10月当选)
黄荣广 党组成员(4月任),副主席(10月当选)

团区委
王宇恬 (女)书记(12月当选)
吕梦萦 (女)副书记(12月当选)

区妇联
廖小萍 (女)党组书记(4月任),主席(12月当选)
彭 琼 (女)党组成员(4月任),副主席(12月当选)
吴 敏 (女)党组成员(4月任),副主席(12月当选)

区工商联
吴一建 区政协副主席、区工商联主席(9月当选)
罗春霞 (女)党组书记(4月任)
罗 成 专职副主席(9月当选)

区侨联
黄建新 党组书记(4月任),主席(10月当选)
张 焕 (女)副主席(10月当选)

区残联
贺学风 党组书记(4月任),理事长(12月当选)
雷先云 党组成员(4月任),副理事长(12月当选)
高 勤 党组成员(4月任),副理事长(12月当选)

区科协
俞卫花 (女)党组书记(4月任),主席(12月当选)
周 涛 党组成员(4月任),副主席(12月当选)

区红十字会
李世涌 党组书记(4月任),常务副会长(10月当选)
马千平 党组成员(4月任),专职副监事长(10月当选)
罗 敏 (女)党组成员(4月任)、专职副会长(10月当选)

民革南昌市红谷滩区总支部
蔡泽文 主委(8月任)
周丽敏 (女)副主委(8月任)
邓梓莹 (女)副主委(8月任)
王志明 副主委(8月任)

民盟南昌市红谷滩区支部
肖洪钰 (女)主委(8月任)
王国强 副主委(8月任)

民建南昌市红谷滩区支部
田 艳 (女)主委(8月任)
童燕华 副主委(8月任)

民进南昌市红谷滩区总支部
卢瑾萍 (女)主委(8月任)
刘 康 副主委(8月任)
肖亚军 宣传委员(8月任)
曾鸿杰 组织委员(8月任)
谢燕芳 (女)社会服务委员(8月任)
龚剑飞 联络委员(8月任)

农工党南昌市红谷滩区支部
刘绘芳 (女)主委(8月任)
罗 成 副主委(8月任)

九三学社南昌市红谷滩区支社

刘文皓　主委(8月任)
高　群　(女)副主委(8月任)
杨　薇　(女)副主委(8月任)

区发展和改革委员会

詹红跃　党组书记(4月任),主任(12月任)
周　磊　党组成员(4月任),副主任(5月任)
简耀华　党组成员(4月任),副主任(5月任)

区教育体育局

邓　斌　工委委员、书记(4—11月)
汪海燕　(女)负责人(9月任),工委书记、局长(12月任)
王　皓　工委委员(4月任),副局长(5月任)
赵春燕　(女)工委委员(4月任),副局长(5月任)

区科技和工业信息化局

王　强　党组书记(4月任),局长(12月任)
刘庆福　党组成员(4月任),副局长(5月任)
廖海根　党组成员(4月任),副局长(5月任)

区民政局

熊　林　党组书记(4月任),局长(12月任)
李　森　党组成员(4月任),副局长(5月任)
雷常月　(女)党组成员(4月任),副局长(5月任)

区司法局

周东亮　党组书记(4月任),局长(12月任)
徐府李　(女)党组成员(4月任),副局长(5月任)
熊佳佳　(女)党组成员(4月任),副局长(5月任)

区财政局

余小标　党组书记(4—11月)、局长提名人选(4—11月)
刘　峰　副局长(1—11月),负责人(9月任),党组书记、局长(12月任)
周东明　党组成员(4月任),副局长(5月任)

区人力资源和社会保障局

刘红霞　(女)区人社局党组书记(4月任),人社局局长(12月任),区委组织部副部长(兼)(4月任)
姜　涛　党组成员(4月任),副局长(5月任)
但志丽　(女)党组成员(4月任),副局长(5月任)

区住房和城乡建设局

张莲波　党组书记(4月任)、局长提名人选(4—11月)
丁　菠　负责人(9月任),党组书记、局长(12月任)
黄绍武　党组成员(正科级,4月任),副局长(5月任)
刘庆火　党组成员(4月任),副局长(5月任)
高赛妹　(女)党组成员(4月任),副局长(5月任)
占建权　党组成员(4月任),副局长(5月任)
李　强　党组成员(4月任),副局长(5月任)

区城市管理局

唐　武　党组书记(4—11月)、局长提名人选(4—11月)
李伟杰　党组副书记(正科级,6月任),负责人(9月任),党组书记、局长(12月任)
高成平　党组成员(正科级,4月任),副局长(5月任)
杨文广　党组成员(4月任),副局长(5月任)
张三怀　党组成员(4月任),副局长(5月任)

区农业农村局

杨楼勇　副局长(5月任),党组副书记(正科级,负责日常工作,4月任),党组书记、局长(12月任)
熊承满　党组成员(4月任),副局长(5月任)
刘道田　党组成员(4月任),副局长(5月任)
杨国庆　党组成员(4月任),副局长(5月任)

区商务局

洪　姗　(女)党组副书记(4月任),副局长(5月任),党组书记、局长(12月任)
李嫣丽　(女)党组成员(4月任)、副局长(5月任)
刘锡纲　党组成员(4月任)、副局长(5月任)

区文化广电新闻出版旅游局

钱　妤　(女)党组书记(4月任)、局长(12月任)
程　婷　(女)党组成员(4月任)、副局长(5月任)

区卫生健康委员会

李　媛　(女)工委书记(4—12月)
兰瑞强　负责人(9月任),工委书记、主任(12月任)
洪海滨　工委委员(4月任),副主任(5月任)
卢瑾萍　(女)副主任(5月任)

区退役军人事务局

付平平　党组书记(4月任),局长(12月任)
刘绘芳　(女)副局长(5—12月)
周兰洪　党组成员(4月任),副局长(5月任)

区应急管理局

单小健　党委书记(4月任),局长(12月任)
陈　寒　党委委员(4月任),副局长(5月任)
陈会团　党委委员(4月任),副局长(5月任)

区审计局

兰瑞强　党组书记(4—12月)
李　媛　(女)负责人(9月任),党组书记、局长(12月任)
刘　筠　(女)党组成员(4月任),副局长(5月任)
周晓梅　(女)党组成员(4月任),副局长(5月任)
熊　华　总审计师(5月任)

区政府金融工作办公室

彭晓辉　党组书记(4月任),主任(12月任)
高　群　(女)副主任(5月任)

区市场监督管理局

吉　丽　(女)党组书记(7—11月)
邵　华　(女)党组成员(正科级,7—12月)
邓必红　党组副书记(正科级,7月任),负责人(9月任),党组书记、局长(12月任)
曾纪松　党组成员(正科级,7月任),副局长(12月任)
肖　冰　党组成员(正科级,7月任),副局长(12月任)
段军明　党组成员(正科级,7月任),副局长(12月任)
万光华　党组成员(7月任)、沙井分局局长(12月任)

区统计局

黄同佑　党组书记(4月任),局长(12月任)
毛益畴　党组成员(4月任),副局长(5月任)
杨　薇　(女)副局长(5月任)

区医疗保障局

陈　丹　(女)党组书记(4月任),局长(12月任)
王蓬兴　党组成员(4月任),副局长(5月任)
肖洪钰　(女)副局长(5月任)

南昌西站综合服务中心

陈　勇　副主任(任至8月)
李　春　副书记、副主任(4月任)
万志萍　(女)副主任
余长明　综合科科长(4月任)
曾　剑　信息科科长(4月任)

新区金融服务中心

彭晓辉　负责人(9月任)
吴洁琪　(女)综合处处长

区城市管理行政执法大队

胡剑峰　负责人(9月任),党组书记(12月任),大队长(12月任)

区城市投资集团有限公司

鞠　雅　(女)党委书记,董事长
勒伟栋　党委副书记、总经理(7月任)

区行政审批局

汪海燕　(女)党组书记(4—12月)
邵　华　(女)负责人(9月任),党组书记、局长(12月任)
金　鹏　党组成员(4月任),副局长(5月任)
严　露　(女)党组成员(4月任),副局长(5月任)
张蓓莉　(女)党组成员(4月任),副局长(5月任)

生米镇

余　铭　党委书记(任至3月)
邓拥军　党委副书记、镇长(任至4月),党委书记(3月任)
万世华　党委副书记(3月任)、镇长(9月当选)
杨俊雄　人大主席(任至4月)
熊　强　人大主席(9月当选),党委副书记(7月任)
邓爱民　党委副书记(任至4月)
余作华　党委委员、党委副书记(4月任)
刘殿毅　党委委员、党委副书记(4—7月)
廖海根　党委委员(任至4月)、副镇长(任至4月)
毛益畴　党委委员、组织委员(任至4月)
邹景波　党委委员、宣传委员(4—7月)
胡俊华　党委委员(4月任)、武装部部长(任至7月),宣传委员、统战委员(兼)(7月任)
屈晓晟　(女)党委委员、组织委员(4月任)
徐　驰　党委委员(4月任)、副镇长(9月当选)
万　莉　(女)党委委员、纪委书记(4月任)
苏　丽　(女)副镇长(任至3月)
王莉伟　(女)副镇长(任至7月)
李永华　人大副主席(任至7月),党委委员、武装部部长(7月任)
曾玉萍　(女)人大副主席(9月当选)
方子兴　副镇长(9月当选)
罗思敏　综治办专职副主任(任至7月),副镇长(9月当选)
胡汉明　副镇长(9月当选)
谢雪华　(女)司法所所长(任至5月)

沙井街道

魏小根　党工委委员(3月任)、书记(3—12月)
卢　鑫　党工委委员、副书记(3月任),办事处主任(5月任)
王　璠　(女)党工委委员、副书记(4月任),政法委员(兼,12月任)
杨俊雄　人大工委主任(11月任)
李　丹　行政负责人(任至3月)

刘秋文　党工委委员(任至4月),办事处副主任(任至5月)
陈文革　党工委委员(任至4月),武装部部长
刘陆发　党工委委员,纪检监察工委书记(4月任)
雷　明　(女)党工委委员(4月任),副主任(5月任)
邬江华　(女)党工委委员、人社所所长(任至4月)
曾　剑　党工委委员、宣传委员(任至4月)
刘保根　党工委委员

卫东街道

帅冬根　党工委书记(3月任)
龚　烃　党工委副书记(3月任),办事处主任(5月任)
邓　聪　党工委委员、副书记(4月任)
胡月辉　人大工委主任(11月任),政法委员(兼,12月任)
李夏青　(女)党工委委员(1月任),副主任(5月任)
苏　丽　(女)纪检监察工委负责人(9月任)

红角洲管理处

徐　戎　党工委委员、书记(4月任)
夏贤平　党工委副书记、主任(任至4月)
郭名弟　党工委委员、副书记(4月任)、主任(5月任)
熊　剑　党工委委员、副书记(4月任),政法委员(兼,12月任)
王态春　党委委员、副主任(任至4月)
丁文生　党委委员、副主任
余名伟　党委委员、纪委书记(任至4月)
江　岚　(女)党工委委员、纪工委书记(4月任)
易志宏　党委委员、副主任(任至4月)
周丽敏　(女)副主任
罗来虎　党工委委员(4月任)、副主任(5月任)

凤凰洲管理处

雷　鸣　党工委委员、书记(4月任)
王　雯　(女)党工委副书记(4月任),主任(5月任)
邬江华　(女)党工委委员、副书记(4月任),政法委员(兼,12月任)
章　媛　(女)党工委委员(4月任),副主任(5月任)
晏洲庄　党工委委员(4月任),副主任(5月任)
盛　俊　党工委委员、纪工委书记(4月任)

九龙湖管理处

赵　勇　党工委委员、书记(4月任)
李　丹　党工委委员、副书记(负责政务工作,4月任)
余名伟　党工委委员、副书记(4月任),政法委员(兼,12月任)
唐　晖　党委委员,副主任
丁玉斌　党工委委员、宣传委员(兼,4月任),副主任(5月任)(2022年1月,涉嫌严重违纪违法,接受红谷滩区纪委区监委纪律审查和监察调查)
刘　俊　党委委员,副主任
易志宏　党工委委员、纪工委书记(4月任)
谭荣虎　党工委委员(4月任),副主任(5月任)

(区委办　区委组织部　各单位)

2021年江西省“五一”劳动奖章获得者

章小宝,男,1973年出生,大学文化,共产党员,现任南昌市公安局红谷滩分局副局长。从警26年来,扎根基层,作为一位人民警察,他把群众的事情放在首位,二十多年如一日,心系群众,在百姓心中架起“连心桥”,为群众排忧解难,化解纠纷;作为一位警队干部,他锐意改革、努力创新、励精图治,把加强党的领导维护社会稳定时刻放在心上,奋力谱写了新时代人民警察的新篇章,践行了敬业爱民的初心。由于成绩突出,2004年荣获“全市抗击非典先进个人”,2011年、2012年连续两年荣获南昌市公安局记个人三等功,2013年荣获“南昌市五一劳动奖章”,2015年荣获省公安厅记个人三等功,2019年荣获南昌市公安局授予“全市公安改革先进个人”,2021年荣获“南昌市文明创建先进个人”,2021年5月荣获“江西省五一劳动奖章”,2021年7月荣获省公安厅记个人二等功。

(李　超)

2021年红谷滩区入选“中国好人榜”人员

见义勇为好人　成沛锦

成沛锦,男,1986年6月出生,汉族,中共党员,省委政研室(改革办)督导处三级主任科员。2021年5月24日早上,成沛锦骑车上班途经永新路附近的小桥时,发现桥下有两人在水中挣扎,并被冲向下游。虽然两人正抓着一个航模飞机,但航模飞机的浮力有限,其中一人已经严重呛水,另一人也难以支撑。他立即将自行车扔在路旁跑到河边,发现两人已经冲散,一人被冲到河对岸,另一人抓着航模飞机上下浮沉。情况危急,他迅速跳入水中,与另外一名路人合力将两名落水者逐一推向岸边,在岸边工地工友伸出梯子的帮助下,将两人救上岸。

(邓　文)

重要文献

红谷滩区人民代表大会常务委员会工作报告

——在红谷滩区第一届人民代表大会第二次会议上的讲话

红谷滩区人大常委会主任　吴韶宸

（2022 年 1 月 13 日）

2021 年工作回顾

2021 年是中国共产党成立 100 周年、“十四五”规划开局之年，也是红谷滩发展历程中极其重要而特殊的年份，更是区人大常委会履职元年。这一年，红谷滩区第一届人大第一次会议顺利召开，行政区筹备圆满完成。

一年来，特别是第一届人大第一次会议以来，我们以习近平新时代中国特色社会主义思想为指导，深入学习贯彻党的十九大及十九届历次全会精神，在区委的坚强领导和上级人大的科学指导下，区人大筹备组和区人大常委会有序过渡、无缝衔接，紧紧抓住事关人大工作全局、事关红谷滩长远发展的若干重点工作，以高度的政治责任感、以咬定青山不放松的拼劲韧劲，重点发力、持续用力，着力扣好“第一粒扣子”、走稳第一步征程，在全面建设社会主义现代化红谷滩新征程中体现了人大作为、展现了人大担当。

一、坚持思想引领，旗帜鲜明讲政治

始终把准政治机关定位，把牢政治方向，站稳政治立场，自觉增强“四个意识”、坚定“四个自信”、做到“两个维护”。

（一）持续强化理论武装。把传达学习习近平新时代中国特色社会主义思想，作为常委会党组会议第一议题，作为人大代表和人大干部培训第一课程。深刻领会习近平总书记关于坚持和完善人民代表大会制度的重要论述精神，不断提高政治判断力、政治领悟力、政治执行力，做到坚持党的领导、人民当家作主、依法治国有机统一，确保在大是大非面前始终坚持正确的政治方向。

（二）不断加强党的全面领导。区人大常委会党组主动将人大工作中的重大事项、重大问题向区委请示报告，切实做到与区委在政治上同向、思想上同心、工作上同步。区委也高度重视人大工作，多次专题研究部署人大相关工作，并根据省委、市委有关文件精神要求，及时出台了红谷滩区《关于加强新时代人大工作的意见》，为区人大工作的全面开展提供了有力保障。

（三）扎实开展党史学习教育。从百年党史中汲取赓续奋斗的磅礴伟力，紧扣“学史明理、学史增信、学史崇德、学史力行”的要求，将“学党史、悟思想、办实事、开新局”贯穿始终，通过讲党课、志愿服务、代表活动等形式，把学习成果转化为做好新时代人大工作的生动实践。组织全区干部群众参与中华苏维埃代表大会制度史专题网络知识竞赛，总得分及参与人次名列全省 100 个县区首位。

二、坚持依法依规，胜利召开首届人民代表大会

严格按照法律规定的工作时间节点和程序，按期完成筹备工作任务，确保了选举程序不缺不漏、规范有序、依法开展。

（一）精细组织选举代表。按照《中华人民共和国选举法》和《中华人民共和国地方组织法》的规定,全区110个选区通过设立中心投票站、投票站和流动票箱的方式进行选举,选民的民主权利意识、政治参与意识高涨,通过差额选举产生区第一届人民代表大会代表184名。红谷滩区第一次选举产生了区人大代表,也是全市第一个完成人大代表选举的县区。

(二)精心谋划人大会议。区人大筹备组牢记使命担当,主动应对筹备工作时间紧、任务重、要求高的挑战,努力克服人员短缺、经验缺乏等不利因素,成立了红谷滩区第一届人民代表大会第一次会议筹备工作领导小组,制定了工作方案,稳步推进各项筹备工作,确保大会一个程序不少,一个环节不减,依法依规完成大会各项议程。

(三)精准落实工作要求。2021年10月9日,区第一届人民代表大会第一次会议隆重开幕,184名区人大代表肩负全区55.58万人民的重托,以饱满的履职热情和强烈的责任意识履行自己的神圣使命,认真审议各项工作报告,选举产生国家机关工作人员。各位代表做到"一个代表就是一面旗帜",严格遵守大会的政治纪律、组织纪律、会议纪律,发扬认真、严谨、务实的作风,营造了风清气正的大会环境。

三、坚持围绕中心,精准发力促发展

围绕大局,同心同德,有效助推全区重大决策部署的贯彻落实,促进红谷滩高质量跨越式发展。

(一)决定重大事项,推进全面发展。紧紧围绕全区中心大局,紧扣事关全局性、根本性、长远性和群众普遍关心的问题,依法行使宪法和法律赋予的重大事项决定权,区第一届人人第一次会议审查和批准了《红谷滩区国民经济和社会发展第十四个五年规划和二〇三五年远景目标纲要》。

(二)健全制度程序,规范人事任免。坚持党管干部原则和人大及其常委会依法选举任免相统一,建立和完善了干部任前审查、法律考试、投票表决和宪法宣誓等制度,增强了新当选和任命的国家机关工作人员的宪法意识、人大意识和公仆意识。全面贯彻组织意图,已依法选举和任命区人大常委会、区人民政府、区监察委员会等国家机关工作人员共计90名。

(三)加强法治建设,推动依法治区。加强规范性文件备案审查工作,加大审查力度,提高审查质量,推动依法行政。印发了《关于加强规范性文件报备工作的通知》,区人大常委会成立以来,共向市人大常委会报备区第一届人大第一次会议材料10件,备案审查区人民政府、生米镇第一届人大主席团会议材料5件。

(四)增进民生福祉,推动民生实事票决项目落地。区委出台了《关于实施民生实事项目人大代表票决制工作的意见(试行)》,区委办印发了《红谷滩区民生实事项目人大票决制工作实施方案》,推进了区、镇两级民生实事项目人大代表票决制工作制度化、规范化、常态化。积极配合市人大常委会,推动我区老旧小区改造、邻里中心建设等民生实事项目全面完成。

四、坚持履职监督,全力以赴提质效

认真履行宪法和法律赋予的监督权,积极参与关系全区改革发展稳定的重大任务、重点工作,推动了红谷滩民主法治建设和经济社会发展。

(一)认真组织视察监督。聚焦影响法律法规实施、制约工作发展、损害群众利益的突出问题,以民生为突破口开展监督。区第一届人大第一次会议后,区人大常委会就及时组织人大代表对长云社区养老服务中心、普贤社区邻里中心和庐山南大道266大队老旧小区改造等民生项目开展首次代表视察。本次会前又组织代表对VR实训基地,VR主题乐园,泰康·赣园,九龙湖公园项目进行视察。代表们现场提出意见建议,推动民生实事问题有效解决。

(二)积极开展调查研究。区人大各委办深入区政府相关部门、区法院、区检察院和各基层单位开展工作调研,通过走访、座谈、问卷调查和听取汇报等方式,了解社情民意,形成了关于我区文化旅游、新建学校、城市管理和规范行政执法行为等5项调研报告,针对存在的主要困难和问题,提出了强化宣传力度、加大财政投入、健全服务队伍、培育特色产业等一系列建议。

(三)扎实推进执法检查。扎实开展执法检查,配合省、市人大常委会执法检查组开展《中华人民共和国固体废物污染环境防治法》《江西省旅游者权益保护条例》《江西省物业管理条例》《南昌市居家养老服务条例》等法律法规贯彻落实情况的执法检查,确保法律法规在我区得到有效贯彻落实。

(四)统筹谋划宪法宣传。围绕"以习近平法治思想为指引、坚定不移走中国特色社会主义法治道路"主题,开展"全国法制宣传日"和"宪法宣传周"进校园、进社区系列宣教活动,进一步弘扬宪法精神,营造良好的法治氛围。贯彻落实干部任前法律知识考试和宪法宣誓制度,增强国家机关工作人员的宪法意识和法治观念。

五、坚持人民至上,一心为民办实事

紧扣人民群众对美好生活的向往,聚焦群众关切,切实为红谷滩发展提供更多更优的决策参考。

(一)深入基层倾听民意。区人大常委会领导定期到区委信访值班室接访,倾听群众呼声和诉求,同时深入挂点的基层单位调研基层党建、城市建管、创文创卫、信访维稳、安全生产等工作,协调解决基层存在的问题。开展"转作风、优环境"大走访活动,深入140家企业,为企业送政策、问需求、解难题。

(二)走进社区服务民生。积极开展"我为群众办实事"活动,及时反映人民群众的呼声,切实维护人民群众的利益。组织省、市、区人大代表与群众见面座谈,认真听取群众代表提出的意见与建议,推动政府统筹解决小区停车难停车乱、市政设施破损、全民健身设备不够完善等一系列民生问题。区第一届人大第一次会议以来，已开展人大代表进社区服务活动18次，参与代表达230余人次。

（三）努力推动解决民忧。组织人大代表深入绿湖豪城等社区接待选民，与生米镇村干部座谈，结合“红谷连心会”等形式走访选民、收集民意，共收集到群众关切的农村人居环境整治、农业灌溉设施提升、建峰路车辆违停、绿湖路路灯安装等意见建议。人大代表第一时间与区相关职能部门对接，督促拿出切实可行的意见，做到联合发力，排解民忧。

六、坚持代表主体，保障履职强措施

积极发挥人大代表桥梁作用，察民情、纳民意、聚民智，用实际行动凸显了民生情怀，书写了民生厚度。

（一）着力搭建履职平台，全面畅通履职渠道。认真贯彻关于加强新时代人大工作意见，建立健全了区、镇人大机构，成立了区人大代表履职服务中心。目前正在规划部署区级人大代表之家、镇（街、处）人大代表工作联络站、村（社区）人大代表工作联络室三级履职平台的建设。

（二）加强交流培训力度，有效激发代表活力。组织基层人大工作主要负责同志，赴市代表履职服务中心及兄弟县区代表联络工作站和工作室，学习代表履职平台建设、运行方面的好经验、好做法。组织新当选市、区人大代表参加初任培训，提高代表的履职能力和工作水平。

（三）积极丰富履职形式，认真督办代表建议。建立健全代表建议督办机制，对人大代表建议逐一确定“路线图”、绘好“时间表”、制定“任务书”，努力让代表建议落地有声。2021年12月，省、市、区人大代表和相关职能部门深入生米镇卫生院实地调研，听取关于异地重建生米镇中心卫生院等重点建议办理情况的汇报，将异地重建生米镇中心卫生院作为区重大重点工程统筹考虑。截至会前，区第一届人大第一次会议收到的代表建议49件，均已交由各专工委对口督办，建立工作台账，有力推动问题解决。

七、坚持强基固本，驰而不息优形象

以干事创业的激情和务实创新的精神建制度、带队伍，抓改革、提效能，高标准、严要求推进自身建设。

（一）推进制度建设。坚持把党的政治建设摆在首位，彰显政治机关属性，旗帜鲜明讲政治。努力健全人大常委会工作制度，认真贯彻中央人大工作会议精神，区人大常委会审议通过了《南昌市红谷滩区人民代表大会常务委员会议事规则》等20余项制度，着力推动人大工作规范化、制度化。

（二）推进基础建设。区人大筹备组顺利完成机构组建和人员转隶后，及时加强各镇、街道人大机构建设，生米镇设立了人大主席团，在沙井街道、卫东街道设立了人大工委。各管理处确立了由党工委书记负总责，党工委副书记、党工委委员协管的人大工作机制。

（三）推进作风建设。切实加强干部队伍管理，不断改进工作作风，提升服务保障水平。深入开展“转作风、提效率、树形象”专项整治，以实干精神创造工作业绩，以砥砺担当推动事业发展。在具体工作中始终以中央八项规定精神为警戒线，以清廉人大建设为抓手，毫不松懈地抓好党风廉政建设，自觉增强廉政意识，自觉抵制腐败。

“看似寻常最奇崛，成如容易却艰辛。”2021年红谷滩区第一届人大常委会“从无到有”，一年来，我们打基础、上轨道、起步跑。我们肩负着全区人民的厚望，紧紧围绕区第一次党代会和区第一届人大第一次会议工作部署，不忘初心、牢记使命、勇于担当、团结奋进，人大各项职权依法行使，常委会各项工作有效落实，常委会及其机关自身建设各个方面协调并进，常委会全体组成人员和机关工作人员以崭新的面貌、昂扬的姿态、稳健的步伐，奋力跑好了红谷滩区人大工作“第一棒”。

过去的一年，我们的工作得到区委的坚强领导，得到“一府一委两院”及各驻区单位的全力配合，得到全区人民和社会各界的鼎力支持。在此，我谨代表区人大常委会，对大家表示诚挚的感谢和崇高的敬意！

在总结一年成绩的同时，我们清醒地认识到，红谷滩人大工作刚刚起步，与新时代对人大工作的新要求，与全体代表、全区人民的期盼还存在一定差距，主要表现在：人员配置相对薄弱，履职平台建设亟待提升，代表主体作用发挥不够充分，个别部门和干部主动接受人大监督的意识还不强，在履行监督、重大事项决定等法定职权和支持代表开展工作方面还缺乏经验，有待在今后工作中不断努力、逐步完善。

2022年工作思路

2022年是红谷滩区人大的提升之年，我们将迎来党的二十大胜利召开。区人大常委会工作的总体要求是：高举习近平新时代中国特色社会主义思想伟大旗帜，深入学习党的十九大和十九届历次全会精神，坚决贯彻习近平总书记关于坚持和完善人民代表大会制度的重要思想、中央人大工作会议精神，坚持党的领导、人民当家作主、依法治国有机统一，坚持以人民为中心，以更加开阔的视野、更加饱满的激情、更加务实的作风，全力推动中央、省委重大决策部署和市第十二次党代会、区第一次党代会精神有效落实，围绕省委、省人大、市委、市人大和区委关于加强新时代人大工作要求，践行全过程人民民主，积极推动重大决策部署落实，努力完成区人大及其常委会各项目标任务。

一、强化政治引领,推动区人大工作迈出新步伐

(一)自觉提高政治站位。始终将政治建设摆在首要位置,深入学习习近平新时代中国特色社会主义思想、习近平总书记关于坚持和完善人民代表大会制度的重要思想,纵深推进党史学习教育,筑牢理想信念“航标”,提高运用党的创新理论武装头脑、指导实践、推动人大工作的能力。

(二)自觉坚持党的领导。坚持党的领导贯穿人大工作全过程,把人大工作置于党的绝对领导之下。紧扣红谷滩区经济社会高质量发展,把党的主张按法定程序转化为全区人民的共同意志,确保人大工作与党委部署方向一致、目标一致、行动一致。

(三)自觉推动中心工作。站在服务改革发展大局的高度,把“党委定的、政府干的、群众盼的”摆在首要位置,对经济社会发展的重大问题,对群众关心关注的热点问题,对难解决的焦点问题,运用视察、评议、询问等手段,谋实招、献良策、出实效。

二、服务中心大局,助力全区高质量发展实现新跨越

(一)聚焦红谷滩区跨越式发展。坚定不移地围绕中心、服务大局,积极履职、发挥作用。围绕推进经济社会高质量发展重大举措和重点工作,依法履行监督职能,加强对国民经济和社会发展计划的审查监督;聚焦全区经济社会发展的主要目标任务,紧盯重点产业发展、重大项目建设,督促加快推进重大工程项目建设和产业结构战略性调整,助力经济社会高质量发展。

(二)做好民生实事项目票决。调动和激发区人大代表履职积极性,聚焦民生改善,持续跟进督办 2022 年民生实事票决项目,组织代表深入到项目建设单位、施工现场,运用多种法定手段,下大力气对票决项目实施进行全程监督,积极有力地推动民生实事票决项目落地生根,以看得见、摸得着的民生福祉,切实提升人民群众的幸福感与获得感。

(三)持续完善人事任免。坚持党管干部的原则,规范任免工作程序,依法做好国家机关工作人员的任免。把监督“人”与监督“事”相结合,通过听取履职报告、视察调研、会议评议、满意度测评等形式,加强人大任免的国家机关工作人员任后监督,有力督促干部讲政治、敢担当、善作为。探索建立区人大常委会任命的国家机关工作人员任期内向人大常委会履职报告制度,促进其依法履职。

(四)依法行使重大事项决定权。秉承“党委决策、人大决定、政府执行、保障落实”的工作理念,妥善处理监督与支持的关系,使决定权、行政权更好地形成合力。紧紧围绕全区重点工作,依法、科学、及时做出决议决定,把党委意图转化为全区各级各部门和广大人民群众的统一意志和自觉行动。

三、高效履职担当,促进区人大履职行权展现新作为

(一)严格监督法律实施。积极协助上级人大开展立法调研和视察,坚持执法检查常态化、规范化的原则,积极参加省、市人大组织的执法检查,配合上级人大开展国家安全法、江西省安全生产条例、居家养老服务条例、房屋使用安全管理条例、宗教事务条例等执法检查,严格落实法律法规和法定职责,促进法律法规有效实施。做好规范性文件备案审查,做到有件必备、有备必审、有错必纠。

(二)听取审议专项工作报告。不断增强履职能力,力求在推进深化改革、保障改善民生、建设法治红谷滩中积极发挥人大常委会作用。2022 年,区人大常委会将听取和审议区人民政府、区监察委员会、区人民法院、区人民检察院及区相关部门的各项报告。对财政、计划、国有资产经营管理、审计查出问题整改及政府债务限额进行有效监督。

(三)开展专项监督。做好代表建议和审议意见的督办工作,结合常委会监督议题、审议意见落实等各项工作,强化对“一府一委两院”及其相关职能部门的监督实效。开展 2022 年度民生实事专项监督,围绕农村安全饮水情况进行视察,就工地扬尘污染开展实地调研,适时听取被监督部门当前重大重点工作情况的工作报告。建设并充分发挥预算联网监督平台作用,实现财政与人大的实时互联互通,将预算执行情况置于人大监督之下。

四、践行为民宗旨,深化代表工作取得新成效

(一)完善代表履职平台。按照“一站一特色、一室一品牌”的目标,积极构建“家、站、室”的立体网络,搭建好代表履职平台。加强联络站基础设施建设,增设人大代表社区联络站点,划分进站代表,定期开展代表进站学习交流活动。建立完善代表履职 App 平台建设,推进人大会议系统、电子表决系统、代表履职信息系统建设。

(二)提升代表履职能力。坚持“请进来”与“走出去”相结合,邀请专家学者为人大代表讲课,组织人大代表外出学习、考察,借鉴先进经验,依法组织人大代表培训,着力提升代表依法履职意识和履职能力。建立健全人大代表履职考核激励机制,实行人大代表履职登记,探索代表履职工作合理量化,开展人大代表述职考评,提高代表履职的针对性和实效性。

(三)丰富代表履职方式。发挥代表之家、代表联络工作站等平台作用,组织代表开展代表议事会、意见督办会等活动,切实为民服务、为民代言、为民谋利。依托网站、微信、微博等媒体,拓宽履职渠道,实现线上线下履职融合发展。建立健全代表接待日、代表活动月和代表约见国家机关负责人等相关制度,督促国家机关及时改进工作,完善代表知情知政通报工作机制和“双联”工作机制,有力提升代表履职成效。

(四)落实代表建议督办。落实政府部门办理人大代表议案建议工作机制,形成“常委会加强领导、主任会议组成人员带队、各专工委对口督办、代表积极参与、全区群众共同关注”的代表建议督办格局。加大督办力度，创新督办方式，选取事关全区重点工作和民生实事的建议进行重点督办，在建议办理过程中积极吸收采纳代表和群众的合理意见，做到建议条条有回音、件件有着落。

五、规范自身建设，打造人大“四个机关”取得新进展

（一）从严从实强队伍。健全区人大常委会内设机构设置，充实机关工作队伍。贯彻执行中央八项规定精神，落实全面从严治党主体责任。严格遵守廉洁纪律、生活纪律，始终把管党治党政治责任抓在手上、扛在肩上，推动压力传导层层递进，加强干部廉洁自律建设。

（二）夯基固本强基础。加大对基层人大工作的调研和指导力度，形成工作督查指导制度，定期赴各镇（街、处）调研指导人大工作。继续加强基层履职平台建设，按照省、市一流的目标，打造红谷滩特色的区代表之家，在各镇（街、处）至少设置1—2个样板联络站。

（三）立足长远强制度。坚持把加强制度建设作为工作重点来抓，进一步推动人大工作更加制度化、规范化。完善以民主集中制为核心的议事规则和重大事项决策机制，健全党组会、机关干部会等各项会议制度，形成以制度管人、按制度办事的工作机制，有效保障决策符合人民利益和愿望。

各位代表，同志们，历史的画卷，在砥砺前行中铺展；时代的华章，在接续奋斗里书写。让我们更加紧密地团结在以习近平同志为核心的党中央周围，以习近平新时代中国特色社会主义思想为指导，在区委的坚强领导下，立足新时代，把握新使命，探索新实践，展现新作为，踔厉奋发，笃行不怠，用激情、智慧和汗水，共同谱写红谷滩华彩篇章，以优异的成绩迎接党的二十大胜利召开！

中国人民政治协商会议南昌市红谷滩区常务委员会工作报告

——在政协南昌市红谷滩区第一届委员会第二次会议上的讲话

红谷滩区政协主席　陶国强

（2022年1月11日）

2021年工作回顾

刚刚过去的2021年，是中国共产党成立100周年，是“十四五”规划开局之年，也是区政协创立起步、履职工作全面展开之年。这一年，在中共红谷滩区委的坚强领导下，区政协及其常委会围绕区委、区政府中心工作，建机制、打基础，在圆满完成政协组建工作的同时，积极履行政治协商、民主监督、参政议政职能，全区政协工作起步扎实，成效良好。

一、依法依章讲规矩，圆满完成组建任务

区政协筹备组建工作启动后，区委成立了政协南昌市红谷滩区第一届委员会筹备工作领导小组、政协南昌市红谷滩区第一届委员会筹备组、政协南昌市红谷滩区第一届委员会筹备委员会等三个领导机构，从不同层面保证了区政协组建过程一切皆有规矩、一切皆有依据。同时，坚决把好政协委员“入口关”，按照提名推荐、协商确定、组织考察，区委常委会研究，区政协筹备委员会协商决定的程序，产生了区政协一届委员会委员175名，并及时通过媒体对外公布。

2021年10月8日至10日，政协红谷滩区一届一次会议胜利召开，委员们依法依章程行使权力，选举产生了一届区政协领导班子和常务委员会，圆满完成了政协组建工作任务。

二、知行合一强学习，筑牢共同思想根基

一年来，常委会深入学习习近平总书记关于加强和改进人民政协工作的重要思想和视察江西重要讲话精神，深刻领会中共十九大和十九届历次全会以及省市区党代会精神，持续在学用贯通、知行合一上下功夫。

提高站位抓学习。建立健全政协党组理论学习、主席会议、全体机关干部大会等相互衔接配套的学习体系，制定出台各类制度15项，组织召开党组会议16次、主席会议18次，开展各类学习会44次，其中学习研讨3次。开展委员集中培训，组织委员分批参观市政协智慧文史馆，邀请省市政协专家专题辅导委员撰写提案和社情民意信息，为委员履职尽责、发挥作用奠定了扎实基础。

旗帜鲜明讲政治。始终把坚持党的领导融入政协履职全过程,认真落实请示报告制度,做到重大事项提前向区委请示、重点工作主动向区委汇报、重要活动及时请区委支持。协助区委出台《关于新时代加强和改进人民政协工作的实施意见》《关于进一步加强和改进民主监督工作的实施意见》,全面部署我区新时代人民政协工作。

一以贯之严纪律。区政协党组坚持压紧压实全面从严治党主体责任,落实“一岗双责”,把纪律教育、政德教育、家风教育、法制教育融入党员干部日常教育培训之中,营造知纪、明纪、守纪浓厚氛围,对党员干部存在的苗头性、倾向性问题及时开展批评教育,坚决防范和杜绝违纪违法问题发生。一年来,区政协党组开展政治谈话10次,廉政家访6次,推动纪律作风建设落在实处、取得实效。

三、聚焦主业抓重点,全力打响“专”字品牌

常委会着力在“专”字上下功夫。一年来,国家、省、市媒体先后报道区政协特色亮点工作100余次。

围绕“专”出效果,充分发挥提案作用。坚持把提高提案质量作为提案工作的生命,注重选题引导,提倡委员每年集中精力提交1件高质量提案,从源头上把好质量关。强化提案办理工作,建立了党政主要领导领办、区政协主席会议成员重点督办、各专委会对口督办“三位一体”提案督办工作机制,有效提高了提案办理工作的质量和实效。区政协一届一次会议共收到提案157件,立案112件,经27个承办单位办理,提案中的许多意见建议得到重视和采纳,为助力经济社会高质量发展发挥了建设性作用。

围绕“专”出水平,开展VR产业调研。为助推“数字经济”一号工程,由区政协副主席牵头,成立专题课题组,下足“绣花功”,实地走访南昌VR科创城、小蓝VR产业基地、科骏VR产业园,在线上开展问卷调

2021年10月8—10日,政协红谷滩区一届一次会议召开

(区委宣传部供图)

查,并与市政府职能部门、业内投资人士进行座谈交流。在此基础上,深入研讨分析,形成《以VR为支点,赋能数字经济高质量发展的调研报告》,区委书记吴江辉专门批示:区政协积极履行参政议政职能,对我区VR产业及数字经济发展展开深入调研,反映问题客观,提出建议恰当。请区科工局牵头,会同相关部门认真研究,消纳吸收,推进我区数字经济高质量发展。

围绕“专”出特色,全面推进“三有”协商。全区搭建“三有”①协商议事平台123个,“三有”平台实现区、镇(街、处)、村(居)全覆盖和“五有”②“七到位”③,在全市率先推出具有红谷滩特色的“三有”活动LOGO标志;率先把“三有”协商融入政务服务,支持区行政审批局设立“办不成事”反映专窗,“办不成事”反映专窗真协商、真办事的口碑一炮打响。一年来,全区共开展“三有”协商260次,解决各类问题256件,5件协商事例被选为全市“三有”工作成功典型,省、市新闻媒体报道我区“三有”活动100余次,南昌电视台《“赣”事好商量——“三有”在洪城》栏目5次专题报道我区。

围绕“专”出影响,“广小久实”推广“三风”。常态长效开展文明创建、志愿服务、“关注民生传民意·模拟政协传美德”主题教育和身边好人评选活动,上滩社区书记赵婷婷被评选为2021年全市“三风”④榜样人物,弘扬了“四德”⑤主旋律,引领了社会风尚。着力改造提升“三风”阵地,安排专项经费100万元,重点打造六个“三风”精品工程。围绕“三风”主题广泛宣传,在人民日报等市级以上主流媒体推出相关报道110余篇,讲好了红谷滩“三风”好故事,传递了社会正能量。

四、人民政协为人民,深入践行初心使命

人心是最大的政治。常委会牢固树立以人民为中心的发展思想,切实做到言为民建、利为民谋、事为民做。

团结协作心连心。充分尊重和保障各民主党派、工商联、无党派人士的民主权利,坚持发扬民主和增进团结相互贯通、建言资政和凝聚共识双向发力落到实处,发出团结合作的“好声音”。积极开展主席、副主席走访联系常委、委员,促服务、促履职活动,全面了解委员们的工作、学习及履职情况,支持委员立

足岗位建功立业，为公益事业、招商引资作贡献。一年来，各民主党派、工商联、无党派人士参加政协各类活动20余次，提交大会发言26篇，区政协整体工作合力进一步增强。

反映民情面对面。积极开展“红谷连心会”活动，区政协领导班子成员践行“一线工作法”，通过登门拜访、座谈交流等方式，加强与基层群众联系，对群众提出的问题、建议，及时转办、限时解决、限期反馈。活动开展以来，共召开干群面对面座谈会12场，搜集、反馈并协调各类问题28件。在“转作风、优环境”大走访、大宣传活动中，区政协机关密切联系企业，积极服务企业，全力为企业发展营造良好发展环境，共走访企业120余家，收集、反馈、协调各类问题30余条。与此同时，鼓励政协委员“下基层、进社区”问计于民、问政于民、问需于民，让政协融入群众。区政协一届一次会议以来，共报送社情民意信息15条，编辑印发专刊4期。

迎难而上肩并肩。越是紧要关头，越能映照初心。面对疫情防控重任，区政协机关干部下沉挂点片区一线，坚守各个卡点。委员们主动请缨，各展所长、多形式驰援防疫前线，全力为疫情防控、抗疫战疫做贡献。此外，有的委员远赴新疆支教、有的积极参与教育扶贫项目，为生米镇中心小学捐资建设“音乐教室”。据不完全统计，一年来，委员累计捐资捐物约100万元。

五、强化自身建设，打造有为委员队伍

一年来，常委会始终坚持把加强自身建设摆在重要位置。

制度建设有举措。加强了政协工作的制度建设，按照政协章程和政协工作规则的要求，结合实际，出台了区政协全体会议、常务委员会会议、主席会议《工作规则》和《专门委员会通则》《提案审查立案办法》，形成一套系统完备、科学规范的制度机制，使各项工作做到有章可依、有序可循，提升了整体工作水平。

平台打造有成果。积极学习借鉴兄弟县区政协的成功经验和做法，加强委员为民服务阵地建设，为委员履职尽责创造条件。按照“不建机构建机制”“不建组织建平台”的要求，采取共享共建方式，在各镇、街（管理处）建立“一大五小”⑥6个委员履职服务站，促进政协工作触角向基层进一步延伸，努力把服务站打造成为党委和政府的“好帮手”、人民群众的“连心桥”和委员履职的“新平台”。

委员管理有章法。政协委员是政协工作的主体。常委会坚持把提高委员整体素质作为促进政协自身建设的基础性工作，围绕“懂政协、会协商、善议政”对全体委员进行业务培训，扣好委员履职第一粒纽扣。建立健全委员履职档案，以落实“六个一”⑦为主要内容，对委员履职情况进行科学考评。

各位委员、同志们，一年来，上级政协非常关注区政协工作，省市政协领导多次来我区调研指导，并给予充分肯定。区委对政协工作高度重视，区委常委会4次听取和研究政协工作。我们深切感到，过去一年区政协取得的成绩，是中共红谷滩区委坚强领导的结果，是市政协有力指导和区人大、区政府、社会各界大力支持的结果，是区政协各参加单位和广大政协委员同心同德、团结奋斗的结果。在此，我代表区政协常委会表示衷心的感谢！

我们也清醒地看到，区政协工作离新时代的新使命新要求、离社会各界的殷切期盼仍有一定的差距，存在一些短板与不足，比如：作为全省最年轻的县区政协，政协委员的主体作用发挥得还不够明显，协商议政还没有全面深入铺开，一些工作制度机制还不够完善等。对这些差距和不足，常委会将高度重视，认真研究，努力改进。

2022年工作任务

2022年，是中共二十大召开之年，也是区政协工作全面展开、全面提升的关键之年。我们要始终坚持区委的领导，围绕委员联系“密”起来，政协履职“活”起来，群众参与“热”起来，同频共振“强”起来，全面贯彻人民政协“四个一线”⑧工作法，着力推进提质增效，奋力干出红谷滩政协的新样子。

2022年区政协工作的总体要求是：坚持以习近平新时代中国特色社会主义思想为指导，全面贯彻党的十九大及十九届历次全会精神，深入落实省第十五次党代会、市第十二次党代会精神，围绕“产业强区、品质提升、创新驱动、内外开放、要素保障、共建共享”六大战略，以经济社会发展重大事项和涉及群众利益的实际问题作为履职重点，广泛凝聚共识，深入协商议政，把政协工作做得更加扎实、更有成效、更具活力，为红谷滩区经济社会高质量发展作出新的贡献。

一、拉升政治标杆，在同心同向中把准政协方位

以学习引领方向，坚持在学习中提素质、强能力、聚人心，努力构建多形式、分层次、全覆盖、常态化的学习机制。

深入学习贯彻习近平新时代中国特色社会主义思想和中共二十大精神，学习党章、宪法，学习党纪法规，学习政协章程和政协知识，进一步树牢“四个意识”、坚定“四个自信”、坚决做到“两个维护”，确保思想上高度信赖、政治上坚决维护、组织上自觉服从、感情上深刻认同，始终与党同心、与党同向、与党同为。

坚持将学习贯彻习近平总书记关于加强和改进人民政协工作的重要思想作为长期政治任务，针对政协工作与新时代新要求不相适应的薄

弱环节和不足之处,对标对表、选准切口,着力建好用好“一大五小”6个委员履职服务站和政协之家等平台,全面开展“书香政协”活动,努力使习近平总书记对政协工作的新思想新论断新要求在政协实践中落地生根,奋力开创我区政协工作新局面。

二、拉伸履职标杆,在加强和改进中展现政协担当

紧紧抓住“加强和改进”这个关键,认真履行三大职能,深入开展调查研究,着力提升履职水平。

加强和改进政治协商工作。充分发挥全委会、主席会、常委会协商平台作用,以深化改革、数字经济、金融产业、民营经济发展为议题,开展广泛多层协商,为我区高质量发展提出有见解、有价值的意见建议,不断提高“商以求同、协以成事”的成效。

加强和改进民主监督工作。对区委区政府重要决策部署、事关人民群众切身利益的问题、重点工程项目进行知情性、推进性和调研性监督,推动工作落实。对区直、驻区部门政风行风进行民主评议,让民主评议“评”出干部好作风、“议”出整改好思路、“改”出便民利民好举措,取得“评议一个部门、推动一方工作”的实效。

加强和改进参政议政工作。围绕中心精选课题,组织政协委员深入调研视察,广泛征集社会各界意见建议,集思广益、寻方问策,汇聚各方智慧,提出科学可靠并具有前瞻性、操作性的意见建议,为区委区政府科学决策、完善政策、改进工作提供有价值的参考。

三、拉长合作标杆,在汇聚力量中体现政协作用

“大厦之成,非一木之材;大海之阔,非一流之归”。常委会将始终高扬团结民主大旗,深化团结合作,凝聚发展共识,坚决做到自信、发奋、心齐。

进一步加强同各民主党派、工商联、无党派人士的联系与合作,建立主席会议成员联系常委,常委联系委员,委员联系界别群众的“三项联系”制度,通过座谈、调研、提案、走访等形式,搜集反映社会各界意见建议,把更多有志之士、有识之士和新生力量团结凝聚在区委周围。

进一步加强与红谷滩在外人士的联系,利用亲情友情政协情开展招商引资引智,通过商会联谊、实地走访、节会推介等方式介绍红谷滩发展优势、政策环境,让更多的仁人志士了解红谷滩、投资红谷滩。

进一步加强与上级政协、外地政协的沟通联系、联谊交往,深化和拓展系统联动。做好政协对外宣传工作,讲好红谷滩故事,传播红谷滩好声音。

四、拉高党建标杆,在锻造队伍中树立政协形象

坚持用党建工作这根“线”把委员和政协机关干部更好地凝聚在一起,拧成聚力工作、奋发有为的一股“绳”。

高站位抓好政治建设。严格履行“一岗双责”职责,自觉把党建、党风廉政建设、意识形态、法纪教育等工作与政协本职工作同部署、同检查、同落实,推动主体责任“横向到边、纵向到底”。

高质量充实专委会队伍。探索建立政协各专委会与党政部门对口联系制度,优化整合专委会力量,结合实际,引进具有专业特长的委员和智库人员,持续优化专委会队伍,让专委会真正成为政协工作的中坚力量,推动政协工作高质量发展。

高标准提升委员能力。加大委员学习培训力度,建立完善委员履职信息登记、反馈制度,强化委员履职成果运用,开展优秀委员、优秀提案、优秀社情民意信息评选表彰活动,鼓励和支持委员在本职岗位和政协工作中“双责担当、双岗奉献”。

高水平强化自身管理。严格贯彻落实中央八项规定及其实施细则精神,用严格的标准要求、严格的措施管理、严格的纪律约束机关干部队伍,深入建设“五好”[⑨]政协机关,着力构建敬业的工作常态、饱满的精神状态、健康的机关生态,不断提振机关干部干在一线、争创一流的精气神。

各位委员、同志们!人民政协的舞台广阔、责任重大、使命光荣。让我们更加紧密地团结在以习近平同志为核心的党中央周围,高举中国特色社会主义伟大旗帜,在中共红谷滩区委的坚强领导下,以大局意识、为民情怀、创新精神、担当品格、务实作风、“一线”追求,认真履行政治协商、民主监督、参政议政职能,为全面建设社会主义现代化红谷滩作出新的更大贡献,以优异成绩迎接中共二十大胜利召开!

名词解释:

1.“三有”:有事多商量、有事好商量、有事会商量。

2.“五有”:有机构、有人员、有标识、有场所、有制度。

3.“七到位”:议题征集到位、调研学习到位、筛选确定到位、协商方案到位、协商会议到位、结果落实到位、汇总上报到位。

4.“三风”:兴家风、淳民风、正社风。

5.“四德”:职业道德、社会公德、家庭美德、个人品德。

6.“一大五小”:“一大”指生米镇政协委员履职服务站,“五小”指沙井街道政协委员履职服务站、卫东街道政协委员履职服务站、凤凰洲管理处政协委员履职服务站、红角洲管理处政协委员履职服务站、九龙湖管理处政协委员履职服务站。

7.“六个一”:提交1份质量较高的提案;反映1条有价值的社情民意;参加1次调研或视察;撰写1篇调研报告;为群众办1件好事;年底填写1份履职统计表。

8.“四个一线”:全国政协汪洋主席提出的“人民政协处于凝心聚力第一线、决策咨询第一线、协商民主第一线、国家治理第一线,是党和国家一线工作的重要组成部分”。

9.“五好”:团结协作好、精神状态好、能力素质好、纪律作风好、工作实绩好。

红谷滩区人民法院工作报告

——在红谷滩区第一届人民代表大会第二次会议上的讲话

红谷滩区人民法院院长　姜卫民

（2022年1月13日）

2021年工作回顾

2021年是建党一百周年，是“十四五”开局之年，也是红谷滩区法院鸿蒙初辟、披荆斩棘的一年。这一年，机遇和挑战并存，拼搏和奋斗同在。区法院始终坚持以习近平新时代中国特色社会主义思想为指导，深入贯彻落实党的十九大和十九届历次全会精神，在区委坚强领导、上级法院精心指导下，在区人大及其常委会有力监督下，在区政府、区政协和社会各界关心支持下，坚持司法为民、公正司法，努力打造审判质效最好、政治生态最好、专业水准最高、群众满意度最高的基层法院，勇做全省基层法院排头兵，高起点谋划司法体制综合配套改革，高标准打造便民高效诉讼服务体系，高质量推进审判执行工作质效提升，各项工作迅速打开新局面，胜利迎来开门红。全年共受理各类案件35315件，已结案件34491件，人均结案1500件，收案数、结案数、人均结案数均为全省基层法院第一名；一审服判息诉率97.52%，一审改判发回重审率0.11%，均高于全国第一名；各类案件考核结案率（下同）118.65%，位居全市第一名。荣获“第十六届江西省文明单位”“全省审判E管理示范法院”“全省法院意识形态与宣传舆论工作先进单位”“南昌市扫黑除恶专项斗争优秀集体”等称号，17名干警荣获市级以上荣誉14项。

一、围绕中心，服务大局，努力强化法院担当作为

做好营商环境“护航员”。积极践行“法治是最好的营商环境”理念，审结涉企案件18725件，涉案标的额41亿元。精准服务“六稳”“六保”，妥善处理极端天气车辆被淹保险人代位求偿权纠纷案，保障企业稳定经营。每月开展送法进企业活动，共走访企业56家，召开座谈会6次，帮助解决实际困难12项。在我市率先与区政府联合出台企业破产处置府院联动工作机制的实施意见，推送执行转破产案件立案审理2件。严格开展涉企案件经济影响评估，慎用强制措施，及时修复企业征信，助力企业健康发展。

勇当攻坚战役“先锋队”。围绕我区全省金融中心定位，创新金融案件审判机制，促进金融纠纷高效便捷处理，全年审结金融案件14554件，占全市金融案件的63.21%，标的额22.35亿元，执结金融案件7228件，执行到位金额8.84亿元。全面对接扶贫领域司法需求，审结涉贫困人口民事案件130件，缓免诉讼费14余万元，加大司法救助力度，共救助12人40余万元。加强生态环境司法保护，依托环资审判教育基地，共同服务于南昌生态文明建设与绿色发展目标，开展环境资源法制宣传活动6次，发放宣传材料900余份。

决胜扫黑除恶“收官战”。如期完成扫黑除恶专项斗争任务，审结涉黑恶犯罪案件4件51人。高度重视“黑财清底”工作，实现应执尽执，颗粒归仓，对已审结的3件涉黑恶案件的27名被执行人财产进行全面查控，执行到位金额2162万元。助推村、社区“两委”换届工作，协助排查相关信息800余次，防范违法犯罪分子把持基层政权，遏制黑恶势力形成。严格落实“线索清仓”，建立健全线索摸排、接办工作机制，甄别涉黑恶线索4条。全力助推“行业清源”，坚持扫黑除恶与整治行业重点领域问题同步发力，针对案件审理过程中发现的行业监管漏洞及时发送司法建议7份。

筑牢疫情防控“安全线”。面对疫情反复、多点散发等情况，主动应对，迅速制定疫情防控方案、应急处置办法等4个文件，明确疫情防控对策。组织干警32人次参加疫情防控攻坚活动，26人次配合社区核酸检测工作，督导枫湖社区、琴江社区、地中海社区疫情防控工作，完成本院232人疫苗接种。对中高风险地区当事人实行网上立案、开庭，全年共网上立案319件，网上开庭、调解276件，做到审判执行工作“不停摆”，实现诉讼群众和法院干警“双安全”。耐心促成南昌兴邦置业公司因疫情逾期交房系列案调解结案，有效引导各方共担风险、共渡难关。

二、忠诚履职，依法办案，有力维护社会公平正义

宽严相济惩治刑事犯罪。共受理刑事案件293件，

审结266件306人,结案率109.02%。始终保持对危害社会治安犯罪高压态势,审结故意伤害、抢劫等暴力犯罪案件20件24人,诈骗、盗窃等多发性侵财犯罪案件42件47人,涉黄赌毒犯罪案件10件19人,切实维护社会秩序。依法惩治非法集资、传销等涉众型经济犯罪案件6件,涉案金额7208万元,保障经济秩序健康稳定。严厉打击信息网络犯罪,审结帮助信息网络犯罪活动罪,窃取、收买、非法提供信用卡信息罪案件22件22人。保持反腐败斗争高压态势,审结职务侵占案件1件1人。审结马陈胜高空抛物案,以案释法,守护"头顶上"的安全。深入贯彻宽严相济刑事政策,对40名罪行较轻且有悔罪表现的被告人依法适用缓刑。

稳妥高效化解民商纠纷。共受理民商事案件22266件,审结21645件,结案率113.05%。审结提供劳务者受害责任纠纷、健康权纠纷等人身损害赔偿纠纷569件,保护公民生命健康。审结婚姻家庭、继承赡养等纠纷302件,倡导夫妻忠诚、家庭和睦。审结借款、买卖、承揽、租赁、物业服务等合同类纠纷20270件,倡导诚实守信。审结劳动争议纠纷320件,维护劳资双方合法权益。审结"双减"政策引发的教育培训合同纠纷105件,引导群众理性维权。依法处理南昌市佛教协会合法财产保护案在内的物权保护纠纷35件,保障公民、法人和其他组织的合法财产不受侵犯。

全力以赴推进执行攻坚。受理各类执行案件12149件,结案11971件,结案率133.45%,执行到位金额11.27亿元。执行案件法定期限内结案率位居全省第一名,实际执行到位率、保全率位居全市第一名。搭建执行财产查控专线,在全市率先与车管所、不动产中心合作建立车辆与不动产查控专线,借助专线查控财产1564次,查封、解封财产336次。探索执行强制措施前置,对规避执行、拒不履行的被执行人罚款27人次共计26万元,通过强制措施倒逼被执行人主动履行债务519人次,并利用"三推送"敦促失信公职人员归还欠款。运用查封、冻结、扣押等强制措施1.2万余次,公开失信被执行人6550人次,以涉嫌拒执罪移送公安机关2案2人。网络司法拍卖成交额8478万元,标的物成交率88.60%,节省拍卖佣金416万元。健全完善信用修复机制,执行完毕或促成和解后及时撤销限高信息978人次、屏蔽失信信息440人次。

三、秉持初心,回应关切,大力满足多元司法需求

创新型举措助力诉讼流程更便捷。诉讼全程贯穿"七有七必"要求,即有案必立、有错必纠、有全必保、有访必复、有约必见、有电必接、有房必清,做到程序不空转,群众不空跑。今年以来,当场登记立案率达100%,跨域立案259件,切实减少群众"为立案跑"。提高电子送达适用率,累计完成电子送达58619次,占比43.40%。发挥"12368"平台效能,累计向当事人发送实时动态信息67524条,大幅减少群众"为审理跑"。落实司法便民"三无须"举措,申请执行与申请再审均无须提交生效证明、申请退费一次办理无须多跑腿,无生效证明立执行案件5388件,退费专窗服务10210人次,有效减少群众"为执行跑"。全年直播案件庭审435次,通过网络公开裁判文书7953份。通过"两微一网"等官方平台及时对外公开法院最新动态,全年共发布工作信息856篇,全面减少群众"为信息跑"。

开放型评价促进为民解忧更贴心。在全市法院范围内首创设置立案服务打分器,自设置以来共收到2000余人次打分,满意占比达100%。高效运行赣法民意中心红谷滩分中心,共受理群众反馈工单522件,其中咨询类509件、意见类3件、建议类10件,均在24小时内流转处理完毕,回访专员针对群众反映的问题进行电话回访429次,满意度达100%。听取群众呼声设立律师服务站,每天安排1名律师进驻值班,为群众提供专业的法律咨询,共提供司法服务8200人次,群众满意度达100%。组织"法制宣传进校园、进企业、进社区"活动35次,以普法教育为契机开展问卷调查,征求群众有效意见建议58条。

服务型理念推动定分止争更高效。积极参与我区矛盾化解和多元解纷工作,指派法官进驻区矛调中心。投入30万元持续优化诉讼服务中心功能,打造"一站清、一次办"综合体,立案、审执、信访全方位立体化服务,全面缩短诉讼周期。坚持"联合化解、快速高效"理念,聘请4名特邀调解员,发挥调解员贴近基层、掌握民情的优势,为当事人诉累做"减法",特邀调解员调解案件590件。通过诉调对接、速裁快审机制处理民商事纠纷3500件,其中50%案件调撤息诉。积极推动法庭进社区选培法治网格员,建立"法庭+社区"纠纷调解机制,将重心下沉,联动化解矛盾纠纷。

四、精益求精,融合创新,切实增强司法改革实效

靶向发力,细化案件繁简分流。推行简案快办,组建7个民事简案团队,受理案件16868件,占民商事案件总数的75.76%。加大刑事速裁程序应用,审结认罪认罚案件234件,其中当庭宣判205件。2个快执团队受理执行案件9347件,占执行案件总数的76.94%。注重繁案精审,疑难复杂案件由14个繁案团队精细审理,以确保案件质量,依法审理徐德州等十被告通过网络侵犯执业律师名誉权一案,实现政治效果、法律效果与社会效果相统一。通过加大繁简分流,优化司法资源配置,提高结案效率,案件平均办理天数为42天,较全市基层法院平均值少10.6天。

主动求变,推进事务集约管理。着力优化法院内部工作流程,有效剥离非核心事务。收转发E中心集中送达、收转材料,制作诉讼文书206766份,累计完成送达任务178542次。引进执行事务外包,将初次接访、审查立案、文书制作送达等工作交由外包工作人员完成，今年10月以来，首批10名外包工作人员进驻执行局，已完成执行立案6090件，制作发送文书12000余份，财产查询7000余次。按照分类打包、归口处理思路，实现保全工作从“案件到人”转入“事项到人”的精细化管理，办结财产保全案件2387件，保全案件平均用时大幅压缩至4.4天。档案管理室剥离后端事务，在强化保密安全措施基础上，将案卷扫描工作外包，外包人员已完成案卷扫描24134卷，疏导本院优势司法资源进一步向核心事务靠拢。

源头把关，压实案件监管责任。坚持标本兼治，严把办案时间与流程关，建立节点结案、计划结案审务制度。突出院庭长带头示范作用，院庭长带头办案13564件，占全院案件的40.80%。设置审判履职“安全阀”，监管延期开庭、变更程序、延迟结案案件1607件，监管“四类案件”432件。开启类案检索“导航仪”，明确划定案件类型、检索范围，强化检索结果运用，对9400件类案实现统一裁判。安装案件质量“探测器”，累计召开专业法官会议6次，审判委员会会议12次，讨论疑难复杂案件，对292件案件进行评查。

专业护航，助推智慧法院建设。大力推进无纸化办案，形成“全流程贯通，全环节覆盖”的无纸化办案新模式，提高电子卷宗流转和深度应用成效，实现无纸化办案1771件。利用区块链技术架设“类案批量智审系统”平台，完成8600件类案的审理。加大庭审智能软件应用，利用庭审语音转换方式完成庭审15386场，助力法官高效办案。在省高院指导下打造金融纠纷调解平台，试运行调解案件6件。探索失联修复技术，打破信息壁垒，提升司法送达成功率和执行到位率。稳步推进“六专四室”升级改造，完善远程监控、无线传输等“智慧警务”平台设施，构筑智能科学、安全高效的司法警务安全屏障。

五、严管厚爱，固本强基，锻造过硬人民法院队伍

推动法院政治建设走深走实。坚定法院首先是政治机关的理念，全面履行主体责任，坚持把党的政治建设摆在首位，坚决拥护“两个确立”，牢固树立“四个意识”，坚定“四个自信”，做到“两个维护”，坚决贯彻执行党的政治路线，严守党的政治纪律和政治规矩。始终高度重视意识形态工作，建立完善微信、微博、网站等新媒体管理实施办法，形成意识形态阵地长效管理机制。大力开展党史学习教育活动，综合采用视频讲座、现场授课、文件解读、交流发言等形式，开展专题学习研讨28次，“三级书记讲党课”5次，推动理论学习入脑入心。结合督导巡察整改任务，推出8项司法便民举措，开展“我为群众办实事”活动35次，努力做到办事不求人、办案不拖延、办公不空转，切实解决群众“急难愁盼”问题。举办党史知识竞赛和“学党史、感党恩”主题演讲比赛。组织观看红色电影《三湾改编》《长津湖》《跨过鸭绿江》，引导干警继承优良传统，赓续红色基因。

强化队伍教育整顿常治长效。深入开展学习教育，开展政治轮训、专题讲座、警示教育等各类政治教育活动15次。坚决整治顽瘴痼疾，对认定的24个问题均按规定整治到位。严格推动查纠整改，对10名干警运用第一种形态处理，提醒谈话12次。落实全面从严治党主体责任，严格执行“三个规定”，强化纪律规矩意识。常态化开展正风肃纪，集中整治群众身边腐败和不正之风突出问题，确保司法廉洁。通过“转作风、提效率、树形象”专项整治活动，聚焦执法办案、诉讼服务、会风会纪、文明形象等方面，开展日常督察80次，教育提醒18人次，正式通报2人次。

加快干警司法能力全面提升。围绕司法服务需求，合理设置人员岗位，构建老带新、强带弱的“传帮带”模式。大力选培先进典型，激发干事热情。加强体能训练，通过体育比赛、实战演习等方式强身健体，营造团结活泼的集体氛围。注重提升专业素养，共组织法律专业知识培训29次、书记员技能培训15次，参训人员达3000余人次。鼓励干警办出精品案件、写出精品文书，魏平法官被评为“全省法院执法办案标兵”，王倩法官撰写的判决书被评为“全市十佳裁判文书”。

六、自觉主动，虚心诚恳，广泛接受社会各界监督

主动接受人大监督。定期向人大常委会汇报法院工作，加强与人大代表的联络，主动征询和办理落实人大代表的意见建议和提案，坚决做到100%办结和及时回应。全国人大代表冯帆、省人大代表潘新华等人到我院调研指导工作，冯帆以“六个最”肯定我院的工作：条件最艰苦，任务最繁重，斗志最昂扬，质效最突出，作风最扎实，未来最可期。自觉接受民主监督。及时向政协通报法院工作，认真办理委员提案和关注案件。畅通与民主党派、工商联和无党派人士沟通联络，真心诚意听取意见。支持配合检察院法律监督。邀请检察长列席审委会4次，收到检察机关支持起诉案件6件，检察机关抽查案件93件，收到检察建议6份。广泛接受社会监督。人民陪审员参审案件3558件，参审率达96.03%。设立网络举报平台，听取群众意见，收到来信来电来访反映问题52个，均在3日内程序性回复，1个月内实体性答复。加强与新闻媒体沟通，及时发布法院工作动态，接受舆论监督。

过去一年，面对极为繁重的办案压力，全院干警不驰于空想，不骛于虚声，坚定执着追理想，坚持以目标聚人心，以问题为导向，满怀豪情，奋力拼搏，圆满完成了全年各项工作任务。我们深知，荣誉和成绩的取得，离不开区委的坚强领导，区人大及其常委会有力监督，区政府、区政协和社会各界的大力支持。在此，我谨代表全院干警表示崇高的敬意和衷心的感谢！

同时，我们也清醒地认识到，法院工作还存在一些困难和不足：一是服务大局工作的针对性、精准性、主动性

还存在一定不足,司法保障职能作用还有待进一步强化;二是案件质效、司法服务水平、司法作风离人民群众对优质司法服务的要求还有一定差距,提出的工作目标、承诺还未完全实现,未来仍需持续努力;三是案多人少矛盾十分突出,人均结案1500件,工作量已远远超过全省任何基层法院,办案任务异常繁重,干警特别疲劳,长此以往,难以为继;四是破解执行难虽已取得一定成效,但执行标的到位率仍然不高,被执行人逃避、规避执行手段更加隐蔽,抗拒执行现象仍有发生,任务依然艰巨繁重。对此,我们将保持清醒头脑,直面问题,在今后的工作中切实加以改进。

2022年工作打算

2022年是党的二十大召开之年,是全面落实省第十五次党代会、市第十二次党代会、区第一次党代会决策部署的第一年,围绕“作示范,勇争先”的目标要求,区法院的总体工作思路是:以习近平新时代中国特色社会主义思想为指导,深入贯彻党的十九大和十九届历次全会精神,大力弘扬伟大建党精神,坚持党对法院工作的绝对领导,牢记初心使命,恪守法定职责,创新司法为民举措,提升司法保障能力,努力打造审判质效最好、政治生态最好、专业水准最高、群众满意度最高的基层法院,为“提升发展首位度、彰显省会担当”,实现我区“全省示范领先、中部比肩赶超、全国进位争先”的奋斗目标提供坚强的司法保障。

一是想大事、谋全局,在服务经济社会发展上有新作为。全面践行习近平法治思想,不断提高政治判断力、政治领悟力、政治执行力,坚决拥护“两个确立”,始终做到“两个维护”。严格贯彻落实区委各项决策部署,主动服务和融入新发展格局,充分发挥司法在服务大局推进高质量发展上的能动性。努力实现司法在促发展、稳预期、保民生方面的带动作用,精准服务做好“六稳”工作,落实“六保”任务,为红谷滩区实施的“六大战略”保驾护航。

二是抓业务、求质效,在巩固审判执行成果上有新突破。落实好立案首接负责制,让群众就近立案。认真贯彻实施民法典,确保正确统一适用。做好民事诉讼法修改后的衔接工作,适应小额诉讼范围扩大、公告期缩短、电子送达适用情形增多等办案流程。提升繁简分流精准度,做到简案快审快执,繁案精审细理。积极应对5亿元以下大额标的案件由基层法院审理的考验,抓好典型案例的审判工作,为新业态、新经济的健康发展提供规范指引。依法严惩危害人民群众生命财产安全的刑事犯罪,加大力度打击信息网络犯罪,严厉打击黑恶势力犯罪,继续保持反腐败高压态势。全面巩固“基本解决执行难”成果,持之以恒切实解决执行难。

三是办实事、落实处,在满足多元司法需求上有新举措。坚持和发展新时代“枫桥经验”,拓展法院+工会、法院+妇联等“法院+”模式宽度和广度,把非诉讼纠纷解决机制挺在前面,努力把矛盾消除在萌芽、化解在基层。以“一站式”建设为抓手,依托信息技术,推动诉讼服务优化升级。推广“诉事速办”平台的影响力,促进与群众的沟通。加大普法力度,常态化开展“送法进企业、进社区、进学校”活动,积极参与公共法律服务体系的建设,营造全社会尊法学法守法用法的良好氛围。重点解决群众“急难愁盼”问题,妥善做好涉及低保户、老年人、残疾人等特殊困难群体的司法救助工作。健全自动履行正向激励机制和被执行人信用修复机制,助力法治红谷滩建设。

四是善创新、广开拓,在探索市域社会治理上有新进展。积极参与矛调中心多元解纷工作,发挥部门联动最大化效果。增强科技创新驱动力,促进VR、5G等产业助推智慧法院建设,加速审判E管理、数字法院、裁判文书上网、远程开庭、移动微法院等软件功能升级,努力实现“全业务网上办理、全流程依法公开、全方位智能服务”。深耕金融审判责任田,充分利用好江西金融司法联盟链、金融调解中心助推我省打造有全国重要影响力的金融中心。健全环境资源审判机制,有力有序推进碳达峰碳中和。深化司法体制综合配套改革,完善审判权制约监督机制,充分运用好“类案智推”平台,杜绝“同案不同判”。

五是强素质、树形象,在夯实法院队伍建设上有新成效。全面加强政治建设,落实全面从严治党主体责任,不断健全队伍教育整顿长效机制,巩固深化党史学习教育成果,切实提升干警政治素养。完善人员考核机制,加大干部轮岗交流力度,常态化开展业务理论学习、教育培训活动,从司法理念、诉讼服务、执法办案等方面,全面增强干警司法能力。持续改进司法作风,严格落实“三个规定”,坚持日常巡查与专项督查相结合,预防和惩处相结合,持之以恒抓好党风廉政建设,打造一支让党放心、人民满意、忠诚可靠、清正廉洁的过硬法院队伍。

各位代表,激浊扬清自当虎虎生威,任重道远更需快马加鞭。新的一年,红谷滩法院将在区委的正确领导下,在区人大及其常委会的有力监督下,在上级法院的精心指导下,认真落实红谷滩区一届一次党代会和本次人大会议精神,忠实履行宪法和法律赋予的职责,抓好执法办案第一要务,全力提供优质司法服务,拉升标杆勇争先,砥砺奋进新征程,脚上有土,心中有谱,努力为红谷滩区经济社会高质量发展做出新的更大贡献,以优异成绩迎接党的二十大胜利召开!

红谷滩区人民检察院工作报告

——在红谷滩区第一届人民代表大会第二次会议上的讲话

红谷滩区人民检察院检察长　杜迎春

（2022 年 1 月 13 日）

2021 年工作回顾

2021 年是建党 100 周年，是“十四五”开局之年，是人民检察制度创立 90 周年，也是红谷滩区检察院正式履职的第一年。一年来，全院干警在区委和市检察院的坚强领导下，紧紧围绕院党组确立的“立足首善之区，擦亮省会之窗，勇立鸿鹄之志，打造样板之院”的奋斗目标，以高度的政治自觉、法治自觉、检察自觉担当作为，圆满完成新院筹建任务，全力推动各项工作高质量发展，“四大检察”“十大业务”全面进入全省第一方阵。

一、围绕中心工作，在服务区域发展中彰显检察担当

深度融入发展大局，以高质量检察履职服务“五个中心”建设，推动区域经济社会高质量发展。

坚决捍卫金融安全底线。立足我区为全省金融中心的实际，全力打造金融检察工作品牌。坚决打击重大及新型金融犯罪，办理涉案金额 22.3 亿元的丁某妹等人涉嫌虚开发票案①、利用虚拟货币从事犯罪活动的刘谢雄等人涉嫌组织领导传销活动案、全市首例涉证券类非法经营案等 26 件 34 人。深化与人民银行、公安机关、监察委等单位的协作，深挖涉黑涉恶、非法集资、职务犯罪等上游犯罪行为，立案监督洗钱案件 1 件，追诉 7 件，起诉 10 件，涉案金额共计 3240 万元，反洗钱工作在办案数量、质效上均领跑全省。办理的“曾某”洗钱案②入选最高人民检察院和中国人民银行联合发布的首批反洗钱典型案例；金融检察办案团队被省检察院评为全省优秀办案团队，被省委政法委确定为全省政法英模（集体）。

着力营造法治化营商环境。强化对知识产权的司法保护，助力创新驱动发展，办理此类案件 4 件 7 人，一名干警获评“全省查处重大侵权盗版案件有功个人”。最大限度为企业追赃挽损，如在办理赵波等三人职务侵占案中，综合运用少捕慎诉、认罪认罚、公开听证等方式，引导督促涉案人员退还侵占的全部款项 162 万元。主动对接南昌赣商联合总会、区工商联及 VR 产业园、慧谷产业园等单位，建立检察联系点，进一步畅通检企沟通渠道，精准提供法律服务。共走访民营企业 124 家，开展法治宣传 6 次，办结民营企业诉求 28 件。成功举办检察机关服务保障民营企业发展学术研讨会，来自北京、江西两地的法学专家汇聚一堂，共献民营企业保障之策，共商民营经济发展之计。

积极助推市域社会治理现代化。充分发挥检察建议职能作用，加强与行政执法机关沟通协调，进一步统一思想、增进理解，就司法办案中发现的安全生产、“黑校车”违规运营、工商营业执照管理不严等社会问题发出检察建议 8 件，督促相关行政执法机关加强监管、堵塞漏洞，共同推动城市管理品质提升。主动作为、能动司法，对 2 起在政府机关缠访闹访的寻衅滋事案件提起公诉，充分展现依法治理的检察担当；对受理的 60 件信访件，均做到 7 日内程序性答复、3 个月内实体答复，以及时回复、用心办理赢得群众信赖；坚持领导带头包案，加强释法说理，化解“重复访”积案和第二批政法队伍教育整顿交办信访件 12 件，推动实现“案结事了人和”。

二、坚持安全至上，在维护社会长治久安中展现检察作为

着力推进更高水平“平安红谷滩”建设，保障社会和谐稳定、人民安居乐业。

确保人民群众人身财产安全。批捕故意杀人案 3 件 3 人，起诉抢劫、强奸、聚众斗殴等暴力犯罪案件 16 件 23 人，盗窃、抢夺、诈骗等多发性侵财犯罪案件 44 件 49 人，“黄赌毒”犯罪案件 48 件 59 人。始终保持打击涉黑涉恶犯罪的高压态势，依法办理魏某恶势力犯罪集团案③等涉黑涉恶案件 3 件 14 人，巩固深化提前介入、快捕快诉、严审细查等长效机制，推动扫黑除恶常态化，我院被评为全市“扫黑除恶专项斗争优秀集体”，2 名干警被评为全市优秀个人。

扎实推进网络综合治理。积极参与“打击治理跨境赌博”“断卡”等专项行动，办理利用网络手段宣传、引诱人员参与跨境赌博的“太阳城赌场”系列案件等 5 件 8 人；起诉电信网络诈骗、侵犯公民个人信息、掩饰隐瞒犯罪所得、帮助信息网络犯罪活动案件 46 件 51 人，坚决斩断网络犯罪黑灰产业链。针对办案中发现的一些高校学生存在法治观念欠缺、容易被诱使协助网络违法犯罪等突出问题,组织普法宣传队深入江西交通职业技术学院、江西工业贸易职业技术学院等多所大中专院校开展反诈宣传,有效避免在校学生落入违法犯罪“圈套”。

深入贯彻“少捕慎诉慎押”刑事司法政策。面对新时代人民群众的新要求新期待,2021年4月,中央全面依法治国委员会将“少捕慎诉慎押”上升为党和国家新的刑事司法政策。我院及时转变“构罪即捕”“有罪必诉”“一押到底”的传统办案思维,在坚持客观公正立场、严厉打击严重刑事犯罪的前提下,对绝大多数轻罪案件当宽则宽,积极引导犯罪嫌疑人认罪认罚、赔偿损失,从而获得谅解。刑事案件不捕率51%,不诉率29%,诉前羁押率44%,三项指标均为全市最优,为强化人权司法保障、积极修复社会关系、努力挽救涉案人员和充分发挥良法善治功效开展了有益的实践探索,取得了看得见的成效。

三、做优检察产品,在推进司法为民中砥砺检察初心

自觉在保障人民权益中担当作为,持续办好检察为民实事,促进改善人民生活品质。

加强弱势群体权益保护。依法打击恶意欠薪行为,办理拒不支付劳动报酬犯罪案件2件,为103名农民工追回薪酬63万元。主动与法院、劳动仲裁委等单位联系沟通,推动建立民事支持起诉工作协作配合机制,办理劳动者追索报酬、受损赔偿等支持起诉案件6件。充分发挥司法救助作用,坚持“应救尽救”,先后对交通肇事、故意伤害等案件共22名因案致贫的被害人开展救助,发放救助金52.5万元,助力巩固脱贫攻坚。

护航未成年人健康成长。严惩侵害未成年人犯罪,起诉7件7人。就一起校外培训机构教师猥亵儿童犯罪案件,建议法院判令禁止该被告人从事教育及相关职业5年。坚持“教育、感化、挽救”原则,对涉罪未成年人依法不批捕22人,不捕率88%;相对不起诉9人,不诉率69%;附条件不起诉5人;向存在管教不严、监护缺位等问题的监护人发出“督促监护令”12份。联合区法院、公安分局、司法局建立刑事案件未成年被害人“一站式”救助体系,推动解决未成年被害人“二次伤害”问题。

切实保障民生民利。严惩以“长租公寓”“装修+返租”之名蓄意实施诈骗的犯罪行为,办理此类案件5件,涉案金额4700余万元,受害群众1300多人;联合区公安、住建、市场监管等单位共同加强租房市场监管,避免重大风险发生。对一起非法销售有毒减肥药案件提起刑事附带民事公益诉讼,一审判决被告人支付10倍惩罚性赔偿金,并在省级以上媒体及案发时所用微信朋友圈进行公开赔礼道歉。持续跟进监督中央第二轮环保督察交办信访件办理工作,针对群众反映的部分居民区建筑、生活垃圾清运不及时等问题发出检察建议,督促有关行政机关加强履职。

四、深耕主责主业,在维护公平正义中践行检察使命

凝心聚力强化新时代法律监督职能,齐头并进推动各项检察业务均衡发展,履职成效进一步彰显。

刑事检察推进有力。依法办理审查逮捕案件485件615人、审查起诉案件652件770人。压实司法责任,优化考评机制,不断提升办案质效,刑事“案-件比”达1:1.02。切实强化刑事诉讼监督,监督立案2件,监督撤案6件,纠正漏捕、漏诉20人;对侦查活动、审判活动存在的违法情况及时予以纠正;完成对区公安分局执法中心派驻,构建一站式、全要素、即时性执法监督管理模式。常态化做好社区矫正监督,有效防范脱、漏管等现象发生。

民事行政检察稳步提升。以《民法典》实施为契机,落实精准监督理念,积极拓宽案源渠道,办理各类民事行政监督案件27件。与区法院建立协调工作机制,进一步强化对民事审判、执行活动的法律监督,调阅案卷3批次,及时纠正存在问题,共同维护司法公正。切实履行行政检察监督职能,通过促进和解、督促纠正违法等方式,办理行政争议实质性化解案件2件,努力实现“案结事了政和”。

公益诉讼检察稳健开展。深化双赢多赢共赢理念,坚持把诉前实现维护公益目的作为最佳司法状态,针对部分商家违规销售保健食品、部分小区居民私拉充电线及电动车堵塞消防通道等社会公益问题发出公益诉讼诉前检察建议30件,开展诉前磋商5件,相关单位均予采纳并及时整改到位。针对部分刑事案件损害公共利益,而民事责任追究未同步到位的情况,提起刑事附带民事公益诉讼2件。建立“河(湖)长+检察长”协作机制,强化信息共享、线索移送、协同办案,合力守护碧水长流。

五、狠抓自身建设,在锻造过硬队伍中永葆检察本色

坚持革命化、正规化、专业化、职业化的发展方向,全力推进政治建设与业务建设深度融合。

把党的政治建设摆在首位。深入学习贯彻党的十九届六中全会精神,持续学思践悟习近平法治思想,自觉以“两个确立”统一思想行动。严格落实《中国共产党政法工作条例》,制定向区委、区委政法委、市检察院党组请示报告清单,报告重大事项、重要案件20次,切实将检察工作置于党的绝对领导之下。以开展党史学习教育为抓手,认真学习领悟党的百年历史,深入学习领会习近平总书记“七一”重要讲话精神,不断筑牢政治忠诚。

切实加强队伍素能建设。开展全院全员教育培训、岗位练兵,实行“师父带徒弟、老将带新兵”和AB岗制度,推动干警加快更新思想理念,扩展办案视野,提升专业素能。2021年以来,1名干警获评“全国优秀办案检察官”,3名干警入选全国检察机关专业人才库,1名检察辅助人员被表彰为“全市政法英模人物”。

深化司法责任制综合配套改革。加强员额检察官动态管理,退额3人,补充遴选4人,确保检察官队伍基本稳定。落实检察人员履行法定职责保护机制和不实举报澄清机制，协助区纪委监委对一起涉我院干警的失实检举进行澄清正名，为实干者撑腰鼓劲。聘请首批2名行政机关专业人员为我院特邀检察官助理，弥补检察官专业知识短板，进一步提升检察办案的质量水平。

狠抓党风廉政建设。扎实推进政法队伍教育整顿，以整治“顽瘴痼疾”为重点，先后查纠“顽瘴痼疾”问题44个和其他问题66个，制定靶向整治方案8个，目前已全部整改到位；坚持“自查从宽、被查从严”政策导向，对4名干警适用“自查从宽”政策，运用“第一种形态”进行谈话提醒，坚决支持区纪委监委监督执纪，1名党员干警被党内严重警告；深入落实预防干预司法“三个规定”[④]，严格填报要求，加强社会宣传，筑牢防范人情案、关系案、金钱案的制度“堤坝”。坚持严的主基调，以开展“转作风、提效率、树形象”专项整顿为抓手，驰而不息、不留死角地开展正风肃纪，引导督促干警知敬畏、存戒惧、守底线。

六、自觉接受监督，在打造阳光司法中树立检察形象

牢记打铁必须自身硬，始终把检察权置于人大、政协、人民群众和社会舆论的广泛监督之下，不断增强检察自觉。

主动接受人大监督和政协民主监督。定期向人大常委会汇报检察工作，认真办理代表提出的建议8项，均及时办结并获满意评价。加强与人大代表、政协委员、工商联的常态化联络，邀请视察工作、听取通报、参与案件公开审查，定期上门走访，获得监督、赢得支持，倒逼检察办案质量更优、效率更高，促进廉洁办案、公正司法。

创新开展公开听证。坚持“应听证尽听证”原则，邀请人大代表、政协委员、人民监督员、专家学者、社区居民等参与社会影响大或存在较大争议案件的公开听证16次，让当事人把事说清、听证员把理辨明、检察官把法讲透，以看得见、听得懂、感受得到的“程序”增强检察机关办案透明度，提高司法公信力。

主动接受社会监督。积极构建新型检律关系，邀请全市多家知名律所开展检律座谈，认真听取和吸纳律师的宝贵建议。持续深化检务公开，依法及时公开法律文书和办案数据；召开新闻发布会，公开通报“少捕慎诉慎押”工作情况；着力打造“南昌红谷检察”微信号、抖音号等新媒体宣传平台，发布检察工作动态和普法宣传作品805条；常态化开展检察开放日，邀请各界人士走近检察机关，了解检察工作，确保检察权在“放大镜”和“聚光灯”下依法规范运行，检察工作社会知晓度和群众满意度不断提升。

各位代表，红谷滩区检察院各项工作能够迅速步入正轨，取得良好开局，离不开区委和市检察院的坚强领导，离不开区人大及其常委会的有力监督，离不开区政府的大力支持，离不开区政协的民主监督，离不开各位代表和全区人民群众以及社会各界的关心帮助。在此，我谨代表区人民检察院表示衷心感谢并致以崇高的敬意！

回顾过去的工作，我们也清醒地认识到自身存在的问题和不足。一是检察机关服务大局发展的举措不够精准有效，如服务民营企业发展的方式方法有待进一步探索，运用检察建议参与社会治理的能力水平还需进一步提升等。二是司法为民的检察产品不够丰富，服务群众效果不够好。三是极少数检察干警在思想理念、履职能力、工作作风上与“省会之窗”的区域定位不相匹配，需进一步加强。对此，我们将坚持问题导向，切实加以解决。

2022年工作安排

2022年是党的二十大召开之年，是实施“十四五”规划承上启下的关键之年。新的一年里，区检察院将坚持在区委和市检察院的坚强领导下，在区人大及其常委会的有力监督下，坚持以习近平法治思想为引领，深入贯彻落实党的十九届六中全会精神和中政委、最高人民检察院对2022年政法工作、检察工作的部署，更加精准服务高质量发展，全面提升法律监督能力，以高质量的检察履职服务保障区域经济社会高质量发展，在率先“作示范、勇争先”进程中彰显检察担当、贡献检察力量。

讲政治，始终坚持党对检察工作的绝对领导。牢记检察机关作为政治机关的属性和职责使命，紧跟党委步伐，坚决贯彻中央和省市区委决策部署及上级检察机关部署要求，严格落实《中国共产党政法工作条例》和重大事项请示报告制度，不断增强政治自觉、法治自觉、检察自觉。深入推进思想政治建设，认真落实党组理论学习中心组学习、全院干警集中学习和总支学习、支部学习制度，持续坚持个人自学、学用结合，自觉用习近平法治思想引领司法检察理念深化、变革，指导检察实践，将学习成果转化为发展成效。切实履行意识形态工作责任制，筑牢干警思想防线，加强和创新阵地建设，大力弘扬法治正能量。

顾大局，服务经济社会高质量发展。始终保持对严重刑事犯罪的严惩高压态势，持续加大惩治、预防金融犯罪和追赃挽损力度，积极打造惩治电信网络犯罪工作新品牌，切实保障国家安全、社会稳定和人民安宁。加强对知识产权的司法保护，稳慎探索涉案企业合规管理[⑤]，完善检察联系点工作机制，精准服务VR、金融、商贸等全区重点产业、项目，以更实的举措支持企业经营发展。坚持和发展新时代“枫桥经验”，加强检察环节诉源治理，增强检察建议实效，促进提升社会治理效能，当好党委政府法治参谋。

强监督，增进人民群众法治获得感。深入贯彻落实《中共中央关于加强新时代检察机关法律监督工作的意见》,不断加大检察监督力度,提升监督工作质效,努力维护社会公平正义。持之以恒落实"少捕慎诉慎押"刑事司法政策,充分发挥在适用认罪认罚从宽制度中的主导作用,强化刑事立案和侦查活动监督,进一步做优刑事检察。精准开展民事行政检察工作,用检察建议、提出再审[6]、提请抗诉[7]等手段,加大监督力度,促进司法公正;会同有关部门健全虚假诉讼[8]防范、发现和制裁机制,完善支持起诉制度,常态化开展行政争议实质性化解,持续做强民事行政检察。突出解决生态环境、食药安全等重点领域损害公益问题,加强与行政执法部门的双向联动,探索建立"网格化+公益诉讼"合作模式,积极推动公益诉讼检察课程进党校,努力做实公益诉讼检察。规范推进未成年人检察业务统一集中办理,加强未检工作室建设,形成全面综合保护格局。

练内功,提升检察队伍综合履职能力。突出问题导向、需求导向、效果导向,制定实施检察领军人才培养三年规划。充分发挥党建引领作用,配齐配强党务工作力量,推进党建与队伍建设、业务工作深度融合。大力开展检察文化创建活动,强化检察职业道德教育,培育检察职业精神,建设检察人员精神家园。进一步巩固政法队伍教育整顿成果,着力整治顽瘴痼疾,持续开展正风肃纪,做到对干警队伍真管真严、敢管敢严、长管长严,努力打造一支对党忠诚、服务人民、司法公正、纪律严明的检察铁军。

各位代表,立足新起点,展望新征程,我们将认真贯彻本次大会决议,坚守检察初心,牢记监督使命,踔厉奋发、笃行不怠,朝着"创全省一流、争全国先进"的工作目标奋勇前进,在为大局服务、为人民司法上实现新突破、取得新成效,以优异检察业绩迎接党的二十大胜利召开!

名词解释:

1. 丁某妹等人涉嫌虚开发票罪、虚开增值税专用发票罪、买卖国家机关证件罪一案:2018年以来,丁某妹等人联系其他人员到南昌市安义县、宜春市上高县、九江市都昌县等地注册登记指定的341家咨询类、劳务类、物流类等服务型"空壳"公司,并以人民币3000—5000元的价格回购上述注册公司的工商营业执照、公司印章、发票印章和银行账户等资料。在没有真实交易的情况下,直接或者通过中间人介绍收取开票费用,以伪造合同和虚假资金流的方式向全国30个省(自治区/直辖市)共1500余家单位虚开发票,其中增值税专用发票价税合计约74768万元,增值税普通发票价税合计约148500万元。2021年9月23日,红谷滩区检察院以虚开发票罪、虚开增值税专用发票罪、买卖国家机关证件罪等对丁某妹等人批准逮捕。目前该案正在审查起诉中。

2. "曾某"洗钱案:A公司为独家参与网上竞买并以起拍价取得红谷滩新区山图村近10.5公顷土地的使用权,并获得在此开发房地产项目的便利,向黑社会性质组织首要分子熊小将行贿。2014年1月29日,受熊小将指使,曾某用B公司银行账户为熊小将接收A公司行贿的第一笔款项500万元。同年2月13日,A公司独家参与网上竞买成功,熊小将随即要求A公司将第二笔3200万元行贿款以工程款名义转入其实际控制的C公司银行账户,并指使陈朝胶、曾某将钱款分批流转给熊小将等人。上述行贿款项共计3700万元,被熊小将全部用于以其为首的黑社会性质组织的日常开支和发展壮大。2016年11月16日,熊小将因涉嫌其他职务犯罪被检察机关立案侦查,曾某得知后,为掩饰其曾为熊小将提供银行账户接收、周转、提取受贿款项的事实,代表B公司与A公司签订虚假土方平整及填砂工程施工合同,将B公司替熊小将收取的A公司500万元受贿款伪装成为A公司支付给B公司的项目工程款。2019年3月30日,检察机关向南昌市公安局发出《补充移送起诉通知书》,要求以曾某涉嫌洗钱罪移送起诉。2019年6月28日,检察机关以涉嫌洗钱罪对曾某提起公诉。2019年11月15日,法院一审判处曾某有期徒刑三年六个月,并处罚金人民币300万元。

3. 魏某等10人聚众斗殴、寻衅滋事、故意伤害、强迫交易、敲诈勒索案:2004年至2016年,魏某为攫取利益、解决个人恩怨或逞强耍横,在南昌市经开区、新建区等地,采取暴力、威胁等手段,纠集多人在一定区域内多次实施故意伤害、寻衅滋事、聚众斗殴等一系列违法犯罪活动,为非作恶、欺压百姓,严重破坏社会管理秩序,形成了社会影响极为恶劣的恶势力犯罪集团。2021年8月19日,红谷滩区检察院依法对该案提起公诉。该案正在进一步审理中。

4. "三个规定":指2015年3月,中共中央办公厅、国务院办公厅印发《领导干部干预司法活动、插手具体案件处理的记录、通报和责任追究规定》;2015年3月,中央政法委印发《司法机关内部人员过问案件的记录和责任追究规定》;2015年9月,最高人民法院、最高人民检察院、公安部、国家安全部、司法部联合印发《关于进一步规范司法人员与当事人、律师、特殊关系人、中介组织接触交往行为的若干规定》。

5. 涉案企业合规管理:是指检察机关对于办理的涉企刑事案件,在依法做出不批准逮捕、不起诉决定或者根据认罪认罚从宽制度提出轻缓量刑建议等的同时,针对企业涉嫌具体犯罪,结合办案实际,督促涉案企业作出合规承诺并积极整改落实,促进企业合规守法经营,减少和预防企业犯罪,实现司法办案政治效果、法律效果、社会效果的有机统一。

6. 提出再审:指地方各级人民检察院发现同级人民法院已经发生法律效力的民事判决、裁定存在法律规定的违法情形的,或者民事调解书损害国家利益、社会公共利益的,可以向同级人民法院提出再审检察建议,建议启动再审程序进行再审。

7. 提请抗诉：指地方各级人民检察院发现同级人民法院已经发生法律效力的民事判决、裁定存在法律规定的违法情形的，或者民事调解书损害国家利益、社会公共利益的，一般应当提请上一级人民检察院抗诉，由上一级人民检察院审查后决定是否提出抗诉。

8. 虚假诉讼：指当事人之间不存在真实的民事纠纷，而通过虚构事实及证据材料，利用法律所赋予的诉权提起民事诉讼，企图达到非法目的的行为。

红谷滩区2021年国民经济和社会发展计划运行情况与2022年国民经济和社会发展计划的报告

——在红谷滩区第一届人民代表大会第二次会议上的讲话

红谷滩区发展和改革委员会主任　詹红跃

（2022年1月12日）

一、2021年国民经济和社会发展计划运行情况

2021年是建党100周年，是实施“十四五”规划的开局之年，也是乘势而上开启全面建设社会主义现代化红谷滩新征程的起步之年。在省委省政府、市委市政府和区委的正确领导下，在区人大及其常委会、区政协的监督支持下，全区上下以习近平新时代中国特色社会主义思想为指导，深入学习贯彻习近平总书记视察江西重要讲话精神，坚持稳中求进工作总基调，统筹疫情防控和经济社会发展，“六稳”“六保”①工作全面落实，产业结构持续优化，改革开放纵深推进，民生保障扎实有力，社会大局和谐稳定，确保“十四五”开好局，为开启全面建设社会主义现代化红谷滩打下坚实基础。

2021年，全区地区生产总值同比增长8.0%；财政总收入104.87亿元，增长2.76%；一般公共预算收入34.21亿元，同口径增长4.66%，下降3.01%；固定资产投资增长13.5%；社会消费品零售总额增长19.5%；实际利用外资增长9.81%；外贸出口增长31.79%。城镇居民可支配收入增长7.83%；农村居民可支配收入增长9.33%。

（一）强产业促升级，发展实力持续壮大

1. 现代金融蓬勃发展。新引进中国人寿养老保险江西分公司、中航证券江西分公司等金融机构和企业119家，总数达1233家，汇集了全省80%以上的法人金融机构和省级区域性总部，形成了以银行、证券、保险等传统金融业为主体，股权基金、融资担保、融资租赁、商业保理等新兴金融业为延伸拓展，区域性资本交易平台、金融中介服务机构为支撑的金融业发展格局。全年金融业增加值达255.28亿元，贡献税收24.95亿元，金融产业体量和占比均居全省各县区首位，已成为全省金融机构集聚度、贡献度和活跃度最突出的金融商务区。

2. 数字经济势头强劲。深入实施数字经济“一号工程”，全力做好数字经济发展和科技创新基础大提升。以举办世界VR产业大会为契机，聚焦招大引强，上海乐相科技、深圳瑞立视多媒体科技、广州玖的数码科技3家中国VR 50强企业抢滩入驻，全年新增数字经济企业838家，总数达到4002家。充分利用实训基地等平台，线上线下培训数字科技企业120家，人员3.8万人，助力科技企业培育人才。打造了以华为区域总部、科大讯飞江西总部、阿里巴巴江西总部、紫光智慧教育全国总部等为代表的科创总部集群，以腾讯安审中心、倬云数字、数字江西等为代表的大数据产业集群，以东华软件、麒麟软件、软通动力等为代表的软件研发产业集群，以美翻跨境电商产业园、仟得流量产业园等为代表的流量经济集群，“一城九园多点”②产业格局初步形成。

3. 商贸文旅加速壮大。加快打造品牌，不断唱响世界VR产业大会、中国米粉节、中国绿色食品博览会等一批国家级展会品牌。支持文旅会展业加速壮大，获评全省文化产业重点县（市、区），南昌绿地国际博览中心举办了中国畜牧业博览会、中国绿色食品博览会等各类展会47场，观展人次超百万。持续推进红谷滩区赣江新天地、万达金街等市级高品位夜市街区建设，不断丰富“夜游”“夜赏”“夜品”“夜购”“夜习”“夜健”等“六夜”经济。地铁·万科广场对外运营，全省首家盒马鲜生盛大开业。

4. 市场活力持续上升。三次产业结构比调整为0.2∶11.3∶88.5。新增市场主体14792家，总数达56807家，企业年度新增和总数位列全省第1。全区一套表调查单位达508家，省级龙头企业13家，市级龙头企业11

家,省级集聚区5个,市级集聚区6个,省级双创示范基地3个。

(二)抓项目强保障,发展基础持续夯实

1. 项目推进提速增效。扎实开展"项目大会战"活动,全区项目建设稳步推进。全区152个重大重点项目,总投资2146.7亿元,完成年度投资336.4亿元。VR科创城等6个省重大重点项目,华润万象城、南昌澳世汇文化艺术博览园等12个省大中型建设项目,中唯商业中心、莱蒙都会购物中心等56个市重大重点项目,均提前完成全年投资。南昌市第三季度重大项目集中开工仪式主会场设在我区南昌平安金融中心。现代服务产业园、用友南昌产业园三期等一批龙头性项目相继开工。国家职业教育虚拟仿真示范实训基地一期、地铁·万科广场、泰康之家赣园一期、启华学校等一批项目建成并投入使用。

2. 项目招引成效显著。全区五个招商战线聚焦"数字经济、现代金融、商贸文旅、总部经济"四大产业,引进入统亿元以上项目65个,总投资额约610亿元,其中"152"项目创历史新高,投资100亿元的南昌平安金融中心、投资50亿元的和昌熙梦城、投资20亿元的绿地会展之窗等8个龙头性项目相继落户。投资10亿元以上项目19个。

3. 项目要素保障有力。始终坚持"项目为王"理念,健全和完善"项目责任人日调度、部门属地负责人周调度、分管领导半月调度、主要领导月调度、重大问题随时调度"四级调度机制,推行"六个一"工作法③,践行"脚上有土、心中有谱"的工作作风,全力做好项目要素保障工作。出台《红谷滩区政府投资管理办法(试行)》《红谷滩区政府投资项目建设控制标准(试行)》等项目管理办法,从项目建库、管理、推进、协调、调度、考核等方面对全区项目工作进行了规范和完善。组织项目专题调度会和现场调度75次,216个问题得到有效解决,确保项目早开工、早建设、早投产。

(三)促改革谋创新,发展活力持续释放

1. 重点改革顺利推进。全省率先上线"赣服通"县区分厅4.0版,打造"免证办理"政务服务大厅,482个进厅事项实现全覆盖。全省率先在政务服务大厅设置个人信用报告自助查询机,半分钟查报告。全省率先实现企业开办"四枚印章"免费送,为5757户企业节约资金188万元。全市率先设立"办不成事"反映专窗,破解"疑难杂症"17件。实现"惠企政策一窗受理",设立3000万元动态资金池,兑现惠企资金4447.36万元。出台支持国有平台发展的"21条意见",做实做强做优做大区城投公司。出台红谷滩区综合治税实施意见,调整镇(街道、管理处)财政管理体制,成功上线并运行预算管理一体化系统。加快推进社会信用体系建设,成功举办全区"诚信建设万里行主题宣传活动"。营商环境得到进一步提升,成功入选"赛迪全国投资竞争力百强区(2021)",位居全国投资竞争力百强区第88位,为江西省唯一进入榜单的市辖区。

2. 创新发展活力迸发。区财政预算科技投入4523万元,同比增长39.9%;全社会R&D经费④投入强度提高到1.25%。拟新增高新技术企业33家,总数达到173家。新增科技型中小企业41家,增长43.25%,总数达到255家,在全市位列第3。新增省"双千计划"⑤人才项目2个、市高层次人才项目7个。技术合同交易金额8.7亿元,增长70.6%。每万人有效发明专利拥有量37.15件,位列全市第2。加强校地合作,浙江大学南昌研究院成功进驻,与南昌大学、江西财经大学、华东交通大学、南昌航空大学4所高校签订《校地战略合作框架协议》。打造95个市级以上重点实验室和工程研究中心(国家级2个)。启动前湖大学科技城、大学生创新创业基地等规划,增强留用人才要素资源的有效供给。

3. 开放格局不断提升。积极推动大南昌都市圈高质量一体化发展,与丰城市签订了战略合作框架协议,明确了"产业协调、会展商贸、校地合作、民生共建共享、文化旅游交融、农业合作、交通设施建设、人才交流"等八大方面的合作事项。积极主动"走出去",注重"借船出海",积极参加省首届数字经济高峰论坛暨物联网产业发展大会、南昌VR科创城全球招商推介会等省市重大招商活动;加大力度"请进来",成功举办了VR科创城全球招商推介会、中国虚拟现实产业创新大赛等精准招商活动,吸引、对接一批境内外知名企业前来投资兴业。

(四)抓建管提质量,城市管理持续优化

1. 基础设施日益健全。完成九龙大道南延工程等7条道路共计15.6千米建设,打通新维瀚路、贸院路等4条"断头路",改善区域道路微循环,推动了VR科创城周边25条路网建设,启动赣江北大道下穿京九铁路项目建设。完成了13万平方米拆迁和47万平方米4700余户安置房建设,利用8天时间攻坚完成沙井片区D4、D6地块征迁难题,国家试点利用集体用地建设的保障性租赁住房岭口路集租房项目快速推进。

2. 城市品质有力提升。持续开展城市建管十大提升行动,注重生态修复、功能修补、城市更新、特色彰显。高效推进赣江市民公园四期、绿地国博公园等公园绿地建设,开展拆墙透绿行动,新增闽江路、春晖路、劝学路、庐山南大道绿地面积23公顷。投入2800万元推进垃圾分类工作,设置小区四分类集中投放点160余处。实现"马路本色"全覆盖,执行"以克论净"环卫质量标准⑥,冲洗、机扫覆盖率达100%。全面推进6个老旧小区提升改造,新建18座城市公厕,新增公共停车泊位2633个,整改51处积水点位,完成铁路沿线环境11个重点点位整治工程。"智慧城管"⑦全年共受理市区两级数字城管案件45万余件,处理率达99.62%。深入推进文明创建,全面提升市民文明素养和社会文明水平,形成“全民参与、共建共享”的城市管理新格局。

3. 生态环境有效改善。持续推进“蓝天、碧水、净土”保卫战,全区断面水质优良率达100%,主要饮用水水源地水质优良率达100%,PM2.5年均浓度达到国家二级标准,空气优良率达93.2%,同比上升2.5%。全力整顿工地扬尘、道路扬尘、餐饮油烟、秸秆焚烧等问题,进一步提升空气质量。开展水环境综合整治行动,全力落实河湖长制,清淤雨污水管道890千米,清理乌沙河、云溪水系淤泥量39万方,整治水系岸线护坡4.8千米,完成46个小区和前湖周边7所高校雨污管网混接整改。大力整治预拌混凝土(砂浆)搅拌站、沥青站、水稳站及砂场,规范了经营秩序和减少了环境污染。完成325件中央和省环保督察历次交办问题及信访件销号,销号率达到85.5%。

(五)惠民生增福祉,发展持续改善

1. 社会保障能力增强。全年民生类支出29.72亿元,占地方一般公共预算支出83.45%。落实积极就业政策,全区新增城镇就业4873人,发放创业担保贷款6668万元,直接扶持创业203人次。开展28场10万人才来昌留昌“百场校招”活动,组织开展各类公共就业服务活动174场次。新引进高层次人才7人,兑现人才落户和生活补贴665.4万元。做好企业职工养老保险基金全国统筹准备工作。城镇企业职工养老保险参保人数44579人,城乡居民养老保险参保人数12597人。城乡居民医保普通门诊统筹签约达到142622人,签约率达90%。实施城乡社会救助制度统筹,为2325名困难群众购买防贫险,临时救助325人次。

2. 公共服务更加优化。加快幼儿园网点建设步伐,努力扩增普惠性学前教育资源,站西花园幼儿园、富力华庭幼儿园等10所幼儿园新增学位3360个,学前三年毛入园率、公办幼儿园占比率、普惠性覆盖率分别达85.45%、61.89%、99.09%。新龙学校、博雅学校等4所学校投入运营,全区适龄儿童义务教育入学率保持100%。全区义务教育集团发展至23个,集团化办学覆盖率达到77.8%,义务教育优质均衡水平进一步提升。全面落实“双减”[⑧]政策,学科类培训机构由65家减少至13家。推进医疗卫生健康事业发展提升,江西儿童医院红谷滩院区正式营业。新增6个社区嵌入式养老院、2家养老机构、14个老年人助餐试点,家庭适老化改造160户;新增“1+5+X”社区邻里中心[⑨]12个,“十五分钟社区幸福生活圈”初步构建。建成各类托育机构45家,可提供托位近2000个。村(社区)文化活动中心覆盖率达100%,举办公益性文化活动1800余场,文化场馆服务总人次达近百万,全市排名第2。退役军人服务保障体系全面完成。

3. 社会治理更加精细。今年新建成智慧平安小区40个,总数达97个,近两年智慧平安小区刑事警情发案率同比下降58.3%,“智慧平安小区”建设成效荣登中央电视台新闻联播。实现生米镇“雪亮工程”[⑩]全覆盖。凤凰花园社区获评“全国民主法治示范社区”,飞虹社区获评“全省民主法治示范社区”。妥善处置了房地产风险,保持了房地产市场稳定。扎实推进常态化疫情防控工作,18岁以上全过程疫苗接种完成率99.5%。深入推进安全生产专项整治三年行动,加快推进应急管理部门应急指挥中心建设。

综合来看,2021年红谷滩区较好地完成了经济社会发展主要目标任务,但我们也应当清醒认识到存在的矛盾和问题,主要是:发展的质量和效益还不够高,科技创新引领作用不足;城乡发展仍不均衡,满足高品质需求的功能设施不够完善;基本公共服务仍存在不少薄弱环节,全面实现乡村振兴有待加强。以上这些问题需要在今后工作中努力推动解决。

二、2022年国民经济和社会发展预期目标安排

2022年是党的二十大召开之年,按照区第一次党代会部署要求,做好2022年经济社会发展工作,对于我区“作示范、勇争先”,彰显首府首区担当,具有重要意义。

根据国内外环境和我区发展形势,2022年全区经济社会发展主要预期目标设置要做好以下三个方面的衔接:一是与省、市2022年计划考虑相衔接。二是与区“十四五”规划目标相衔接。三是与全国百强区预期目标对比分析相衔接。

经过测算,对2022年预期目标,考虑如下:

地区生产总值同比增长9%以上;

一般公共预算收入增长7%左右;

固定资产投资增长9%左右;

社会消费品零售总额增长10%以上;

实际利用外资增长6.5%左右;

外贸出口增长5%左右;

城镇居民人均可支配收入增长8%左右;

农村居民人均可支配收入增长8.5%左右。

三、2022年经济社会发展的主要任务

围绕实现上述目标任务,我们将在省委省政府,市委市政府和区委的坚强领导下,在区人大、区政协的监督指导下,坚持以习近平新时代中国特色社会主义思想为指导,全面贯彻党的十九大和十九届历次全会,中央经济工作会议,省委十四届十三次全会、省第十五次党代会、省委经济工作会议,市委十二届一次全会、市第十二次党代会精神,区第一次党代会精神,深入落实习近平总书记“七一”重要讲话和视察江西重要讲话精神,围绕南昌“一枢纽四中心”[⑪]目标定位,坚持稳字当头、稳中求进,巩固拓展疫情防控和经济社会发展成果,扎实做好“六稳”工作、全面落实“六保”任务,扛起首府首区责任,全面建设现代化红谷滩,以优异成绩迎接党的二十大胜利

召开。重点以“五个聚焦”做好2022年经济发展工作。

（一）聚焦产业提质增效，构建现代产业体系

1. 强化科技创新引领。加快创新平台建设，加强校地合作，编制前湖大学科创城发展规划和配套政策，推动建立专家智库体系，共建创新创业基地、基础教育基地、技术研发成果转化基地。加快创新主体培育，深入实施“科技型中小企业—高新技术企业—创新型领军企业”梯次培育计划，力争新增市级新型研发机构1家，高新技术企业突破230家，积极推进VR科创城争创省级高新技术产业园区。加快打造人才集聚新高地，启动“人才特区”建设，制定区人才配套政策，积极引进高层次科技创业人才、国内外顶尖人才、国家级领军人才和地方级领军人才。鼓励高等院校、科研院所与企业之间人才双向交流，引导高校培养战略性新兴产业发展急需的专业人才和技能人才。

2. 加速推动VR产业。办好第五届世界VR产业大会，力争大会签约金额超300亿元，力争新引进VR领域头部企业、知名企业超30家，实现智能制造项目落地“零的突破”。依托国家职业教育虚拟仿真实训基地打造“江西样板”，提升我区VR产业的知名度和影响力。深入实施数字经济“一号工程”，全面优化九龙大道产业发展规划，重点布局大数据、云计算、人工智能、区块链、物联网等产业项目，加快建设九龙大道数字经济产业示范区。加快推进VR展示中心、VR体验中心、华为软件中心、阿里云创新中心等项目建设，积极推进华为江西区域总部、软通动力虚拟现实创新应用研发总部、世纪华通XR研发总部等一批龙头企业落地投产。

3. 大力发展现代金融。完善金融产业生态链，大力引进全球性会计事务所、公募基金、消费金融等重点机构或区域总部，力争实现入驻金融机构和企业突破1300家，金融业增加值达315亿元以上；提升服务实体经济质效，用好企业上市扶持政策和企业上市加速器引导和培育功能，加快设立红谷滩企业上市引导基金，引进、培育一批优质拟上市企业。进一步深化金企对接服务，引导区内金融机构加大对重点产业和项目资金投放；健全金融人才服务体系，深化校地合作、政企合作，推动成立江西产业金融发展研究院和江西金融人才服务中心，打造全省金融人才高地。构建科技金融服务体系，全面提升科技金融综合服务能力，促进金融、科技和产业创新融合发展。

4. 加快发展商贸文旅。围绕赣品、赣菜、美食、十大名小吃，持续开展赣菜“百城千店”活动。投入不少于1000万元，持续举办“乐购红谷，悦享生活”等系列惠民促销活动。加快推进保利大剧院、华润万象城、明园中心等高端商业综合体建设，积极推进银泰新零售、盒马X会员店等精品商超签约落地，大力促进煌上煌总部大楼、华宏总部大厦、蓝城五星级酒店等引领性项目摘地落户。全力推进生米镇农贸市场提升改造，力争把联泰滨江农贸市场和江报路农贸市场打造成全市星级市场。打造万达金街、铜锣湾T16、赣江新天地等4条夜间经济街区，支持红谷滩万达金街申报国家级特色商业街。力争净增限额以上批零住餐单位100家以上。深度促进文旅商产业融合，力争打造1条特色文化旅游休闲街区；全区规上文旅会展企业达37家左右，总营收力争达到150亿元以上。

（二）聚焦项目落地落实，着力夯实发展后劲

1. 全力推进项目建设。牢固树立“项目为王”理念，聚焦主导产业链，举全区之力培育、吸引一批行业龙头以及带动性、创新性强的大项目、好项目。大力推进总投资1600亿元165个重大重点项目建设，力争全年完成投资350亿元。重点推进南昌平安金融中心、VR科创城一期、保利文化艺术城等重大产业项目建设。重点推进区综合康养中心、保利高尔夫花园小学、南大眼科医院新院等重大民生项目建设。重点推进上饶大街涉枫生快速路立交及配套工程、抚州大街工程、萍乡大街快速化工程、明月山大道南延、赣江北大道下穿既有京九铁路工程、南昌VR科创城市政基础设施一期、赣江市民公园四期等重大城市建管项目建设。积极推进中盛金融、铜锣湾二期、台商总部等一批项目早开工，加快促进江南温泉城商业综合体、世茂APM商业中心、现代服务产业园等一批项目出形象，确保实现华润万象城、莱蒙都会商业中心、明园九龙湾商业中心等一批项目快运营。

2. 深入实施招大引强。构建新招商引资格局，完善项目全生命周期服务工作机制，推进五条招商战线深入开展产业链招商。紧盯世界500强、国内500强、大型央企、龙头旗舰型企业等，完善“招商地图”，围绕金融、数字经济（含VR）、总部、商贸、文旅等重点招商方向，聚焦链主企业、龙头企业、头部企业开展招商，加快推进华润万象天地、平安产业园、金地科技产业园等项目落地，力争新引进入统亿元以上项目超65个，总投资额突破650亿元。

（三）聚焦改革创新开放，持续激发内生活力

1. 深化重点领域改革。支持区城投公司做大做强，推动市场化经营、集团化发展、资本化管理，推动区城投公司资产总规模突破500亿元，净资产达155亿元，大步向“千亿企业”和“AAA”信用评级目标迈进。扎实推进财政体制改革，深化预算管理制度改革，强化预算约束和绩效管理。加快推进商事制度创新改革，持续优化审批流程，切实为企业“减负松绑”。深入推进乡镇赋权改革，打造“优质高效、便民利企”的政务服务。加快研究出台企业服务、项目招投标、征迁安置、财政投资评审管理办法、还建房小区管理、城市综合治理等一批新机制。

2. 加大开放合作力度。主动融入共建“一带一路”，积极参与长江经济带发展，对接融入粤港澳大湾区建设、

长三角一体化发展、海峡西岸经济区建设等区域发展战略。加快推进与中部省会城市中心城区、沿海发达城市先进城区、大南昌都市圈的交流合作，积极参与粤港澳活动、赣商大会、中博会等招商推介。全面深化与丰城市交流合作，推动开展飞地总部、商贸会展、校地合作、人才交流等落地落实。

3. 持续优化营商环境。深入实施优化营商环境三年行动，力争营商环境评价进入全省第一方阵。聚焦企业全生命周期服务，对标国际国内一流水平，持续深化“放管服”改革。积极探索“互联网+政务服务”新举措，提高“赣服通”的宣传推广使用率，高标准建设“24小时自助服务区”。持续推进“一网通办”改革，建成全区统一政务服务智能导航，“一次不跑”达到80%，“最多跑一次”达到95%。完善产业投资政策、金融政策、人才政策、科技支持政策，加大政策创新力度，提升政策的精准性和执行力。建立红谷滩区企业经济服务网，打通信息孤岛。

（四）聚焦城市建设管理，着力提升功能品质

1. 加大城市建设力度。加快赣江北大道下穿京九铁路通道工程、VR科创城25条道路、九龙湖综合管廊、八一干部学院配套道路及九龙湖市政基础设施四期27条道路、红角洲二期路网建设，推进南斯友好路、赣江南大道等6条道路提升改造，打通江报路、圭峰大道、熙凤路等8条断头路。加快启动抚州大街、上饶大街涉枫生快速路立交及配套改造工程、萍乡大街快速化工程等一批重点项目的建设。力争建成公共停车泊位2000个、新能源充电车位300个、装配式公厕16座。加快建设朱岗村、生米丰都B02地块等一批安置房，完成东城大道安置小区交付及扫尾工作。启动生米城中村改造工程，完成乡企城提升改造工程，龙王庙等小区一户一表改造工程。

2. 提升城市管理品质。大力实施城市功能品质大提升行动，合理布局建设农贸市场、社区服务站等基础设施，加速补齐城市功能短板。对智慧城管二期规划进行优化提升，重点推动智慧工地执法、AI、监控、水务、路灯等“12大系统”[12]的建设。创新推广“物管城市”[13]模式，开展5个以上“物管城市”试点。持续开展街景街貌改造，建成1个国际化的美丽街区范例。持续开展违建临建、工地围挡、渣余土运输、非机动车乱停乱放等专项整治活动。深入开展“马路本色”行动，大力整治“共享单车”乱停乱放。加强生活“垃圾分类”工作，实现居民参与率达95%以上，启动建设凤凰洲、生米镇垃圾中转站建设。坚决拆除新增违法建设，力争拆除1.35万平方米存量违法建设。

3. 不断改善生态环境。深入实施长江经济带“共抓大保护”攻坚行动，统筹推进大气污染防治、水污染精准防治、土壤污染风险管控等整治行动，PM2.5年均浓度保持国家二级标准，空气质量优良率保持或好于2021年水平，地表水考核断面Ⅴ类及劣Ⅴ类水基本消除。全面推进水环境综合治理，持续开展雨污管网整治，推进乌沙河流域水环境综合提升工程，推进前湖水系综合治理，前湖水质达到地表水Ⅳ类标准。加快推进生米南防洪排涝水系整治工程、九龙湖新城综合管廊一期工程。启动编制和实施碳达峰碳中和行动方案，推进重点领域节能降碳工作，持续开展秸秆禁烧常态化管理工作。全面推进土壤污染防治，加强土地集约利用，建立环境修复与开发建设占补平衡机制。持续抓好中央、省环保督察后续整改工作，确保中央和省环保督察历次交办信访件全部销号。

（五）聚焦社会事业发展，增进人民群众福祉

1. 提升民生保障水平。全年安排民生类支出超30亿元。实施好一批民生实事项目，特别是重点实施人大票决的民生实事项目。坚持就业优先，落实完善减负稳岗扩就业举措，扎实做好高校毕业生、退役军人、农民工等重点群体就业工作，全力提供1.4万个就业岗位，力争新增留区就业大学生5000人、城镇就业人口7000人。巩固脱困解困成果，落实各级帮扶力量，持续用好防贫保险，确保“两不愁三保障”[14]，及时消除“三类人群”[15]返贫或致贫风险。全面实施城乡居民大病保险制度，深入实施全民参保计划。稳步提高城乡低保、社会救助、抚恤优待等标准，落实好城乡低保、残疾人帮扶、优抚安置、五保供养、慈善救助等工作，构建完善“政府主导、社会参与、制度健全、政策衔接、兜底有力”的社会综合救助体系，持续增进民生福祉。

2. 推动基本公共服务。做优做响“学在红谷滩”品牌，加快推进石钟山学校、科创大街北学校、金融高管幼儿园等一批公办学校、普惠制幼儿园建设。深入推进“健康红谷滩”建设，加快推进区公共卫生服务中心和社区卫生服务机构建设。构建多层次养老服务体系，打造3个标准化老年食堂，积极应对人口老龄化。推进基层服务优质均衡化，加快推进文化站、村（社区）文化活动室，启动建设100个社区全民健身路径，打造“15分钟体育健身圈”。深入推广“尊崇工作法”[16]全面推进社会拥军优属，擦亮“尊崇”工作品牌。紧紧围绕打造红谷滩区成为“全省文化中心”的目标，力争乡镇（街、处）文化活动中心全覆盖，不断完善并丰富三级公共服务网络内涵；继续唱响红谷滩文化品牌，以“红谷读书会”和全民阅读周系列活动为抓手打造“书香红谷滩”，进一步塑造特有红谷滩文化IP。

3. 促进社会和谐稳定。持续深化法治政府建设，不断提高社会治理法治化水平。推动社会治理和服务重心下移、资源下沉，大力推进127项市域社会治理现代化试点工作，打造70个智慧平安小区。全面推进扫黑除恶常态化，长效开展打击电信诈骗、非法集资等专项整治行动，全力构建“长治久安”社会治理体系。强化预算约束和绩效管理，坚决遏制隐性债务增量，稳妥有序化解存量

隐性债务。健全完善应急管理体系,始终抓好疫情防控、保供稳价、安全生产、森林防火、食品药品安全等工作,严厉打击各类违法犯罪活动,确保人民生命财产安全和社会和谐稳定。

各位代表!百年征程风正劲,重任千钧再扬帆。让我们紧密团结在以习近平同志为核心的党中央周围,在区委的坚强领导下,以实干者的底色、拓荒者的勇气、奔跑者的姿态,凝心聚力,砥砺奋进,勇毅前行,奋力谱写全面建设社会主义现代化红谷滩新篇章,以优异成绩迎接党的二十大胜利召开!

名词解释:

1.“六稳”“六保”:稳就业、稳金融、稳外贸、稳外资、稳投资、稳预期工作及保居民就业、保基本民生、保市场主体、保粮食能源安全、保产业链供应链稳定、保基层运转。

2.“一城九园多点”:VR科创城为核心,推进慧谷产业园、用友产业园、VR产业基地、美翻跨境电商产业园、仟得流量产业园、南昌游戏产业园、物联网产业园、盈创新经济产业园、华南城电子商务产业园等9个园区建设,构建“点线面”结合为一体的数字产业经济体系。

3.“六个一”工作法:“一个项目、一个领导、一个责任人、一套工作班子、一个实施方案、一支好的施工队伍”的“6个1”工作机制。

4. R&D经费:全社会研究与试验发展经费。

5. 省“双千计划”:江西省计划用5年左右的时间,面向省外和国(境)外,重点支持引进1000名左右高层次人才和100个左右高层次创新创业团队,面向省内重点培养1000名左右高层次人才。

6.“以克论净”环卫质量标准:严控道路污染物总量控制不超过8克/平方米。

7.“智慧城管”:以新一代信息技术为支撑、面向知识社会创新2.0的城市管理新模式。

8.“双减”:有效减轻义务教育阶段学生过重作业负担和校外培训负担。

9.“1+5+X”社区邻里中心:依托社区单位,建立1套综合保障体系,配置社区邻里中心幼儿园、居家和社区养老服务中心、基层医疗卫生服务点、社区便利店(含净菜配送)、综合性文化服务中心5类便民服务功能,拓展X个其他功能于一体的新型集聚区。

10.“雪亮工程”:以县、乡、村三级综治中心为指挥平台、以综治信息化为支撑、以网格化管理为基础、以公共安全视频监控联网应用为重点的“群众性治安防控工程”。

11.“一枢纽四中心”:有全国重要影响力的综合交通枢纽和区域科创中心、金融中心、先进制造业与高品质服务业集聚发展中心。

12.“12大系统”:包含智慧AI系统、红谷通手机应用系统、智慧执法系统、智慧工地系统、智慧监控系统、智慧水务系统、智慧路灯系统、智慧停车系统、智慧环卫系统、市民参与系统、智慧燃气监管系统、智慧油烟监管系统。

13.“物管城市”:以街道为范围,将环卫、绿化等所有城市管理业务“统一发包”给专业物业管理企业。

14.“两不愁三保障”:不愁吃、不愁穿,保障义务教育、基本医疗和住房。

15.“三类人群”:脱贫不稳定户、边缘易致贫户、突发严重困难户。

16.“尊崇工作法”:主要内容包括打造“一域一队伍”、建立“一人一台账”、落实“一家一对接”、组织“一周一活动”、开展“一月一堂课”、实施“一季一走访”、举办“一年一评选”。

关于红谷滩区2021年区级总预算执行情况和2022年区级总预算草案的报告

一、2021年财政运行情况

(一)2021年财政运行效果

2021年是“十四五”规划开局之年,在这一年里,面对错综复杂的经济形势,面对我区从新区转为行政区后财政工作新局面,在区委的正确领导下,在区人大、区政协的监督支持下,全区财政工作坚持稳中求进总基调,充分发挥财政的职能作用,干部勇争先、开新局,确保财政运行平稳有序。

1. 千方百计抓收入,财政收入总体稳定。2021年以来,受房地产市场疲软、土地出让收入锐减、减税降费、土增税存量明显减少等因素叠加影响,我区财政收入形势严峻,面对困难区财税部门千方百计抓税收征管,竭尽全力稳企固税。一是抓各税种征收。在主体税种呈现较大幅度下降的情况下,税务部门加大了个人所得税、房产税和城镇土地使用税等税种的征收力度,2021 年个人所得税本级收入 1.24 亿元,同比增长 17.58%,房产税本级收入 1.42 亿元,同比增长 46.49%,城镇土地使用税本级收入 0.34 亿元,同比增长 33.79%,抵消了主体税种下降的部分压力。二是抓税收清算,税务部门加大了房地产项目的清算力度,对自行申报清算的项目通过第三方进行核查,通过核查确保税收应收尽收。三是抓制度建设,区政府下发了《红谷滩区关于社会综合治税工作的实施意见(试行)》,组建工作专班,充分调动我区涉税单位综合治税积极性,形成全社会齐抓共管的社会综合治税新格局,通过摸清纳税主体情况提供精准服务,促进全区财税收入稳步增长。四是抓非税收入入库,2021 年我区非税收入入库 8.27 亿元,同比增长 184.66%。五是抓税源培植,安排资金用于产业招商引资,扶持 VR 产业、物联网产业等符合我区发展方向产业的发展。落实"财园信贷通"政策,向银行推荐 35 户企业,发放贷款 1.63 亿元。

2. 积极主动争资金,统筹安排优结构。一是紧盯政策支持,积极争取债券资金。2021 年红谷滩区争取到一般债券资金 2.75 亿元,专项债券资金 12.64 亿元,拓宽了资金筹集渠道,减轻了支付压力。二是牢固树立过"紧日子"思想,做到精打细算、厉行节约。在年初预算安排压减 10%的基础上,8 月份再一次压减一般性支出,优化项目支出;三是加大资金盘活力度。实行财政存量资金与预算安排相结合,部门结余资金全部收回财政统筹安排。2021 年区本级盘活存量资金约 3.73 亿元,统筹用于基本民生保障方面的支出,提高资金使用效益。

3. 全力以赴兜底线,持续发力惠民生。始终践行以人民为中心的理念,加大基本民生保障,在收入下行压力下,优先保障民生支出,2021 年全年共安排民生类支出 29.72 亿元,占地方一般公共预算支出 83.45%。一是立足"弱有所扶"。安排 4.63 亿元,用于基本公共卫生服务、城乡居民养老和医疗保险、残疾人两项补贴、高龄老人补贴、城市低保及特困供养、独生子女父母奖励等民生扶持和补助。二是保障"学有所教"。安排 6.62 亿元,用于学前教育、生均公用经费、义务教育补助、学校建设,2021 年有 4 所小学投入使用和 10 所幼儿园开园,全面落实了"双减"任务。三是推动"居有所安"。筹集资金 13.21 亿元,用于城乡环境改善、智慧安防、平安小区建设、老旧小区改造、农贸市场改造、垃圾分类处理、"1+5+X"邻里中心等基础设施建设,改善人居环境,提升人民幸福指数。四是支持"业有所保"。安排 5.26 亿元用于行政区划调整后各项工作正常运行,提升营商环境,扶持产业发展。

4. 依法依规推改革,建设阳光财政。一是全面做好新组建部门经费保障。协调做好新组建部门预算单位账户设立工作,及时调整和审核涉及新组建部门的预算指标和用款计划,办理相关支付业务,确保 2021 年 7 月 1 日起各部门预算单位财务独立运行。二是深化"三公"经费监管机制。通过公务消费平台如实反映"三公经费"支出情况,由于区级机构在 2021 年组建,2021 年"三公"经费录公务消费平台 475.69 万元,比上年同期增加 159.92 万元,同比增长 50.64%。三是全面推进预算管理一体化系统上线运行。预算管理一体化系统贯穿预算编制、预算执行、绩效管理全过程,将制度规范与信息系统建设紧密结合,用系统化思维全流程整合预算管理各环节业务规范,通过将规则嵌入系统强化制度执行力,为完善标准科学、规范透明、约束有力的预算制度提供基础保障。四是严管直达资金。对直达资金实行单独批复下达,依托监控系统建立直达资金台账,同时对接国库集中支付系统、指标系统,建立全覆盖、全链条直达资金监控,保障直达资金安全和有迹可查。2021 年收到直达资金 9331 万元,已下达 9331 万元,下达率 100%。五是调整镇(街道、管理处)财政管理体制。调整方案已通过区政府常务会议审议,财政体制调整的目的是理顺区与镇(街道、管理处)财政分配关系,调动镇(街道、管理处)综合治税积极性。

5. 聚焦资金强管理,防范财政风险。一是加强财政监督检查。开展了"小金库"专项治理、2021 年会计质量监督检查工作,开展了 2020 年项目支出绩效评价、2020 年部门整体支出绩效评价、2021 年绩效运行监控绩效评价等检查工作。二是强化财政投资评审。强化评审质量控制体系建设,防范投资评审风险。采取"二级审查,多道复核"制度,层层严把评审质量关。2021 年,审核工程结算项目 123 个,核减成本 2.82 亿元,审核工程预算项目 115 个,政府采购项目 149 个,核减预算 0.75 亿元,有效地节省了财政资金。三是加大政府采购监管。开展政府采购备选库、名录库、资格库专项清理工作,清理政府采购中介机构违规收费,按照"双随机、一公开"的原则,依法抽取了 2020 年度的 7 个政府采购项目进行监督检查,对 5 家政府采购代理机构和 4 家区级预算单位下达了整改通知书。支持中小企业发展,为全区 81 家预算单位开通了扶贫网购平台采购人账号,方便各预算单位能在平台上采购中小企业的农副产品。2021 年,全区政府采购规模为 4.48 亿元,累计节约资金 0.18 亿元,节支率 3.86%。四是加大国有资产管理力度。贯彻落实减免承租国有房产租金政策,督促区城投公司按要求共减免租金户数 186 户,减免总额 352 万元;制定《红谷滩区区级行政事业单位资产清查摸底工作方案》,开展行政事业单位固定资产清查工作。五是规范政府投资项目管理。开展了政府投资项目优化工作。按照"财力可受、去繁从简、集约节约、控制造价、保持品质"原则和"四优先、四严控"的要求,对红谷滩区 2021 年区级重大重点项目进行了优化梳理,经优化,减少项目投资 118.48 亿元,同时,针对我区政府投资项目管理过程中暴露的问题,建立完善了相关制度,从事前、事中、事后各个环节规范政府投资管理,真正做到该做的事情一刻不能等、不该花的钱一分不能花。

(二)2021年全区财政运行具体情况:

1. 一般公共预算收支

(1)一般公共预算收入

2021年全区财政总收入完成104.87亿元,同比增长2.76%;一般公共预算收入34.21亿元,同口径增长4.66%(同比下降3.01%),一般公共预算收入完成情况是:

税收收入完成25.94亿元,税占比为75.83%。其中:增值税完成49876万元;企业所得税完成57770万元;个人所得税完成12429万元;城市维护建设税完成10242万元;房产税完成14215万元;印花税完成5067万元;城镇土地使用税完成3385万元;土地增值税完成58317万元;车船税完成1270万元;耕地占用税完成990万元;契税完成45754万元。

非税收入完成8.27亿元。非税占比为24.17%。其中:专项收入完成3980万元,行政事业性收费收入完成5883万元,罚没收入完成3515万元,国有资本经营收入完成7360万元,国有资产有偿使用及行政事业性收费收入完成61000万元,政府住房基金收入完成963万元。

(2)一般公共预算支出

2021年全区一般公共预算支出完成35.62亿元,同比下降8.75%,主要支出项目情况是:

一般公共服务支出47101万元,公共安全支出24105万元,教育支出66189万元,科学技术支出4523万元,文化旅游体育与传媒支出1088万元,社会保障和就业支出25847万元,卫生健康支出20414万元,节能环保支出9121万元,城乡社区事务支出99936万元,农林水事务支出3680万元,交通运输支出450万元,资源勘探工业信息等支出26905万元,商业服务业等支出4518万元,金融支出116万元,自然资源海洋气象等支出541万元,住房保障支出12696万元,灾害防治及应急管理支出3555万元,其他支出648万元,债务付息支出4709万元,债务发行费支出27万元。

教育支出、科学技术支出、农林水支出同比分别增长3.77%、39.86%、1.43%,以上三项支出增长均高于经常性财政收入增长。

(3)一般公共预算平衡情况

根据现行财政体制初步计算,2021年全区地方一般公共预算收入34.21亿元,加上上级补助收入13.38亿元,地方政府一般债务转贷收入2.76亿元,调入资金50.6亿元,上年结余0.43亿元,收入总计101.38亿元。地方一般公共预算支出35.62亿元,加上上解上级支出4.86亿元,地方政府一般债务还本支出0.58亿元,补充预算稳定调节基金60.1亿元,支出总计101.16亿元。收支相抵,年终结余0.22亿元,全部为结转下年支出。

2. 政府性基金收支运行情况

(1)收入情况:全区2021年政府性基金收入80.36亿元,其中:本级政府性基金收入-0.03亿元,上级补助收入65.15亿元,地方政府专项债务转贷收入12.65亿元,上年结余2.59亿元。

(2)支出情况:政府性基金支出80.13亿元,其中:上解支出0.61亿元,地方政府专项债务转贷还本支出0.17亿元,调出资金50.6亿元,本级基金支出28.75亿元。

本级基金支出主要用于:地方政府专项债务转贷支出12.48亿元用于我区职业教育建设9亿元,市政基础设施建设3.48亿元;征地拆迁6.07亿元、城市基础设施建设支出9.48亿元、社会事业0.72亿元。

(3)平衡情况:收支相抵,年终结余0.23亿元。

3. 社会保险基金收支运行情况

(1)收入情况:2021年全区社会保险基金收入完成4.36亿元,其中:保险费收入0.38亿元,财政补贴收入0.02亿元,利息收入0.02亿元,转移收入0.1亿元,上级补助收入3.84亿元;

(2)支出情况:全区社会保险基金支出3.84亿元,其中企业职工基本养老保险基金支出3亿元,机关事业单位基本养老保险基金支出0.4亿元,职工基本医疗保险基金支出0.21亿元,城乡居民医疗保险基金支出0.23亿元,工伤保险基金支出30万元;

(3)平衡情况:当年收支结余0.52亿元,年末滚存结余1.88亿元。

4. 国有资本经营预算运行情况

2021年我区国有资本经营预算收入完成20.02万元,其中:上级补助收入10.02万元,上年结余10万元;国有资本经营预算支出10万元,结余10.02万元,结余资金结转下年使用。

5. 其他

一是预备费。2021年区级预备费年初安排1亿元,主要是按照《中华人民共和国预算法》的要求用于突发事件处置及其他难以预见的开支。实际未支出,全部收回区级预算。

二是地方政府债务情况。

(1)举债规模:2021年,我区政府债务限额为81.87亿元。在批准的限额内,发行政府债券15.4亿元,其中:新增债券14.65亿元,再融资债券0.75亿元。

(2)债务结构:我区政府债务余额为31.31亿元,其中:一般债务15.16亿元,占48.4%;专项债务16.15亿元,占51.60%。

(3)拨付情况:我区新增政府债券15.4亿元,用于我区市政基础设施建设4.83亿元,占比31.36%;用于我区义务教育阶段学校建设0.82亿元,占比5.32%;用于我区职业教育建设9亿元,占比58.44%;用于偿还已到期债务0.75亿元,占比4.88%。

(4)偿还情况:我区偿还政府债务0.75亿元,其中:一般债务还本0.58亿元,专项债务还本0.17亿元。

以上是全区2021年财政运行情况,年度决算编制完成后还会有少许变动,待决算编制完成经市财政批复后,再向区人大常委会详细报告。

2021年,全区财政工作有序推进,但我们也清醒地认识到当前财政运行面临前所未有的矛盾和困难。一是税收形势非常严峻。房地产、建筑业是我区的主要税源,高峰时占财政总收入超过70%,近年来一直呈下降的态势。尤其是今年以来,房地产市场受政策调整和市场波动影响,收入下降更加明显。二是产业结构相对单一。目前我区经济总量还不大,产业结构还不优,造成我区税收对房地产和建安行业依赖性非常大,收入增长存在不确定性。三是支出压力明显增加。全区重大重点项目、农村还建房回购、城乡基础设施建设和各项民生支出均需要财力保障,财政支出压力越来越大。

二、2022年财政工作思路和财政总预算草案

2022年全区财政工作指导思想是:坚持以习近平新时代中国特色社会主义思想为指导,深入学习贯彻党的十九大和十九届二中、三中、四中、五中、六中全会以及中央经济工作会议、全省经济工作会议精神,全面落实区委、区政府"产业强区、品质提升、创新驱动、内外开放、要素保障、共建共享"六大战略部署,以收定支、量力而行,加大优化财政支出结构力度,切实保障重点支出;推进财政资金高效使用,强化实施预算绩效管理,严格执行预算公开,完善现代财政制度,为我区"全面建设社会主义现代化红谷滩"续写高质量发展新篇章作出财政贡献。

根据上述指导思想,结合全区经济发展计划及财力情况,2022年预算拟作如下安排:

(一)一般预算安排情况

2022年全区地方一般公共预算收入拟安排36.61亿元,比2021年完成数34.21亿元增长7%。其中:税务部门拟安排31.61亿元,比2021年完成数增长21.82%;财政部门拟安排5亿元,比2021年完成数下降39.54%。根据收入预算和现行财政体制初步测算,2022年全区一般公共预算收入36.61亿元,加上返还性收入7.5亿元、一般转移支付收入2.1亿元,动用预算稳定调节基金25亿元,上年结余0.22亿元,减去上解上级支出3.8亿元,调出资金17亿元,当年可用财力预计50.63亿元。根据收支平衡原则,2022年拟安排一般公共预算支出50.42亿元。具体安排情况是:

一般公共服务支出66279万元,国防支出805万元,公共安全支出35981万元,教育支出75458万元,科学技术支出17811万元,文化旅游体育与传媒支出4665万元,社会保障和就业支出34957万元,卫生健康支出27029万元,节能环保支出12786万元,城乡社区事务支出80951万元,农林水事务支出5405万元,交通运输支出2542万元,资源勘探工业信息等支出50463万元,商业服务业等支出7460万元,金融支出539万元,自然资源海洋气象等支出100万元,住房保障支出14964万元,灾害防治及应急管理支出8545万元,预备费10000万元,其他支出42000万元,债务付息支出5445万元。

(二)政府性基金预算安排情况

2022年全区政府性基金收入拟安排上级补助收入25亿元,调入资金17亿元,上年结余0.23亿元,政府性基金可用财力预计42.23亿元。根据收支平衡原则,政府性基金支出拟安排41.92亿元。支出安排情况是:拟安排国有土地使用权出让收入安排的支出41.71亿元,主要用于:征地拆迁及城市基础设施建设35.26亿元、社会事业6.45亿元;专项债付息0.21亿元。

(三)社会保险基金预算安排情况

2022年全区社会保险基金预算收入拟安排4.57亿元,其中:保险费收入0.4亿元,财政补贴收入0.03亿元,利息收入0.02亿元,转移收入0.07亿元,上级补助收入4.05亿元。2022年全区社会保险基金支出拟安排4.5亿元,其中,企业职工基本养老保险基金支出拟安排3.64亿元,机关事业单位基本养老保险基金支出拟安排0.42亿元,职工基本医疗保险基金支出拟安排0.22亿元,城乡居民基本医疗保险基金支出拟安排0.21亿元,工伤保险基金支出拟安排50万元。

(四)国有资本经营预算安排情况

2022年我区国有资本经营预算收入拟安排10.02万元,为上年结转收入,2022年国有资本经营预算支出拟安排10.02万元。收支相抵,结余为零。

(五)重点审议单位区民政局预算安排情况

1. 收入预算。2022年共安排部门收入预算总额为18983.58万元,其中区财政拨款(补助)收入14188.73万元,上级补助收入4794.85万元。

2. 支出预算。2022年部门支出预算总额为18983.58万元,其中区财政拨款(补助)收入安排的支出14188.73万元,上级补助收入安排的支出4794.85万元。按支出项目类别划分:基本支出327.58万元,占支出预算总额的1.73%;项目支出18656万元,占支出预算总额的98.27%。项目支出中困难群众救助资金2508.54万元,占支出预算总额的13.2%。具体项目是:

社会救助支出安排资金2112.4万元,主要包括:

(1)低保及特困供养。共计1808万元,主要用于发放低保金、特困供养人员供养金及集中供养护理金,其中城市低保金1700万、城市特困供养人员供养金90万、城市特困供养人员集中供养护理金18万。

(2)临时救助。共计56万元,主要用于对因特殊原因导致生活困难的人员给予生活救助,包括小额型、过渡型、急难型及支出型共4种。

(3)其他生活救助。共计135万元,主要用于孤寡老人生活费、供养费、医疗保险、医疗救助。

(4)防贫险。共计26万元,主要用于为全区贫困对象购买防贫保险,确保困难群众不返贫,进一步巩固提升解困脱困成效。

(5)走访慰问。共计87.4万元,主要用于春节等节日期间对困难对象开展走访慰问活动,使困难对象感受到党和政府的温暖和关心,促进社会和谐稳定。

社会事务和社会福利支出安排资金396.14万元,主要包括:

(1)儿童福利。共计176.14万元,其中孤儿基本生活保障16.9万元、事实无人抚养基本保障153.6万元、“六一”走访慰问1.56万元、艾滋病感染儿童1.536万元、孤儿助学金2万元、孤儿“明天计划”医疗资助2.08万元。

(2)残疾人两补。共计200万元,主要用于全区2600余名困难残疾人生活补贴及重度残疾人护理补贴。

(3)流浪乞讨救助。共计20万元,主要用于生活无着的流浪乞讨人员救助及协助寻亲、转送,通过加强宣传引导、强化路面巡查等措施,切实保障流浪乞讨人员基本权益。

按支出功能科目划分:社会保障和就业支出12574.58万元,占支出预算总额的66.24%;卫生健康支出867万元,占支出预算总额的4.57%;城乡社区支出5070万元,占支出预算总额的26.71%;住房保障支出472万元,占支出预算总额的2.49%。

按支出经济分类划分:工资福利支出7302.21万元,占支出预算总额的38.47%;商品和服务支出989.07万元,占支出预算总额的5.21%;对个人和家庭补助支出3761.64万元,占支出预算总额的19.82%;资本性支出6930.66万元,占支出预算总额的36.51%。

3.“三公”经费支出预算

2022年部门“三公”经费预算总支出1万元,占预算总额的0.05%。其中:公务接待费1万元。

4. 政府采购支出预算

2022年部门政府采购预算总支出349万元,占预算总额的18.38%。

三、2022年财政工作重点

2022年是我区迈入行政区后,各项事业走向成熟的关键一年,做好财政工作,对促进全区经济社会持续高质量发展具有重要的意义。我们将按照区委的决策部署,立足财政新定位,抢抓发展新机遇,保持锐意进取、攻坚克难的精神,在发展中蓄势图新,确保圆满完成2022年财政工作各项任务。

1. 稳收入、养财源,确保完成全年收支任务。一是加强与税务和其他涉税相关部门的联系。全力推进镇(街道、管理处)财政体制调整,全面实施综合治税,完善财政收入互动机制,增强组织收入主动性。二是精准有效落实财政政策。继续落实落细减税降费政策,持续提升营商环境,足额安排兑现政策资金,充分发挥财政杠杆作用,培育经济发展新动能,进一步做强做优金融、商贸、总部楼宇经济,促进经济高质量发展。三是全方位支持科技创新,扶持产业发展。安排1.22亿元用于支持科技创新,安排3000万元用于支持会展业发展,安排1100万元用于支持传统消费升级发展,提高政策扶持的精准度,促进人工智能、大数据、云计算、物联网、VR(AR)等新兴产业发展,加快培植新的经济增长点和财政增收点。

2. 优支出、调结构,全力保障重点民生建设。一是加强预算管理。牢固树立用政府“紧日子”换百姓“好日子”思想,按照“当用不省、当省不用”的原则,大力压减一般性支出,从严控制“三公”经费支出和追加预算,确保“三保”和重点领域支出。强化预算执行,尽力做到财政资金早安排、早下达、早支出、早发挥作用。二是坚持统筹兼顾。进一步统筹财力,做到在保障财政工资发放上“不欠账”,保障行政运行经费上“不断流”,保障基本民生资金上“不断链”。三是盘活存量资金。强化部门预算执行主体责任,切实加快预算执行进度,防止资金沉淀,完善结转资金清理机制,加强结转资金预算管理。四是增进民生福祉。坚持以人民为中心,建立健全民生财力保障机制,确保教育、社会保障、卫生健康、乡村振兴等基本民生支出保障到位。

3. 抓规范、促改革,促进财政管理效能提升。一是规范预算管理。严格落实预算法及其实施条例,依法依规组织收入,安排支出。严格执行人大批准的预算,坚持先有预算后有支出,强化预算对执行的控制。落实部门和单位预算管理主体责任,推进部门下属单位的预决算公开。二是继续完善预算管理一体化系统。通过预算管理一体化系统,加强全口径部门预算全过程管理,完善项目库建设,加强政府投资项目联动审核,提高预算编制的科学性、准确性和前瞻性。三是完善政府采购监管机制。推动公共资源交易系统中非招标采购方式全流程电子化建设,推动完善交易系统电子化管理功能,将交易相关的采购需求发布、协议代理委托签订、事中当事人之间沟通、合同签订、保证金缴纳退还、合同履约验收等程序全部实现电子化。按照提升营商环境的工作要求,不断完善政府采购制度建设,推进重点公共服务领域购买服务改革。四是完善财政投资评审制度。

4. 强管理、提绩效,推进财政运行安全高效。一是全面实施绩效管理。以全面绩效管理提高财政资金使用效益,将绩效理念和方法融入预算编制、执行和监督全过程,推进预算和绩效管理一体化。健全以绩效为导向的预算分配体系,加强政策和项目事前绩效评估,严格绩效目标管理,提高绩效评价质量,建立预算安排与绩效结果挂钩的激励约束机制。加大绩效信息公开力度,推动绩效目标、绩效评价结果向社会公开。二是完善监管机制。强化财政监督，建立健全以政府财会监督为主导的体系框架，推动财会监督与人大监督、审计监督、统计监督有机贯通、相互协调。重点加强乡村振兴、卫生健康、教科文体、社会保障、生态环保等社会关注度高的专项资金监管，确保重点民生资金发挥实效。三是有效防范化解债务风险。如期消化隐性债务，严禁新增隐性债务，加强风险源头管控，硬化预算约束，管控金融“闸门”。完善偿债预警机制，健全政府性债务风险准备金制度，加强风险准备金管理，切实维护政府信誉，确保不发生逾期债务。积极争取新增债券，主动与上级对接，申报项目资金需求，争取债券资金，探索新的融资渠道，促进地方经济发展。

各位代表，2022 年经济下行压力能否缓解仍不明朗，国家对房地产行业的调控政策将依然持续，我们面对的情况可能更加复杂，不确定因素和深层次矛盾将进一步显现，要完成 2022 年的财政收支任务需要付出艰苦努力。为此，我们将在区委的正确领导下，在区人大及其常委会、区政协的监督支持下，深入贯彻党的十九大和各次全会精神，全面落实习近平新时代中国特色社会主义思想，紧紧围绕“全省示范领先、中部比肩赶超、全国进位争先”的奋斗目标，以项目建设为抓手，解放思想，群策群力，真抓实干，为完成全区财政收支预算和各项工作任务，为实现红谷滩区高质量发展，全面建设“社会主义现代化红谷滩”提供坚强的财力保障！

名词解释：

预算：指遵循统筹兼顾、勤俭节约、量力而行、讲求绩效和收支平衡的原则编制，经法定程序审核批准的国家年度集中性财政收支计划。政府的全部收入和支出都应当纳入预算，地方各级预算一般不列赤字。

政府预算体系：由一般公共预算、政府性基金预算、国有资本经营预算和社会保险基金预算共同组成。四本预算保持完整、独立并相衔接，全面反映政府收支总量、结构和管理活动。

一般公共预算：对以税收为主体的财政收入，安排用于保障和改善民生、推动经济社会发展、维护国家安全、维持国家机构正常运转等方面的收支预算。

政府性基金预算：对依照法律、行政法规的规定在一定期限内向特定对象征收、收取或者以其他方式筹集的资金，专项用于特定公共事业发展的收支预算。政府性基金预算应当根据基金项目收入情况和实际支出需要，按基金项目编制，做到以收定支。

国有资本经营预算：对国有资本收益作为支出安排的收支预算。国有资本经营预算应当按照收支平衡的原则编制，不列赤字，并安排资金调入一般公共预算。

社会保险基金预算：对社会保险缴款、一般公共预算安排和其他方式筹集的资金，专项用于社会保险的收支预算。社会保险基金预算应当按照统筹层次和社会保险项目分别编制，做到收支平衡。

预算稳定调节基金：指财政通过超收收入和支出预算结余安排的具有储备性质的基金，视预算平衡情况，在安排下年度预算时调入并安排使用，或用于弥补短收年份预算执行的收支缺口。预算稳定调节基金的安排使用接受本级人大及其常委会监督。

一般性转移支付：指上级政府为均衡地区间基本财力，根据下级政府在组织财政收入能力、必要支出需求、各地自然经济和社会条件差异等因素，按照基本标准和计算方法测算，将其无偿转作下级政府收入来源，并由下级政府统筹安排使用的转移支付。

结余资金：指当年预算已执行但工作目标未完成，或者因故未执行，下一年度需要按原用途继续使用的资金。

上解支出：指下级政府按照有关法律法规及财政体制规定，按照一定标准和计算方法测算，上交上级政府，并由上级政府统筹安排的资金。

调入（出）资金：指不同性质资金之间的调入（出）。

预备费：指用于当年预算执行中的自然灾害等突发事件处理增加的支出及其他难以预见的开支。按照新预算法要求，一般公共预算应当按照本级一般公共预算支出额的百分之一至百分之三设置预备费。

部门预算：指与财政部门直接发生预算缴、拨款关系的国家机关、社会团体和其他单位，依据国家有关法律、法规规定及其履行职能的需要编制的本部门年度收支计划。部门预算的实施，严格了预算管理，增加了政府工作的透明度，是防止腐败的重要手段和预防措施之一。

预算绩效管理：指在预算管理中融入绩效理念，将绩效目标设定、绩效跟踪、绩效评价及结果应用纳入预算编制、执行、监督全过程，以提高预算的经济、社会效益为目的的管理活动。预算绩效管理是一种以资金使用绩效为导向的预算管理模式，要求政府部门不断改进服务水平和质量，有效提高财政资金使用效益，并成为实施行政问责制和加强政府效能建设的重要抓手，是政府绩效管理的重要组成部分。

“三公”经费：指因公出国（境）费、公务用车购置及运行维护费和公务接待费。其中，因公出国（境）费反映单位公务出国（境）的国际旅费、国外城市间交通费、住宿费、伙食费、培训费、公杂费等支出；公务用车运行维护费反映单位按规定保留的公务用车租用费、燃料费、维修费、过路过桥费、保险费、安全奖励费用等支出；公务接待费反映单位按规定开支的各类公务接待（含外宾接待）支出。

政府债务：指需由财政资金偿还的债务，分为一般债务和专项债务。其中，一般债务是指为没有收益的公益性事业发展举借的、主要以一般公共预算资金偿还的政府债务；专项债务是指为有一定收益的公益性事业发展举借的、主要以对应的政府性基金预算资金或专项收入偿还的政府债务。

红谷滩区2021年国民经济和社会发展统计公报

2021年,是中国共产党成立100周年,是开启向第二个百年奋斗目标进军新征程和“十四五”开局之年。全区上下坚持以习近平新时代中国特色社会主义思想为指导,全面贯彻党的十九大和十九届历次全会精神,深入贯彻习近平总书记视察江西重要讲话精神,统筹推进疫情防控和经济社会发展,深入落实“产业强区、品质提升、创新驱动、内外开放、要素保障、共建共享”六大战略,统筹做好稳增长、促改革、调结构、惠民生、防风险、保稳定各项工作,实现了“十四五”良好开局,凝聚了高质量跨越式发展的强大合力。

一、综合

经济总量:初步核算,全年实现生产总值(GDP)730.26亿元,按可比价计算,同比增长8.0%。其中,第一产业增加值1.4亿元,增长1.3%;第二产业增加值75.18亿元,增长7.2%;第三产业增加值653.67亿元,增长8.1%。三次产业结构由2020年的0.24∶9.63∶90.13调整为2021年的0.19∶10.29∶89.51。

非公有制经济:全年全区非公有制经济实现增加值413.07亿元,按可比价计算,同比增长13.2%,占生产总值比重为56.6%,比上年增加2.6个百分点。

财政收支:全年财政总收入104.87亿元,同比增长2.8%,其中地方一般公共预算收入34.21亿元,下降3%(同口径增长4.7%)。税收收入25.94亿元,下降19.9%;非税收入8.27亿元。

全年地方一般公共预算支出35.61亿元,同比下降8.7%。其中,教育支出6.62亿元,增长3.8%;卫生健康支出2.04亿元,增长26.9%;城乡社区事务支出9.99亿元,增长33.1%。

二、农业

全年农业实现总产值2.55亿元,比上年增长0.5%,其中农业产值1.18亿元,增长0.5%;牧业产值1.0亿元,增长2.8%;渔业产值0.24亿元,增长6.9%;农林牧渔服务业产值0.12亿元,下降31.1%。

全年粮食播种面积1600公顷,蔬菜播种面积556公顷,油料播种面积506公顷;全年蔬菜产量14947吨,增产0.9%;油料产量1143吨,减产12.2%;肉类总产量1740吨,增长2.2%。其中,猪肉产量1496吨,增长12.3%;禽肉产量98吨,下降32.4%。年末生猪存栏10530头,下降6.6%;生猪出栏21197头,增长33.7%。家禽存笼0.05万羽,下降98.9%;家禽出笼8.19万羽,增长1.4%。禽蛋产量127吨,增长17.6%。

三、固定资产投资

全年500万元以上固定资产投资同比增长13.5%。其中5000万元以上项目投资额下降19.9%;房地产开发投资下降10.1%。

四、建筑业

全年全社会建筑业增加值实现75.18亿元,同比增长7.2%。全区在库有资质建筑企业102家,实现建筑业总产值748.48亿元,比上年增长17.7%;其中建筑工程677.04亿元。

五、国内贸易

消费品市场:全年全区完成社会消费品零售额305.04亿元,同比增长19.5%。按行业分,批发业实现零售额25.87亿元,增长19.6%;零售业实现零售额262.32亿元,增长19.1%;住宿业实现零售额4.94亿元,下降2.5%;餐饮业实现零售额11.91亿元,增长43.2%。从销售产品结构看,主要产品大类中:书报杂志类零售额58.68亿元,比上年增长3.2%,占消费品零售总额的19.2%;汽车类零售额88.86亿元,增长12.7%,占消费品零售总额的29.1%。

商品交易市场:全年亿元以上商品交易市场2个,总摊位数4518个,总成交额66.05亿元。

六、重点服务业

全年全区规上服务业单位130家,实现营业收入205.26亿元,同比增长16.00%。涉及GDP行业的单位92家,实现营业收入138.67亿元,增长16.92%。从各行业占比来看,道路运输业,电信、广播电视和卫星传输服务,商务服务业是全区重点服务业的支柱行业,分别占全行业收入的26.88%,18.39%和17.13%。从各行业发展速度来看,增速排名前列的分别是公共设施管理业增长168.83%,广播、电视、电影和录音制作业增长86.08%,娱乐业增长63.88%。

七、招商引资和对外经济

招商引资:全年实际利用外资24253万美元,同比增长9.81%。实际利用内资334.04亿元,增长6.38%。

对外贸易:全年区内外贸企业出口总额56973万美元,增长41.86%。

八、教育、科技和体育

教育:全区共有区属义务教育学校29所(含2所民办),在校学生50752人,教学班1163个,专职教师2971

人。幼儿园(保育院)88所(含公办分园),在园幼儿19276人,教学班721个,专职教师1401人。

科技:全区科技支出4523万元;共有高新技术企业178家;全区技术合同登记537项,技术合同登记额8.7亿元。获得上级科技资金6070.96万元。

体育:全年投资415万打造17个点位全民健身基础设施,以一代健身路径为主,二代健身路径为辅,每套路径6—8件。全区经常参加体育锻炼人数(含在校学生)比例已达37.5%。新增体育场面积达24万平方米,达到每万人拥有1.66平方米的标准。成功申报6人为健身气功协会会员,先后举办南昌市“滕王阁杯”青少年体育联赛(红谷滩赛区)暨红谷滩区中小学生运动会、首届“红谷滩杯”南昌市青少年跆拳道公开赛暨全省锦标赛选拔赛等各类赛事活动,被评为全省青少年业余训练十强县。

九、公共文化和医疗卫生

公共文化:全年累计举办公益性文化活动1500余场,文化场馆累计服务总人次达114.13万人次。新建开放村(社区)文化活动中心已经拓展至122个,农家书屋拓展至13个,村(社区)文化活动中心覆盖率达100%。围绕打造“书香红谷滩”,以新华书店、西西弗书店、几何书店等为载体,开展了一系列的小型论坛、读书分享会、名师讲座等活动;并先后举办“第二届全国小幅漆画展”“魅力红谷水木佳话”中国南昌全国版画等6个画展、书法展及一系列的诗词进社区,诗词讲座等文化活动,擦亮了红谷滩文化艺术品牌。成功创建南昌格林缦旅酒店为银叶级绿色旅游饭店。

医疗卫生:区管各类医疗机构有250家,执业(助理)医师900人,注册护士1200人,拥有病床599张。

十、城市建设和环境保护

城市建设:全年共维修窨井盖4131套,更换窨井盖2664套,新建窨井80座,维修各类路面5.27万平方米,维修路沿石5520米,机械疏通下水道300千米,清运余土淤泥2.5万立方米。辖区小街巷维修安装路灯1.05万套。

园林绿化:至年底,区内园林绿地面积3391公顷,绿化覆盖面积3655公顷,城区绿化覆盖率为46.98%。

环境保护:全年环境空气质量优良天数为340天,优良率为93.2%;集中式饮用水源水质达标率为100%;区域环境噪声监测点位39个,全年等效声级54.9分贝。实施道路交通噪声监测的交通干线为13条,测点为17个,交通噪声均值65.4分贝。

十一、人口、人民生活和社会保障

人口:年末,全区户籍总人口335724人。其中,男性167704人,女性168020人。常住人口594198人。其中,城镇人口575814人,乡村人口18384人,城镇化率达到96.9%。出生人口3349人,出生率为5.82‰;死亡人口884人,死亡率为1.54‰;自然增长率为4.29‰。

人民生活:全年全区城镇居民人均可支配收入52406元,比上年增加3806元,同比增长7.83%;农村居民人均可支配收入22805元,增加1946元,增长9.33%。

社会治安:全共破获各类刑事案件615起,侦查经济案件立案63起,暂扣冻结涉案资金6631.59万元。

安全生产:全年未发生较大、重大、特大安全事故,发生4起一般安全责任事故,因事故造成5人伤亡(4人死亡,1人受伤)。

城镇就业:全年城镇新增就业人员4873人,就业困难人员实现就业155人,新增转移农村劳动力649人。全年发放创业担保贷款6668万元,直接扶持个人创业203人次。

社会保障:年末城镇职工养老保险参保人数47827人,基金征缴20479万元;城乡居民基本医疗保险(含生育保险)参保人数4631人(仅为区本级机关事业单位人员参保),统筹收入1684.45万元,统筹支出720.67万元,累计结余4271.82万元;工伤保险参保人数13914人;失业保险参保人数8012人;城乡居民养老保险参保人数为12597人。城镇居民生活保障最低标准提高到795元人/月;年末纳入兜底保障人员2288人,其中特困户41人,低保户2247人;累计发放低保生活费1616.41万元,特困人员生活费50.80万元,护理费19.35万元。

名词解释:

1. 本公报中数据均为初步统计数。部分数据因四舍五入的原因,存在着分项与合计不等的情况。

2. 地区生产总值、各产业增加值绝对数按现价计算,增长速度按不变价格计算。

资料来源:

本公报中财政收支数据来自区财政局;教育、体育数据来自区教体局;科技数据来源于区科工局;文化数据来自区文广新旅局;医疗、卫生数据来自区卫健委;城市建设、园林绿化数据来自区城管局;环境保护数据来自区生态环境局;城镇就业和社会保障数据来自区人社局、区医保局、区民政局;招商引资和对外贸易数据来自区商务局;户籍人口、社会治安数据来自区公安分局;安全生产数据来自区应急管理局;其他数据均源自区统计局。

(吴　妍)

经济社会统计资料

2021 年 1—12 月主要经济指标完成情况一览表

表 5

	全区完成情况			全市完成情况	
	总值(亿元)	增速(%)	增速全市排名	总值(亿元)	增速(%)
地区生产总值	730.26	8.0	11	6650.53	8.7
财政总收入	104.87	2.8	—	—	—
一般预算收入	34.21	4.7	11	484.84	10.0
500 万元以上固定资产投资	708.45	13.5	6	—	11.1
社会消费品零售总额	305.04	19.5	10	2878.74	17.4
实际利用外资(亿美元)	2.43	9.8	2	43.95	8.3

2021 年 1—12 月各县区主要经济指标对比情况表(1)

表 6

		红谷滩区	南昌县	进贤县	安义县	东湖区	西湖区
	绝对值(亿元)	730.26	1195.57	354.40	123.71	452.13	670.68
	增速(%)	8.0	8.7	8.4	8.3	8.2	10.0
	增速全市排名	11	6	7	9	10	2
地区生产总值		青云谱区	青山湖区	新建区	经开区	高新区	湾里管理局
	绝对值(亿元)	401.77	611.76	393.38	721.30	920.38	75.20
	增速(%)	10.2	8.8	8.8	8.4	9.0	0.8
	增速全市排名	1	4	4	7	3	12
		红谷滩区	南昌县	进贤县	安义县	东湖区	西湖区
	绝对值(亿元)	34.21	79.32	20.02	14.11	14.94	21.52
	增速(%)	4.7	12.6	11.8	28.1	4.5	21.3
	增速全市排名	11	9	10	1	12	3
一般预算收入		青云谱区	青山湖区	新建区	经开区	高新区	湾里管理局
	绝对值(亿元)	12.29	15.91	36.57	21.00	32.93	11.16
	增速(%)	13.8	16.9	19.7	15.1	19.3	26.4
	增速全市排名	8	6	4	7	5	2

2021 年 1—12 月各县区主要经济指标对比情况表(2)

表 7

		红谷滩区	南昌县	进贤县	安义县	东湖区	西湖区
500 万元以上固定资产投资	绝对值(亿元)	—	—	—	—	—	—
	增速(%)	13.5	13.8	10.9	12.8	13.0	13.7
	增速全市排名	6	4	11	10	9	5
		青云谱区	青山湖区	新建区	经开区	高新区	湾里管理局
	绝对值(亿元)	—	—	—	—	—	—
	增速(%)	13.4	14.5	14.0	13.3	15.2	-30.2
	增速全市排名	7	2	3	8	1	12
社会消费品零售总额		红谷滩区	南昌县	进贤县	安义县	东湖区	西湖区
	绝对值(亿元)	305.04	375.93	139.10	29.60	395.56	396.34
	增速(%)	19.5	19.9	19.6	20.5	3.8	19.5
	增速全市排名	10	6	9	3	12	10
		青云谱区	青山湖区	新建区	经开区	高新区	湾里管理局
	绝对值(亿元)	294.96	288.83	173.37	214.00	246.97	19.05
	增速(%)	19.8	20.1	20.9	20.0	19.7	20.7
	增速全市排名	7	4	1	5	8	2

2021 年 1—12 月各县区主要经济指标对比情况表(3)

表 8

		红谷滩区	南昌县	进贤县	安义县	东湖区	西湖区
实际利用外资	绝对值(亿元)	2.43	7.04	0.88	0.50	2.74	3.91
	增速(%)	9.8	8.5	7.5	3.6	4.7	8.6
	增速全市排名	2	4	7	11	10	3
		青云谱区	青山湖区	新建区	经开区	高新区	湾里管理局
	绝对值(亿元)	2.18	3.64	4.13	7.48	9.02	—
	增速(%)	6.1	6.6	8.2	8.5	10.0	—
	增速全市排名	9	8	6	4	1	—

地区生产总值一览表

表 9

指　标	现价(万元)	不变价(万元)	比上年同期增长(%)
地区生产总值	7302555	6931386	8.0
第一产业	14088	15751	1.3
第二产业	751781	662619	7.2
建筑业	751781	662619	7.2
第三产业	6536686	6253016	8.1
#交通运输、仓储和邮政业	201967	167794	10.6
批发和零售业	358084	353825	13.2
住宿和餐饮业	96616	95988	24.3
金融保险业	2552884	2416288	4.4
房地产业	1377000	1356611	7.4
其他营利性服务业	978676	931188	13.8
非营利性服务业	971070	930995	9.8

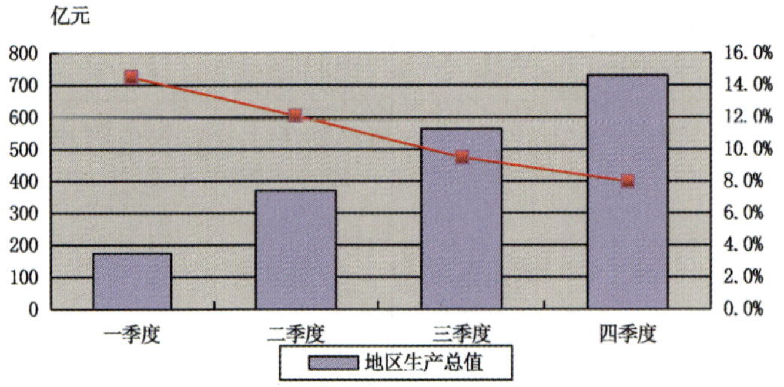

图 1　地区生产总值

财政收支一览表

表 10

指　标	12 月(万元)	全年(万元)	比上年同期增长(%)
1. 财政总收入	76974	1048716	2.8
#地方财政一般预算收入	13307	342111	4.7
#税收收入	12629	259410	-19.9
#增值税	4593	49876	-15.1
城市维护建设税	863	10242	-35.5
企业所得税	740	57770	-2.6
契税	2518	45754	-48.4
土地增值税	1670	58317	-19.2
行政事业性收费收入	-1	5883	1393.1
罚没收入	0	3515	-59.0
专项收入	323	3980	-6.6
国有资源(资产)有偿使用收入	355	61000	11113.2
2. 地方财政支出总计	86638	356169	-8.7
#一般预算支出	86638	356169	-8.7
#交通运输支出	0	450	—
一般公共服务支出	4574	47101	-6.5
城乡社区事务支出	37930	99936	33.1
教育支出	14233	66189	3.8
公共安全支出	2815	24105	-10.5
社会保障支出	1801	25847	26.8
医疗卫生支出	2874	20414	26.9

注:本页由区财政局提供

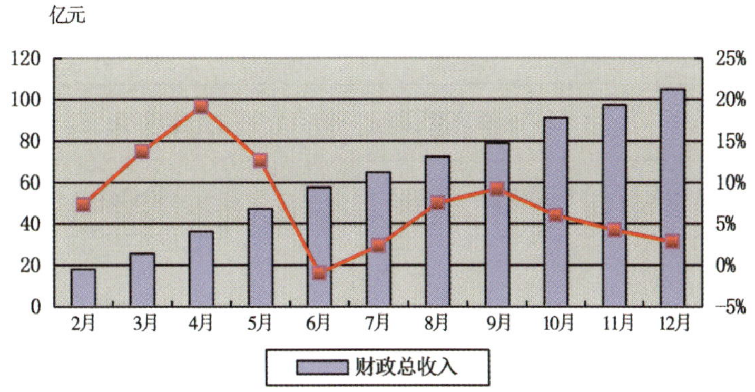

图 2　财政总收入

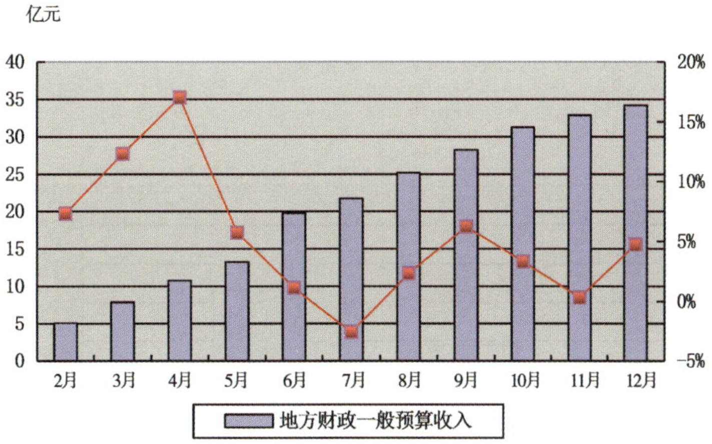

图 3　地方财政一般预算收入

500 万元以上固定资产投资一览表

表 11

指　标	12 月(万元)	全年(万元)	比上年同期增长(%)
投资总计	—	—	13. 5
1. 固定资产投资完成额	—	—	13.5
#区内投资	—	—	—
区外投资	—	—	—
2. 房地产开发投资完成额	—	—	-10. 1

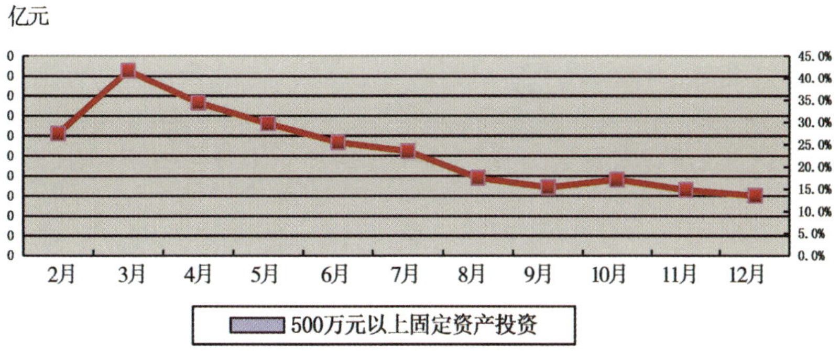

图 4　500 万元以上固定资产投资

社会消费品零售总额一览表

表 12

指标	四季度(万元)	全年(万元)	比上年同期增长(%)
社会消费品零售总额	888285	3050434	19.5
按限额分	—	—	—
# 限额以上批零住餐业	—	—	—
限额以下批零住餐业	—	—	—

注:限额以上批发零售业和住宿餐饮业零售额是指,批发业年主营业务收入2000万元及以上、零售业年主营业务收入500万元及以上、住宿和餐饮业年主营业务收入200万元及以上的企业零售额。

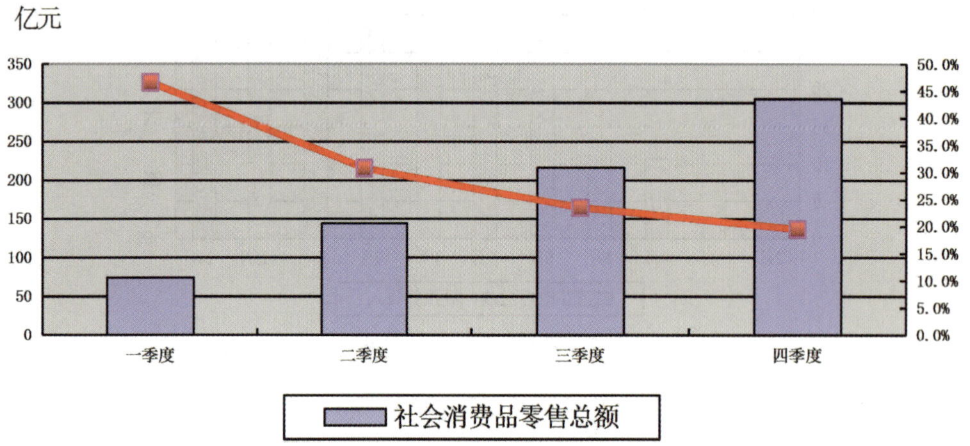

图5 社会消费品零售总额

开放型经济一览表

表 13

指标	单位	12月	全年	比上年同期增长(%)
实际利用外资金额	万美元	310	24253	9.8

新开工项目一览表

表 14

指标	3月	4月	5月	6月	7月	8月	9月	10月	11月	12月	全年累计
新开工项目数	3	0	2	1	1	1	1	0	0	0	9

注:本页部分由区商务局、区发改委提供

新增联网直报企业一览表

表 15　　单位：户

行业类别	全年累计通过审批	审批中	小计
房地产业	9	0	9
重点服务业	34	0	34
贸易业法人	66	0	66
建筑业	14	0	14
合计	123	0	123

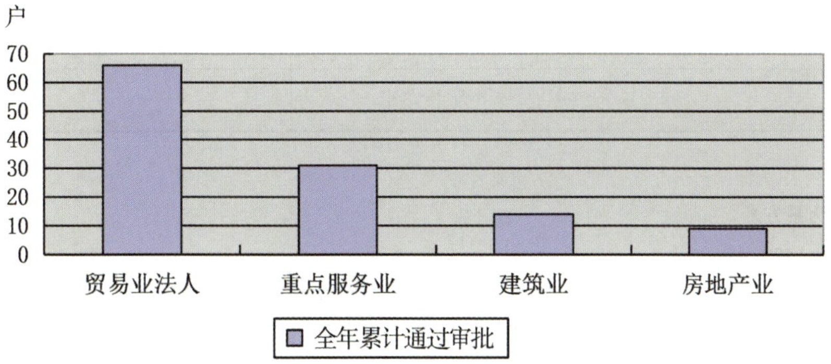

图 6　全年累计通过审批

工商注册企业一览表

表 16

指　　标	单位	12 月	全年	比上年同期增长(%)	历年累计	历年注销
1. 新增注册企业数	户	886	7520	37.0	30595	5219
#内资企业	户	886	7520	37.0	30595	5219
#公有制企业	户	74	693	32.0	2901	488
非公有制企业	户	812	6827	37.0	27694	4731
外资企业	户	0	0	0	0	0
2. 新增企业注册资金	亿元	30.94	375.60	-84.0	3374.03	83.75
#内资企业	亿元	30.94	375.60	-84.0	3374.03	0.04
#公有制企业	亿元	3.28	82.07	-74.0	878.24	0.57
非公有制企业	亿元	27.65	293.53	-84.2	2495.79	3.85
外资企业	亿元	0	0	0	1.91	0

注：本表由区市场局提供数据

房地产情况一览表

表17

指　　标	单位	12月	全年
1. 施工面积	万平方米	—	—
#住宅	万平方米	—	—
2. 新开工面积	万平方米	—	1327
3. 竣工面积	万平方米	—	875
4. 商品房(住宅)预、销售情况	套		282
已售套数(住宅)	套	—	133
已售面积	万平方米	—	—
其中:住宅已售面积	万平方米	—	—

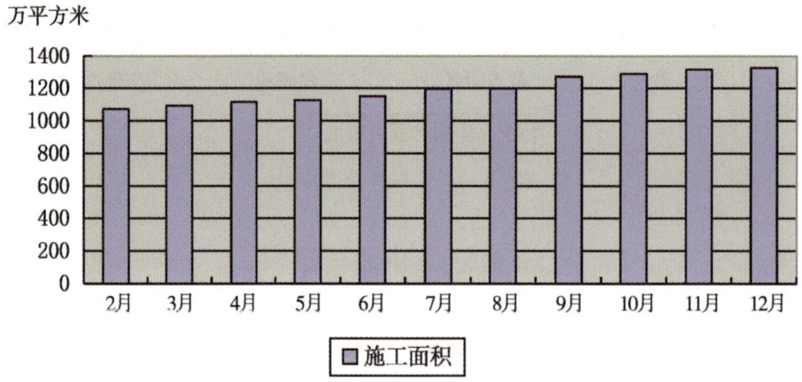

图7　施工面积

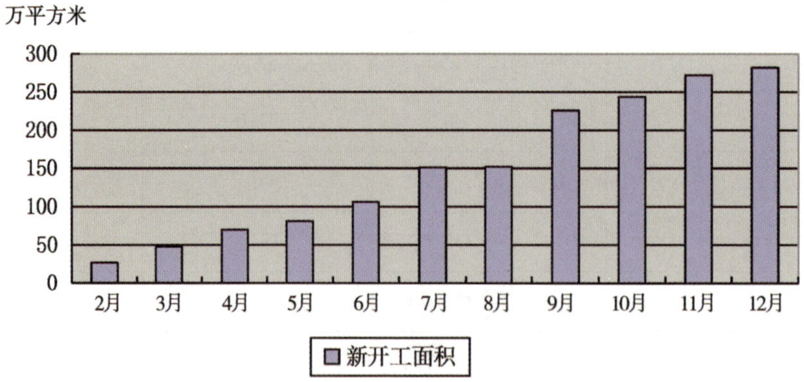

图8　新开工面积

拆迁安置一览表

表 18

指标	单位	12 月	全年	历年累计
1. 城市拆迁				
总面积	万平方米	2.82	26.59	580.33
总户数	户	175	1247	28542
2. 房屋安置				
总面积	万平方米	0.05	23.27	232.69
总套数	套	5	2581	25763

拆迁安置一览表

表 19

指标	单位	2 月	3 月	4 月	5 月	6 月	7 月	8 月	9 月	10 月	11 月	12 月	全年累计
拆迁面积	万平方米	0.06	7.53	0.83	0.45	0.85	1.75	1.93	6.21	2.15	2.00	2.82	26.59
拆迁户数	户	3	27	36	24	54	108	128	376	162	154	175	1247

注：本表由区住建局拆迁办提供

城市建设一览表

表 20

指标	单位	第四季	全年	历年累计
1. 城市绿化面积				
公共绿地	万平方米	0	0.26	1764.05
2. 城市道路建设				
总里程	千米	0.92	8.44	203.78
总面积	万平方米	1.71	28.09	1599.49
3. 城市安置房建设				
已建面积	万平方米	34.23	34.23	296.75
在建面积	万平方米	0	140.34	—

注：本表由区住建局、区城管局、区城投公司提供

人口情况一览表

表 21

指标	累计	与上年对比增减
总户数(户)	114248	437
总人口(人)	337100	1623
一、农业人口		
1. 户数(户)	16497	2
2. 人数(人)	46012	220
#男	23995	18
女	22017	22
二、非农业人口		
1. 户数(户)	97751	435
2. 人数(人)	291088	1576
#男	144398	789
女	146690	794
三、暂住人口(人)	75741	27729

人口分布情况一览表

表 22

辖区	总户数(户)	总人口(人)	农业人口				非农业人口				暂住人口登记数
			户数(户)	人数(人)			户数(户)	人数(人)			
					男	女			男	女	
红谷滩	14380	47682	9	16	11	5	14371	47666	23961	23705	11694
凤凰洲	13337	41351	22	40	24	16	13315	41311	20419	20892	13195
红角洲	23265	72735	564	1881	1069	812	22701	70854	35437	35417	12818
生米	19308	51076	13468	37290	19337	17953	5840	13786	6592	7194	13340
九龙湖	17522	47606	1524	4251	2235	2016	15998	43355	21377	21978	11239
卧龙	15	334					15	334	223	111	
沙井	17993	55148	9	16	7	9	17984	55132	27267	27865	11108
龙蟠	8428	21168	901	2518	1312	1206	7527	18650	9122	9528	2347
合　计	114248	337100	16497	46012	23995	22017	97751	291088	144398	146690	75741

注:本页由红谷滩区公安分局户籍科提供

索　引

说　明

一、索引采用主题分析法编制，大部分选用关键词。

二、索引按标引词汉语拼音字母顺序排列，标目后数字为页码，字母 a 为左栏，b 为中栏，c 为右栏。

三、分目标题用黑体字表明。

H

M

N

P

Q

R

S